Entscheidungen

des

Reichsgerichts.

Herausgegeben

von

den Mitgliedern des Gerichtshofes
und der Reichsanwaltschaft.

Entscheidungen in Zivilsachen.

122. Band.

Berlin und Leipzig 1929

Walter de Gruyter & Co.

vormals G. J. Göschen'sche Verlagshandlung - J. Guttentag, Verlagsbuchhandlung - Georg Reimer - Karl J. Trübner - Veit & Comp.

Entscheidungen

des

Reichsgerichts

in

Zivilsachen.

---

122. Band.

Mit Anhang: Entscheidungen des Staatsgerichtshofs.

Berlin und Leipzig 1929

Walter de Gruyter & Co.

vormals G. J. Göschen'sche Verlagshandlung - J. Guttentag, Verlagsbuchhandlung - Georg Reimer - Karl J. Trübner - Veit & Comp.

Druck von Metzger & Wittig in Leipzig

Inhalt.

I. Bürgerliches Recht.

a. Reichsrecht.

II. Öffentliches Recht.

III. Gerichtliches Verfahren.

Anhang: Entscheidungen des Staatsgerichtshofs.

1. 1. Über die Rechtsverhältnisse der Unterzahlmeister, denen im Kriege eine Heeresbeamtenstelle auf Widerruf verliehen war und die infolge der Entmilitarisierung der Heeresverwaltung aus dem Heeresdienst entlassen worden sind.

2. Gilt der Rechtssatz, daß ein Beamtenverhältnis auch durch Übertragung obrigkeitlicher Dienstverrichtungen begründet werden kann, die der Regel nach nur von Beamten vorgenommen werden dürfen, auch dann, wenn ein Heeresbeamter der zu 1 bezeichneten Art nach erfolgtem Widerruf nur noch als Vertragsangestellter im Abwicklungsdienst bis zu der bereits in Aussicht genommenen Auflösung des Amtes beschäftigt wird?

Reichsbeamtengesetz §§ 2, 4, 7, 24, 37, 43. Erlaß des Reichswehrministers vom 28. August 1919 (Heeres-Verordnungsblatt S. 45).

III. Zivilsenat. Urt. v. 6. Juli 1928 i. S. M. (Kl.) w. Deutsches Reich (Bekl.). III 2/28.

I. Landgericht I Berlin.

Der Kläger gehörte dem alten Heere als Anwärter für die Zahlmeisterlaufbahn an. Am 22. Oktober 1907 hatte er die Zahlmeisterprüfung bestanden; bei Kriegsausbruch, am 3. August 1914, wurde er zum Zahlmeisterstellvertreter, am 24. April 1919 zum Hilfszahlmeister ernannt. Infolge der Entmilitarisierung der Heeresverwaltung wurde der Kläger, der damals den Dienst eines Zahlmeisters beim Kriegsgefangenenlager in A. wahrnahm, am 30. September 1920 aus dem Heeresdienst entlassen; vom 1. Oktober 1920 ab versah er diesen Dienst auf Grund eines Privatdienstvertrags weiter bis zu der am 31. März 1922 erfolgten Auflösung des Lagers. Die Dienstzeit des Klägers wurde durch das Versorgungsamt St. als mit dem 30. September 1920 beendet erklärt, und es wurde festgesetzt, daß er zur Besoldungsgruppe V gehöre. Der Kläger behauptet dagegen, daß er mit Wirkung vom 1. Oktober 1919 und mit einem Besoldungsdienstalter vom gleichen Tage als planmäßiger Zahlmeister angestellt worden sei, daß er dieses Amt bis zum 31. März 1922 innegehabt habe, daß er an diesem Tage bei der Auflösung des Kriegsgefangenenlagers in den einstweiligen Ruhestand hätte versetzt werden müssen und daß er als Zahlmeister nach Besoldungsgruppe VII zu besolden sei. Durch Erlaß vom 10. Dezember 1926 hat der Reichsminister des Innern die Anerkennung dieser Ansprüche versagt. Der Kläger hat daraufhin am 7. Juni 1927 Klage erhoben mit dem Antrag, festzustellen:

1. daß er vom Tage des Ausscheidens aus dem Militärdienst als planmäßiger Beamter und vom Tage der Auflösung des Kriegsgefangenenlagers A. — 31. März 1922 — ab als Wartestandsbeamter zu behandeln sei,
2. daß er zur Besoldungsgruppe VII gehöre und daß sein Besoldungsdienstalter am 1. Oktober 1919 zu laufen begonnen habe.

Der Beklagte hat geltend gemacht: Dem Kläger sei niemals eine planmäßige Zahlmeisterstelle verliehen worden. Er habe als Unterzahlmeister dem Unteroffiziersstand des Friedensheeres angehört; durch seine Ernennung zum Hilfszahlmeister sei er Reichsbeamter auf Widerruf geworden, dieser Widerruf sei am 30. September 1920 durch die Entlassung des Klägers aus dem Heeresdienst erfolgt; damit sei der Kläger wieder in seinen Dienstgrad als Unterzahlmeister (Unteroffizier) eingerückt. Fernerhin sei er beim Gefangenenlager bis zu dessen Auflösung als Vertragsangestellter beschäftigt gewesen. Der Kläger habe daher keinen Rechtsanspruch darauf, nach seiner Entlassung aus dem Heeresdienst als Beamter oder als Wartestandsbeamter behandelt zu werden.

Das Landgericht hat die Klage abgewiesen. Hiergegen hat der Kläger gemäß § 566a ZPO. unter Übergehung der Berufungsinstanz unmittelbar die Revision eingelegt. Das Rechtsmittel blieb ohne Erfolg.

Gründe:

In der Stellung als Unterzahlmeister, die der Kläger bei Kriegsausbruch bekleidete, gehörte er zu den Unteroffizieren des alten Heeres; durch seine Beförderung zum Zahlmeisterstellvertreter vom 3. August 1914 ist hierin keine Änderung eingetreten. Die Ernennung zum Hilfszahlmeister am 24. April 1919 geschah auf Grund der Kabinettsorder vom 28. Februar 1917 betreffend Verleihung von Heeresbeamtenstellen auf Widerruf (Armee-Verordnungsblatt S. 98). Durch diese Ernennung war der Kläger gemäß Anlage 3 zur Kriegsbesoldungs-Vorschrift in der Fassung vom 28. Februar 1917 (Armee-Verordnungsblatt S. 102) sowie der Ausführungsvorschriften und Erläuterungen des Kriegsministeriums hierzu vom gleichen Tage (Armee-Verordnungsblatt S. 103 und 110) Reichsbeamter auf Widerruf geworden. In den Erläuterungen des Kriegsministeriums zu § 1 der Bestimmungen über die Besetzung der Beamtenstellen und die persönlichen und dienstlichen Verhältnisse der Beamten- und Unterbeamtenstellvertreter während des Krieges ist unter Nr. 3 (a. a. O. S. 105) bemerkt:

„Die für die Dauer der Kriegsformationen des Heeres mit Kriegsstellen von Beamten der Heeresverwaltung widerruflich beliehenen Personen — soweit sie nicht bereits im Frieden etatsmäßige Heeresangehörige waren und als solche nach § 32 des Offizierspensionsgesetzes zu pensionieren sind — sind keine etatsmäßigen Beamten im Sinne der §§ 7 und 37 des Reichsbeamtengesetzes. Sie haben daher Anspruch auf Pensionsgebührnisse lediglich auf Grund der §§ 33 bis 35 des Offizierspensionsgesetzes. Bei Aufhebung der Beleihung mit der Beamtenstelle nehmen sie den militärischen Dienstgrad ein, den sie vor der Beleihung bekleidet haben."

In diesen, mit den gesetzlichen Vorschriften im Einklang stehenden Erläuterungen des Kriegsministeriums kommt zweifelfrei zum Ausdruck, daß der Kläger durch seine Beförderung zum Hilfszahlmeister nicht planmäßiger, sondern nur widerruflicher Reichsbeamter geworden ist. Die Aufhebung der Beleihung mit der Beamtenstelle und gleichzeitig der Widerruf ist unbedenklich und für den Kläger klar erkennbar in seiner Entlassung aus dem Heeresdienst zu erblicken, und der Kläger ist damit wieder in den vor der widerruflichen Beleihung mit der Beamtenstelle bekleideten Dienstgrad als Unterzahlmeister eingerückt (RGZ. Bd. 117 S. 77). Rechtsansprüche als planmäßiger Reichsbeamter kann sonach der Kläger nur dann erheben, wenn ihm eine solche Stelle anderweitig verliehen worden ist.

Der Kläger stützt seine Behauptung, daß er mit dem 1. Oktober 1919 lebenslänglich angestellter Reichsbeamter geworden sei, in erster Reihe auf einen Erlaß des Reichswehrministers vom 28. August 1919 betreffend Verwendung der Unterzahlmeister usw. infolge Verminderung des Heeres (Heeres-Verordnungsblatt 1919 S. 45). Der Eingang dieses Erlasses lautet:

„Im Einvernehmen mit dem Reichsfinanzministerium wird nachstehendes bekannt gegeben:

Die geprüften Zahlmeisteranwärter des Heeres, die am 1. Oktober 1919 eine Militärdienstzeit von 15 Jahren und mehr zurückgelegt haben, sollen in Grenzen der planmäßigen Friedensstellen für Unterzahlmeister in der Reihenfolge des Zeitpunktes der Prüfung vom 1. Oktober 1919 an als planmäßige Reichsbeamte in Stellen für mittlere Beamte übernommen werden; sie bleiben bis auf Abruf zur Heeresverwaltung beurlaubt. Sie erhalten, soweit sie auf die Anstellung als Zahlmeister nicht verzichtet haben, mit dem 1. August 1919 Rang und Titel der Zahlmeister. Hiermit ist jedoch keinerlei Veränderung in den Bezügen, auch nicht in bezug auf die Versorgung verbunden."

Diese Bekanntmachung im Sinne des Klägers dahin auszulegen, daß sie die Gesamtanstellung der sämtlichen geprüften Zahlmeisteranwärter des alten Heeres in planmäßigen Stellen des mittleren Beamtendienstes enthalte, ist unmöglich und würde dem Wortlaut und dem Sinn des Erlasses Gewalt antun. Eine solche Gesamtanstellung würde der ständigen Übung aller Anstellungsbehörden zuwiderlaufen und namentlich im Widerspruch stehen mit § 4 RBG., wonach jeder Reichsbeamte bei seiner Anstellung eine Anstellungsurkunde erhält. Daß mit dem Erlaß vom 28. August 1919 keine Verleihung planmäßiger Reichsbeamtenstellen bezweckt war und sein konnte, beweist schon der Umstand, daß die Anwärter erst unter gewissen Voraussetzungen und nach einer gewissen Reihenfolge in den mittleren Beamtendienst übernommen werden sollten. Zudem geht aus dem Erlaß in keiner Weise hervor, welche bestimmten Stellen des mittleren Beamtendienstes in Frage kommen sollten, und ob sie überhaupt im Dienstbereich des Reichswehrministers lagen, in welchem Falle allein dieser Minister als Anstellungsbehörde in Betracht kommen könnte. Hiernach stellt sich der Erlaß vom August 1919 lediglich dar als eine Bekanntgabe von Grundsätzen oder Richtlinien für die spätere Übernahme in freiwerdende oder neu zu schaffende Stellen für mittlere Beamte, und den Anwärtern ist durch den Erlaß nur eine Aussicht, höchstens eine Anwartschaft auf spätere Übernahme in Beamtenstellen bei Reichsbehörden eröffnet. Nach ständiger Rechtsprechung des erkennenden Senats hat kein Anwärter, auch nach Ablegung von Prüfungen, einen Rechtsanspruch auf Anstellung im Reichs- oder Staatsdienst, und kein Beamter hat ein wohlerworbenes Recht auf Aufrückung oder Beförderung oder einen Rechtsanspruch auf Beibehaltung etwaiger hierfür aufgestellter und bekannt gegebener Grundsätze. An dieser Rechtslage sollte durch den Erlaß offensichtlich nichts geändert werden, und wenn darin den Zahlmeisteranwärtern Rang und Titel der Zahlmeister verliehen wird, so sollte damit erkennbar die im Widerruf der Beleihung mit Kriegsstellen oberer Militärbeamter liegende Härte ausgeglichen, nicht aber die lebenslängliche Beleihung mit einer planmäßigen Zahlmeisterstelle ausgesprochen werden. Schon die unmittelbar auf die Rang- und Titelverleihung folgende Einschränkung beweist, daß damit keine Veränderung in den Bezügen, auch nicht in betreff der Versorgung, verbunden sein sollte.

Wenn sich der Kläger an zweiter Stelle darauf beruft, daß seine lebenslängliche Anstellung als planmäßiger Reichsbeamter mit Wirkung vom 1. Oktober 1919 an gleichzeitig mit den übrigen Zahlmeisteranwärtern gelegentlich des Empfangs einer Abordnung des Deutschen Zahlmeisterbundes am 6. Oktober 1919 durch den damaligen Reichsfinanzminister mündlich erfolgt sein soll, so ist diese Annahme schon vom Landgericht mit zutreffender Begründung widerlegt worden. Die gleichen Erwägungen, die der Annahme einer lebenslänglichen Anstellung durch den Erlaß des Reichswehrministers vom 28. August 1919 entgegenstehen, lassen auch die Verleihung einer planmäßigen Stelle in dieser Form ausgeschlossen erscheinen.

Mit dem Landgericht ist nicht zu verkennen, daß der Rechtsstandpunkt des Beklagten, wie er jetzt im Rechtsstreit und in der ihm vorausgegangenen Entscheidung des Reichsministers des Innern nach § 150 RBG. eingenommen wird, in früheren Erlassen der Heeres- und der Finanzverwaltung nicht immer scharf und zweifelfrei seinen Ausdruck findet und daß namentlich Anordnungen der obersten Reichsbehörden, die geprüften Zahlmeisteranwärter seien „den planmäßigen Reichsbeamten entsprechend zu behandeln“, bei den Anwärtern Erwartungen hervorrufen konnten, die demnächst nicht in Erfüllung gegangen sind. Derartige rein gefühlsmäßige Erwägungen vermögen jedoch die fehlende Rechtsgrundlage für die Begründung eines Beamtenverhältnisses nicht zu ersetzen.

Gegen die vorstehend erörterten rechtlichen Gesichtspunkte, die im wesentlichen auch der angefochtenen Entscheidung zugrundeliegen, erhebt die Revision die allgemeine Rüge der Verletzung des § 2 RBG. und macht im besonderen geltend, das Landgericht habe den Vortrag des Klägers unberücksichtigt gelassen, daß ihm tatsächlich die Ausübung von Staatshoheitsrechten anvertraut und hierdurch Beamteneigenschaft verliehen worden sei. Es kann dahingestellt bleiben, ob hierin nicht lediglich eine unter der Herrschaft der Entlastungsgesetzgebung unzulässige Rüge gemäß § 286 ZPO. zu erblicken ist. Selbst wenn man ihr materiellrechtliche Bedeutung zuerkennt, ist sie sachlich unbegründet. Allerdings hat der erkennende Senat in ständiger Rechtsprechung angenommen, daß ein Beamtenverhältnis auch dadurch begründet werden kann, daß einer Person von der Behörde die Ausübung von obrigkeitlichen Dienstverrichtungen übertragen wird, die der Regel nach nur von Beamten vorgenommen werden dürfen. Allein die besonderen Umstände des vorliegenden Falles lassen die Annahme der Begründung eines Beamtenverhältnisses auf diesem Wege nicht zu. Bis zu seiner Entlassung aus dem Heeresdienst (30. September 1920) war der Kläger, wie dargelegt, Reichsbeamter auf Widerruf, also nicht auf Lebenszeit angestellter Reichsbeamter (§§ 2, 37 RBG.). Der Widerruf ist, wie auch schon erörtert, in einer jeden Zweifel ausschließenden, für den Kläger ohne weiteres erkennbaren Weise durch seine Entlassung aus dem Heeresdienst erfolgt. Die Annahme, daß ein nicht einmal vor diesem Widerruf vorhandenes, planmäßiges Anstellungsverhältnis durch die bloße Weiterbeschäftigung des Klägers auf Privatdienstvertrag begründet worden sein könnte, wäre sinnlos und würde den notwendigen Maßnahmen einer geordneten Staats- und Heeresverwaltung unmittelbar zuwiderlaufen. Es handelte sich nach der Entlassung des Klägers aus dem Heeresdienst lediglich noch um einen Abwicklungsdienst bis zu dem bereits fest in Aussicht genommenen, nicht mehr fernen Zeitpunkt der Einziehung des ganzen Amtes, bei dem der Kläger damals beschäftigt war. Der Kläger war also ausdrücklich nur auf eine bestimmte Zeit als Vertragsangestellter für ein seiner Natur nach vorübergehendes Geschäft, ein Abwicklungsgeschäft, angenommen und konnte selbst nicht darüber im Zweifel sein, daß eine derartige Tätigkeit nicht zur Begründung eines Beamtenverhältnisses führen konnte und sollte.

Wollte man aber selbst mit der Revision der Ansicht sein, daß in der Entlassung des Klägers aus dem Heeresdienst noch nicht der Widerruf seiner Beleihung mit dem Amt gefunden werden könne, so wäre dieser Widerruf unter allen Umständen mit der Auflösung des Kriegsgefangenenlagers A. am 31. März 1922 erfolgt. Der Kläger wäre daher, da ihm, wie dargelegt, eine planmäßige Beamtenstelle seit dem 30. September 1920 nicht verliehen worden ist, bis zum 31. März 1922 Reichsbeamter auf Widerruf geblieben; seine Rechtslage könnte sich also auch bei dieser Annahme nicht günstiger gestalten.

Fehl geht ferner der Hinweis der Revision auf die §§ 37 und 43 RBG.; denn diese Vorschriften regeln — von anderen Unterschieden abgesehen — die Pensionsansprüche der darin erwähnten Beamten. Einen Pensionsanspruch hat jedoch der Kläger im ganzen Rechtsstreit nicht geltend gemacht, und darum brauchte sich das Landgericht mit diesen gesetzlichen Vorschriften nicht zu befassen. Aus den gleichen Gründen läßt sich auch aus der schon erwähnten Entscheidung des Senats in RGZ. Bd. 117 S. 77 nichts zugunsten des Klägers herleiten. Dort handelte es sich gleichfalls um einen Ruhegehaltsanspruch, und der Tatbestand jenes Rechtsstreits lag auch insofern anders, als der damalige Kläger schon in der Vorkriegszeit planmäßiger Militärbeamter war.

Endlich ist auch nicht ersichtlich, inwiefern durch Heranziehung des § 10 des Reichsbesoldungsgesetzes vom 30. April 1920 ein dem Kläger günstigeres Ergebnis herbeigeführt werden könnte; Abs. 2 dieses Paragraphen steht jedenfalls dem Vorbringen des Klägers unmittelbar entgegen.

Wie dargelegt, ist nach der Entlassung des Klägers aus dem Heeresdienst und dem darin liegenden Widerruf der Anstellung kein neues Beamtenverhältnis begründet worden. Der Kläger kann auch nach Auflösung des Kriegsgefangenenlagers A. (31. März 1922) nicht als Wartestandsbeamter angesehen werden; denn er ist niemals in den einstweiligen Ruhestand versetzt worden und hat keinen Rechtsanspruch hierauf (§ 24 RBG.). Ist er aber nicht mehr Beamter, so ist kein Raum für die Feststellung, daß er einer bestimmten Besoldungsgruppe angehöre und daß sein Besoldungsdienstalter von einem bestimmten Zeitpunkt an laufe. . . .

---

2. Haben die Angehörigen einer Beamtengruppe dann, wenn die Gruppe bei einer Besoldungsneuregelung in zwei verschieden besoldete Gruppen geteilt wird, ein wohlerworbenes Recht auf die Besoldung der höheren Gruppe?

RVerf. Art. 129 Abs. 1 Satz 3.

III. Zivilsenat. Urt. v. 10. Juli 1928 i. S. B. u. Gen. (Kl.) w. Stadtgemeinde B. (Bekl.). III 22/28.

I. Landgericht Breslau.
II. Oberlandesgericht daselbst.

Die Kläger gehörten als Bürovorsteher der verklagten Stadtgemeinde vor dem 1. April 1920 mit noch anderen Beamten sämtlich der Gehaltsklasse 18 der städtischen Besoldungsordnung an. Eine von der Stadtverordnetenversammlung am 26. Februar 1920 genehmigte Besoldungsordnung stufte die Bürovorsteher in Gruppe VIII ein. Als das preußische Gesetz vom 8. Juli 1920 und das Reichsgesetz vom 21. Dezember 1920 (das sog. Besoldungssperrgesetz) eine weitere Regelung notwendig machten, wurden die Bürovorsteher zunächst in Gruppe IX, später, auf Grund eines Beschlusses der städtischen Körperschaften vom 30. Mai 1922, in die Gruppe X eingestuft. Die Gemeinde zahlte ihnen, da die Entscheidung des Regierungspräsidenten über die Genehmigung der Einstufung sich verzögerte, das Gehalt dieser Gruppe aus. Am 2. Januar 1924 entschied der Regierungspräsident nach § 9 BesSpG., daß nur 12 Bürovorsteher in der Gruppe X zu belassen, die übrigen 45 dagegen in Gruppe IX einzustufen seien. Vom 15. Januar ab wurde deshalb 45 Bürovorstehern, darunter auch den beiden Klägern, nur das Gehalt der Gruppe IX ausgezahlt, vom 1. April 1926 ab aber, nach Wegfall des Besoldungssperrgesetzes, wieder das Gehalt der Gruppe X. Mit der Klage verlangen die Kläger Nachzahlung des Gehaltsunterschiedes zwischen den Gruppen IX und X für die Zeit vom 15. Januar 1924 bis 31. März 1926. Landgericht und Oberlandesgericht haben die Klage abgewiesen. Die Revision der Kläger war erfolglos.

Gründe:

Die Kläger haben durch die erst nach Verkündung des Besoldungsspetrgesetzes, d. h. nach dem 24. Dezember 1920 vorgenommene Einstufung der Bürovorsteher in die Gehaltsgruppe X kein Recht auf die Bezüge dieser Gruppe erlangt. Denn diese ortsgesetzliche Regelung hat die nach § 9 des genannten Gesetzes zu ihrer Rechtswirksamkeit erforderliche Genehmigung des Regierungspräsidenten nicht gefunden. Sie kann deshalb keine Beamtenrechte begründen. Die Kläger verkennen dies auch nicht; sie glauben aber trotzdem aus folgenden Erwägungen einen Anspruch auf Besoldung nach Gehaltsgruppe X zu haben: Das wohlerworbene Recht der Bürovorsteher bestehe nicht nur in der vor Inkrafttreten des Sperrgesetzes erfolgten Einstufung in Gruppe VIII, sondern in dem Anspruch, sämtlich persönlich gleich behandelt zu werden, und zwar einerlei, wie die Stellen später eingestuft würden. Es komme daher nur darauf an, ob mit Genehmigung des Regierungspräsidenten auch nur ein Teil der mit den gleichen Dienstaufgaben (wie die Kläger) betrauten Bürovorsteher eine höhere Besoldung erhalten habe als die Kläger. Sei das geschehen, so hätten die Kläger auch ihrerseits einen Anspruch auf diese höhere Besoldung, weil sie eben die gleichen amtlichen Dienstaufgaben wie die höher Besoldeten übertragen erhalten hätten. Daher ergebe sich aus ihrer bisherigen Gleichstellung mit den jetzt höher Besoldeten ihr wohlerworbenes Recht auf gleichmäßige Besoldung mit den jetzt besser Gestellten.

Wie auch schon das Berufungsgericht zutreffend entschieden hat, ist diese Rechtsauffassung verfehlt. Die Einreihung sämtlicher Bürovorsteher in die einheitliche Besoldungsgruppe VIII begründete für die Kläger lediglich ein Recht auf das mit dem fraglichen Amte jeweils verbundene Gehalt. Es wurde damit eine Besoldung nach den Bezügen ausgeschlossen, die für ein niedriger eingestuftes Amt ausgeworfen sind. Dagegen ist für die Kläger kein Recht auf das Fortbestehen einer einheitlichen Besoldung mit den übrigen Bürovorstehern entstanden. Ebensowenig wie daraus, daß mehrere Beamtengattungen die gleichen Dienstbezüge erhalten, ein Recht der Beamten, die zur Zeit des Bestehens dieses Zustands zu ihnen zählen, auf Aufrechterhaltung dieser Gleichstellung abzuleiten ist (RGZ. Bd. 108 S. 316), kann auf die Tatsache, daß eine und dieselbe Beamtengattung nach derselben Gehaltsgruppe besoldet wird, ein Recht der ihr angehörenden Beamten auf die Fortdauer dieser Regelung gestützt werden. Auch in dem von der Revision angezogenen Urteil des erkennenden Senats vom 23. Mai 1924 (III 472/23) ist lediglich der Grundsatz ausgesprochen, daß einem Beamten die Bezüge der Stelle, die ihm verliehen worden ist, erhalten werden müssen und durch schlechtere Einstufung des Amtes nicht entzogen werden können. Ein Recht des Beamten auf fortdauernde einheitliche besoldungsrechtliche Behandlung mit der ganzen Beamtenklasse, der er zuzurechnen ist, wird dort aber nicht anerkannt. Wird daher eine Besoldungsordnung dahin geändert, daß eine Beamtengattung, die bisher in eine einzige Gehaltsgruppe eingereiht war, auf zwei Gruppen verteilt wird, so können die Beamten hieraus kein Recht auf Besoldung aus der höheren dieser beiden Gruppen entnehmen.

---

3. Ist § 5 Abs. 1 des badischen Beamtengesetzes in der Fassung des Gesetzes vom 28. Januar 1926 insoweit mit der Reichsverfassung vereinbar, als er die Versetzung eines Beamten in ein anderes Amt mit geringerem Range zuläßt?

RVerf. Art. 129 Abs. 2.

III. Zivilsenat. Beschl. v. 13. Juli 1928. III Tgb. 58/28.

Die Frage ist verneint worden aus folgenden

Gründen:

I. Der die Überschrift „Versetzung der Beamten" tragende § 5 des badischen Beamtengesetzes vom 24. Juli 1888 (Ges. u. VBl. S. 399) bestimmte in Absatz 1:

„Unwiderruflich angestellte Beamte können ohne ihre Zustimmung auf eine andere Amtsstelle nur versetzt werden, wenn dieselbe etatmäßig und ihrer Berufsbildung entsprechend ist und wenn dabei weder eine Zurücksetzung im Range noch eine Schmälerung des anschlagsmäßigen Diensteinkommens (vgl. § 19) eintritt".

In der neuen Fassung des Beamtengesetzes vom 12. August 1908 (Ges. u. VBl. S. 420) erhielt § 5 Abs. 1 folgenden Wortlaut:

„Unwiderruflich angestellte Beamte können ohne ihre Zustimmung auf eine andere Amtsstelle nur versetzt werden, wenn dieselbe etatmäßig und ihrer Berufsbildung entsprechend ist und wenn mit der Versetzung eine Schmälerung des zur Zeit der Versetzung verliehenen anschlagsmäßigen Diensteinkommens (§ 19) nicht verbunden ist."

Gestrichen wurden die Worte „weder eine Zurücksetzung im Range", d. h. es wurde die Versetzung auf ein Amt mit geringerem Amtsrang für zulässig erklärt. Hieran hat das badische Beamtenrecht auch fernerhin festgehalten, sowohl in der Fassung, die dem § 5 Abs. 1 BadBG. durch Art. 1 Nr. 1 der badischen Personal-Abbau-Verordnung vom 5. Dezember 1923 (Ges. u. VBl. S. 353) gegeben wurde, als auch in der letzten Umgestaltung, die der § 5 Abs. 1 durch Art. 2 § 1 des Gesetzes über Einstellung des Personal-Abbaues und Änderung der Personal-Abbau-Verordnung vom 28. Januar 1926 (Ges. u. VBl. S. 31) erfahren hat. Danach lautet § 5 Abs. 1 jetzt folgendermaßen:

„Jeder Beamte kann in ein anderes Amt derselben oder einer gleichwertigen Laufbahn und von gleichem planmäßigem Diensteinkommen versetzt werden, wenn es das dienstliche Bedürfnis erfordert."

Auf Grund dieser Vorschrift hat das badische Staatsministerium durch Entschließung vom 30. Juli 1926 dem Direktor einer Kunstgewerbeschule unter Belassung seines bisherigen Besoldungsdienstalters in Gruppe XII eine Professorenstelle an der bisher von ihm geleiteten Anstalt übertragen. Der Beamte hält seine Versetzung in ein Amt von geringerem Range für unvereinbar mit der Reichsverfassung und hat deshalb Klage gegen den badischen Staat erhoben. Das Landgericht Karlsruhe hat durch Urteil vom 5. April 1927 festgestellt, daß der verklagte badische Staat verpflichtet sei, dem klagenden Beamten das Gehalt aus seiner Dienststelle als Direktor der Kunstgewerbeschule auch dann weiter zu zahlen, wenn er sich weigere, die ihm mit Entschließung des Staatsministeriums vom 10. Juli 1926 übertragene Professorenstelle an der genannten Anstalt zu übernehmen. Das Oberlandesgericht hat durch Urteil vom 7. Dezember 1927 die Berufung des badischen Staates zurückgewiesen. Es legt in den Entscheidungsgründen dar, daß nach Artikel 129 Abs. 2 RVerf. die Versetzung eines Beamten in ein anderes Amt mit geringerem Range gegen seinen Willen nicht mehr zulässig sei, daß deshalb § 5 Abs. 1 BadBG. insoweit seine Gültigkeit verloren habe, daß mithin die Versetzung des Klägers in eine Professorenstelle an der Anstalt, an deren Spitze er bis dahin gestanden habe, einen Eingriff in seinen ein wohlerworbenes Recht im Sinne von Art. 129 Abs. 1 Satz 3 RVerf. darstellenden Rang enthalte. Der badische Staat, der diese Auslegung der Reichsverfassung für unrichtig hält, hat gegen das Urteil Revision eingelegt. Außerdem hat aber das badische Staatsministerium auf Grund von Art. 13 Abs. 2 RVerf. in Verbindung mit dem Gesetz zur Ausführung dieses Artikels vom 8. April 1920 (RGBl. S. 510) beim Reichsgericht den Antrag gestellt,

> dieses wolle Entschließung dahin treffen, daß § 5 Abs. 1 des badischen Beamtengesetzes in der derzeit geltenden Fassung mit Artikel 129 der Reichsverfassung vereinbar sei.

In der Begründung zu diesem Antrag hat das Staatsministerium ausgeführt, daß ihm wegen der Wichtigkeit der Angelegenheit für die gesamte badische Verwaltung mit einer inzidenten Feststellung der Rechtslage in den Urteilsgründen des Reichsgerichts als Revisionsinstanz nicht gedient sei, daß es vielmehr auf eine authentische Interpretation der Wirksamkeit des § 5 BadBG. Wert legen müsse.

Der Präsident des Reichsgerichts hat für die beantragte Entscheidung den III. Zivilsenat des Reichsgerichts bestimmt. Dem Reichsminister des Innern ist Gelegenheit gegeben worden, zu der Streitfrage Stellung zu nehmen. Dieser hat indessen geglaubt, von einer solchen Stellungnahme absehen zu sollen.

II. Das Oberlandesgericht Karlsruhe hat in seinem Urteil vom 7. Dezember 1927 dargelegt, daß in Baden noch heute ein freilich nicht gesetzlich festgelegtes Rangverhältnis der Beamten bestehe.

Hiervon geht ersichtlich auch das badische Staatsministerium aus. Reichsrechtliche Bedenken sind insoweit nicht zu erheben. Es bedarf deshalb nur der Erörterung, ob innerhalb dieser Rangordnung die Versetzung eines Beamten in ein Amt von geringerem Range gegen seinen Willen zulässig ist. § 5 Abs. 1 BadBG. in seinen verschiedenen späteren Fassungen von 1908 und 1923 und ebenso in der jetzt geltenden von 1926 gestattet sie. Dieser Vorschrift ist aber insoweit gegenüber Art. 129 Abs. 2 RVerf. die Rechtsgültigkeit zu versagen.

Der jetzt beschließende Senat hat schon in seinem Urteil vom 12. Juni 1922 (RGZ. Bd. 105 S. 24) ausgesprochen, daß der Landesgesetzgebung durch Art. 129 Abs. 2 RVerf. in der Art der Versetzung der Landesbeamten eine Schranke gezogen worden sei, und zwar mit sofortiger Wirksamkeit auch gegenüber einer zur Zeit des Inkrafttretens der Reichsverfassung bestehenden Regelung. Nach der genannten Verfassungsvorschrift sei die Versetzung eines Beamten in ein Amt von geringerem Range weder im Wege des Disziplinarverfahrens noch sonst wider seinen Willen zulässig. Zur Begründung dieser Sätze hat sich der Senat auf die Entstehungsgeschichte der fraglichen Vorschrift gestützt und dazu folgendes dargelegt:

„Der Entwurf der Verfassung, wie er sich nach den Beschlüssen des Verfassungsausschusses der Nationalversammlung gestaltet hatte, hatte in dem — dem Art. 129 Abs. 2 der Verfassung entsprechenden — Art. 127 Abs. 2 eine Versetzung „in ein anderes Amt mit geringerem Gehalt oder Rang" als zulässig bezeichnet. In der 2. Lesung des Entwurfs beantragte aber der Abgeordnete Steinkopf die Streichung der Worte „oder Rang", weil eine Versetzung mit Rangminderung eine Degradation des Beamten enthalte, zu der man nicht die Hand bieten könne. Sein Antrag wurde angenommen, ohne daß seinen Ausführungen widersprochen worden wäre (vgl. Stenogr. Ber. Bd. 328 S. 1631/32, 1642 Sp. 1, 2134/36)."

In dem Beschluß vom 21. März 1925 (III Tgb. 34/24) hat der Senat denselben Standpunkt eingenommen und erneut ausgesprochen, daß nach der Reichsverfassung die Versetzung eines Beamten in ein Amt von geringerem Rang gegen seinen Willen nicht statthaft sei. Ihm hat sich der VII. Zivilsenat des Reichsgerichts in seinem Beschluß vom 19. Januar 1923 (RGZ. Bd. 107 S. 1) angeschlossen.

An dieser Auslegung des Art. 129 Abs. 2 RVerf., die von Giese Reichsverfassung Art. 129 Anm. 7 und von Brand, Beamtenrecht, 2. Aufl. S. 558, 607 gebilligt wird, ist festzuhalten. Das badische Staatsministerium hält sie allerdings für unzutreffend. Es beruft sich auf die in LZ. 1926 Sp. 978 veröffentlichte Abhandlung von Reindl „Ist die Strafversetzung eines Beamten auf eine Amtsstelle mit geringerem Rang nach dem bayer. Beamtenrecht noch zulässig?" und auf ein Gutachten, das Geh. Justizrat Prof. Dr. Anschütz in Heidelberg in der oben erwähnten Prozeßsache erstattet hat, das sich aber in seinen Ausführungen zu dem hier zu entscheidenden Streitpunkt im wesentlichen darauf beschränkt, auf die Abhandlung von Reindl Bezug zu nehmen. Die Darlegungen Reindls enthalten jedoch keine überzeugende Widerlegung des Urteils des Senats vom 12. Juni 1922.

Richtig ist allerdings, daß Art. 129 Abs. 2 RVerf. von der Rangstellung der Beamten, insbesondere von der Möglichkeit ihrer Versetzung in ein Amt von geringerem Range, nicht spricht. Es ist aber verfehlt, daraus den Schluß zu ziehen, daß Art. 129 Abs. 2 diese Art der Versetzung überhaupt nicht betreffe. Denn bei der Auslegung eines Gesetzes wie bei der jeder anderen Willenserklärung ist zu beachten, daß eine Bejahung eine Verneinung enthalten kann, die, auch wenn sie nicht in besondere Worte gekleidet ist, doch schon durch erstere hinreichend zum Ausdruck gelangt. Insbesondere kann die Gestattung gewisser Maßnahmen zugleich das auch ohne ausdrücklichen Ausspruch erkennbar gewollte Verbot enthalten, andere Maßnahmen gleicher oder ähnlicher Art zu treffen. So steht es mit Art. 129 Abs. 2 RVerf. Er gestattet, daß die Beamten unter den gesetzlich bestimmten Voraussetzungen und Formen vorläufig ihres Amtes enthoben, einstweilen oder endgültig in den Ruhestand oder in ein anderes Amt mit geringerem Gehalt versetzt werden. Damit schließt er andere Maßnahmen disziplinarer Art aus, die auf die Entfernung des Beamten aus seinem Amte abzielen, mögen sie auch nach dem bisherigen Beamtenrecht des Reiches oder der Länder zulässig gewesen sein. Könnte und dürfte man dem Art. 129 Abs. 2 RVerf. diese Einschränkung nicht entnehmen, so würde man gerade bei der hier streitigen Versetzung der Beamten in ein Amt von geringerem Range zu einem unannehmbaren Ergebnis gelangen. Wäre es nämlich richtig, daß Art. 129 Abs. 2

nur den Zweck hat, die von ihm genannten Maßnahmen an gesetzlich zu bestimmende Voraussetzungen und Formen zu knüpfen, daß er dagegen die von ihm nicht erwähnte Versetzung in ein Amt von geringerem Rang überhaupt nicht berührt, so wäre diese Maßregel unbeschränkt zulässig geblieben. Das Landesrecht könnte die Versetzung der Beamten in ein Amt minderen Ranges ohne jede gesetzliche Voraussetzung und Form in das freie Belieben der vorgesetzten Dienstbehörden stellen. Diese Schlußfolgerung ist unvereinbar mit dem Ziel des ganzen Art. 129 RVerf., der die Stellung des Berufsbeamtentums sichern will. Es wäre auch nicht erklärlich, warum die Reichsverfassung die Versetzung eines Beamten in ein anderes Amt von geringerem Einkommen an gesetzliche Voraussetzungen und Formen bände, hiervon aber absähe bei der für den betroffenen Beamten ebenso bedeutsamen Versetzung in ein Amt von geringerem Range. Ist diese Deutung mithin abzulehnen, so bleibt nur die andere übrig, daß Art. 129 Abs. 2 die Versetzung in ein Amt mit geringerem Range überhaupt hat untersagen wollen.

Die oben nach dem Urteil des Senats vom 12. Juni 1922 mitgeteilte Entstehungsgeschichte der streitigen Vorschrift bestätigt, daß ihr diese Tragweite zukommt. Die Streichung der Worte „oder Rang" in Artikel 127 Abs. 2 des Entwurfs (Art. 129 Abs. 2 RVerf.) ist vom Abgeordneten Steinkopf beantragt worden, um die Versetzung in eine andere Rangklasse auszuschließen. Es fehlt an jedem Anhalt dafür, daß die Mehrheit der Nationalversammlung dem Antrag aus einem anderen Grunde als dem vom Antragsteller dargelegten zugestimmt hätte. Dies erscheint um so mehr als ausgeschlossen, als sich auch die Ausführungen des Vertreters des Reichsministeriums Dr. Preuß (Sten. Ber. S. 1632 D) zum Antrag Steinkopf nur dahin auffassen lassen, die Streichung der genannten beiden Wörter werde zur Folge haben, daß Degradierungen von Beamten nicht mehr vorgenommen werden könnten. Die Bedeutung, die der Antrag Steinkopf und seine Annahme durch die Nationalversammlung für die Auslegung des Artikels 129 Abs. 2 RVerf. hat, wird nicht durch den Nachweis entkräftet, daß die Ausführungen, mit denen dieser Abgeordnete seinen Antrag näher begründete, in verschiedenen Punkten unzutreffend sind. Sein Irrtum, daß die Versetzung in ein Amt mit geringerem Rang ein vollständiges „Novum" im Beamtenleben sei, ist sofort von Dr. Preuß (Sten. Ber. a. a. O.) dahin berichtigt worden, daß nach den Disziplinargesetzen, zwar nicht des Reichs und Preußens, wohl aber einiger anderer Staaten, auch eine Versetzung in ein Amt mit geringerem Range möglich sei. Jedoch zeigt gerade das, was Dr. Preuß damals gesagt hat, daß man im Gegensatz zum Entwurf der Verfassung auf diese landesrechtlichen Besonderheiten keine Rücksicht mehr nehmen wollte. Die dem Abgeordneten Steinkopf unterlaufene Verwechslung zwischen Versetzung in ein anderes Amt mit geringerem Gehalt (so Art. 129 Abs. 2 RVerf.) und Versetzung in ein anderes Amt mit Verminderung des Diensteinkommens (so § 75 Nr. 1 RBG., § 16 Nr. 1 Preuß. DiszG. vom 21. Juli 1852) ist für die Entschließung der Nationalversammlung, dem Antrag Steinkopf stattzugeben, sicherlich ohne jede Bedeutung gewesen. Schließlich geben die Ausführungen dieses Abgeordneten auch keine Veranlassung zu einer Erörterung des Begriffs der Degradation. Es kann dahingestellt bleiben, ob die durch § 5 Abs. 1 BadBG. zugelassene Versetzung jedes Beamten in ein anderes Amt mit geringerem Rang des mit einer Degradation nach allgemeiner Auffassung verbundenen herabwürdigenden Charakters dadurch entkleidet wird, daß das neue Amt derselben oder einer gleichartigen Laufbahn wie das frühere angehören und mit dem gleichen planmäßigen Diensteinkommen ausgestattet sein muß. Der Abgeordnete Steinkopf, auf dessen in der Nationalversammlung vertretenen und von ihr dann gebilligten Standpunkt es in diesem Zusammenhang allein ankommt, hat unter Degradation die nach Art. 127 Abs. 2 des Entwurfs zulässige Versetzung in ein Amt mit geringerem Range verstanden, ganz ohne Rücksicht darauf, wie solche Versetzung etwa sonst ausgestaltet wäre. Diese von ihm als „Degradation" bezeichnete Maßnahme auszuschließen, war der unzweideutig ausgesprochene Zweck seines Antrags. Ob er den § 5 BadBG. beanstandet haben würde, wenn er ihn gekannt hätte, ist völlig unerheblich.

Ungeeignet zur Widerlegung der vom Senat vertretenen Auslegung des Art. 129 Abs. 2 RVerf. ist auch der Hinweis darauf, daß in ihm außer den Worten „oder Rang" auch noch das in Art. 127 Abs. 2 des Entwurfs enthaltene Wort „entlassen" fehlt. Trotz Wegfalls dieses Wortes ist allerdings die disziplinare Entlassung eines Beamten immer noch als zulässig anzusehen.

Gleichwohl ist die Schlußfolgerung unzutreffend, daß, wenn die Streichung des Wortes „entlassen" kein Verbot dieser Entlassung enthalte, auch die Beseitigung der Worte „oder Rang" die Versetzung in ein Amt mit geringerem Rang nicht untersagt haben könne. Bei solcher Beweisführung wird nicht hinreichend berücksichtigt, wie es zum Wegfall des Wortes „entlassen" gekommen ist.

Art. 127 Abs. 2 des Entwurfs zur Reichsverfassung lautete nach den Beschlüssen des Verfassungsausschusses der Nationalversammlung (Drucksache Nr. 391):

> „Die Beamten können nur unter den gesetzlich bestimmten Voraussetzungen und Formen entlassen, einstweilen oder endgültig in den Ruhestand oder in ein anderes Amt mit geringerem Gehalt oder Rang versetzt werden."

Der Abg. Steinkopf hat hierzu nicht bloß den schon erörterten Antrag gestellt, die Worte „oder Rang" zu streichen (Abänderungsantrag Nr. 474 Nr. 1), sondern weiter noch beantragt, nach dem Worte „Formen" einzuschalten: „vorläufig ihres Amtes enthoben" (Abänderungsantrag Nr. 565). Auch dieser Antrag ist in der zweiten Lesung der Verfassung von der Vollversammlung angenommen worden (Sten. Ber. S. 1642 A). Die Zusammenstellung des Entwurfs einer Verfassung des Deutschen Reichs nach den Beschlüssen des 8. Ausschusses mit den Beschlüssen der Nationalversammlung in 2. Beratung (Drucksache Nr. 656) gibt den Wortlaut des Art. 127 Abs. 2 nach den Beschlüssen der Nationalversammlung in 2. Beratung dahin wieder, daß den sich an das Wort „Formen" anschließenden Worten „vorläufig ihres Amtes enthoben" gleich die Worte „einstweilen oder endgültig" usw. folgen. Das Wort „entlassen" ist also weggefallen, an seine Stelle sind die Worte „vorläufig ihres Amtes enthoben" getreten. Diese Fassung entspricht unzweifelhaft nicht dem von der Nationalversammlung angenommenen Antrag Steinkopf, der das Wort „entlassen" unberührt ließ und vor ihm — nach dem Worte „Formen" — die eben erwähnten vier Worte einschieben wollte. Worauf diese Ungenauigkeit in der Zusammenstellung, diese von der Nationalversammlung nicht beschlossene Streichung des Wortes „entlassen" zurückzuführen ist, ist nicht ersichtlich. In den weiteren Beratungen ist sie nicht bemerkt worden. Art. 127 Abs. 2 des Entwurfs ist also als Art. 129 Abs. 2 RVerf. Gesetz geworden ohne das Wort „entlassen". Die Möglichkeit einer disziplinaren Entlassung von Beamten läßt sich aber trotz dieses Werdegangs der Vorschrift vollauf rechtfertigen. Entweder begreift Art. 129 Abs. 2 RVerf. unter der endgültigen Versetzung in den Ruhestand auch die Entlassung (so Giese Reichsverfassung Art. 129 Anm. 7) oder es liegt ein offenkundiges Versehen vor, dessen Berichtigung gestattet sein muß. Das ist anscheinend der Standpunkt der preußischen Regierung. Art. 79 Abs. 1 PreußVerf. wiederholt den Art. 129 Abs. 2 RVerf., nennt aber neben den dort bezeichneten Maßnahmen auch noch die Entlassung. Bei der Beratung dieser Vorschrift der preußischen Verfassung (§ 60 Abs. 1 des Regierungsentwurfs) hat der Vertreter des Justizministeriums, Geh. Oberjustizrat Huber, im Verfassungsausschuß der Verfassunggebenden Preußischen Landesversammlung (Drucksache Nr. 3120 B Sp. 240) erklärt, die Reichsverfassung spreche versehentlich nicht von der endgültigen Entlassung eines Beamten, was in der Vorlage ergänzt sei. Dem mag indessen sein, wie ihm wolle. Auf alle Fälle besteht der tiefgreifende Unterschied, daß das in Art. 127 Abs. 2 des Entwurfs der Reichsverfassung enthaltene Wort „entlassen" ohne erkennbaren Grund weggefallen ist, während die Worte „oder Rang" mit voller Überlegung dem eingehend begründeten Antrag eines Abgeordneten entsprechend von der Nationalversammlung gestrichen worden sind. Daß dem letzteren Vorgang eine ganz andere Bedeutung zukommt als dem ersten, liegt auf der Hand. Es ist also unzutreffend, daß die vom Senat aus der Streichung der Worte „oder Rang" gezogene Schlußfolgerung logischerweise dazu führen müsse, auch eine Dienstentlassung für unstatthaft zu erklären.

Nicht zu verkennen ist, daß die aus den bisherigen Darlegungen sich ergebende Tragweite des Art. 129 Abs. 2 RVerf. in den kleineren deutschen Ländern zu Unzuträglichkeiten führen kann. Ihnen wird unter Umständen nicht ohne weiteres eine Beamtenstelle von gleichem Rang zur Verfügung stehen, in die ein Beamter versetzt werden könnte, wenn er von seiner bisherigen Stelle entfernt werden soll. Es ist das indes eine auch in anderen Fällen zu beobachtende Folge der Übernahme reichsrechtlicher oder preußischrechtlicher Grundsätze in die Reichsverfassung. Sich ihnen anzupassen, fällt den andern Ländern nicht immer leicht. Daraus können aber die Gerichte nicht die Befugnis ableiten, Vereinheitlichungsmaßnahmen, die der

Verfassungsgesetzgeber bewußt getroffen hat, in ihrer Wirkung abzuschwächen.

Verbietet demnach Art. 129 Abs. 2 RVerf. die Versetzung eines Beamten in ein anderes Amt mit geringerem Rang gegen seinen Willen, so folgt daraus schon kraft Reichsrechts, daß jeder Beamte auf seinen Amtsrang ein wohlerworbenes Recht im Sinne von Art. 129 Abs. 1 Satz 3 das. besitzt. Daß das badische Beamtengesetz diesen Rang nicht noch besonders schützt, ist deshalb bedeutungslos. Wie schon eingangs bemerkt, besteht in Baden eine Rangordnung der Beamten auch ohne besondere gesetzliche Regelung.

Die vorstehenden Darlegungen ergeben, daß dem Antrag des badischen Staatsministeriums nicht entsprochen werden kann. Vielmehr ist im Gegensatz zu seinem Standpunkt dahin zu entscheiden, daß § 5 Abs. 1 BadBG. in seiner jetzigen Fassung insoweit nicht mit der Reichsverfassung vereinbar ist, als er die Versetzung eines Beamten in ein Amt mit geringerem Range zuläßt. Die Entscheidung betrifft, wie zur Vermeidung von Zweifeln über ihre Tragweite bemerkt werden soll, nur den gegenwärtigen Rechtszustand. Auf die Frage, welchen Einfluß die Personalabbaugesetzgebung des Reichs und die auf ihr beruhende Badens auf § 5 Abs. 1 BadBG. gehabt hat, ob und wie lange nach ihr vorübergehend die Versetzung eines Beamten in ein Amt mit geringerem Range zulässig gewesen ist, erstreckt sich der Antrag des badischen Staatsministeriums nicht. Diese Frage hat daher unerörtert zu bleiben.

---

4. Setzt die in § 15 der Aufwertungsnovelle vom 9. Juli 1927 zugelassene Höheraufwertung der daselbst bezeichneten Forderungen voraus, daß der in § 12 des Aufwertungsgesetzes vorgesehene Antrag rechtzeitig gestellt war?

AufwG. § 10 Abs. 1 Nr. 5 und Abs. 3, § 12, § 74 Abs. 1. Aufwertungsnovelle vom 9. Juli 1927 §§ 15, 16, 17.

V. Zivilsenat. Beschl. v. 14. Juli 1928 i. S. G. (Antragst.) w. M. (Antragsg.). V B 37/28.

I. Aufwertungsstelle Lübeck.
II. Landgericht daselbst.

Der Sachverhalt und die Entscheidung ergeben sich aus den Gründen:

Der Antragsteller verkaufte im Juni 1921 sein Hausgrundstück in Lübeck an die Antragsgegnerin, wobei für ihn eine Kaufgeldresthypothek von 96000 ℳ eingetragen wurde. Im August und November 1922 zahlte die Käuferin den Kaufgeldrest; die Hypothek wurde am 7. Dezember 1922 gelöscht. Am 30. Dezember 1925 meldete ein Rechtsanwalt als Vertreter des Verkäufers „die Hypothek und die durch sie gesicherte persönliche Forderung" zur Aufwertung bei der Aufwertungsstelle an. Der letzte Satz des dabei benutzten Vordrucks, daß wegen der persönlichen Forderung eine höhere Aufwertung als 25% beantragt werde, war ausgestrichen; ein Antrag auf solche Höheraufwertung aus § 12, § 10 Abs. 3 in Verb. m. Abs. 1 Nr. 5 AufwG. ist auch anderweitig nicht gestellt worden. Am 27. September 1927 beantragte der Antragsteller unter Berufung auf Art. III § 15 des Reichsgesetzes über die Verzinsung aufgewerteter Hypotheken usw. vom 9. Juli 1927 (RGBl. 1927 I S. 171) — der sog. Aufwertungsnovelle —, den Aufwertungsbetrag seiner Kaufgeldrestforderung bis auf 400% des Goldmarkbetrags, über den gewöhnlichen Satz von 25% hinaus, festzusetzen. Die Antragsgegnerin widersprach. Die Aufwertungsstelle lehnte den Antrag ab. Die sofortige Beschwerde des Antragstellers wurde vom Landgericht zurückgewiesen, weil § 15 AufwNov. nicht etwas Neues, Selbständiges bestimme, sondern nur die im § 10 Abs. 3 AufwG. ausgesprochene Begrenzung der Höheraufwertung mildere, ohne an der Voraussetzung zu rütteln, daß § 12 AufwG. gewahrt sei. Der Antragsteller hat sofortige weitere Beschwerde beim Oberlandesgericht Hamburg eingelegt. Dieses möchte ihr stattgeben, sieht sich aber daran gehindert, weil das Kammergericht im Beschluß vom 1. März 1928 (JRsch. 1928 HRR. Nr. 764) gegenteilig entschieden habe. Das Kammergericht führt dort aus, § 15 AufwNov. erwähne zwar den § 12 AufwG. nicht und stelle somit nicht ausdrücklich das Erfordernis eines Antrags aus § 12 AufwG. auf; aber Sinn und Zweck des § 15 AufwNov. ergäben die Notwendigkeit, einen solchen Antrag zu fordern. § 15 a. a. O. wolle die Aufwertungsschranke des § 10 Abs. 3 AufwG. lockern, ändere also den § 10 nur ab und könne nur im Zusammenhang mit § 10 verstanden werden. Jede Aufwertung aus § 10 setze einen Antrag aus § 12 voraus; somit sei dies auch bei der in § 15 AufwNov. gestatteten Aufwertung über den gewöhnlichen Höchstsatz von 100% des Goldmarkbetrags hinaus der Fall. Das Kammergericht bemerkt, Roth (AufwNov. bei § 15 S. 91) sei ohne nähere Begründung seiner (des Kammergerichts) Ansicht, während Warneyer-Koppe (AufwNov. zu § 15 S. 31), Nadler (AufwNov. zu § 15 S. 79), Heilfron (AufwPraxis 1927 Heft 9 S. 259) und Cammerer (LZ. 1927 Sp. 946) den Antrag aus § 12 AufwG. als nicht erforderlich für die Anwendung des § 15 AufwNov. erklärten, weil diese Vorschrift ein solches Erfordernis nicht zum Ausdruck bringe und weil sie eine erschöpfende, nicht auf Grund anderer Vorschriften des Aufwertungsgesetzes zu ergänzende Regelung darstelle. Das Oberlandesgericht Hamburg hält die letzterwähnte Ansicht, daß ein Antrag aus § 12 AufwG. nicht zu fordern sei, für richtig und hat deshalb die Beschwerde dem Reichsgericht zur Entscheidung vorgelegt. Dabei wird ausgeführt, § 15 AufwNov. regle als Sonder- und Ausnahmevorschrift die Aufwertung gewisser im Jahre 1921 begründeter Forderungen neu; er fordere nur Stellung des Antrags bis zum 1. Oktober 1927; es sei deshalb nicht selbstverständlich, sondern unrichtig, auch die Wahrung der Frist des § 12 AufwG. zu fordern. Den Antrag aus § 12 habe man 1926 vielfach, vielleicht meistens, unterlassen, weil die Begrenzung der Höheraufwertung auf 100% des Goldmarkwertes damals unbedeutende Beträge ergeben habe. Zur Vermeidung grober Unbilligkeiten habe der Gesetzgeber die Aufwertung von solchen Forderungen neu geregelt; die bekämpfte Auslegung der Vordergerichte und des Kammergerichts führe zu groben Unbilligkeiten.

Nach § 74 Abs. 1 Satz 5 AufwG., § 28 Abs. 2 RFGG. ist das Reichsgericht für die Entscheidung über die sofortige weitere Beschwerde zuständig. Der Beschwerde konnte jedoch nicht stattgegeben werden.

Die besondere Lage des Falles gestattet es nicht, in der vom Vertreter des Antragstellers vorgenommenen Anmeldung der Hypothek nebst Forderung gleichzeitig einen Antrag aus § 12 AufwG. zu sehen, wie dies bei den milden Anforderungen an den Inhalt eines solchen Antrags unter Umständen sonst zulässig sein mag (Mügel AufwRecht 5. Aufl. Anm. 3 zu § 12). Es ist die

Eigenschaft der Forderung als einer Kaufgeldforderung nicht angegeben und auch nicht irgendwie ein Verlangen nach bestmöglicher Aufwertung kundgetan, vielmehr ist der auf eine solche höhere Aufwertung abzielende Satz des Vordrucks unausgefüllt gelassen und sogar gestrichen. Die Entscheidung hängt deshalb davon ab, ob das festgestellte Fehlen eines Antrags aus § 12 AufwG. die Anwendung des § 15 AufwNov. ausschließt.

§ 15 AufwNov. behandelt die Höheraufwertung von hypothekarisch gesicherten Forderungen aus Grundstücksverkäufen und Gutsüberlassungen, die 1921 begründet wurden. Das Aufwertungsgesetz hatte für diese Forderungen einen Aufwertungshöchstsatz von 100% des Goldmarkbetrags bestimmt (§ 10 Abs. 3 AufwG.). Diese Einschränkung der grundsätzlich anerkannten und für die Forderungen vom Jahre 1922 ab beibehaltenen freien Aufwertbarkeit für das Jahr 1921 wurde als unbillig empfunden. Der Gesetzgeber folgte zwar nicht dem Vorschlag der juristischen Arbeitsgemeinschaft, den Abs. 3 des § 10 AufwG. ganz aufzuheben (Wunderlich bei Mügel AufwRecht 5. Aufl. S. 34), suchte aber diesen Gläubigern dadurch zu helfen, daß er die Beschränkung abschwächte durch Erhöhung des Höchstsatzes von 100% auf 400% (oder 600%) des Goldmarkwertes. Er milderte unerträgliche Härten durch Abänderung des § 10 Abs. 3 AufwG., ließ aber im übrigen den § 10 unberührt; er führte also nicht eine neue, in sich selbständige Sonderaufwertung abschließender Art ein. (So auch Püschel in JRsch. 1928 S. 69; KGE. vom 15. Dezember 1927 AufwRspr. 1928 S. 44 Nr. 26 und KG. zu § 17 AufwNov. im Beschluß vom 8. März 1928 JRsch. 1928 HRR. Nr. 765; Entsch. des Oberlandesgerichts Stuttgart vom 7. Februar 1928 AufwRspr. 1928 Sonderheft II S. 63 Nr. 33.) Das in § 15 AufwNov. geregelte Rechtsverhältnis blieb auch beim Inkrafttreten der Aufwertungsnovelle dasselbe; für eine Kaufpreisforderung gemäß § 10 Abs. 1 Nr. 5 AufwG. galt, wenngleich sie in § 10 Abs. 3 AufwG. in der Frage des Höchstsatzes besonders behandelt war, die allgemeine Voraussetzung, daß ein Antrag auf Höheraufwertung aus § 12 AufwG. bis zum 1. April 1926 gestellt sein müsse. Diese allgemeine Vorschrift des § 12 AufwG. ist nicht beseitigt worden. Auch der Wortlaut des § 15 AufwNov. gibt keine Veranlassung, dies anzunehmen, und ein Vergleich mit § 16 AufwNov. spricht gegen eine solche Beseitigung. Da in § 15 nur die Höheraufwertung über 100% geregelt wurde, so brauchte bloß der für sie erforderliche Antrag aus § 15 erwähnt zu werden; die übrigen Voraussetzungen für die Aufwertung über 25% hinaus blieben dieselben, wie sie früher in §§ 10 und 12 AufwG. bestimmt waren. Weder Sinn noch Zweck der neuen Vorschrift in § 15 AufwNov. erfordert es, sie anders auszulegen und auch denjenigen Gläubiger zu begünstigen, der durch Versäumung der Antragsfrist des § 12 AufwG. schon 1926 den Anspruch auf jegliche Höheraufwertung verloren hatte. Die Fassung des § 16 AufwNov. bestätigt dies. Eine Wiedereinsetzung ist dort für den Fall der Versäumung der Anmeldefrist des § 16 AufwG. gegeben (vgl. dazu Lauterbach JRsch. 1928 S. 19), nicht aber für die befristeten Anträge aus § 12 (§§ 8, 23, 26, 27) AufwG., die unter den in §§ 203, 204, 206 und 207 BGB. erwähnten Voraussetzungen, entgegen der versäumten Anmeldung aus § 16 AufwG., auch nach Fristablauf gestellt werden konnten. Die Novelle hat nunmehr für die Anmeldungsfrist des § 16 AufwG. die Möglichkeit einer weitgehenden Beseitigung der Versäumung geschaffen, aber sie hat nicht auch über die schon im Aufwertungsgesetz enthaltene Möglichkeit hinaus die Folgen der Versäumung der Antragsfristen beseitigt. Die Schlußsätze in §§ 12, 13, 15 und 16 Abs. 3 AufwNov. ergeben dies deutlich. Besonders § 16 Abs. 3 zeigt, daß die Anmeldung anders behandelt werden soll als die erwähnten Antragstellungen. Nur wenn die Anmeldung selbst versäumt war, also ein wirksamer Antrag auf Höheraufwertung gar nicht gestellt sein konnte, soll eine Wiedereinsetzung in den vorigen Stand wegen der Anmeldefrist auch zur Folge haben, daß ein Antrag aus § 12 AufwG. noch gestellt werden kann. Eine Wiedereinsetzung gegen Versäumung der Antragsfrist selbst, unabhängig von der in § 16 Abs. 3 AufwNov. bestimmten Folge, gibt es nicht (vgl. Lauterbach a. a. O., Püschel a. a. O. und Nadler JRsch. 1928 S. 61). Hätte das Gesetz den Gläubiger schützen wollen, der zwar angemeldet, jedoch keine höhere Aufwertung beantragt hatte, so hätte es dies gesagt, nicht aber entgegenstehende Vorschriften bestehen lassen und wiederholt, wonach eine Versäumung der Frist des § 12 AufwG. nur unter gewissen Voraussetzungen Bedeutung hat. Daß aus dieser Regelung in manchen Fällen Härten entstehen können (vgl. Entsch. d. Bay. Ob. LG. vom

17. Januar 1928 AufwRspr. 1928 S. 128 Nr. 76 und dazu Leiser in Bl. f. Rechtspfl. i. Bez. d. KG. 1928 S. 58), läßt sich nicht verkennen, wenngleich keineswegs die Ansicht des Oberlandesgerichts Hamburg zutrifft, daß durch die Auslegung des Kammergerichts wohl in den meisten Fällen eine Höheraufwertung verhindert werde. Es ist nicht anzunehmen, daß in so erheblichem Umfang Gläubiger zwar ihre Ansprüche angemeldet, aber bewußt eine Antragstellung aus § 12 AufwG. unterlassen haben. Waren ihnen die für die Höheraufwertung in Frage stehenden Beträge von über 25 bis 100% zu gering, so werden sie doch nicht erst einen Aufwertungsanspruch zum Satze von nur 25% anmelden. Auch der von Cammerer (LZ. 1927 Sp. 946) erörterte Fall, daß ein Antrag aus § 12 unterlassen worden sei, weil der Schuldner freiwillig schon anfang 1926 100% des Goldmarkwertes zugebilligt habe, spricht nicht gegen die Auslegung des Kammergerichts. Denn in solchem Falle des Vergleichs oder Anerkenntnisses ist der Anspruch auf eine Weise erledigt, daß eine Antragstellung aus § 12 AufwG. nicht mehr in Frage kommen kann, weil das mit ihr zu Erstrebende schon erreicht ist. Dann kann aber die Anwendung des § 15 AufwNov. nicht wegen Fehlens eines Antrags aus § 12 AufwG. versagt werden (vgl. auch § 17 das.). Auch die Materialien zur Aufwertungsnovelle (Bericht des 13. Ausschusses, Reichstag, Drucks. III 1924/27 Nr. 3604, insbes. S. 124flg.) ergeben nichts gegen die strengere Auffassung des Kammergerichts. Ihr war daher, im Einklang mit Roth und Püschel a. a. O. sowie mit Boldt DStZ. 1927 S. 1130 Nr. 2, beizutreten.

---

5. Kann die uneheliche Mutter eines für ehelich erklärten Kindes mit der Begründung, daß die Ehelichkeitserklärung wegen Fehlens wesentlicher Voraussetzungen unwirksam sei, gegen den Vater des Kindes auf dessen Herausgabe klagen, bevor der Familienstand des Kindes im Familienstandsprozeß festgestellt ist?

BGB. §§ 1705, 1707, 1736, 1632. ZPO. §§ 640, 643.

IV. Zivilsenat. Urt. v. 17. September 1928 i. S. K. (Kl.) w. L. (Bekl.). IV 324/28.

I. Landgericht III Berlin.
II. Kammergericht daselbst.

Der Beklagte ist der Vater eines von der Klägerin am 24. August 1922 außer der Ehe geborenen Sohnes. Das Kind befindet sich bei ihm. Es ist auf seinen Antrag durch Verfügung des zuständigen Landgerichtspräsidenten vom 1. Dezember 1923 für ehelich erklärt worden. Die Klägerin macht geltend: Die Ehelichkeitserklärung sei unwirksam. Einmal fehle es an der erforderlichen Einwilligung des Kindes. Denn ihre Erklärung vom 10. Juli 1923 habe sie nur in ihrer Eigenschaft als Mutter und nicht in ihrer Eigenschaft als Vormund des Kindes abgegeben; der Umstand, daß ein Pfleger bestellt worden sei, um die Einwilligung des Vormunds zu der Ehelichkeitserklärung zu ersetzen, habe ihr die ihr als Vormünderin zukommende gesetzliche Vertretung des Kindes nicht entziehen können. Außerdem habe sie sich zur Zeit der Erklärung vom 10. Juli 1923 in einem ihre freie Willensbestimmung ausschließenden krankhaften Geisteszustand befunden. Die Erklärung sei auch wegen Irrtums, arglistiger Täuschung und Drohung anfechtbar und angefochten worden. Aus der so begründeten Unwirksamkeit der Ehelichkeitserklärung leitet die Klägerin den Fortbestand ihres Rechts her, für die Person des Kindes zu sorgen. Sie fordert mit der Klage Herausgabe des Kindes.

Landgericht und Kammergericht haben die Klage als zur Zeit unzulässig abgewiesen. Auf die Revision der Klägerin wurde die Sache an das Berufungsgericht zurückverwiesen.

Gründe:

Die Klägerin stützt ihren Herausgabeanspruch darauf, daß das Kind unehelich sei und sie als seine uneheliche Mutter das Recht habe, für die Person des Kindes zu sorgen (§§ 1707, 1632 BGB.). Daß das Kind durch die Ehelichkeitserklärung vom 1. Dezember 1923 gemäß § 1736 BGB. die rechtliche Stellung eines ehelichen Kindes erlangt habe, will sie deshalb nicht gelten lassen, weil die Ehelichkeitserklärung wegen Fehlens wesentlicher Voraussetzungen, wie sie sich aus den §§ 1726, 1728 Abs. 2, 1735 BGB. ergäben, unwirksam sei. Landgericht und Kammergericht haben ein Eingehen auf die Einwendungen gegen die Wirksamkeit der Ehelichkeitserklärung abgelehnt, weil hierüber nur im Familienstandsprozeß (§ 640 ZPO.) entschieden werden könne. Das wird von der Revision mit Recht bekämpft. Die Klage auf Herausgabe eines Kindes ist zulässig, ohne daß das Kind zum Prozeß zugezogen zu werden braucht. Auch gegen denjenigen, der das Recht der elterlichen Gewalt für sich in Anspruch nimmt, kann auf Herausgabe des Kindes ohne dessen Zuziehung geklagt werden. Es handelt sich dabei nicht um die Feststellung des Familienstandes (§ 640 ZPO.), sondern lediglich um den tatsächlichen Besitz des Kindes und um seinen Aufenthalt. Hierüber verfügt der Gewalthaber ohne Zustimmung des Kindes, wie er auch außerhalb des Prozesses (mag er sich von dem Rechte des anderen überzeugt haben oder nicht) in der Lage ist, das Kind ohne dessen Zustimmung dem andern herauszugeben. Es besteht kein Verbot, den Streit über ein Kindesverhältnis (im Sinne des § 640 ZPO.) als Vorfrage in einem den gewöhnlichen Prozeßgrundsätzen, insbesondere auch den Vorschriften über das Versäumnisverfahren, unterstehenden Prozeß über die Herausgabe zum Austrag zu bringen. Die Sache liegt insoweit anders als in den in § 1596 Abs. 3, §§ 1329, 1343 Abs. 2 BGB. behandelten Fällen der Anfechtung der Ehelichkeit eines Kindes und des Streits über die Nichtigkeit einer Ehe. Durch ein dem Herausgabeanspruch stattgebendes Urteil wird die Rechtsstellung des Kindes nicht geändert. Ein solches Urteil verleiht, wenn es in Rechtskraft erwächst, auch der obsiegenden Mutter kein endgültiges Recht auf den Besitz des Kindes. Wird in einem vom Vater oder vom Kinde nach § 640 ZPO. anhängig zu machenden Familienstandsprozeß die (im Herausgabeprozeß verneinte) Gültigkeit der Ehelichkeitserklärung festgestellt, so kann der Vater die Herausgabe des Kindes von der Mutter verlangen. Die Rechtskraft des im Herausgabeprozeß ergangenen Urteils kann ihm nicht entgegengehalten werden. Denn das im Familienstandsprozeß ergangene Urteil wirkt gemäß § 643 ZPO. „für und gegen alle" und damit auch für und gegen die Parteien des Herausgabeprozesses. Die Meinung des Berufungsgerichts, daß § 643 ZPO. nur die Rechtskraftwirkung über die Parteien des Familienstandsprozesses hinaus erstrecke, dagegen nichts über das Verhältnis der Rechtskraftwirkungen der beiden Urteile zueinander vorschreibe, wird der Bedeutung der Worte „für und gegen alle" nicht gerecht und verkennt die Tragweite, die das Gesetz im öffentlichen Interesse einem im Familienstandsprozeß unter Ausschluß des Verhandlungsgrundsatzes und unter Mitwirkung des Staatsanwalts, also unter besonderen Schutzmaßnahmen für die Wahrheitsermittlung ergehenden Urteil beilegt. Dem Berufungsgericht kann deshalb in seiner entscheidenden Erwägung nicht gefolgt werden, die dahin geht: Da durch eine Verurteilung des Beklagten im gegenwärtigen Prozeß eine endgültige Entscheidung über den Herausgabeanspruch der Klägerin geschaffen würde, die einer Klage des Vaters auf Herausgabe des Kindes (auch im Falle seines Obsiegens in einem späteren Familienstandsprozeß) nach den Grundsätzen der Rechtskraft entgegenstünde, so müsse angenommen werden, daß ohne Zuziehung des Kindes, d. h. bevor der Vater oder das Kind die Feststellungsklage des § 640 ZPO. erhoben habe und ehe darüber in dem dort geordneten Verfahren rechtskräftig entschieden worden sei, die Klage auf Herausgabe des Kindes nicht zugelassen werden könne. Mit der in diesem Satze aufgestellten Voraussetzung fällt auch die daraus gezogene Schlußfolgerung.

Die vorstehende Ausführung entspricht dem Standpunkt, den der jetzt erkennende Senat schon in einem Urteil vom 6. Juli 1916 (JW. 1916 S. 1337 Nr. 7) eingenommen hat, und dem, was in Übereinstimmung mit diesem Urteil im Komm. v. RGR. in Anm. 1 zu § 1632 BGB. entwickelt ist.

Es ist freilich nicht zu verkennen, daß sich für das Kind Unzuträglichkeiten ergeben können, wenn es im Herausgabeprozeß, etwa infolge unsachgemäßer Führung dieses Prozesses durch den beklagten Vater, der Mutter zugesprochen wird, während in einem folgenden Familienstandsprozeß die Gültigkeit der Ehelichkeitserklärung festgestellt wird. Dasselbe könnte aber auch eintreten, wenn der Vater, woran er nicht gehindert wäre, trotz Gültigkeit der Ehelichkeitserklärung dem Herausgabeverlangen der Mutter außerhalb des Prozesses stattgäbe. Solchen Unzuträglichkeiten möglichst abzuhelfen, ist Sache des Vormundschaftsgerichts. Anderseits darf der Mutter die rechtliche Möglichkeit nicht abgeschnitten werden, das sich für sie aus der angeblichen Unwirksamkeit der Ehelichkeitserklärung ergebende Recht auf den Besitz des Kindes durch Klage zu verfolgen. Auf eine Abschneidung des Prozeßwegs für die Mutter kommt aber das Berufungsurteil hinaus, da die Mutter nicht imstande ist, die Unwirksamkeit der Ehelichkeitserklärung durch eine eigene Familienstandsklage im Sinne des § 640 ZPO. zur

Feststellung zu bringen. Denn wie aus § 1705 BGB. folgt, hat auch das unehelich geborene Kind im Verhältnis zu seiner Mutter stets die Rechtsstellung eines ehelichen Kindes, und in einem Rechtsstreit zwischen Mutter und Kind auf Feststellung der Unwirksamkeit der Ehelichkeitserklärung handelt es sich in Wahrheit nicht, wie § 640 ZPO. voraussetzt, um ein Eltern- und Kindesverhältnis zwischen den Parteien, sondern um das Rechtsverhältnis zwischen dem Kind und einem außerhalb des Rechtsstreits stehenden Dritten, seinem Vater (RGZ. Bd. 102 S. 360). Das Berufungsgericht, das diese Ausschließung der Mutter von einer eigenen Familienstandsklage anerkennt, verweist die Mutter darauf, daß sie beim Vormundschaftsgericht die Bestellung eines Pflegers für die Erhebung einer Familienstandsklage durch das Kind erwirken könne. Das ist ein unzulänglicher Behelf, weil die Mutter das Vormundschaftsgericht und das ihm übergeordnete Beschwerdegericht möglicherweise nicht von der Richtigkeit ihrer erst im Prozeß zu erweisenden Behauptungen zu überzeugen vermag und die vormundschaftsgerichtlichen Behörden auch nur die Interessen des Kindes, nicht die der Mutter wahrzunehmen haben.

Der vom Berufungsgericht angezogene Fall RGZ. Bd. 76 S. 283, in dem zwischen einer ausländischen Klägerin und dem die elterliche Gewalt für sich in Anspruch nehmenden, durch die Eintragung in das Standesregister als Vater des Kindes legitimierten inländischen Beklagten über die natürliche Abstammung des Kindes gestritten wurde, liegt wesentlich anders als der gegenwärtige Fall, in dem deutsche Elternteile über die rechtliche Gültigkeit eines Staatsaktes streiten. Die dort angestellten Erwägungen auf anders liegende Fälle zu übertragen, hat der Senat schon in seinem oben angeführten Urteile vom 6. Juli 1916 abgelehnt.

---

6. Zur Frage der Aufwertung des Auseinandersetzungs-Guthabens ausgeschiedener Genossen einer eingetragenen Genossenschaft mit beschränkter Haftpflicht.

GenG. § 73. BGB. § 242.

II. Zivilsenat. Urt. v. 18. September 1928 i. S. Wirtschaftsgenossenschaft deutscher Tierärzte, eingetr. Gen. m. b. H. (Bekl.) w. W. (Kl.). II 64/28.

I. Landgericht Hannover.
II. Oberlandesgericht Celle.

Der Kläger ist in der Vorkriegszeit der verklagten Genossenschaft als Mitglied beigetreten und hat bei ihr auf Geschäftsanteile 20000 Friedensmark eingezahlt. Im Juli 1920 hat er gekündigt, ist aber, da satzungsgemäß eine Kündigungsfrist von 23 Monaten einzuhalten war und das Geschäftsjahr vom 1. Oktober bis 30. September lief, erst mit dem 30. September 1922 ausgeschieden.

Für die Auseinandersetzung mit einem ausgeschiedenen Mitglied gelten nach § 11 der Satzung im wesentlichen die §§ 73, 74, 75 GenG.; nur wegen Heranziehung des Ausgeschiedenen zur Deckung etwaiger Fehlbeträge ist eine Sonderregelung getroffen. Auf Grund der unterm 25. November 1922 von der Generalversammlung genehmigten, in Papiermark aufgestellten Bilanz für 1922 sind dem Kläger am 31. März 1923 als Auseinandersetzungs-Guthaben 20000 PM. zuzüglich weiterer 2022 PM. für Dividende ausgezahlt worden. Mit Schreiben vom 23. Dezember 1923 hat er „Aufwertung" seines Guthabens verlangt. Die Beklagte hat aber dieses Ansinnen mit Brief vom 29. Dezember 1923 abgelehnt.

Am 30. Dezember 1925 hat der Kläger mit der Behauptung, es komme ihm noch ein Auseinandersetzungsguthaben im aufgewerteten Betrag von 20000 RM. zu, gegen die Beklagte einen Zahlungsbefehl in dieser Höhe erwirkt, der am 14. Januar 1926 der angeblichen Schuldnerin zugestellt wurde. Die Beklagte hat Widerspruch erhoben; der Kläger verfolgt nun diesen Anspruch weiter und verlangt Verurteilung der Beklagten zur Zahlung von 20000 RM. nebst Zinsen. Er macht geltend: Die nach dem (längst als verfehlt anerkannten) Grundsatz „Mark gleich Mark" aufgestellte Bilanz der Beklagten für 1922 könne mit ihren Papiermarkziffern für die Auseinandersetzung nicht maßgebend sein, zumal da er als damals schon ausgeschiedenes Mitglied keine rechtliche Möglichkeit zur Erhebung einer Anfechtungsklage gehabt habe. Die Beklagte habe weit mehr als den Goldwert der Einzahlungen erhalten und sei bei ihrer überaus günstigen finanziellen Entwicklung zur vollen Aufwertung recht wohl in der Lage. Tatsächlich habe sie auch den in der Genossenschaft verbliebenen Genossen und deren Erben die Geschäftsguthaben voll aufgewertet und weigere sich nur, den wenigen ausgeschiedenen früheren Genossen gegenüber ein gleiches zu tun. Ein solches Verhalten sei nicht mit Treu und Glauben vereinbar. Der Anspruch des Klägers entspringe aus einem Beteiligungsverhältnis im Sinne des § 63 Abs. 2 Nr. 1 AufwG. und sei daher frei aufzuwerten; Verjährung komme nicht in Frage. Die Beklagte hat den Anspruch nach Grund und Betrag bestritten. Das Landgericht hat dem Kläger 234,08 RM. nebst Zinsen zugesprochen, indem es die 20000 PM. nach dem Stande vom 30. September 1922 aufwertete, im übrigen aber die Klage abgewiesen. Das Oberlandesgericht dagegen hat die Beklagte zur Zahlung von 14000 RM. nebst Zinsen verurteilt.

Die Revision der Beklagten führte zur Aufhebung und Zurückverweisung.

Gründe:

Soweit das Berufungsgericht die Einwände des Verzichts und der Verjährung zurückweist, ist kein Rechtsirrtum ersichtlich. Aus der vorbehaltlosen Annahme der Papiermarkzahlung (am 31. März 1923) kann bei dem damaligen Standpunkt der Gesetzgebung und Rechtsprechung weder ein Verzicht des Klägers auf etwaige weitergehende Ansprüche noch ein ihn bindendes Anerkenntnis der Abschichtungsbilanz hergeleitet werden. Der Anspruch auf Auszahlung des Geschäftsguthabens, d. h. des Auseinandersetzungs-Guthabens, unterliegt allerdings der zweijährigen, mit der Fälligkeit beginnenden Verjährung (§ 74 GenG., § 202 BGB.). Allein der Lauf dieser Frist hat für Ansprüche, welche auf die durch die Geldentwertung hervorgerufene tatsächliche und rechtliche Verwirrung der Verhältnisse gestützt sind, nicht vor 1924 begonnen (RGZ. Bd. 111 S. 147, Bd. 120 S. 355); die Frist war deshalb, wie das Berufungsgericht unter Bezugnahme auf § 209 Abs. 1 Nr. 1 BGB. und § 693 Abs. 2 ZPO. zutreffend darlegt, zur Zeit der Zustellung des Zahlungsbefehls noch nicht abgelaufen. Auch darum kann es sich nicht handeln, daß der Kläger mit der gerichtlichen Geltendmachung seiner Ansprüche zu spät hervorgetreten und sein Verlangen aus diesem Grunde mit Treu und Glauben unvereinbar wäre. Es ist zu beachten, daß hier Ansprüche ganz eigener Art verfolgt werden, für welche die Rechtslage selbst zur Zeit der Klagerhebung weder durch Gesetz noch durch die Rechtsprechung auch nur einigermaßen geklärt war. Wenn der Kläger daher bis Ende 1925 mit seiner Klage gewartet hat, so kann ihm dies um so weniger zum Nachteil gereichen, als er die Beklagte schon Ende 1923 darauf hingewiesen hatte, daß er sich mit der ausgezahlten Abfindungssumme nicht zufrieden gebe und Aufwertungsansprüche erhebe. Die Beklagte, die damals solche Ansprüche als völlig unhaltbar zurückgewiesen hatte, mußte deshalb, zumal da in genossenschaftlichen Blättern die Frage der Aufwertung von Guthaben ausgeschiedener Genossen teilweise bejahend erörtert wurde, damit rechnen, daß der Kläger die angekündigten Ansprüche weiter verfolgen werde, sobald sich einige Aussicht auf ihre Durchsetzung darbiete. Diese Möglichkeit mußte die Beklagte um so mehr im Auge behalten, wenn sie die durch Kündigung ausgeschiedenen Genossen von den Vorteilen der späteren „Aufwertungsbeschlüsse" ausschloß und ihnen überhaupt nichts mehr zukommen lassen wollte. Standen dem Kläger weitergehende Ansprüche zu, so konnten sie auch durch spätere Generalversammlungs-Beschlüsse nicht mehr verkümmert werden. Die von der Generalversammlung der Beklagten im Rahmen der §§ 47flg. der 2. DurchfVo. zur GoldbilVo. gefaßten Umstellungs- und Umrechnungsbeschlüsse konnten insbesondere nur das Verhältnis der Genossenschaft zu den in ihr verbliebenen Genossen bindend regeln, nicht aber auch die Ansprüche früher Ausgeschiedener erledigen. Ein gleiches gilt für die späteren Aufwertungsbeschlüsse. Eine andere Frage ist, ob und welche Folgerungen sich bei Prüfung einer etwaigen Aufwertungspflicht der Beklagten namentlich aus den zuletzt erwähnten Beschlüssen auf ihre finanzielle Leistungsfähigkeit ziehen lassen. Eine gesetzliche Sondervorschrift für etwaige mit der Geldentwertung zusammenhängende Ansprüche ausgeschiedener Genossen gegen die Genossenschaft besteht nicht. Auch aus § 80 AufwG. ergibt sich insoweit nichts. Übrigens hat die Revision weder in der einen noch in der andern Richtung eine Rüge erhoben.

Daß es sich aufwertungsrechtlich bei den Abfindungsansprüchen eines ausgeschiedenen Genossen um Ansprüche handelt, die auf einem Beteiligungsverhältnis im Sinne des § 63 Abs. 2 Nr. 1 AufwG. beruhen, ist außer Zweifel. Soweit der bilanzmäßig festgestellte Auseinandersetzungs-Anspruch selbst zwischen dem seiner Errechnung und Feststellung zugrundeliegenden Zeitpunkt (30. September 1922, Stichtag der Bilanz) und dem der Fälligkeit oder Zahlung (31. März 1923) von der weiter fortschreitenden Geldentwertung betroffen worden ist, bietet der Fall rechtsgrundsätzlich keine Besonderheiten. Die Frage der Aufwertung ist insoweit nach allgemeinen Grundsätzen (§ 242 BGB.), d. h. unter Berücksichtigung aller in Betracht kommenden Umstände zu lösen. Dieser Streitpunkt ist schon in erster Instanz zuungunsten der Beklagten erledigt worden, sofern das Landgericht unter Zugrundelegung eben des 30. September 1922 als Stichtags die 20000 M. nach den Zeilerschen Zahlen in 251,90 RM. umgerechnet und diesen Betrag nach Abzug des ebenso errechneten Wertes der Zahlung vom 31. März 1923 (mit 17,81 RM.) voll auf 234,08 RM. aufgewertet hat. In der Revisionsinstanz dreht sich der Streit der Parteien darum, ob wirklich der Goldwert der 20000 M. nach dem 30. September 1922 als Stichtag den Ausgangspunkt für die Aufwertung zu bilden hat. Das Berufungsgericht hat dies verneint und hat, insoweit dem Kläger folgend, für das Abfindungsguthaben einen Goldmarkwert von 20000 GM. zugrundegelegt. Es erwägt: Für die Höhe dieses Guthabens sei die Bilanz auf den 30. September 1922 maßgebend. Diese Bilanz, deren Genehmigung durch die Generalversammlung der Kläger als schon vorher ausgeschiedener Genosse nach § 51 GenG. nicht habe anfechten können, sei zwar in Papiermark aufgestellt, gleichwohl lasse sich aus ihr ein hinreichendes Bild von der nach § 73 GenG. für die Höhe des Geschäftsguthabens des Klägers am 30. September 1922 entscheidenden Vermögenslage der Beklagten gewinnen. Es sei, wie dann des näheren dargelegt wird, der Schluß gerechtfertigt, daß das Geschäftsguthaben, das in der Bilanz vom 30. September 1922 unter dem Gesamtguthaben der Genossen von 2662200 M. mitenthalten sei, sich seinen vollen „Goldmarkwert" bewahrt habe. Gehe man hiervon aus, so bestimme sich die Höhe der Aufwertung weiterhin nach dem allgemeinen Gesichtspunkt, daß ein billiger und gerechter Ausgleich der beiderseitigen Interessen herbeizuführen sei. Der Ausgeschiedene habe zwar an den Reservefonds und das sonstige Vermögen der Genossenschaft keinen Anspruch und für die Zeit nach seinem Ausscheiden keinen Anteil an den Geschäftserfolgen der Genossenschaft; immerhin sei aber bei Prüfung der Höhe der für die Genossenschaft erträglichen Aufwertung ihre überaus günstige Lage zu berücksichtigen. Stelle man auch etwaige Ansprüche anderer ausgeschiedener Genossen und einen Verarmungsfaktor in Rechnung, so sei doch eine Aufwertung von 70% des Goldmarkwertes des Guthabens angemessen.

Diese Ausführungen werden von der Revision mit Grund als gegen § 73 GenG. verstoßend angegriffen. Ist für die Höhe des Abfindungsanspruchs des Klägers wirklich die zum 30. September 1922 aufgestellte, von der Generalversammlung der Beklagten am 25. November 1922 genehmigte Bilanz maßgebend, so muß die Klage, soweit sie über den schon in erster Instanz zuerkannten Betrag hinausgeht, ohne weiteres abgewiesen werden. Denn auf der Grundlage dieser Bilanz kann sich für den Kläger nur ein Abschichtungs-Guthaben von 20000 PM. ergeben. Daran ist nicht zu rütteln. Setzt man das Geschäftsguthaben des Klägers mit einem Goldmarkwert von 20000 GM. = rund 8000000 PM. (umgerechnet nach dem Dollarkurs des Bilanzstichtages) in die Bilanz vom 30. September 1922 ein, so ist diese schon damit allein völlig aus dem Gleichgewicht gebracht. Für die Ansprüche des Klägers, soweit sie noch streitig sind, ist der Weg erst dann frei, wenn die Bilanz vom 30. September 1922 für ihn nicht maßgebend ist. Die gegenteilige Ansicht des Berufungsrichters beruht auf einer Verkennung des § 73 GenG. und des Begriffes „Geschäftsguthaben". Nach § 73 Abs. 1 a. a. O. richtet sich die Auseinandersetzung des ausgeschiedenen Genossen mit der Genossenschaft nach deren Vermögenslage und nach der Zahl der Genossen zur Zeit des Ausscheidens. Die Vermögenslage aber bestimmt sich gemäß § 73 Abs. 2 S. 1 nach der zum Zeitpunkt des Ausscheidens, d. h. für den Schluß des Geschäftsjahrs, aufgestellten Bilanz, die nicht etwa eine Sonderbilanz, sondern die gewöhnliche Jahresbilanz ist (JW. 1896 S. 415 Nr. 35; 1899 S. 747 Nr. 21). Dabei soll der Ausgeschiedene am Reservefonds und „sonstigen" Vermögen der Genossenschaft keinen Anteil haben. Es bedarf also zunächst der Aufstellung der Jahresbilanz, in welche die gesetzlichen und die satzungsmäßigen Reserven sowie die seitherigen Guthaben der Genossen zum Zweck der Ermittlung von Gewinn oder Verlust unter die Passiven aufzunehmen sind. Je nachdem sich auf dieser Grundlage ein Gewinn oder Verlust ergibt, kann sich auch das Schlußguthaben des Ausscheidenden ändern. Stellt sich heraus, daß die Schulden durch das Gesamtvermögen nicht gedeckt sind, so erhält er nicht nur nichts, sondern muß den ihn treffenden Anteil des Fehlbetrags an die Genossenschaft zahlen (§ 73 Abs. 2 S. 3 GenG.); andernfalls steht ihm der schuldrechtliche Anspruch auf Auszahlung des für ihn festgestellten Schlußguthabens als reine Geldforderung zu. Es ist also nicht etwa so (wie das Berufungsgericht zu meinen scheint), daß das fortgeschriebene „Geschäftsguthabenkonto" des ausgeschiedenen Genossen ohne weiteres seinen Abfindungsanspruch ergibt. Hieran ist vielmehr nur soviel richtig, daß es die oberste Grenze des Anspruchs bildet; mehr als seine Einlage mit Gewinnzuschreibungen und nach Abzug von Verlustabschreibungen kann der ausgeschiedene Genosse keinesfalls verlangen. Dies will § 73 Abs. 2 S. 2 GenG. damit besagen, daß ein solcher Genosse „an den Reservefonds und das sonstige Vermögen der Genossenschaft keinen Anspruch" habe. Welches Bild nun eine etwa in Goldmark oder nach irgendeiner andern Meßzahl aufgemachte Bilanz der Beklagten zum 30. September 1922 ergeben würde, steht bislang völlig dahin. Für die Bewertung der Aktiven im besonderen wären natürlich nur die damaligen Verhältnisse maßgebend. Bekanntlich lagen damals die Werte der Sachgüter (man denke z. B. an Grundstückspreise, Aktienkurse usw.) zum Teil weit unter dem Friedensstand und betrugen vielfach nur einen verhältnismäßig geringen Bruchteil davon.

Mit der bisherigen Begründung ist demnach das angefochtene Urteil nicht zu halten. Es fragt sich nur, ob etwa die Klage zur Abweisung reif ist, soweit nicht der erste Richter sie zugesprochen hat. Dies hängt, wie schon in anderem Zusammenhang bemerkt wurde, davon ab, ob der Kläger die Bilanz vom 30. September 1922 so, wie sie aufgestellt und genehmigt ist, hinnehmen muß oder nicht. Anfechtungsklage im Sinne des § 51 GenG. ist gegen sie von keiner Seite erhoben worden. Für den Kläger, der schon vor Fassung des Bilanzgenehmigungs-Beschlusses aus der Genossenschaft ausgeschieden war, kam dieser Rechtsbehelf nicht in Frage (RGZ. Bd. 32 S. 91 [96]; Rieß in Ehrenbergs Handbuch des gesamten Handelsrechts 3. Bd. 2. Abt. S. 177; Deumer Recht der eingetragenen Genossenschaften S. 241; Waldecker Die eingetr. Genossenschaft S. 188 Anm. 4). Daraus folgt aber noch nicht, daß der Kläger der Schlußguthaben-Berechnung auf Grund der Bilanz vom 30. September 1922 recht- und hilflos gegenübersteht. Zwar ist durch § 73 Abs. 2 GenG. insbesondere die für die Vermögensermittlung maßgebende Bewertung der vorhandenen Vermögensstücke, die Feststellung der Verbindlichkeiten und die Bemessung der Abschreibungen (abgesehen von noch weitergehenden Bestimmungen der Satzung) an und für sich der Generalversammlung überlassen, die damit durch den Bilanzgenehmigungs-Beschluß die Rechte der ausgeschiedenen Genossen mittelbar beeinflussen kann. Aber der Ausgeschiedene muß diese Bilanz dann nicht hinnehmen, wenn sie den gesetzlichen und satzungsmäßigen Vorschriften zuwiderläuft und deshalb zu einer Verkürzung seines Abfindungsanspruchs geführt hat. Sowenig die Genossenschaft oder die Generalversammlung die Einziehung oder das gänzliche oder teilweise Verfallen des Abfindungsguthabens eines ausgeschiedenen Genossen rechtswirksam beschließen könnte, sowenig kann sie das der Sache nach gleiche Ergebnis auf dem Umweg über eine willkürliche Bilanzierung erreichen. Der ausgeschiedene Genosse kann sich aber nicht bloß in Fällen dieser Art, bei denen es sich um eine bewußte und geflissentliche Verkürzung seiner Rechte handelt, mit Erfolg gegen eine Abschichtung auf solcher Grundlage wehren; ein gleiches gilt vielmehr dann, wenn die Bilanz auch sonst im Widerspruch mit dem Gesetz (§ 40 HGB., § 17 Abs. 2 Nr. 3, § 48 GenG.) oder der Satzung aufgestellt ist und ihm hieraus ein geldlicher Nachteil erwächst (RGZ. Bd. 32 S. 48, Bd. 68 S. 1; LZ. 1910 Sp. 314). Nach der hier noch maßgebenden früheren Satzung der Beklagten (§§ 42, 43) ist die Bilanz nach kaufmännischen Grundsätzen aufzustellen und gelten für die Bewertung der Aktiven u. a. die Vorschriften des § 261 Nr. 1 bis 3 HGB. Nun ist der Beklagten zuzugeben, daß der Kläger die Bilanz vom 30. September 1922 zur Zeit ihrer Aufstellung und der Beschlußfassung über ihre Genehmigung nach den damals in Gesetzgebung und Rechtsprechung herrschenden Anschauungen kaum mit Erfolg hätte bemängeln können. Es ist auch richtig, daß eine Bilanz, die ohne Verletzung gesetzlicher Vorschriften und unter Beachtung der besonderen Bestimmungen der Satzung aufgestellt ist, ihre maßgebende Bedeutung als gesetzliche Unterlage für die Auseinandersetzung zwischen der Genossenschaft und dem ausgeschiedenen Genossen nicht dadurch verliert, daß sich infolge späterer Ereignisse oder Erfahrungen die Bezifferung oder Bewertung einzelner Bilanzposten als tatsächlich unrichtig herausstellt (RGZ. Bd. 68 S. 1). Allein bei der durch die Geldentwertung hervorgerufenen allgemeinen Verwirrung der Verhältnisse handelt es sich eben nicht mehr um bloße Unrichtigkeiten dieser Art. Wenn man deren Folgen damals mehr oder weniger hilflos gegenüberstand, so rechtfertigt das noch nicht die Annahme, daß auch vom heutigen Rechtsstandpunkt aus Vermögensverschiebungen, die sich seinerzeit anscheinend rechtlich unanfechtbar vollzogen hatten, als wirklich zu Recht erfolgt hingenommen werden müßten. Dies gilt vollends nicht bei Ansprüchen, die sich als Auswirkung eines ehemaligen Gesellschafts- oder Genossenschaftsverhältnisses darstellen. Sie stehen ganz besonders unter dem Grundsatz von Treu und Glauben. Wohl setzt § 73 Abs. 2 GenG. dem Abfindungsanspruch des ausgeschiedenen Genossen gewisse Grenzen. Immerhin ergibt sich aber auch aus dieser Vorschrift, daß der ausgeschiedene Genosse im Falle der Leistungsfähigkeit der Genossenschaft seine Einlagen und etwaige Gewinnzuschreibungen insoweit als Abfindung erhalten soll, als sie nicht durch Verlustabschreibungen aufgezehrt sind. Dem entgegen führt die Nichtberücksichtigung der Geldentwertung dazu, daß der Abfindungsanspruch unter Umständen nur einen verschwindenden Bruchteil dessen beträgt, was der Ausgeschiedene eingelegt und was sich auch dem Wert nach tatsächlich im Vermögen der Genossenschaft erhalten hat. Mit andern Worten: der Genossenschaft verbleibt dann eigentlich ein Vermögensteil, den sie sonst an den Genossen hätte auskehren müssen, und zwar lediglich deshalb, weil die Wirkungen der Geldentwertung nicht erkannt wurden oder wenigstens nicht im Rahmen des Möglichen ausgeschaltet werden konnten. Die Lage des ausgeschiedenen Genossen, der auf Grund einer Papiermarkbilanz möglicherweise mit einem Bruchteil des ihm in Wirklichkeit zukommenden Betrags abgefertigt ist, weist eine Ähnlichkeit auf mit derjenigen des ehemaligen Gesellschafters einer offenen Handelsgesellschaft, der in Zeiten fortgeschrittener Geldentwertung aus der im übrigen fortbestehenden Gesellschaft ausgeschieden ist und dessen vertragsmäßiger Abfindungsanspruch sich nach der Höhe seines buchmäßigen Kapitalanteils bestimmen soll (RGZ. Bd. 117 S. 238). Auch für diesen Fall ist anerkannt, daß eine Umrechnung und Aufwertung stattfinden muß, weil sonst dem wirklichen Sinn des Gesellschaftsvertrags zuwider eine durch nichts gerechtfertigte außerordentliche Benachteiligung des ausgeschiedenen Gesellschafters zugunsten der übrigen Gesellschafter eintreten würde. Die in dieser Richtung für die Personalgesellschaften geltenden Grundsätze (vgl. RGZ. Bd. 117 S. 238 und die dort angeführten weiteren Entscheidungen) sind allerdings nicht ohne weiteres auf die anders gearteten Verhältnisse der Genossenschaften zu übertragen. Auf der andern Seite wäre es aber nach der heutigen Rechtsauffassung mit Treu und Glauben unvereinbar, wenn die Beklagte, obgleich ihr vom Kläger Einlagen in Höhe von 20000 Friedensmark zugeflossen sind und obwohl sie ihr Vermögen nach dem zu unterstellenden Sachverhalt über die Inflation weg im wesentlichen erhalten hat und heute sich in überaus günstiger Vermögenslage befindet, den Kläger auf Grund einer Bilanz, die in Wahrheit nur das Zerrbild einer solchen war, mit rund $^1/_{100}$ dessen endgültig abspeisen dürfte, was ihm ohne die Geldentwertung zugekommen wäre. Daß die Aufstellung einer Bilanz unmöglich wäre, die unter weitgehender Berücksichtigung der Belange der Beklagten der Geldentwertung und auch den Interessen des Klägers im Rahmen des Gesetzes und der Satzung einigermaßen Rechnung trägt, behauptet allerdings die Beklagte; der Kläger bestreitet es aber, und ohne weiteres ist es nicht anzunehmen.

Welche Meßzahl hierbei im Hinblick auf die besonderen Verhältnisse der Beklagten zugrundezulegen und ob etwa noch hinter die Bilanz für 1920/21 zurückzugreifen ist, hat zunächst der Tatsachenrichter zu prüfen. Es ist nicht zu verkennen, daß die Gewinnung einer solchen neuen Unterlage für die Höhe des Abfindungsanspruchs, falls es nicht zu einer gütlichen Einigung der Parteien kommt, Schwierigkeiten und Weiterungen verursacht. Nach den gesamten Umständen des Falles (Höhe der Goldmarkeinlagen des Klägers und geldliche Verhältnisse der Beklagten) läßt sich aber nicht sagen, daß deshalb die Weiterverfolgung der Ansprüche des Klägers mit dem gerade auch für die Beklagte in besonderem Maße geltenden Grundsatz von Treu und Glauben unvereinbar wäre. Sollte sich auf der Grundlage der (im Streitfall durch das Berufungsgericht festzustellenden) anderweitigen Bilanz ein Abfindungsguthaben mit einem höheren Goldwert ergeben, als ihn das Landgericht angenommen hat, so wäre dieses Guthaben nach den allgemeinen Grundsätzen der freien Aufwertung unter Berücksichtigung der besonderen Verhältnisse der Parteien aufzuwerten. Dabei kann auch den Verbindlichkeiten der Beklagten gegenüber anderen ausgeschiedenen Genossen mit Rechnung getragen werden ....

7. Über Kündigung und Entlassung beim Dienstvertrag.

BGB. § 626.

II. Zivilsenat. Urt. v. 18. September 1928 i. S. H. (Bekl.) w. D. Werke GmbH. (Kl.). II 160/28.

I. Landgericht Hamburg.
II. Oberlandesgericht daselbst.

Der Beklagte war Gesellschafter und Mitgründer der klagenden Gesellschaft mbH. Nach dem Gesellschaftsvertrag vom 31. Januar 1921 war er auch Mitgeschäftsführer. Ein Widerruf der Bestellung hierzu sollte nur aus wichtigem Grunde zulässig sein. Dieselbe Klausel enthält auch der mit ihm am gleichen Tag abgeschlossene Anstellungsvertrag; nach diesem sollte das Vertragsverhältnis zunächst „bis zum 31. Dezember 1925 bzw. für die Dauer des Bestehens der Gesellschaft mbH." gelten. Auf Drängen des Aufsichtsrats der Klägerin hat der Beklagte seinen Posten als Geschäftsführer zum 1. Juli 1922 niedergelegt, ist aber weiter als Chemiker bei der Klägerin tätig gewesen. Diese hat ihm zum 1. Oktober 1924 gekündigt. Der Beklagte bestreitet unter Berufung auf den Anstellungsvertrag vom 31. Januar 1921 die Wirksamkeit der Kündigung und hat in einem im Dezember 1924 anhängig gewordenen Vorprozeß von der jetzigen Klägerin u. a. Zahlung von 500 RM. als Gehalt für den Monat Oktober 1924 verlangt. Mit diesem Verlangen hat er beim Landgericht und beim Oberlandesgericht obgesiegt. Unter Bezugnahme hierauf hat er mit Schreiben vom 13. Dezember 1926 für die Zeit vom November 1924 bis Dezember 1926 weitere Gehaltsansprüche an die Klägerin gestellt. Diese hat daraufhin negative Feststellungsklage erhoben, während der Beklagte widerklagend Gehalt für den genannten Zeitraum fordert. Die Klägerin vertritt den Standpunkt, daß ihre Kündigung zum 1. Oktober 1924 zu Recht erfolgt sei, weil die Kündigungsbeschränkungen des Vertrags vom 31. Januar 1921, wie dieser Vertrag überhaupt, nur für das Anstellungsverhältnis des Beklagten als Geschäftsführer gegolten hätten. Sie will weiter aus einem Brief des Beklagten vom 10. November 1924 an ihre Aufsichtsratsmitglieder wegen darin enthaltener grober Beleidigungen ihres Geschäftsführers einen wichtigen Grund zu sofortiger Kündigung herleiten.

Das Landgericht hat der Klage stattgegeben und die Widerklage abgewiesen. Der zweite Richter erblickt in dem Brief vom 10. November 1924 einen wichtigen Grund zur sofortigen Entlassung des Beklagten und will daher die Kündigung der Klägerin mit diesem Tag wirksam werden lassen. Er hat dem Beklagten noch das Gehalt bis zum 10. November 1924 zugesprochen, im übrigen unter Abweisung der Widerklage dem Klagantrag gemäß erkannt.

Die Revision des Beklagten führte zur Aufhebung und Zurückverweisung.

Gründe:

(Zunächst werden die Ausführungen des Berufungsgerichts darüber gebilligt, daß das ordentliche Kündigungsrecht der Klägerin vertraglich ausgeschlossen gewesen sei, daß ihr dagegen der Rechtsbehelf der sofortigen Kündigung aus wichtigem Grunde offengestanden habe und daß der Brief vom 10. November 1924 an und für sich einen solchen wichtigen Grund darbiete. Dann wird fortgefahren:)

Dagegen rügt die Revision mit Recht, daß der Berufungsrichter den Dienstvertrag als mit dem 10. November 1924 gelöst ansehe, obwohl sich die Klägerin auf den beleidigenden Brief als Kündigungsgrund dem Beklagten gegenüber erstmals in einem Schriftsatz vom 28. Januar 1927 berufen habe. Bis dahin hatte sich der Streit der Parteien in der Tat nur um die Wirksamkeit der von der Klägerin zum 1. Oktober 1924 ausgesprochenen ordentlichen Kündigung gedreht; auch die jetzige Klage war ursprünglich nur darauf gestützt. Eine Entlassung aus wichtigem Grund hat die Klägerin dem Beklagten vor dem 28. Januar 1927 nicht erklärt, jedenfalls nicht ausdrücklich. Nun ist allerdings in der Erklärung einer sog. sofortigen Kündigung, falls sie als solche unberechtigt ist, für die Regel wenigstens eine ordentliche Kündigung auf den nächst zulässigen Termin zu erblicken. Auch können zur Rechtfertigung einer Entlassung andere als die ursprünglich geltend gemachten Umstände, sogar nachträglich eingetretene, verwertet werden (RGZ. Bd. 88 S. 127). Keiner dieser beiden Fälle liegt jedoch hier vor. Es handelt sich vielmehr darum, daß im Festhalten an der ordentlichen Kündigung und der darauf gestützten Einstellung der vertraglichen Leistungen der Klägerin zugleich die Geltendmachung eines erst später eingetretenen Entlassungsgrundes liegen soll mit der Folge, daß sich der Dienstvertrag im Zeitpunkt des Eintritts eines solchen Grundes ohne weiteres auflöse. Dem kann nicht zugestimmt werden. Auch das Berufungsgericht verkennt nicht, daß das Vorliegen eines wichtigen Grundes das Dienstverhältnis nicht von selbst auflöst, daß es dazu vielmehr einer Erklärung gegenüber dem Dienstverpflichteten bedarf, die sich als einseitige, empfangsbedürftige Willenserklärung darstellt. Es ist ferner durchaus dem Ermessen des Dienstberechtigten überlassen, ob er von einer solchen Möglichkeit der Entlassung Gebrauch machen will. Soll dies der der Fall sein, so muß er es dem andern Teil gegenüber unzweideutig zum Ausdruck bringen; erst mit dem Zeitpunkt, in dem dies geschehen ist, löst sich das Dienstverhältnis auf. Eine solche Entlassung kann allerdings auch durch schlüssige Handlungen erfolgen. Dazu reichen aber die festgestellten Tatsachen (fristgerechte Kündigung, Festhalten an ihr trotz Bestreitens des Gegners, Einstellung der Gehaltszahlungen) nicht aus. Solange sich die Klägerin nur auf ihre ordentliche Kündigung berief, durfte der Beklagte diese im Hinblick auf den Anstellungsvertrag für wirkungslos und die Klägerin wegen der Folgen dieser (auch nach Ansicht des Berufungsgerichts) ungerechtfertigten Kündigung für verantwortlich halten. Er hatte keine Veranlassung, sich auf eine sofortige Entlassung einzurichten und hiergegen Stellung zu nehmen. Es würde eine sachlich nicht gerechtfertigte Verschlechterung seiner Rechtslage bedeuten, wenn sich die Klägerin nach jahrelangem Streit über die Wirksamkeit ihrer Kündigung zum 1. Oktober 1924 auf den ihr von Anfang an bekannt gewesenen Brief des Beklagten vom 10. November 1924 als Grund zur sofortigen Kündigung berufen könnte mit der Folge, daß nun der Dienstvertrag als mit dem 10. November 1924 aufgelöst zu gelten hätte. Den Umstand, daß die Klägerin mit diesem Grund und Rechtsbehelf bisher nicht hervorgetreten ist, konnte der Beklagte trotz der Kampfstellung der Parteien sehr wohl so deuten, daß sie aus Erwägungen irgendwelcher Art nicht darauf zurückkommen wolle. Jedenfalls fehlt es für die Zeit bis zum Zugehen des Schriftsatzes vom 28. Januar 1927 an einer unzweideutigen Verlautbarung gegenüber dem Beklagten. Soweit in diesem Schriftsatz eine solche Erklärung enthalten ist, könnte sie bestenfalls für die Zeit nach ihrem Zugehen an den Beklagten wirksam sein, keinesfalls aber auf den Tag des Eintritts des Entlassungsgrundes zurückwirken (RGU. vom 24. November 1926 I 20/26, Recht 1927 S. 18 Nr. 28).

Die Revision hat aber auch damit recht, daß die Klägerin auf den Brief vom 10. November 1924 überhaupt nicht mehr zurückgreifen kann. Sofortige Geltendmachung eines wichtigen Grundes zur Entlassung ist freilich nicht vorgeschrieben (RGZ. Bd. 56 S. 373). Die Ausübung eines so tief in die Belange des Gegners einschneidenden Rechtsbehelfs untersteht aber den Grundsätzen von Treu und Glauben (RGZ. Bd. 94 S. 166). Mit diesen wäre es unvereinbar, wenn die Klägerin, wie sie es jetzt will, die Entlassung noch auf einen Grund stützen könnte, der im Januar 1927 schon über 2 Jahre zurücklag, von dem sie, wie der Beklagte wußte, alsbald Kenntnis erlangt hatte und an dessen früherer, wenigstens fürsorglicher, Geltendmachung sie in keiner Weise gehindert war. Der Umstand, daß die Klägerin schon seit Ende 1924 mit dem Beklagten über die Rechtswirksamkeit ihrer ordentlichen Kündigung im Prozeß gelegen und die Gehaltszahlungen seit Ende September 1924 eingestellt hatte, vermag hieran nichts zu ändern.

---

8. 1. Wann hat der Versicherungsnehmer im Sinne des Art. 5 Abs. 1 der Verordnung über Aufwertung von Versicherungsansprüchen vom 22. Mai 1926 (RGBl. I S. 249) es ausdrücklich abgelehnt, die Leistung als Erfüllung anzunehmen?

2. Schließt Art. 5 Abs. 2 dieser Verordnung auch die Möglichkeit aus, den Verfall der deutschen Währung durch eine Klage auf Erstattung von Verzugsschaden auszugleichen?

VII. Zivilsenat. Urt. v. 18. September 1928 i. S. P. GmbH. (Kl.) w. A. Vers.-AG. (Bekl.). VII 220/28.

I. Landgericht Bielefeld.
II. Oberlandesgericht Hamm.

Die Klägerin war mit ihrer Fleischwarenfabrik bei der Beklagten und der Westfälischen Provinzialfeuersozietät je zur Hälfte gegen Feuerschaden versichert, als sie am 5. Februar 1914 von einem Brande betroffen wurde. Einen Teil des Schadens deckten die Gesellschaften freiwillig, wegen eines weiteren Teils wurden sie zur Zahlung verurteilt. Schließlich klagte die Klägerin im Jahre 1916 gegen beide Gesellschaften noch einen Restbetrag von 34850,80 M. nebst 6% Zinsen seit dem Tag des Brandes ein. Sie forderte damit den Rest des an den Warenvorräten erlittenen Schadens und begründete die Höhe der Zinsforderung damit, daß sie wegen der Vorenthaltung der Entschädigungssumme bei der Dresdner Bank Kredit habe in Anspruch nehmen müssen. Am 29. November 1917 wurden beide Gesellschaften vom Landgericht zur Zahlung von je 17425,40 M. nebst 4% Zinsen seit dem 5. März 1914 verurteilt; in Höhe von 2% der Zinsen wurde die Klage abgewiesen. Die Berufung der Gesellschaften wurde vom Oberlandesgericht durch Urteil vom 14. Dezember 1918, ihre Revision durch Urteil des Reichsgerichts vom 17. Juni 1919 zurückgewiesen. Anfang Juli 1919 zahlten darauf beide Gesellschaften die Urteilssumme. Über die von der Klägerin wegen der 2% Zinsen eingelegte Anschlußberufung hat das Oberlandesgericht erst am 19. März 1921 entschieden; ein weiteres Prozent wurde der Klägerin zuerkannt, das andere ihr abgesprochen. Den Empfang der Zahlung von Anfang Juli 1919 bestätigte die Klägerin beiden Gesellschaften durch Brief vom 7. Juli 1919. Es heißt darin u. a.:

„Wir machen Sie darauf aufmerksam, daß wir unsere Ansprüche an Sie hierdurch nicht als erledigt betrachten können, da wir auch auf Ersatz desjenigen Schadens bestehen müssen, der uns durch die widerrechtlich vorenthaltene Zahlung der Brandschadenssumme entstanden ist."

Am 22. September 1926 meldete die Klägerin bei der Beklagten Aufwertungsansprüche an, die Beklagte lehnte sie jedoch am 7. Oktober 1926 ab. Im gegenwärtigen Prozeß verlangte die Klägerin ursprünglich Aufwertung des ganzen, Anfang Juli 1919 von der Beklagten an sie gezahlten Betrages von 21134,50 M; späterhin hat sie nur Aufwertung der Hauptsumme von 17425,40 M. gefordert. Unstreitig ist unter den Parteien, daß insoweit gegebenenfalls 6220,42 RM. zu zahlen wären.

Das Landgericht hatte einem die vollen 21134,40 M. betreffenden Feststellungsanspruch stattgegeben. In der Berufungsinstanz begehrte die Klägerin schließlich nur noch Zahlung von 6220,42 RM. nebst 8% Zinsen seit dem 1. Oktober 1926. Ein Hilfsantrag verlangte die Feststellung, daß die Beklagte verpflichtet sei, die

17425,40 M. aufzuwerten. Das Oberlandesgericht hat die Klage abgewiesen. Die Revision der Klägerin blieb ohne Erfolg.

Gründe:

Die Klägerin fordert in erster Linie Aufwertung der ihr im Juli 1919 von der Beklagten gezahlten Brandentschädigungssumme von 17425,40 M. Sie will sich dabei stützen auf die — weiterhin kurz als „Verordnung" bezeichnete — Verordnung über Aufwertung von Versicherungsansprüchen vom 22. Mai 1926. Der Berufungsrichter hat diesen Antrag abgelehnt, weil nach Art. 5 Abs. 1 Vo. regelmäßig keine Aufwertung stattfindet, wenn der Versicherer bei einem Feuerversicherungsvertrag bereits Zahlung geleistet hat, und weil die dortige Ausnahmevorschrift nicht eingreifen kann, da die Klägerin es nicht „ausdrücklich abgelehnt hat, die Leistung als Erfüllung anzunehmen". Die Klägerin verwies insoweit auf ihren Brief vom 7. Juli 1919; der Berufungsrichter stellte aber aus tatrichterlichen, der Nachprüfung durch das Revisionsgericht entzogenen Erwägungen fest, daß die Klägerin mit jenem Briefe lediglich das Verlangen aufrechterhalten habe, die Beklagte möge ihr außer den zugesprochenen und gezahlten 4% Zinsen auch die bei der Bank weiter erwachsenen 2% Zinsen erstatten, daß aber die Klägerin die Brandentschädigung selbst als vollgültig gezahlt betrachtet habe. Die Revision macht demgegenüber geltend, daß die Hauptforderung mit den Zinsen, Kosten und Schäden rechtlich nur eine Schuld bilde und daß deshalb die Klägerin in ihrem Briefe vom 7. Juli 1919 die ganze Leistung bemängelt habe, wenn sie auch im einzelnen nur auf das Fehlen eines Teils des geforderten Schadensersatzes hingewiesen habe; nur bei dieser Auffassung werde man dem Grundgedanken des Art. 5 Abs. 1 Vo. gerecht; was erledigt sei, solle erledigt bleiben, was noch nicht erledigt sei, dürfe weiterverfolgt werden ohne Rücksicht darauf, aus welchem Grunde es noch nicht völlig erledigt sei. Indessen können, wie auch gerade an der von der Revision angezogenen Stelle des Kommentars von Reichsgerichtsräten (Anm. 1 zu § 367) betont wird, die Rechtsverhältnisse bezüglich der Hauptleistung, der Zinsen, der Kosten oder der Schäden verschiedenartig sein. Dies ist der Fall, wenn sich, wie z. B. vorliegend, eine rechtlich erhebliche Erklärung ausdrücklich nur auf eine Nebenforderung bezieht. Dadurch, daß die Klägerin nur hervorhob, sie verlange auch weiterhin noch die Zahlung der rechtshängig gebliebenen 2% Zinsen, hat sie die tatsächlich bewirkte Zahlung der Brandentschädigung selbst weder ihrer Güte noch ihrer Menge nach beanstandet. Diese Zahlung als Erfüllung anzunehmen, hat die Klägerin also nicht abgelehnt.

Die Revision hat ferner hervorgehoben, daß die Klägerin am 7. Juli 1919 noch nicht in der Lage gewesen sei, einen Vorbehalt wegen der Geldentwertung zu machen, wie es der Berufungsrichter von ihr verlange; damals sei allgemein die Währungsverschlechterung noch nicht als solche erkannt gewesen, man habe nur eine Steigerung der Warenpreise, der Löhne, der Zinssätze gesehen und habe es bei der Verzögerung von Zahlungen als Schaden empfunden, daß man mit dem erhaltenen Gelde nicht mehr dieselbe Menge von Gütern habe erwerben können wie zu den früheren Preisen. Sicherlich würde es genügen, wenn die Klägerin am 7. Juli 1919 auch nur von diesem Standpunkt aus irgendwelche Vorbehalte gemacht, also etwa gesagt hätte, sie sehe die Brandentschädigung noch nicht als voll bezahlt an, weil sie sich für das jetzt erhaltene Geld nicht mehr dieselbe Gütermenge kaufen könne wie zur Zeit der Fälligkeit. Irgend eine Bemerkung, die in dieser Richtung gedeutet werden könnte, hat die Klägerin aber nicht gemacht und deshalb durfte das Oberlandesgericht feststellen, daß sie sich keine Rechte vorbehalten habe, die mit dem Minderwert der Leistung zusammenhingen.

Die Annahme, daß sich die Klägerin in ihrem Briefe vom 7. Juli 1919 derartige Rechte nicht habe vorbehalten wollen, findet der Berufungsrichter in ihrem späteren Verhalten bestätigt. Sie hat, ehe sie die gegenwärtige Klage vorbereitete und erhob, weder während des Vorprozesses noch nach seinem Abschluß durch das Urteil vom 19. März 1921 einen Anspruch wegen angeblichen Minderwerts der Leistung vom Juli 1919 erhoben. Die Revision meint, die Klägerin sei vom Schluß des Jahres 1923 an bis zum Erlaß der Verordnung durch die dritte Steuernotverordnung und später durch das Aufwertungsgesetz an der Verfolgung ihrer Ansprüche gehindert gewesen. Für die hier hauptsächlich in Betracht kommenden Jahre 1919 bis 1923 bestand also auch nach Ansicht der Revision kein solches Hindernis. Gerade im Jahre 1923 war die Rechtsprechung aber schon allgemein dahin gelangt, unter dem Gesichtspunkt des

Verzugs Ersatz für den sog. Geldentwertungsschaden zuzubilligen. Das hat der Berufungsrichter mit Recht hervorgehoben.

Hilfsweise hat die Klägerin ihren Anspruch als Schadensersatzanspruch wegen Verzugs der Beklagten mit der Zahlung der Entschädigungssumme zu begründen versucht. Diesen Gesichtspunkt hat der Berufungsrichter mit Rücksicht auf Art. 5 Abs. 2 Vo. abgelehnt. Danach darf eine Aufwertung, soweit sie nicht nach Abs. 1 stattfindet, auch wegen ungerechtfertigter Bereicherung oder auf Grund einer Anfechtung wegen Irrtums oder aus einem andern Rechtsgrund nicht verlangt werden; nur Ansprüche wegen arglistiger Täuschung sollen unberührt bleiben. Das Oberlandesgericht legt diese Vorschrift dahin aus, daß die Erstattung eines Geldentwertungsschadens, der nicht schon nach Abs. 1 a. a. O. zuzusprechen ist, auch nicht wegen Verzugs gefordert werden darf. Die Revision bekämpft diesen Standpunkt. Sie weist darauf hin, daß die reine Aufwertung eine nach Treu und Glauben gemäß § 242 BGB. zu bemessende Leistung betreffe, während der Anspruch auf Erstattung von Verzugsschaden sich nach § 249 BGB. bestimme; wenn die Verordnung auch diesen Anspruch hätte abschneiden wollen, so würde sie ihn nach Meinung der Revision ausdrücklich genannt haben.

Die oben wiedergegebenen Sätze in Abs. 2 des Art. 5 Vo. sind wörtlich herübergenommen aus dem Aufwertungsgesetz, wo sie sich in den §§ 19, 35 Abs. 5, § 53 Abs. 5, § 57 Abs. 2, § 60 Abs. 3 finden. Ihre Bedeutung umschreibt Mügel AufwRecht, 5. Aufl., Anm. zu § 19 S. 737 dahin, daß es sich um eine umfassende Ausschließung von Ansprüchen handle und daß es nicht darauf ankomme, „ob aus irgend einem Rechtsgrund ein dem Aufwertungsanspruch des Aufwertungsgesetzes entsprechender Anspruch hergeleitet werden könne oder ob nur der wirtschaftliche Erfolg wie durch eine Aufwertung erreicht werden solle". Zu demselben Ergebnis gelangen Schlegelberger-Harmening, wenn sie in der Bemerkung zu § 19 AufwG. erklären, daß durch diese Vorschrift auch die „Aufwertung auf Umwegen" ausgeschlossen werden solle. Diesen Schriftstellern ist zuzustimmen. Die Richtigkeit ihrer Ansicht ergibt sich ohne weiteres aus dem Wortlaut der Vorschrift, welche einzelne Rechtsgründe nennt, dann die Generalklausel hinzufügt und nur für den Fall arglistiger Täuschung eine Ausnahme macht. Das, was die Klägerin mit ihrem Schadensersatzanspruch wegen Verzugs erreichen will, ist aber gerade „der wirtschaftliche Erfolg der Aufwertung", „die Aufwertung auf Umwegen". Sie will, daß der während des Verzugs der Beklagten eingetretene Verfall der deutschen Währung ausgeglichen werden soll. Mit Recht ist der Berufungsrichter diesem Verlangen entgegengetreten.

Das gesetzliche Verbot, eine bestimmte Art des Verzugsschadens zu verfolgen, schließt die Berechnung eines andersartigen Verzugsschadens nicht aus. Das beweist der vorliegende Fall. Die Klägerin hat die Mehrzinsen, die sie an die Bank zahlen mußte, im Wege der Schadensersatzforderung wegen Verzugs eingeklagt und zugesprochen erhalten. Einer solchen Forderung und Entscheidung würde jetzt auch Art. 5 Abs. 2 Vo. nicht entgegenstehen.

Die von der Revision herangezogene Entscheidung des Oberlandesgerichts Düsseldorf (Ring AufwRspr. 1927 S. 187) ist grundsätzlich der hier vertretenen Meinung. Sie nimmt an, daß die Verordnung die Aufwertungsansprüche endgültig und erschöpfend geregelt hat und daß aus sonstigen rechtlichen Gesichtspunkten, namentlich aus dem des Verzugs, kein höherer Aufwertungsanspruch hergeleitet werden kann, als ihn die Verordnung vorsieht. Dann will die Entscheidung allerdings zugunsten der „Schadensersatzansprüche wegen Schuldnerverzugs aus § 288 Abs. 2 BGB., welche begrifflich von der Aufwertung verschieden sind", eine Ausnahme machen. Damit wird aber verkannt, daß Art. 5 Abs. 2 Vo. jede durch die Verordnung selbst nicht zugelassene Aufwertung verbietet, ohne Rücksicht auf die Rechtsnatur der Ansprüche, mit denen sie gerechtfertigt werden soll. Jene Entscheidung des Oberlandesgerichts Düsseldorf hat auch schon das Oberlandesgericht Hamburg (Seuff. Arch. Bd. 82 Nr. 7) mit zutreffenden Gründen bekämpft.

---

9. Ist der Nachweis fristgerechter Einzahlung der Prozeßgebühr für die Berufungsinstanz auch dann als geführt anzusehen, wenn der Berufungskläger bei Vorlegung des Posteinzahlungsscheins das gerichtliche Aktenzeichen falsch angegeben hat und infolgedessen die Senatszuständigkeit nicht innerhalb der Frist bei Gericht hat festgestellt werden können?

ZPO. § 519 Abs. 6.

III. Zivilsenat. Beschl. v. 21. September 1928 i. S. E. u. Gen. (Bekl.) w. J. (Kl.). III B 26/28.

I. Landgericht I Berlin.
II. Kammergericht daselbst.

Der Sachverhalt ergibt sich aus den

Gründen:

Mit dem angefochtenen Beschluß hat das Kammergericht die Berufung der Beklagten gegen das landgerichtliche Urteil als unzulässig verworfen, da sie versäumt hätten, rechtzeitig die Zahlung der von ihnen erforderten Prozeßgebühr nachzuweisen (§§ 519, 519b ZPO.). Die Beschwerde der Beklagten gegen diesen Beschluß ist begründet.

Die Frist des § 519 Abs. 6 ZPO. lief bis zum 25. Juni 1928. Mit einer am 23. Juni 1928 beim Kammergericht eingegangenen Eingabe hat der Prozeßbevollmächtigte der Berufungskläger, Rechtsanwalt G., zum Nachweis der Einzahlung der Prozeßgebühr einen Posteinlieferungsschein vom 21. Juni vorgelegt, wonach der Betrag der Gebühr auf das Konto der Gerichtskasse Berlin-Mitte beim Postscheckamt eingezahlt worden war. Die Eingabe des Rechtsanwalts G. war mit dem unrichtigen Aktenzeichen 15 U 1536/28 (statt 17 U 5164/28) versehen. Dies gab bei Gericht Anlaß zu innerdienstlichen Rückfragen. Erst am 26. Juni, mithin nach Fristablauf, ging beim Kammergericht die Anzeige der Gerichtskasse ein, wonach der Gebührenbetrag am 22. Juni eingegangen war. In einem Schreiben an Rechtsanwalt G. vom 28. Juni 1928 vertrat der Vorsitzende des Berufungsgerichts den Standpunkt, daß der Nachweis über die Einzahlung der Prozeßgebühr infolge Angabe eines unrichtigen Aktenzeichens erst nach Ablauf der gesetzten Frist bei der Geschäftsstelle des 17. (zuständigen) Zivilsenats des Kammergerichts eingegangen sei. Ersichtlich beruht hierauf auch der Verwerfungsbeschluß vom 12. Juli 1928.

Diese Auffassung ist indessen nicht zu billigen. Zur Wahrung der Frist des § 519 Abs. 6 ZPO. genügt es allerdings nicht, daß der Berufungskläger die erforderte Gebühr rechtzeitig einzahlt, sondern er hat innerhalb der Frist auch den Nachweis der Zahlung zu erbringen. Bewirkt er die Zahlung unter Benutzung des Postscheckkontos der Gerichtskasse, so hat er strenggenommen auch nachzuweisen, daß das Postscheckamt die bei ihm gemachte Einzahlung noch innerhalb der Frist der Gerichtskasse auf ihrem Konto gutgebracht hat. Aber wie das Reichsgericht neuerdings in ständiger Rechtsprechung (RGZ. Bd. 102 S. 316, JW. 1925 S. 2607 Nr. 1 m. Nachw.) unter Billigung der Rechtslehre (Stein-Jonas 12./13. Aufl. Anm. 35 zu § 519 ZPO.) angenommen hat, kann zur Führung dieses Nachweises die fristgerechte Einreichung des Posteinzahlungsscheins genügen, wenn aus diesem bei freier Beweiswürdigung zu entnehmen ist, daß nach ordnungsmäßigem Geschäftsgang bei der Post auch die Gutschrift noch innerhalb der Frist erfolgt ist, und wenn sich diese Annahme, sei es auch erst nach Fristablauf, bestätigt. Diese Rechtsprechung, an der festzuhalten ist, die aber das Kammergericht unberücksichtigt gelassen hat, muß zur Aufhebung des angefochtenen Beschlusses führen. Denn im gegenwärtigen Falle konnte ohne Bedenken angenommen werden, daß auf die am 21. Juni bewirkte Einzahlung auch die Gutbringung auf dem Konto der Gerichtskasse innerhalb der noch bis zum 25. Juni reichenden Frist werde bewirkt werden, wie sich dies auch hinterher bestätigt hat.

Daß infolge der Angabe des unrichtigen Aktenzeichens die Feststellung des zuständigen Senats des Kammergerichts nicht alsbald, namentlich nicht mehr innerhalb der Frist, erfolgen konnte, ändert hieran nichts. Dieses Versehen hatte nur zur Folge, daß bei Gericht innerdienstliche Rückfragen nötig wurden, die innerhalb der Frist nicht durchgeführt werden konnten und dann durch den Eingang der förmlichen Kassenanzeige überholt worden sind. Hieran darf die Wahrung der Frist des § 519 Abs. 6 ZPO. nicht scheitern. Zwar stand im Zeitpunkt des Fristablaufs, hier mit dem Ablauf des 25. Juni, bei der Gerichtsbehörde nicht fest, welcher Spruchkörper (Senat) mit der fraglichen Berufung befaßt war. Daraus hat, wie anzunehmen, das Kammergericht gefolgert, daß auch der Nachweis dem Spruchkörper (Senat) nicht binnen der Frist erbracht sei. Indessen wird der zuständige Senat ohnehin in aller Regel nicht schon im Augenblick des Fristablaufs eine Prüfung vornehmen können, sondern erst nach Verfluß einer gewissen Zeit. Daß während dieser Zwischenzeit gewisse Ergänzungen des Nachweises stattfinden können und daß solche Ergänzungen zu beachten sind, erhellt aus der angeführten Rechtsprechung. Das gesetzliche Erfordernis, daß binnen der Frist nicht bloß die Zahlung bewirkt, sondern auch der Nachweis der Zahlung erbracht sein muß, wird dadurch nicht seiner Bedeutung entkleidet. Es bleibt mit der Wirkung und Bedeutung bestehen, daß der Berufungskläger binnen der Frist die wesentlichen Grundlagen für die Prüfung der geschehenen Einzahlung dem Gericht unterbreiten muß. Die Aufgabe des Gerichts, zu prüfen, ob der Nachweis innerhalb der Frist erbracht sei, umfaßt die Prüfung, ob die wesentlichen Grundlagen für die Beweisführung (hier die rechtzeitige Einzahlung auf dem Postscheckkonto der Gerichtskasse) fristgerecht vorgelegt worden sind. Das schließt nicht aus, daß solche Ergänzungen, die nach Ermessen des Gerichts vom Standpunkt der Beweiswürdigung aus unbedenklich sind, nachgebracht werden können. Dahin darf aber die Feststellung des zuständigen Gerichtskörpers (Senats des Berufungsgerichts) unbedenklich gerechnet werden.

---

10. Ist ein Beamter, der durch einen Betriebsunfall den rechten Arm verloren hat, stets als hilflos im Sinne von § 1 Abs. 3 des Beamten-Unfallfürsorgegesetzes anzusehen?

III. Zivilsenat. Urt. v. 18. September 1928 i. S. H. (Kl.) w. Deutsche Reichsbahn-Gesellschaft (Bekl.). III 47/28.

I. Landgericht Magdeburg.
II. Oberlandesgericht Naumburg a. S.

Der Kläger stand als Reservelokomotivführer im Dienste der preußischen Staats-, später der Reichseisenbahnverwaltung. Am 5. Juli 1920 erlitt er einen Betriebsunfall; der rechte Arm wurde ihm abgefahren. Nach seiner Wiederherstellung wurde er vom 23. November 1921 bis zum 31. März 1924 als Schuppenaufseher in einer Betriebswerkstätte beschäftigt. Zum 1. April 1924 wurde er auf Grund der Personal-Abbau-Verordnung in den einstweiligen, zum 1. Juni 1924 mit seinem Einverständnis in den dauernden Ruhestand versetzt. Er erhält gemäß § 1 Abs. 2 des Unfallfürsorgegesetzes für Beamte und für Personen des Soldatenstandes vom 18. Juni 1901 (RGBl. S. 211) eine Unfallpension in Höhe von $66^2/_3\%$ seines ruhegehaltsfähigen Diensteinkommens. Mit der Klage verlangt er jedoch auf Grund von Abs. 3 a. a. O. Erhöhung seiner Pension auf 85% seines ruhegehaltsfähigen Diensteinkommens, da er durch den Unfall derart hilflos geworden sei, daß er ohne fremde Wartung und Pflege nicht bestehen könne. Für die wichtigsten Verrichtungen des täglichen Lebens sei er auf fremde Hilfe angewiesen. Er sei weder in der Lage, sich allein zu waschen oder anzuziehen, noch könne er ohne Unterstützung Dritter die Speisen zerkleinern. Als Folgen des Unfalls hätten sich bei ihm außerdem Nervenschmerzen im linken Arm sowie starke Kopfschmerzen eingestellt, die es ihm unmöglich machten, ohne Begleitung auszugehen. Die Beklagte bestreitet, daß der Kläger durch den Verlust eines Armes hilflos im Sinne des Unfallfürsorgegesetzes geworden sei. Das werde schon dadurch bewiesen, daß er seinen Dienst als Schuppenaufseher ohne jede Behinderung habe versehen können.

Die Vorinstanzen haben die Klage abgewiesen. Die Revision des Klägers blieb erfolglos.

Gründe:

Nach den Feststellungen des Berufungsgerichts leidet der Kläger jedenfalls jetzt nicht mehr an irgendwelchen nervösen Folgen seines Unfalls. Kopfschmerzen und sonstige Schmerzempfindungen, die früher vorhanden gewesen sein mögen, sind verschwunden; die einzige dauernde Unfallfolge ist der Verlust des rechten Armes geblieben. Nur wenn der Kläger durch diesen Verlust derart hilflos geworden ist, daß er ohne fremde Wartung und Pflege nicht bestehen kann, ist sein Anspruch auf Hilflosenrente nach § 1 Abs. 3 UnfFürsG. begründet. Die Hilfsbedürftigkeit, die in dieser Gesetzesvorschrift vorausgesetzt wird, muß andauernd und nicht unerheblich sein (RGZ. Bd. 90 S. 313). Der Verletzte kann die erhöhte Unfallpension nur verlangen, wenn er durch den Unfall gezwungen ist, fremde Wartung und Pflege in erheblichem Umfang in Anspruch zu nehmen (Urteil des Senats vom 13. Januar 1910 III 371/09). Ob das zutrifft, ist im wesentlichen eine Frage der tatsächlichen Beurteilung. Ihre verneinende Beantwortung durch den Berufungsrichter läßt keinen Rechtsirrtum erkennen.

Allerdings bedarf der Kläger infolge seiner Einarmigkeit der Unterstützung durch Dritte. Er kann sich den künstlichen Arm, den er an Stelle des verlorenen rechten trägt, nicht selbst an- und abschnallen. Nach dem vom Vorderrichter seiner Entscheidung zugrundegelegten Gutachten des Sachverständigen sind auch gewisse

Hilfeleistungen beim An- und Ausziehen, beim Schneiden des Brotes und beim Zerkleinern der Speisen erforderlich. Doch verneint das Oberlandesgericht unter Würdigung der Aussagen der vernommenen Zeugen, daß diese Hilfeleistungen in ausgedehntem Maße nötig seien, wie denn auch der Sachverständige betont, daß sich der Kläger meist allein behelfe. Als gegen eine Hilflosigkeit sprechend erwähnt das Oberlandesgericht seine mehr als zweijährige Tätigkeit als Schuppenaufsichtsbeamter. Diesen Dienst hat der Kläger, der übrigens mit der linken Hand geläufig zu schreiben gelernt hat, einwandfrei versehen. Seinem geplanten Abbau ist er in seinem Gesuch vom 22. Februar 1924 mit der Begründung entgegengetreten, daß er den Posten eines Aufsichtsbeamten oder Lokomotivdienstleiters noch „voll und ganz" erfüllen könne.

Das Gesamtbild, das der Berufungsrichter vom Kläger gewonnen hat, ist also das eines im wesentlichen noch erwerbsfähigen Mannes, der nur der beim Verlust eines Armes überhaupt unvermeidlichen Unterstützung durch andere bedarf. Es handelt sich dabei aber bloß um einzelne Hilfeleistungen nicht erheblicher Art. Ihre Notwendigkeit ist nicht das, was das Gesetz als Nichtbestehenkönnen ohne fremde Wartung und Pflege bezeichnet. In den wesentlichen Verrichtungen des täglichen Lebens kann der Kläger ohne die Hilfe Dritter auskommen.

---

11. 1. Wird der Ablauf des im § 516 ZPO. erwähnten Zeitraums von fünf Monaten durch Konkurseröffnung gegen den Berufungskläger unterbrochen?

2. Beendigt die Freigabe des im Prozeß befangenen Anspruchs aus der Konkursmasse ohne weiteres die Unterbrechung?

ZPO. §§ 516, 240, 249, 250. KO. § 10.

II. Zivilsenat. Beschl. v. 21. September 1928 i. S. A. (Bekl.) w. C. (Kl.). II B 26/28.

I. Landgericht Offenburg.
II. Oberlandesgericht Karlsruhe.

Aus den Gründen:

Durch ein am 8. Juli 1924 verkündetes Urteil hat das Landgericht auf einen richterlichen Eid des Klägers erkannt. Im Falle der Eidesleistung sollte der Beklagte zur Zahlung von 1295 RM. verurteilt, einem Feststellungsantrag des Klägers entsprochen und die Widerklage abgewiesen, bei Verweigerung des Eides dagegen die Klage abgewiesen und der Kläger auf die Widerklage zur Zahlung von 3115 RM. verurteilt werden. Das Urteil wurde nicht zugestellt. Am 14. Juli 1924 geriet der Beklagte in Konkurs, der noch nicht beendigt ist. Der Kläger hat seine Ansprüche im Konkurs angemeldet, der Konkursverwalter hat sie einschließlich Zinsen, Gerichts- und Anwaltskosten (nachträglich, am 3. April 1928) anerkannt. Durch einen am 13. März 1928 beim Berufungsgericht eingekommenen Schriftsatz hat der Beklagte gegen das Urteil Berufung eingelegt mit dem Hinweis darauf, daß das Verfahren durch die Konkurseröffnung unterbrochen und von keiner Seite aufgenommen worden sei und daß anderseits der Konkursverwalter die „im Streit befangene Forderung" am 24. Februar 1928 freigegeben habe. Das Berufungsgericht hat zunächst durch einen dem Beklagten am 4. Juni 1928 zugestellten Beschluß dessen Armenrechtsgesuch wegen Aussichtslosigkeit der weiteren Rechtsverfolgung abschlägig beschieden, und zwar zur Klage: weil er während der Dauer des Konkurses zur Aufnahme des Rechtsstreits nicht befugt sei, und zur Widerklage: weil die Freigabe der eingeklagten Forderung durch den Konkursverwalter in Wirklichkeit spätestens am 3. November 1927 erfolgt und deshalb die Berufungsfrist zur Zeit der Einlegung der Berufung längst abgelaufen gewesen sei, indem die Konkurseröffnung auf den Fünfmonats-Zeitraum des § 516 ZPO. keinen Einfluß gehabt und hinsichtlich der Berufungsfrist von einem Monat die Unterbrechung mit der Freigabe-Erklärung von selbst ihr Ende erreicht habe. Der Beklagte hat hierauf am 9. Juni 1928 bezüglich der Widerklage wegen Versäumung der Berufungsfrist Wiedereinsetzung in den vorigen Stand beantragt, auch wiederholt um Bewilligung des Armenrechts gebeten. Das Berufungsgericht hat durch den jetzt angefochtenen Beschluß das Wiedereinsetzungsgesuch zurückgewiesen, die Berufung, soweit sie sich gegen die Entscheidung über die Widerklage richtete, als unzulässig verworfen und das erneute Armenrechtsgesuch abgewiesen.

Die sofortige Beschwerde des Beklagten richtet sich gegen die Beschlüsse des Berufungsgerichts über die Verwerfung der Berufung und die Versagung der Wiedereinsetzung in den vorigen Stand. Der Beschwerdeführer bezweifelt zunächst die rechtliche Möglichkeit einer teilweisen Verwerfung der Berufung als unzulässig und einer Teilentscheidung, wie sie hier ergangen ist. Diese Bedenken sind unbegründet. Nach § 240 ZPO. wird durch die Konkurseröffnung jedes Verfahren unterbrochen, wenn es die Konkursmasse betrifft. Unzweifelhaft betraf der Rechtsstreit zur Klage und zur Widerklage die Konkursmasse; zur Klage, sofern mit dem Anspruch auf Rückerstattung einer Anzahlung eine Forderung geltend gemacht wurde, die als Forderung gegen die Konkursmasse anzusehen ist, und zur Widerklage, weil ein Anspruch erhoben war, der, falls er bestand, in die Masse fiel (§ 1 KO.). Die Voraussetzungen für den Fortgang des Verfahrens sind jedoch völlig verschieden, je nachdem es sich um sog. Aktiv- oder Passiv-Streitigkeiten handelt. Für Streitigkeiten der ersteren Art gilt § 10 KO., für Passiv-Streitigkeiten sind, abgesehen von dem Sonderfall des § 11 KO., die §§ 144, 146 KO. maßgebend. Für die Frage, ob eine Rechtsstreitigkeit der einen oder der anderen Art vorliegt, kommt es im allgemeinen auf die verfahrensrechtliche Stellung nicht entscheidend an, worin sich der Gemeinschuldner im Rechtsstreit befindet (RGZ. Bd. 45 S. 376, Bd. 63 S. 366, Bd. 70 S. 371, Bd. 73 S. 277). Ausschlaggebend ist vielmehr, ob im Rechtsstreit Vermögensrechte für den Gemeinschuldner und zu seinen Gunsten verlangt werden. Dies ist hier bei der Widerklage unzweifelhaft der Fall; denn der erhobene Schadensersatzanspruch würde im Fall seines Bestehens einen Teil der Masse bilden. Die Widerklage betrifft also einen Aktivprozeß im Sinne des § 10 KO. Anderseits handelt es sich bei dem in der Klage mitverfolgten Anspruch auf Rückgewähr der geleisteten Anzahlung ohne Frage um einen Passivprozeß. In Fällen dieser Art sind für den Fortgang des Rechtsstreits zur Klage die Vorschriften der §§ 144, 146 KO., zur Widerklage die des § 10 das. maßgebend (RGZ. Bd. 63 S. 364, 366; Jäger Anm. 11b zu § 10 KO.; Mentzel KO. § 10 Anm. 2; Stein-Jonas Anm. II zu § 240 ZPO.). Daraus folgt ohne weiteres, daß die Fortführung eines Rechtsstreits und damit auch die Einlegung eines Rechtsmittels, je nachdem zur Klage oder zur Widerklage, unzulässig sein kann.

Dann steht aber auch kein rechtliches Hindernis im Wege, eine etwaige Unzulässigkeit der Einlegung des Rechtsmittels durch Teilentscheidung auszusprechen, wenn insoweit Entscheidungsreife vorliegt (§ 301 Abs. 1, §§ 523, 519b Abs. 1 ZPO.).

Weiter wendet sich die sofortige Beschwerde gegen die Auffassung des Berufungsgerichts, daß die in § 516 Halbsatz 2 ZPO. bestimmte Zeitspanne keine Frist im eigentlichen Sinne und deshalb durch die Konkurseröffnung nicht unterbrochen worden sei. Wäre der Beschwerdeführer im Recht, dann wäre allerdings die Berufungsfrist zur Zeit der Einlegung des Rechtsmittels zur Widerklage noch nicht abgelaufen gewesen, da das Berufungsgericht selbst davon ausgeht, daß die Unterbrechung erst im November 1927 ihr Ende erreicht habe. § 516 ZPO. bestimmt, daß die Berufungsfrist von einem Monat mit der Zustellung des Urteils, spätestens aber fünf Monate nach der Verkündung beginne. In Abweichung vom früheren Rechtszustand soll also die Berufungsfrist ganz unabhängig vom Willen der Parteien und von ihrer auf den Fortbetrieb des Prozesses gerichteten Tätigkeit, ja sogar unabhängig davon, ob sie von der Erlassung des Urteils überhaupt Kenntnis erlangt haben, mit dem Ablauf von fünf Monaten nach der Urteilsverkündung zu laufen beginnen, falls keine den Fristlauf hindernden Umstände vorliegen. Die Zeitspanne von fünf Monaten bedeutet demnach keine Frist zur Vornahme einer Prozeßhandlung, sondern bestimmt den äußersten Zeitpunkt für den Beginn der Notfrist, falls diese nicht schon früher durch Zustellung des Urteils in Lauf gesetzt worden ist und keine Fristlauf-Hindernisse vorlagen. Eigentliche Frist und Notfrist ist sonach nur der sechste Monat, nicht auch die vorausgegangenen fünf Monate. Darauf weist auch die Fassung, der Zweck und die Entstehungsgeschichte der Vorschrift hin. Es handelt sich danach bei dem Zeitraum von fünf Monaten um eine Frist von der Art, wie sie § 234 Abs. 3, § 586 Abs. 2, § 958 Abs. 2 ZPO. enthalten; auf sie finden, wie allgemein anerkannt ist, die Vorschriften der Zivilprozeßordnung über Hemmung, Unterbrechung und Ruhen der Fristen keine Anwendung (Stein-Jonas Anm. II zu § 249 ZPO., ferner Vorbem. zu §§ 214flg. ZPO.; Goldschmidt Anm. 2 zu § 516 ZPO.; Baumbach ebenda Anm. 3; Rosenberg Lehrbuch d. Zivilprozeßrechts § 67 I). Demnach hatte die mit der Konkurseröffnung verbundene

Unterbrechung des Verfahrens zwar die Folge, daß der Lauf der einmonatigen Notfrist nicht beginnen konnte (§§ 240, 249 ZPO.); der Ablauf der fünf Monate wurde aber hierdurch nicht berührt.

Die Frage der Zulässigkeit der Berufung zur Widerklage hängt deshalb zunächst davon ab, ob und wann die einmonatige Berufungsfrist selbst nach Ablauf der fünf Monate in Lauf gekommen ist. Dies bestimmt sich wiederum danach, ob und wann die durch die Konkurseröffnung bewirkte Unterbrechung des Verfahrens zur Widerklage ihr Ende erreicht hat. Wie schon ausgeführt, handelt es sich insoweit um einen Aktivprozeß; maßgebend ist daher § 10 KO. Unstreitig ist das Verfahren vor Einlegung der Berufung von keiner Seite aufgenommen worden. Sofern das Ende der Unterbrechung durch Konkurseröffnung von einer solchen Aufnahme abhinge, könnte demnach von einem Ablauf der Notfrist vor Einlegung der Berufung keine Rede sein. Dies hat auch das Berufungsgericht nicht verkannt. Es ist aber der Meinung, daß das Schreiben des Konkursverwalters vom 3. November 1927 an den damaligen Bevollmächtigten des Beklagten eine Erklärung der Freigabe des widerklageweise geltend gemachten Anspruchs enthalte, und daß mit dem Zugehen dieses Schreibens an den Gemeinschuldner oder an seinen Vertreter die Unterbrechung zur Widerklage von selbst, d. h. ohne Aufnahme, ihr Ende erreicht habe und demgemäß die Berufungsfrist nach Ablauf der fünf Monate ohne weiteres in Lauf gekommen sei. Der Beschwerdeführer macht demgegenüber geltend, der Widerklageanspruch sei in dem fraglichen Schreiben überhaupt nicht mit genügender Deutlichkeit bezeichnet, im besten Falle sei nur die Ablehnung der Aufnahme, nicht aber die Freigabe erklärt, und auch bei Vorliegen einer solchen Erklärung habe es zur Beendigung der Unterbrechung noch der Aufnahme des Verfahrens gemäß § 250 ZPO. bedurft.

Mit dem letzten Angriff kann der Beschwerdeführer von vornherein keinen Erfolg haben. Nach § 240 ZPO. dauert die Unterbrechung des Verfahrens so lange, bis es nach den konkursrechtlichen Bestimmungen aufgenommen oder das Konkursverfahren rechtskräftig aufgehoben wird. In diesem Falle endet die Unterbrechung also ganz von selbst ohne das Erfordernis einer Aufnahme (RGZ. Bd. 58 S. 371; Jäger Anm. 12 zu § 10 KO.; Stein-Jonas Anm. III zu § 240 ZPO.). Unstreitig gilt dies auch für die Einstellung des Konkurses (§§ 202, 204 KO.) und für die Aufhebung des Eröffnungsbeschlusses im Beschwerdeverfahren (§ 109 KO.). Mit dem Berufungsgericht ist ein gleiches aber auch im Fall einer Freigabe-Erklärung durch den Konkursverwalter anzunehmen. Diese stellt eine einseitige empfangsbedürftige Willenserklärung gegenüber dem Gemeinschuldner dar, die mit dem Zugehen an ihn oder an seinen Bevollmächtigten wirksam wird (RGZ. Bd. 79 S. 27, Bd. 94 S. 55). Rechtlich hat eine solche Erklärung die Bedeutung, daß die Zugehörigkeit des Anspruchs zur Masse aufhört und daß damit der Sache nach insoweit der gleiche Zustand eintritt, wie wenn der Anspruch von vornherein nicht zur Konkursmasse gehört hätte oder wie er im Fall der Aufhebung des Verfahrens für das ganze Vermögen gegeben wäre. Dies rechtfertigt es, die Freigabe-Erklärung auch hinsichtlich ihrer Wirkung auf die Unterbrechung der Aufhebung des Konkurses gleichzustellen (RGZ. Bd. 79 S. 27; Stein-Jonas Anm. III zu § 240 ZPO; Baumbach Anm. 5 ebenda). Die Freigabe muß sodann nicht ausdrücklich erklärt werden. Sie ist ohne weiteres in der vom Konkursverwalter gegenüber dem Gemeinschuldner abgegebenen Erklärung enthalten, daß er die Aufnahme des Prozesses für die Masse ablehne (RGZ. Bd. 70 S. 370, Bd. 94 S. 55). Es kommt deshalb hier nicht darauf an, ob eine ausdrückliche Freigabe-Erklärung vorliegt oder ob der Konkursverwalter nur dem Gemeinschuldner gegenüber die Aufnahme des Verfahrens abgelehnt hat.

Endlich kann aber die Beschwerde auch damit keinen Erfolg haben, daß es an einer unzweideutigen Erklärung des Konkursverwalters überhaupt gefehlt habe. Richtig ist allerdings, daß in dem Verzeichnis über „freigegebene" Forderungen, das der Konkursverwalter mit dem Schreiben vom 3. November 1927 dem Bevollmächtigten des Beklagten übersandt hat, der Schuldner der Forderung mit „G. C. in A.", statt (richtig) mit „M. C." daselbst bezeichnet war. Daß aber der Konkursverwalter damit den Widerklageanspruch und nur ihn im Auge hatte, bestreitet der Beschwerdeführer selbst nicht, und daß der Beklagte die Erklärung auch so verstanden habe, stellt das Berufungsgericht ausdrücklich und rechtlich einwandfrei fest. Unter diesen Umständen war die Bezeichnung des Schuldners mit unrichtigem Vornamen unschädlich. Dem Berufungsgericht kann auch insofern nicht entgegengetreten werden, als es in dem Schreiben vom 3. November 1927 in Verbindung mit dem Bericht des Konkursverwalters vom 28. Februar 1927 unter Berücksichtigung der sonstigen Erhebungen aus den Konkursakten eine unzweideutige Freigabe-Erklärung erblickt. Im Schlußsatz des Schreibens vom 3. November 1927 heißt es wörtlich, daß die Konkursverwaltung wegen der in dem Verzeichnis genannten Forderungen eine Prozeßführung wegen Aussichtslosigkeit ablehne. Die Rechtshängigkeit des Widerklageanspruchs und die Lage des Rechtsstreits waren dem Konkursverwalter bekannt. Seine Erklärung enthielt demnach für diesen Anspruch eine unmißverständliche Ablehnung der Aufnahme des Rechtsstreits und damit sachlich die Freigabe des Anspruchs. In diesem Sinn mußte der Konkursverwalter die Erklärung auch gegen sich gelten lassen; ein nicht zum Ausdruck gelangter Vorbehalt, die Prozeßführung zwar dem Gemeinschuldner zu überlassen, sachlich aber den Anspruch zunächst noch für die Konkursmasse festzuhalten (ein Vorbehalt, der die Ablehnung der Aufnahme, weil in sich widerspruchsvoll, allerdings nichtig machen würde), wäre rechtlich unbeachtlich. Es kommt deshalb auf die vom Beschwerdeführer beigebrachten Äußerungen des Konkursverwalters über Sinn und Tragweite jener Erklärung nicht an. Dann war aber die einmonatige Frist des § 516 ZPO. für die Widerklage längst vor Einlegung der Berufung verstrichen. . . . .

---

12. Welche Tragweite hat die Vorschrift in § 6 Abs. 4 des Mieterschutzgesetzes vom 29. Juni 1926, daß bei Aufhebung des Mietverhältnisses bis zur Sicherung des Ersatzraums die Beteiligten in Ansehung des Mietraums die aus dem Mietverhältnis sich ergebenden Rechte und Pflichten haben?

MSchG. §§ 4, 5, 6; BGB. § 535.

III. Zivilsenat. Urt. v. 21. September 1928 i. S. A. AG. (Kl.) w. G. (Bekl.). III 499/27.

I. Landgericht I Berlin.
II. Kammergericht daselbst.

Die Klägerin ist Eigentümerin eines Hausgrundstücks in Berlin. In dem Hause befinden sich zwei Geschäftsläden, deren einer an den Beklagten zum Betrieb eines Bank- und Lotteriegeschäfts, der andere an eine Frau F. vermietet war. Auf eine von der Klägerin im Jahre 1924 erhobene Mietaufhebungsklage hin wurden die beiden Mieter durch rechtskräftiges Urteil zur Herausgabe der Mieträume verurteilt, die Zwangsvollstreckung wurde jedoch von der Sicherung eines angemessenen Ersatzraums abhängig gemacht. Nach Erlaß des Gesetzes zur Abänderung des Mieterschutzgesetzes vom 29. Juni 1926 (RGBl. I S. 317) drohte die Klägerin den beiden Mietern die Erhebung einer neuen Klage an, falls sie sich nicht verpflichteten, alsbald die Mietsache zu räumen. Die Mieterin F. machte sich daraufhin verbindlich, am 10. Oktober 1926 auszuziehen; sie ist jedoch mit Einverständnis der Klägerin noch bis zum 1. Januar 1927 in dem Geschäftsraum verblieben, da der Beklagte sich weigerte, den Laden aufzugeben. Die Klägerin verklagte ihn erneut mit dem Antrag auf Aufhebung der in dem Räumungsurteil vom Jahre 1924 ausgesprochenen Beschränkung; die Klage wurde jedoch rechtskräftig abgewiesen. Auf eine abermalige Klage mit dem gleichen Ziel ist sodann der Beklagte, nachdem die preußische Lockerungsverordnung vom 11. November 1926 (GS. S. 300) in Kraft getreten war, zur Räumung des Ladens zum 1. April 1927 rechtskräftig verurteilt worden. Er ist am 16. Mai 1927 ausgezogen.

Mit der vorliegenden Klage verlangt die Klägerin vom Beklagten Schadensersatz für die Zeit vom 10. Oktober 1926 an als dem Zeitpunkte, zu dem die Mieterin F. zur Aufgabe ihres Mietraums gewillt war und zu dem im Falle der Räumungsbereitschaft auch des Beklagten die Läden hätten, wie beabsichtigt, mit den Geschäftsräumen der Klägerin vereinigt werden können. Die Klägerin macht geltend, dadurch, daß der Beklagte am 10. Oktober 1926 nicht geräumt habe, sei ihr von diesem Zeitpunkt an bis zum 30. April 1927 ein Schaden von mindestens 4110 RM. entstanden. Sie verlangt Verurteilung zur Zahlung dieses Betrags. Ferner behauptet sie, dadurch, daß der Beklagte nicht geräumt habe, sei ihr ein weiterer, über diesen Betrag hinausgehender Schaden entstanden, den sie noch nicht beziffern könne; sie begehrt deshalb Feststellung dahin, daß der Beklagte verpflichtet sei, ihr allen weiteren Schaden zu ersetzen. Der Beklagte hat jede Verpflichtung zur Leistung von Schadensersatz bestritten.

Das Landgericht hat den Anspruch auf Schadensersatz für die Zeit seit dem 1. April 1927 dem Grunde nach für gerechtfertigt erklärt und den auf das Unterbleiben der Räumung von diesem Zeitpunkt an gegründeten Feststellungsanspruch unentschieden gelassen; dagegen hat es sowohl die Leistungs- wie die Feststellungsansprüche für die Zeit bis zum 31. März 1927 abgewiesen. Gegen dieses Urteil hat die Klägerin Berufung, der Beklagte Anschlußberufung eingelegt; beide Rechtsmittel wurden zurückgewiesen. Auch die Revision der Klägerin blieb ohne Erfolg.

Gründe:

Da der Beklagte gegen das Berufungsurteil kein Rechtsmittel eingelegt hat, ist das landgerichtliche Urteil, soweit es den Anspruch der Klägerin auf Schadensersatz für die Zeit seit dem 1. April 1927 dem Grunde nach für berechtigt erklärt, in Rechtskraft übergegangen. In diesem Rechtszuge steht daher nur zur Entscheidung, ob der Beklagte durch Unterlassung der Räumung schon zu einem früheren Zeitpunkt in Verzug gekommen und demgemäß der Klägerin, wie diese geltend macht, zum Schadensersatz verpflichtet ist. Die beiden Vorderrichter haben das verneint mit der Begründung, daß die Vollstreckung des Räumungsurteils aus dem Jahre 1924 von der Sicherung eines angemessenen Ersatzraums abhängig gemacht gewesen und diese Beschränkung der Zwangsvollstreckung erst durch das die Räumung zum 1. April 1927 anordnende Urteil weggefallen sei (§§ 5, 6 Abs. 2 MSchG.). Das Berufungsgericht gründet diesen Ausspruch auf § 6 Abs. 4 MSchG. und auf die Auslegung, die diese Vorschrift im Schrifttum überwiegend gefunden hat.

Dieser Auslegung ist beizutreten. Wenn § 6 Abs. 4 MSchG. bestimmt, solange in den Fällen der Abs. 1 und 2 der Ersatzraum nicht gesichert sei, hätten die Beteiligten in Ansehung dieses Raumes die aus dem Mietverhältnis sich ergebenden Rechte und Pflichten, so weist diese Vorschrift zwingend auf § 535 BGB. hin, wonach der Vermieter durch den Mietvertrag verpflichtet wird, dem Mieter den Gebrauch der vermieteten Sache während der Mietzeit zu gewähren. Zwar ist nach § 5 MSchG. das Mietverhältnis für den in der Urteilsformel bezeichneten Zeitpunkt aufzuheben. Allein nach der zweifelfreien Vorschrift des § 6 Abs. 4 sollen die Beteiligten bis zur Sicherung des Ersatzraums oder freiwilligen Herausgabe des Mietraums zu einem früheren Zeitpunkt in Ansehung dieses Raums die aus dem

Mietverhältnis sich ergebenden Rechte und Pflichten haben. Es wird also im Wege eines Eingriffs in das Mietrecht des Bürgerlichen Gesetzbuchs ein vertragsgleicher Rechtszustand geschaffen.

Der Absatz 4 des § 6 MSchG. beseitigt nicht die in § 5 angeordnete Aufhebung des Mietverhältnisses, aber zufolge der Vorschrift, daß bis zur Sicherung des Ersatzraums die Beteiligten die aus dem Mietverhältnis sich ergebenden Rechte und Pflichten haben sollen, ist es so anzusehen, als ob das Mietverhältnis bis zu diesem Zeitpunkt nicht gelöst wäre. Nach dem Aufbau des Mieterschutzgesetzes handelt es sich hierbei nicht mehr nur um die Frage der Zulässigkeit einer Vollstreckung des gegen den Mieter erlassenen gerichtlichen Räumungsurteils, worüber nach früherem Recht das Mieteinigungsamt unter Heranziehung sozialer und volkswirtschaftlicher Gesichtspunkte nach freiem Ermessen zu entscheiden hatte (vgl. amtliche Begründung zum Mieterschutzgesetz, abgedr. bei Stern, Kommentar zum MSchG. 7. Aufl. S. 172 bis 180; WarnRspr. 1922 Nr. 118). Der § 6 Abs. 4 regelt vielmehr die bürgerlichrechtlichen Verhältnisse der Mietparteien selbst; er schafft unmittelbar materielles Recht und ordnet nicht nur, wie die Revision meint, „die für die materielle Rechtslage bedeutungslose Zweckmäßigkeitsfrage", ob die Genehmigung zur Zwangsvollstreckung aus einem Räumungsurteil vom Gericht oder vom Mieteinigungsamt zu erteilen ist. Die amtliche Begründung zum Mieterschutzgesetz (a. a. O. S. 179) läßt keinen Zweifel darüber, daß eine „grundsätzliche Umgestaltung des bisherigen Rechtszustands" vom Gesetzgeber beabsichtigt war. Daß die neugeschaffene Rechtslage unter Umständen zu einer starken Beeinträchtigung der Rechte des Vermieters führen kann, ist nicht zu verkennen, allein das liegt im Rahmen der mit der Mieterschutzgesetzgebung verfolgten Ziele. Auch bietet das in § 16 MSchG. vorgesehene Verfahren dem Vermieter die Möglichkeit, sich gegen ein arglistiges Verhalten des Mieters, das ihn mit Schadenszufügung bedroht, zu schützen. Das Berufungsurteil stellt jedoch ausdrücklich fest, daß die Klägerin den im Gesetz vorgesehenen Weg nicht beschritten habe.

Ist aber danach der Vermieter trotz Aufhebung des Mietverhältnisses bis zur Sicherung des Ersatzraums kraft Gesetzes zur Weitergewährung des Gebrauchs der Mietsache verpflichtet, so kann von einem Verzug des Mieters im Sinne der §§ 284flg. BGB.

keine Rede sein. Den von der Klägerin in Bezug genommenen, in JW. 1927 S. 581 Nr. 6 und in RGZ. Bd. 116 S. 382 abgedruckten Urteilen des erkennenden Senats liegt, wie das Berufungsgericht zutreffend bemerkt, ein anderer Sachverhalt zugrunde. Namentlich fehlt in den dort entschiedenen Fällen der maßgebende Umstand, daß die Zwangsvollstreckung von der Sicherung des Ersatzraums abhängig gemacht war. Die zuerst erwähnte Entscheidung befaßt sich überhaupt nur mit dem vor Erlaß des Mieterschutzgesetzes geltenden Rechtszustand; im letzteren Falle war das Mietverhältnis mit sofortiger Wirkung aufgehoben.

---

13. Zur Anwendung des § 37 Nr. 4 des Zwangsversteigerungsgesetzes.

ZVG. § 37 Nr. 4, § 110.

V. Zivilsenat. Urt. v. 22. September 1928 i. S. Stadt B. (Kl.) w. St. Bank (Bekl.). V 61/28.

I. Landgericht II Berlin.
II. Kammergericht daselbst.

Auf einem dem Architekten B. gehörenden Grundstück war in Abteilung III unter Nr. 3 eine Darlehenshypothek von 90000 Feingoldmark für die Klägerin eingetragen. Auf dem Grundstück lastete ferner eine für die Beklagte in Abteilung III Nr. 5 eingetragene Darlehenshypothek von 11000 GM. Am 29. Januar 1926 wurde im Grundbuch vermerkt, daß der Hypothek Abteilung III Nr. 5 der Vorrang vor der Hypothek Abteilung III Nr. 3 eingeräumt worden sei. In einer Urkunde vom 18. Februar 1926 erklärte B., die Beklagte habe für die Hypothek von 11000 GM. keinen Gegenwert gegeben, sodaß sie ihm als Eigentümergrundschuld zustehe. Diese Eigentümergrundschuld nebst Zinsen vom 1. Januar 1926 ab verpfändete er der Beklagten zur Sicherung für alle Ansprüche jeglicher Art, die ihr aus der Geschäftsverbindung mit ihm bereits zuständen oder aus irgendeinem Grunde in Zukunft erwachsen würden. Zugleich erklärte B., daß er die Umschreibung der Hypothek als Eigentümergrundschuld auf seinen Namen, die Eintragung der Verpfändung und die Übersendung des Hypothekenbriefs an die Beklagte beantrage. Die Eintragung in das Grundbuch ist jedoch nicht erfolgt. Auf Antrag einer Hypothekenbank wurde durch Beschluß des Amtsgerichts Berlin-Schöneberg vom 1. Juli 1926 die Zwangsversteigerung des Grundstücks angeordnet. Durch Schriftsatz vom 11. Oktober 1926 trat die Beklagte wegen einer Forderung von 6254 RM. nebst Zinsen und Kosten des Zahlungsbefehls der Zwangsversteigerung bei. Sie meldete an, daß die in Abteilung III unter Nr. 5 für sie eingetragene Hypothek von 11000 GM. nicht zur Entstehung gelangt sei, da das Darlehen nicht gewährt worden sei; die Hypothek sei vielmehr Eigentümergrundschuld geblieben. Diese Eigentümergrundschuld habe ihr B. durch Urkunde vom 18. Februar 1926 verpfändet, auch habe er ihr den Hypothekenbrief übergeben. Das Amtsgericht ließ am 15. Oktober 1926 den Beitritt der Beklagten wegen ihrer Ansprüche aus dem Vollstreckungsbefehl vom 15. Oktober 1926 zu. Auch die Klägerin meldete ihre Ansprüche in Höhe von 90000 GM. nebst Zinsen in Höhe von 6600 GM. und außerdem 3000 GM. Kosten an. Ihr Beitritt wurde am 27. Oktober 1926 zugelassen. Durch Beschluß vom 10. November 1926 wurde das Grundstück einer Baugenossenschaft für 165000 RM. zugeschlagen. Im Verteilungstermin erhob der Rechtsanwalt Bo. namens der Klägerin Widerspruch gegen die Zuteilung an die Beklagte, „soweit die Zinsen 3% übersteigen, also mit 85,40 RM." Die Beklagte ist nach dem Teilungsplan mit 6758,11 RM. zur Hebung gelangt, die Klägerin dagegen ist mit dem größten Teil ihrer angemeldeten Forderung ausgefallen.

Die Klägerin hat im ersten Rechtszug beantragt, die Beklagte zur Zahlung von 500 RM. nebst 8% Zinsen seit dem 1. März 1927 und zur Einwilligung in die Zahlung der hinterlegten 85 RM. Zinsen zu verurteilen. Das Landgericht hat die Beklagte zur Einwilligung verurteilt, im übrigen jedoch die Klage abgewiesen. Im zweiten Rechtszug hat die Klägerin um Verurteilung der Beklagten zu weiteren 4100 RM. nebst 8% Zinsen seit Klagzustellung gebeten. Das Kammergericht hat die Berufung der Klägerin zurückgewiesen. Ihre Revision führte zur Aufhebung und Zurückverweisung.

Gründe:

Das Berufungsgericht hat ausgeführt: Nach dem Inhalt des Grundbuchs habe der Beklagten zur Zeit der Anordnung der Zwangsversteigerung für ihre als Darlehenshypothek eingetragene Post Abteilung III Nr. 5 der Vorrang vor der Hypothek der Klägerin Abteilung III Nr. 3 zugestanden. Der von der Klägerin jetzt für ihre Hypothek Abteilung III Nr. 3 in Anspruch genommene Rang vor der Beklagten sei daher ein aus dem Grundbuch nicht ersichtliches Recht im Sinne des § 37 Nr. 4 ZVG. Werde ein solches Recht nicht spätestens im Versteigerungstermin angemeldet, so sei nicht nur dieses Recht im Zwangsversteigerungsverfahren nicht zu berücksichtigen, sondern es trete ein materieller Rechtsverlust ein. So liege es aber hier. Es sei zwischen den Parteien unstreitig, ergebe sich übrigens auch aus den Zwangsversteigerungsakten, daß die Klägerin ihre aus dem Grundbuch nicht ersichtliche Rangstellung im Zwangsversteigerungsverfahren nicht geltend gemacht habe. Sie sei daher dieses Rangrechts völlig verlustig gegangen.

Diese Ausführungen sind für den Fall nicht zu beanstanden, daß die Hypothek der Beklagten und die Eigentümergrundschuld rechtswirksam begründet worden sind. Es ist anerkannten Rechtens, daß das Unterlassen rechtzeitiger Anmeldung eines aus dem Grundbuch nicht ersichtlichen Rechts nach §§ 110, 37 Nr. 4 ZVG. die endgültige Zurücksetzung im Range zur Folge hat und daß diese auch nicht nachträglich durch eine Bereicherungsklage gegen denjenigen beseitigt werden kann, der den Vorteil aus der Rangverschiebung erhalten hat (Jaeckel-Güthe 5. Aufl. Anm. 12 zu §§ 37, 38 ZVG., Anm. 1 zu § 113 und dortige Anführungen aus Rechtsprechung und Schrifttum). Und ebenso ist es richtig, daß zu den nach § 37 Nr. 4 ZVG. anzumeldenden Rechten auch ein aus dem Grundbuch nicht ersichtlicher Vorrang gehört (Jaeckel-Güthe Anm. 9 zu §§ 37, 38 ZVG.). In der Urkunde vom 29. Dezember 1925 hat die Klägerin der Hypothek der Beklagten von 11000 GM. nebst Zinsen den Vorrang vor ihrer eigenen Hypothek von 90000 FeinGM. eingeräumt. Diese Vorrangseinräumung ist am 29. Januar 1926 ohne jede Einschränkung im Grundbuch vermerkt worden. Unterstellt man zunächst, daß die Hypothek der Beklagten und die Eigentümergrundschuld rechtswirksam entstanden sind, was die Klägerin bestreitet, so bezieht sich die Vorrangseinräumung, sofern nicht in der Einigung eine Beschränkung eingeräumt ist, auch auf die wegen Nichtvalutierung der Hypothek entstandene Eigentümergrundschuld, und die Beklagte war auf Grund ihres Pfandrechts an dieser Eigentümergrundschuld zur Befriedigung aus dem Grundstück an der Rangstelle der Eigentümergrundschuld berechtigt. Ist aber, wie die Klägerin weiter geltendgemacht hat, entgegen der unbeschränkten Einräumung im Eintragungsvermerk, in der Einigung der Vorrang nur unter der Bedingung eingeräumt worden, daß die vortretende Hypothek der Beklagten durch Hingabe eines Baudarlehens valutiert werden müsse, der Vorrang also nicht einer durch Nichtvalutierung entstandenen Eigentümergrundschuld eingeräumt sein solle, so würde der Eigentümergrundschuld der Vorrang allerdings nicht zustehen, obwohl die Rangänderung uneingeschränkt eingetragen ist (RGZ. Bd. 61 S. 37, Bd. 76 S. 375, Bd. 83 S. 125; Planck-Strecker Anm. 3a zu § 880 BGB. und dortige Anführungen). Soweit die Klägerin sich auf die abweichend von der Eintragung erfolgte Einigung beruft und damit vorbringt, daß trotz uneingeschränkter Eintragung nach dieser Einigung ihrer Hypothek der Vorrang vor der Eigentümergrundschuld zustehe, aus deren Rangstelle die Beklagte Befriedigung aus dem Grundstück begehrt hat, macht sie geltend, daß ihrer Hypothek im Widerspruch zur Eintragung der Vorrang vor der der Beklagten verpfändeten Eigentümergrundschuld gebühre. Sie nimmt also einen aus dem Grundbuch „nicht ersichtlichen" Rang für ihre Hypothek in Anspruch und war verpflichtet, diesen Vorrang im Versteigerungsverfahren rechtzeitig (§ 37 Nr. 4 ZVG.) anzumelden und gegebenenfalls glaubhaft zu machen. Daß eine Glaubhaftmachung gerade in Fällen der vorliegenden Art bei Baugeldhypotheken schwierig sein kann, verkennt auch das Berufungsgericht nicht. Es weist jedoch zutreffend darauf hin, daß dieser Mißstand dem Zweck der Vorschrift weichen müsse, dem nicht im geringsten Gebot stehenden Berechtigten, der sein Recht herausbieten wolle, Kenntnis über die Höhe der ihm vorgehenden Rechte zu verschaffen und ihn dadurch in die Lage zu versetzen, das dazu erforderliche Gebot genau zu errechnen (RGZ. Bd. 76 S. 381). Im vorliegenden Falle hatte aber die Beklagte selbst bei der Anmeldung hervorgehoben, daß ihre Hypothek nicht valutiert worden sei. Es hätte also nur noch der Glaubhaftmachung bedurft, daß es sich um ein Baudarlehen handle und daß der Hypothek der

Beklagten nur unter der Bedingung eines solchen der Vorrang eingeräumt sein solle. Diese Glaubhaftmachung hätte die Klägerin z. B. durch eidesstattliche Versicherung oder durch Beibringung einer Erklärung des von ihr benannten Zeugen führen können.

Anders ist jedoch die Rechtslage zu beurteilen, wenn man entsprechend den weiteren Ausführungen der Klägerin unterstellt, es sei die für die Beklagte eingetragene Hypothek von 11000 GM. nichtig, die Vorrangseinräumung gegenstandslos und auch eine Eigentümergrundschuld nicht entstanden. Zwar nimmt auch in diesem Falle die Klägerin eine Befriedigung aus ihrer alten, ohne rechtswirksame Vorrangseinräumung bestehenden Rechtsstellung in Anspruch und macht daher auch insoweit einen Rang geltend, der mit der Eintragung des Vorrangs für die Hypothek der Beklagten im Widerspruch steht, also nicht aus dem Grundbuch ersichtlich ist. Gleichwohl finden die Vorschriften des § 37 Nr. 4 und des § 110 ZVG. für den Fall der Nichtigkeit der Hypothek der Beklagten und der Eigentümergrundschuld keine Anwendung. Nach § 110 ZVG. stehen Rechte, die ungeachtet der in § 37 Nr. 4 vorgeschriebenen Aufforderung nicht rechtzeitig angemeldet und glaubhaft gemacht sind, bei der Verteilung den übrigen Rechten nach. Unter den „übrigen Rechten" können aber nur rechtswirksam begründete, nicht dagegen Rechte verstanden werden, die zwar im Grundbuch eingetragen, tatsächlich aber nicht zur Entstehung gelangt sind. Wollte man anders urteilen, so würde es sich nicht um das Vorrücken eines Rechts im Zwangsversteigerungsverfahren zum Nachteil dessen handeln, der sich im Verfahren verschwiegen hat, sondern um die Begründung eines Anspruchs für einen Nichtberechtigten. Eine solche Wirkung hat jedoch § 110 ZVG. nicht im Auge, wenn er die Zurücksetzung des nicht angemeldeten Rechts hinter die „übrigen Rechte" bestimmt. Danach ist der Hypothekengläubiger, der einem im Grundbuch eingetragenen, aber nicht zur Entstehung gelangten Rechte den Vorrang vor seiner Hypothek eingeräumt hat, nicht verpflichtet, gemäß § 37 Nr. 4 ZVG. anzumelden, daß er den Rang aus seiner alten Rangstelle in Anspruch nehme. Ob aber im vorliegenden Falle die für die Beklagte eingetragene Hypothek und eine Eigentümergrundschuld nicht zur Entstehung gelangt sind, bedarf in tatsächlicher und rechtlicher Beziehung noch der Prüfung durch das Berufungsgericht.

14. 1. Grundsätzliche Ausschließlichkeit der urheberrechtlichen Befugnis.

2. Ist eine Liederauswahl erlaubt, wenn darin nur Gedichte Aufnahme finden, an denen noch Urheberrecht besteht?

3. Wann ist eine Gedichtsammlung ihrer Beschaffenheit nach zur Benutzung bei Gesangsvorträgen bestimmt?

LitUrhG. § 19 Nr. 3.

I. Zivilsenat. Urt. v. 22. September 1928 i. S. R.-Verlag (Bekl.) w. D. M.-Verlag u. Gen. (Kl.). I 101/28.

I. Landgericht I Berlin.

Die Beklagte vertreibt, zu 30 Pfennig das Stück, ein „Schlagerliederbuch zum Mitsingen, Allerneuestes Schlagerpotpourri". Darin sind die Texte bekannter Tanz- und anderer Schlager vereinigt, die zum Teil im Verlage der Kläger erschienen sind und an denen diese Urheberrecht haben. Das Landgericht hat dem Unterlassungsantrag der Kläger stattgegeben. Die von der Beklagten unmittelbar beim Reichsgericht eingelegte Revision hatte keinen Erfolg.

Gründe:

Die in das Schlagerliederbuch der Beklagten aufgenommenen 57 Stücke, unter denen als beteiligt 43 verschiedene Verfasser (und zwar mehrmals zwei oder drei gemeinsam) angegeben sind, kennzeichnen sich als „einzelne Gedichte" im Sinne des § 19 Nr. 3 LitUrhG. vom 19. Juni 1901. Denn es handelt sich durchweg um etliche Probestücke, übrigens von verhältnismäßig geringem Umfang, nirgends um einen beträchtlichen Teil dessen, was der von jener Aufnahme Betroffene im ganzen hervorgebracht hat. Streit darüber, daß die Einverleibung in das Liederbuch erst nach dem Erscheinen der Gedichte stattgefunden hat, besteht nicht. Mit Recht vermißt aber das Landgericht an der Zusammenstellung gewisse Voraussetzungen, welche vorliegen müßten, wenn die Vervielfältigung zulässig sein sollte.

In dem Liederbuche sind allerdings Werke einer größeren Zahl von Schriftstellern vereinigt. Denn dreiundvierzig genügen schon dieser gesetzlichen Anforderung. Dahinstehen mag, ob das angefochtene Urteil dem Buche mit Recht die Merkmale einer Sammlung abspricht. Es vermißt jede gedankliche Ordnung der einverleibten Gedichte, sieht in dem dargebotenen Schriftwerk eine rein äußerliche Zusammenstellung und deutet an, daß man nach allgemeinem Sprachgebrauch unter „Sammlung" (im Sinne eines Tätigkeitsergebnisses) eine Menge von Gegenständen verstehe, die nach bestimmten Gesichtspunkten — zu wissenschaftlichen, künstlerischen oder sonstigen Zwecken, oder aus Liebhaberei — zusammengebracht und geordnet sei. Von diesem Sprachgebrauch weiche, so meint es, das Gesetz nicht ab (§ 17 Abs. 2, § 19 Nr. 3 u. 4, § 21 Nr. 3, § 24 Satz 3, § 62 Satz 2 LitUrhG.). Es kann davon abgesehen werden, zu prüfen, ob solcher gleichmäßige Sprachgebrauch des Gesetzes wirklich durchgeführt ist. Auch darauf braucht nicht eingegangen zu werden, ob vielleicht der Umstand, daß alle aufgenommenen Stücke „Schlager" sind (Lieder aus Possen, Operetten u. dgl., die in der breiten Masse Anklang gefunden haben), den ordnenden Gedanken, wenn es eines solchen bedürfte, zu ersetzen vermöchte. Denn selbst wenn man das Schlagerliederbuch der Beklagten als „Sammlung" gelten lassen müßte, so fehlten ihm doch andere nach § 19 Nr. 3 LitUrhG. erforderliche Merkmale.

Die aus vereinigten Gedichten einer größeren Schriftstellerzahl bestehende Sammlung müßte „ihrer Beschaffenheit nach zur Benutzung bei Gesangsvorträgen bestimmt" sein. Nicht entscheiden kann die dem Titelblatt aufgedruckte Zweckwidmung „zum Mitsingen", sondern nur die tatsächliche Beschaffenheit der in einem Heft zusammengefaßten Gedichte. Das Landgericht aber verneint, daß die Zusammenstellung Werke enthalte, die ausschließlich oder doch ganz vorwiegend für den Gesang bestimmt seien. Hauptsächlich, führt es aus, seien die Gedichte Tanzschlager. Ihre allgemeine Berühmtheit erwachse daraus, daß zunächst die Weise ohne Text von Tanzkapellen gespielt werde. Erst wenn die Melodie als solche zu einer gewissen Beliebtheit gekommen sei, kümmere man sich um den Text, in weiteren Kreisen entstehe das Bedürfnis, ihn nach jener Melodie zu singen. Als Lieder im engeren Sinne, bloße Gesangskompositionen also, würden die Schlager nie eine solche Verbreitung finden und soviel Aufmerksamkeit erregen. Zwar möge es vorkommen, daß eine größere Gesellschaft sie bei ihren Veranstaltungen (Festen, Vergnügungen) singe; doch sei dieser Fall verhältnismäßig selten. Eine Nachfrage nach Texten der Schlager

5*

ohne die Noten gehe namentlich von Leuten aus, welche die Schlager im kleinsten Familienkreise beim Tanzen mitsingen wollen oder überhaupt den Worttext der beliebten Tanzschlager kennenlernen möchten, ohne die Absicht, sie selbst zu singen. — Mit diesen Bemerkungen bewegt sich das erste Urteil durchaus auf dem Gebiete rein erfahrungsmäßiger Beobachtung von Tatsachen des Lebens. Ohne rechtlichen Irrtum folgert es daraus für die Gesetzesanwendung: Den im Schlagerliederbuche der Beklagten vereinigten Gedichten fehle das gesetzliche Erfordernis, ihrer Beschaffenheit nach zur Benutzung bei Gesangsvorträgen bestimmt zu sein. Denn mit Gesangsvorträgen meine das Gesetz nur gesellige Veranstaltungen, bei denen eine größere Anzahl von Personen mitsinge; nicht aber umfasse es damit auch Fälle, in denen, z. B. im engsten Familienkreise, nur wenige singen.

Die Auslegung des Landgerichts läßt keinen Verstoß gegen Rechtsgrundsätze erkennen. Vor allem entspricht sie der Entstehungsgeschichte der dem § 19 LitUrhG. in der dritten Lesung vom Reichstag (auf Antrag des Abgeordneten Wellstein) eingefügten Nr. 3. Für Feste, Ausflüge, Reisen, Wanderungen von Vereinen oder Gesellschaften sollte den Beteiligten ermöglicht werden, Liederbücher herstellen zu lassen und zu benutzen, für die nicht erst (umständlich und oft verteuernd) die Zustimmung Berechtigter (Urheber, Verleger) eingeholt werden müsse. Man erwog, daß damit den urheberrechtlich Befugten kein großes Opfer zugemutet, der Allgemeinheit aber eine willkommene und angemessene Vergünstigung zuteil werde.

Mit diesen bei der Entstehung der Vorschrift leitenden Bestrebungen sollte keineswegs der Grundgedanke des Gesetzes vom 19. Juni 1901 verleugnet oder auch nur wesentlich eingeschränkt werden: daß in der Regel dem Urheber die ausschließliche Befugnis gebühre, sein Werk zu vervielfältigen und zu verbreiten (§ 11 Abs. 1 Satz 1 d. Ges.). Ausnahmen in Gestalt von Beschränkungen der Urheber-Befugnisse sind in Zweifelfällen nicht erweiternd zu deuten (RGZ. Bd. 118 S. 285).

Darum legt das Landgericht die Gesetzesworte, wonach „einzelne Gedichte" in eine Sammlung . . . aufgenommen werden dürfen, nicht bloß nach dem Buchstaben, sondern im Sinne jenes leitenden Gedankens aus und versteht sie dahin: Der Sammlung dürfen aus der Menge der Gedichte, die noch urheberrechtlich geschützt sind, nur einzelne einverleibt werden; mindestens ein erheblicher Teil der insgesamt aufgenommenen muß aus solchen Werken bestehen, die entweder überhaupt nicht geschützt sind oder bezüglich deren der Herausgeber von den Berechtigten (Urheber, Erben, Verleger, oder wer sonst in Frage kommt) die Genehmigung erhalten hat.

Zutreffend knüpft auch hier das angefochtene Urteil, um Zweck und Anwendungsbereich der Vorschrift zu bestimmen, an ihre Entstehungsgeschichte an. Wie bei der Beratung des Gesetzesantrags eigens betont wurde, wollte man studentischen Körperschaften, aber nicht minder auch anderen Vereinen, überhaupt geselligen Verbindungen aller Art die Möglichkeit sichern, bei Festen, Ausflügen, Zusammenkünften usw. Sammlungen gebräuchlicher und geeigneter Lieder zu benutzen und aus ihnen zu singen. An dem verschiedentlich beispielshalber erwähnten Kommersbuche wird aufs einfachste klar, an welcherlei Lieder man dachte. Die Gedanken der Gesetzesberatung weiterspinnend durfte deshalb der erste Richter im Anschluß an das Kommersbuch-Beispiel erwägen: Den breitesten Raum nehmen darin (und in entsprechenden andern Liederbüchern) solche Lieder ein, deren Verfasser nicht bekannt sind oder bei denen kein Urheberrecht mehr in Frage kommt, weil die Verfasser vor langer Zeit gestorben sind; nur verhältnismäßig wenige Gedichte und Lieder sind in ihnen enthalten, für welche die Schutzfrist beim Inkrafttreten des Gesetzes vom 19. Juni 1901 noch lief. Ganz im Einklang mit Äußerungen bei der Vorbereitung der Gesetzesvorschrift, zugleich aber mit der Grundregel des Gesetzes im ganzen, entnimmt das Urteil ihr danach den Sinn: keinesfalls habe gestattet werden sollen, daß jemand (so wie hier im Schlagerliederbuch) eine Zusammenstellung nur allerneuester Gedichte mache, die überhaupt keine älteren, ungeschützten Werke enthalte. Bei der Unternehmung der Beklagten liege (so wird ausgeführt) gerade auf den allein vertretenen allerneuesten Schlagern das Hauptgewicht; schon der Untertitel „Allerneuestes Schlagerpotpourri" beleuchte das. Der Umstand, daß man nur die neuesten Schlager vereinigt finde, verleihe der Zusammenstellung in den Augen des Käufers den Hauptwert; wären ältere Lieder mit aufgenommen, so fiele sicherlich der Absatz viel geringer aus.

Alle diese Erwägungen, zum Teil dem Gebiete tatsächlicher Würdigung angehörig, lassen keinen rechtlichen Irrtum erkennen.

Die Entstehungsgeschichte des Gesetzes bestätigt auch, was schon unabhängig von ihr die Auslegung wesentlich mitbestimmen müßte: daß gewisse Einschränkungen grundsätzlicher Urheber-Befugnisse im Dienste der Unterhaltung, der Zerstreuung und des Vergnügens zwar gerechtfertigt sind in den Grenzen sittlichen Empfindens, guten Geschmacks und gesunder Vernunft, darüber hinaus aber des inneren Grundes ermangeln würden. Bei Zusammenstellungen wie dem vorliegenden Schlagerliederbuch fehlt eine Rechtfertigung, die diesem Gedanken der Gesetzesanwendung entspräche, weil andere Zwecke als rein geschäftliche nicht ersichtlich sind.

Kann sich die Beklagte also nicht auf den Schutz des § 19 Nr. 3 LitUrhG. berufen, so hat das Landgericht mit Recht dem Unterlassungsantrag entsprochen.

---

15. Ist die zeitlich beschränkte Überlassung einer Erfindung zur Benutzung und Ausbeutung als Pachtvertrag anzusehen?

BGB. § 581.

III. Zivilsenat. Urt. v. 28. September 1928 i. S. L. als Verwalter im Konkurse über das Vermögen der S.er Maschinenfabrik AG. (Bekl.) w. Aktiebolaget de L. A. (Kl.). III 523/27.

I. Landgericht Magdeburg.
II. Oberlandesgericht Naumburg a. S.

Die Klägerin, eine schwedische Aktiengesellschaft, schloß am 6. März 1925 mit der S.er Maschinenfabrik und Eisengießerei (S.), einer deutschen Aktiengesellschaft, einen Vertrag ab, in dem sie dieser auf 15 Jahre das Recht einräumte, Laval-Zentrifugal-Pumpen „Zeta" in Deutschland anzufertigen und zu verbreiten. Sie verpflichtete sich, der Vertragsgegnerin Arbeits- und Zusammenstellungszeichnungen für alle Zetapumpen, die bei dieser hergestellt werden sollten, sowie ihre Versuchs- und Erfahrungsresultate „auszuhändigen". S. verpflichtete sich, eine Lizenzgebühr von $7\frac{1}{2}\%$ des Fakturapreises für verkaufte Pumpen von allerlei Art und im Falle eines Verkaufes außerhalb Deutschlands, der immer die besondere Erlaubnis der Klägerin erforderte, eine im Wege des Übereinkommens festzusetzende Lizenzgebühr zu zahlen. Dabei übernahm S. die Garantie, daß die Lizenzgebühren, das erste Vertragsjahr ausgenommen, mindestens 10000 schwedische Kronen im Jahre erreichten. Für den Fall, daß dieser Betrag nicht erreicht würde, sollte S. den fehlenden Betrag am Jahresschluß decken. Am 29. Dezember 1925 wurde über das Vermögen von S. der Konkurs eröffnet; der Beklagte wurde zum Verwalter bestellt. Auf das am 30. August 1926 gestellte Verlangen der Klägerin nach einer Abrechnung über die bisher fällig gewordenen Lizenzgebühren antwortete der Konkursverwalter, daß er in den Vertrag vom 6. März 1925 nicht eintrete und daß er, da mit dem Bau von Pumpen noch nicht begonnen sei, einen Anspruch der Klägerin auf Lizenzgebühren nicht anerkennen könne. Die Klägerin vertritt demgegenüber den Standpunkt, daß sie für die Zeit vom 6. März 1926 bis 31. August 1926 den entsprechenden Teil der garantierten jährlichen Mindestvergütung von 10000 schwedischen Kronen vom Beklagten als Masseschuld gezahlt verlangen könne. Auf die Verurteilung des Beklagten zur Entrichtung dieses Betrags richtet sich der Antrag der Klägerin. Das Landgericht hat die Klage abgewiesen. Das Oberlandesgericht hat ihr stattgegeben. Die Revision des Beklagten ist zurückgewiesen worden.

Gründe:

Das Berufungsgericht bezeichnet als Gegenstand des Vertrags, aus dem die Klägerin ihre Ansprüche herleitet, eine „geheime Erfindungsidee". Durch diese auf dem Gebiete der tatrichterlichen Feststellung liegende und deshalb in der Revisionsinstanz nicht nachprüfbare Annahme erledigt sich der Einwand, den der beklagte Konkursverwalter dahin erhoben hat, daß die Bauart der Zetapumpen nach der Entwicklung in den letzten Jahren nicht mehr als eine Geheimkonstruktion angesehen werden könne; sie sei in der deutschen und ausländischen Fachliteratur zahlreiche Male beschrieben worden, sodaß sie jedem Techniker geläufig sei. Die bei Zugrundelegung dieses Vorbringens sich ergebenden Fragen, ob ein auf ein wesenloses Nichts, also auf eine unmögliche Leistung gerichteter und deshalb nichtiger Vertrag vorliege (§ 306 BGB.) oder ob der Vertrag durch eine nach seinem Abschluß ohne das Zutun der Klägerin erfolgte Veröffentlichung der Erfindung hinfällig geworden sei (§ 323 BGB.), bedürfen demnach nicht der Entscheidung.

Der von der Klägerin mit ihrem Antrag verfolgte Masseschuldanspruch hat gemäß § 59 Nr. 2 KO. zur Voraussetzung, daß der Vertrag kraft Gesetzes und ohne das Verlangen des Konkursverwalters für die Zeit nach Eröffnung des Konkursverfahrens erfüllt werden mußte (RGZ. Bd. 55 S. 267). Eine solche Pflicht hätte der Klägerin nicht obgelegen, wenn das Vertragsverhältnis dahin aufzufassen wäre, daß diese sich an dem Handelsgewerbe der Gemeinschuldnerin mit einer Vermögenseinlage als stille Gesellschafterin beteiligt habe. Dann wäre die Gesellschaft durch die Konkurseröffnung aufgelöst worden (§ 25 KO., § 335 HGB., § 728 BGB.). Diese Beurteilung des Vertragsverhältnisses wird jedoch dadurch ausgeschlossen, daß sich die Klägerin als Gegenleistung nicht die Beteiligung am Gewinn des Pumpen-Unternehmens der Vertragsgegnerin, sondern $7^1/_2$% des Fakturenbetrags der zum Verkauf gelangenden Zetapumpen ausbedungen hat und vom Ablauf des ersten Vertragsjahres an eine feste Mindestgebühr hat zusichern lassen. Wenn aber dies allein nicht als ausschlaggebend gelten könnte (RGZ. Bd. 90 S. 16), so müßte als entscheidend betrachtet werden, daß sich die Klägerin nicht den geringsten Einfluß auf den Geschäftsbetrieb der Gemeinschuldnerin, namentlich keinerlei Überwachungsrechte zur Sicherung ihrer Geldansprüche vorbehalten hat (RGZ. Bd. 57 S. 177). Der Vertragsurkunde ist auch kein Anhalt dafür zu entnehmen, daß der Konkurs der Gemeinschuldnerin nach dem Willen der Beteiligten die Beendigung der Vertragsbeziehungen zur Folge haben sollte. Das Einverständnis der Klägerin mit einer derartigen Regelung kann um so weniger unterstellt werden, als sie nach der Preisgabe des Herstellungsgeheimnisses an die andere Vertragspartei dieses schwerlich durch Überlassung an einen anderen Unternehmer noch hätte verwerten können. Der Beklagte hat denn auch eine solche stillschweigende Abrede nicht behauptet. Der Berufungsrichter gelangt zur Bejahung der geltend gemachten Masseverbindlichkeit von der Erwägung aus, daß es sich um ein Abkommen handle, das dem patentrechtlichen Lizenzvertrag zu vergleichen sei, durch den der Patentinhaber dem Erwerber nicht ein ausschließliches, sondern nur ein einfaches Benutzungsrecht an der patentierten Erfindung unter Übernahme der lediglich schuldrechtlichen Verpflichtung einräume, keine weiteren Lizenzen zu vergeben. Ein solcher Vertrag sei, falls er, wie hier, auf Zeit abgeschlossen werde, ein pachtähnlicher Vertrag, auf den § 19 KO. sinngemäß anzuwenden sei. Der Konkursverwalter habe daher den Vertrag durch seine Erklärung vom 1. September 1926 frühestens an diesem Tage zur Auflösung gebracht und die Klägerin könne mithin gemäß § 59 Nr. 2 KO. vom Beginn des zweiten Vertragsjahres, also vom 6. März 1926 an, bis zum 31. August des gleichen Jahres einen entsprechenden Teil der vereinbarten Mindestabgabe fordern.

Diese Ausführungen unterliegen insofern nicht unerheblichen Bedenken, als der Berufungsrichter eine sinngemäße Anwendung der für Miet- und Pachtverträge aufgestellten Sondervorschrift des § 19 KO. für statthaft erachtet, die sich gegenüber der Regelvorschrift des § 17 über den Einfluß des Konkurses auf beiderseits nicht oder nicht völlig erfüllte Verträge als Ausnahme darstellt. Es bedarf indessen keiner Stellungnahme zu der Ansicht des Berufungsgerichts. In der zeitlich begrenzten Überlassung der Erfindung, eines unkörperlichen Gegenstandes, zum Gebrauch und zur wirtschaftlichen Ausbeutung gegen fortlaufende Zahlung eines Entgelts sind die Begriffsmerkmale eines Pachtvertrags verwirklicht (§ 581 BGB.). Mit dieser Auffassung ist es nicht unvereinbar, daß die Gemeinschuldnerin der Klägerin zugesagt hat, während der Vertragszeit keine Zentrifugalpumpen anderer Herstellungsweise als Zetapumpen ohne Genehmigung der Vertragsgegnerin anzufertigen und zu verkaufen. Ebensowenig ändert es etwas an der Natur des Vertrags, daß die Klägerin sich das Recht vorbehalten hat, Zetapumpen nach Deutschland anzubieten und zu liefern, wenn sie als Hilfsmaschinerie mit einer Dampfturboanlage eingeführt würden. Und endlich ist es auf die rechtliche Beurteilung des Vertrags ohne Einfluß, daß die Klägerin sich verpflichtet hat, die Zeichnungen für sämtliche Zetapumpen, die der andere Vertragsteil herstellen sollte, zu liefern und ihm seine Versuchs- und Erfahrungsresultate mitzuteilen. Bei allen diesen Vereinbarungen handelt es sich um Nebenabreden, die eine nähere Ausgestaltung der beiderseitigen Verpflichtungen enthalten und die Rechtsnatur der — das Kernstück des Vertrags bildenden — zeitlich beschränkten Einräumung eines Gebrauchs- und Ausnutzungsrechts an der Erfindung gegen Zahlung einer fortlaufenden Abgabe unberührt lassen. Fraglich erscheint es allerdings, ob sich die im Bürgerlichen Gesetzbuch aufgestellten besonderen Vorschriften über den Pachtvertrag, soweit sie nicht mit

Rücksicht auf den Vertragsgegenstand von vornherein ausscheiden, zur Anwendung auf Verträge der vorliegenden Art eignen. Auch wenn dies indessen von den hierbei allein in Betracht kommenden §§ 595 bis 597 mit Rücksicht auf die bei den Vertragschließenden regelmäßig vorauszusetzenden Willensabsichten zu verneinen sein sollte, so würde dieser Umstand die Unterstellung unter den Pachtvertrag nicht ausschließen, weil jene Vorschriften nachgiebiges Recht enthalten und deshalb einer abweichenden Regelung der dabei in Frage kommenden Vertragspunkte zu weichen haben. Ebensowenig steht § 581 Abs. 2 der Würdigung des Abkommens unter dem Gesichtspunkt des Pachtvertrags entgegen, weil er für diese Vertragsgattung, soweit nicht für sie besondere Vorschriften gelten, nur die entsprechende Anwendung der Vorschriften über den Mietvertrag anordnet. Soweit also bei Verträgen wie dem hier vorliegenden diese Vorschriften im Hinblick auf die Natur des Vertragsgegenstandes, die Verkehrsbedürfnisse und den anzunehmenden Vertragswillen zu einer solchen übertragungsweisen Anwendung nicht geeignet sind, verbietet sich ihre Heranziehung ohnehin. Damit erweisen sich die Bedenken als bedeutungslos, die sich insbesondere gegen die Anwendung der §§ 566, 567, 571 flg. BGB. erheben. Auch mit der rechtlichen Behandlung, die in der Rechtsprechung des Reichsgerichts die nahe verwandten, auf patentierte Erfindungen sich beziehenden Lizenzverträge gefunden haben, steht die hier vertretene Auffassung im Einklang. Die hier allein in Betracht zu ziehenden Verträge, welche Lizenzrechte nur schuldrechtlicher Art, also nicht mit dem Charakter der Ausschließlichkeit, begründen, sind vom VII. Zivilsenat des Reichsgerichts auf dem Gebiet des Stempelrechts als Pachtverträge anerkannt worden (RGZ. Bd. 90 S. 162). Der II. Zivilsenat hat zwar ausgesprochen, daß auf Lizenzverträge die Rechtsgrundsätze über Miete (Pacht) nur insoweit anwendbar seien, als es die Gestaltung des einzelnen Falles zulasse (Blatt für Patent-, Muster- und Zeichenwesen Bd. 10 S. 13). Allein damit hat er die grundsätzliche Behandlung des Lizenzvertrags als Pachtvertrag nicht abgelehnt, sondern in Übereinstimmung mit dem oben Ausgeführten nur zum Ausdruck gebracht, daß bei Anwendung der Rechtsregeln über die Pacht der Eigenart des Lizenzvertrags und dem Parteiwillen Rechnung zu tragen sei. Auch die Ausführungen des I. Zivilsenats in RGZ. Bd. 75 S. 400 (405), können in keinem anderen Sinne verstanden werden. Zwar heißt es dort, daß nicht von unmittelbarer, sondern nur von analoger Anwendung der Rechtssätze über den Pachtvertrag die Rede sein könne. Der Zusammenhang, in dem hierauf hingewiesen wird, läßt aber deutlich erkennen, daß auch damit nur die Notwendigkeit einer vorsichtigen, die Natur des Rechtsverhältnisses berücksichtigenden Anwendung der Rechtsgrundsätze über den Pachtvertrag betont werden soll.

Zu einer anderen Auffassung läge hiernach nur dann Veranlassung vor, wenn der Umstand, daß sich die Klägerin das Entgelt für die Einräumung des Benutzungsrechts an der Erfindung in Gestalt eines Anteils an den Fakturenbeträgen und vom zweiten Vertragsjahr an in Gestalt fester Mindestbeträge ausbedungen hat, dem Vertrag das entscheidende Gepräge gegeben und ihm einen gesellschaftsähnlichen Charakter verliehen hätte, so daß die entsprechende Anwendung des § 728 BGB. naheläge. Diese Annahme könnte jedoch nur Platz greifen, falls sich die Vertragsparteien in dem Abkommen gegenseitig zu Leistungen zum Zweck der gewinnbringenden Ausbeutung der Erfindung verpflichtet hätten. Der Vertrag enthält aber keine Bestimmung, daß die Gemeinschuldnerin zur Herstellung und zum Vertrieb von Zetapumpen verbunden sein sollte. Die Klägerin hat sich lediglich durch die Vereinbarung gesichert, daß, wenn die Vertragsgegnerin Pumpen herstelle, sie dies nur unter Verwertung der Erfindung tun dürfe und daß, wenn sie auf Wunsch ihrer Abnehmer die Pumpen in anderer Bauart liefere, sie ebenfalls zur Zahlung der vertraglich festgesetzten Abgabe verpflichtet sein solle. Diese Abmachungen bilden nur einen Bestandteil des Pachtvertrags, der dem Vertrag in seiner Gesamtheit den Stempel aufdrückt.

---

16. Liegt schon in dem bloßen Bekenntnis zum Empfang der Allgemeinen Geschäftsbedingungen einer Bank und des beigefügten Übersendungsschreibens ein Vertragsschluß?

Tarifstelle 15 des preußischen Stempelsteuergesetzes vom 27. Oktober 1924 (GS. S. 627).

VII. Zivilsenat. Urt. v. 2. Oktober 1928 i. S. Preuß. Staat (Bekl.) w. St. (Kl.). VII 117/28.

I. Landgericht Hannover.
II. Oberlandesgericht Celle.

Anfang Oktober 1926 übersandte die Direktion der Diskonto-Gesellschaft, Filiale Hannover, dem Kläger folgendes Schreiben:

„Die Direktion der Diskonto-Gesellschaft, Filiale Hannover, gibt Ihnen hierdurch Kenntnis von den umstehend abgedruckten, im Verkehr mit ihren Geschäftsfreunden maßgebenden Allgemeinen Geschäftsbedingungen mit dem ergebenen Ersuchen, ihr das anliegende Empfangsschreiben gefl. unterzeichnet zurückzusenden."

Das Empfangsschreiben hatte folgenden Wortlaut:

„Ich bestätige Ihnen den Empfang Ihres Schreibens vom .... Vordruck Nr. 73 nebst einem Abdruck Ihrer Allgemeinen Geschäftsbedingungen."

Der Kläger hat es der Bank am 7. Oktober 1926 unterschrieben zurückgesandt. In Nr. 17 der Allgemeinen Geschäftsbedingungen heißt es:

„Die in Verwahrung gegebenen oder auf andere Weise in den Besitz der Diskonto-Gesellschaft gelangenden Wertpapiere ...., Wechsel, Waren und sonstige Werte .... dienen als Pfand für alle Ansprüche, die der Diskonto-Gesellschaft gegen den Kunden erwachsen sind oder noch erwachsen sollten ...."

Für die vom Beklagten hierin gefundene Sicherstellung von Rechten hat der Kläger nach TSt. 15 des preußischen Stempelsteuergesetzes einen Stempel von 1,50 RM. bezahlt. Er fordert Rückzahlung dieses Betrags. Beide Vorinstanzen gaben der Klage statt. Die Revision des Beklagten blieb ohne Erfolg.

Gründe:

Allgemeine Geschäftsbedingungen, wie sie bei den Banken und auch in andern Handelszweigen üblich geworden sind, stellen zur Erleichterung des Geschäftsverkehrs im voraus und in einer für alle Einzelfälle gültigen Weise die Bedingungen fest, unter denen der Bankier oder der sonstige Kaufmann zum Abschluß gewisser Geschäfte bereit ist. Sie werden gedruckt an die Kunden gegeben und bilden, wenn demnächst ein Geschäftsabschluß erzielt wird, die sog. lex contractus, d. h. sie stellen neben etwaigen besonderen Vereinbarungen die Gesamtheit der Vertragsabreden dar. Von dieser regelmäßigen Bedeutung der Allgemeinen Bedingungen, wie sie in RGZ. Bd. 58 S. 155 umschrieben ist, gibt es eine Ausnahme, wenn nach dem übereinstimmenden Willen der Bank und des Kunden gewisse Rechtsfolgen, die in den Allgemeinen Bedingungen vorgesehen sind, sofort und ohne Hinzutreten einer neuen Willenseinigung Platz greifen sollen (RGZ. Bd. 84 S. 4). Um einen solchen Fall kann es sich hier handeln, wie dem Beklagten zuzugeben ist. Denn nach Nr. 17 der Allgemeinen Bedingungen der Bank sollen alle Werte des Kunden, die auf irgendeine Weise, also auch ohne vorherigen Abschluß eines Geschäfts, in den Besitz der Bank kommen, dieser auch für alle künftigen Ansprüche gegen den Kunden haften. Solche Ansprüche setzen ebenfalls nicht voraus, daß der Kunde bereits ein Geschäft mit der Bank abgeschlossen hat.

Der Berufungsrichter nimmt nun aber nicht an, daß der Kläger durch den Briefwechsel mit der Bank ein Rechtsgeschäft mit dem Inhalt der Nr. 17 der Allgemeinen Bedingungen abgeschlossen hat. Er verneint das, weil der Kläger sich damals nicht mit dem Inhalt der Allgemeinen Bedingungen einverstanden erklärt, sondern nur den Empfang der Allgemeinen Bedingungen und des Übersendungsbriefs bestätigt hat. Im Anschluß an RGZ. Bd. 84 S. 7flg. verkennt der Berufungsrichter nicht, daß das Einverständnis schon durch ein „Gesehen" oder „Kenntnis genommen" ausgedrückt werden kann, er vermißt aber in dem Antwortschreiben des Klägers jeden Vermerk, dem ein solcher Sinn beigelegt werden könnte; das Schreiben beurkunde überhaupt keine Willenserklärung des Klägers, sondern nur den äußeren Vorgang der Empfangnahme eines Briefs und der Allgemeinen Geschäftsbedingungen.

Daß auch schon eine solche Beurkundung von rechtlicher Erheblichkeit sein kann, hebt der Berufungsrichter zutreffend hervor. Die Allgemeinheit weiß, daß Banken ihren Abschlüssen „Allgemeine Bedingungen" zugrundelegen. Wer mit einer Bank ein Geschäft eingeht, ist deshalb an die Allgemeinen Bedingungen gebunden, wenn ihm vorher Gelegenheit gegeben ist, von ihrem Inhalt Kenntnis zu nehmen. Das hat im Streitfall die Bank zu beweisen. Diesen Beweis sicherte sich die Bank hier durch das auf ihr Ersuchen vom

Kläger ausgestellte Empfangsbekenntnis (vgl. hierzu RGZ. Bd. 103 S. 85 und Bd. 109 S. 304).

Die Folge des von der Bank gewählten Vorgehens ist allerdings die, daß ein Vertrag des in Nr. 17 der Allgemeinen Bedingungen vorgesehenen Inhalts zwischen ihr und dem Kläger nicht mit sofortiger Wirkung zustandegekommen ist, daß auch die Nr. 17 a. a. O. im Verhältnis zwischen der Bank und dem Kläger erst in Kraft gesetzt wurde, als der Kläger nach Empfang der Allgemeinen Bedingungen ein Geschäft mit der Bank abschloß. Kam es aber zu diesem Geschäftsabschluß, so wurde der Inhalt der Nr. 17 gleich dem übrigen Inhalt der Allgemeinen Bedingungen durch stillschweigende Vereinbarung des Klägers mit der Bank zur maßgebenden Abrede. Um diese stillschweigende Vereinbarung handelt es sich hier nicht, sondern nur um die Urkunde vom 7. Oktober 1926. Was nicht in dieser Urkunde steht, ist für ihre Stempelpflichtigkeit ohne Bedeutung (§ 3 Abs. 1 StStG.).

Die Revision macht geltend, daß das Empfangsbekenntnis des Klägers ebenso auszulegen sei, wie die Vermerke „Gesehen" und „Kenntnis genommen" ausgelegt worden seien; andernfalls hätte auch früher eine Willenserklärung nicht angenommen werden dürfen. Sie vertritt dabei die Ansicht, daß die vom Kläger und der Bank im Oktober 1926 gewechselten Briefe als sog. typische Urkunden der freien Auslegung durch das Revisionsgericht unterlägen. Ob dies gebilligt werden kann, ist zweifelhaft. Für eine sichere Antwort fehlt es an genügenden Feststellungen. Es handelt sich zwar um Vordrucke, aber es wird darin immer nur von der Direktion der Diskontogesellschaft, Filiale Hannover, gesprochen, sodaß schon die Frage offen bleibt, ob die Vordrucke nur im Geschäftsbereich der Filiale Hannover oder überhaupt von der Direktion der Diskontogesellschaft und von ihren Zweiganstalten benutzt worden sind. Im ersteren Falle könnte nicht gesagt werden, daß die Aufrechterhaltung der Rechtseinheit die freie Auslegung der Bedingungen durch das Reichsgericht erfordere. Es kommt aber noch hinzu, daß die verwendeten Vordrucke handschriftlich geändert worden sind. Das ist zwar von der Bank aus geschehen, es steht aber völlig dahin, ob die geänderten Vordrucke nur im gegenwärtigen Falle oder auch sonst benutzt worden sind, wo und wie oft das etwa geschehen ist. Es mag indessen zugunsten der Revision unterstellt werden, daß die Direktion der Diskontogesellschaft die geänderten Vordrucke in ihrem gesamten Geschäftsbereich und in zahlreichen Fällen verwendet hat. Auch bei der dann zulässigen und gebotenen freien Nachprüfung der Auslegung des Oberlandesgerichts kann der Revision nicht beigetreten werden.

In den Vermerken „Gesehen" und „Kenntnis genommen" liegt die Erklärung, daß der Kunde die Allgemeinen Bedingungen durchgelesen hat und keinen Widerspruch dagegen erheben will. Diese Erklärung kann in dem vom Kläger auf Ersuchen der Bank abgegebenen bloßen „Empfangsbekenntnis" unmöglich gefunden werden, weder in dem Bekenntnis zum Empfang des Briefes der Bank noch in dem Bekenntnis zum Empfang der Allgemeinen Bedingungen. Wenn die Bank in ihrem Brief auch sagte, daß die mitgesandten Allgemeinen Bedingungen im Verkehr mit den Geschäftsfreunden maßgebend seien, so verlangte sie doch keine einen Vertragsabschluß beurkundende „Bestätigung", sondern eben nur ein Empfangsbekenntnis. Deshalb hatte sie in ihrem Brief das gedruckte Wort „Bestätigungsschreiben" durch das geschriebene Wort „Empfangsschreiben" ersetzt und in dem übermittelten Vordruck für das „Empfangsschreiben" den entscheidenden Schlußsatz „Mit diesen Bedingungen erkläre ich mich hierdurch einverstanden" durchgestrichen. Auch nachdem der Kläger das so gefaßte Empfangsschreiben unterzeichnet und der Bank zugesandt hatte, war er nicht gehindert, gegen den Inhalt der Allgemeinen Bedingungen noch Widerspruch zu erheben. Erst wenn er ein Geschäft mit der Bank abschloß und dabei die Allgemeinen Bedingungen zugrundelegte, wurden diese für ihn verbindlich.

In zweiter Reihe führt die Revision aus, daß die Auslegung des Berufungsrichters höchstens dann gebilligt werden könnte, wenn der Kläger in seinem „Empfangsschreiben" die Unterwerfung unter die Allgemeinen Bedingungen ausdrücklich ausgeschlossen hätte. Gerade das ist aber doch geschehen. In dem Brief des Klägers war die Erklärung des Einverständnisses mit den Bedingungen zwar vorgedruckt gewesen, sie war aber durchgestrichen worden. Auch diese Streichung eignete sich der Kläger an, als er das Schreiben unterzeichnete; er sagte also ausdrücklich, daß er sich mit den Bedingungen nicht einverstanden erkläre.

17. Ist der Notar bei Aufnahme einer Urkunde nur zur Belehrung der Personen verpflichtet, deren Erklärungen beurkundet werden sollen, oder muß er auch mitanwesende Dritte belehren, in deren Interesse die Beurkundung erfolgen soll?

FGG. § 169. Preuß. FGG. Art. 40.

III. Zivilsenat. Urt. v. 2. Oktober 1928 i. S. H. (Bekl.) w. K. (Kl.). III 34/28.

I. Landgericht Görlitz.
II. Oberlandesgericht Breslau.

Der Land- und Gastwirt M. bot gewisse Grundstücke, die er selbst von dem Agenten T. gekauft, von ihm aber noch nicht aufgelassen erhalten hatte, dem Kläger zum Kauf an. Am 18. März 1924 begaben sich beide zu dem verklagten Notar, damit dieser das Verkaufsangebot beurkunde. Bei ihm kam zur Sprache, daß M. noch nicht Eigentümer der Grundstücke war, daß zwischen M. und T. ein Prozeß wegen der Auflassung schwebte und daß T. die Auflassung von der Zahlung von 2902,40 GM. Prozeßkosten abhängig machte. Der Beklagte wies die Erschienenen darauf hin, daß M. erst dann die in Aussicht genommene Vormerkung für den Kläger eintragen lassen könne, wenn er selbst als Grundstückseigentümer eingetragen sein werde. In die vom Beklagten aufgenommene notarielle Urkunde, worin M. die Grundstücke dem Kläger zum Kauf anbot, wurde daher auf Vorschlag des Beklagten die Erklärung des M. aufgenommen, er habe die Auflassung von seinem Vorbesitzer T. noch nicht erhalten und stehe dafür ein, daß diese erfolge; er trete ausdrücklich seine Rechte auf Auflassung aus dem mit T. am 13. März 1923 geschlossenen notariellen Vertrag an den Käufer ab, sodaß dieser unmittelbar von T. die Auflassung fordern könne; für den Fall aber, daß er, M., noch selbst als Eigentümer eingetragen werden sollte, beantrage er, für den Kläger eine Vormerkung zur Erhaltung des Rechts auf Auflassung aus diesem Angebot im Grundbuch einzutragen. Vom Kaufpreis bekannte M. 5000 GM. erhalten zu haben. Diese 5000 GM. zahlte der Kläger auch sofort. Später erklärte er, daß er das Kaufangebot des M. nicht annehme, und ließ sich von diesem in einer vollstreckbaren Urkunde die Rückzahlung der 5000 GM. versprechen. Diese Rückzahlung ist nicht erfolgt. M. hat den Offenbarungseid geleistet.

Der Kläger macht nunmehr den Beklagten für den Verlust der von ihm an M. geleisteten Anzahlung von 5000 GM. verantwortlich. Er behauptet, er habe Bedenken getragen, an M. den Betrag zu zahlen, als er bei den Verhandlungen im Büro des Beklagten erfahren habe, daß M. noch nicht eingetragener Grundstückseigentümer sei und sich in einem Rechtsstreit mit T. befinde. Er habe deshalb den Beklagten um Rat gefragt, wie es zu machen sei, daß er seine 5000 GM. nicht einbüße. Darauf habe ihm der Beklagte erwidert, daß M. ihm doch sein Recht auf Auflassung abtrete und daß er dadurch vollständig gesichert sei. Damit sei zwischen ihm und dem Beklagten ein Vertragsverhältnis entstanden, aus dem dieser für die Folgen der Unrichtigkeit seiner Auskunft hafte. Aber auch abgesehen von diesen vertraglichen Beziehungen sei ihm der Beklagte schadensersatzpflichtig. Schon kraft seiner Amtspflicht habe ihn der Notar, ohne daß er danach habe zu fragen brauchen, darauf aufmerksam machen müssen, daß die Abtretung des Rechts auf Auflassung keine Sicherheit für die 5000 GM. enthalte.

Das Landgericht hat die Klage abgewiesen; das Oberlandesgericht hat dagegen den Beklagten zur Zahlung von 5000 RM. nebst Zinsen verurteilt. Die Revision des Beklagten führte zur Aufhebung und Zurückverweisung.

Gründe:

Das Berufungsgericht hat dahingestellt gelassen, ob der Beklagte dem Kläger eine unrichtige Auskunft über die Sicherung seiner Anzahlung erteilt hat, und hat eine Haftung des Beklagten schon deshalb bejaht, weil er unterlassen habe, den Kläger auf das Fehlen jeglicher Sicherheit im Falle der Nichtannahme des Kaufangebots hinzuweisen. Es geht in rechtlicher Beziehung davon aus, daß der Notar kraft seines Amtes verpflichtet sei, den wahren Willen der Beteiligten zu erforschen und ihnen zu diesem Zwecke Rechtsbelehrungen zu erteilen, sie namentlich auch über die Bedeutung der zu beurkundenden Erklärungen zu belehren, wenn Anlaß bestehe, an der Kenntnis der Beteiligten von der rechtlichen Tragweite der Erklärung zu zweifeln. Der Beklagte habe eine derartige Belehrung auch dem Kläger erteilen müssen, obwohl er nur eine Erklärung des M. beurkundet habe. Denn die Pflicht des Notars, die gehörige Sorgfalt auf die Erfüllung seiner Amtstätigkeit zu verwenden, bestehe nicht nur denjenigen Personen gegenüber, auf deren Antrag er tätig werde und die bei dem zu beurkundenden Geschäft als unmittelbar Beteiligte erschienen; in den Kreis der sorgfaltsberechtigten Personen fielen alle, deren Interessen durch das Amtsgeschäft des Notars berührt würden. Letzteres treffe auf den Kläger zu, der durch die Beurkundung ein Recht auf Annahme des Angebots erworben habe. Mithin habe dem Beklagten eine Amtspflicht gegenüber dem Kläger obgelegen, die er (wie in den Urteilsgründen näher ausgeführt wird) fahrlässig verletzt habe, indem er den Kläger nicht darauf aufmerksam gemacht habe, daß dieser die Anzahlung von 5000 GM. ohne Sicherheit aus den Händen gebe.

Dem Berufungsgericht kann indessen nicht darin beigepflichtet werden, daß der Beklagte schon vermöge seines Amtes als Notar den Kläger über die rechtliche Tragweite des ihm von M. gemachten Vertragsangebots und der darin erklärten Abtretung der Auflassungsansprüche des M. gegen T. habe unterrichten müssen. Die im Anschluß an Art. 40 preuß. FGG. von der Rechtsprechung anerkannte Belehrungspflicht des Notars ist ein Teil der ihm in seiner Eigenschaft als Urkundsbeamter obliegenden Amtspflichten. Die Belehrung dient den Zwecken der Beurkundung und soll sicherstellen, daß sich Wille und urkundliche Erklärung decken. Schon daraus folgt, daß sich die Belehrung nur an die Personen richten kann, deren Wille förmlich bezeugt, deren Erklärungen beurkundet werden sollen, d. h. an die Beteiligten im Sinne der Gesetzesvorschriften über die gerichtliche und notarielle Beurkundung von Rechtsgeschäften (§ 168 Satz 2 FGG.). Eine Belehrungspflicht gegenüber Dritten, die nicht zu den Beteiligten gehören, läßt sich auch nicht aus Art. 40 preuß. FGG. entnehmen. Dort wird nur verlangt, daß der Notar seine Zweifel an der Gültigkeit des Geschäfts den Beteiligten mitteile. Demgemäß besteht in der Rechtslehre Einhelligkeit darüber, daß der Notar nur die Beteiligten zu belehren hat (Oberneck, Das Notariatsrecht S. 28; Schlegelberger, Kommentar zum FGG. Anm. 2 zu Art. 40 preuß. FGG.; Szkolny, Die Belehrungspflicht des Notars S. 36).

Da der Beklagte am 18. März 1924 nur eine Erklärung des M. aufzunehmen hatte, gehörte der Kläger nicht zu den bei dieser Beurkundung Beteiligten. Zwar wurden durch sie seine Interessen berührt, da ihm in der Urkunde ein Kaufangebot gemacht wurde.

Dieser Umstand ist jedoch für das Bestehen einer amtlichen Belehrungspflicht des Notars ihm gegenüber ohne Belang. Die Tragweite des in der Rechtsprechung anerkannten Satzes, daß die Pflichten als Urkundsbeamter dem Notar allen denen gegenüber obliegen, die im Vertrauen auf die durch das beurkundete Geschäft geschaffene Rechtslage im Rechtsverkehr tätig werden, wird vom Berufungsgericht, das sich auf ihn stützt, verkannt. Er setzt die Amtspflichten des Notars als gegeben voraus und läßt keinen Schluß auf ihren Inhalt, auch nicht auf ihren Umfang in persönlicher Hinsicht zu. Daraus, daß der Notar allen Interessenten gegenüber zur Erfüllung seiner Belehrungspflicht verbunden ist, kann nicht gefolgert werden, daß er alle Interessenten belehren müsse, ebensowenig wie sich — um ein unmittelbar einleuchtendes Beispiel zu gebrauchen — aus der gegenüber allen Interessenten bestehenden Haftung des Notars für eine sorgfältige Beurkundung ergibt, daß er ihre Erklärungen beurkunden muß. Die Unhaltbarkeit des vom Oberlandesgericht eingenommenen Standpunkts wird durch die weitere Erwägung dargetan, daß der Kreis der Personen, deren Belange durch eine Beurkundung berührt werden und die der Notar sämtlich zu belehren verpflichtet sein soll, regelmäßig ganz unbegrenzt ist. Der Notar kann diese Interessenten gar nicht kennen, geschweige denn sie in der vom Berufungsgericht verlangten Weise aufklären. Man müßte also die Belehrungspflicht des Notars jedenfalls auf die Personen beschränken, die außer den Beteiligten im eigentlichen Sinne bei der Beurkundungshandlung zugegen sind und mit denen der Notar bei dieser Gelegenheit in Berührung kommt. Indessen hängt es völlig vom Zufall oder wenigstens von Umständen ab, die mit der Beurkundung selbst unmittelbar nichts zu tun haben, ob die Interessenten sich mit zum Notar begeben. Es läßt sich nicht rechtfertigen, von diesem mehr oder minder willkürlichen Schritt die notarielle Belehrung abhängig zu machen.

Die vorstehend dargelegte und näher begründete Unterscheidung zwischen denen, die der Notar belehren muß, und denen, die aus der Verletzung dieser Belehrungspflicht Schadensersatzansprüche herleiten können, liegt bereits der RGZ. Bd. 95 S. 214 abgedruckten Entscheidung des Senats zugrunde, wo es S. 219 heißt: „Nach der Feststellung des Berufungsgerichts war der dem Beklagten mitgeteilte Zweck der Beurkundung (eines Testaments) unter anderem gerade die Wahrung des Interesses des Klägers. Das genügt aber, um in der Unterlassung der Belehrung über das zur Erreichung dieses Zwecks Notwendige die Verletzung einer Amtspflicht, nicht nur gegenüber dem Beteiligten (dem Erblasser), dessen Erklärung beurkundet wird und an den die Belehrung zu richten ist, sondern auch gegenüber dem Dritten, in dessen Interesse die Beurkundung erfolgen soll, zu finden." Auch dort ist also eine Belehrungspflicht des Notars nur in Beschränkung auf die Beteiligten ausgesprochen. Dabei ergibt sich, was die Übereinstimmung des vorliegenden Falles mit dem früheren noch verstärkt, aus den an anderer Stelle jenes Urteils (S. 217) mitgeteilten, als wahr unterstellten Behauptungen des damaligen Klägers, daß er, ein Schwiegersohn des Erblassers, sich am Tage der Beurkundung des Testaments an den Besprechungen und Beratungen beteiligt und den Notar, den Beklagten in jenem Rechtsstreit, um Rat gefragt hat.

Das angefochtene Urteil, das lediglich auf der Annahme einer dem Beklagten kraft seines Amtes als Notar obliegenden Belehrungspflicht beruht, muß daher aufgehoben werden.

---

18. 1. Ist die Widerspruchsklage aus § 771 ZPO. auch gegen eine nach § 21 Abs. 4 der Verordnung über die Geschäftsaufsicht in der Fassung vom 14. Juni 1924 unwirksame Pfändung zulässig?

2. Wurde eine in der Zeit zwischen dem Antrag auf Einleitung der Geschäftsaufsicht und der Entscheidung über diesen Antrag bewirkte Zwangsvollstreckung durch den Abschluß eines Zwangsvergleichs im Geschäftsaufsichtsverfahren endgültig unwirksam?

ZPO. § 771. Verordnung über die Geschäftsaufsicht in der Fassung vom 14. Juni 1924 § 21 Abs. 4.

VII. Zivilsenat. Urt. v. 5. Oktober 1928 i. S. E. Bergwerksverein AG. (Bekl.) w. E. u. Gen. (Kl.). VII 121/28.

I. Landgericht München I.
II. Oberlandesgericht daselbst.

Die Beklagte hat am 15. Januar 1926 auf Grund eines vollstreckbaren Titels wider die Firma S. & Co. in München eine dieser gegen die Firma W. zustehende Forderung von 13000 RM. pfänden und sich zur Einziehung überweisen lassen. Am 5. Januar 1926 hatte die Schuldnerin die Anordnung der Geschäftsaufsicht über ihr Vermögen beantragt; am 22. Januar 1926 ist sie vom Amtsgericht München verfügt worden. Das Verfahren fand durch rechtskräftigen Zwangsvergleich vom 29. November 1926 seinen Abschluß.

Die gepfändete Forderung war laut Bestätigungsschreiben der Firma S. & Co. Ende Dezember 1925 den Klägern zur Deckung bereits entstandener und noch entstehender Gebührenansprüche abgetreten worden. Die Drittschuldnerin hat deshalb die fälligen Raten der gepfändeten Forderung zugunsten beider Parteien bei der Bayerischen Staatsbank in München hinterlegt. Die Beklagte ist der Ansicht, daß ihre Pfändung durch das vorangegangene Geschäftsaufsichtsverfahren nach dessen Abschluß nicht mehr berührt werde, und nimmt deshalb trotz des Zwangsvergleichs noch Rechte aus der Pfändung für sich in Anspruch. Die Kläger bekämpfen diese Rechte wegen der zuvor an sie erfolgten Abtretung und haben mit der am 18. Februar 1926 bei Gericht eingegangenen Widerspruchsklage beantragt, die Pfändung für unzulässig zu erklären und die Beklagte zur Einwilligung in die Auszahlung der von der Firma W. hinterlegten Summe an sie zu verurteilen. Die Beklagte hat die Abtretung an die Kläger auf Grund des Anfechtungsgesetzes angefochten.

Die Vorinstanzen haben der Klage entsprochen. Die Revision der Beklagten blieb ohne Erfolg.

Gründe:

Da sowohl die Pfändung der Beklagten wie der Abschluß des Zwangsvergleichs während der Geltungszeit der Geschäftsaufsichtsverordnung in der Fassung vom 14. Juni 1924 stattgefunden hat, so kommen für die Entscheidung des Rechtsstreits noch die Vorschriften dieser Verordnung zur Anwendung. Nach § 21 Abs. 4 das. hatten Zwangsvollstreckungen, die zugunsten der vom Aufsichtsverfahren betroffenen Gläubiger in der Zeit zwischen dem Antrag auf Anordnung der Geschäftsaufsicht und der Entscheidung darüber eingeleitet worden waren, für das Verfahren der Geschäftsaufsicht keine rechtliche Wirksamkeit. Deshalb war auch die hier in Rede stehende Zwangsvollstreckung für dieses Verfahren ohne Wirkung. Allerdings war sie unzulässig, wenn die gepfändete Forderung infolge Abtretung an die Kläger nicht mehr der Aufsichtsschuldnerin gehörte. Aber solange sie nicht aufgehoben war, blieb sie dennoch eine Zwangsvollstreckungsmaßnahme gegen die Aufsichtsschuldnerin und rechtfertigte deshalb auch die Anwendung des § 21 Abs. 4 a. a. O. Ihre Unwirksamkeit berührte jedoch nicht das Verhältnis zwischen der Beklagten und den Klägern, da diese, soweit die ihnen abgetretene Forderung in Betracht kam, am Geschäftsaufsichtsverfahren überhaupt nicht beteiligt waren. Darum konnten und mußten die Kläger auch nach der Einleitung der Geschäftsaufsicht wegen der Pfändung die Widerspruchsklage gegen die Beklagte erheben und betreiben, um zu ihrem Rechte zu kommen, und auch der Zwangsvergleich hat die Fortsetzung dieses Rechtsstreits nicht gehindert oder auch nur unnötig gemacht. Denn ungeachtet des Schicksals, das sachlich das Pfändungspfandrecht der Beklagten durch den Abschluß des Zwangsvergleichs erfuhr, blieb der Form nach die Pfändung der den Klägern abgetretenen Forderung so lange bestehen, bis sie aufgehoben wurde, zumal da die Beklagte selbst ihr Pfändungspfandrecht durch den Zwangsvergleich nicht als erloschen ansieht und nach wie vor aus der Pfändung Rechte für sich herleitet. Die Kläger brauchen sich auch nicht auf den Weg der Feststellung drängen zu lassen, daß das Pfändungspfandrecht der Beklagten nicht mehr bestehe. Denn dies würde die Grundlage ihrer Klage verschieben und auch ihre Rechtsstellung erschweren, da sie bei der Widerspruchsklage nur ihr besseres Recht an der gepfändeten Forderung zu beweisen brauchen, während im anderen Falle zur Begründung der Klage auch noch die Behauptung gehört, daß durch den rechtskräftigen Zwangsvergleich das in der kritischen Zeit erworbene Pfändungspfandrecht der Beklagten endgültig seine Wirksamkeit verloren habe.

Nach den rechtlich einwandfreien Feststellungen des Berufungsgerichts ist die gepfändete Forderung von der Aufsichtsschuldnerin schon vorher an die Kläger abgetreten gewesen, und damit ist auch deren Widerspruchsklage schlüssig begründet. Die Beklagte hätte deshalb nur durch eine erfolgreiche Anfechtung der Abtretung den Klaganspruch beseitigen können. Ihr Anfechtungseinwand greift aber nicht durch, weil sie wegen des Zwangsvergleichs von ihrem vollstreckbaren Titel gegen die Aufsichtsschuldnerin nicht mehr Gebrauch machen kann und weil deshalb eine Voraussetzung für die Ausübung der Anfechtung fehlt, im übrigen aber ihr auch das Anfechtungsrecht selbst verloren gegangen ist. Denn mit Recht nimmt das Berufungsgericht an, daß sie infolge des Zwangsvergleichs nur noch Ansprüche nach Maßgabe dieses Vergleichs gegen die Geschäftsaufsichtsmasse oder den Aufsichtsschuldner gehabt hat und wegen dieser als befriedigt gelten muß. Damit entfiel aber nicht bloß die Kraft des Vollstreckungstitels, sondern auch das Anfechtungsrecht selbst, da dieses dem Gläubiger nur zusteht, solange er seine Forderung gegen den Schuldner noch besitzt und verwirklichen kann (§ 2 AnfGes.).

Am Zwangsvergleich waren nach der früheren Geschäftsaufsichtsverordnung allerdings diejenigen Gläubiger nicht beteiligt, die nach § 13 vom Geschäftsaufsichtsverfahren nicht betroffen wurden; dazu gehörten auch die Gläubiger, die im Falle des Konkurses abgesonderte Befriedigung beanspruchen können. Zu diesen Gläubigern zählte aber die Beklagte nicht, weil ihr Pfändungspfandrecht nach § 21 Abs. 4 GAVo. als unwirksam zu gelten hatte. Diese Unwirksamkeit war zwar keine absolute, sondern bestand nur für das Verfahren der Geschäftsaufsicht zugunsten der dabei beteiligten Gläubiger und des Schuldners. Aber diese relative und zeitlich begrenzte Unwirksamkeit genügte, um die Anwendung des § 13 Nr. 4 a. a. O. auszuschalten und die Beklagte am Aufsichtsverfahren und somit auch am Zwangsvergleich beteiligt erscheinen zu lassen, der ein Teil dieses Verfahrens war. Aus diesem Grunde hatte sie auch nur Anspruch auf die im Zwangsvergleich festgesetzte Quote. Soweit sie diese ausgezahlt erhalten hat, galt sie als befriedigt; wegen des mit Rücksicht auf ihre Pfändung hinterlegten Betrages muß sie sich als befriedigt behandeln lassen, weil sie bei pflichtmäßiger Anerkennung der Beseitigung ihres Pfandrechts jederzeit in der Lage ist, den hinterlegten Betrag ausgezahlt zu erhalten. Wenn sie aber nur Anspruch auf Befriedigung nach Maßgabe des Zwangsvergleichs hatte, so ist durch diese Befriedigung ihr durch die Pfändung erlangtes Pfandrecht endgültig erloschen. Deshalb hatte es auch keine Bedeutung, daß grundsätzlich die Unwirksamkeit der Pfändung nur für die Dauer des Geschäftsaufsichtsverfahrens bestand und daß mit dem Zwangsvergleich dieses Verfahren tatsächlich beendet worden ist. Denn darauf kam es nicht an, wenn durch den Zwangsvergleich selbst die Ansprüche der Beklagten und damit auch ihr Pfändungspfandrecht sachlich schon erledigt waren. Insofern mag dieser Fall anders liegen als die sonstigen Fälle der Beendigung des Geschäftsaufsichtsverfahrens, weil man in diesen dem Pfandgläubiger ein Zurückgreifen auf sein Pfandrecht nach der Beendigung des Aufsichtsverfahrens wird gestatten müssen. Aber der Unterschied ist eine Folge der besonderen Wirkungen des Zwangsvergleichs, mit dessen Abschluß es an sich auch nicht vereinbar wäre, wenn der wegen Unwirksamkeit der Pfändung zur Masse gezogene und für die Aufbringung der Vergleichsquote vielleicht erhebliche Gegenstand der Pfändung durch den am Verfahren beteiligt gewesenen Pfändungsgläubiger der Vergleichsmasse nachträglich wieder entzogen werden könnte, mag auch dieses Bedenken im gegebenen Fall wegen der Abtretung der gepfändeten Forderung an die Kläger keine Rolle spielen. Die hier vertretene Rechtsauffassung hat übrigens auch in der neuen Vergleichsordnung vom 5. Juli 1927 ihren Niederschlag gefunden. Denn dort ist im § 70 bestimmt, daß die Sicherung, die ein am Verfahren beteiligter Gläubiger später als am 30. Tage vor der Stellung des Antrags auf Eröffnung des Vergleichsverfahrens durch Zwangsvollstreckung erlangt hat, mit der Bestätigung des Zwangsvergleichs unwirksam, d. h. endgültig unwirksam wird.

Der Revision ist zuzugeben, daß nach alledem der Pfändungsgläubiger, der in der Frist des § 21 Abs. 4 GAVo. eine Pfändung erwirkt hat, gegenüber dem Zwangsvergleich im früheren Geschäftsaufsichtsverfahren wesentlich ungünstiger stand als im Konkurs, da, wenn das Konkursverfahren infolge eines Zwangsvergleichs aufgehoben wird, der Pfändungsgläubiger die Rechtsstellung des absonderungsberechtigten Gläubigers weiterbehält (§§ 64, 193 KO.) und sogar in erster Linie auf den Erlös aus der abgesonderten Befriedigung angewiesen ist. Denn er erhält die Zwangsvergleichsquote nur, wenn und soweit er auf sein Absonderungsrecht verzichtet oder bei dessen Verwirklichung ausfällt (RGZ. Bd. 78 S. 75, Bd. 92 S. 184). Dies findet darin seine Erklärung, daß in der Verordnung über die Geschäftsaufsicht zur Erreichung der beabsichtigten Stützung des Schuldners die Unwirksamkeit der in der Frist des § 21 Abs. 4 vorgenommenen Zwangsvollstreckung angeordnet war, während im Konkurse solche Zwangsvollstreckungen nur der Anfechtung unterliegen und deshalb ihre Wirkung den Konkursgläubigern gegenüber so lange behalten, bis sie im Wege der Anfechtung ihrer Wirksamkeit entkleidet werden. Bei dem verschiedenen Zweck beider Verfahren ist die unterschiedliche Behandlung durchaus nicht so widerspruchsvoll, wie die Revision darzulegen versucht. Denn der Umstand, daß unter den Voraussetzungen des § 21 Abs. 4 der Pfändungsgläubiger am Zwangsvergleich im Geschäftsaufsichtsverfahren in ganz anderer Weise beteiligt war, als es der absonderungsberechtigte Gläubiger am Zwangsvergleich im Konkurse ist, mußte auch rechtlich verschiedene Folgen zeitigen. Die Regelung in der Geschäftsaufsichtsverordnung und jetzt in der Vergleichsordnung bedeutet gegenüber der durch das Erfordernis der Anfechtung schwerfälligeren Konkursordnung im Interesse der Allgemeinheit der Gläubiger einen gesetzgeberischen Fortschritt, mit dem gerade dem Zwecke des Vergleichs in besonderem Maße Rechnung getragen wird.

---

19. Ist bei Abstimmungsvollmachten der Wert des Gegenstandes stets als nicht schätzbar anzusehen und demnach nur der Feststempel von 1,50 RM. zu erheben?

Tarifstelle 19 des preuß. Stempelsteuergesetzes vom 27. Oktober 1924 (GS. S. 627).

VII. Zivilsenat. Urt. v. 9. Oktober 1928 i. S. D. G.-Compagnie AG. (Kl.) w. Preußischen Staat (Bekl.). VII 163/28.

I. Landgericht Kassel.

Die Aktien der klagenden Gesellschaft befanden sich im Jahre 1924 sämtlich im Eigentum zweier Gesellschaften, die in London ihren Sitz haben. Zum 25. November 1924 war eine Generalversammlung der Klägerin nach Frankfurt a. M. einberufen, auf deren Tagesordnung neben acht anderen Punkten stand: „Beschlußfassung über Erhöhung des Grundkapitals der Gesellschaft von 2,6 Millionen Goldmark auf 5 Millionen Goldmark". Unter dem 17. November 1924 stellten die beiden Londoner Gesellschaften in englischer Sprache eine schriftliche Vollmacht aus, durch die sie den

Generaldirektor der Klägerin ermächtigten, sie in der Generalversammlung zu vertreten und insbesondere auch dem Antrag auf Erhöhung des Grundkapitals sowie den vorgeschlagenen, hierfür erforderlichen Maßnahmen zuzustimmen. Die Erhöhung des Grundkapitals wurde sodann in der Generalversammlung einstimmig beschlossen und demnächst durchgeführt.

Das Finanzamt erforderte für die Vollmacht vom 17. November 1924 einen Stempel im Betrage von 2400 RM. ($^1/_{10}$% von 2400000 RM.). Die Klägerin zahlte im Auftrag der beiden Aktionärfirmen am 13. Mai 1927 den verlangten Betrag unter Vorbehalt ihrer Rechte. Im Juni 1927 erhob sie Klage auf Rückzahlung der Summe. Ihre Berechtigung zur Sache stützte die Klägerin auf Abtretung des Anspruchs von seiten der beiden englischen Gesellschaften laut Urkunde vom 24. Mai 1927.

Das Landgericht wies die Klage ab. Die Klägerin legte mit Zustimmung des Beklagten unmittelbar Revision ein. Diese führte zur Aufhebung und Zurückverweisung.

Gründe:

Das Finanzamt hat bei Versteuerung der Vollmacht die Tarifstelle 19 Abs. 1 des am 1. November 1924 in Kraft getretenen preußischen Stempelsteuergesetzes vom 27. Oktober 1924 (GS. S. 627) angewandt, wonach der Stempel für Vollmachten zur Vornahme von Geschäften rechtlicher Natur für den Vollmachtgeber $^1/_{10}$% des Wertes des Gegenstands beträgt. Demgegenüber vertritt die Klägerin die Meinung, geschuldet sei nur ein Feststempel von 1,50 RM., weil die Vorschrift im 3. Absatz der Tarifstelle 19 („Wenn der Wert des Gegenstandes der Vollmacht nicht schätzbar ist, wenn es sich insbesondere um Vollmachten zur Ausübung des Stimmrechts in Gesellschaften aller Art handelt ...") anzuwenden sei.

Im ersten Rechtsgang hatte der Beklagte ferner geltend gemacht, die Vollmacht sei keine reine Abstimmungsvollmacht, sondern erstrecke sich auch auf die geschäftlichen Maßnahmen, die zur Durchführung der zu beschließenden Kapitalerhöhung erforderlich wurden. Die Klägerin hatte dem widersprochen; im Zusammenhang damit stritten die Parteien über die richtige Übersetzung des englischen Textes der Vollmacht. Der Vorderrichter hat über diese Streitpunkte nicht entschieden, sondern zugunsten der Klägerin unterstellt, daß eine reine Abstimmungsvollmacht vorliege. Gleichwohl gelangt er zur Abweisung der Klage, indem er annimmt, daß der erste Teil der Vorschrift im 3. Absatz der Tarifstelle 19 StStG. als die grundsätzliche Bestimmung anzusehen sei, während der zweite Teil gleichsam nur ein Beispiel für den zuerst genannten Grundsatz aufstelle. Daraus folgert das Landgericht, die Möglichkeit der Schätzbarkeit habe für Abstimmungsvollmachten nicht überhaupt verneint werden sollen. Deshalb komme Tarifstelle 19 Abs. 3 dann nicht zur Anwendung, wenn der Wert der Vollmacht schätzbar sei; das sei nach den Tatumständen hier der Fall.

Die Revision beanstandet diese Gesetzesauslegung. Sie meint, der Gesetzgeber habe von vornherein Abstimmungsvollmachten nur mit dem Feststempel von 1,50 RM. belegen wollen und dies dadurch ausgedrückt, daß er diese ganze Gruppe von dem Wertstempel von $^1/_{10}$% ausnahm. Die beiden Satzteile des 3. Absatzes der Tarifstelle 19 StStG. ständen daher nicht im Verhältnis von Oberbegriff und Beispielsfall, sondern seien nebeneinander geordnet; der zweite Satzteil, die Bevorzugung der Abstimmungsvollmachten, habe selbständige Bedeutung.

Das Revisionsgericht hat bei seiner Prüfung davon auszugehen, daß die Vollmacht nur zur Ausübung des Stimmrechts der Vollmachtgeberinnen in der Generalversammlung vom 25. November 1924 erteilt worden ist; denn etwas anderes hat der Tatrichter nicht festgestellt. Die Auffassung, daß für einen solchen Fall die Ausnahmevorschrift des Abs. 3 der Tarifstelle 19 unanwendbar sei, ist nicht zu billigen. Diese Vorschrift findet sich zuerst (als Absatz 3 der Tarifstelle 73) im preußischen Stempelsteuergesetz vom 31. Juli 1895. Die damalige Regierungsvorlage hatte die Voraussetzung für die Anwendbarkeit des ermäßigten Steuersatzes von 1,50 M. nur dahin gefaßt: „ist der Wert des Gegenstandes der Vollmacht nicht schätzbar". Die zur Vorberatung des Gesetzentwurfs nebst Stempeltarif vom Haus der Abgeordneten eingesetzte XI. Kommission, welche zwei Lesungen abhielt und Sitzungsprotokolle führen ließ, beriet erstmals in ihrer 14. Sitzung vom 2. Mai 1895 über die Tarifstelle 73 (im Entwurf 75). Im Protokoll dieser Sitzung heißt es:

„Abg. v. Eynern stellt Fragen an die Vertreter der Königlichen Staatsregierung betreffs der Generalversammlungsvollmachten.

Der Finanzminister (Dr. Miquel) kommt dem Wunsche nach: Generalversammlungsvollmachten seien mit 1,50 M. zu verstempeln . . .

Abg. v. Eynern: Nach den Erklärungen des Herrn Ministers falle die Vertretung durch Vollmacht in Generalversammlungen von Aktiengesellschaften und Gesellschaften aller Art unter die Tarifposition von 1,50 M. „ist der Wert des Gegenstandes der Vollmacht nicht schätzbar". Dies sei auch vollkommen richtig, da sich diese Vertretung auf die Ausübung eines Stimmrechts richte, nicht auf eine Vollmacht über ein bestimmtes vermögensrechtliches Geschäft. Er ersuche aber den Minister, durch Zustimmung zu seinen Ausführungen diese seine Auslegung gegen jede mögliche andere gerichtliche Auslegung festzulegen.

Der Finanzminister kommt dem Wunsche nach".

(Haus der Abgeordneten, 18. Legislaturperiode, II. Session 1895, XI. Kommission, 14. Sitzung, S. 8/9).

Bei der zweiten Lesung der Kommission, und zwar in ihrer 20. Sitzung vom 17. Mai 1895, kam der Abgeordnete von Eynern auf die Angelegenheit zurück, indem er den Antrag (Nr. 55 zu D) stellte, den Absatz 3 der Tarifstelle 73 (im Entwurf 75) dahin zu erweitern, daß die Abstimmungsvollmachten besonders aufgeführt würden. Aus dem Sitzungsprotokoll (a. a. O. 20. Sitzung, S. 2 und S. 25) ergibt sich, daß der genannte Abgeordnete seinen Antrag „als Kompromiß zwischen ihm und dem Herrn Finanzminister begründete", daß sich der Minister mit dem Antrag einverstanden erklärte, aber eine etwas andere Fassung wünschte, die dann hergestellt wurde, und daß darauf die Kommission den Antrag annahm. Demgemäß wurde in den Kommissionsbericht vom 28. Mai 1895 der Satz aufgenommen:

„Von seiten der Staatsregierung wurden weder (gegen einen andern hier nicht interessierenden Antrag) noch gegen den in der zweiten Lesung hinzugefügten Antrag Nr. 55 zu D Einwendungen erhoben, vielmehr zugestanden, daß im letzteren Falle der Wert des Gegenstandes der Vollmacht unschätzbar sei, da es sich um die Vertretung in der Ausübung des Stimmrechts, nicht um Geltendmachung bestimmter Vermögensrechte handle". (Drucksachen des Hauses der Abgeordneten, 18. Legislaturperiode, II. Session 1895, Nr. 204 S. 89/90).

Der Antrag von Eynern wurde sodann auch von der Vollversammlung des Abgeordnetenhauses sowie vom Herrenhaus angenommen, ohne daß dazu noch von irgendeiner Seite das Wort ergriffen worden wäre. Bei späteren Änderungen des Stempelsteuergesetzes ist der in Rede stehende Absatz in der von den Vollmachten handelnden, im übrigen mehrfach abgeänderten Tarifstelle stets beibehalten worden.

Diese Entstehungsgeschichte der Gesetzesvorschrift läßt deutlich erkennen, daß der Gesetzgeber die Vollmachten zur Stimmrechtsausübung in Gesellschaften aller Art ohne jeden Unterschied denjenigen Vollmachten stempelrechtlich hat gleichstellen wollen, bei denen der Wert des Gegenstandes nicht schätzbar ist. Er hat dabei mit Recht angenommen, daß die Bevollmächtigung, für den Vollmachtgeber das diesem zustehende Stimmrecht auszuüben, nicht die Vollmacht zu einem bestimmten vermögensrechtlichen Geschäft darstellt, daß es mithin an der Möglichkeit fehlt, den Stempel nach dem Werte des Gegenstandes zu berechnen. Dabei wird dem Gesetzgeber nicht verborgen gewesen sein, daß sich der an einer Gesellschaft, insbesondere an einer Aktiengesellschaft, Beteiligte bei seiner Stimmabgabe und mithin auch bei der Unterweisung seines Bevollmächtigten regelmäßig von vermögensrechtlichen oder zum mindesten wirtschaftlichen Belangen wird leiten lassen. Diese Verknüpfung der Stimmrechtsausübung mit jenen Belangen hat aber dem Gesetzgeber keine hinreichende Veranlassung gegeben, etwa die Geldsumme, auf die das vermögensrechtliche Interesse an der Abstimmung zu veranschlagen sein möchte, als den Gegenstand der Abstimmungsvollmacht aufzufassen. Er erachtet diesen vielmehr dem Werte nach für unschätzbar und gibt in keiner Weise zu erkennen, daß er dabei irgendwelche Unterscheidungen zulassen wolle. Die vom Finanzminister Dr. Miquel gebilligten Ausführungen des Abgeordneten von Eynern lassen keinen Zweifel, daß grundsätzlich alle Abstimmungsvollmachten ohne jeden Unterschied nur den Feststempel von 1,50 M. tragen sollten. Somit ist namentlich eine Unterscheidung nach der Richtung abzulehnen, daß es darauf ankomme, ob bei Ausstellung der Abstimmungsvollmacht das Ergebnis der bevorstehenden Abstimmungen ungewiß ist oder ob es mit Sicherheit vorausgesehen werden kann. Auf eine solche Unterscheidung läuft aber die Auffassung des Vorderrichters hinaus. Auch die Abstimmungsvollmacht desjenigen, dem sämtliche Aktien einer Aktiengesellschaft gehören, ist eine Vollmacht zur Ausübung des Stimmrechts im Sinne der Tarifstelle 19 Abs. 3 StStG. und unterliegt nur dem dort vorgesehenen Feststempel.

Die Fassung der Gesetzesvorschrift steht der hier vertretenen Auslegung nicht entgegen, sondern entspricht durchaus den bei ihrer Entstehung geäußerten Meinungen. Da außerdem zahlreiche andere Vollmachten mit nicht schätzbarem Werte des Gegenstands in Frage kommen, stellt sich zwar die Erwähnung der Abstimmungsvollmachten im Gesetzestext als die Anführung eines Beispiels dar, jedoch in dem besonderen Sinne, daß ihnen ausdrücklich der rechtliche Charakter solcher Vollmachten beigelegt wird, bei denen der Wert des Gegenstandes nicht schätzbar ist.

Nach alledem ist die Aufhebung des landgerichtlichen Urteils geboten. Die Sache ist an die Vorinstanz zurückzuverweisen, damit diese tatsächlich erörtere, ob die Behauptung des Beklagten zutrifft, daß die Vollmacht vom 17. November 1924 außer der Ausübung des Stimmrechts in der Generalversammlung noch andere Gegenstände umfaßte, und bejahendenfalls prüfe, ob dadurch die Anwendung der Tarifstelle 19 Abs. 1 StStG. gerechtfertigt wird.

---

20. Sind die gemäß § 7 des preußischen Kommunalbeamtengesetzes vom 30. Juli 1899 ergehenden Beschlüsse der Bezirksausschüsse der materiellen Rechtskraft fähig?

III. Zivilsenat. Urt. v. 9. Oktober 1928 i. S. Stadt R. (Bekl.) w. T. (Kl.). III 492/27.

I. Landgericht Paderborn.
II. Oberlandesgericht Hamm.

Der Kläger wurde im Jahre 1908 zum Bürgermeister der verklagten Stadtgemeinde gewählt. In der Anstellungsurkunde vom 1. April des genannten Jahres wurde ihm ein allmählich bis zum Höchstbetrag von 4500 M. steigendes Bargehalt und „außerdem freie Wohnung im Werte von 500 M." zugesichert. Nach Ablauf seiner Amtsperiode wurde er wiedergewählt und auf weitere 12 Jahre als Bürgermeister angestellt. „Als Gehalt erhalten Sie" — so heißt es in der Anstellungsurkunde vom 2. Juni 1919 — „nach der für die Bürgermeisterstelle zurzeit bestehenden Gehaltsordnung ein Grundgehalt von 3000 M., das von drei zu drei Jahren um je 600 M. bis 6000 M. steigt, neben einer freien Dienstwohnung im ruhegehaltsfähigen Werte von 874 M." Auf Grund des preußischen Gesetzes betr. vorläufige Regelung verschiedener Punkte des Gemeindebeamtenrechts vom 8. Juli 1920 (GS. S. 383) erließ die Beklagte am 13. Dezember 1920 eine neue Gehaltsordnung, wonach der Bürgermeister in die Gruppe 10 der für die unmittelbaren Staatsbeamten geltenden Besoldungsordnung eingereiht wurde, und brachte nach Inkrafttreten des preußischen Beamten-Diensteinkommensgesetzes vom 17. Dezember 1920 (GS. 1921 S. 135) den Wert der freien Dienstwohnung in Höhe von 900 M. von seinem Gehalt in Abzug. Der Kläger hielt diese Maßnahme für ungesetzlich und rief die Entscheidung des Bezirksausschusses an, der durch Beschluß vom 9. Januar 1923 den Anspruch des Klägers auf freie Dienstwohnung seinem Antrag entsprechend für berechtigt erklärte. Dieser Beschluß wurde von der Beklagten nicht angefochten.

Da im Jahre 1925 einige Mitglieder der Stadtverordnetenversammlung die Auffassung vertraten, daß dem Kläger neben der freien Dienstwohnung nicht auch noch die Ortszulage gezahlt werden dürfe, wandte sich dieser nochmals an den Bezirksausschuß mit der Bitte, ihm den Anspruch auf freie Dienstwohnung neben dem auf Gewährung des Wohnungsgeldzuschusses zuzuerkennen. Der Antrag wurde vom Bezirksausschuß am 8. September 1925 zurückgewiesen. Die Beschwerde des Klägers hatte nur insofern Erfolg, als der Provinzialrat am 19. Juli 1926 in Abänderung des Beschlusses des Bezirksausschusses feststellte, daß dem Kläger ein wohlerworbenes Recht auf freie Dienstwohnung zustehe, deren Wert nach Maßgabe der für die Staatsbeamten geltenden Bestimmungen auf den Ortszuschlag anzurechnen sei. Innerhalb von sechs Monaten nach Zustellung des Provinzialratsbeschlusses erhob der Kläger gemäß § 7 des preußischen Kommunalbeamtengesetzes vom 30. Juli 1899 (GS. S. 141) Klage und beantragte, die Beklagte zu verurteilen, ihm freie Dienstwohnung ohne Anrechnung ihres Wertes auf den

Ortszuschlag zu gewähren. Landgericht und Oberlandesgericht gaben der Klage statt. Die Revision der Beklagten blieb erfolglos.

Gründe:

... Das Berufungsgericht stützt ebenso wie das Landgericht seine dem Kläger günstige Entscheidung auf die Rechtskraft des Bezirksausschuß-Beschlusses vom 9. Januar 1923, die eine nochmalige sachliche Erörterung des in ihm festgestellten Anspruchs ausschließe. Die Revision rügt unrichtige Anwendung der Grundsätze über Rechtskraft und Verletzung des § 322 ZPO. sowie des § 7 KBG.

Der Beschluß vom 9. Januar 1923 hat zweifellos formelle Rechtskraft erlangt, da die Beklagte von der durch § 7 KBG. begründeten Anfechtungsmöglichkeit keinen Gebrauch gemacht hat. Fraglich kann nur sein, ob und in welchem Umfang er auch der materiellen Rechtskraft fähig ist und ob auf ihn der im § 322 ZPO. zum Ausdruck gelangte Rechtsgedanke sinngemäß Anwendung zu finden hat. Für die Entscheidungen im Verwaltungsstreitverfahren wird diese Anwendung grundsätzlich zu bejahen sein. Sie ist auch vom Oberverwaltungsgericht wiederholt bejaht worden (vgl. Entsch. Bd. 76 S. 399, auch § 100 des preußischen Landesverwaltungsgesetzes vom 30. Juli 1883 [GS. S. 195], der von der Wiederaufnahmeklage gegen die im Verwaltungsstreitverfahren ergangenen, rechtskräftig gewordenen Urteile handelt). Wegen der im Beschlußverfahren ergehenden Entscheidungen der Verwaltungsbehörden hat das Oberverwaltungsgericht ausgesprochen, daß ihre Tragweite nur im Einzelfall unter Berücksichtigung der dafür maßgebenden gesetzlichen Vorschriften und unter Würdigung der Natur des Rechtsverhältnisses sowie der Formen des zu seiner Feststellung dienenden Verfahrens bestimmt werden könne (Entsch. Bd. 41 S. 284). Dem ist beizutreten. Nach Art. 129 Abs. 1 RVerf. steht zwar für vermögensrechtliche Ansprüche der Beamten aus ihrem Dienstverhältnis grundsätzlich der Rechtsweg offen. Seine Zulässigkeit kann aber reichs- oder landesgesetzlich von bestimmten Voraussetzungen abhängig gemacht und an bestimmte Zeitgrenzen gebunden werden. Das ist bei den vermögensrechtlichen Ansprüchen der Kommunalbeamten aus dem Dienstverhältnis in § 7 KBG. geschehen, der als unerläßliche Prozeßvoraussetzung eine Vorentscheidung des Bezirksausschusses erfordert.

Was nun zunächst das Beschlußverfahren vor ihm und in der Beschwerdeinstanz vor dem Provinzialrat anlangt, so ist es in den §§ 115flg. LVG. so geregelt, daß es den Parteien volle Gewähr für eine gewissenhafte Erörterung des Streitstoffs und eine unparteiische Sachentscheidung bietet. Der Zwang aber, den der Gesetzgeber im § 7 KBG. wegen der Anrufung des Bezirksausschusses auf die Beamten ausübt, bezweckt, die dort genannten Ansprüche aus dienstlichen Rücksichten und auch im sonstigen Interesse der Parteien im Verwaltungsweg zu erledigen und Prozesse über sie möglichst zu verhüten. Deshalb wurde die Zulässigkeit des Rechtswegs auch an die Einhaltung einer von der Zustellung der Verwaltungsentscheidung an laufenden sechsmonatigen Frist geknüpft. Daraus folgt, daß die Entscheidung des Bezirksausschusses, wenn die Streitteile mit ihr zufrieden sind, d. h. sie weder im Beschwerde- noch im Klagewege anfechten, nach Ablauf der Anfechtungsfristen unter ihnen einen Rechtszustand schaffen soll und schafft, dessen spätere Abänderung — durch den ordentlichen Richter jedenfalls — ausgeschlossen ist. Dann würde aber nicht Rechtssicherheit, sondern eine unerträgliche Rechtsunsicherheit geschaffen, wenn man einem Streitteil gestatten wollte, den vom Bezirksausschuß einmal entschiedenen Anspruch ihm nochmals zu unterbreiten und auf Grund der Zustellung des neuen, die frühere Entscheidung aufhebenden oder bestätigenden Beschlusses der einen oder der anderen Partei die bereits verwirkte Möglichkeit der Beschreitung des Rechtswegs wieder zu eröffnen. Deshalb steht es, wie der Senat schon im Urteil vom 29. Januar 1918 (RGZ. Bd. 92 S. 114) ausgesprochen hat, einem Beamten nicht frei, die für die Klagbarkeit von Beamtenansprüchen gesetzlich bestimmte Frist (vgl. § 150 RBG., § 2 des preußischen Gesetzes betr. die Erweiterung des Rechtswegs vom 24. Mai 1861, GS. S. 241; § 23 des preußischen Pensionsgesetzes vom 27. März 1872, GS. S. 268), wenn sie einmal verstrichen ist, durch Anbringung wiederholter Gesuche wieder in Lauf zu setzen.

Die nach Vorstehendem erforderliche Prüfung der Gesamtverhältnisse, unter denen der Beschluß vom 9. Januar 1923 ergangen ist, und des Zweckes, zu dem dies geschehen ist, ergibt danach, daß dem Beschlusse materielle Rechtskraft innewohnt. Damit steht auch das Urteil des erkennenden Senats vom 1. März 1910 III 183/09 im Einklang, wonach der Gehaltsanspruch eines Kommunalbeamten erfolgreich mit dem Einwand bekämpft werden kann, daß er schon durch einen von ihm früher erwirkten und im ordentlichen Rechtsweg nicht angefochtenen Beschluß des Bezirksausschusses rechtskräftig aberkannt sei. Der durch den Beschluß vom 9. Januar 1923 herbeigeführte Rechtszustand konnte somit auch vom Bezirksausschuß nicht mehr abgeändert werden, vorausgesetzt, daß der vorliegende Rechtsstreit denselben Tatbestand und dieselbe Rechtsfrage zum Gegenstand hat, die den Gegenstand des im Jahre 1923 vom Bezirksausschuß endgültig entschiedenen Streites bildeten. Das hat aber das Oberlandesgericht einwandfrei bejaht. Zwar läßt die Formel des Beschlusses vom 9. Januar 1923, die „das wohlerworbene Recht des Klägers auf freie Dienstwohnung" feststellt, nicht ohne weiteres erkennen, ob durch sie sein Recht nicht nur auf eine freie, sondern auch auf eine abzugsfreie Dienstwohnung festgestellt werden sollte. Die Frage aber, ob es zulässig sei, den Ortszuschlag um den Mietwert der Dienstwohnung zu kürzen, bildete von Anfang an den Kernpunkt des Streites der Parteien. Gerade die Kürzung der Dienstbezüge des Klägers um 900 M., d. h. um den angeblichen Wert der Dienstwohnung im Jahre 1921/22, wurde von ihm als Unrecht empfunden und führte zur ersten Anrufung des Bezirksausschusses. Daß dieser die Nichtberechtigung eines solchen Abzugs aussprechen wollte, erhellt, wie der Berufungsrichter ohne Rechtsirrtum annimmt, unzweideutig aus der Begründung des Beschlusses vom 9. Januar 1923. Die Gründe einer Entscheidung gehen zwar an sich nicht in Rechtskraft über, sie können aber in Zweifelfällen zur Feststellung des Gegenstands, um den es sich in dem Streit gehandelt hat, und zur Auslegung der Urteilsformel sowie zur Bestimmung ihrer Tragweite mitherangezogen werden. Dem Berufungsrichter ist daher kein Vorwurf daraus zu machen, daß er im gegebenen Falle diesen Weg eingeschlagen hat. In den Gründen seines Beschlusses vom 9. Januar 1923 führt der Bezirksausschuß aus, daß der Wegfall der freien Dienstwohnung für den Bürgermeister oder die Anrechnung ihres Wertes auf seine Dienstbezüge nur zulässig wäre, wenn der Antragsteller in erkennbarer Weise ausdrücklich oder stillschweigend auf das ihm bisher eingeräumte Recht verzichtet hätte. Im Anschluß daran legt er dar, daß ein solcher Verzicht des Bürgermeisters zu verneinen sei. Im Hinblick hierauf und auf die gesamte Sachlage konnte der Berufungsrichter ohne Rechtsirrtum zur Überzeugung gelangen und feststellen, daß der Bezirksausschuß mit der Anerkennung des Rechts auf freie Dienstwohnung in der Beschlußformel zugleich der Stadt die Befugnis hat absprechen wollen und abgesprochen hat, ihren Wert auf die sonstigen Dienstbezüge des Klägers in Anrechnung zu bringen.

Da der Kläger mit der wiederholten Anrufung des Bezirksausschusses im Jahre 1925 und mit der gegenwärtigen Klage nichts anderes als Feststellung der Nichtberechtigung dieser Anrechnung bezweckt und da er sich zur Begründung ihrer Unrechtmäßigkeit in erster Reihe auf die Rechtskraft des Bezirksausschuß-Beschlusses vom 9. Januar 1923 berufen hat, so bildet diese den ausschlaggebenden Klagegrund (actio judicati). Das Oberlandesgericht mußte sich, weil es im Verhalten des Klägers, insbesondere in der neuen Anrufung des Bezirksausschusses, keinen Verzicht auf die Rechtskraftwirkungen des genannten Beschlusses oder auf sein darin festgestelltes Recht erblickt, darauf beschränken, zu wiederholen, was nach dem Beschluß vom 9. Januar 1923 Rechtens war und Rechtens ist.

Das Oberlandesgericht verkennt zwar nicht, daß die Rechtskraft des Beschlusses nicht entscheidend sein würde, wenn das durch ihn für den Kläger festgestellte Recht auf freie Dienstwohnung ohne Anrechnung ihres Wertes auf die Ortszulage, das als „wohlerworbenes" im Sinne des Art. 129 Abs. 1 RVerf. anzusehen ist, vom Gesetzgeber später wieder beseitigt worden wäre. Das konnte aber nur im Wege eines verfassungsändernden Reichsgesetzes geschehen. Ein solches ist jedoch seit dem Beschlusse vom 9. Januar 1923 nicht erlassen worden, so daß sich die (vom Oberlandesgericht vorgenommene) Prüfung der Fortgeltung des im Januar 1923 in Kraft befindlichen § 7 preuß. BDEG. erübrigt.

Das oben erwähnte wohlerworbene Recht des Klägers besteht also unverändert fort und mußte, da es vom Provinzialrat verneint oder wenigstens eingeschränkt worden ist, vom Berufungsgericht ohne Nachprüfung der materiellen Richtigkeit des Beschlusses vom 9. Januar 1923 antragsgemäß festgestellt werden.

21. Zur Auslegung des § 69 Satz 1 AufwG.

AufwG. § 69. ZPO. § 274 Abs. 1 Nr. 2, § 528.

V. Zivilsenat. Urt. v. 6. Oktober 1928 i. S. L. S. (Kl.) w. Eheleute C. (Bekl.). V 537/27.

I. Landgericht Mainz.
II. Oberlandesgericht Darmstadt.

Der Ehemann der Klägerin, dem gegen die Beklagten eine hypothekarisch gesicherte Forderung aus dem Jahre 1880 in Höhe von 57000 M. zustand, hat diese Hypothek zugleich mit einer anderen durch notarielle Urkunde vom 4. März 1921 an seine Ehefrau abgetreten. In der Urkunde ist angegeben, daß die Klägerin ihrem Ehemann zur Begleichung des Reichsnotopfers verschiedene Wertpapiere übergeben habe, wofür nunmehr der Klägerin zum Ausgleich der gegenseitigen Ansprüche die Hypotheken übertragen würden. Die Hypothek von 57000 M. wurde von den Beklagten am 27. Dezember 1922 zurückgezahlt und ist im Grundbuch gelöscht. Die Klägerin meldete die Hypothek bei der Aufwertungsstelle an und begehrte Aufwertung unter Zugrundelegung des für ihren Ehemann maßgebenden Erwerbstages, indem sie behauptete, der Übergang der Hypothek auf sie beruhe auf einem unentgeltlichen Rechtsgeschäft; ihr Ehemann habe ihr die Hypothek schenkweise überlassen, wie in einer später, am 17. September 1925 aufgenommenen notariellen Urkunde dargelegt sei. Die Beklagten widersprachen dem und machten geltend, es handle sich um eine entgeltliche Abtretung. Auf Antrag der Klägerin hat die Aufwertungsstelle das Verfahren ausgesetzt und die Gläubigerin auf den ordentlichen Rechtsweg verwiesen. Die Klägerin hat dann Feststellungsklage dahin erhoben, daß die hypothekarisch gesicherte Forderung von 57000 M. ihr von ihrem Ehemann am 4. März 1921 unentgeltlich übertragen worden sei. Die Beklagten haben im ersten Rechtszuge nur sachliche Einwendungen erhoben.

Das Landgericht hat der Klage stattgegeben. Die Beklagten haben Berufung eingelegt und nunmehr die Einrede der Unzulässigkeit des Rechtswegs nach § 274 Abs. 1 Nr. 2 ZPO. erhoben. Das Oberlandesgericht hat die Klage auf Grund dieser Einrede abgewiesen. Auf die Revision der Klägerin ist das Berufungsurteil aufgehoben und die Sache an die Vorinstanz zurückverwiesen worden.

Gründe:

Dem Berufungsrichter ist insofern beizutreten, als er verneint, daß der Beschluß der Aufwertungsstelle, durch den das Verfahren ausgesetzt worden ist, für das Prozeßgericht bindend sei. Wie der Senat in seinem Beschlusse vom 30. Januar 1928 (RGZ. Bd. 120 S. 83) ausgesprochen hat, unterliegt der die Aussetzung anordnende Beschluß der Aufwertungsstelle nicht der sofortigen, sondern der einfachen Beschwerde. Eine Rechtskraftwirkung dieses Beschlusses kann daher nicht in Frage kommen. Es kann also dahingestellt bleiben, ob ein solcher Beschluß, wenn er rechtskräftig werden könnte, für das Prozeßgericht gemäß § 75 AufwG. bindend wäre.

Auch die weitere Annahme des Berufungsrichters, daß es sich hier lediglich um einen Streit über die Höhe der Aufwertung handle, ist zu billigen. Denn darüber, daß die zur Aufwertung angemeldete Hypothek dem Grunde nach besteht, sind die Parteien einig; sie streiten nur darüber, welcher Zeitpunkt als Erwerbstag in Betracht kommt. Dieser Streitpunkt betrifft aber nur die Höhe der Forderung. Demnach hätte, wie der Berufungsrichter zutreffend annimmt, über den Streit der Parteien nach § 69 AufwG. an sich ausschließlich die Aufwertungsstelle zu entscheiden. Bei der Abgrenzung des Wirkungskreises der Aufwertungsstelle gegenüber demjenigen des Prozeßgerichts handelt es sich nun zwar nicht um eine Frage der Zuständigkeit, sondern um die Zulässigkeit des Rechtswegs. Denn das Verfahren vor der Aufwertungsstelle ist ein solches der freiwilligen Gerichtsbarkeit (RGU. vom 24. November 1927 V 169/27, AufwRspr. 1928 S. 69). Auch sind die Vorschriften über die Zulässigkeit des Rechtswegs als Normen des öffentlichen Rechts regelmäßig der Abänderung durch Parteivereinbarung entzogen. Das Gericht hat in jeder Lage des Verfahrens die Zulässigkeit des Rechtswegs von Amts wegen zu prüfen; auf die prozeßhindernde Einrede der Unzulässigkeit des Rechtswegs kann in der Regel nicht wirksam verzichtet werden (§ 274 Abs. 2 Nr. 2 und Abs. 3 ZPO.). Der Streit über die Höhe der Aufwertung ist jedoch in Wahrheit ein Parteistreit im Sinne der Zivilprozeßordnung (Quassowski AufwG. 5. Aufl. § 72 Bem. III). Die Verweisung an die Aufwertungsstelle ist nur im Interesse der

Vereinfachung, Beschleunigung und Verbilligung des Verfahrens angeordnet. Man wollte den Parteien nicht schlechthin die Möglichkeit der Anrufung des Prozeßgerichts verschließen. Dies ergibt sich aus § 77 AufwG. Nach dieser Vorschrift können die Parteien einen Zwischenstreit über die Höhe der Aufwertungsforderung durch das Prozeßgericht entscheiden lassen, indem sie keinen Aussetzungsantrag stellen. Folgerichtig muß es den Parteien auch freistehen, unter Umgehung der Aufwertungsstelle das Prozeßgericht anzurufen, wenn sie überhaupt nur über die Höhe der Aufwertung streiten. Hieran können sie ein erhebliches Interesse haben, wenn die Entscheidung von der Beantwortung schwieriger Rechtsfragen abhängt. Demnach ist anzunehmen, daß die ausschließliche Zuständigkeit der Aufwertungsstelle nur die Bedeutung hat, daß die Gerichte nicht kraft Gesetzes zur Entscheidung berufen sind (Mügel Anm. 1 zu § 69 AufwG.), daß es dagegen den Parteien freisteht, das Prozeßgericht auch bei einem Streit über die Höhe der Aufwertung anzurufen, und daß der Beklagte insoweit auf die Einrede der Unzulässigkeit des Rechtswegs verzichten kann, so daß keine Prüfung von Amts wegen stattzufinden hat (RGU. vom 30. November 1925 V 169/25, JW. 1926 S. 1163 Nr. 2, und vom 8. Januar 1927 V 418/26, WarnRspr. 1927 Nr. 43; OLG. München in AufwRspr. 1928 S. 119). Ob eine stillschweigende Vereinbarung des ordentlichen Rechtswegs darin erblickt werden kann, daß die Beklagten in erster Instanz zur Hauptsache verhandelt haben, ohne die prozeßhindernde Einrede geltend zu machen, bedarf nicht der Entscheidung. Jedenfalls war nach § 528 ZPO. eine Berücksichtigung der Einrede der Unzulässigkeit des Rechtswegs in der Berufungsinstanz nicht mehr möglich, weil die Beklagten wirksam auf sie verzichten konnten.

---

22. 1. Wie ist die Rechtslage, wenn der Vorsitzende der Generalversammlung einer Aktiengesellschaft die Ablehnung eines Antrags verkündet, der bei richtiger Stimmenzählung angenommen worden ist?

2. Kann mit der Anfechtungsklage immer nur die Vernichtung des angegriffenen Beschlusses erzielt werden?

3. Zur Frage des Mehrstimmrechts bei Vorzugsaktien.

HGB. §§ 259, 271, 252.

II. Zivilsenat. Urt. v. 9. Oktober 1928 i. S. Eisenhüttenwerk K. AG. (Bekl.) w. S. F. (Kl.). II 486/27.

I. Landgericht Görlitz, Kammer für Handelssachen.
II. Oberlandesgericht Breslau.

Das Grundkapital der Beklagten von 1566400 RM. ist eingeteilt in 10300 Stück Stammaktien zu je 150 RM., 200 Vorzugsaktien über je 65 RM. und weitere 300 solche Aktien über je 28 RM. Stamm- und Vorzugsaktien haben im allgemeinen gleiches Stimmrecht (je 1 Stimme); bei der Beschlußfassung über gewisse Gegenstände, so z. B. über „Aufnahme von anderen Unternehmungen und Beteiligungen an solchen", hat jede Vorzugsaktie satzungsgemäß 6 Stimmen. Nach der Satzung erhalten die Vorzugsaktionäre im Falle der Auflösung der Gesellschaft aus dem Liquidationserlös vorab den Nennbetrag ihrer Aktien; der Rest wird unter alle Aktionäre nach dem Verhältnis der Aktienbeträge verteilt. Die Klägerin ist Großaktionärin der Beklagten, sie hat auch nahezu das ganze Vorzugsaktienkapital in der Hand.

Der Vorstand M. der Beklagten war Eigentümer einer Fabrik in Prenzlau. Anläßlich seines im Jahre 1925 erfolgten Eintritts in die Dienste der Beklagten sollte diese auch jenes Anwesen übernehmen. Am 9. Dezember 1925 kam es vorbehaltlich der Genehmigung des Aufsichtsrats der Beklagten zum Abschluß eines notariellen Kaufvertrags mit M., wonach die Beklagte das Unternehmen mit Liegenschaften, Maschinen, Vorräten und Waren für 210000 RM. erwarb; davon sollten 79980 RM. durch Hingabe von 2666 Stück Stammaktien der Beklagten zum Kurs von 20%, der Rest durch Übernahme von Geschäftsschulden bereinigt werden. Der Aufsichtsrat der Beklagten unterbreitete die Frage der Genehmigung dieses Vertrags der Beschlußfassung der ordentlichen Generalversammlung vom 3. Mai 1926, die jedoch den Antrag der Verwaltung auf Genehmigung mit den Stimmen der Klägerin ablehnte. Deren Vertreter beantragte sodann, die Zustimmung zur Übernahme des Prenzlauer Unternehmens „unter Ausschluß jeder Sicherstellung der Ansprüche auf Gewähr und Rückgewähr von Aktien" zu erteilen. Dieser Antrag fand Annahme. In einer weiteren Generalversammlung vom 6. Juli 1926 sollte Beschluß gefaßt werden über den Antrag der Verwaltung, das Aktienkapital zur Durchführung des Beschlusses vom 3. Mai 1926 über den Erwerb des Prenzlauer Anwesens um 399900 RM. durch Ausgabe von 2666 Stammaktien über je 150 RM. zu erhöhen. Der Antrag wurde abgelehnt, wiederum mit den Stimmen der Klägerin. Mit Schreiben vom 22. Juli und 7. August 1926 verlangte sodann die Klägerin unter Hinweis auf ihren Aktienbesitz und auf angebliche schwere Mißstände, die in der Geschäftsführung der Beklagten herrschen sollten, die beschleunigte Einberufung einer außerordentlichen Generalversammlung mit der Tagesordnung „Ablehnung der Fusion mit M." oder „Aufhebung des Beschlusses vom 3. Mai 1926 über die Vereinigung des Betriebs der Gesellschaft mit dem Betrieb der Firma M." und „Einsetzung einer Untersuchungskommission über die Geschäftsführung seit 1. Juli 1925". Unterm 23. August 1926 lud hierauf der Vorsitzende des Aufsichtsrats in den Gesellschaftsblättern zu einer außerordentlichen Generalversammlung auf 20. September 1926 ein mit der Tagesordnung: „Aufhebung des Beschlusses vom 3. Mai 1926 über die Vereinigung des Betriebs der Gesellschaft mit dem Betrieb der Firma M." Zuvor waren jedoch für die Beklagte verschiedene Verträge abgeschlossen worden. Am 19. August 1926 schloß nämlich ihr Vorstand M. mit der „S.-Gruppe" einen notariellen Vertrag über den Ankauf von 1066 Stammaktien der Beklagten zum Preis von 47970 RM. ab; zu dessen Sicherung wurden auf dem Grundbesitz der Beklagten in Keula und Prenzlau Hypotheken bestellt. Der Aufsichtsrat der Beklagten genehmigte diesen Vertrag noch am 19. August 1926 und erklärte sich mit der Durchführung des Kaufvertrags vom 9. Dezember 1925 auf der Grundlage einverstanden, daß M. statt 2666 nur 2133 Stammaktien erhalten sollte, und zwar 1066 Stück in Natur, während ihm der Gegenwert für die restlichen 1067 Stück zum Kurs von 40% zunächst gutzuschreiben sei. In Ausführung dieses Beschlusses vereinbarte der Aufsichtsrat noch am 19. August 1926 mit M. die Übernahme seines Unternehmens und bewilligte ihm für den auf 48015 RM. bezifferten Anspruch wegen des Gegenwerts der 1067 Stammaktien eine Hypothek auf dem Prenzlauer Anwesen; gleichzeitig bekannte sich M. zum Empfang der 1066 Stammaktien. Demnächst wurden auch die M.schen Grundstücke an die Beklagte aufgelassen. In den Verträgen der Beklagten mit der S.-Gruppe und M. hatten sich beide Teile Rücktrittsrechte vorbehalten für den Fall, daß die Generalversammlung vom 20. September den Beschluß vom 3. Mai über die Genehmigung des Erwerbs des M.schen Unternehmens aufheben sollte. In der Generalversammlung vom 20. September 1926 stimmten laut Sitzungsprotokoll für die Aufhebung jenes Beschlusses (also gegen die Übernahme) insgesamt 3174 Stamm- und 495 Vorzugsaktien, gegen die Aufhebung 5106 Stamm- und 5 Vorzugsaktien. Unter den Stimmen gegen die Aufhebung befanden sich auch 62 Stammaktienstimmen des M., für den ein Vertreter das Stimmrecht ausübte, sowie die Stimmen aus den 1066 Stammaktien, die Gegenstand des Vertrags vom 19. August 1926 waren. Der Vorsitzende stellte, wie es im Generalversammlungs-Protokoll weiter heißt, als Ergebnis der Abstimmung die Ablehnung des Aufhebungsantrags der Klägerin fest, weil die Vorzugsaktien nur einfaches Stimmrecht hätten. Die Klägerin widersprach, da die Vorzugsaktien hier sechsfaches Stimmrecht gehabt hätten, ihr Antrag also mit weitaus überwiegender Mehrheit angenommen sei. Sie erklärte auch sofort Widerspruch „gegen den Beschluß" zu Protokoll. Am 2. Oktober 1926 beschloß sodann der Aufsichtsrat, das Recht des Rücktritts von den Verträgen nicht auszuüben. Der Streit der Parteien dreht sich nun um das Ergebnis der fraglichen Beschlußfassung und um die Frage der Rechtsgültigkeit eines etwa gefaßten ablehnenden Beschlusses. Die Klägerin vertritt nach wie vor die Auffassung, daß die Vorzugsaktien im Hinblick auf den Gegenstand der Beschlußfassung sechsfaches Stimmrecht gehabt hätten, sodaß in Wirklichkeit die Aufhebung des Generalversammlungs-Beschlusses vom 3. Mai 1926 über die Genehmigung des Erwerbs des M.schen Unternehmens-beschlossen sei; in zweiter Linie behauptet sie die Nichtigkeit eines etwa gefaßten Ablehnungsbeschlusses wegen Gesetz- und Sittenwidrigkeit. Mit der gegenwärtigen Klage nach § 271 HGB. verlangt sie Feststellung dahin, daß entgegen der Bekanntgabe des Vorsitzenden in der Generalversammlung vom 20. September 1926 die Annahme ihres Antrags auf Aufhebung des Genehmigungsbeschlusses vom 3. Mai 1926 beschlossen worden sei; hilfsweise beantragt sie, den verkündeten, auf Ablehnung ihres Antrags lautenden Beschluß für nichtig zu erklären.

Das Landgericht wies die Klage ab. Das Oberlandesgericht dagegen stellte fest, daß in der Generalversammlung vom 20. September 1926 auf Grund des sechsfachen Vorzugsstimmrechts der Klägerin der Antrag dahin, daß der Beschluß vom 3. Mai 1926 betreffend die Ermächtigung der Verwaltung zur Vereinigung der Betriebe der Beklagten mit der Firma M. aufgehoben werden solle,

angenommen worden sei.

Die Revision der Beklagten hatte keinen Erfolg.

Aus den Gründen:

Die Revision bestreitet in erster Linie ein rechtliches Interesse der Klägerin an der von ihr begehrten alsbaldigen Feststellung. Bei der Feststellungsklage des § 256 ZPO. liegt allerdings dem Kläger der Nachweis eines solchen Interesses ob, und bei dessen Fehlen muß die Klage abgewiesen werden. Richtig ist ferner, daß das Berufungsgericht den Hauptantrag der Klägerin, nach dem es erkannt hat, als Ausfluß einer gewöhnlichen Feststellungsklage behandelt und gewürdigt hat. Wörtlich genommen weist der Antrag auf eine solche Klage hin. Wäre aber wirklich nur eine Feststellungsklage erhoben, so müßte sie ohnehin abgewiesen werden. Das Berufungsgericht geht zwar davon aus, daß, wenn der Vorsitzende einer Generalversammlung als Ergebnis der Abstimmung oder der Beschlußfassung die Annahme oder Ablehnung eines bestimmten Antrags bekannt gibt, Aktionäre aber der gegenteiligen Meinung sind, zum Austrag dieses Streits die gewöhnliche Feststellungsklage der gegebene Rechtsbehelf sei. Diese Auffassung kann aber nicht gebilligt werden. Nach dem Generalversammlungs-Protokoll, das die Zahl der für und wider den Antrag abgegebenen Stimmen nach Stamm- und Vorzugsaktien getrennt aufführt, hat der Vorsitzende im Anschluß an die Stimmenzählung festgestellt, daß der Antrag abgelehnt sei, weil nach seiner Auffassung die Vorzugsaktien nur einfaches Stimmrecht hätten. Hiernach hat der Vorsitzende einen bestimmten Beschluß, nämlich eben die Ablehnung des Antrags, verkündet und diesen Beschluß hat auch der Protokollführer so im Protokoll niedergelegt. Es sind also nicht etwa nur die Stimmenzahlen festgelegt, die Folgerungen aber, die sich daraus für Annahme oder Ablehnung des Antrags ergaben, offen gelassen worden, sondern der Vorsitzende hat aus den Stimmenzahlen auf die Ablehnung des Antrags geschlossen, sie als Generalversammlungs-Beschluß bekanntgegeben und im Protokoll urkundlich niederlegen lassen. Daran ändert auch die Tatsache nichts, daß er diese seine Auffassung begründet hat. Eben deshalb haben auch die Vertreter der Klägerin, wie es im Protokoll weiter heißt, „gegen diesen Beschluß" sofort Widerspruch zu Protokoll erklärt. Es liegt demnach ein vom Vorsitzenden der äußerlich ordnungsmäßig berufenen Generalversammlung verkündeter bestimmter Generalversammlungs-Beschluß vor. Dieser Beschluß mag anfechtbar sein, er kann aber nicht einfach beiseitegeschoben und es kann nicht, wie es anscheinend das Berufungsgericht für zulässig erachtet, über ihn weg mit der Feststellungsklage auf Grund anderer Stimmenzählung Feststellung der Annahme des Antrags begehrt werden. Die Klägerin ist vielmehr auf die Anfechtungsklage angewiesen (RGZ. Bd. 75 S. 242, Bd. 116 S. 83; Brodmann Anm. 6e zu § 259 HGB.; Ring Bankarchiv 1924 S. 323; teilweise auch Hueck, Anfechtbarkeit und Nichtigkeit S. 50; a. M. Staub-Pinner Anm. 8 zu § 271 HGB.; Horrwitz Recht der Generalversammlungen usw. S. 77).

Anfechtungsklage ist hier aber ausdrücklich miterhoben und die besonderen Voraussetzungen der §§ 271, 272 HGB. sind gewahrt. Wohl entspricht die Fassung des Hauptantrags nicht ganz der Richtung dieser Klage; es handelt sich aber dabei nur um eine Ungenauigkeit der Formulierung. Denn auch dieses Klagebegehren zielt unzweideutig mit auf die Beseitigung des verkündeten Beschlusses ab. Sachlich genügt dies. Die Ablehnung eines Antrags stellt einen Generalversammlungs-Beschluß dar. Ein solcher Beschluß unterliegt jedenfalls dann der Anfechtungsklage, wenn mit ihr zugleich ein positives Ziel verfolgt wird und verfolgt werden kann. So aber verhält es sich hier. Das ziffermäßige Abstimmungsergebnis ist im Protokoll genau nach Stamm- und Vorzugsaktien festgelegt. Aus ihm ergibt sich zwingend ohne weiteres, daß, wenn die Vorzugsaktien sechsfaches Stimmrecht haben, der Antrag der Klägerin nicht abgelehnt, sondern angenommen worden ist. Insofern ist auch das letztere Ergebnis im Sinne des § 259 HGB. protokollarisch niedergelegt. Ist die Anfechtung des verkündeten Beschlusses begründet, so führt dies hier notwendig zugleich zu der Feststellung, daß der Antrag angenommen worden ist. In Fällen solcher Art kann auf diese Rechtsfolge unbedenklich auch im Zug der Anfechtungsklage erkannt werden (Brodmann Anm. 6e zu § 259 HGB.), ohne daß es einer besonderen Feststellungsklage bedarf. Das Gesetz bietet keinen Anhalt dafür, daß der Anfechtungskläger ohne Ausnahme nur die Aufhebung des angegriffenen Beschlusses erreichen könnte (RGZ. Bd. 64 S. 260). Bei der Klage aus § 271 HGB. braucht sodann die Klägerin als Aktionärin nicht das Vorhandensein eines besonderen rechtlichen Interesses nachzuweisen (RGZ. Bd. 77 S. 257), vielmehr steht diese Klage unter den im Gesetz bezeichneten Voraussetzungen jedem Aktionär schlechthin zu. Damit erledigt sich dieser Revisionsangriff. . . .

Die Revision stellt ferner zur Nachprüfung, ob es sich beim Erwerb des M.schen Unternehmens überhaupt um die „Aufnahme" eines anderen Unternehmens im Sinne des § 31 der Satzung handle. Das Berufungsgericht hat dies mit Recht bejaht. Diese Satzungsbestimmung trifft aber nur dann zu, wenn die Generalversammlung selbst über die „Aufnahme" beschließt und noch beschließen kann, wenn es sich also nicht etwa darum handelt, daß ein von den hierzu berufenen und nach außen vertretungsberechtigten anderen Organen abgeschlossener schlechthin bindender Angliederungsvertrag vorliegt. Denn dann könnte die Rechtsverbindlichkeit des anderweitig abgeschlossenen Aufnahmevertrags durch einen ablehnenden Beschluß nicht mehr in Frage gestellt werden, sondern es würde sich sachlich nur um die Entlastung von Vorstand und Aufsichtsrat für die ergriffenen Maßnahmen handeln; für Beschlüsse dieses Inhalts ist aber den Vorzugsaktien kein Mehrstimmrecht eingeräumt. Dabei kann es immer nur auf die sachliche Bedeutung des Beschlusses, nicht auf die mehr oder weniger treffende Formulierung des zur Beschlußfassung stehenden Antrags ankommen. Sollte etwa die Generalversammlung nach einem bindenden Vertragsabschluß über den Erwerb des M.schen Anwesens ihren früheren Beschluß aufheben, der einem solchen Ankauf unter gewissen Klauseln zustimmte, so wäre dieser Beschluß für den Bestand des Geschäfts ohne Bedeutung; er würde nur die Unterlage schaffen, um gegen Vorstand oder Aufsichtsrat mit Rückgriffsansprüchen vorzugehen. Mit der Frage der „Aufnahme" des anderen Betriebs hätte dies aber nichts mehr zu tun, und eben deshalb kann für einen solchen Beschluß das Mehrstimmrecht der Vorzugsaktien nicht Platz greifen. Dieses muß, wie das Landgericht mit Recht ausführt, auf die Fälle beschränkt werden, für die es in der Satzung deutlich festgelegt ist. Der zweite Grund des Berufungsgerichts trägt demnach die Entscheidung allerdings nicht. Es kommt vielmehr darauf an, ob zur Zeit der Beschlußfassung über den Aufhebungsantrag der Klägerin die Einverleibungsverträge in Ansehung des M.schen Unternehmens schon fest abgeschlossen waren. Wird dies verneint, dann spielt auch der Umstand keine Rolle, daß der zur Abstimmung stehende Antrag auf Aufhebung eines früheren zustimmenden Beschlusses lautete. Dann war entscheidend, daß so oder so die Frage der Übernahme des M.schen Geschäfts Gegenstand der Beschlußfassung war. Prüft man von diesem Gesichtspunkt aus, ob am 20. September 1926 ein für die Beklagte endgültig bindender Vertragsabschluß über den Erwerb des M.schen Unternehmens vorlag, so muß dies verneint werden, ganz abgesehen davon, ob etwa der Übernahmevertrag aus anderen Gründen nichtig war. Der frühere Vertrag vom 9. Dezember 1925 scheidet aus, weil er für die Beklagte nicht bindend geworden ist. Allein maßgebend ist der Vertrag vom 19. August 1926. Sein Bestand ist zwar weder auflösend noch aufschiebend von der Genehmigung der Generalversammlung oder eines anderen Gesellschaftsorgans abhängig gemacht worden, wohl aber wurde für die Beklagte ein vom Aufsichtsrat auszuübendes freies (wenn auch zeitlich befristetes) Rücktrittsrecht vertraglich vorbehalten. Darauf, ob die Frage der endgültigen Angliederung des M.schen Geschäfts, in welcher Rechtsform immer, noch offen blieb, kann es jedoch nicht entscheidend ankommen, vielmehr war eben insolange, als die Beklagte durch das Rücktrittsrecht noch die Möglichkeit einer Lösung der vertraglichen Bindung hatte, die „Aufnahme" des M.schen Geschäfts noch nicht endgültig „vollzogen" (Flechtheim JW. 1925 S. 567). Damit stand der Sache nach im Sinne der Satzung die Aufnahme dieses Unternehmens selbst zur Beschlußfassung, und die Annahme des Antrags hatte im Kern weiter die Bedeutung einer Anweisung an den Aufsichtsrat als gesetzlichen Vertreter der Beklagten und des behinderten Vorstandsmitglieds, vom Rücktrittsbehelf unverzüglich Gebrauch zu machen. Unter diesen Umständen kann nicht gesagt werden, daß die Aufnahme des M.schen Unternehmens am 20. September 1926 für die Beklagte schon vollzogene Rechtstatsache geworden war. Dann hatten aber die Vorzugsaktien bei der Beschlußfassung über den Antrag der Klägerin satzungsgemäß sechsfaches Stimmrecht. Der vom Vorsitzenden verkündete ablehnende Beschluß ist nur durch Außerachtlassung und unter Verletzung dieses satzungsmäßigen Mehrstimmrechts zustandegekommen; nach den protokollarisch festgelegten Stimmenzahlen und dem Stimmenverhältnis war der Antrag unzweifelhaft angenommen.

Demnach ist im Ergebnis der Hauptantrag der Klägerin gerechtfertigt.

---

23. Steht eine rechtskräftige Entscheidung der Verwaltungsbehörde über die Enteignungsentschädigung, die auf eine Papiermarksumme lautet, weiteren Ansprüchen aus der Geldentwertung entgegen, wenn die Verwaltungsbehörde die Geldentwertung schon hat ausgleichen wollen, dies aber unzureichend getan hat?

Verordnung zur Behebung der dringendsten Wohnungsnot vom 15. Januar/9. Dezember 1919 (RGBl. S. 69 und 1968) § 4. Preuß. Enteignungsgesetz v. 11. Juni 1874 § 8.

VII. Zivilsenat. Urt. v. 9. Oktober 1928 i. S. Heimstättenbaugenossenschaft M. (Bekl.) w. v. D. u. Gen. (Kl.). VII 130/28.

I. Landgericht Magdeburg.
II. Oberlandesgericht Naumburg a. S.

Durch Beschluß des Regierungspräsidenten in Magdeburg vom 12. Januar 1922 wurden den Klägern auf Grund der Verordnung zur Behebung der dringendsten Wohnungsnot vom 15. Januar/9. Dezember 1919 zu Siedlungszwecken 26 Morgen Land zugunsten der Beklagten enteignet. Die Enteignungsentschädigung wurde von der Verwaltungsbehörde erster Instanz auf 5000 M., von der Berufungsbehörde aber durch Beschluß vom 31. Oktober 1922 auf 12000 M. für je 25 ar festgesetzt. Der hiernach berechnete Betrag von 312000 M. wurde am 10. November 1922 gezahlt. Die Kläger verlangen Umwertung der Enteignungsentschädigung und haben unter Berücksichtigung des Goldwerts der ihnen gezahlten Papiermarkentschädigung beantragt, die Beklagte zur Zahlung von 7562,88 RM. nebst Verzugszinsen zu verurteilen. Das Landgericht hat ihnen 426,66 RM. nebst Zinsen zugesprochen und ihren Mehranspruch abgewiesen. Das Berufungsgericht hat die Beklagte zur vollen Zahlung der verlangten Entschädigungssumme nebst

Zinsen verurteilt. Auf die Revision der Beklagten hat das Reichsgericht die Berufung der Kläger gegen das landgerichtliche Urteil zurückgewiesen.

Aus den Gründen:

Das Berufungsgericht geht richtig davon aus, daß es sich im vorliegenden Rechtsstreit nicht um die Festsetzung der den Klägern zu zahlenden Enteignungsentschädigung handelt, weil diese Festsetzung im Verwaltungsweg rechtskräftig geschehen und für das Gericht bindend ist (RGZ. Bd. 112 S. 50, Bd. 115 S. 388; Urteil des erkennenden Senats vom 17. Januar 1928 VII 538/27). Die in der Entscheidung RGZ. Bd. 119 S. 362 enthaltenen Gesichtspunkte kommen hier nicht in Betracht, weil es sich im jetzigen Falle nicht um eine lediglich über die Papiermarkforderung der Kläger erlassene Entscheidung handelt, sondern der Beschluß über die Entschädigungsforderung von der Berufungsbehörde im Verwaltungsverfahren unter Berücksichtigung der Geldentwertung erlassen worden ist. Für eine Nachfestsetzung wäre auch niemals der Rechtsweg zulässig gewesen.

Darum kommt nur in Frage, ob die durch den Beschluß der Berufungsbehörde vom 31. Oktober 1922 im Verwaltungsverfahren festgesetzte Entschädigung von insgesamt 312000 M. als getilgt zu gelten hat. Dies verkennt auch das Berufungsgericht nicht, rechtsirrig beurteilt es aber den Inhalt der Verwaltungsentscheidung.

Schon in dem angezogenen Urteil vom 17. Januar 1928 hat der erkennende Senat den auch im Berufungsurteil anerkannten Grundsatz festgelegt, daß, wenn eine Behörde eine zu zahlende Entschädigungssumme festzusetzen hat, sie nicht aussprechen wird, was an einem früheren Tage zu zahlen war, sondern festsetzt, was zur Zeit der Entscheidung als Entschädigung zu zahlen ist. Deshalb muß auch hier angenommen werden, daß die Berufungsbehörde im Verwaltungsverfahren die Höhe der Entschädigungssumme unter Zugrundelegung des Markwertes vom 31. Oktober 1922 berechnet hat. Allerdings hat sie bei der Annahme einer Entschädigung von 12000 M. für den Morgen Land erheblich zu niedrig gegriffen, weil diese 12000 M. angesichts der seit Festsetzung der Entschädigung in erster Instanz stark fortgeschrittenen Markentwertung bei weitem nicht den Kaufkraftwert der 5000 M. hatten, die der Regierungspräsident in dem am 16. Januar 1922 zugestellten Beschluß vom 12.

desselben Monats als Vergütung für den Morgen festgesetzt hatte. Um diese Unbilligkeit für die Kläger auszugleichen, geht es aber nicht an, die Entscheidung der Berufungsbehörde dahin auszulegen, daß diese die im Beschluß vom 31. Oktober 1922 festgesetzte Entschädigungssumme den Enteigneten bewußt im Goldwert einer früheren Zeit hätte zubilligen wollen. Denn dafür gibt weder der Wortlaut noch der Sinn des Beschlusses einen Anhalt. Nach den Gründen dieses Beschlusses wollte zwar die Berufungsbehörde den Klägern eine Entschädigungssumme zusprechen, die sie auch bei Berücksichtigung der damaligen Geldverhältnisse für die Entziehung ihres Grundeigentums dauernd schadlos hielt. Dazu erachtete sie aber eine Entschädigung von 12000 M. für den Morgen Land am Tag ihres Beschlusses für ausreichend. Sie rechnete hierbei offensichtlich falsch, weil sie die Folgen der bisherigen Geldentwertung und deren weitere Entwicklung unrichtig einschätzte. Richtig hätte sie den für den 16. Januar 1922 bestehenden Wert des enteigneten Landes nach dem Kaufkraftwert der Mark am 31. Oktober 1922 errechnen müssen, eine Frage, die durch die spätere Rechtsprechung des Reichsgerichts (RGZ. Bd. 107 S. 228, Bd. 109 S. 259, Bd. 116 S. 329) grundsätzlich geklärt worden ist. Diesen Fehler kann aber der ordentliche Richter nicht verbessern. Hätte die Berufungsbehörde im Verwaltungsverfahren die Festsetzung der Entschädigung von 12000 M. für den Morgen tatsächlich nicht mit dem Wert vom Tag des Spruchs, sondern mit dem Markwert eines früheren Tages verstanden wissen wollen (wie das Berufungsgericht annimmt), so hätte dieser Stichtag auch angegeben werden müssen, da ohne das die Entscheidung lückenhaft gewesen wäre und die Beteiligten vor Ungewißheiten gestellt hätte. Deshalb bleibt nur die Annahme übrig, daß die Berufungsbehörde im Verwaltungsverfahren den Entschädigungswert des enteigneten Grundstücks zur Zeit der Zustellung des Beschlusses über die Feststellung der Entschädigung (16. Januar 1922) mit 12000 M. für den Morgen im Markwert vom Spruchtag (31. Oktober 1922) festsetzen wollte und festgesetzt hat, daß sie aber diesen Betrag nicht mit dem Markwert eines früheren Tages gemeint hat. ...

24. 1. Welche oberste Reichsbehörde hat die Entscheidung zu treffen, die der Klage eines Reichsbeamten aus seinem Dienstverhältnis vorhergehen muß?

2. Wird das rechtliche Interesse eines Beamten an der alsbaldigen Feststellung eines Gehaltsanspruchs dadurch berührt, daß er infolge widerruflicher Beschäftigung im Reichsdienst vorläufig einen dem beanspruchten Gehalt gleichkommenden Betrag aus Reichsmitteln erhält?

3. Sind die Gerichte dann, wenn ein Reichsbeamter in den einstweiligen Ruhestand versetzt worden ist, weil sein Amt infolge einer Umbildung der Reichsbehörden aufgehört habe, zu prüfen berechtigt, ob er in der umgebildeten Reichsbehörde eine planmäßige Stelle bekleidet hat?

4. Ist die Versetzung eines Beamten in eine andere Behörde möglich, ohne daß das Amt bezeichnet wird, das er in ihr bekleiden soll?

5. Wird die unzulässige Versetzung eines Reichsbeamten in den einstweiligen Ruhestand ohne weiteres wirksam, wenn ein Grund eintritt, aus dem sie nunmehr erfolgen könnte?

RBG. §§ 24, 150, 151, 155. ZPO. § 256.

III. Zivilsenat. Urt. v. 12. Oktober 1928 i. S. Deutsches Reich (Bekl.) w. K. (Kl.). III 45/28.

I. Landgericht I Berlin.
II. Kammergericht daselbst.

Der Kläger war Präsident der Reichsvermögensverwaltung für die besetzten rheinischen Gebiete in Koblenz. Am 6. März 1921 wurde er von der Rheinland-Kommission aus den besetzten Gebieten ausgewiesen. In der Folgezeit wurde er im Reichsschatzministerium beschäftigt, zu dessen Geschäftsbereich damals die genannte Reichsvermögensverwaltung gehörte. Am 11. August 1921 erging folgende, vertretungsweise von einem Ministerialdirektor gezeichnete Verfügung des Reichsschatzministeriums: „Ich versetze den Präsidenten K. hierdurch mit 1. August 1921 von der Reichsvermögensverwaltung für das besetzte rheinische Gebiet in Koblenz zum Reichsschatzministerium. Er bezieht seine Besoldung in Höhe der bisherigen

Gebührnisse aus der offenen 6. Ministerialdirektorstelle." Zum 1. April 1923 wurde das Reichsschatzministerium aufgelöst. Die vom Kläger geleitete Abteilung ging als Auflösungsstelle zum Reichsministerium der Finanzen über. Nach Beendigung ihrer Abwicklungstätigkeit wurde er durch Erlaß des Reichspräsidenten vom 29. Oktober 1923, den der Reichsminister der Finanzen gegengezeichnet hatte, auf Grund des § 24 RBG. zum 1. November 1923 einstweilig in den Ruhestand versetzt.

Der Kläger erkennt seine Versetzung in den einstweiligen Ruhestand nicht als rechtsgültig an. Er behauptet, Präsident der Reichsvermögensverwaltung für die besetzten rheinischen Gebiete geblieben zu sein. Er sei in keine planmäßige Stelle des Reichsschatzministeriums versetzt, sondern dort nur kommissarisch beschäftigt worden. Da er diesem Ministerium nicht angehört habe, berühre dessen Auflösung das von ihm bekleidete Amt nicht, sodaß § 24 RBG. nicht auf ihn anwendbar sei. Er habe deshalb Anspruch nicht bloß auf Wartegeld, sondern immer noch auf das volle Gehalt seiner Präsidentenstelle. Dieses stehe ihm auch dann zu, wenn seine Versetzung in den einstweiligen Ruhestand rechtswirksam sein sollte, da diese Maßnahme auf einer schuldhaften Amtspflichtverletzung des Reichsministers der Finanzen beruhe. Nicht berührt werde sein Anspruch dadurch, daß er beim Reichssparkommissar beschäftigt werde und daher zur Zeit den Unterschied zwischen Gehalt und Wartegeld anderweitig aus Reichsmitteln beziehe. Die Dauer dieser Tätigkeit sei völlig unbestimmt. Bei der ablehnenden Stellungnahme der Reichsministerien ihm gegenüber sei er also jederzeit der Gefahr ausgesetzt, daß ihm nur Wartegeld gezahlt werde. Deshalb sei er berechtigt, auf künftige Gehaltszahlung zu klagen.

Am 27. Oktober 1925 hat der Kläger ein Gesuch um Entscheidung über seinen Gehaltsanspruch an den Reichsminister für die besetzten Gebiete gerichtet, dem gegenwärtig die Reichsvermögensverwaltung für die besetzten rheinischen Gebiete unterstellt ist. Dieser hat das Gesuch an den Reichsminister der Finanzen zur Bearbeitung weitergegeben und hat das dem Kläger durch Bescheid vom 20. November 1925 mitgeteilt. Der Reichsminister der Finanzen hat das Gesuch durch Erlaß vom 24. Dezember 1925 abgelehnt. Nunmehr hat der Kläger Klage erhoben und beantragt, den Beklagten zu verurteilen, ihm vom Zeitpunkt seines Ausscheidens aus der vorübergehenden Beschäftigung im Reichsdienst den Unterschied zwischen Wartegeld und aktivem Gehalt eines Präsidenten der Vermögensverwaltung für die besetzten rheinischen Gebiete nach Maßgabe der bis zur Zeit des Pensionsfalls für die im aktiven Reichsdienst befindlichen Beamten jeweils geltenden gesetzlichen Vorschriften in monatlichen Abschnitten vorauszahlbar nebst 10% Zinsen aus den jeweils fälligen Abschnitten seit Fälligkeit zu zahlen. Die Klage ist dem Reichsminister für die besetzten Gebiete am 29. April 1926 zugestellt worden. Auf Veranlassung des Gerichts erster Instanz wurde sie am 8. Juni 1927 auch dem Reichsminister der Finanzen zugestellt.

Der Beklagte hat gegenüber der Klage folgendes geltend gemacht:

1. Der Kläger habe die Frist des § 150 RBG. nicht innegehalten. Er habe zuletzt unter dem Reichsminister der Finanzen gestanden, der daher das Reich ihm gegenüber zu vertreten habe. Bereits durch Erlasse dieses Ministers vom 30. Oktober 1923 sowie vom 22. Juli und 30. September 1925 seien seine Ansprüche abgelehnt worden, spätestens jedenfalls durch den Bescheid vom 24. Dezember 1925. Die Zustellung der Klage an den zur Vertretung des Reiches in dieser Angelegenheit nicht zuständigen Reichsminister für die besetzten Gebiete sei ohne rechtliche Wirkung gewesen, die Zustellung an den Reichsminister der Finanzen aber zu spät erfolgt.

2. Der Kläger habe an der von ihm begehrten Entscheidung kein Interesse. Er habe infolge seiner dauernden Beschäftigung beim Reichssparkommissar stets das von ihm beanspruchte volle Gehalt aus Reichsmitteln bezogen und beziehe es auch gegenwärtig noch. Es sei nicht damit zu rechnen, daß diese Beschäftigung in absehbarer Zeit aufhören werde. Sachlich sei der gegenwärtige Streit also ohne Bedeutung.

3. Nach § 155 RBG. könne die Rechtsgültigkeit der Versetzung des Klägers in den einstweiligen Ruhestand nicht von den Gerichten nachgeprüft werden.

4. Der Kläger sei am 11. August 1921 zum Reichsschatzministerium versetzt worden. Damit sei er planmäßiger Beamter des Reichsschatzministeriums geworden mit Tätigkeit und Stellung eines Abteilungsleiters sowie mit der Amtsbezeichnung „Präsi-

dent" und den entsprechenden Dienstbezügen, wie er sie vor seiner Versetzung gehabt habe, zuzüglich der Ministerialzulage. Er sei auch mit dieser Versetzung einverstanden gewesen. Dieses neue Amt des Klägers sei mit der Auflösung des Reichsschatzministeriums weggefallen, sodaß die Anwendung des § 24 RBG. auf ihn gerechtfertigt sei. Seine Versetzung in den einstweiligen Ruhestand sei mit Recht von dem dafür zuständigen Reichsminister der Finanzen gegengezeichnet worden.

5. Keinesfalls könne der Kläger Gehalt bis zum Eintritt des Pensionsfalls fordern, da die Reichsvermögensverwaltung für die besetzten rheinischen Gebiete aufgelöst werde, sobald das besetzte Gebiet geräumt werde. Dann falle auch das vom Kläger beanspruchte Amt als Präsident der genannten Behörde fort, spätestens damit werde seine Versetzung in den einstweiligen Ruhestand wirksam.

Der Kläger hat bestritten, daß er mit seiner Versetzung in das Reichsschatzministerium einverstanden gewesen sei.

Das Landgericht hat nach dem Klagantrag erkannt; das Kammergericht hat die Berufung des Beklagten mit der Maßgabe zurückgewiesen, daß der Kläger die ihm zugesprochenen Bezüge nur bis zum Eintritt des Pensionsfalls zu beanspruchen habe und daß der Zinsanspruch abgewiesen werde. Die Revision des Beklagten blieb erfolglos.

Gründe:

1. Die oberste Reichsbehörde, deren Entscheidung nach § 150 RBG. der Klage eines Reichsbeamten aus seinem Dienstverhältnis vorhergehen muß, ist, wie sich bei Zusammenhalt mit § 151 Abs. 1 RBG. ergibt, diejenige, unter welcher der Beamte — mittelbar oder unmittelbar — steht oder gestanden hat. Der Kläger fordert das ihm als Präsidenten der Reichsvermögensverwaltung für die besetzten rheinischen Gebiete zustehende Gehalt. Diese Behörde gehört zum Geschäftsbereich des Reichsministers für die besetzten Gebiete, dem ihr Präsident unmittelbar untersteht. Daraus folgt, daß für die Bemessung der Klagefrist von dem Bescheid dieses Ministers auszugehen ist und daß ihm binnen 6 Monaten seit Bekanntgabe seines Bescheids an den Kläger die Klage zugestellt sein muß.

Der Beklagte bestreitet, daß der Kläger noch Präsident der genannten Behörde sei, da er in das Reichsschatzministerium übergeführt und nach dessen Auflösung in den einstweiligen Ruhestand versetzt worden sei. Dieser Einwand richtet sich gegen den Klaganspruch selbst. Denn wenn die Behauptungen des Beklagten richtig sind, so hat das vom Kläger im Reichsschatzministerium verwaltete Amt infolge Fortfalls dieses Ministeriums aufgehört, sodaß, wie er selbst nicht bestreitet, seine einstweilige Versetzung in den Ruhestand nach § 24 RBG. zulässig war. Er kann dann nicht mehr Gehalt, sondern nur das ihm stets gewährte Wartegeld fordern.

Die sachliche Einwendung des Beklagten ist jedoch für die Beurteilung der zur Erörterung stehenden prozessualen Vorfrage ohne Belang. Auszugehen ist, wie bei der Prüfung der Zulässigkeit des Rechtswegs überhaupt, vom Klagevorbringen; dieses ist als tatsächlich richtig zu unterstellen. Bei seiner rechtlichen Beurteilung ist das Gericht allerdings nicht an die Auffassung des Klägers gebunden. Indessen ist hier unzweifelhaft und unbestritten, daß für den Kläger nur der Reichsminister für die besetzten Gebiete als oberste Reichsbehörde in Frage kommt, falls er — und darauf wird die Klage gerade gestützt — seine Stelle als Präsident der Reichsvermögensverwaltung für die besetzten rheinischen Gebiete nicht verloren hat. In diesem Punkte unterscheidet sich der vorliegende Fall von dem im Urteil des Senats vom 24. April 1925 III 209/24 (JW. 1925 S. 1877 Nr. 4) behandelten. Dort war streitig, welchem Geschäftsbereich die Stelle angehörte, die der damalige Kläger innegehabt hatte, während es sich hier darum handelt, welche von zwei nach ihrer Ressortzugehörigkeit unbestrittenen Stellen der Kläger bekleidet hat oder jetzt noch bekleidet.

Die an den Kläger ergangenen Bescheide des Reichsministers der Finanzen sind demnach für die Wahrung der Frist des § 150 RBG. ohne Belang. Das Berufungsgericht findet eine dieser Vorschrift genügende Entscheidung des Reichsministers für die besetzten Gebiete schon in dem Erlaß vom 20. November 1925, durch den der Kläger von der Abgabe seines Gesuchs an den Reichsfinanzminister benachrichtigt wurde und dem die Klagerhebung binnen sechs Monaten gefolgt ist. Ob dem beizutreten wäre, kann dahingehen. Denn jedenfalls liegt eine solche Entscheidung im Antrag auf Klagabweisung, den der Minister als gesetzlicher Vertreter des Reiches im jetzigen Rechtsstreit gestellt hat.

Es mag bemerkt werden, daß der Reichsminister der Finanzen für den Prozeß nur deshalb neben dem Reichsminister für die besetzten

Gebiete als gesetzlicher Vertreter des Beklagten in Betracht kommt, weil der Kläger hilfsweise seinen Anspruch auf eine Amtspflichtverletzung des erstgenannten Ministers stützt. Diesem Anspruch gegenüber hat er das Reich zu vertreten.

2. Die prozessuale Zulässigkeit der Klage läßt sich nicht, wie der Vorderrichter annimmt, aus § 259 ZPO. begründen. Die Klage genügt den an eine Leistungsklage zu stellenden Erfordernissen insofern nicht, als sie keine bestimmte, insbesondere keine zahlenmäßige Angabe darüber enthält, was gefordert wird, sondern hierfür lediglich auf die jeweils geltenden gesetzlichen Vorschriften verweist. Es handelt sich, obgleich um „Verurteilung" des Beklagten gebeten worden ist, in Wirklichkeit um eine Feststellungsklage. Für sie sind indessen die Voraussetzungen des § 256 ZPO. gegeben, wie sich ohne Berücksichtigung der in dieser Instanz von den Parteien vorgebrachten neuen Behauptungen über Art und voraussichtliche Dauer der Tätigkeit des Klägers beim Reichssparkommissar aus folgenden Erwägungen ergibt:

Der Kläger verlangt Feststellung des Bestehens seines Anspruchs auf Gehalt, also eines Rechtsverhältnisses. An dieser Feststellung hat er ein rechtliches Interesse, wenngleich er allmonatlich von der Reichskasse einen Betrag ausgezahlt erhält, der dem von ihm beanspruchten Gehalt gleichkommt. Denn gezahlt wird ihm diese Summe nicht als Gehalt, sondern als Wartegeld, und zu dem dieses übersteigenden Betrag als Vergütung für seine rechtlich jederzeit widerrufliche Tätigkeit beim Reichssparkommissar. Für jeden Beamten ist es aber wesentlich, zu wissen, auf welcher beamtenrechtlichen Stellung seine Dienstbezüge beruhen, da sie deren rechtlichen Charakter bestimmt. Wird die von ihm beanspruchte Dienststellung von seiner obersten Dienstbehörde bestritten, so hat er ein rechtliches Interesse daran, seiner Auffassung von der Rechtsnatur seines Diensteinkommens durch Richterspruch zur Anerkennung zu verhelfen. Dieses gegenwärtige Interesse wird nicht dadurch berührt, daß das Reich den Kläger zurzeit geldlich so stellt, als ob er noch die von ihm beanspruchte Dienststellung innehätte. Damit werden zwar seine wirtschaftlichen Belange befriedigt, sein rechtliches Begehren bleibt aber weiterhin unerfüllt. Sein rechtliches Interesse an der alsbaldigen Feststellung seines ihm bestrittenen Gehaltsanspruchs muß deshalb unabhängig von seiner anderweitigen Beschäftigung im Reichsdienst anerkannt werden.

3. § 155 RBG. steht dem Klagebegehren nicht entgegen. Vielmehr greift der Grundsatz ein, der in RGZ. Bd. 110 S. 193 zwar nur für § 5 des preußischen Gesetzes betr. die Erweiterung des Rechtswegs vom 24. Mai 1861 (GS. S. 241) ausgesprochen worden ist, den das Kammergericht aber mit Recht auch auf § 155 a. a. O. angewandt hat. Nur solche Verwaltungsentscheidungen sind der Nachprüfung durch die Gerichte entzogen, die an sich geeignet sind, das Beamtenverhältnis — hier das aktive Beamtenverhältnis — zu beendigen. Diese Begrenzung der richterlichen Befugnisse deckt sich nicht, wie das Berufungsgericht meint, mit der von Rechts- und Tatfrage. Auch an die rechtliche Beurteilung, die eine Disziplinar- oder Verwaltungsbehörde dem Sachverhalt hat zuteil werden lassen, sind die Gerichte gebunden. Voraussetzung dafür ist aber immer das Vorliegen einer an sich zulässigen Entscheidung. Trifft eine Verwaltungs- oder Disziplinarbehörde eine Entscheidung, die, von der tatsächlichen und rechtlichen Gestaltung des Einzelfalles ganz abgesehen, nach dem Stand der Gesetzgebung überhaupt unzulässig ist, so ist sie auch für die Beurteilung der vermögensrechtlichen Ansprüche des betroffenen Beamten nicht maßgebend.

Ein solcher Fall ist hier gegeben. Nach § 24 RBG., auf den die Überführung des Klägers in den Wartestand gestützt worden ist, kann jeder Reichsbeamte unter Bewilligung des gesetzlichen Wartegeldes einstweilig in den Ruhestand versetzt werden, wenn das von ihm verwaltete Amt infolge einer Umbildung der Reichsbehörden aufhört. Daß die Auflösung des Reichsschatzministeriums eine Umbildung im Sinne des Gesetzes darstellt, ist unzweifelhaft und unbestritten. Streitig ist aber — und darin liegt der Unterschied von dem in RGZ. Bd. 12 S. 70 behandelten Fall —, ob der Kläger ein Amt in diesem aufgelösten Ministerium innegehabt hat. Zu jener Entscheidung braucht daher nicht Stellung genommen zu werden. Nur für die Beamten, die in der umgebildeten Reichsbehörde ein Amt verwaltet, d. h. eine planmäßige Stelle bekleidet haben, ist eine Versetzung in den einstweiligen Ruhestand aus diesem Anlaß statthaft. Gesetzlich unzulässig ist dagegen die Erstreckung der Maßnahme auf einen Beamten, der einer andern Behörde angehört. War der Kläger bei der Auflösung des Reichsschatzministeriums, wie er behauptet, noch Präsident der Reichsvermögensverwaltung für die besetzten rheinischen Gebiete, so konnte er überhaupt nicht auf Wartegeld gesetzt werden. Ein Rechtsgrund für seine Überführung in den Wartestand ist in solchem Falle undenkbar. Als eine für den zu fällenden Richterspruch maßgebende Verwaltungsentscheidung kann die Versetzung des Klägers in den einstweiligen Ruhestand also nur dann angesehen werden, wenn er Beamter des Reichsschatzministeriums bei dessen Auflösung war. Der Prüfung dieser Frage hat sich daher das Kammergericht mit Recht unterzogen.

4. Die Versetzung des Klägers aus seiner Stellung als Präsident der Reichsvermögensverwaltung für die besetzten rheinischen Gebiete in das Reichsschatzministerium sieht der Beklagte in der Verfügung vom 11. August 1921. Das Berufungsgericht hat diese jedoch dahin ausgelegt, daß sie keine solche Versetzung enthalte, sondern nur bedeute, der Kläger solle im Reichsschatzministerium kommissarisch beschäftigt werden. Diese Auslegung beruht auf tatsächlichen Erwägungen, insbesondere auch auf einer Würdigung der Aussage des vernommenen Zeugen, und ist daher für die Revisionsinstanz bindend. Mit dem Wortlaut der Verfügung ist sie vereinbar, sie widerspricht auch keinen gesetzlichen Auslegungsregeln. Auffällig ist zwar, daß die Verfügung sagt: „Ich versetze den Präsidenten K. hierdurch mit 1. August 1921 von der Reichsvermögensverwaltung für die besetzten rheinischen Gebiete in Koblenz zum Reichsschatzministerium." Aber schon das Wort „zum" statt „in das" deutet darauf hin, daß nur die Herstellung eines loseren Verhältnisses des Klägers zur Zentralbehörde beabsichtigt gewesen ist. Ausschlaggebend ist jedoch, daß es an jeder Angabe der Stellung fehlt, die der Kläger im Reichsschatzministerium bekleiden sollte. Es ist nicht wohl denkbar, daß ein Beamter in ein anderes Amt versetzt wird, ohne daß dieses bezeichnet wird. Die im Prozeß aufgestellte Behauptung. der Kläger sei planmäßiger Beamter des Reichsschatzministeriums geworden mit der Tätigkeit und der Stellung eines Abteilungsleiters mit der Amtsbezeichnung „Präsident" und mit den entsprechenden Dienstbezügen, wie er sie vor seiner Versetzung gehabt hatte, zuzüglich der Ministerialzulage, scheitert schon daran, daß diese Stelle weder in einer gesetzlichen noch in einer sonstigen organisatorischen Vorschrift vorgesehen war. Dazu kommt, daß nach der eigenen Angabe des Beklagten erst in den Reichshaushaltsplan 1922 der Vermerk aufgenommen worden

ist: „Ein ehemaliger Präsident der Reichsvermögensverwaltung für die besetzten rheinischen Gebiete wird unter Beibehalt seiner bisherigen Gebührnisse aus einer Ministerialratsstelle besoldet.“ Zunächst hat der Kläger seine Besoldung in Höhe seiner bisherigen Bezüge aus einer damals offenen Ministerialdirektorstelle bezogen, er ist also ersichtlich nicht in eine Planstelle versetzt worden.

Zum mindesten entbehrt die Verfügung vom 11. August 1921 einer klaren Fassung. Der Kläger konnte ihr, auch wenn man berücksichtigt, daß er ein hoher Beamter in leitender Stellung war, nicht mit Sicherheit entnehmen, daß ihm damit seine Stellung als Präsident genommen werden sollte. Unklarheiten in Anordnungen, welche die Rechtsstellung von Beamten betreffen, gehen aber zu Lasten des Staates.

Unter diesen Umständen kommt es auf die nach der mehrgenannten Verfügung liegenden Vorgänge, auf die weitere Behandlung der Personalangelegenheiten des Klägers nicht an. Soweit daraus Rückschlüsse auf den Sinn der Verfügung gezogen werden sollen, können sie gegenüber der zum mindesten undeutlichen Fassung der Verfügung nicht ins Gewicht fallen. Eine Zustimmung des Klägers zu seiner Versetzung kommt aber nicht in Frage, wenn diese überhaupt nicht verfügt worden ist.

Der Kläger gehörte mithin bei Auflösung des Reichsschatzministeriums diesem nicht als planmäßiger Beamter an, sondern war noch immer Präsident der Reichsvermögensverwaltung für die besetzten rheinischen Gebiete. Deshalb war es unzulässig, ihn aus Anlaß dieser Auflösung in den einstweiligen Ruhestand zu versetzen. Er kann auch jetzt noch sein Gehalt als Präsident fordern.

5. Die Tatsache, daß mit dem Aufhören der Besetzung deutschen Gebiets auf Grund des Versailler Vertrags aller Voraussicht nach die Reichsvermögensverwaltung für die besetzten rheinischen Gebiete aufgehoben werden wird, ist, wie das Kammergericht mit Recht annimmt, für den Klaganspruch unerheblich. Die Versetzung des Klägers in den einstweiligen Ruhestand ist unwirksam und wird auch nicht wirksam, wenn das Amt des Klägers als Präsident der genannten Behörde späterhin aufhört. Vielmehr tritt erst dann ein gesetzlicher Grund ein, der die Versetzung des Klägers in den Wartestand rechtfertigen könnte. Die zuständigen Stellen müssen, wenn er eingetreten ist, ermessen, ob von ihm Gebrauch gemacht werden soll.

In dieser Beurteilung der Sachlage liegt kein Überschreiten der Schranken, die der richterlichen Entscheidungsbefugnis gezogen sind. Der Erlaß des Reichspräsidenten vom 29. Oktober 1923 wird damit nicht für unwirksam erklärt oder aufgehoben. Nur soweit es die den Gerichten zustehende Entscheidung über die vermögensrechtlichen Ansprüche des Klägers erfordert, wird als Vorfrage die Wirksamkeit des genannten Erlasses geprüft, während das Urteil ihn unmittelbar nicht berührt. Anderseits würde es in die Entscheidung dieser Vorfrage einen Widerspruch hineintragen, wenn sich das Gericht, wie die Revision will, auf den Standpunkt stellte, daß die einstweilige Zurruhesetzung des Klägers mit dem Wegfall seiner Präsidentenstelle ohne weiteres in Kraft trete. Es würden dann die vermögensrechtlichen Folgen der Unwirksamkeit des früheren Erlasses in einer Weise beschränkt, die sich gesetzlich nicht rechtfertigen ließe. Sollte beim Aufhören der Präsidentenstelle die Versetzung des Klägers in den einstweiligen Ruhestand nicht wiederholt werden, so würde ihm nach den oben entwickelten Grundsätzen weiter Gehalt zustehen. Dieser Folge kann der Beklagte nur entgehen, wenn er die Unwirksamkeit der ersten Zurruhesetzung des Klägers anerkennt, wozu er im Rechtswege freilich nicht gezwungen werden kann und wozu ihn auch eine der gegenwärtigen Klage stattgebende Entscheidung nicht verpflichtet. Das bleibt nach wie vor seiner freien Entschließung anheimgestellt.

Das Berufungsgericht hat demnach die Verpflichtung des Beklagten, dem Kläger das Gehalt eines aktiven Präsidenten der Reichsvermögensverwaltung für die besetzten rheinischen Gebiete zu zahlen, mit Recht bis zum Eintritt des Pensionsfalls erstreckt, wobei unter „Pensionsfall" jeder Fall der rechtmäßigen Beendigung jenes Amtes des Klägers zu verstehen ist.

---

25. Auf welche Rechtsvorgänge erstreckt sich die Reichssteuer, wenn Teilschuldverschreibungen mit der Wertpapiersteuer belegt werden? Kann der preußische Schuldverschreibungsstempel gefordert werden, wenn in einer Gesamtschuldverschreibung dieselbe Schuld beurkundet wird wie in den Teilschuldverschreibungen?

Kapitalverkehrsteuergesetz vom 8. April 1922 §§ 1, 25, 29, 84 Abs. 2. Preußisches Stempelsteuergesetz vom 27. Oktober 1924, Tarifstelle 14.

VII. Zivilsenat. Urt. v. 12. Oktober 1928 i. S. Preuß. Staat (Bekl.) w. V. u. H. AG. (Kl.). VII 185/28.

I. Landgericht Kassel.

Die Klägerin hat von der D. Bank im Jahre 1926 ein Darlehen von 4 Millionen Reichsmark erhalten und dafür „8%ige hypothekarisch eingetragene, gegebenenfalls mit 102% einlösbare Teilschuldverschreibungen im Gesamtbetrage von RM. 4000000" ausgestellt. Die Urkunden sind vom Mai 1926 datiert; in ihnen heißt es:

„Wir verpflichten uns, der D. Bank Filiale Frankfurt zu Frankfurt a. M. oder deren Order auf Grund dieser Teilschuldverschreibung den Betrag von ... Reichsmark mit 8 vom Hundert zu verzinsen und gegebenenfalls mit einem Aufgeld von 2 vom Hundert, also im ganzen ... Reichsmark, zu zahlen. Im übrigen wird auf die umstehend abgedruckten Bedingungen der Ausgabe verwiesen."

Von diesen lautet § 1 Abs. 1:

„Der Gesamtbetrag der Anleihe von RM. 4000000 ist eingeteilt in 2400 Stück Teilschuldverschreibungen zu je RM. 1000, 2400 Stück Teilschuldverschreibungen zu je RM. 500, 2000 Stück Teilschuldverschreibungen zu je RM 200 mit den Nummern 1—6800."

In den folgenden Bestimmungen (§ 1 Abs. 2 bis § 21) werden die Zins- und Zahlungsbedingungen usw. im einzelnen geregelt. Im § 11 Abs. 1 wird gesagt:

„Zur Sicherung der Forderungen aus den Teilschuldverschreibungen im Gesamtbetrage von RM. 4000000 sowie des bei der Einlösung zu zahlenden Zuschlags von RM. 80000 wird auf den Namen der D. Bank Filiale Frankfurt eine Sicherungshypothek gemäß § 1187 BGB. in Höhe des Geldwertes von 1463 kg Feingold auf dem gesamten Grundbesitz der Schuldnerin an bereitester Stelle ... eingetragen."

Die für das Grundbuchamt erforderliche „Darlehens- und Verpfändungserklärung nebst Anträgen" ist am 15. Juli 1926 ausgestellt worden. Im Eingang wird erklärt:

„Die Aktiengesellschaft in Firma D. Bank Filiale Frankfurt in Frankfurt a. M. hat der Aktiengesellschaft in Firma V. und H. Aktiengesellschaft daselbst ... ein Darlehen im Betrage von

M. 4000000 gewährt, für welches die in den nachfolgenden Paragraphen 1—21 verzeichneten Bedingungen gelten."

Es folgen dann die auf die Teilschuldverschreibungen aufgedruckten Bedingungen in 21 Paragraphen und am Schlusse der Urkunde heißt es:

„Die Schuldnerin bewilligt und beantragt hiermit in Erfüllung der ihr nach den vorstehenden Bedingungen obliegenden Verpflichtungen den Eintrag einer Sicherungshypothek von 1463 kg Feingold nebst 8% vom 1. Mai 1926 laufender Jahreszinsen aus 1434 kg Feingold."

Für die Teilschuldverschreibungen ist die Reichsabgabe nach § 25 und § 29 Abs. 1c des Kapitalverkehrsteuergesetzes (KVStG.), für die Urkunde vom 15. Juli 1926 der Schuldverschreibungsstempel nach Tarifstelle 14 I des preußischen Stempelsteuergesetzes in der Fassung vom 27. Oktober 1924 (StStG.) entrichtet worden. Mit der Klage verlangt die Klägerin die Zurückzahlung des Stempels von 6666,50 RM. nebst Zinsen. Das Landgericht hat der Klage stattgegeben. Die mit Zustimmung des Gegners unmittelbar eingelegte Revision des Beklagten blieb ohne Erfolg.

Gründe:

1. Den Gegenstand des streitigen Landesstempels bildet die in der Urkunde vom 15. Juli 1926 enthaltene „Schuldverschreibung" der Klägerin, durch die sie sich verpflichtet hat, die ihr gewährte Anleihe von vier Millionen Reichsmark zurückzuzahlen, vgl. § 11 Abs. 1 der Anleihe-Bedingungen. Die von der Revision gelegentlich geäußerte Ansicht, daß mit dem Stempel die Verpflichtung der D. Bank zur Hingabe der Anleihe belegt worden sei, ist unrichtig. Die Bank hat in der Urkunde vom 15. Juli 1926, die nur von der Klägerin unterzeichnet ist, keine Erklärungen abgegeben, keine Verpflichtungen übernommen.

2. Die ausgegebenen Teilschuldverschreibungen sind vom Reich auf Grund des Kapitalverkehrsteuergesetzes mit der Wertpapiersteuer belegt worden, vgl. § 25 Abs. 1a und § 29 Abs. 1c a. a. O. Der Streit der Parteien dreht sich um die Frage, ob die Erhebung dieser Reichssteuer den Ansatz des preußischen Stempels zu der Urkunde vom 15. Juli 1926 ausschließt.

Das Finanzausgleichsgesetz in der Fassung der Bekanntmachung vom 27. April 1926 (RGBl. I S. 203) bestimmt in § 2 Abs. 1 grundsätzlich:

„Die Inanspruchnahme von Steuern für das Reich schließt die Erhebung gleichartiger Steuern durch die Länder . . . aus, wenn nicht reichsgesetzlich ein anderes vorgeschrieben ist."

Dementsprechend heißt es in § 84 Abs. 2 KVStG.:

„Soweit das gegenwärtige Gesetz Rechtsvorgänge der Versteuerung unterwirft, ist auch die Versteuerung der über die Rechtsvorgänge errichteten Urkunden durch die Länder . . . ausgeschlossen."

Das Landgericht hat diese Vorschrift auf den gegenwärtigen Fall angewendet, der Beklagte hält das nicht für richtig. Die Revision hat in diesem Zusammenhang auf § 1 KVStG. hingewiesen. Die Vorschrift lautet:

„Die Kapitalverkehrsteuer wird erhoben

a) für Rechtsvorgänge, die Gesellschaften betreffen (Gesellschaftssteuer),
b) für den ersten Erwerb von Wertpapieren und sonstigen Vermögensrechten des Kapitalverkehrs (Wertpapiersteuer),
c) für Anschaffungsgeschäfte des Börsenverkehrs (Börsenumsatzsteuer)."

Die Revision meint, der § 84 Abs. 2 KVStG. verweise mit dem Wort „Rechtsvorgänge" nur auf § 1a a. a. O.; bloß hier sei von Rechtsvorgängen die Rede; zu b und c im § 1 a. a. O. werde nicht von Rechtsvorgängen gesprochen, dort handle es sich auch nicht um solche. Schon aus diesem Grunde sei § 84 Abs. 2 a. a. O. hier nicht anwendbar. Dieses Bedenken ist unbegründet. Der erste Erwerb von Wertpapieren ist als Eigentumserwerb ein Rechtsvorgang und dasselbe gilt von den Anschaffungsgeschäften des Börsenverkehrs. Wenn sich im § 1 KVStG. unter b und c das Wort „Rechtsvorgänge" nicht findet, so liegt das daran, daß jede dieser Nummern nur von einer Art der Rechtsvorgänge handelt und diese Art als solche bezeichnet. Der § 84 Abs. 2 a. a. O. bezieht sich also nicht nur auf die Rechtsvorgänge, welche Gesellschaften betreffen, sondern auch auf die Rechtsvorgänge des ersten Erwerbes von Wertpapieren und der Anschaffungsgeschäfte des Börsenverkehrs.

3. Der von der Reichssteuer betroffene Rechtsvorgang, der erste Erwerb der Wertpapiere, setzt sich zusammen aus dem Geben und Nehmen der Teilschuldverschreibungen. Indem die Klägerin diese der D. Bank aushändigte, verpflichtete sie sich, ihr 6800 Einzelbeträge im Gesamtbetrag von 4000000 RM. zurückzuzahlen, und

zwar jeden Einzelbetrag als Teilbetrag eines Darlehens von 4000000 RM. Das ergibt sich aus § 1 der auf die Schuldverschreibungen aufgedruckten Bedingungen; denn dort ist ausdrücklich von der „Anleihe" von 4000000 RM. die Rede. Was die Bank in den Wertpapieren erwarb und was diesen erst ihren Wert verlieh, war das Versprechen der Klägerin, die 4000000 RM. zurückzuzahlen. Vom ersten Erwerb der Wertpapiere läßt sich dieses Versprechen deshalb nicht trennen. Die vom Reich auf den ersten Erwerb der Wertpapiere gelegte Steuer trifft mithin gerade auch dieses Versprechen. Dieselbe Verpflichtung der Klägerin ist in der Darlehens- und Verpfändungserklärung vom 15. Juli 1928 beurkundet worden; für sie darf also der preußische Stempel nicht mehr erhoben werden.

Der Beklagte will diese Folgerung nicht gelten lassen, weil das Versprechen, 4000000 RM. zurückzuzahlen, etwas anderes sei als die 6800 Einzelversprechungen, Beträge von zusammen 4000000 RM. zurückzuzahlen. Darin kann ihm aber nicht gefolgt werden, denn hier ist offensichtlich die Summe der Teile dem Ganzen gleich.

4. Der Beklagte hat auf Weinbach Erläuterungsbuch zum KVStG., Anm. 3 zu § 84 (3. Aufl. S. 803) hingewiesen. Dort heißt es:

> „Vorgänge, die die Wertpapiersteuer betreffen. Von den Wertpapieren, die der Kapitalverkehrsteuer unterliegen, kann ein Schuldverschreibungsstempel nicht erhoben werden. Wird aber über wertpapiersteuerpflichtige Teilschuldverschreibungen eine Gesamtschuldurkunde ausgestellt, dann ist die Erhebung der Landessteuer zu dieser zulässig. Doch wird meist Befreiung eintreten."

Da die Klägerin für die im vorletzten Satz ausgesprochene Ansicht Gründe vermißte und diese Ansicht selbst durch den letzten Satz wieder in Frage gestellt zu sein schien, hat der Beklagte eine Erklärung des Verfassers jenes Erläuterungsbuchs beigebracht, wonach er mit seiner Bemerkung sagen wollte:

> „daß ein Landesstempel dann nicht erhoben werden kann, wenn sich die in der Gesamtschuldurkunde erhaltenen Vereinbarungen mit den der Wertpapierausgabe zugrundeliegenden Vereinbarungen decken. Das wird meist der Fall sein; deswegen wird die Möglichkeit, neben der Wertpapiersteuer die Stempelsteuer zu erheben, selten sein. Wenn aber ... in der Gesamtschuldverschreibung Ver-

einbarungen enthalten sind, die eine von der Ausgabe der Teilschuldverschreibungen unabhängige Bedeutung haben, dann ist die Erhebung der Steuer zulässig."

Auch nach diesen Darlegungen kann dem Landgericht nur zugestimmt werden; denn die für die Stempelfrage erheblichen Vereinbarungen in der Gesamtschuldverschreibung vom 15. Juli 1926 decken sich völlig mit den Vereinbarungen in den Teilschuldverschreibungen. Neu ist in der Gesamtschuldverschreibung nur das Anerkenntnis, das Darlehen von 4000000 RM. bereits erhalten zu haben, und der Antrag, die Hypothek von 1463 kg Feingold einzutragen. Beides kommt für die streitige Stempelfrage nicht in Betracht. Zwar begründet nach § 607 BGB. der Empfang eines Darlehens die Pflicht zur Zurückzahlung; dieselbe Pflicht wurde aber auch durch die Teilschuldverschreibungen begründet, wie oben ausgeführt ist. Sie ergeben allerdings noch nichts über die tatsächliche Gewährung des Darlehens, aber es ist keine „begriffliche Voraussetzung einer Schuldverschreibung, daß auf den Inhalt der Urkunde (für sich allein) der Anspruch auf Zahlung einer bestimmten Geldsumme gegründet werden könne. Es kommt nur darauf an, ob durch die ... Erklärung eine rechtliche Verpflichtung inbezug auf die aus dem Darlehensverhältnis entspringende Schuldverbindlichkeit begründet wird, sodaß mit Hinzunahme der Behauptung, die Darlehensvaluta sei gewährt, eine dem Inhalt der Urkunde entsprechende Forderung daraus hergeleitet werden kann" (RGZ. Bd. 45 S. 234). Durch die Gesamtschuldurkunde ist also keine neue und keine andere Rückzahlungspflicht begründet worden als durch die Teilschuldverschreibungen.

Der Antrag auf Eintragung der Sicherungshypothek kann niemals den Ansatz des Schuldverschreibungsstempels rechtfertigen, höchstens könnte ein Stempel nach Tarifstelle 15 StStG. (Beurkundungen über die Sicherstellung von Rechten) in Frage kommen. Es sind aber nach Tarifstelle 15 Abs. 5b befreit „in Schuldverschreibungen zur Sicherheit der Schuldverpflichtung vom Schuldner abgegebene Erklärungen." Die Urkunde vom 15. Juli 1926 ist eine Schuldverschreibung, die Sicherstellung der Schuldverpflichtung ist darin vom Schuldner erklärt. Daß die Schuldverschreibung selbst wegen des Eingreifens reichsrechtlicher Vorschriften dem Landesstempel nicht unterworfen ist, ändert an der Rechtslage nichts.

5. Zuzugeben ist der Revision, daß die oben erwähnte Entscheidung des Reichsgerichts (Bd. 45 S. 231) die in RGZ. Bd. 25 S. 64 aufgestellten Grundsätze bestätigt hat. Diese bezogen sich aber auf § 5 Abs. 1 des Reichsstempelsteuergesetzes vom 1. Juli 1881 (RGBl. S. 185), wo es hieß:

„Die der Reichsstempelsteuer unterworfenen Wertpapiere unterliegen in den einzelnen Bundesstaaten keiner weiteren Stempelabgabe (Taxe, Sportel usw.)."

Dort konnte das Reichsgericht (a. a. O. S. 67) unterscheiden zwischen den der Reichsstempelsteuer unterworfenen Wertpapieren und dem der Landesbesteuerung unterliegenden Darlehensvertrag, dessen Beurkundung durch die Ausgabe der Wertpapiere nicht geboten war. Dieser Rechtszustand ist aber durch § 84 Abs. 2 KVStG. geändert worden. In dieser Vorschrift wird die Steuerhoheit der Länder stärker eingeschränkt als früher. Wenn vordem nur die vom Reich besteuerten Wertpapiere selbst keine Landessteuer mehr tragen sollten, so sind jetzt alle Urkunden landessteuerfrei, welche Rechtsvorgänge betreffen, die schon das Reich besteuert hat.

---

26. Gelten die Vorschriften des zweiten Abschnitts des Aufwertungsgesetzes auch für Hypotheken in Landesteilen, für die das Grundbuch noch nicht angelegt ist?

AufwG. §§ 4 flg.

V. Zivilsenat. Urt. v. 13. Oktober 1928 i. S. du M. (Bekl.) w. J. (Kl.). V 586/27.

I. Landgericht Eisenach.
II. Oberlandesgericht Jena.

Die Klägerin ist Eigentümerin eines Grundstücks in der Stadt E., für deren Bezirk das Grundbuch noch nicht angelegt ist. Für den Beklagten war im Jahre 1902 auf diesem Grundstück eine Hypothek im Sinne des weimarischen Gesetzes vom 6. Mai 1839 wegen 20000 M. eingetragen worden. Der Schuldbetrag ist ihm nach dem 15. Juni 1922 im Nennbetrag zurückgezahlt, die Hypothek ist am 30. April 1923 im Hypothekenbuch gelöscht worden. Der Beklagte hat die Hypothek gegen die Klägerin als die Eigentümerin des belastet gewesenen Grundstücks bei der Aufwertungsstelle zur Aufwertung kraft Rückwirkung angemeldet. Die Klägerin hat Einspruch erhoben und erstrebt im Rechtsstreit die Feststellung, daß dem Beklagten kein Anspruch aus der Hypothek zustehe, namentlich kein solcher auf Wiedereintragung. Das Landgericht hat die Klage abgewiesen, das Oberlandesgericht hat ihr stattgegeben. Die Revision des Beklagten blieb ohne Erfolg.

Gründe:

Die Klägerin meint, der vom Beklagten geltendgemachte Aufwertungsanspruch müsse schon daran scheitern, daß für das belastet gewesene Grundstück noch kein Grundbuch angelegt sei, jedenfalls aber daran, daß das Grundstück auf alle Fälle in ihrer Hand kraft gutgläubigen Erwerbs von der streitigen Hypothek frei geworden sei. Zum ersten Punkt nimmt das Berufungsgericht an, das Aufwertungsgesetz könne, obwohl es in einigen seiner Vorschriften vom Vorhandensein eines Grundbuchs ausgehe, doch sinngemäß auch in Landesteilen angewandt werden, in denen das Grundbuch noch nicht angelegt sei. Der Beklagte würde dann an sich einen Anspruch auf Aufwertung und auf Wiedereintragung der Hypothek kraft Rückwirkung haben. Das Berufungsgericht kommt aber zur Verneinung dieses Anspruchs auf Grund der Vorschriften über den Schutz des gutgläubigen Erwerbs. Es stellt fest, daß die Klägerin das Grundstück durch Vertrag vom 17. Februar 1924 gekauft hat, daß dieser Vertrag am 1. April 1924 zur gerichtlichen Bestätigung eingereicht worden und die Bestätigung am 13. Januar 1926, die Eintragung der Klägerin im Ortssteuerkataster am 6. März 1926 erfolgt ist, und führt dazu aus: Nach den einschlägigen Vorschriften des weimarischen Rechts werde ein gutgläubiger Dritter, der ein Recht an einem Grundstück durch Rechtsgeschäft erwerbe, gegen die Wiedereintragung einer Hypothek, die zur Zeit seines Eigentumserwerbs, wie hier, „gehörig" gelöscht gewesen sei, ebenso geschützt wie nach § 892 BGB. in Verb. mit § 20 AufwG. Die Vorschrift des § 22 AufwG. stehe der Klägerin nicht entgegen; diese sei zwar erst nach dem 30. Juni 1925 Eigentümerin des Grundstücks geworden, nämlich durch ihre am 6. März 1926 geschehene Eintragung im Ortssteuerkataster, aber der Antrag auf gerichtliche Bestätigung ihres Kaufs sei schon vor dem 1. Juli 1925 gestellt gewesen und diesem Antrag komme dieselbe Bedeutung zu wie dem Antrag auf

Eintragung im Grundbuch nach § 892 Abs. 2 BGB. in Verb. mit § 22 Abs. 2 AufwG.

Dem ist im Ergebnis beizutreten. Der Senat trägt kein Bedenken, in Übereinstimmung mit dem Berufungsgericht und mit der Revision anzunehmen, daß der Mangel eines Grundbuchs im Sinne des Bürgerlichen Gesetzbuchs und der Grundbuchordnung die Anwendung des Aufwertungsgesetzes nicht hindert. Die Hypothek des Bürgerlichen Gesetzbuchs ist keine völlig neue Schöpfung, sondern aus dem im weitaus überwiegenden Teil Deutschlands bei Schaffung des Bürgerlichen Gesetzbuchs bereits vorhanden gewesenen Grundstückspfandrecht gleichen Namens herausgewachsen und rechtlich ihm in den wesentlichen Zügen nachgebildet. Wirtschaftlich besteht kein Unterschied zwischen den auch unter der Herrschaft des Bürgerlichen Gesetzbuchs fortbestehenden landesrechtlichen Grundstückspfandrechten und denen des Bürgerlichen Gesetzbuchs. Die Erwägungen, die zu der schematischen Regelung der Hypothekenaufwertung im Aufwertungsgesetz geführt haben, treffen auch auf die altrechtlichen Hypotheken zu, die noch nicht in die Form des Bürgerlichen Gesetzbuchs übergeführt worden sind. Es ist kein Anlaß zu erkennen, aus dem das Reich die Regelung dem Landesrecht hätte überlassen sollen, wobei dann diesem beim Fehlen einschränkender Vorschriften die Möglichkeit gänzlich abweichenden Vorgehens offengestanden hätte. Wenn daher bei den Vorarbeiten zum Aufwertungsgesetz dieser altrechtlichen Hypotheken überhaupt nicht gedacht worden ist, so spricht das dafür, daß sie von der im zweiten Abschnitt getroffenen allgemeinen Regelung nicht ausgenommen werden sollten. Soweit die altrechtlichen Grundstückspfandrechte von den Hypotheken des Bürgerlichen Gesetzbuchs verschieden sind, ist doch eine diesen Abweichungen Rechnung tragende entsprechende Anwendung der Vorschriften des Aufwertungsgesetzes recht wohl denkbar und sie muß auch für zulässig erachtet werden.

Ist hiernach von der unmittelbaren Geltung der reichsrechtlichen Vorschriften über Aufwertung von Hypotheken auszugehen, so liegt die von der Revision gerügte Verletzung des § 22 AufwG. nicht vor. Das Berufungsgericht billigt der Klägerin den Schutz des guten Glaubens zu, obwohl sie erst nach dem 30. Juni 1925 das Eigentum an dem Grundstück durch die Eintragung im Ortssteuerkataster erworben hat, indem es den im Landesrecht vorgesehenen

Antrag auf gerichtliche Bestätigung des Kaufvertrags wie einen Antrag auf Eintragung des neuen Eigentümers ins Grundbuch behandelt. Eine solche sinngemäße Anwendung der reichsrechtlichen Vorschriften ist unbedenklich. Die Erwägungen, aus denen das Berufungsgericht die Einreichung eines Vertrags zur gerichtlichen Bestätigung nach ihrer verfahrens- und sachlichrechtlichen Bedeutung für die hier in Rede stehende Frage dem Eintragungsantrag im Sinne des § 892 Abs. 2 BGB. gleichachtet, verstoßen nicht gegen Reichsrecht; die Revision macht das auch nicht geltend.

---

27. 1. Ist der Hypothekengläubiger nach Fälligkeit seines Anspruchs auch ohne vorherige Beschlagnahme zur Einziehung der Versicherungsentschädigung für ein abgebranntes Gebäude befugt?

2. Kann der Versicherer dem Hypothekengläubiger bei der Klage aus § 1128 Abs. 2, § 1282 Abs. 1 BGB. alle Einwendungen aus der Person des Versicherungsnehmers entgegenhalten?

3. Ist der Hypothekengläubiger nur bei der Klage aus § 101 VVG., nicht aber bei Geltendmachung des Anspruchs aus § 1128 Abs. 2, § 1282 Abs. 1 BGB. zur Abtretung seiner Hypothekenrechte an den Versicherer verpflichtet?

BGB. § 1128 Abs. 2, § 1282 Abs. 1. VVG. § 101.

VII. Zivilsenat. Urt. v. 16. Oktober 1928 i. S. Westfälische Provinzial-Feuersozietät (Bekl.) w. H. Spar- und Darlehenskassenverein, e. G. m. u. H. (Kl.). VII 165/28.

I. Landgericht Arnsberg.
II. Oberlandesgericht Hamm.

Der Kaufmann Anton D. und die Witwe D. waren mit ihren Hausgrundstücken in T. bei der Beklagten gegen Feuersgefahr versichert. Am 22. August 1926 brannten ihre Gebäude nieder. Gegen Anton D. wurde bei der Staatsanwaltschaft ein Verfahren wegen Brandstiftung eingeleitet, das mit seiner Außerverfolgungsetzung geendet hat. Auch ein zweites, wegen Versicherungsbetrugs gegen ihn eingeleitetes Verfahren ist von der Staatsanwaltschaft eingestellt worden. Im Schadenermittlungs-Verfahren hat die Beklagte für das Hausgrundstück des Anton D. eine Entschädigung von 10413 RM. festgesetzt und für das der Witwe D. gehörige Gebäude eine solche von 9330 RM.

Für Anton D. war auf seinem Grundstück eine Grundschuld von 24000 GM. eingetragen, die er am 4. November 1925 unter Übergabe des Briefs an den Kläger abgetreten hatte. Auf dem Grundstück der Witwe D. stehen für den Kläger eigene Hypotheken eingetragen.

Die abgebrannten Gebäude sollen nicht wieder aufgebaut werden. Die Eigentümer haben sich mit der Auszahlung der Entschädigungssumme an den klagenden Spar- und Darlehenskassenverein einverstanden erklärt. Dieser verlangt als Realgläubiger von der verklagten Provinzial-Feuersozietät Auszahlung der Versicherungsentschädigung, und zwar von der auf das Gebäude des Anton D. entfallenden den ganzen von der Beklagten festgesetzten Betrag von 10413 RM., von der Entschädigungssumme für das Haus der Witwe D. den Teilbetrag von 5624,40 RM. nebst Zinsen. Die Beklagte hält sich zur Zahlung nicht für verpflichtet, weil zur Zeit bei der Kriminalpolizei in D. noch eine weitere Untersuchung wegen der Entstehung des Brandes schwebe und auch ein Zivilprozeß des Anton D. gegen sie wegen der Entschädigung beim Landgericht A. anhängig sei; gegebenenfalls erklärt sie sich zur Zahlung gegen Abtretung der dem Kläger zustehenden Realrechte bereit.

Das Landgericht hat nach dem Klagantrag erkannt, das Berufungsgericht hat die Berufung der Beklagten zurückgewiesen. Auch ihre Revision blieb ohne Erfolg.

Gründe:

Der § 101 VVG. wäre für die Entscheidung des Rechtsstreits nur von Bedeutung, wenn das Berufungsgericht festgestellt hätte, daß Anton D. sich der Brandstiftung oder des Versicherungsbetrugs schuldig gemacht hat, und wenn deshalb wegen seines Gebäudes keine Ansprüche des Versicherungsnehmers gegen die Beklagte bestehen würden. Denn die genannte Vorschrift will den Realgläubigern nur für den Fall selbständige Rechte gegen den Versicherer geben, daß dieser von seiner Leistung gegen den Versicherungsnehmer frei geworden ist. Im übrigen reichen die Vorschriften der §§ 1127, 1128 BGB. zur Wahrung der Interessen der Realgläubiger aus. Das Berufungsgericht läßt aber dahingestellt, ob die Beklagte dem Versicherungsnehmer gegenüber wegen seines gegen Gesetz oder Vertrag verstoßenden Verhaltens (Brandstiftung oder Versicherungsbetrug) von der Leistung befreit worden ist, und spricht die Klage auf Grund der §§ 1127, 1128 BGB. zu, worauf sie auch in erster Linie gestützt war. Einen Rechtsirrtum enthält diese Auffassung nicht.

Nach § 1128 Abs. 2, § 1282 Abs. 1 BGB. ist der Hypothekengläubiger nach Fälligkeit seines Anspruchs zur Einziehung der Versicherungsentschädigung befugt, ohne daß es zuvor ihrer Beschlagnahme zu seinen Gunsten bedarf. Dies gilt entsprechend auch für den Grundschuldgläubiger (§ 1192 BGB.). Als fällig waren die Ansprüche des Klägers aus der Grundschuld und aus der Hypothek zu betrachten. Denn bei der Auslegung der von Anton D. für sich und für die Witwe D. abgegebenen Erklärung, die Versicherungssumme solle unmittelbar an den Kläger ausgezahlt werden, konnte in ihr auch ein Verzicht der Grundstückseigentümer auf Einhaltung der vereinbarten oder der gesetzlichen Kündigungsfrist gefunden werden. Es kommt deshalb nur auf die Einwendungen an, die dem Klaganspruch von der Beklagten sonst entgegengehalten werden. Durch § 101 VVG. sind ihr diese nicht abgeschnitten, weil der Anspruch, um den es sich handelt, aus § 1128 BGB. hergeleitet wird. Nur dann, wenn die Beklagte auch einwenden würde, daß sie dem Kläger nichts zu zahlen brauche, weil sie gegenüber dem Versicherungsnehmer von der Leistung frei geworden sei, könnte sie mit diesem Einwand im Hinblick auf § 101 VVG. nicht gehört werden. Aber die Beklagte hat umgekehrt gerade behauptet, daß sie dem D. gegenüber von der Leistung noch nicht frei geworden sei, da zwischen ihr und D. noch ein Prozeß wegen der Versicherungsentschädigung schwebe. Es bleibt deshalb nur der von der Beklagten aus § 16 Nr. 4 der Versicherungsbedingungen entnommene Einwand übrig, wonach die Versicherungsanstalt, solange eine polizeiliche oder gerichtliche Untersuchung über die Entstehung des Brandes schwebt, die Auszahlung der Entschädigung verweigern kann, bis der Versicherungsnehmer eine Erklärung der zuständigen Behörde darüber beibringt, daß sich die Untersuchung nicht gegen ihn richte. Dieser Einwand greift aber nicht durch, weil nach der Feststellung des Berufungsgerichts kein solches Verfahren schwebt.

Nicht gerechtfertigt ist auch das hilfsweise gestellte Verlangen der Beklagten, daß ihr der Kläger die ihm an den Grundstücken der abgebrannten Versicherungsnehmer zustehenden Grundschuld- und Hypothekenrechte abtrete. Das Recht auf Abtretung könnte höchstens in Frage kommen, wenn die Beklagte von ihren Versicherungspflichten gegen die versichert gewesenen Grundstückseigentümer frei geworden wäre, was sie in diesem Prozeß selbst nicht gelten lassen will. Bei der Einziehung des Versicherungsanspruchs auf Grund der § 1128 Abs. 2, § 1282 Abs. 1 BGB. ist das Recht auf Abtretung abzulehnen, weil der Versicherer mit ihr zum Nachteil des versicherten Grundstückseigentümers gegen Zahlung der Versicherungsentschädigung die Hypothek oder Grundschuld eintauschen, also in Wirklichkeit seine Entschädigungspflicht aus dem Versicherungsvertrag nicht oder nicht voll erfüllen würde. Denn das Grundstückseigentum bliebe dann weiter belastet.

---

28. 1. Sind die §§ 906, 907 BGB. auch auf dem Gebiete des Wasserrechts anwendbar?

2. Zur Frage der Schadensersatzpflicht ohne Verschulden auf dem Gebiete des Wasserrechts.

3. Haftet der Eisenbahnunternehmer nach preußischem Recht für den an einem Nachbargrundstück durch Einwirkung einer Eisenbahnanlage entstandenen Schaden, wenn Einrichtungen, welche Abhilfe hätten schaffen können, mit übermäßig hohem Kostenaufwand verbunden gewesen wären?

BGB. §§ 906, 907. Preuß. Eisenbahngesetz vom 3. November 1838 § 14.

V. Zivilsenat. Urt. v. 17. Oktober 1928 i. S. Rh.-W. Wasserwerksgesellschaft mbH. (Kl.) w. Deutsche Reichsbahn-Gesellschaft (Bekl.). V 561/27.

I. Landgericht Essen.
II. Oberlandesgericht Hamm.

Bei M. führt über die Ruhr eine der Beklagten gehörige Eisenbahnbrücke, deren Steinpfeiler teilweise auf den Ufergrundstücken stehen. Die Klägerin ist Eigentümerin einer unterhalb der

Brücke liegenden Wiese. Auf dieser sind im Januar 1925 bei einem die Wiesen überflutenden Hochwasser vor den Pfeilern der Brücke durch Wirbelbildung sog. Auskolkungen entstanden, welche die Klägerin wieder hat ausfüllen lassen. Sie begehrt von der Beklagten Ersatz der ihr dadurch entstandenen Kosten mit der Behauptung, die Auskolkungen seien darauf zurückzuführen, daß die Brücke mit zu engen Flutöffnungen und mit Pfeilern von rundem statt spitzwinkligem Querschnitt erbaut sei, Fehler, infolge deren in den 60 Jahren ihres Bestehens wiederholt Ausspülungen des Bodens entstanden seien. Rechtlich stützt sich die Klägerin auf §§ 903, 906, 907 BGB. und darauf, daß die Beklagte ihre auf das Eigentum der Klägerin einwirkende Anlage schuldhaft so wie geschehen gestaltet habe, daß sie aber auch ohne Rücksicht auf Verschulden für die Schadensfolgen haften müsse, weil die Klägerin die Beseitigung der Anlage nicht fordern könne. Die Beklagte hat bestritten, daß die Bauart der Brücke, deren Pläne ministeriell genehmigt worden seien, Ursache der Auskolkungen sei. Diese seien vermutlich auf eine Einengung des Flußbetts durch neuere, oberhalb der Brücke ausgeführte Bauten zurückzuführen. Früher seien keine Schäden entstanden; jedenfalls sei aber sie (die Beklagte) ohne Verschulden und deswegen von jeder Verantwortung frei. Nachdem das Landgericht den Klaganspruch dem Grunde nach für gerechtfertigt erklärt hatte, hat das Berufungsgericht die Klage abgewiesen. Die Revision der Klägerin blieb ohne Erfolg.

Gründe:

Das Berufungsgericht nimmt an, daß die Brücke nicht technisch fehlerhaft gebaut ist, daß insbesondere die Pfeilerabstände nicht zu gering sind und die Gestaltung des Querschnitts der Pfeiler nicht verfehlt ist, daß aber der Einbau der Pfeiler im Vorgelände auf die Stromverhältnisse ungünstig einwirkt und die Stromrichtung beeinflußt, wodurch das Entstehen von Auskolkungen begünstigt wird. Darüber, ob und in welchem Umfang auch noch andere Umstände, insbesondere die von der Beklagten hervorgehobene Einengung des Wasserlaufs oberhalb der Brücke, ursächlich für das Entstehen der Auskolkungen sind, spricht sich das Berufungsgericht nicht aus. Das Urteil sagt, die §§ 903, 906, 907 BGB. seien nicht anwendbar, weil es sich um eine wasserrechtliche Frage handle, wofür landesrechtliche Vorschriften maßgebend seien. Den bei

Erbauung der Brücke in Geltung gewesenen Vorschriften der § 97 I 8 und § 62 II 15 ALR. sei genügt, weil die Brücke mit staatlicher Genehmigung erbaut worden sei. Überdies seien diese Bestimmungen lediglich öffentlichrechtlicher Natur; es fehle an der für eine Schadenshaftung — auf Grund Verschuldens oder ohne solches — nötigen Voraussetzung eines Eingriffs in das Eigentum der Klägerin oder einer aus landesrechtlichen Vorschriften sich ergebenden Unzulässigkeit der Anlage. Die Annahme einer Haftung der Beklagten aus § 14 des preuß. Eisenbahngesetzes vom 3. November 1838 lehnt das Berufungsgericht ab, weil die Beseitigung der Pfeiler überhaupt und die Erstellung einer Brücke ohne Pfeiler wohl technisch möglich, aber doch wegen der unverhältnismäßig hohen Kosten mit dem Zweck des Eisenbahnunternehmens nicht vereinbar sei.

Die Revision rügt Nichtanwendung der §§ 903, 906, 907 BGB. und des Rechtssatzes, daß dem beeinträchtigten Eigentümer, dem der Anspruch auf Abwehr von Eingriffen in sein Eigentum wegen höherer Interessen entzogen sei, als Ausgleich ein Schadensersatzanspruch zugebilligt werden müsse. Sie meint, wenn es sich nur um eine über den Fluß führende Brücke handle, liege keine Benutzung des Wasserlaufs vor und handle es sich nicht um die Frage, ob diese Benutzung rechtmäßig sei, sondern um einen allgemeinrechtlichen Schadensanspruch wegen Eingriffs in das Eigentum. Weiter rügt die Revision Verletzung des § 14 des Gesetzes vom 3. November 1838. Sie meint, die Höhe der Kosten der technisch möglichen Änderung der Brückenanlage befreie die Beklagte nicht von der Pflicht, eine voraussehbare Schädigung der Klägerin zu vermeiden.

Das Rechtsmittel ist nicht begründet.

Nicht zu beanstanden ist zunächst die Ausschaltung der §§ 906, 907 BGB. Es handelt sich um Schäden, die angeblich durch Wasserzustrom infolge einer im Flußbett und im Überschwemmungsgebiet angebrachten Anlage verursacht sind. Die Frage nach der rechtlichen Bedeutung und den rechtlichen Folgen solchen Zuflusses liegt durchaus auf dem Gebiete des Wasserrechts (WarnRspr. 1910 Nr. 447; JW. 1912 S. 391 Nr. 12), für welches landesrechtliche Vorschriften maßgebend sind (Art. 65 EG. z. BGB.). Es ist an sich nicht ausgeschlossen, auch auf diesem Gebiete den allgemeinen

Grundsatz anzuwenden, daß der Eigentümer, der aus höheren Interessen zur Aufopferung eines Privatrechts genötigt ist, hierfür Schadensersatz erhalten muß. Voraussetzung dafür ist jedoch, daß der angebliche Schädiger einen Eingriff in fremdes Eigentum vorgenommen hat, den der Eigentümer zu untersagen befugt wäre, wenn nicht höhere Interessen Duldung erforderten. Das Recht auf Schadensersatz tritt dann an Stelle des aus besonderen Gründen zu versagenden Abwehranspruchs. Es kann dahingestellt bleiben, ob von einem der Beklagten zur Last fallenden Eingriff in das Eigentum der Klägerin die Rede sein kann bei einem Tatbestand der hier festgestellten Art, wo das Überschwemmungswasser des Flusses zwar ohne Zutun der Beklagten auf das Grundstück der Klägerin gelangt, wo aber doch infolge des Pfeilerbaues die Strömung heftiger und für das Grundstück der Klägerin schadenbringend geworden ist. Jedenfalls muß sich die Klägerin — zunächst abgesehen davon, daß es sich um ein Eisenbahnunternehmen handelt — diese Einwirkung auf die Strömung gefallen lassen, wenn sie der Beklagten wasserrechtlich gestattet ist. Die Vorschriften des Wasserrechts entscheiden darüber, ob eine Anlage im Wasserlauf und am Ufer eines solchen zulässig ist. Hier handelt es sich um einen öffentlichen Fluß im Sinne des Landrechts und um einen Fluß erster Ordnung im Sinne des preuß. Wassergesetzes vom 7. April 1913. Die Ausführungen des Berufungsgerichts darüber, daß die Anlage hiernach zulässig sei, weil die Brücke unter der Herrschaft des Landrechts mit staatlicher Genehmigung erbaut worden ist (§ 97 I 8, § 62 II 15 ALR.), sind rechtlich zutreffend. Muß aber die Klägerin den Eingriff in die Strömung dulden, so kann ihr auch — wiederum abgesehen von dem noch zu erörternden eisenbahnrechtlichen Gesichtspunkt — kein Schadensersatzanspruch wegen der Folgen dieses Eingriffs zustehen.

Aus § 14 des erwähnten Gesetzes vom 3. November 1838 geht zunächst hervor, daß der Eisenbahnunternehmer alle Anlagen einzurichten hat, welche die Verwaltungsbehörde zum Schutze der Nachbarn für notwendig erachtet. Dementsprechend hat die Rechtsvorgängerin der Beklagten gehandelt, indem sie die Brücke nach behördlich genehmigten Plänen erbaute. Die Rechtsprechung des Reichsgerichts hat aus § 14 a. a. O. weiter entnommen, daß der Unternehmer im Rahmen der technischen Ausführbarkeit und der

Vereinbarkeit mit den Zwecken des Unternehmens auch noch andere als die von der Verwaltungsbehörde bestimmten Anlagen zu machen hat, wenn sich solche nachträglich als zum Schutze der Anlieger nötig herausstellen. Unterläßt das der Unternehmer schuldhafterweise, so haftet er für die Schadensfolgen solcher Unterlassung. Weitergehende Einrichtungen, die mit einem unverhältnismäßigen, den wirtschaftlichen Erfolg des Unternehmens in Frage stellenden Aufwand verknüpft sind, braucht der Unternehmer nicht zu treffen; für die Folgen der Unterlassung solcher Einrichtungen ist er nicht haftbar. Überall ist eine Schadenshaftung des Unternehmers nur bei Verschulden angenommen worden; dieses findet notwendigerweise seine Grenze an der wirtschaftlichen Möglichkeit der Änderung. Daran ist festzuhalten. Für die Annahme einer Haftung aus bloßer Verursachung gibt § 14 des Gesetzes von 1838 keine Stütze. Auch aus allgemeinen Rechtsgrundsätzen (RGZ. Bd. 104 S. 84) kann eine solche Haftung für einen Fall wie den hier gegebenen nicht entnommen werden, weil es an der Rechtswidrigkeit der Einwirkung fehlt. Rechtswidrigkeit wäre aber nötig, um eine Schadensersatzpflicht zu begründen, die an Stelle des aus höheren Rücksichten zu versagenden Anspruchs auf Beseitigung tritt.

Diesen Grundsätzen entspricht das Berufungsurteil auf der tatsächlichen Grundlage, daß zwar das Vorhandensein der Pfeiler für den der Klägerin entstandenen Schaden ursächlich, ihre Bauart jedoch nicht fehlerhaft sei, daß die einzig wirksame Abhilfe die völlige Entfernung der Pfeiler und die Anlage einer neuen sehr kostspieligen Brücke mit großer Spannweite wäre, die Aufwendung so hoher Kosten sich aber mit den Zwecken des Eisenbahnunternehmens nicht vereinbaren ließe. Mangels Verschuldens der Beklagten oder ihrer Rechtsvorgänger ist daher auch aus § 14 des Gesetzes von 1838 keine Haftung herzuleiten.

---

29. Findet § 139 BGB. Anwendung, wenn die Parteien bei Vertragsschluß wissen, daß ein Teil ihrer Abmachungen wegen Nichtbeobachtung der gesetzlich vorgeschriebenen Form unwirksam ist?

III. Zivilsenat. Urt. v. 19. Oktober 1928 i. S. K. (Kl.) w. T. (Bekl.). III 70/28.

I. Landgericht Görlitz.
II. Oberlandesgericht Breslau.

Durch privatschriftlichen Vertrag vom 29. September 1924 verpachtete der Kläger seine Landwirtschaft für die Zeit vom 1. Oktober 1924 bis zum 1. Oktober 1936 an den Beklagten. Der jährliche Pachtzins, der vierteljährlich im voraus zu zahlen war, wurde auf 750 GM. festgesetzt, durch Nachtragsvertrag vom 23. Oktober 1924 jedoch auf 900 GM. erhöht. Nach § 10 des Vertrags war der Verpächter berechtigt, ohne Einhaltung einer Kündigungsfrist aufzukündigen und die sofortige Räumung zu verlangen, wenn der Pächter mit der Zahlung eines Pachtzinsteils länger als 2 Wochen im Rückstande bliebe. Machte der Verpächter von diesem Kündigungsrecht Gebrauch, so haftete ihm der Pächter für allen durch die vorzeitige Beendigung des Pachtverhältnisses erwachsenen Schaden. In § 15 des Vertrags verpflichtete sich der Verpächter, dem Pächter oder dessen Rechtsnachfolgern ein Vorkaufsrecht an den ihm gehörigen Grundstücken einzuräumen. Der Beklagte trat die Pacht an und zahlte den Pachtzins zunächst regelmäßig. Er hat aber seit dem 1. Juli 1926 nicht mehr gezahlt, sondern am 20. desj. Mts. durch seinen Rechtsanwalt dem Kläger mitteilen lassen, daß er den Pachtvertrag für ungültig halte, weil das darin bewilligte Vorkaufsrecht mangels notarieller Beurkundung unwirksam sei. Der Kläger hat darauf durch Schreiben vom 14. Oktober 1926 den Vertrag wegen des Pachtrückstandes gekündigt, sich auch die Geltendmachung des ihm durch die vorzeitige Beendigung des Pachtverhältnisses erwachsenden Schadens vorbehalten. Der Beklagte hat am 15. desj. Mts. das Pachtgrundstück geräumt.

Der Kläger hat Klage erhoben auf Zahlung der am 1. Juli und 1. Oktober 1926 fällig gewordenen Pachtzinsraten abzüglich eines vom Beklagten darauf gezahlten Betrags von 200 RM., ferner auf Feststellung, daß der Beklagte verpflichtet sei, ihm allen Schaden zu ersetzen, der ihm aus der vorzeitigen Auflösung des Pachtverhältnisses entstehe. Er behauptet, die Vertragsbestimmung über das Vorkaufsrecht sei nur von unwesentlicher Bedeutung gewesen. Der Bürovorsteher L., der den Vertrag entworfen, habe die Parteien bei Vertragsabschluß darauf hingewiesen, daß das Vorkaufsrecht zu seiner Gültigkeit der notariellen Beurkundung bedürfe. Der Beklagte habe darauf erwidert, das schade nichts; dieser Punkt sei nur nebensächlich; man könne die Bestimmung immer noch notariell verlautbaren. Der Beklagte bestreitet diese Behauptungen des Klägers. Er habe nicht gewußt, daß das Vorkaufsrecht nur durch notarielle Beurkundung gültig werden könne. Er habe auf den späteren Erwerb der an seinen eigenen Grundbesitz angrenzenden Grundstücke des Klägers den größten Wert gelegt und den hohen Pachtzins nur bewilligt, um sie sich zu sichern.

Das Landgericht hat dem Klagantrag stattgegeben. Der Beklagte hat Berufung, der Kläger unter Erweiterung seines Zahlungsantrags Anschlußberufung eingelegt. Das Oberlandesgericht hat die Klage unter Zurückweisung der Anschlußberufung des Klägers abgewiesen. Seine Revision führte zur Aufhebung und Zurückverweisung.

Gründe:

Zutreffend geht das Berufungsgericht davon aus, daß die in § 15 des Pachtvertrags vom Kläger übernommene Verpflichtung, an den ihm gehörigen Grundstücken dem Pächter oder seinen Rechtsnachfolgern ein Vorkaufsrecht einzuräumen, wegen Nichtbeobachtung der in § 313 BGB. vorgeschriebenen Form unwirksam geblieben ist. Rechtsirrig zieht es jedoch hieraus unter Anwendung des § 139 BGB. die Folgerung, daß der ganze Pachtvertrag nichtig sei. Der Revision ist darin beizupflichten, daß ein Tatbestand, auf den die genannte Gesetzesvorschrift anwendbar sein könnte, überhaupt nicht vorliegt, und zwar deshalb nicht, weil nach der einwandfreien Feststellung des Vorderrichters den Parteien bei Abschluß des Pachtvertrags bekannt war, daß die im § 15 getroffene Vereinbarung über die Bestellung eines Vorkaufsrechts ohne notarielle (oder gerichtliche) Beurkundung unwirksam sei. Nach der ständigen Rechtsprechung des Reichsgerichts (RGZ. Bd. 68 S. 322, Bd. 79 S. 303 und S. 434, Bd. 104 S. 102; WarnRspr. 1919 Nr. 155 = SeuffArch. Bd. 74 Nr. 201) gehört zum Rechtsgeschäft eine auf Erzeugung von Rechtswirkungen gerichtete Absicht der Beteiligten. Fehlt sie, so liegt insoweit überhaupt keine rechtsgeschäftliche Erklärung vor. An ihr mangelt es besonders dann, wenn sich die

Parteien bei Vertragsschluß der Nichtigkeit einer vertraglichen Bestimmung bewußt gewesen sind. Dieses Bewußtsein schließt notwendig den Willen aus, mit der Bestimmung Rechtsfolgen hervorzurufen. Sie entbehrt daher jeder rechtsgeschäftlichen Bedeutung, sodaß von der Nichtigkeit eines Teils des Rechtsgeschäfts im Sinne von § 139 BGB. nicht gesprochen werden kann. Das Rechtsgeschäft wird in solchem Falle lediglich von den übrigen Vertragsbestimmungen gebildet. Ihnen, die allein im Rechtssinne von den Parteien gewollt sind, die Rechtsgültigkeit zu versagen, dafür bietet § 139, der gerade der Verwirklichung des Parteiwillens dienen soll, keine Grundlage.

Die Anwendung dieser Grundsätze auf den vorliegenden Fall ergibt, daß der § 15 des Pachtvertrags, dessen Unwirksamkeit mangels der gesetzlich erforderlichen Beurkundung den Parteien bei Vertragsschluß bekannt war, rechtlich gar nicht als Teil des Vertrags in Betracht kommt. Die übrigen, von den Parteien in Wahrheit allein gewollten Vertragsbestimmungen, insbesondere also der eigentliche Pachtvertrag, sind gültig, ohne daß daneben noch die Frage aufgeworfen werden kann, ob der Vertrag ohne die Verpflichtung des Verpächters zur Bestellung eines Vorkaufsrechts geschlossen worden wäre.

Das Berufungsgericht hat von den oben angeführten Urteilen des Reichsgerichts nur das in RGZ. Bd. 68 S. 322 abgedruckte in den Kreis seiner Erörterungen gezogen und hat darzulegen versucht, daß der dort entschiedene Fall von dem gegenwärtigen abweiche. Die damaligen Vereinbarungen waren zwischen streitenden Ehegatten getroffen und enthielten einen gegenseitigen Verzicht auf Unterhaltsansprüche; sie regelten ferner die Erziehung und den Unterhalt der Kinder und verpflichteten die Beteiligten zur Herbeiführung der Gütertrennung. Jenen Abreden sei, so führt das Oberlandesgericht aus, die Bedeutung eines Rechtsgeschäfts deshalb abgesprochen worden, weil die Rechtsordnung der Willenserklärung den etwa bezweckten Rechtserfolg versagt habe und dies den Parteien bekannt gewesen sei. Die Verpflichtung zur Bestellung eines Vorkaufsrechts könne aber in rechtlich wirksamer Weise begründet werden, nur schreibe das Gesetz hierfür die Form der gerichtlichen oder notariellen Beurkundung vor. Wenn auch die Parteien auf dieses Formerfordernis aufmerksam gemacht worden seien und gewußt hätten, daß die Vereinbarung vor Erfüllung der Formvorschrift nicht rechtswirksam sei, so habe die Willenserklärung dadurch doch nicht den Charakter eines Rechtsgeschäfts verloren, sodaß § 139 BGB. anzuwenden sei. Dem kann nicht beigepflichtet werden. Für die Frage der Anwendbarkeit des § 139 BGB. macht es keinen Unterschied, auf welchem Rechtsgrund die den Parteien bei Vertragsschluß bewußte Unwirksamkeit ihrer Vereinbarung beruht, ob die Nichtigkeit, wie in dem früheren Falle, auf § 134 BGB. oder, wie im vorliegenden, auf § 125 in Verbindung mit § 313 BGB. zurückgeht. Der Willensinhalt war beide Male insofern derselbe, als die Vertragschließenden mit der Vertragsbestimmung bewußtermaßen keine Rechtswirkungen verknüpfen wollten. Und allein deshalb hat eine solche Abrede keinen rechtsgeschäftlichen Charakter und fällt nicht unter § 139 BGB. Übrigens betreffen mehrere der obengenannten Entscheidungen gerade Fälle, in denen die den Parteien bekannte Nichtigkeit ihrer Abrede auf dem Mangel der Form des § 313 BGB. beruht (RGZ. Bd. 79 S. 303 und S. 434; WarnRspr. 1919 Nr. 155 = SeuffArch. Bd. 74 Nr. 201).

Die Ausführungen des Beklagten vor dem Revisionsgericht treffen ebenfalls nicht zu. Es mag sein, daß die Parteien bei Vertragsschluß beabsichtigt haben, die formgültige Beurkundung der Verpflichtung des Klägers zur Einräumung eines Vorkaufsrechts nachzuholen, und daß jeder Teil geglaubt hat, der andere werde bereit sein, bei der nötigen Verlautbarung der Abrede mitzuwirken. Das genügte aber nicht, um der zunächst bewußt ohne Beachtung der gesetzlichen Form getroffenen Vorkaufsvereinbarung rechtsgeschäftlichen Charakter beizulegen. Ihre Verknüpfung mit dem der öffentlichen Beurkundung nicht bedürfenden Pachtvertrag war gleichwohl nur tatsächlicher, nicht rechtlicher Natur und konnte daher die Gültigkeit des Pachtvertrags nicht beeinträchtigen. Sie hätte von der Vorkaufsabrede nur dadurch abhängig gemacht werden können, daß deren nachträgliche gesetzmäßige Beurkundung zur Bedingung des Vertrages erhoben worden wäre (vgl. RGZ. Bd. 79 S. 437). Das ist aber nicht geschehen.

30. Wie ist der Wert des Gegenstands einer Vollmacht zu bemessen, die sich auf gegenwärtiges und zukünftiges Vermögen des Vollmachtgebers erstreckt, insbesondere der Wert der Erteilung von Prokura?

Preuß. Stempelsteuergesetz vom 27. Oktober 1924, Tarifstelle 19.

VII. Zivilsenat. Urt. v. 19. Oktober 1928 i. S. G. Aktiengesellschaft (Kl.) w. Preuß. Staat (Bekl.). VII 219/28.

I. Landgericht Düsseldorf.

Die Klägerin erteilte durch Schreiben vom 30. Juni 1927 ihrem Abteilungsvorsteher W. Gesamtprokura. Das Finanzamt erforderte hierfür in Anwendung der Absätze 1 und 2a der Tarifstelle 19 des preuß. Stempelsteuergesetzes vom 27. Oktober 1924 einen Vollmachtsstempel in Höhe von 250 RM. Die Klägerin zahlte im September 1927 diesen Betrag. Mit der Ende Dezember 1927 eingereichten Klage verlangt sie Rückzahlung von 248,50 RM. Sie meint, der Wert des Gegenstands der Prokuravollmacht sei nicht schätzbar und deshalb sei diese nach Abs. 3 der Tarifstelle 19 nur mit 1,50 RM. zu verstempeln.

Das Landgericht hat die Klage abgewiesen. Die von der Klägerin unter Übergehung der Berufungsinstanz unmittelbar eingelegte Revision blieb erfolglos.

Gründe:

Der Vorderrichter verneint, daß der Wert des Gegenstands der streitigen Vollmacht nicht schätzbar sei. Da sich die Prokura — so führt er aus — wie jede Generalvollmacht zunächst auf das gesamte Aktivvermögen des Vollmachtgebers erstrecke, so liege diesem Teil der Prokura jedenfalls ein dem Werte nach hinreichend bestimmter Gegenstand zugrunde. Der Umstand, daß die Prokura, soweit sie gleichzeitig das künftige Vermögen des Vollmachtgebers umfasse, einen nicht schätzbaren Gegenstand zur Grundlage habe, schließe nicht aus, daß die Prokura jedenfalls in Höhe des feststellbaren Wertes nach Abs. 1 und 2 der Tarifstelle 19 StStG. zu versteuern sei. Bei einheitlicher Vollmachterteilung seien die Absätze 1 (mit Abs. 2) und 3 der Tarifstelle dergestalt nebeneinander anzuwenden, daß von den Steuerbeträgen, die sich bei der Berechnung des schätzbaren

Teils der Vollmacht nach Abs. 1 (und gegebenenfalls nach Abs. 2) und des nicht schätzbaren Teils nach Abs. 3 ergäben, der jeweils höhere in Ansatz zu bringen sei.

Zu Unrecht bekämpft die Revision diese Rechtsauffassung. Der erkennende Senat hat sich bereits in seinem Urteil vom 7. Oktober 1913 (RGZ. Bd. 83 S. 164) auf den Standpunkt gestellt, daß bei Vollmachten, die sich auf die Besorgung aller Geschäfte oder eines größeren Kreises von Geschäften des Machtgebers erstrecken, der Gegenstandswert nicht ohne weiteres für unschätzbar zu gelten hat, sondern daß es darauf ankommt, den Betrag des Vermögens zu ermitteln, über den der Bevollmächtigte nach Inhalt der Vollmacht zu verfügen berechtigt sein soll. Jenes Urteil, welches ebenfalls mit der Besteuerung einer Vollmacht zu tun hatte, die zur Verfügung über gegenwärtiges und künftiges Vermögen des Machtgebers ermächtigte, nimmt ferner an, daß in solchem Falle der Gegenstandswert der Vollmacht nicht als schlechthin unschätzbar anzusehen, sondern nach dem Werte des zur Zeit der Vollmachtserteilung vorhandenen Vermögens festzustellen sei. Obwohl das Erkenntnis vom 7. Oktober 1913 das preußische Stempelsteuergesetz in der Fassung vom 31. Juli 1895/30. Juni 1909 zur Grundlage hatte und die von den Vollmachten handelnde Tarifstelle — früher 73, jetzt 19 — inzwischen manche Änderungen erfahren hat, ist an dieser Beurteilung doch auch für die gegenwärtige Gesetzeslage festzuhalten.

Bis zum Inkrafttreten des jetzt geltenden Stempelsteuergesetzes vom 27. Oktober 1924 (GS. S. 627) enthielt der 1. Absatz der Tarifstelle einen Schlußsatz, der für Generalvollmachten einen besonderen Steuersatz vorsah. Zuletzt hatte diese Vorschrift den Inhalt, daß bei Generalvollmachten der Wertstempel in doppelter Höhe zu erheben war. In der amtlichen Begründung des Gesetzentwurfs vom 2. Juli 1924 wurde die vorgeschlagene — und demnächst vom Landtag angenommene — Streichung des die Generalvollmachten besonders erwähnenden Satzteils damit gerechtfertigt, daß sich zur Vermeidung von Härten die Beseitigung der bisher vorgeschriebenen Verdoppelung des Wertstempels empfehle (Drucksachen des preuß. Landtags, 1. Wahlperiode, 1. Tagung, Nr. 7391, Bd. 14 S. 8820flg., insbesondere S. 8828 2. Spalte). Demnach hat die Streichung jenes Schlußsatzes, auf den in RGZ. Bd. 83 S. 164 Gewicht gelegt war, nichts mit der Frage der Schätzbarkeit oder Unschätzbarkeit des

Gegenstandswertes für Generalvollmachten zu schaffen, und es fehlt mithin an jedem Anlaß, das Gesetz in seiner neuen Fassung anders auszulegen, als es vordem geschehen ist. Diese Auslegung findet noch insofern im Wortlaut des Abs. 3 der Tarifstelle 19 eine Stütze, als dort die Schätzbarkeit des Wertes des Gegenstands für maßgebend erklärt ist und nicht etwa die Möglichkeit, jenen Wert genau zu errechnen. Es liegt im Begriff des Schätzens, daß dabei nur die Werte berücksichtigt werden, die sich einigermaßen übersehen lassen, während solche Werte, für deren Bemessung jeder Anhalt fehlt, außer Ansatz gelassen werden. Daß auch derartige Werte von der Vollmacht mitumfaßt werden, rechtfertigt es keineswegs, ihren Gegenstandswert im ganzen als nicht schätzbar anzusehen.

Die Revision meint, es sei nicht auf die abstrakten Möglichkeiten abzustellen, welche die Erteilung der Vollmacht, insbesondere der Prokura, eröffne, sondern auf die tatsächliche praktische Bedeutung, die sie in dem verständigerweise allein zugrundezulegenden Fall der ordnungsmäßigen Verwendung der Prokura gemäß § 49 HGB. für das Vermögen des Prinzipals habe; was für einzelne Geschäfte und Rechtshandlungen der Betrieb des Handelsgewerbes für den Prokuristen mit sich bringen werde, lasse sich nicht übersehen und deshalb sei der Gegenstandswert der Prokuraerteilung nicht schätzbar. Dem ist nicht zu folgen. Es kommt vielmehr für die Wertbemessung bei der Vollmacht gerade darauf an, welche Berechtigungen und welche Möglichkeiten des Handelns sie dem Bevollmächtigten verleiht. Nur damit hat es die in Rede stehende Tarifstelle des Stempelsteuergesetzes zu tun, denn nur darauf bezieht sich der Inhalt der zu verstempelnden Urkunde. Die Frage, in welcher Weise der Prokurist von seinen Befugnissen Gebrauch zu machen hat, ist vom rechtlichen Umfang dieser Befugnisse unabhängig und regelt sich nach den ihm erteilten Aufträgen, für die eine Stempelsteuerpflicht nicht in Betracht kommt. Wenn die Revision weiter darzulegen sucht, das zur Zeit der Prokuraerteilung vorhandene bewegliche Vermögen könne deshalb nicht als Maßstab dienen, weil der Prokurist zu dessen Veräußerung im ganzen nicht befugt sei, so ist dem entgegenzuhalten, daß seine Berechtigung jedenfalls soweit reicht, alle einzelnen Gegenstände, die zu diesem Vermögen gehören, zu veräußern. Deshalb ist es durchaus gerechtfertigt, den Wert des Gegenstandes der Prokuraerteilung auf der Grundlage des in dem

Handelsgeschäft vorhandenen beweglichen Aktivvermögens, ohne Abzug von Schulden, zu ermitteln.

Hiernach ist die rechtliche Beurteilung des Landgerichts zu billigen.

---

31. 1. Welche Rechtswirkungen für den Bürgen hat die Aufrechnungserklärung des Hauptschuldners?

2. Schafft ein späteres Urteil, das dem Hauptschuldner die zur Aufrechnung gestellte Gegenforderung abspricht, Rechtskraft gegenüber dem Bürgen?

BGB. §§ 767, 768, 770.

IV. Zivilsenat. Urt. v. 8. Oktober 1928 i. S. K. (Bekl.) w. M. (Kl.). IV 105/28.

I. Landgericht Breslau.
II. Oberlandesgericht daselbst.

Der Kläger, an welchen H. eine Darlehensforderung gegen U. von 6000 M. abgetreten hat, verlangte mit der Klage von U. als Hauptschuldner und vom Beklagten K. als Bürgen Rückzahlung des Darlehens. Das Landgericht erachtete die von U. zur Aufrechnung gestellten Gegenforderungen nicht für bewiesen und verurteilte beide Beklagte antragsgemäß als Gesamtschuldner. Die nur von K. eingelegte Berufung, mit der dieser die Aufrechnungseinrede weiter verfolgte, blieb erfolglos. Seine Revision führte zur Aufhebung und Zurückverweisung.

Gründe:

Das Berufungsgericht ist der Ansicht, daß der Beklagte die vom Hauptschuldner U. erklärte Aufrechnung gegen die Hauptverbindlichkeit nach § 770 BGB. nicht geltendmachen könne, nachdem dem Hauptschuldner seine angeblichen Gegenforderungen gegenüber dem Rechtsnachfolger des Gläubigers vom Landgericht rechtskräftig abgesprochen worden seien. Es begründet seine Ansicht folgendermaßen: Indem das Gesetz den Bürgen auf eine verzögerliche Einrede — der Erfüllungsverweigerung — beschränke, solange sich der Hauptschuldner durch Aufrechnung befreien könne, gehe es von dem Gedanken aus, daß einseitige Erklärungen des Hauptschuldners, welche Verfügungen über den Inhalt seiner Schuld herbeiführen würden, nicht durch solche des Bürgen ersetzt werden könnten. Diese Abhängigkeit des Bürgen vom Willen des Hauptschuldners bezüglich des Fortbestandes der Hauptverbindlichkeit finde ihren Ausdruck auch darin, daß § 770 BGB. keine dem Abs. 2 des § 768 BGB. entsprechende Bestimmung enthalte, und habe weiterhin zur Folge, daß dem Bürgen die Einrede aus § 770 nur solange zustehe, als die Möglichkeit der Aufrechnung für den Hauptschuldner gegeben sei; sie entfalle also, wenn der Hauptschuldner auf die Aufrechnung verzichte oder ihm sein Gegenanspruch rechtskräftig abgesprochen werde. Diese rein sachlichrechtliche Folge habe nichts mit dem prozessualen Grundsatze zu tun, daß die Rechtskraft nur für und gegen die Partei selbst wirke. Da dem Hauptschuldner U. die zur Aufrechnung gestellten Ansprüche gegenüber dem Gläubiger rechtskräftig aberkannt seien, habe der Beklagte keine Möglichkeit, darauf zurückzugreifen.

Die von der Revision hiergegen erhobenen rechtlichen Bedenken sind begründet. Richtig ist von den Ausführungen des Berufungsgerichts zunächst so viel, daß die Aufrechnung einer persönlichen Willensentschließung und Erklärung des Hauptschuldners bedarf und nicht vom Bürgen, sondern nur vom Hauptschuldner erklärt werden kann, dem allein das Verfügungsrecht über seine Gegenforderung zusteht (RGZ. Bd. 59 S. 210; JW. 1912 S. 749 Nr. 13). Daraus ergeben sich aber nicht die vom Berufungsgericht gezogenen Folgerungen. Der Hinweis auf § 770 BGB. versagt; denn diese Vorschrift setzt voraus, daß die Aufrechnungserklärung noch von keinem der am Hauptschuldverhältnis Beteiligten abgegeben worden ist, daß also nur eine Aufrechnungsmöglichkeit in Frage kommt; im vorliegenden Falle hat aber der Hauptschuldner die Aufrechnung bereits erklärt. Die Bedeutung der Vorschrift ist lediglich die, daß der Bürge, solange noch keine Aufrechnungserklärung vom Hauptschuldner oder Gläubiger abgegeben worden ist, auf die besondere verzögerliche Einrede aus § 770 angewiesen ist, wonach er bis zur Abgabe einer Aufrechnungserklärung die Befriedigung des Gläubigers verweigern kann. Da somit grundsätzlich das Verfügungsrecht über die Gegenforderung dem Hauptschuldner verbleibt, geht durch dessen Verzicht auf die Aufrechnungsbefugnis dem Bürgen die Einrede aus § 770 verloren (RGZ. Bd. 62 S. 51), und dieselbe Rechtsfolge tritt ein, wenn der Hauptschuldner gegen eine andere Forderung des

Gläubigers aufrechnet oder seine Gegenforderung an einen Dritten abtritt (WarnRspr. 1912 Nr. 303).

Verfügt aber der Hauptschuldner, wie im vorliegenden Falle, in der Weise über seine Gegenforderung, daß er die Aufrechnung gegen die Hauptverbindlichkeit erklärt, so erlischt dadurch — das Bestehen der Gegenforderung vorausgesetzt — die Hauptverbindlichkeit (§ 389 BGB.). Da nach § 767 BGB. für die Verpflichtung des Bürgen der jeweilige Bestand der Hauptforderung maßgebend ist, kann sich der Bürge nunmehr darauf berufen, daß durch Tilgung der Hauptforderung seine Verpflichtung aus der Bürgschaft erloschen sei. Zu demselben Ergebnis gelangt man, wenn man mit RGRKomm. Anm. 1 zu § 768 BGB. annimmt, dem Hauptschuldner sei durch die Aufrechnung eine zerstörende Einrede entstanden. Dann kann der Bürge diese Einrede des Hauptschuldners nach § 768 Abs. 1 auch seinerseits dem Gläubiger gegenüber geltendmachen, und er verliert sie nach Abs. 2 auch nicht durch einen nachträglichen Verzicht des Hauptschuldners. Von diesem Tilgungseinwand oder dieser zerstörenden Einrede kann nichts anderes gelten, als was für andere Fälle der Tilgung oder für sonstige dem Hauptschuldner zustehende Einreden gilt. Daß die rechtskräftige Entscheidung zwischen Gläubiger und Hauptschuldner nicht Rechtskraft gegenüber dem Bürgen schafft, ist allgemein anerkannt. Das führt zu dem Endergebnis, daß die Frage, ob durch die vom Hauptschuldner erklärte Aufrechnung die Hauptverbindlichkeit und damit auch die Bürgschaftsverpflichtung erloschen sei, in vollem Umfang nur gegenüber dem Bürgen selbst entschieden werden kann. So wenig dem Bürgen ein zwischen Hauptschuldner und Gläubiger ergangenes Urteil entgegensteht, das den vom Schuldner erhobenen Zahlungseinwand verwirft, ebensowenig steht ihm nach erklärter Aufrechnung ein zwischen Hauptschuldner und Gläubiger ergangenes Urteil entgegen, das dem Hauptschuldner die behauptete Gegenforderung abspricht.

Mit dieser Beurteilung stehen im Einklang die Entscheidungen RGZ. Bd. 56 S. 109 und WarnRspr. 1909 Nr. 448 = JW. 1909 S. 419 Nr. 23. Gleicher Ansicht ist Planck Komm. 4. Aufl. Anm. 2d zu § 770 BGB. Das Urteil RGZ. Bd. 66 S. 332 bezieht sich auf den nicht völlig gleichliegenden Fall der Wandlungseinrede und steht deshalb dieser Entscheidung nicht im Wege.

32. Ist ein Ausgleichsanspruch wegen Erschütterung der Geschäftsgrundlage gegeben, wenn eine offene Handelsgesellschaft im Auseinandersetzungsvertrag einem ausscheidenden Gesellschafter neben einer Barzahlung ein Grundstück mit der Verpflichtung überweist, es hypothekenfrei zu machen, und wenn demnächst eine darauf lastende Hypothek rückwirkend aufgewertet wird?

BGB. §§ 242, 738.

VI. Zivilsenat. Urt. v. 15. Oktober 1928 i. S. Firma B. (Bekl.) w. F. (Kl.). VI 241/28.

I. Landgericht Dresden.
II. Oberlandesgericht daselbst.

Der Kläger und zwei andere Personen waren Gesellschafter der verklagten offenen Handelsgesellschaft. Durch notariellen Vertrag vom 8. Oktober 1924 schied der Kläger mit Zustimmung der andern Gesellschafter aus der Gesellschaft aus. Als Abfindung erhielt er neben einer Barzahlung von 140000 RM. ein der Beklagten gehörendes Grundstück, das nach dem Vertrag „hypothekenfrei zu machen" war. Dagegen sollte auf die Beklagte mit den Aktiven der Gesellschaft auch das Alleineigentum an einem anderen Grundstück übergehen. Beide Grundstücke waren mit Vorkriegshypotheken belastet, das dem Kläger überwiesene Grundstück seit 1892 mit einer Restkaufgeld-Hypothek von 50000 M., das andere mit einer solchen von 200000 M. Die erstere war im Dezember 1922 abgetreten, die Abtretung der letzteren am 11. April 1923 eingetragen worden. Die ursprünglichen Gläubiger der Hypotheken meldeten je einen Anspruch auf Aufwertung der Hypothek und der persönlichen Forderung in Höhe von 25% abzüglich des Goldmarkbetrags der für die Abtretung empfangenen Gegenleistung an, und zwar der Gläubiger der Hypothek von 50000 M. in Höhe von 12469,10 RM., der Gläubiger der anderen Hypothek in Höhe von 48974,80 RM. Zur Sicherung der Aufwertungsansprüche wurden Widersprüche gegen die Abtretungen eingetragen, bei der Hypothek von 50000 M., die am 1. Dezember 1924 auf Antrag der Beklagten gelöscht worden ist, auch ein Widerspruch gegen die Löschung. Der Kläger verlangt nunmehr in Ansehung der Hypothek von 50000 M. Befreiung von dem Aufwertungsanspruch. Das Oberlandesgericht hat diesem Antrag entsprochen. Die Revision der Beklagten wurde zurückgewiesen.

Aus den Gründen:

... Die Revision rügt, daß das Berufungsgericht den § 242 BGB. durch Verneinung eines Ausgleichsanspruchs aus Anlaß der Aufwertung der Hypothek verletzt habe. Sie meint: Die Parteien hätten bei Abschluß des Vertrags vom 8. Oktober 1924 mit der Möglichkeit einer rückwirkenden Aufwertung für einen früheren Gläubiger nicht rechnen können und nicht gerechnet. Die dem Kläger vertraglich zugebilligte Abfindung sei also unter Nichtberücksichtigung jener Aufwertung bemessen worden. Die im Aufwertungsgesetz begründete Verpflichtung zur Aufwertung der beiden Hypotheken führe zu einem erheblichen Mißverhältnis zwischen Leistung und Gegenleistung. Weitere Anführungen über die Erschütterung der Geschäftsgrundlage zu machen, sei unter diesen Umständen nicht Sache der Beklagten gewesen, sondern dem Kläger habe es obgelegen, Tatsachen vorzubringen, welche der nach Lage der Dinge zu ziehenden Schlußfolgerung etwa entgegenständen. Der Vertrag weise keinen spekulativen Einschlag auf; keine Partei habe wegen der Hypothekenaufwertung ein Risiko übernommen. Die Hypotheken seien als feste Größe betrachtet worden. Die Beklagte würde keine Abfindung in der vereinbarten Art und Höhe bewilligt haben, wenn sie an Aufwertungsverbindlichkeiten von mehr als 62000 RM. hätte denken können.

Diese Rügen greifen nicht durch. Dem Berufungsgericht kann zwar darin nicht beigetreten werden, daß der Vertrag vom 8. Oktober 1924 kein solcher sei, bei dem Leistung wider Gegenleistung stehe. Der Kläger schied aus einer offenen Handelsgesellschaft aus. Die aus dem Gesetz (§ 738 BGB.) sich ergebende Folge war, daß sein Anteil am Gesellschaftsvermögen den übrigen Gesellschaftern zuwuchs und daß für sie die in § 738 näher bezeichnete Verpflichtung entstand. Die Parteien haben nun die Folgen des Ausscheidens des Klägers vertraglich geregelt, was zulässig war, da die genannten Vorschriften im wesentlichen nachgiebiger Natur sind. Die Rechtslage ist also grundsätzlich keine andere, als wenn sich Leistung und Gegenleistung gegenüberständen. Dem Berufungsgericht ist aber darin zuzustimmen, daß nach seinen Feststellungen die Geschäftsgrundlage in einem Falle wie dem gegenwärtigen durch die von der Beklagten geltendgemachten Umstände in bezug auf das Verhältnis von Leistung und Gegenleistung nicht in einem Maße erschüttert wird, das nach § 242 BGB. die Zubilligung eines Ausgleichsanspruchs als gerechtfertigt erscheinen läßt. Der Tatbestand liegt wesentlich anders als in den Entscheidungen RGZ. Bd. 112 S. 329 und Bd. 119 S. 133. Es handelt sich hier um das Ausscheiden aus einem Handelsgeschäft, und zwar aus einem Bankgeschäft, das nach dem Vertrag den beiden anderen Gesellschaftern mit sämtlichen Aktiven und Passiven und mit dem Rechte zur Fortführung der Firma überlassen wurde. Die Natur eines solchen Betriebs bringt es mit sich, daß bei den weitverzweigten Geschäftsbeziehungen und der Verschiedenheit der vorhandenen Entwicklungsmöglichkeiten der Wert des im Geschäft steckenden Vermögens auch nicht annähernd genau festgestellt werden kann; man ist infolgedessen auf den Weg der ungefähren Schätzung angewiesen. Daraus ist es wohl zu erklären, daß die Beklagte selbst geltendgemacht hat, vor der Festsetzung der an den Kläger zu zahlenden Summe seien beide Teile darüber einig geworden, daß eine genaue Vermögensaufstellung nicht erforderlich sei. Es sind eben Faktoren mit zu bewerten, die sich einer genauen Erfassung entziehen. Das gilt insbesondere auch von den Geschäftsforderungen, die sich sowohl nach der für den Gläubiger günstigen wie nach der ihm ungünstigen Seite entwickeln können, und kommt auch für Geschäftsverbindlichkeiten in Betracht, deren Wirkung in bezug auf die Inanspruchnahme des Schuldners sich verschieden gestalten kann. Forderungen, die als wertlos betrachtet worden waren, können erheblichen Wert gewinnen, wie auch Verbindlichkeiten den Geschäftsinhaber über Erwarten belasten können. Man mag diese Erscheinungen nicht gerade als spekulativen Einschlag des Geschäfts zu bezeichnen haben, ein Ausdruck, der in der Rechtsprechung für die Übernahme des Risikos der Geldentwertung gewählt worden ist; immerhin deuten jene Erscheinungen auf eine Unsicherheit und Flüssigkeit der durch den Vertrag geregelten Rechtsbeziehungen hin, und dadurch wird das Vorhandensein einer festen Grundlage ausgeschlossen, die in der von der Revision angegebenen Art erschüttert werden könnte. In diesem Sinne ist die Ausführung des Berufungsgerichts zu verstehen, daß der Fortbestand der Wertverhältnisse zur Zeit des Vertragsschlusses nach keiner Seite hin gewiß gewesen sei. Ob in einem besonderen Fall auch ein Vertrag der hier in Rede stehenden Art durch

Umstände, die nach Vertragsschluß hervortreten, unter dem Gesichtspunkt des § 242 BGB. in der angegebenen Richtung beeinflußt werden könnte, braucht nicht erörtert zu werden. Jedenfalls handelt es sich grundsätzlich um Vertragsauslegung, wenn geprüft werden soll, ob das Festhalten der Beklagten an ihrer vertraglichen Verpflichtung, das dem Kläger überlassene Grundstück von Hypotheken zu befreien, mit dem Gedanken des § 242 BGB. vereinbar ist. Wenn das Berufungsgericht aus der Höhe der Aufwertung in Verbindung mit dem Maß der Abfindung nicht ohne weiteres einen der Auffassung der Beklagten entsprechenden Schluß gezogen hat, so enthält dies keinen Rechtsirrtum. Denn rechtlich einwandfrei ist auch die Hilfserwägung des Berufungsgerichts, die dahin geht, daß die Beklagte nicht nur die nachträglich hervorgetretenen Aufwertungsschulden, sondern alle Einzelheiten der Geschäftsgrundlage hätte klarlegen müssen, wenn sie deren Erschütterung nachweisen wollte.

---

33. Muß der in § 17 des Aufwertungsgesetzes vorgesehene Vorbehalt der Rechte im Falle echter Abtretung dem Schuldner oder dem Eigentümer gegenüber erklärt werden, oder genügt auch Erklärung dem neuen Gläubiger gegenüber?

V. Zivilsenat. Urt. v. 20. Oktober 1928 i. S. Frau L. M. (Kl.) w. Haus Pl.straße 1-GmbH. (Bekl.). V 575/27.

I. Landgericht III Berlin.
II. Kammergericht daselbst.

Die Klägerin fordert als Nacherbin ihres Vaters Rudolf M. Aufwertung für drei Hypotheken von zusammen 283000 M., die für Rudolf M. seit dem Jahre 1914 auf einem Grundstück in Schm. eingetragen waren, nach seinem Tode aber, und zwar am 26. Februar 1921, von seiner Witwe und Vorerbin an die Pensions-, Witwen- und Waisenkasse für die Angestellten der Firma Rudolf M. abgetreten und auf Grund löschungsfähiger Quittung der neuen Gläubigerin am 31. Juli 1923 im Grundbuch gelöscht worden sind. Die Beklagte hat das Grundstück am 5. März 1923 erworben. In den Vorinstanzen ist die Klägerin mit ihrem Antrag auf Feststellung, daß die Hypotheken auch für sie aufzuwerten seien, abgewiesen worden, und zwar vom Kammergericht mit der Begründung, daß ein Vorbehalt im Sinne des § 17 AufwG. nicht vorliege. Die Revision der Klägerin führte zur Aufhebung und Zurückverweisung aus folgenden

Gründen:

Das Berufungsgericht vertritt unter Bezugnahme auf die Ausführungen von Abraham in der Juristischen Rundschau 1926 Bd. 1 Sp. 409 den Standpunkt, daß sich der Vorbehalt des § 17 AufwG. gegen den Schuldner richten müsse, daß er also nur bei der sog. unechten Zession denkbar sei, wo der Gläubiger auf Veranlassung des Schuldners an einen Dritten abtrete. Abraham geht allerdings — und zwar, wie er selbst anerkennt, in Abweichung von der bis dahin herrschenden und auch von seiner eigenen früheren Meinung — davon aus, daß als Vorbehalt der Rechte nur ein Vorbehalt von Aufwertungsansprüchen in Frage komme, die sich gegen den Schuldner oder gegen den Eigentümer richteten. Er gelangt deshalb zu dem Ergebnis, daß ein Vorbehalt dieser Art begrifflich nur gegenüber dem Schuldner oder dem Eigentümer erklärt werden könne, einem Dritten gegenüber jedoch regelmäßig nur dann, wenn dieser, wie bei der unechten Zession, im Interesse des Schuldners oder des Eigentümers handle. Es kann zugegeben werden, daß es etwas Befremdliches hat, wenn einem Vorbehalt des früheren Gläubigers dem Zessionar gegenüber die rechtliche Wirkung zugeschrieben wird, daß er Aufwertungsansprüche im Verhältnis zwischen dem früheren Gläubiger und dem bei der Abtretung gar nicht beteiligten Schuldner oder Eigentümer aufrechterhalte. Es mag auch zutreffen, daß eine solche Regelung in gewissem Umfang die Gefahr eines betrügerischen Zusammenspiels des früheren und des neuen Gläubigers auf dem Rücken des Schuldners oder des Eigentümers mit sich bringt.

Aber das juristisch Eigenartige der Regelung hält sich doch im Rahmen der Besonderheit, wie sie überhaupt in der Anerkennung des Aufwertungsanspruchs eines früheren Gläubigers liegt, der sich seiner Forderung durch Abtretung entäußert hat. Gab man einem solchen Gläubiger einen Aufwertungsanspruch gegen den Schuldner oder gegen den Eigentümer, obwohl von dem abgetretenen Recht nichts bei ihm zurückgeblieben war, so konnte man auch einem Vorbehalt, den er dem neuen Gläubiger gegenüber erklärt hatte, Wirkung in der Richtung gegen den Schuldner oder den Eigentümer beilegen.

Entscheidend sprechen jedoch gegen die von Abraham vertretene Meinung die Entstehungsgeschichte und die Fassung des Gesetzes. Auch Abraham übersieht nicht, hebt vielmehr im Eingang seiner Ausführungen ausdrücklich hervor, daß, nachdem die Regierungsvorlage eine Aufwertung zugunsten des bisherigen Gläubigers nur im Falle der unechten Abtretung vorgesehen hatte, die Beratung im Reichstag zur allgemeinen Anerkennung der Aufwertung zugunsten des Zedenten auch im Fall der echten Abtretung geführt habe. Die echte Abtretung vollzieht sich aber regelmäßig nur zwischen dem früheren und dem neuen Gläubiger. Wollte man daher dem Vorbehaltsgedanken auch hier Anerkennung verschaffen, so mußte man — wenn der Vorschrift nicht von vornherein alle Bedeutung genommen und ihre Anwendbarkeit nicht auf eine noch geringere Zahl von Fällen, als so schon wahrscheinlich, beschränkt werden sollte — auch einem nur dem neuen Gläubiger gegenüber erklärten Vorbehalt Wirksamkeit zuerkennen. Dem entspricht denn auch der Wortlaut des Gesetzes, das bloß das allgemeine Erfordernis aufstellt, daß der Gläubiger die (bei der echten Abtretung vom Zessionar kommende) Gegenleistung nur unter Vorbehalt der Rechte angenommen haben dürfe. Die zwanglose Deutung dieser Worte geht durchaus auf einen Vorbehalt gegenüber dem Urheber der Gegenleistung, d. h. dem Abtretungsempfänger. So hat sie auch Abraham selbst ursprünglich in seinem Kommentar verstanden. Daß aber tatsächlich ein solcher Vorbehalt bei der echten Abtretung kaum denkbar sei, wäre Abraham allenfalls dann zuzugeben, wenn ihm darin beigestimmt werden könnte, daß sich der Vorbehalt auf Aufwertungsansprüche beziehen müsse, die gegen den Schuldner oder den Eigentümer gerichtet sind. Die Annahme einer solchen Voraussetzung beruht jedoch auf Rechtsirrtum; sie legt das Gesetz ohne zureichenden Grund einschränkend aus. Denn solange man nur an eine Aufwertung zugunsten des gegenwärtigen Gläubigers dachte, konnten freilich bloß Aufwertungsansprüche gegen den Schuldner oder den Eigentümer in Betracht kommen. Dies änderte sich aber grundsätzlich, sobald der Gedanke einer Aufwertung auch zugunsten des früheren Gläubigers auftauchte. Deshalb ist die Beweisführung Abrahams aus der Bedeutung der Worte „Vorbehalt der Rechte" in anderen, das Verhältnis zwischen Gläubiger und Schuldner betreffenden Vorschriften älterer Zeit nicht schlüssig. Es trifft nicht zu, daß, wenn im § 17 auch nur farblos vom Vorbehalt der Rechte die Rede sei, darunter nichts anderes verstanden werden könne als der Vorbehalt von Aufwertungsansprüchen, die sich gegen den Schuldner oder den Eigentümer richteten. Weshalb sollte es nicht vorgekommen sein, daß sich ein abtretender Gläubiger dem neuen Gläubiger gegenüber Ansprüche auf Aufwertung des von diesem in Papiermark gezahlten Abtretungsentgelts vorbehalten hat, die sich für ihn aus etwaiger künftiger Rechtsentwicklung gegen den neuen Gläubiger ergeben könnten? Das war auch bei völlig freiwilliger Abtretung keineswegs ausgeschlossen. Wäre die spätere Regelung der Aufwertung dahin gegangen, daß dem neuen Gläubiger Aufwertung nicht bloß nach seinem Erwerbspreis, sondern allgemein nach dem ursprünglichen Goldmarkwert der Forderung gewährt wurde, so hätte dieselbe Gesetzgebung auch einen Aufwertungsanspruch des früheren Gläubigers gegen den neuen anerkennen können. Ist die gesetzliche Regelung demnächst in anderer Weise erfolgt, so erscheint es doch willkürlich, mit Abraham zu folgern, daß für den § 17 AufwG. von vornherein alle Vorbehalte auszuscheiden hätten, die sich auf das innere Verhältnis zwischen dem abtretenden und dem neuen Gläubiger beziehen. Das Gesetz spricht nur allgemein von einem Vorbehalt der Rechte, nicht von einem Rechtsvorbehalt bestimmter Richtung. Die Einschränkung Abrahams würde nicht nur dem vermutlich auf möglichst umfassende Erhaltung von Rechten gerichteten Willen des Erklärenden, sondern auch dem gesetzlichen Zwecke der Ausdehnung auf die Fälle der echten Abtretung zuwiderlaufen. Auch die bisherige Rechtsprechung des Reichsgerichts (die, soweit ersichtlich, abgesehen von einem Fall der unechten Abtretung allerdings nur den § 14 AufwG. zum Gegenstand hatte) umfaßt einen gegenüber dem Abtretungsempfänger erklärten Vorbehalt. Sie stellt an den Vorbehalt der Rechte keine anderen Anforderungen, als daß er den Willen des Erklärenden erkennen lasse, sich mit der augenblicklichen Leistung nicht zufrieden zu geben, sondern etwaige Rechte zu wahren, die sich in Zukunft auf die Geldentwertung gründen lassen könnten. Irgendwelche nähere Einsicht oder Äußerung über Art, Inhalt und Richtung solcher Rechte ist nicht gefordert worden und konnte nach der Natur der Sache nicht gefordert werden. In Übereinstimmung mit Mügel 5. Aufl. S. 703 und Quassowski 5. Aufl. S. 224 (auch mit Heilfron in der D. Steuerz. 1926 S. 173) muß hiernach auch ein gegenüber dem Abtretungsempfänger erklärter Vorbehalt als geeignet erachtet werden, den Aufwertungsanspruch gegen den Schuldner oder den Eigentümer zu erhalten.

---

34. 1. Über Rechtsnachfolge während des Rechtsstreits.

2. Wirkt das Urteil, welches das Nichtbestehen einer Hypothek rechtskräftig zuungunsten des Grundstückseigentümers verneint, gegen denjenigen, der das Grundstück in der Zwangsversteigerung ersteht, nur dann, wenn die Rechtshängigkeit im Versteigerungstermin angemeldet worden war, oder auch dann, wenn der Ersteher von der Rechtshängigkeit sonst Kenntnis erhalten hatte?

3. Bindet der in einem Teilurteil eingenommene Rechtsstandpunkt das Gericht auch für das Schlußurteil?

ZPO. § 265 Abs. 3, § 325 Abs. 4, § 301.

VII. Zivilsenat. Urt. v. 23. Oktober 1928 i. S. F. (Kl.) w. E. (Bekl.). VII 198/28.

I. Landgericht Stuttgart.
II. Oberlandesgericht daselbst.

Der Beklagte und sein Bruder kauften am 1. Februar 1921 von dem Metzger W. ein Hausgrundstück für 124000 M. Den Kaufpreis beglichen sie durch Übernahme von Hypotheken im Betrage von 87000 M. und durch Abtretung einer dem Kläger zustehenden Grundschuld von 37000 M. Dafür, daß der Kläger sich zur Abtretung dieser Grundschuld an den Verkäufer bereit fand, ließen die Käufer für ihn auf dem gekauften Grundstück eine Hypothek von 45000 M. eintragen. Der Kläger verlangte später von den Käufern die Umwandlung der Hypothek in eine Goldmarkhypothek und erreichte durch ein Abkommen vom 28. März 1924, daß für ihn an Stelle der Papiermarkhypothek eine Hypothek im Werte von 4839 Gramm Feingold, verzinslich zu 8%, im Grundbuch eingetragen wurde.

Im Rechtsstreit fordert der Kläger vom Beklagten die Zinsen der Hypothek für die Zeit vom 1. April bis zum 1. Oktober 1924 im Betrage von 270 RM. Der Beklagte bestreitet die Rechtsbeständigkeit der Umwandlung in die Goldhypothek. Zusammen mit seinem Bruder hat er sowohl diese wie auch das ihr zugrundeliegende Abkommen vom 28. März 1924 wegen Irrtums angefochten. Der Beklagte verlangt widerklagend vom Kläger die Bewilligung, daß für diesen an Stelle der jetzt vorhandenen Hypothek eine solche zum Betrage von nur 814,50 GM. eingetragen werde, indem er behauptet, daß die Papiermarkhypothek bloß auf diesen Betrag habe aufgewertet zu werden brauchen. Der Kläger bestreitet die Befugnis des Beklagten zur Widerklage, weil das Grundstück inzwischen zum Zwecke der Auseinandersetzung zur Zwangsversteigerung gekommen und vom Bruder des Beklagten ersteigert worden sei.

Das Landgericht hat unter Abweisung der Widerklage nach dem Klagantrag erkannt. Das Berufungsgericht hat durch Teilurteil die Berufung des Beklagten zur Klage zurückgewiesen und dann durch Schlußurteil nach dem Hauptantrag der Widerklage erkannt. Die Revision des Klägers führte zur Aufhebung und Zurückverweisung.

Aus den Gründen:

Es ist rechtsirrig, wenn das Berufungsgericht meint, der Beklagte habe die Parteizuständigkeit in bezug auf die Widerklage nicht dadurch verloren, daß er nicht mehr Eigentümer (richtig Miteigentümer) des belasteten Grundstücks sei, weil das Urteil nach § 325 Abs. 1 ZPO. auch für seinen Rechtsnachfolger wirke und er deshalb nach § 265 das. den Prozeß habe weiterführen dürfen. Denn dabei wird übersehen, daß es für die Anwendung des § 265 Abs. 3 ZPO. nicht darauf ankommt, ob das Urteil für den Rechtsnachfolger wirkt, sondern darauf, ob es nach § 325 ZPO. gegen den Rechtsnachfolger wirksam ist. Zwar kommt bei dem angefochtenen Urteil, weil es zugunsten des Widerklägers lautet, an sich nur eine Wirkung für den Rechtsnachfolger des Beklagten in Betracht. Aber das ist nicht entscheidend, weil § 265 Abs. 3 ZPO. nicht auf das ergangene Urteil abstellt, sondern darauf, ob das künftige Urteil, wenn es für den Kläger oder für den Widerkläger ungünstig lautet, auch gegen den Rechtsnachfolger wirksam wäre. Denn andernfalls müßte erst in eine sachliche Prüfung des Streitstoffs eingetreten werden, die durch § 265 Abs. 3 gerade vermieden werden soll und, falls die Klage oder die Widerklage nach dem Ergebnis der Prüfung sachlich abzuweisen wäre, diese Vorschrift auch überflüssig machen würde. Kam es aber darauf an, ob das ergehende Urteil, falls es für den

Kläger oder für den Widerkläger ungünstig lautete, auch gegen den Rechtsnachfolger wirkte, so war zu beachten, daß der Bruder des Widerklägers (wie der Widerbeklagte ohne Widerspruch des Gegners behauptet hat) das belastete Grundstück im Wege der Zwangsversteigerung erworben hat. Und da § 325 Abs. 3 Satz 2 ZPO. auch dann Anwendung findet, wenn der Grundstückseigentümer die Feststellung des Nichtbestehens einer Hypothek verlangt (Stein-Jonas ZPO. 14. Aufl. Bem. V zu § 325), mußte ferner berücksichtigt werden, daß das Urteil gegen den Ersteher eines zwangsversteigerten Grundstücks nur wirkt, falls die Rechtshängigkeit im Versteigerungstermin vor der Aufforderung zur Abgabe von Geboten angemeldet worden ist. Daß dies geschehen wäre, hat das Berufungsgericht bisher nicht festgestellt. Allerdings wird davon ausgegangen werden können, daß der Bruder des Beklagten, der das Grundstück durch Zuschlag erworben hat, die Rechtshängigkeit des zwischen den Parteien schwebenden Rechtsstreits kannte; denn er wurde in diesem Verfahren als Zeuge vernommen. Aber eine solche Kenntnis genügt nicht, um die Rechtskraft des künftigen Urteils auch gegen ihn zu begründen. Denn das Gesetz macht die Wirksamkeit des Urteils gegen den Ersteher des Grundstücks nicht von dessen jedesmal festzustellender Kenntnis oder Unkenntnis der Rechtshängigkeit abhängig, sondern es will im Interesse der Rechtssicherheit die Rechtskraftwirkung gegen ihn an einen objektiv ein für alle Male feststehenden Tatbestand knüpfen. Aus diesem Grunde wurde die Anmeldung im Versteigerungstermin vorgeschrieben.

Für den Fall, daß die Voraussetzungen für die weitere Parteizuständigkeit des Widerklägers gegeben sein sollten — was die Vorinstanz noch zu ermitteln haben wird —, kann der Revision darin nicht beigetreten werden, daß das Berufungsgericht durch das die Klage zusprechende Teilurteil verhindert gewesen wäre, im Schlußurteil die Gültigkeit des Abkommens vom 28. März 1924 zu verneinen. Denn die Anwendung des § 318 ZPO. kommt hier nicht in Frage, weil das Teilurteil kein Zwischenurteil ist, sondern ein selbständiges Endurteil, das für die rechtliche Beurteilung des weiteren Anspruchs völlig ausschied und nur insofern für das Berufungsgericht bindend war, als von der darin enthaltenen Entscheidung zur Klage nicht wieder abgegangen werden konnte. Deshalb waren die ihm beigegebenen Gründe für das Schlußurteil nicht verbindlich. Wollte sich der Kläger den Rechtsstandpunkt des Berufungsgerichts auch für die weitere Entscheidung sichern, so mußte er vor Erlassung des Teilurteils durch Klagerweiterung (§ 280 ZPO.) die Feststellung der Gültigkeit des Abkommens betreiben. Da dies nicht geschehen ist, konnte und mußte in der Schlußentscheidung die Gültigkeit des Abkommens vom 28. März 1924 von neuem selbständig geprüft werden. . . .

35. 1. Zur Frage der Stimmrechts-Behinderung des Gesellschafters einer Gesellschaft mbH., wenn es sich um ein dem Gesellschafter gegenüber vorzunehmendes Rechtsgeschäft handelt.

2. Gilt § 53 Abs. 3 GmbHG. auch für Kapitalerhöhungs-Beschlüsse?

3. Über Nichtigkeit von Beschlüssen der Gesellschafterversammlung wegen sittenwidriger Schädigung der Minderheit.

GmbHG. § 47 Abs. 4, § 53 Abs. 3; BGB. § 826.

II. Zivilsenat. Urt. v. 23. Oktober 1928 i. S. Sch. (Kl.) w. Kalksandsteinwerk T. GmbH. (Bekl.). II 54/28.

I. Landgericht Lüneburg
II. Oberlandesgericht Celle.

Der jetzige Geschäftsführer L. der Beklagten hat durch vertragliche Abmachungen mit der Klägerin vom 28. Juni und 29. Oktober 1922 von dem damaligen, noch aus der Vorkriegszeit herrührenden Stammkapital der Beklagten von 177000 M. Geschäftsanteile in Höhe von 148000 M. erworben. Der Klägerin verblieben noch Anteile über zusammen 29000 M.; nach den mit L. abgeschlossenen Verträgen sollte ihr weiter der auf 27000 M. von dessen Geschäftsanteilen entfallende Gewinn auf die Dauer von 5 Jahren zustehen. Durch Beschlüsse einer Gesellschafterversammlung der Beklagten vom 28. Juni 1922 ist L. zum Geschäftsführer bestellt und gleichzeitig auch der Gesellschaftsvertrag u. a. dahin abgeändert worden, daß er als Geschäftsführer von den Beschränkungen des § 181 BGB. befreit sein sollte. Eine weitere Gesellschafterversammlung der Beklagten vom 31. Mai 1923, in der die Klägerin mit ihren Geschäftsanteilen von noch 29000 M. und der Mitgesellschafter L. mit den seinigen von 148000 M., sonach das ganze Stammkapital vertreten war, hat gegen die Stimmen der Klägerin und trotz ihres zu Protokoll erklärten Widerspruchs mit den Stimmen des Antragstellers L. beschlossen, das Stammkapital um 1323000 M., also auf 1500000 M. zu erhöhen, den Übernahmekurs für die neue Stammeinlage auf 300% festzusetzen und die Steinhandelsgesellschaft mbH. in H. zu ihrer Übernahme zuzulassen. L. hat in der Folge mit der Versicherung, daß die neue Stammeinlage von der Steinhandelsgesellschaft übernommen und eingezahlt sei, unter Vorlegung ihrer öffentlich beglaubigten Übernahmeerklärung als Geschäftsführer der Beklagten die Eintragung des Kapitalerhöhungs-Beschlusses in das Handelsregister beantragt. Die Klägerin hat diesem Antrag widersprochen; trotzdem ist die Eintragung am 16. Juli 1923 vollzogen und demnächst in den Gesellschaftsblättern bekannt gemacht worden. Die Steinhandelsgesellschaft mbH. war im September 1922 von L. und seiner Schwester A. L. mit einem Stammkapital von 20000 M. gegründet worden, von dem L. 19000 M. und seine Schwester 1000 M. übernommen hatte. Anfang Dezember 1922 wurde die Steinhandelsgesellschaft in das Handelsregister eingetragen. L. war bis Mitte Mai 1923 auch Geschäftsführer dieser Gesellschaft und ist dies wieder seit Januar 1924.

In einer Gesellschafterversammlung der Beklagten vom 5. Oktober 1925, in der wiederum das ganze Stammkapital und sämtliche Gesellschafter, darunter die Steinhandelsgesellschaft mbH. mit ihrem Geschäftsanteil von 1323000 M. vertreten waren, ist gegen die Stimmen der Klägerin die Goldmark-Eröffnungsbilanz und die Umstellung des Stammkapitals auf 60000 RM. beschlossen worden; die Klägerin hatte das Teilnahme- und das Stimmrecht der Steinhandelsgesellschaft wegen Nichtigkeit des Kapitalerhöhungs-Beschlusses nebst Ausführungsbeschlüssen bestritten. Der Umstellungsbeschluß ist, soweit ersichtlich, noch nicht in das Handelsregister eingetragen.

Die Klägerin macht geltend, der Kapitalerhöhungs-Beschluß vom 31. Mai 1923 nebst Anhang-Beschlüssen verstoße gegen die guten Sitten, d. h. gegen den Grundsatz der Gleichbehandlung der Gesellschafter und gegen das Stimmrechtsverbot des § 47 Abs. 4 GmbHG. und sei deshalb nichtig. L. wolle unter Ausnützung seiner Stimmenübermacht und in geflissentlicher Mißachtung der Rechte und Interessen der Beklagten und der Klägerin die Gesellschaft sich so gut wie ganz und umsonst in die Hände spielen, wobei er die ganz von ihm beherrschte Steinhandelsgesellschaft zur Verschleierung des Sachverhalts vorgeschoben habe. Dieses Vorgehen des L. mache die Erreichung des Gesellschaftszwecks unmöglich und gebe auch einen wichtigen Grund zur Auflösung der Gesellschaft. Demgemäß ging das Klagebegehren dahin:

1. festzustellen, daß der Beschluß der Gesellschafterversammlung vom 31. Mai 1923, wonach das Stammkapital der Beklagten um 1323000 M. erhöht und dieser Betrag der Steinhandelsgesellschaft mbH. zum Kurs von 300% überlassen werden sollte, nichtig sei;
2. die Auflösung der verklagten Gesellschaft mbH. auszusprechen.

Das Landgericht sprach die Klage in vollem Umfang zu. Das Oberlandesgericht dagegen entsprach nur dem Auflösungsbegehren der Klägerin und wies im übrigen die Klage ab. Auf die Revision der Klägerin wurde das landgerichtliche Urteil wiederhergestellt, soweit es der Nichtigkeitsklage stattgab.

Aus den Gründen:

Die Revision der Klägerin rügt zunächst Verletzung des § 47 Abs. 4 S. 2 GmbHG. Gegen diese Vorschrift soll bei der Beschlußfassung um deswillen verstoßen worden sein, weil L. als Geschäftsführer und Gesellschafter der Beklagten wegen seiner gleichen Stellung bei der Steinhandelsgesellschaft mbH. nicht habe über deren Zulassung zur Übernahme der neuen Stammeinlage mitabstimmen können; denn diese Beschlußfassung habe die Vornahme eines Rechtsgeschäfts ihm gegenüber betroffen, bei dessen Abschluß er überdies beide Parteien als ihr Geschäftsführer zu vertreten gehabt und vertreten habe. Der Revision ist zuzugeben, daß der Beschluß über die Kapitalerhöhung und die Zulassung der Steinhandelsgesellschaft mbH. ein untrennbares Ganzes bilden mit der Folge, daß die Nichtigkeit oder Unwirksamkeit eines Teils die Nichtigkeit des Beschlusses im ganzen nach sich ziehen müßte. Die Übernahme der neuen Stammeinlage erforderte den Abschluß eines Vertrags zwischen der Beklagten und der Steinhandelsgesellschaft. Diesen Vertrag schlossen die Gesellschafter nicht selbst, sondern der Abschluß war Sache des Geschäftsführers. Allein der Zulassungsbeschluß ging dahin, daß der

Steinhandelsgesellschaft ein bestimmtes Vertragsangebot gemacht werden sollte, ohne dem Geschäftsführer insoweit freie Hand zu lassen. Der Beschluß, der aussprach, daß der Übernahmevertrag zu den in diesem Beschlusse selbst festgesetzten Bedingungen abzuschließen sei, betraf somit entgegen der Annahme des Berufungsgerichts ein der Steinhandelsgesellschaft gegenüber vorzunehmendes Rechtsgeschäft (RGZ. Bd. 109 S. 77; Bd. 115 S. 246; JW. 1927 S. 672). Allerdings enthält § 47 Abs. 4 GmbHG., wie sich aus § 45 Abs. 2 das. ergibt, kein zwingendes Recht; der Gesellschaftsvertrag kann die Stimmverbote einschränken, ganz beseitigen, aber auch erweitern (RGZ. Bd. 89 S. 383). In der Befreiung des Geschäftsführers von dem Verbot des § 181 BGB. liegt jedoch nicht zugleich die Aufhebung des Stimmverbots des § 47 Abs. 4 S. 2 (erster Fall) für ihn in seiner Eigenschaft als Gesellschafter. Beide Vorschriften gehen zwar auf denselben Grundgedanken zurück, regeln aber ganz verschiedene Rechtsbeziehungen, die nichts miteinander zu tun haben. Aus einer Satzungsbestimmung, die sich mit den Befugnissen des Geschäftsführers befaßt, können deshalb keine Schlüsse für seine Rechte als Gesellschafter gezogen werden. Im übrigen enthält der Gesellschaftsvertrag nichts von einer Aufhebung oder Einschränkung der gesetzlichen Stimmrechtsverbote. Der abweichende Standpunkt des Berufungsgerichts zu diesem Punkt kann sonach nicht gebilligt werden. Mit Recht führt jedoch das angefochtene Urteil weiter aus, daß die Steinhandelsgesellschaft als Gesellschaft mbH. rechtsfähig und als juristische Person eine von ihren Gesellschaftern verschiedene Rechtspersönlichkeit sei. Daran ändert auch der Umstand nichts, daß L. den weitaus größten Teil ihres Stammkapitals in Händen hatte und sie beherrschte. Dafür, daß die Steinhandelsgesellschaft die Stammeinlage in Wirklichkeit nicht für sich, sondern in verdeckter Stellvertretung für L. erwerben sollte, liegen keine ausreichenden Anhaltspunkte vor. Falls L. noch Geschäftsführer der Steinhandelsgesellschaft gewesen wäre, hätte ihn dies nicht gehindert, mit seinen eigenen Anteilen an der verklagten Gesellschaft mbH. das Stimmrecht auszuüben. Tatsächlich war er aber zur Zeit der Beschlußfassung gar nicht mehr Geschäftsführer der Steinhandelsgesellschaft; diesen Posten versah vielmehr damals der Zeuge H., der auch den Übernahmevertrag abgeschlossen und die Übernahmeerklärung gezeichnet hat.

Der Beschluß verstößt an und für sich auch nicht gegen den Grundsatz der gleichmäßigen Behandlung der Gesellschafter. Der Gesellschaftsvertrag enthält nichts über den Fall der Kapitalerhöhung und über ein etwaiges Bezugsrecht der Gesellschafter. Insoweit gelten deshalb die gesetzlichen Vorschriften. Ob L. der Klägerin gegenüber in Ansehung des Umfangs ihrer Kapitalbeteiligung bei Erhöhung des Stammkapitals anderweitig besondere Verpflichtungen eingegangen war, ist ohne Bedeutung. Handelte er solchen Verpflichtungen zuwider, so machte er sich ihr unter Umständen schadensersatzpflichtig. An der Zuständigkeit der Gesellschafterversammlung und an ihrer Befugnis, im allgemeinen gesetzlichen Rahmen frei über die Übernahme der neuen Stammeinlage zu beschließen, wurde hierdurch nichts geändert. Durch den Beschluß über die Zulassung der Steinhandelsgesellschaft ist gleichzeitig die Bezugsberechtigung der bisherigen Gesellschafter ausgeschlossen worden. Der Ausschluß traf formell beide Gesellschafter gleichmäßig. Der Umstand, daß er mittelbar und wirtschaftlich dem L. besondere Vorteile bringen mochte, weil er Hauptgesellschafter der Steinhandelsgesellschaft war, würde für sich allein die Gültigkeit des Beschlusses noch nicht in Frage stellen.

Ebensowenig trifft § 53 Abs. 3 GmbHG. zu. Der Kapitalerhöhungs-Beschluß hat nach seinem Inhalt unmittelbar nichts mit den Verpflichtungen der seitherigen Gesellschafter zu tun. Schließlich kann er allerdings im Hinblick auf § 24 GmbHG. zu einer vermehrten Heranziehung der bisherigen Gesellschafter führen. Diese Möglichkeit reicht aber noch nicht aus, um die Anwendung des § 53 Abs. 3 zu rechtfertigen; denn diese Vorschrift hat nur solche Beschlüsse im Auge, die unmittelbar eine Erweiterung der Gesellschaftsverpflichtungen zum Gegenstand haben (RGZ. Bd. 93 S. 251).

Die Revision der Klägerin greift weiterhin die Ausführungen des Berufungsgerichts an, auf Grund deren die Nichtigkeit des Beschlusses wegen Verstoßes gegen die guten Sitten verneint wird. Das Landgericht hat einen solchen Verstoß schon deshalb bejaht, weil durch den Beschluß trotz des Widerspruchs der Klägerin deren Beteiligung an dem zu verteilenden Reingewinn ganz erheblich herabgedrückt werde; ein solcher Beschluß bedeute eine mit den guten Sitten im gesellschaftlichen Verkehr unverträgliche Vergewaltigung der Minderheit und einen ebensolchen Machtmißbrauch der Mehrheit.

Das Berufungsgericht mißbilligt diese Auffassung, weil die Gesellschafter einer Gesellschaft mbH. kein gesetzliches Bezugsrecht auf die neue Stammeinlage hätten und weil auch die Satzung der Beklagten kein Bezugsrecht vorsehe. Außerdem habe L. der Klägerin gegenüber für den Fall der Kapitalerhöhung keinerlei Verpflichtung übernommen und die Klägerin habe gewußt, daß er vermöge seiner Stimmenmacht das Schicksal der Beklagten ausschlaggebend zu beeinflussen vermöge. Endlich sei die natürliche Folge jeder Kapitalerhöhung eine Verwässerung der bisherigen Anteile. Das Landgericht hat die Annahme eines Verstoßes wider die guten Sitten auch noch damit begründet, daß sich L. unter Vorschiebung der Steinhandelsgesellschaft zu einem niedrigeren Kurs, als ihn die Klägerin geboten habe und zu bieten bereit gewesen sei, in den Besitz der neuen Stammeinlage und damit des weitaus größten Teils des neuen Stammkapitals habe setzen wollen. Dem hält das Berufungsgericht entgegen, daß es allerdings Fälle gebe, in denen die Ausnützung der Stimmenübermacht sittenwidrig sei, so namentlich dann, wenn die Mehrheit unter Hintansetzung des Wohls der Gesellschaft selbstsüchtige Zwecke verfolge. Die Beklagte bestreite aber ein solches Verhalten mit der Begründung, daß sie in den Jahren 1922/24 von der Steinhandelsgesellschaft mit über 36000 GM. gestützt worden sei. Treffe dies zu, dann könne es — so führt das angefochtene Urteil weiter aus — nicht als sittenwidrig angesehen werden, wenn die Beklagte durch Überlassung der neuen Stammeinlage an die Steinhandelsgesellschaft ihre Schulden bei dieser abzudecken versucht habe. Die Klägerin sei bei dieser Sachlage beweispflichtig für ihre Behauptung, daß zur Zeit des Gesellschafterbeschlusses vom 31. Mai 1923 nicht die Beklagte an die Steinhandelsgesellschaft, sondern diese an die Beklagte verschuldet gewesen sei. Nun stehe aber fest, daß die Steinhandelsgesellschaft bis zum 31. Mai 1923 von der Beklagten mindestens 5600 GM. für finanzielle Unterstützung zu fordern gehabt und daß damals bei der Beklagten ein Bedürfnis nach weiterer Unterstützung vorgelegen habe. Da endlich auch die Verkaufsprovision von 20%, womit die Steinhandelsgesellschaft die Beklagte für Vermittlung des Absatzes der Steinerzeugung belastet habe, nach dem Sachverständigengutachten nicht zu beanstanden sei, so könne der angefochtene Beschluß nicht als sittenwidrig bezeichnet werden.

Die Revision macht dem Berufungsrichter zum Vorwurf, daß er bei Erörterung der Frage des Machtmißbrauchs und der Gleichbehandlung der Gesellschafter die maßgebenden wirtschaftlichen Verhältnisse völlig außer acht lasse. Ferner habe der Vorderrichter bei Prüfung der Beschlüsse vom Standpunkt des Wohles der Gesellschaft aus die tatsächlich vorhanden gewesene Möglichkeit unberücksichtigt gelassen, der Beklagten auch ohne Heranziehung der Steinhandelsgesellschaft und ohne Verkümmerung der Interessen der Klägerin aufzuhelfen. L. habe den Antrag der Klägerin, die neuen Anteile zu 300% verhältnismäßig unter die Gesellschafter aufzuteilen, ebenso zu Fall gebracht wie ihr Übernahmeangebot zu 500% und mehr, obwohl hierdurch der Beklagten mindestens 4 bis 6,6 Millionen PM. zugeflossen wären. Dann hätte es auch — so macht die Revision weiter geltend — der ferneren Unterstützung durch die Steinhandelsgesellschaft nicht bedurft; die Verkaufsprovision von 20% sei nichts anderes als ein auf Kosten der Beklagten oder der Klägerin bewirktes Geschenk des L. an sich selbst gewesen.

Der Revisionsangriff ist im Ergebnis begründet. Der Beschluß auf Erhöhung des Stammkapitals unter Festsetzung eines Übernahmekurses und eines Bezugsangebots an die Steinhandelsgesellschaft ist an und für sich inhaltlich weder sitten- noch gesetz- noch satzungswidrig. Er ist auch mit der erforderlichen Mehrheit gefaßt; denn L. konnte mitabstimmen. Seine Nichtigkeit soll nun aber daraus hergeleitet werden, daß die Mehrheit, d. h. der Gesellschafter L., auf diesem Wege in eigennütziger Hintansetzung der Gesellschaftsinteressen und in rücksichtsloser Unterdrückung der Minderheit und ihrer Belange die Gesellschaft so gut wie vollständig und ohne ernst zu nehmende Gegenleistung habe in seine Hand bringen wollen. Ist dem so, dann kann allerdings der Beschluß keinen Bestand haben; er würde auf eine geflissentliche, mit den guten Sitten unvereinbare Schädigung der Klägerin als Minderheits-Gesellschafterin hinauslaufen, der diese von Anfang an widersprochen hat. Zunächst liegt auf der Hand, daß der angefochtene Beschluß der Beklagten keine nennenswerte Verstärkung ihrer Betriebsmittel bringen konnte und gebracht hat. Aus der Kapitalerhöhung selbst floß der Beklagten (gerechnet nach dem Dollarstand vom 31. Mai 1923 als dem Tag der Beschlußfassung) bestenfalls ein Betrag von rund 240 GM., also so gut wie nichts zu. Anderseits verschoben sich die Anteilsberechtigungen dahin, daß die Klägerin statt der bisherigen rund 18% nur noch 1,8%, L. und die Steinhandelsgesellschaft dagegen zusammen 98,2% des Stammkapitals im Besitz hatten. Die Klägerin, die bis dahin immerhin über rund $^1/_6$ des Stammkapitals verfügte, wurde demnach durch den Beschluß in ihren Gesellschaftsrechten weitgehend verkürzt (gerade auch im Hinblick auf § 61 Abs. 2 GmbHG.). Diese Wirkungen lagen offen zutage und auch der die „Mehrheit" bildende Mitgesellschafter L. hat sie klar erkannt, zumal da die Klägerin in den vorausgegangenen mehrmonatigen Verhandlungen sein Vorhaben hartnäckig bekämpft hatte. Der Beschluß brachte also der Gesellschaft keine finanzielle Stärkung, der Minderheit aber schwerste Beeinträchtigung und Entwertung ihrer Rechte. Die Anträge der Klägerin, die auf wesentlich höhere Ausgabekurse oder wenigstens auf ihre anteilmäßige Beteiligung an der Kapitalerhöhung hinausliefen, hatte L. zu Fall gebracht. Angesichts der Tatsache, daß er die Steinhandelsgesellschaft beherrschte und daß sich deren Stammkapital nahezu vollständig in seiner Hand befand, fielen die Vorteile aus der mit der Kapitalerhöhung verbundenen Verschiebung im gesellschaftlichen Beteiligungsverhältnis schließlich ihm allein zu. Gerade dies, und nicht die Zuführung neuer Mittel durch die Kapitalerhöhung (die so, wie sie ins Werk gesetzt war, einen solchen Erfolg gar nicht haben konnte), war aber der eigentliche Zweck der Beschlüsse. Das ergibt sich aus dem eigenen Vorbringen der Beklagten: L. habe sich Gewähr dafür verschaffen wollen, daß die hergegebenen Gelder für ihn gesichert würden, um nicht Mittel in die verklagte Gesellschaft zu stecken mit dem Ergebnis, daß das Geld, wenn es „schief" gehe, für ihn verloren sei und daß bei günstiger Entwicklung die Klägerin daran „profitiere".

Ist dem so, dann war allerdings der Kapitalerhöhungs-Beschluß in Wahrheit keine Maßnahme zur finanziellen Kräftigung der Gesellschaft, sondern er war ganz offensichtlich von L. in rücksichtsloser Verfolgung eigennütziger Zwecke, eben zur weitgehendsten Zurückdrängung und Entwertung der Gesellschafter-Rechte der Klägerin, mithin geflissentlich zu ihrer Schädigung veranlaßt und durchgesetzt. Gesellschafter-Beschlüsse dieser Art stellen aber einen sittenwidrigen Machtmißbrauch der Mehrheit zum Nachteil der Minderheit dar und können deshalb keine rechtliche Geltung beanspruchen. Ob die Steinhandelsgesellschaft zur Zeit des Erhöhungsbeschlusses größere oder geringere oder gar keine Ansprüche an die Beklagte hatte, ist demgegenüber unerheblich. Nach dem Erhöhungsbeschluß hatte die Steinhandelsgesellschaft für die neue Stammeinlage nur 3 × 1325000 PM. = 3975000 PM. = 240 GM. zu entrichten. Mit keinem Wort ist in dem Beschluß davon die Rede, daß darüber hinaus irgendwelche Ansprüche der Gesellschaft abgegolten seien und daß sie der Beklagten gegenüber für die Zukunft sonstige finanzielle Verpflichtungen übernehme. Tatsächlich hat die Steinhandelsgesellschaft der Beklagten keinesfalls mehr als den Übernahmekurs für die neue Stammeinlage gutgebracht. . . .

---

36. Steht die vor Inkrafttreten des Aufwertungsgesetzes eingetretene Rechtskraft eines Beschlusses, der über die Entschädigung für eine nach Art. II § 4 des Reichsgesetzes vom 23. Juni 1923 enteignete Hypothek entschieden hat, der Einleitung eines neuen Verfahrens über die Festsetzung der Entschädigung entgegen, wenn geltendgemacht wird, daß die Berücksichtigung der Vorschriften des Aufwertungsgesetzes zu einer dem Enteigneten günstigeren Beurteilung der Entschädigungsfrage geführt hätte?

V. Zivilsenat. Urt. vom 24. Oktober 1928 i. S. Deutsches Reich (Bekl.) w. B. (Kl.). V 234/28.

I. Landgericht III Berlin.
II. Kammergericht daselbst.

Auf einem seit dem 4. Dezember 1920 dem Kläger gehörigen Hausgrundstück war seit dem 10. Juni 1905 in Abteilung III unter Nr. 3 für eine Basler Lebensversicherungsgesellschaft a. G. eine Darlehenshypothek eingetragen, die sich zuletzt noch auf 486000 M. belief und eine Goldhypothek war im Sinne des Zusatzabkommens zum Abkommen vom 6. Dezember 1920 zwischen dem Deutschen Reich und der Schweizerischen Eidgenossenschaft, betreffend schweizerische

Goldhypotheken in Deutschland usw. Am 14. November 1923 ist diese Hypothek auf Grund der Art. 5 und 7 des Zusatzabkommens gelöscht und sind gleichzeitig Grundschulden in Schweizer Franken für die Gläubigerin und für den Grundstückseigentümer in Abteilung III unter Nr. 13 und 14 mit dem aus den genannten Artikeln ersichtlichen Rang eingetragen worden. Durch Beschluß des Reichswirtschaftsministers vom 21. Oktober 1924 wurden die der früheren Goldhypothek im Rang nachstehenden Hypotheken, darunter eine in Abteilung III unter Nr. 4 zugunsten der Streitgehilfin Witwe von Z. eingetragene Darlehenshypothek von 138000 M., gemäß Artikel II § 4 des Gesetzes vom 23. Juni 1923 (RGBl. II S. 284) zugunsten des Deutschen Reiches enteignet. Gleichzeitig wurde bestimmt, daß für diese Hypotheken keine Entschädigung zu gewähren sei, und zwar für die Hypothek der Frau von Z. deshalb nicht, weil eine notariell beglaubigte Löschungsbewilligung der Gläubigerin und ihres Ehemannes vorgelegen habe und diese sich keine Aufwertungsansprüche vorbehalten hätten, der Gläubigerin also nach der damals noch in Geltung gewesenen dritten Steuernotverordnung kein Aufwertungsanspruch zugestanden habe. Nach Inkrafttreten des Aufwertungsgesetzes haben zwei Hypothekengläubiger, darunter Frau von Z., auf Grund des § 15 das. Aufwertung kraft Rückwirkung verlangt und ihre Ansprüche bei der Aufwertungsstelle angemeldet. Der Reichswirtschaftsminister hat darauf durch Beschluß vom 31. August 1926 bestimmt, daß ihnen Entschädigungen zu gewähren seien, und zwar der Frau von Z. in Höhe von 29580 GM. Zugleich wurde der Kläger als Grundstückseigentümer angewiesen, diese Entschädigungen innerhalb eines Monats an die Gläubiger zu zahlen, widrigenfalls sie auf Antrag der als Treuhänderin bestellten Reichskreditgesellschaft-AG. durch diese gezahlt und dann nebst Zinsen gegen den Kläger zwangsweise beigetrieben würden.

Im November 1926 erhob der Kläger gegen das Deutsche Reich Klage mit dem Antrag, ihn unter Aufhebung dieses Beschlusses von den darin festgesetzten Entschädigungen freizustellen. Das Landgericht wies die Klage ab, nachdem die betroffenen Gläubiger dem Beklagten als Streitgehilfen beigetreten waren. Auf die Berufung des Klägers hob das Kammergericht den Beschluß des Reichswirtschaftsministers auf, soweit er sich auf die der Frau von Z. zugesprochene Entschädigung bezieht; im übrigen erklärte es die Hauptsache durch Zurücknahme der Klage für erledigt. Die Revision des Beklagten führte zur Aufhebung des Berufungsurteils, soweit es zu seinen und der Streitgehilfin Frau von Z. Ungunsten ergangen war, und in diesem Umfang zur Zurückverweisung an das Berufungsgericht.

Gründe:

Der Berufungsrichter meint, die Erlassung des angefochtenen Beschlusses sei nicht zulässig gewesen. Denn er enthalte eine Abänderung des schon vorher von derselben Behörde erlassenen Beschlusses vom 21. Oktober 1924. Zu einer solchen Abänderung sei aber diese Behörde nicht befugt gewesen. Zwar könne eine Verwaltungsbehörde die von ihr erlassenen Verfügungen in der Regel ändern. Diese Regel erleide aber u. a. dann eine Ausnahme, wenn für die Anfechtung der Verfügung ein besonderer Rechtsbehelf gegeben sei, und diese Voraussetzung treffe hier zu. Denn der Beschluß vom 21. Oktober 1924 habe nach Art. II § 6 Abs. 3 des Reichsgesetzes über das Zusatzabkommen zum Abkommen vom 6. Dezember 1920 zwischen dem Deutschen Reiche und der Schweizerischen Eidgenossenschaft, betreffend schweizerische Goldhypotheken in Deutschland usw., vom 23. Juni 1923 durch Klage vor dem ordentlichen Gericht angefochten werden können. Auch sei dieser Beschluß durch fruchtlosen Ablauf der für seine Anfechtung im Klagewege bestimmten Frist rechtskräftig geworden; dieser Umstand stehe seiner Änderung gleichfalls entgegen. Denn eine gesetzliche Vorschrift, die etwas Gegenteiliges bestimme, sei nicht vorhanden; insbesondere sei eine solche aus den § 68 Abs. 2 und § 78 Satz 2 AufwG. nicht herzuleiten.

Zuzugeben ist, daß diese Vorschriften wie auch die übrigen Vorschriften des Aufwertungsgesetzes auf den vorliegenden Fall keine unmittelbare Anwendung finden. Denn es handelt sich nicht um Aufwertung und Wiedereintragung einer Hypothek, sondern um die Frage, ob und in welchem Umfang wegen Enteignung einer solchen auf Grund des Art. II § 6 des Gesetzes vom 23. Juni 1923 eine Entschädigung zu gewähren ist. Mittelbar ist aber bei Beurteilung dieser Frage auch das Aufwertungsgesetz mit heranzuziehen. Denn nach der erwähnten Vorschrift des Gesetzes vom 23. Juni 1923 erfolgt die Enteignung gegen angemessene Entschädigung. Als solche ist aber eine Entschädigung nur dann anzusehen, wenn sie den Gläubiger in die gleiche wirtschaftliche Lage versetzt, in der er sich befunden hätte, wenn die Enteignung nicht geschehen wäre. Unbedenklich ist anzunehmen, daß bei der Entscheidung hierüber nach Inkrafttreten des Aufwertungsgesetzes dessen Vorschriften zu berücksichtigen sind. Fraglich kann nur sein, welche Tragweite diesen Vorschriften für den Fall beizumessen ist, daß schon vor ihrem Inkrafttreten über die Entschädigungsfrage rechtskräftig entschieden war. Ausdrücklich ist diese Frage im Gesetz allerdings nicht geregelt. Allein daraus ist nicht zu folgern, daß sie im Sinne des Berufungsrichters zu entscheiden sei. Denn bei Erlassung der die Festsetzung der Entschädigung betreffenden Vorschriften lag zu solcher Regelung kein Anlaß vor, weil damals mit Vorschriften, wie sie die spätere Aufwertungsgesetzgebung gebracht hat, noch in keiner Weise zu rechnen war. Daß bei Beratung des Aufwertungsgesetzes übersehen wurde, die hier in Rede stehende Frage ausdrücklich zu regeln, kann im Hinblick auf die Verhältnisse, unter denen dieses Gesetz zustandegekommen ist, gleichfalls nicht befremden. Dem Sinn und Zweck dieser Vorschriften wird aber die Lösung des Berufungsrichters nicht gerecht. Es handelt sich hierbei um § 15 AufwG. (Aufwertung kraft Rückwirkung) und die §§ 68, 78 das. (Ausschaltung der Rechtskraft gerichtlicher Entscheidungen). Dem Gedanken, der diesen Vorschriften zugrundeliegt, entspricht es, wenn er auch bei der Entscheidung über Entschädigung für Hypotheken zur Geltung gebracht wird, die nach dem Gesetz über das Zusatzabkommen enteignet worden sind. Das geschieht in der Weise, daß man in der vor Inkrafttreten des Aufwertungsgesetzes eingetretenen Rechtskraft eines die Entschädigung festsetzenden Beschlusses oder Urteils kein Hindernis sieht für die Einleitung eines neuen Verfahrens zur Festsetzung der Entschädigung, soweit geltendgemacht wird, daß die Vorschriften des Aufwertungsgesetzes zu einer anderen Beurteilung der Entschädigungsfrage geführt hätten. Denn die gegenteilige Auffassung müßte zu einer den Zwecken des Aufwertungsgesetzes zuwiderlaufenden Beeinträchtigung der vom Gesetz als schutzwürdig anerkannten Interessen der vor seinem Inkrafttreten enteigneten Hypothekengläubiger führen, da ein anderer Weg, diese Interessen zu schützen, nicht ersichtlich ist. Insbesondere läßt sich dieses Ziel nicht auf dem Umweg über die Wiedereintragung ihrer Hypotheken auf Grund des Aufwertungsgesetzes erreichen. Denn diese Wiedereintragung wäre unvereinbar mit den Rechten, die den schweizerischen Hypothekengläubigern durch das Zusatzabkommen gewährleistet sind; diese Rechte müssen aber nach § 87 AufwG. unberührt bleiben. Im übrigen könnte auch der enteignete Hypothekengläubiger nach der Enteignung nicht mehr in das Grundbuch eingetragen werden; denn eine entsprechende Anwendung der Ausnahmevorschrift des § 7 AufwG. ist nicht angängig. Ebensowenig kann dem enteigneten Hypothekengläubiger, auch vom Standpunkt des Berufungsrichters aus, ein Bereicherungsanspruch zugebilligt werden. Denn ein solcher müßte daran scheitern, daß bei Anerkennung der fortdauernden Wirkung der Rechtskraft des früheren Beschlusses gerade diese Rechtskraft als Rechtsgrund seines Verlustes zu betrachten wäre.

Das Bedenken, der hier vertretenen Ansicht stehe entgegen, daß in den §§ 68 und 78 AufwG. nur von gerichtlichen Entscheidungen die Rede ist, während hier die Wirkung der Entscheidung einer Verwaltungsbehörde in Frage steht, kann schon deshalb nicht durchschlagen, weil es sich hier nur um eine sinngemäße Berücksichtigung der Grundgedanken des Aufwertungsgesetzes in einem Verfahren handelt, das im Gesetz nicht ausdrücklich geregelt ist. Im übrigen würde diese Unterscheidung auch zu dem sinnwidrigen Ergebnis führen, daß die Wirkung der Rechtskraft der im Verfahren zur Festsetzung der Entschädigung ergangenen Entscheidung davon abhinge, ob sich diese als Beschluß einer Verwaltungsbehörde oder als Urteil eines Gerichts darstellt, und daß einem solchen Beschluß eine stärkere Wirkung zukäme als einem gerichtlichen Urteil.

Schließlich kann sich der Kläger zur Unterstützung der Auffassung des Berufungsrichters auch nicht auf die vom VI. (jetzt VII.) Zivilsenat in seinen Urteilen vom 3. November 1925 und 17. Januar 1928 VI 252/25 und VII 475/27 (RGZ. Bd. 112 S. 50 und Zeiler, Aufwertungsfälle Nr. 205 und 1058) ausgesprochenen Grundsätze berufen. Denn in dem diesen Urteilen zugrundeliegenden Falle stand nur in Frage, ob das Gericht nach rechtskräftiger Festsetzung einer vom Oberlandeskulturamt wegen Enteignung zu Siedlungszwecken zuerkannten Entschädigung deshalb eine weitere Entschädigung zusprechen könne, weil bei Berechnung der festgesetzten Entschädigung die Geldentwertung nicht richtig berücksichtigt sei. Hier aber handelt es sich um die Tragweite von Vorschriften, die nach Eintritt der Rechtskraft des Beschlusses über die Festsetzung der Entschädigung mit rückwirkender Kraft erlassen worden sind, und um die Frage, ob die Rechtskraft dieses Beschlusses der Einleitung eines neuen Verfahrens zur Feststellung der Entschädigung durch die Verwaltungsbehörde entgegensteht. Da diese Frage aus den dargelegten Gründen zu verneinen ist, mußte das Berufungsurteil, soweit es angefochten ist, aufgehoben werden. Zur Endentscheidung ist die Sache aber noch nicht reif. Denn von dem hier vertretenen Standpunkt aus bedarf es nunmehr der Erörterung, ob und in welchem Umfang die enteignete Hypothekengläubigerin, wenn ihre Hypothek nicht enteignet worden wäre, Aufwertung kraft Rückwirkung gemäß § 15 AufwG. hätte beanspruchen können. Nach dieser Richtung ist der Streitfall bisher nicht erörtert worden und sind auch die maßgebenden tatsächlichen Verhältnisse noch nicht geklärt.

---

37. Beginnt die persönliche und gesamtschuldnerische Haftung derer, die vor der Eintragung einer Gesellschaft mbH. in ihrem Namen handeln, erst mit der Errichtung eines formell gültigen Gesellschaftsvertrags oder Vorvertrags?

GmbHG. § 11 Abs. 2.

II. Zivilsenat. Urt. v. 26. Oktober 1928 i. S. von H. (Bekl.). w. Frau M. (Kl.). II 249/28.

I. Landgericht Frankfurt a. M.
II. Oberlandesgericht daselbst.

Durch notariellen Gesellschaftsvertrag vom 26. Februar 1926 wurde in F. die „Polyforma-Gesellschaft mbH." gegründet, deren Eintragung in das Handelsregister am 30. April 1926 erfolgte. Die Gründer waren außer dem Beklagten noch Sch. und B. Am 28. Januar 1926 gewährte die Klägerin dem B. ein Darlehen von 10000 RM. Am Schlusse der darüber aufgenommenen Urkunde, hinter der Unterschrift des Darlehensschuldners, befindet sich folgende Erklärung:

„Für die Rückzahlung der 10000 GM. innerhalb eines Jahres ... bürgt außer B. die Polyforma-Gesellschaft mbH., vertreten durch die Herren von H. (den Beklagten) und Sch., ... hierdurch Herrn M. und Frau ... unter Verzicht auf die Einrede der Vorausklage.

den 28. Januar 1926
Polyforma-GmbH.
von H. Sch."

Gegenüber der auf die Bürgschaftserklärung gestützten, gemäß § 11 Abs. 2 GmbHG. gegen den Beklagten gerichteten Klage auf Zahlung der Darlehenssumme machte dieser u. a. geltend: Die genannte Vorschrift sei hier nicht anwendbar, weil am 28. Januar 1926 die Polyforma-GmbH. noch nicht bestanden habe, ja noch nicht einmal ein gültiger Gesellschaftsvertrag abgeschlossen gewesen sei.

Das Landgericht wies die Klage ab; das Oberlandesgericht gab ihr statt. Die Revision des Beklagten war erfolglos.

Aus den Gründen:

Die Revision wendet sich dagegen, daß der Berufungsrichter den § 11 Abs. 2 GmbHG. für anwendbar und den Beklagten für persönlich haftbar aus der Bürgschaft vom 28. Januar 1926 erklärt hat. In Frage steht, ob die persönliche Haftung des im Namen der Gesellschaft vor deren Eintragung Handelnden erst mit der Errichtung eines formell gültigen (notariellen) Gesellschaftsvertrags oder wenigstens Vorvertrags beginnt oder ob die Haftung unabhängig davon und namentlich schon dann Platz greift, wenn nur im Zeitpunkt des Handelns gewisse auf Gründung der Gesellschaft mbH. gerichtete Verhandlungen zwischen den Beteiligten stattgefunden hatten. Das Berufungsgericht hat die Frage im letzteren Sinne entschieden. Dabei wird festgestellt, daß der Unterzeichnung der Bürgschaftsurkunde Verhandlungen zwischen den drei späteren Gesellschaftern (dem Beklagten, dem Sch. und dem B.) vorangegangen seien; man habe sich damals über die Höhe des Stammkapitals schon geeinigt gehabt, ebenso über die Höhe des Stammanteils des B., zu dessen Beschaffung das Darlehen von 10000 RM. aufgenommen worden sei.

Die Frage ist vom Reichsgericht noch nicht entschieden; namentlich läßt sie auch das in RGZ. Bd. 70 S. 296 abgedruckte Urteil des erkennenden Senats offen. Sie wird in der sonstigen Rechtsprechung und im Schrifttum verschieden beantwortet. Für nicht erforderlich erklären den Abschluß eines Gesellschaftsvertrags OLG. Dresden (VII. Ziv.-Sen.) in SeuffArch. Bd. 65 Nr. 178 und dasselbe OLG. (IV. Ziv.-Sen.) in Sächs. Annalen Bd. 38 S. 109 = ROLG. Bd. 34 S. 356, vgl. auch OLG. München in ROLG. Bd. 24 S. 135 (für § 200 Abs. 1 HGB.); a. M. OLG. Braunschweig in SeuffArch. Bd. 66 Nr. 167 = ROLG. Bd. 24 S. 150. Neuerdings hat auch das Kammergericht (JW. 1926 S. 2100) die Ansicht der erstgenannten Gerichte vertreten. Im Schrifttum wird das Erfordernis des vorherigen Abschlusses des Gesellschaftsvertrags verneint von Brodmann GmbHG. § 11 Anm. 3 (ebenso ders. im „Aktienrecht" Anm. 2b zu § 200 HGB.), bejaht dagegen von Hachenburg GmbHG. 5. Aufl. § 11 Anm. 9; Parisius-Crüger GmbHG. 6. Aufl. § 11 Anm. 2; Liebmann-Sänger GmbHG. § 11 Anm. 6; Scholz GmbHG. § 11 Anm. II 2 und, für den gleichliegenden Fall des § 200 Abs. 1 HGB., von Goldschmit Aktiengesellschaft Anm. 9 zu § 200 HGB. und von Staub-Pinner HGB. 12. und 13. Aufl. § 200 Anm. 10. Der Wortlaut des § 11 Abs. 2 GmbHG. läßt ebensowenig wie der des § 200 HGB. erkennen, daß es der Wille des Gesetzgebers gewesen wäre, die Haftung dessen, der im Namen der Gesellschaft vor ihrer Eintragung handelt, auf den Fall zu beschränken, daß schon ein formell gültiger Gesellschaftsvertrag geschlossen ist. Die Vertreter der engeren Auslegung der beiden hier in Frage stehenden Gesetzesvorschriften geben auch keinen überzeugenden Grund dafür an, warum die Verhandlungen der bei Gründung der Gesellschaft mbH. (oder der Aktiengesellschaft) beteiligten Personen trotz Fehlens irgendeiner Andeutung im Gesetze selbst bis zum Abschluß eines Gesellschaftsvertrags sollten gediehen sein müssen, damit die persönliche Haftung des Handelnden bejaht werden könne. Der zweifellos rechtspolizeiliche Charakter des § 11 Abs. 2 GmbHG. (wie des § 200 Abs. 1 Satz 2 HGB.) legt die Annahme näher, daß diese Haftung überall da eintreten soll, wo die Gesellschaft wenigstens im Keim schon vorhanden ist, wo also durch die Verhandlungen zwischen den Gründern schon greifbare Ansätze zu der künftigen Gesellschaft geschaffen sind. Das ist der Fall, wenn die Beteiligten sich schon — wie hier — über die Höhe des Stammkapitals und des Anteils des einen oder anderen der künftigen Gesellschafter geeinigt haben und nunmehr die Mittel zur Erwerbung solcher Anteile durch Aufnahme eines Darlehens aufbringen wollen.

Das Bedürfnis, Dritte, die in Vertragsbeziehungen mit einer in solchem Anfangszustand vorhandenen, wenn auch rechtlich noch nicht bestehenden Gesellschaft mbH. (oder Aktiengesellschaft) eintreten, nach Möglichkeit zu schützen, muß auch für Fälle der bezeichneten Art anerkannt werden; kein innerer Grund spricht dafür, daß das Gesetz diesen Schutz nur gerade dann habe gewähren wollen, wenn die Gründungsverhandlungen bis zum Abschluß eines formell gültigen Gesellschaftsvertrags vorgeschritten sind. Warum dieser Umstand für die Haftung aus § 11 Abs. 2 GmbHG. entscheidend sein soll, ist um so weniger einzusehen, als das rechtliche Dasein der Gesellschaft mbH. ja erst mit ihrer Eintragung in das Handelsregister beginnt, die bürgerlichrechtliche Gründungsgesellschaft also auch nach Abschluß des gerichtlichen oder notariellen Gesellschaftsvertrags zunächst noch fortdauert. Der Gesellschaftsvertrag regelt außerdem nur die rechtlichen Beziehungen der Gesellschafter untereinander; sie kommen aber für die Frage der Haftung nach § 11 Abs. 2 nicht in Betracht. Unter diesen Umständen ist es dem Gesetzeswortlaut gegenüber willkürlich, den Anfang der Haftung der im Namen der Gesellschaft Handelnden durch den Abschluß eines wenigstens formell gültigen Gesellschaftsvertrags begrenzen zu wollen.

Findet demnach § 11 Abs. 2 GmbHG. auf die schriftliche Bürgschaftserklärung des Beklagten vom 28. Januar 1926 Anwendung, so bedarf es keines Eingehens auf die Ausführungen des Berufungsrichters darüber, daß sich die persönliche Haftung des Beklagten auch aus den Grundsätzen über die bürgerlichrechtliche Gesellschaft und die Vertretung, insbesondere aus § 179 BGB., ergebe. Denn das Handeln im Namen der künftigen Gesellschaft mbH. und die Frage der persönlichen Haftung des Handelnden wird ausschließlich durch § 11 Abs. 2 GmbHG. geregelt. Eine gleichzeitige Anwendung des § 179 BGB. neben dem § 11 Abs. 2 a. a. O. ist nicht denkbar. . . .

---

38. 1. Begriff der Anleihe im Sinne der preußischen Städteordnungen.

2. Besteht bei Ansprüchen, die gegen städtische Sparkassen gerichtet sind, ein Interesse des Klägers an der Verurteilung der verklagten Stadt auch „als Trägerin des Sparkassenvermögens"?

3. Welche rechtliche Bedeutung haben die Bestimmungen der Satzung einer städtischen Sparkasse, welche die Übernahme von Verpflichtungen durch die Sparkasse regeln?

4. Über die Genehmigung des in unvollständiger Vertretung vollzogenen Ausstellervermerks einer städtischen Sparkasse durch ordnungsmäßiges Akzept der Stadtgemeinde.

Preußische Städteordnung für die östl. Provinzen vom 30. Mai 1853 § 50 Nr. 3, § 56 Nr. 8; EG. z. ZPO. § 15 Nr. 3; BGB. § 177 Abs. 1.

II. Zivilsenat. Urt. v. 26. Oktober 1928 i. S. Stadt Bie. (Bekl.) w. Ruhrverband (Kl.). II 266/28.

I. Landgericht I Berlin, Kammer für Handelssachen.
II. Kammergericht daselbst.

Der Kläger ist Inhaber eines von der Sparkasse der Stadt Bie. ausgestellten, auf den dortigen Magistrat gezogenen und von ihm akzeptierten Wechsels vom 15. April 1925 über 300000 RM. Der am 15. Juli 1925 fällige Wechsel ist an eigene Order gestellt und mit dem auf den Kläger lautenden Giro der Ausstellerin versehen. Er ist ein Prolongationswechsel im Verhältnis zu einem von derselben Ausstellerin auf den gleichen Bezogenen trassierten, von der Ausstellerin an die L.sche Genossenschaftsbank in B. und von dieser an den Kläger indossierten, am 2. März 1925 fällig gewesenen Wechsel an eigene Order über 350000 RM. Dieser Wechsel wurde der Beklagten vom Kläger erstmals bis zum 15. April 1925 und dann, nachdem die Beklagte an diesem Tage 50000 M. gezahlt hatte, durch den Klagewechsel bis zum 15. Juli 1925 prolongiert. Die Erklärung der Sparkasse auf diesem Wechsel lautet: „Der Vorstand der Sparkasse: der Vorsitzende K., Bürgermeister; Beisitzer: R. Sch." (Siegel der Sparkasse). Der Annahmevermerk lautet: „Der Magistrat der Stadt Bie.", folgen die Unterschriften des Beigeordneten R. und des Ratsmanns B. (Siegel der Stadt).

Nachdem der Klagewechsel protestiert worden war und die Beklagte kurz nachher 116022,26 RM. auf die Wechselsumme gezahlt hatte, erhob der Kläger im Wechselprozeß, von dem er später abging, Klage auf Zahlung des Restbetrags von 183977,06 RM. mit dem Verlangen, daß die Beklagte auch in ihrer Eigenschaft als Trägerin des Vermögens der Sparkasse zu haften habe. Die Klage gründet sich auf das Akzept des Magistrats und den Ausstellervermerk der Sparkasse der Stadt Bie., außerdem auf §§ 812, 839, 89 und 31 BGB. Die Beklagte hat eingewandt: das Akzept des Magistrats sei ungültig, weil es sich bei dem Wechsel um ein Anleihegeschäft der Stadt gehandelt habe und deshalb die Genehmigung der Aufsichtsbehörde dem Wechsel hätte beigefügt werden müssen. Der Ausstellervermerk der Sparkasse sei unwirksam, weil nach § 5 ihrer Satzung Urkunden, welche die Sparkasse verpflichten sollen, vom Vorsitzenden und zwei weiteren Mitgliedern des Vorstands vollzogen sein müßten.

Das Landgericht gab der Klage statt. Die Berufung der Beklagten wurde mit der Maßgabe zurückgewiesen, daß die besondere Verurteilung der Beklagten als Trägerin des Vermögens der Stadtsparkasse wegzufallen habe. Die Revision der Beklagten hatte keinen Erfolg; die Anschlußrevision des Klägers dagegen führte zur Wiederherstellung des landgerichtlichen Urteils in vollem Umfang.

Aus den Gründen:

I. Revision der Beklagten:

... Der Haupteinwand der Beklagten geht dahin, daß sich das Akzept auf eine Anleihe beziehe; daher habe nach § 50 Nr. 3, § 56 Nr. 8 der preuß. Städteordnung für die östlichen Provinzen vom 30. Mai 1853 zur Vermeidung der Unwirksamkeit die Genehmigung des Bezirksausschusses eingeholt und in beglaubigter Form beigefügt werden müssen. Beides ist nicht geschehen. Der Einwand geht fehl, ebenso aber auch die Begründung des Berufungsgerichts, mit der es ihn zurückweist. Die Frage, ob der ursprünglichen Wechselverbindlichkeit eine Anleihe zugrundegelegen habe, kann nicht dahingestellt bleiben, wie das Berufungsgericht annimmt. Von ihrer Entscheidung hängt die Gültigkeit des Akzeptes ab. Denn die Vorschrift des § 56 Nr. 8 a. a. O., wonach Urkunden, in denen für eine Stadtgemeinde Verpflichtungen übernommen werden, neben der Unterschrift des Bürgermeisters noch die Unterschrift eines anderen Magistratsmitglieds tragen müssen und in Fällen einer erforderlichen Genehmigung der Aufsichtsbehörde diese in beglaubigter Form der Erklärung beigefügt sein muß, stellt keine bloße Formvorschrift, sondern darüber hinaus eine Beschränkung der Vertretungsmacht der städtischen Organe dar. Deshalb haben diese Bestimmungen ihre Gültigkeit neben dem Bürgerlichen Gesetzbuch behalten und gelten auch für Erklärungen der Magistrate im Wechselverkehr (Urteile des erkennenden Senats in RGZ. Bd. 115 S. 311 und in JW. 1927 S. 1251 Nr. 8 mit Nachweisen, sowie Anmerkungen zu letzterer Entscheidung daselbst S. 1471 und S. 2214). Somit läge, wenn es sich in der Tat um die Aufnahme einer Anleihe im Sinne des § 50 Nr. 3 a. a. O. handeln würde, bei der Akzeptzeichnung ein Fall der unbefugten Stellvertretung vor mit der Folge, daß die Beklagte — und zwar auch dem gutgläubigen Kläger gegenüber (WO. Art. 82, 21) — durch das Akzept nicht verpflichtet worden wäre. Eine Anleihe nach § 50 Nr. 3 a. a. O. kommt aber hier nicht in Frage. Was darunter zu verstehen ist, sagt das Gesetz selbst nicht. Nach der Verkehrsauffassung verbindet man jedoch mit diesem Begriff eine auf längere Zeit berechnete und nach einem festen Tilgungsplan zurückzuzahlende Kapitalaufnahme. Dagegen sind kurzfristige Kapitalaufnahmen, wie sie für Zwecke der allgemeinen Verwaltung auf einen Zeitraum von gewisser Dauer zur Befriedigung vorübergehender Bedürfnisse geschehen und alsbald durch regelmäßige Einnahmen oder mit Hilfe einer größeren, wirklichen Anleihe getilgt werden sollen, keine Anleihen im gedachten Sinne (Ortel Städteordnung für die östl. Provinzen 6. Aufl. Anm. zu § 50 Nr. 3 S. 234; Kappelmann Städteordnung für die östl. Provinzen 3. Aufl. Anm. zu § 50 Nr. 3 S. 142). Für die Richtigkeit dieser Auffassung spricht auch der Umstand, daß ein besonderes preußisches Gesetz vom 9. Juli 1925 (GS. S. 89) für kurzfristige Geldaufnahmen im Auslande die Genehmigung besonders vorschreibt, weil die Genehmigung von Geldaufnahmen durch Stadtgemeinden nach geltendem Recht auf Anleihen im engeren Sinne, im Gegensatz zu den sog. vorübergehenden Krediten, beschränkt ist (Drucks. des preuß. Landtags 1925 Bd. I S. 158).

Nach der Feststellung des Berufungsgerichts brauchte die Beklagte im Jahre 1924 größere Geldmittel zum Bau eines Schulhauses und zu anderen Zwecken. Am 11. Oktober 1924 beschloß die Stadtverordneten-Versammlung die Aufnahme einer Anleihe von einer Million Reichsmark. Diese Anleihe wurde später von der Aufsichtsbehörde genehmigt. Schon vorher hatte aber die Beklagte eines kurzfristigen Kredits bedurft, den sie von der L.schen Genossenschaftsbank in B., jetzt im Konkurs, gegen Akzeptierung eines Wechsels über 350000 RM. (das war der dem Klagewechsel zugrundeliegende ursprüngliche Wechsel) erhielt. Daß der ursprüngliche Wechsel, der eine

Umlaufzeit von 3 Monaten hatte, später prolongiert wurde, macht die Kreditaufnahme noch nicht zu einer Anleihe im Sinne der mehrgenannten Vorschrift.

Hiernach handelt es sich nur darum, ob die für die Begründung von Wechselverbindlichkeiten einer Stadtgemeinde erforderlichen Voraussetzungen vorliegen. Das Berufungsgericht bejaht dies ohne Rechtsirrtum. Es nimmt an, daß die Städteordnung über die Unterzeichnung von Wechseln durch eine Stadtgemeinde keine besonderen Vorschriften enthalte, daß unter diesen Umständen § 56 Nr. 8 Satz 2 Halbsatz 2 der Städteordnung maßgebend sei und daß daher die Unterzeichnung des Akzepts durch den Beigeordneten K., der als Stellvertreter des Bürgermeisters unterschrieben habe, und das weitere Magistratsmitglied Ratsmann B. genüge, um die Beklagte zu verpflichten. Die Beklagte selbst hat übrigens weder in den Vorinstanzen noch mit der Revision diese Art der Unterzeichnung als an sich unzureichend beanstandet, sondern die Bemängelung der Rechtswirksamkeit des Akzepts nur darauf gestützt, daß die Aufsichtsbehörde die Aufnahme der „Anleihe" nicht genehmigt habe.

Über den Einwand, der Wechsel sei ein Depotwechsel und nur zum Teil valutiert, ist zu bemerken: Versteht man unter diesem Depotwechsel einen solchen, der nicht weiterbegeben werden soll, so ist dieser Einwand gegenüber dem Kläger als Inhaber des Klagewechsels gegenstandslos, denn er hat den Wechsel unmittelbar von der Ausstellerin erworben. Die Bedeutung aber, daß der Wechsel nicht geltendgemacht werden solle, kommt dem Depotwechsel überhaupt nicht zu (Nachweise bei Bernstein WO. S. 316flg., 432). Was sodann das Vorbringen über die angeblich ungenügende Valutierung betrifft, so ist damit gemeint, der Wechsel sei zur Deckung für ein von der L.schen Genossenschaftsbank vorzuschießendes Darlehen bestimmt gewesen, die Bank habe aber dieses Darlehen nur zum Teil gewährt und das habe der Kläger beim Erwerb seines Wechselrechts gewußt. Dieses Vorbringen erledigt sich durch die Feststellung, daß tatsächlich der volle Gegenwert für den Wechsel geleistet worden ist.

Die zweite selbständige Begründung des Berufungsgerichts, Bürgermeister K. habe durch sein Schreiben an den Vertreter des Klägers vom 16. April 1925 auf diese Einreden verzichtet, ist nicht zutreffend. Wäre wirklich die Haftung der Beklagten durch die Einreden zu beseitigen gewesen, so hätte der Bürgermeister durch den Verzicht auf sie eine „Verpflichtung der Stadtgemeinde übernommen", sodaß § 56 Nr. 8 der Städteordnung auf die Verzichterklärung Anwendung fände. Diese hätte also, um für die Stadtgemeinde verbindlich zu sein, außer der Unterschrift des Bürgermeisters noch die eines weiteren Magistratsmitglieds tragen müssen.

Die Revision der Stadtgemeinde ist hiernach unbegründet.

II. Anschlußrevision des Klägers:

1. Sein Interesse, durch Urteil bestätigt zu sehen, daß ihm die Stadtgemeinde auch als Trägerin des Vermögens der Stadtsparkasse hafte, erklärt sich aus der leichteren Vollstreckungsmöglichkeit. Die Stadtsparkasse hat ein vom sonstigen Vermögen der Stadtgemeinde gesondertes Vermögen, das getrennt vom übrigen städtischen Vermögen verwaltet wird. Die Sparkasse handelt nach außen selbständig, wenn sie auch keine besondere Rechtspersönlichkeit besitzt. Sie ist aber nicht nur wirtschaftlich selbständig, sondern die Stadtgemeinde kann sich auch bei Ansprüchen, die gegen die Sparkasse gerichtet werden, nicht darauf berufen, daß deren Vermögen nur ein unselbständiger Teil des Gemeindevermögens sei. Daher ist das Urteil gegen die Stadtsparkasse, d. h. gegen die Stadtgemeinde als Trägerin des Vermögens der letzteren, vollstreckbar, unabhängig von der Vollstreckung in das allgemeine Vermögen der Stadtgemeinde. Insbesondere würde der obsiegende Kläger die durch § 15 Nr. 3 EG. z. ZPO. aufrecht erhaltenen Vorschriften des preußischen Rechts über Vollstreckung gegen Körperschaften des öffentlichen Rechts bei der Zwangsvollstreckung nicht einzuhalten brauchen; vgl. preuß. Zuständigkeitsgesetz vom 1. August 1883 (GS. S. 237) § 17 Nr. 4.

2. Es fragt sich nun, ob die Voraussetzungen für eine Vollstreckbarkeit in das Sparkassenvermögen gegeben sind. Das ist abhängig von der Entscheidung der Frage, ob der Ausstellervermerk geeignet ist, die Sparkasse zu verpflichten.

Nach Nr. 5 der Satzung der Sparkasse müssen Urkunden, welche die Sparkasse verpflichten sollen, vom Vorsitzenden ihres Vorstands und zwei Mitgliedern vollzogen sein, während hier Ausstellervermerk und Indossament nur die Unterschriften des Vorsitzenden und eines Mitgliedes aufweisen. Auf diese unzureichende Unterzeichnung beruft sich die Beklagte zur Abwendung ihrer Haftung mit dem Sparkassenvermögen. Der Kläger erhebt die Gegeneinrede der Arglist.

Das Landgericht bejaht die Arglist, das Berufungsgericht verneint sie. Der erste Richter stützt sich insbesondere auf die vom Vorsitzenden des Vorstands, dem Bürgermeister K., gegenüber dem Rechtsbeistand des Klägers abgegebene Erklärung, daß die Unterschriften auch unter dem Ausstellervermerk in Ordnung gingen. Der Berufungsrichter dagegen betont, es handle sich nicht um eine bloße Formvorschrift, sondern um eine Beschränkung in der Vertretungsmacht, die im öffentlichen Interesse zum Schutze der kleinen Sparer eingeführt sei. Wer sich in ein Geschäft mit einer Sparkasse einlasse, müsse sich aus der Satzung darüber vergewissern, daß die Unterzeichner auch wirklich die berufenen Vertreter der Sparkasse seien. Auf die Auskunft des Bürgermeisters K. habe sich der Kläger nicht verlassen dürfen, ganz abgesehen davon, daß sie erst nach der Wechselhingabe erteilt worden sei. Danach sei eine wechselmäßige Verpflichtung der Beklagten nicht entstanden, soweit diese in ihrer Eigenschaft als Trägerin des Sparkassenvermögens in Frage komme.

Die Anschlußrevision erblickt in der Bestimmung des § 5 der Satzung nur eine Formvorschrift, die von der Sparkasse geflissentlich mißachtet worden sei. Sie ist weiter der Ansicht, daß der Kläger die ihm obliegende Verpflichtung, sich über die vertretungsberechtigten Personen der Sparkassenverwaltung zu erkundigen, erfüllt habe, da die Auskunft der erste Vorsitzende erteilt habe, der zugleich der Bürgermeister und daher der Leiter der Gesamtverwaltung der Beklagten gewesen sei.

Hierzu mag folgendes bemerkt werden. Der erkennende Senat hat in RGZ. Bd. 115 S. 316 und Bd. 116 S. 254 auch für die Satzungen von Sparkassen, soweit sie die Übernahme von Verpflichtungen durch die Kassen regeln, angenommen, daß sie, ebenso wie die entsprechenden Vorschriften der Gemeinde- und Kreisordnungen, nicht nur Formvorschriften enthalten, sondern darüber hinaus die Vertretungsmacht der Organe beschränken. Es kann aber dahingestellt bleiben, welche Rechtsfolgen sich hieraus in Anbetracht der besonderen Umstände des vorliegenden Falles ergeben würden. Denn der Anschlußrevision mußte ein anderer, zwar von ihr selbst nicht betonter, aber schon in den Vorinstanzen behandelter Gesichtspunkt zum Erfolg verhelfen, nämlich die nachträgliche Genehmigung des an sich unzureichenden Ausstellervermerks durch das — wie oben dargelegt — rechtswirksame Akzept der Beklagten. Beide Vorderrichter haben eine solche Genehmigung mit verschiedener Begründung verneint. Das Landgericht meint, durch eine stillschweigende Genehmigung des Magistrats, wie sie in der Akzeptierung des Wechsels liegen möge, könne wohl die mangelnde Vertretungsmacht eines als falsus procurator Unterzeichnenden, niemals aber die fehlende Unterschrift des zur Begründung der Wechselverpflichtung erforderlichen dritten Unterzeichners ersetzt werden. Das Berufungsgericht ist dagegen der Ansicht, eine solche Genehmigung könne nur im Wege der Satzungsänderung erfolgen, die nach § 37 der Satzung vom Magistrat und von der Stadtverordneten-Versammlung beschlossen und vom Oberpräsidenten genehmigt werden müßte. Diese beiden Auffassungen sind jedoch rechtsirrig.

Der hier vorliegende Fall, wo drei Personen derart bevollmächtigt sind, daß nur alle zusammen zur Vertretung befugt sein sollen, wo jedoch nur zwei davon ohne Mitwirkung der dritten abgeschlossen haben, stellt rechtlich nichts anderes dar als das Handeln eines Vertreters ohne Vertretungsmacht (§ 177 Abs. 1 BGB.). Es liegt eine unvollständige Vertretung vor. Der so geschlossene Vertrag erlangt erst durch die etwaige Genehmigung des Vertretenen Wirksamkeit für und gegen ihn. Die für die Stadtgemeinde als Trägerin des Sparkassenvermögens an sich unverbindliche Ausstellung des Wechsels durch nur zwei Mitglieder des Vorstands der Sparkasse hat aber der Magistrat durch die rechtswirksame Annahme des Wechsels genehmigt. Dadurch hat er die beiden Mitglieder des Vorstands, die den Ausstellervermerk vollzogen haben, stillschweigend für den vorliegenden Fall hierzu bestellt. Der Umstand, daß die Bestellung der zur Wechselzeichnung oder zur Unterzeichnung von verpflichtenden Urkunden zuständigen beiden Vorstandsmitglieder (außer dem Vorsitzenden) an sich durch den Vorstand oder durch seinen Vorsitzenden geschehen soll (§ 4, 5 der Satzung), steht der Bestellung durch den Magistrat der Stadtgemeinde nicht entgegen. Einer Satzungsänderung, die das Berufungsgericht für erforderlich hält, bedarf es dazu nicht. Die Sparkasse ist nach § 2 der Satzung eine öffentliche Gemeindeanstalt. Der Sparkassenvorstand hat lediglich die Stellung einer besonderen städtischen Deputation, wie solche nach § 59 der Städteordnung für die östlichen Provinzen für einzelne Geschäftszweige der städtischen Verwaltung bestellt werden (Schuldeputation, Armendeputation, Gesundheitskommission). Diese städtischen Deputationen sind innerhalb ihres Geschäftskreises — der Sparkassenvorstand also für die Verwaltung der Sparkasse — zur Vertretung der Stadtgemeinde berufen. Die Deputation bleibt aber, wie § 59 a. a. O. ausdrücklich hervorhebt, in allen Beziehungen dem Magistrat untergeordnet. Er kann daher in den Geschäftskreis der Deputation eingreifen und deren Geschäfte an ihrer Stelle wahrnehmen. Demgemäß war im Streitfall der Magistrat nicht gehindert, seinerseits Mitglieder des Sparkassenvorstands zur Abgabe von Wechselerklärungen zu ermächtigen oder von ihnen abgegebene Erklärungen nachträglich zu genehmigen (JW. 1927 S. 1251 Nr. 8). Das ist hier durch die Annahme des vom Vorsitzenden und von einem anderen Mitglied des Vorstands für die Sparkasse ausgestellten Wechsels geschehen. Allerdings mußte dann das Akzept, um eine Genehmigung zu enthalten, später als die Unterschriften der Sparkassenvertreter oder wenigstens gleichzeitig mit ihnen auf den Wechsel gesetzt sein (Urteil des erkennenden Senats in JW. 1928 S. 2626 Nr. 11). Die Einholung des Akzepts auf einem Wechselblankett ist zwar nicht ausgeschlossen, sie kommt aber erfahrungsgemäß recht selten vor. Sache der Beklagten wäre es gewesen, den Nachweis zu führen, daß dieser Ausnahmefall hier vorliege. Sie hat jedoch in den Instanzen nicht einmal eine derartige Behauptung aufgestellt.

Hiernach haftet die Sparkasse aus dem Ausstellervermerk und es braucht auf die weiter vorgebrachten Klagegründe nicht eingegangen zu werden. Das landgerichtliche Urteil war daher in vollem Umfang, d. h. auch insoweit wiederherzustellen, als die Beklagte auch in ihrer Eigenschaft als Trägerin des Vermögens der Stadtsparkasse zur Zahlung verurteilt worden ist.

39. 1. In welchem zeitlichen Verhältnis steht § 49a des Mieterschutzgesetzes zu § 4 der Preistreiberei-Verordnung?

2. Kann der genannte § 49a auch auf einen Pachtvertrag über ein Hotelunternehmen angewendet werden?

III. Zivilsenat. Urt. v. 26. Oktober 1928 i. S. P. u. Gen. (Bekl.) w. Pr. u. Co. (Kl.). III 99/28.

I. Landgericht Heidelberg.
II. Oberlandesgericht Karlsruhe.

Durch Vertrag vom 13. November 1925 verpachtete die Klägerin als Eigentümerin eines Anwesens in Heidelberg das dort gelegene, bis dahin von ihrem früheren Geschäftsführer N. betriebene Hotel mit der gesamten Einrichtung für die Zeit vom 1. Januar 1926 bis zum 31. Dezember 1930 an die Beklagten. Diese verpflichteten sich, einen Pachtzins von monatlich 1250 RM. zu zahlen, die auf dem Anwesen lastenden Steuern und Abgaben aller Art bis zum Höchstbetrag von 5000 RM. jährlich zu tragen und eine Sicherheit von 10000 RM. zu stellen, deren Zinsen mit monatlich 50 RM. vom Pachtzins abgezogen werden sollten. Am 1. Oktober 1926 verlangten die Beklagten Herabsetzung des Pachtpreises um mindestens 5000 RM. jährlich, indem sie fürsorglich den Pachtvertrag wegen arglistiger Täuschung anfochten, und verweigerten weitere Zahlungen, als die Klägerin ihr Ansinnen ablehnte.

Die Klägerin hat in einem Vorprozeß die Pachtzinsen für November und Dezember 1926 sowie die bis zum November 1926 rückständigen Steuern und Lasten eingeklagt. Das Landgericht hat die Beklagten antragsgemäß zur Zahlung von 2005,67 RM. verurteilt. Das Oberlandesgericht Karlsruhe, das Berufungsgericht auch im gegenwärtigen Rechtsstreit, hat die damalige Berufung der Beklagten durch rechtskräftiges Urteil vom 23. November 1927 zurückgewiesen. Inzwischen hatte die Klägerin auf Zahlung der Pachtzinsen für die Monate Januar bis März 1927 einschließlich der auf diese Zeit entfallenden Steuern und Abgaben im Betrage von insgesamt 4850 RM. nebst Zinsen die gegenwärtige Klage erhoben. Die Beklagten haben Widerklage erhoben auf Feststellung, daß die Gesamtpacht aus dem Pachtvertrag vom 13. November 1925 nicht höher als 7000 RM. jährlich sei. Sie haben dem Klaganspruch gegenüber arglistige Täuschung eingewandt und sich auf § 138 BGB., auf § 4 der Preistreiberei-Verordnung vom 13. Juli 1923 (RGBl. I S. 700) sowie auf § 49a des Mieterschutzgesetzes bezogen. Das Landgericht hat die Beklagten zunächst durch rechtskräftiges Teilurteil zur Zahlung von 1800 RM. verurteilt. Durch Schlußurteil hat es sodann die Beklagten samtverbindlich verurteilt, an die Klägerin weitere 3050 RM. nebst Zinsen zu zahlen, und hat die Widerklage abgewiesen.

Die Beklagten haben ihre Berufung, soweit es sich um die Widerklage handelte, auf die Zeit nach dem 1. August 1926 beschränkt, unter Vorbehalt jedoch ihrer Ansprüche für die frühere Zeit. Das Oberlandesgericht hat die Berufung zurückgewiesen. Die Beklagten haben Revision eingelegt unter Beschränkung des Widerklageantrags auf die Zeit nach dem 1. Januar 1927. Ihr Rechtsmittel führte zur Aufhebung und Zurückverweisung.

Gründe:

Die von den Beklagten gegen den Pachtvertrag erhobenen Einwendungen der arglistigen Täuschung (§ 123 BGB.) und der Sittenwidrigkeit (§ 138 Abs. 1 und 2 BGB.) hat das Berufungsgericht aus tatsächlichen Erwägungen zurückgewiesen, die auch von der Revision nicht als rechtsirrig bezeichnet werden. Diese wendet sich nur dagegen, daß der Vorderrichter die Anwendung des § 4 PrTrVo. und des § 49a MSchG. gleichfalls abgelehnt hat. Dieser Angriff ist zwar nicht gerechtfertigt, soweit er die erste Vorschrift, wohl aber, soweit er die zweitgenannte betrifft.

Der dem Mieterschutzgesetz erst durch Artikel I Nr. 21 des seit dem 1. Juli 1926 geltenden Gesetzes zur Abänderung des Mieterschutzgesetzes vom 29. Juni 1926 (RGBl. I S. 317) eingefügte § 49a ist, soweit es sich um Raumwucher handelt, wie er hier in Frage steht, an die Stelle des § 4 PrTrVo. getreten. Demgemäß ist dieser § 4 nicht erst durch Artikel I des am 24. Juli 1926 in Kraft getretenen Gesetzes über die Aufhebung der Preistreiberei-Verordnung und damit zusammenhängender Verordnungen vom 19. Juli 1926 (RGBl. I S. 413) beseitigt, sondern schon am 1. Juli 1926 durch § 49a MSchG. ersetzt worden, wie in RGSt. Bd. 61 S. 130 (vgl. das. S. 326) näher dargelegt ist. Den dortigen Ausführungen des Strafsenats des Reichsgerichts ist insoweit lediglich beizutreten. Daraus folgt, daß das Fordern und Annehmen einer zu hohen Vergütung für die Überlassung von Räumen seit dem 1. Juli 1926 nach § 49a MSchG. bestraft wird. Als Rechtsgeschäft ist es nur dann zu beanstanden, wenn es gegen das in § 49a aufgestellte Verbot verstößt. § 4 PrTrVo. greift auch dann nicht mehr Platz, wenn der Vertrag, auf Grund dessen eine zu hohe Vergütung verlangt wird, bereits vor dem 1. Juli 1926 geschlossen worden ist. Zwar fällt dann das Sichversprechenlassen des Wucherpreises, die eine der sowohl in § 4 PrTrVo. wie in § 49a MSchG. genannten Begehungsformen, noch in die Zeit der Geltung der ersten Vorschrift. Darauf kann indessen für die bürgerlichrechtliche Beurteilung des Sachverhalts kein entscheidendes Gewicht gelegt werden. Die gleichzeitige Anwendung beider Vorschriften auf die nach dem 30. Juni 1926 fällig werdenden Einzelvergütungen aus einem früher geschlossenen Vertrag liefe auf ihr Nebeneinanderbestehen hinaus, das zu einer sachlich nicht gebotenen Verwicklung der Rechtslage führen würde und das auch, wie schon in RGSt. Bd. 61 S. 133 hervorgehoben wird, vom Gesetzgeber nicht gewollt ist. Wenn also auch die Aufhebung der Preistreiberei-Verordnung an sich auf bürgerlichrechtliche Tatbestände nicht zurückwirkt (RGZ. Bd. 115 S. 151), so steht es damit doch anders für den Sonderfall des Raumwuchers, für welchen § 4 PrTrVo. nicht einfach aufgehoben, sondern durch eine gleichartige Vorschrift, den § 49a MSchG., ersetzt worden ist. Nach ihm sind die über den 30. Juni 1926 hinausreichenden Wirkungen der Rechtsverhältnisse, welche die entgeltliche Überlassung von Räumen betreffen, auch dann zu beurteilen, wenn das in Frage kommende Rechtsverhältnis schon früher begründet worden ist. Der Senat hat denn auch bereits in der Entscheidung RGZ. Bd. 120 S. 130 die Herabsetzung eines Mietzinses, der aus einem im Jahre 1924 geschlossenen Mietvertrag für den August 1926 gefordert wurde, dem § 49a MSchG. unterstellt.

Im vorliegenden Falle hat die Klägerin den Mietzins für die ersten drei Monate des Jahres 1927 eingeklagt. Die Widerklage ist schon in der Berufungsinstanz auf die Zeit nach (richtiger: seit) dem 1. August 1926, in der Revisionsinstanz dann noch weiter auf die Zeit nach (ebenfalls richtiger: seit) dem 1. Januar 1927 beschränkt worden. Daraus folgt, daß die Frage, ob der streitige Pachtzins wucherisch ist, nicht nach § 4 PrTrVo., sondern nur nach § 49a MSchG. zu entscheiden ist.

Das Berufungsgericht hat aber auch den § 49a MSchG. ohne Prüfung der Parteibehauptungen nach der tatsächlichen Seite lediglich aus Rechtsgründen für unanwendbar erklärt, und zwar aus Erwägungen, die es in seinem im Vorprozeß ergangenen Urteil vom 23. November 1927 näher dargelegt hat; auf dieses Urteil verweist der Vorderrichter in dem jetzt angefochtenen Erkenntnis. Entscheidend ist für das Oberlandesgericht die Annahme, daß der Pachtvertrag vom 13. November 1925 die Verpachtung eines ganzen geschäftlichen Unternehmens, des Hotelbetriebs als solchen, betreffe;

ein derartiger Vertrag falle nicht unter § 49a MSchG., auch wenn mit ihm die Überlassung von Räumen verbunden sei, die solchenfalls nicht als Gegenstand oder doch nicht als Hauptgegenstand des Vertrags angesehen werden könne.

Bedenklich ist schon die grundlegende Annahme, daß die Klägerin den Beklagten das Gasthofunternehmen selbst, nicht die Räume, in denen es betrieben wird, nebst dem dazugehörigen Inventar verpachtet habe. Zwar kann ein derartiges Unternehmen den Gegenstand eines Pachtvertrags bilden. Zu seiner Verpachtung ist aber nur der Unternehmer befugt (Urteil des Senats vom 11. März 1924, abgedruckt JW. 1924 S. 802 Nr. 10 und WarnRspr. 1924 Nr. 160), der keineswegs immer der Eigentümer der Betriebsräume ist. Von der Klägerin steht aber bisher nur fest, daß sie zur Zeit des Abschlusses des Pachtvertrags Eigentümerin des Hotelanwesens war, während im Eingang des Tatbestands des angefochtenen Urteils ausdrücklich gesagt wird, daß das Hotel vom Geschäftsführer N. betrieben worden sei. Er allein konnte also das Hotelunternehmen verpachten, es sei denn, daß er es selbst von der Klägerin gepachtet hatte, worüber indessen bisher nichts festgestellt worden ist. War die Klägerin nicht Unternehmerin, so ist der von ihr mit den Beklagten geschlossene Pachtvertrag ein Vertrag lediglich über die Räume des Gasthofs mit ihrer Einrichtung.

Aber auch wenn sich der Pachtvertrag auf das Hotelunternehmen selbst mit Firma, Kundschaft, Ruf usw. bezöge, würde er doch unter § 49a MSchG. fallen. Nach dieser Vorschrift kommt es nicht darauf an — so faßt das Oberlandesgericht ungenau die zu entscheidende Frage —, ob der Vertrag die Überlassung von Räumen zum Gegenstand hat. Sie bedroht vielmehr den mit Strafe, der für die auf Grund eines Rechtsverhältnisses erfolgende Überlassung von Räumen oder im Zusammenhang damit eine unangemessene Vergütung fordert, annimmt oder sich versprechen läßt. Maßgebend ist also, ob der streitige Pachtzins für die auf Grund eines Rechtsverhältnisses erfolgende Überlassung der Hotelräume gefordert wird. Und das ist der Fall, sollte selbst das Unternehmen als ganzes den Vertragsgegenstand bilden. Die vertragsmäßige Überlassung eines verpachteten Unternehmens an den Pächter kann äußerlich nur verwirklicht werden durch Überlassung der Gegenstände, in und mit denen das Unternehmen betrieben wird, bei einem Hotel also durch

Überlassung der Gasträume mit ihrer Einrichtung. Diese Überlassung gehört zu den durch den Pachtvertrag über das Unternehmen begründeten Verpflichtungen des Verpächters. Das Entgelt für sie ist in der für das Unternehmen als ganzes vereinbarten Vergütung mitenthalten. Der Pachtzins wird mindestens zum Teil, hier wahrscheinlich zu einem sehr erheblichen Teil, verlangt für die auf Grund des Pachtvertrags über den Hotelbetrieb, eines Rechtsverhältnisses, erfolgende Überlassung von Räumen. Das genügt zur Anwendbarkeit des § 49a MSchG. Deshalb kann ganz davon abgesehen werden, daß es, was das Berufungsgericht unerörtert gelassen hat, nach der Vorschrift schon genügt, wenn im Zusammenhang mit solcher Raumüberlassung eine unangemessene Vergütung gefordert wird. Mit der Überlassung der Hotelräume, zu der die Verpächterin nach dem Pachtvertrag unabhängig davon verpflichtet ist, was seinen eigentlichen Gegenstand bildet, hängt die Forderung eines Pachtzinses für das Hotelunternehmen so unmittelbar zusammen, daß schon deshalb seine Unangemessenheit den Tatbestand des Raumwuchers erfüllt.

Eine solche Auslegung des § 49a MSchG. entspricht der Rechtsentwicklung. Daß ein Vertrag der hier vorliegenden Art unter § 4 PrTrVo. fallen konnte, erkennt das Berufungsgericht selbst an. Zu dieser Auffassung tritt es aber in Widerspruch, indem es dem § 49a MSchG. die Anwendung versagt, der sich doch an § 4 PrTrVo. anlehnt (Bericht des Reichstagsausschusses Drucks. 1924/26 Nr. 2371 S. 30) und von dem deshalb angenommen werden muß, daß er den Kreis der von der Strafandrohung gegen Raumwucher betroffenen Rechtshandlungen nicht einschränken soll.

Richtig mag sein, daß die Feststellung der angemessenen Vergütung bei einem Pachtvertrag, wie er hier vorliegt, gewissen Schwierigkeiten begegnet. Sie sind indessen nicht unüberwindlich und können daher der Ansicht des Berufungsgerichts nicht als Stütze dienen. Die Geschäftskonjunktur, der Ruf des Unternehmens, seine Kundschaft, alles das sind Umstände, die sich keineswegs einer freien Schätzung entziehen. Die Tüchtigkeit des Wirts, die allerdings für den Ertrag eines Hotelbetriebs von wesentlicher Bedeutung ist, muß nach einem durchschnittlichen Maßstabe bemessen werden. Die geringere Tüchtigkeit eines Pächters, der den verständigerweise zu stellenden Anforderungen nicht genügt, bietet natürlich keinen Grund zur Herabsetzung der vertragsmäßigen Vergütung.

40. Wird dadurch, daß die Minister der Justiz und der Finanzen nach § 5 Abs. 1 f des preußischen Stempelsteuergesetzes vom 27. Oktober 1924 einer „Vereinigung" die Befreiung von der Steuer bewilligen, die Steuerfreiheit erst begründet oder stellt die Entscheidung der Minister nur einen bestehenden Rechtszustand fest derart, daß eine ohne zeitliche Einschränkung ausgesprochene Bewilligung auch für die Vergangenheit wirkt?

VII. Zivilsenat. Urt. v. 26. Oktober 1928 i. S. Wohnungsfürsorgegesellschaft für Oberschlesien GmbH. (Kl.) w. Preuß. Staat (Bekl.). VII 143/28.

I. Landgericht Neiße.
II. Oberlandesgericht Breslau.

Die Klägerin ist eine Vereinigung, deren Satzungen die Vorschriften enthalten, welche § 5 Abs. 1 f Satz 1 des preußischen Stempelsteuergesetzes in der Fassung der Bekanntmachung vom 27. Oktober 1924 (GS. S. 627) — StStG. — erfordert. Durch Erlaß des Justiz- und des Finanzministers vom 4. August 1925 ist ihr Befreiung von der Zahlung der preußischen Stempelsteuer bewilligt worden. Gleichwohl fordert der Beklagte von der Klägerin die Verstempelung aller von ihr in der Zeit seit ihrer Errichtung bis zum 4. August 1925 abgeschlossenen Verträge, der Werkverdingungsverträge allerdings nur in Höhe ihres Anteils an den Verträgen, sofern ihren Vertragsgegnern Stempelsteuerfreiheit nach § 5 Abs. 1 f StStG. bewilligt worden war. Außerdem fordert der Beklagte die nachträgliche Verstempelung derjenigen Verträge, die von der ehemaligen Siedlungs- und Wohnungsfürsorgegesellschaft Groß-Strelitz geschlossen worden sind und in welche die Klägerin vor dem 4. August 1925 eingetreten ist. Die Klägerin hat die nachgeforderten Steuerbeträge noch nicht gezahlt. Mit ihrer Klage beantragt sie, festzustellen:

1. die Befreiung der Klägerin von der Entrichtung einer Stempelsteuer gemäß § 5 Abs. 1 f StStG. ist bereits mit der Errichtung der Gesellschaft, d. h. mit dem 9. Februar 1924 eingetreten,
2. die Klägerin ist von der Entrichtung einer Stempelsteuer befreit, soweit sie in die von der ehemaligen Siedlungs- und Wohnungsfürsorgegesellschaft Groß-Strelitz abgeschlossenen Verträge vor dem 4. August 1925 eingetreten ist,

3. die von der Klägerin vor dem 4. August 1925 abgeschlossenen Werkverdingungsverträge unterliegen nicht der Stempelsteuerpflicht, und zwar
   a) soweit der Vertragsgegner der Klägerin bei diesem Vertrage gemeinnützig im Sinne des § 5 Abs. 1 f StStG. ist, überhaupt nicht,
   b) soweit der Vertragsgegner nicht gemeinnützig im Sinne dieser Vorschrift ist, insoweit nicht, als der Klägerin anteilsmäßig Stempelfreiheit zusteht.

Die Vorinstanzen haben die Klage abgewiesen. Die Revision der Klägerin hatte Erfolg.

Gründe:

1. Der Streit der Parteien dreht sich um die Auslegung des § 5 Abs. 1 f StStG., wo es heißt:

„Von der Entrichtung der Stempelsteuer sind befreit:

a)—e) . . . .

f) Körperschaften des öffentlichen Rechts in Angelegenheiten, welche die Schaffung gesunder Kleinwohnungen für Minderbemittelte betreffen, sowie Vereinigungen, deren durch die Satzungen bestimmter Zweck . . . darauf gerichtet ist, Minderbemittelten . . . Wohnungen . . . zu verschaffen, wenn der zu verteilende Reingewinn satzungsgemäß auf eine Verzinsung von höchstens fünf vom Hundert der eingezahlten Kapitaleinlagen beschränkt, bei Auslosungen . . . den Mitgliedern nicht mehr als . . . zugesichert und bei der Auflösung der etwaige Rest des Vermögens für gemeinnützige Zwecke bestimmt ist. Darüber, ob die Befreiung zu bewilligen ist, wird von den Ministern der Justiz und der Finanzen gemeinschaftlich entschieden. . . .

Sofern eine dieser Vereinigungen ihre Satzungen und damit zugleich oder nur tatsächlich ihren Zweck in der Weise ändert, daß die vorstehend angegebenen Voraussetzungen nicht mehr zutreffen, können alle Stempelbeträge, die mangels einer Befreiung fällig geworden sein würden, nachträglich binnen Jahresfrist eingefordert werden."

Die Klägerin, eine Vereinigung im Sinne der vorstehend mitgeteilten Vorschrift, ist der Ansicht, daß eine die Steuerfreiheit bewilligende Entscheidung der Minister, die nach rückwärts keinen

Anfangspunkt für die Steuerfreiheit festsetzt, nur einen bestehenden Zustand feststelle und deshalb für die ganze Dauer ihres Bestehens zugunsten der Vereinigung wirke. Der Beklagte dagegen nimmt an, daß eine solche Entscheidung der Minister die Steuerfreiheit selbst erst begründe, daß sie mit zu den Voraussetzungen der Steuerfreiheit gehöre und deshalb nur für die Zukunft wirke. Beide Parteien haben sich für ihre Ansicht auf den Unterabsatz 2 des § 5 Abs. 1 f StStG. berufen, jedoch beide vergeblich.

Die Klägerin will daraus entnehmen, daß mit der satzungsmäßigen oder auch nur tatsächlichen Änderung des Zweckes der Vereinigung die von den Ministern bewilligte Steuerfreiheit ohne weiteres ende und daß die Steuerbeträge nunmehr nachgefordert werden könnten; wenn die Steuerfreiheit in dieser Weise von selbst (automatisch) wegfalle, so müsse sie auch in derselben Weise von selbst beginnen. Die Steuerfreiheit fällt aber nicht von selbst fort. In Abs. 2 a. a. O. wird nur von Stempelbeträgen gesprochen, die mangels einer Befreiung fällig geworden wären. Das bedeutet also, daß ein Stempelbetrag nicht fällig werden kann, solange die Bewilligung der Steuerfreiheit durch die Minister noch zu Recht besteht. Erst ihr Widerruf durch die Minister kann den Weg für eine Stempelnachforderung freimachen. Dieses Widerrufsverfahren ist in der gemeinschaftlichen Verfügung der Minister über gerichtliche Landesstempelsachen vom 19. Januar 1926 (JMBl. 1926 S. 17) in § 5 Nr. 7 und in den Ausführungsbestimmungen des Finanzministers zum StStG. vom 19. Januar 1926 (FMBl. 1926 S. 9) in § 5 Nr. 4 geregelt worden.

Daß die Entscheidung der Minister gilt, solange sie besteht, besagt nichts über ihr Wesen. Diese Wirkung kann und muß ihr beigelegt werden, mag sie rechtsfeststellend oder rechtsbegründend sein.

Der Beklagte entnimmt aus Abs. 2 a. a. O. mit Recht, daß die Steuerfreiheit nur dann bewilligt werden kann, wenn nicht nur die Satzung dem Gesetz entspricht, sondern auch die Vereinigung sich gesetz- und satzungsgemäß betätigt. Beides sind Voraussetzungen für die Bewilligung der Steuerfreiheit. Es geht aber zu weit, wenn der Beklagte und ihm folgend das Oberlandesgericht deshalb dazu gelangen, der Bewilligung rechtsbegründenden Charakter beizulegen. Über das Vorhandensein aller Voraussetzungen kann an sich auch ein nur rechtsfeststellender Beschluß entscheiden.

2. Es kommt danach auf die Auslegung des in § 5 Abs. 1 f StStG. gebrauchten Wortes „bewilligen" an. Es bedeutet an sich und ganz wörtlich genommen: jemandem etwas zuwenden, was er vorher nicht gehabt hat. Aber das Wort wird vielfach doch auch in abgeschliffener Bedeutung gebraucht; man spricht von „bewilligen" auch, wenn ein schon bestehender Anspruch anerkannt oder festgestellt wird. Das Wort „bewilligen" ist also nicht völlig eindeutig.

Zuzugeben ist, daß für eine nur rechtsfeststellende Entscheidung ein jeden Zweifel ausschließender und deshalb besserer Ausdruck gefunden werden kann. Das war z. B. geschehen in dem — durch Art. V § 1 Nr. 1 der 2. Steuernotverordnung vom 19. Dezember 1923 (RGBl. I S. 1205) wieder aufgehobenen — § 4 Abs. 3 des Kapitalverkehrsteuergesetzes vom 8. April 1922 (RGBl. I S. 354). Dort hieß es: „Die Entscheidung darüber, ob die Voraussetzungen der Abs. 1 und 2 bei einer Gesellschaft vorliegen, trifft das Landesfinanzamt. ... Gegen die Entscheidung ist Beschwerde an den Reichsminister der Finanzen zulässig." Durch diese Vorschrift war den einzelnen Finanzämtern das ihnen an sich zustehende Recht zur Entscheidung genommen worden; das Landesfinanzamt — und im Beschwerdewege der Reichsminister der Finanzen — sollte einheitlich eine bindende Entscheidung darüber fällen, ob gewisse Voraussetzungen vorlägen oder nicht. Damit sollten unzweifelhaft nur Rechte festgestellt, nicht erst begründet werden.

Die Novelle zum StStG. vom 25. Juli 1923 (GS. S. 341), die den streitigen Satz in das Gesetz eingerückt hat, ist in ihrem Wortlaut nicht dem Kapitalverkehrsteuergesetz gefolgt, sondern hat sich an den § 8 Nr. 5 des preußischen Gerichtskostengesetzes vom 28. Oktober 1922 (GS. S. 363) angeschlossen — vgl. die Begründung in den Drucksachen des Landtags 1921/23 Bd. X Nr. 5392 S. 6296 — und hat das Wort „bewilligen" gewählt. Man wird jedoch diesem Umstand und dem Gegensatz zum Kapitalverkehrsteuergesetz keine entscheidende Bedeutung beilegen dürfen, weil die gesetzgeberische Arbeit der Nachkriegsjahre oft unter der durch die Verhältnisse gebotenen Hast gelitten hat.

3. Bleibt aber das Wort „bewilligen" in § 5 Abs. 1 f StStG. mehrdeutig, so ist der Revision beizutreten, wenn sie auf den Zusammenhang der gesetzlichen Vorschriften Wert legen will, unter denen auch der streitige Satz steht. Sie weist mit Recht darauf hin,

daß sowohl § 4 StStG., der die sachlichen Steuerbefreiungen enthält, als auch § 5 a. a. O., der die persönlichen Steuerbefreiungen aufzählt, mit den Worten beginnt: „Von der Stempelsteuer sind befreit" und daß dann unter 10 und 7 Nummern — von § 5 Abs. 1 f vorläufig abgesehen — lediglich die Voraussetzungen genannt werden, von denen die Steuerfreiheit abhängig gemacht ist. Diese tritt also ein, wenn die Voraussetzungen gegeben sind. Jede Behörde und jedes Gericht hat, wenn es die Voraussetzungen für vorliegend erachtet, die notwendig daraus folgende Steuerfreiheit zu berücksichtigen. Es bedeutet keine Ausnahme, wenn § 5 Abs. 1 a. a. O. unter c von Stiftungen spricht, die als milde ausdrücklich anerkannt sind, oder unter d von Forschungsanstalten, die als ausschließlich gemeinnützig anerkannt sind, oder endlich unter g von Unternehmen zur Förderung des Kleingartenwesens, die ... als gemeinnützig anerkannt sind. Der Verwaltungsakt, durch den die Stiftung als milde, die Anstalt oder das Unternehmen als gemeinnützig anerkannt wird, ist die Voraussetzung für die Steuerfreiheit; über diese selbst entscheidet die Steuerbehörde oder das Gericht.

Es würde deshalb in der Tat auffallen, wenn sich in der gesamten Reihe jener Vorschriften ein grundsätzlich anders behandelter Fall vorfände, ein Fall, in dem das Vorhandensein der Voraussetzungen für die Steuerfreiheit nicht genügte, sondern noch eine rechtsbegründende Bewilligung der Steuerfreiheit durch die obersten Verwaltungsbehörden hinzukommen müßte. Aus dem bloßen Gebrauch des Wortes „bewilligen" könnte man das schwerlich schließen; jeder Zweifel muß aber schwinden, wenn man die Entstehungsgeschichte der Vorschrift zu ihrer Auslegung heranzieht. In dem von der Regierung dem Landtag vorgelegten Entwurf des Gesetzes (vgl. die oben angeführte Drucksache S. 6201 flg.) lautet die Vorschrift so, wie sie später Gesetz geworden ist. Zu ihrer Begründung wird auf S. 6297 a. a. O. ausgeführt:

> „Die Vorschrift, daß über die Frage, ob ... zu bewilligen ist, der Finanzminister und der Justizminister gemeinschaftlich zu entscheiden haben, bezweckt, widersprechende Entscheidungen der verschiedenen Behörden zu vermeiden und die Frage für jede in Betracht kommende Vereinigung ein für alle Male zu regeln."

Danach handelt es sich also um eine reine Zuständigkeitsvorschrift. Statt der vielen Unterbehörden und der Gerichte sollten die beteiligten obersten Verwaltungsbehörden gemeinsam und endgültig entscheiden. Nach ihrer Begründung sollte die Vorschrift dasselbe bedeuten, wie der damals noch gültige § 4 Abs. 3 des Kapitalverkehrsteuergesetzes, nur daß zur Entscheidung nicht die Provinzialbehörde und erst im Beschwerdeweg der Minister, sondern von vornherein die Ministerialinstanz berufen wurde. Etwas weiteres ist zu der — unverändert gebliebenen — Vorschrift nach den veröffentlichten Materialien des Gesetzes nicht geäußert worden.

Trat aber die Entscheidung der Ministerialinstanz lediglich an die Stelle der Entscheidungen von Unterbehörden und Gerichten, so bedeutete jene auch nichts anderes, als diese bedeutet hätten. Daß ihnen nur rechtsfeststellende Bedeutung zukommen würde, ist unbedenklich.

4. Wenn der Beklagte der Entscheidung der Minister rechtsbegründende Wirkung beilegen und diese Entscheidung selbst als eine Voraussetzung der Steuerfreiheit ansehen will, so findet er in ihr gewissermaßen zwei verschiedene Rechtsakte, einmal die vom Ermessen der Minister abhängige Anerkennung der „Vereinigung" als — kurz gesagt — „gemeinnützig" und zweitens die auf das Vorliegen der sonstigen Voraussetzungen und jene Anerkennung hin ausgesprochene Zubilligung der Steuerfreiheit. Für eine solche Zweiteilung der Entscheidung bietet aber das Gesetz keinen Anhalt. Es stellt gewisse, im einzelnen genau umschriebene Anforderungen an die Satzung und verlangt eine dem Gesetz und der Satzung entsprechende Tätigkeit der Vereinigung. Ist beides gegeben, so ist der Anspruch auf die Steuerfreiheit begründet. Ein Verwaltungsakt, der erst noch hinzutreten und die Gemeinnützigkeit der Vereinigung anerkennen müßte, ist im Gesetz nicht ausdrücklich vorgesehen und kann nach der Entstehungsgeschichte der Vorschrift auch in dem dort gebrauchten Worte „bewilligen" nicht gefunden werden. Gerade weil jene Zweiteilung des Ministerialentscheides fehlt, ist auch nicht abzusehen, warum er grundsätzlich nur für die Zukunft wirken sollte. Ist die Bewilligung der Steuerfreiheit nur von der Beschaffenheit der Satzung und der gesetz- und satzungsmäßigen Tätigkeit der Vereinigung abhängig, so ist es das Natürliche, daß sie die Zeit vor dem Ministerialentscheid ebenso umfaßt wie die spätere. Es fehlt an jedem inneren Grunde, warum eine Vereinigung, deren Tätigkeit von vornherein dem Gesetz und der Satzung entsprach, nicht auch schon für die Zeit vor der Entscheidung der Minister Steuerfreiheit

genießen sollte. Selbstverständlich können die Minister, wenn die Satzung erst nach dem Inslebentreten der Vereinigung dem Gesetz oder deren Tätigkeit erst nachträglich dem Gesetz und der Satzung angepaßt worden ist, im Entscheid aussprechen, daß die Steuerfreiheit erst von einem bestimmten Zeitpunkt an bestehen soll. Damit ist dann die Steuerfreiheit für die Zeit vor jenem Datum klar abgelehnt, und irgendwelche Zweifel werden nicht entstehen können. Im gegenwärtigen Falle hat aber der Erlaß der Minister kein Datum genannt, von dem ab die Steuerfreiheit bestehen soll, und der Beklagte hat auch nicht einmal eine Behauptung in der Richtung aufgestellt, daß anfänglich die Satzung der Klägerin nicht dem Gesetz oder ihre Tätigkeit nicht dem Gesetz und der Satzung entsprochen habe. Unter diesen Umständen muß der Erlaß vom 4. August 1925 dahin ausgelegt werden, daß er auch die Zeit vor diesem Tage umfaßt.

Der preußische Finanzminister ist anderer Meinung. In zwei Erlassen vom 25. Mai 1926 und vom 18. August 1927, die bei Loeck-Eiffler Anm. 22 zu § 5 StStG. S. 52 angeführt sind, tritt er für die rechtsbegründende, nur für die Zukunft wirksame Kraft der Ministerialentscheidung ein. Auf welchen Erwägungen die Stellungnahme des Finanzministers beruht, ist dort nicht mitgeteilt; es kann deshalb darauf nicht eingegangen werden.

Der Erlaß vom 25. Mai 1926 betrifft gerade den vorliegenden Fall, wie die Verfügung des Präsidenten des Landesfinanzamts Neiße vom 14. September 1926 ergibt. Als eine authentische Auslegung des Erlasses vom 4. August 1925 kann er aber schon deshalb nicht gelten, weil eine solche nur vom Finanz- und vom Justizminister gemeinsam vorgenommen werden könnte. Eine Äußerung des Justizministers zu der Streitfrage ist, soweit ersichtlich, nicht bekannt geworden.

5. Es ist also der Revision stattzugeben; das angefochtene Urteil ist aufzuheben und die Sache zur anderweitigen Verhandlung und Entscheidung an das Berufungsgericht zurückzuverweisen. Zu prüfen ist namentlich noch, ob nach den gegenwärtigen Klaganträgen erkannt werden kann. Die Zulässigkeit der Feststellungsklage ist unter den gegebenen Umständen nicht zu beanstanden; es sieht aber so aus, als ob die Klage nicht sowohl Rechtsverhältnisse festgestellt, als vielmehr Rechtsgrundsätze aufgestellt wissen wollte, nach denen über die einzelnen streitigen Rechtsverhältnisse entschieden werden soll. Um welche Stempelforderungen es sich im einzelnen handelt, hat die

Klägerin weder im Klagantrag noch in ihrem Vortrag angegeben. Bei einem der Klage entsprechenden Urteil könnte zweifelhaft bleiben, über welche Stempelforderungen des Beklagten eigentlich erkannt, inwieweit ihr Nichtbestehen rechtskräftig festgestellt wird.

---

41. Ist der Rechtsweg zulässig, wenn das durch Rückstau geschädigte und dasjenige Grundstück, von dem die Schädigung ausgeht, in getrennten Wasserrechtsgebieten mit gemeinschaftlichem ordentlichem Gericht liegen?

GVG. § 13. EG. z. BGB. Art. 65. ZPO. § 24.

V. Zivilsenat. Urt. v. 27. Oktober 1928 i. S. O. (Kl.) w. J. (Bekl.). V 623/27.

I. Landgericht Lübeck.
II. Oberlandesgericht Hamburg.

Die Parteien sind Eigentümer benachbarter Grundstücke. Der Grundbesitz des Klägers als Oberliegers befindet sich auf oldenburgischem, derjenige des Beklagten als Unterliegers auf lübeckischem Gebiet. Wie der Kläger behauptet, reichen die Anlagen auf dem Grundstück des Beklagten nicht aus, um die Vorflut von der Koppel des Klägers aufzunehmen und weiterzuleiten, sodaß diese infolge Aufstauung während eines großen Teils des Jahres unbrauchbar werde. Mit der Klage verlangt der Kläger, daß der Beklagte das Wasser von der Koppel ordnungsgemäß abnehme und weiterleite und ihm den durch die Aufstauung des Wassers entstandenen Schaden ersetze. Der Beklagte bestreitet, daß er verpflichtet sei, das Wasser in dem mit der Klage begehrten Umfang abzunehmen, und daß die Voraussetzungen für den begehrten Schadensersatz gegeben seien.

Beide Vorinstanzen haben die Zulässigkeit des Rechtswegs verneint. Die Revision des Klägers führte zur Aufhebung der beiden Urteile und zur Zurückverweisung der Sache an das Landgericht der Freien und Hansestadt Lübeck und des oldenburgischen Landesteils Lübeck als Gericht erster Instanz.

Gründe:

Das Landgericht hält sich zur Entscheidung über den Klaganspruch nicht für befugt, weil nach Art. 65 EG. z. BGB. die dem Wasserrecht angehörenden Vorschriften der Landesgesetze unberührt geblieben seien und weil demnach die lübeckische Wasserlösungs-Ordnung vom 2. Dezember 1865 noch gelte und nach Art. 12 das. alle Entwässerungsangelegenheiten vor die Wasserlösungs-Kommission gehörten, ohne Unterschied, ob der Berechtigte lübeckischer Staatsangehöriger sei oder nicht. Vor Feststellung der Wasseraufnahmepflicht des Beklagten durch die gesetzlich vorgesehene Stelle könne auch nicht beurteilt werden, ob sich der Beklagte durch eine unerlaubte Handlung schadensersatzpflichtig gemacht habe.

Das Berufungsgericht erblickt im Art. 65 EG. z. BGB. eine materiellrechtliche Vorschrift, keine Zuständigkeitsnorm, und meint, die Frage, wieweit das auf oldenburgischem Gebiet liegende Grundstück des Klägers oder dieser selbst dem im Staate Lübeck geltenden materiellen Recht unterworfen sei, bedürfe als Frage des zwischenstaatlichen Privatrechts keiner Beantwortung, weil hier zunächst die Frage der Zulässigkeit des Rechtswegs zu prüfen sei. Gleicherweise sei die Frage, wieweit ein Auswärtiger der Rechtsprechung des fremden Landes unterworfen sei, eine solche des zwischenstaatlichen Rechts. In dieser Hinsicht gelte der Grundsatz, daß der Auswärtige, falls er mit seiner Klage den fremden Staat angehe, sich auch an die für diese Klage zuständige Stelle wenden müsse. Dies gebe nicht nur für die sachliche und örtliche Zuständigkeit den Ausschlag, sondern auch für die Zulässigkeit des Rechtswegs, d. h. für die Zuständigkeit des ordentlichen Gerichts gegenüber derjenigen eines Verwaltungs- oder Sondergerichts. Nach § 13 GVG., der die Zuweisung von bürgerlichen Rechtsstreitigkeiten an eine Verwaltungsbehörde durch den Landesgesetzgeber gestatte, sei Art. 12 der lübeckischen Wasserlösungs-Ordnung maßgebend, der die Streitigkeiten darüber, ob und in welchem Maße das unten liegende Grundstück die Vorflut des oben liegenden aufnehmen müsse, der Wasserlösungs-Kommission, also einer Verwaltungsbehörde zuweise. Das sei auch für den Schadensanspruch grundlegend. Der Kläger müsse sich demnach mit seinem Anspruch auf Verurteilung des Beklagten an die nach lübeckischem Recht zuständige Behörde wenden. Der Beklagte begehre lediglich Abweisung der Klage. Ob anderseits der Kläger sich eine Verurteilung zur Leistung nach Maßgabe von Art. 6 flg. und 10 der Wasserlösungs-Ordnung gefallen lassen müßte, sei eine Frage des hier nicht in Betracht kommenden materiellen zwischenstaatlichen

Privatrechts. Übrigens habe die Wasserlösungs-Kommission nur die grundsätzliche Verpflichtung zur Beitragsleistung der Nachbarn für den Ausgleich der Vorflut, nicht aber die Höhe der Beitragsleistungen und alle weiteren privatrechtlichen Fragen zu beurteilen; über diese hätten auch nach der Wasserlösungs-Ordnung die ordentlichen Gerichte zu entscheiden. Der Rechtsweg sei daher für den Klaganspruch nicht zulässig.

Die Revision ist der Ansicht, daß die rechtlichen Beziehungen zwischen Ober- und Unterlieger, deren Grundstücke in den Gebieten verschiedener Landesgesetzgeber liegen, dem zwischenstaatlichen Privatrecht angehörten und nach gemeinem Recht zu entscheiden seien, weil Art. 65 EG. z. BGB. das gesamte Wasserrecht vom Reichsrecht ausschließe. Die Landesgesetzgebung des Einzelstaates könne nicht die Zuständigkeit der ordentlichen Gerichte ausschalten; diese sei gemäß § 13 GVG. im Zweifel zu bejahen. Die Ordnung zwischenstaatlicher Rechtsverhältnisse stehe dem lübeckischen Gesetzgeber nicht zu, sei auch in der lübeckischen Wasserlösungs-Ordnung nicht unternommen. Da die oldenburgische Wassergesetzgebung gleichfalls keine Vorschrift für solche Rechtsverhältnisse getroffen habe, bleibe nur übrig, nach gemeinem Recht zu entscheiden. Aus dem Grundsatz des zwischenstaatlichen Rechtes, daß der Kläger die Klage im Gerichtsstand der belegenen Sache erheben müsse, folge nicht die Anwendbarkeit lübeckischen Wasserrechts. Damit habe sich der Kläger diesem Rechte nicht unterworfen, um so weniger, als hier ein gemeinsames Gericht für die beiden beteiligten Grundstücke bestehe. Es sei unzulässig, den Kläger an eine Verwaltungsbehörde zu verweisen, der er nicht unterstehe. Der § 13 GVG. sei dadurch verletzt, daß der Berufungsrichter einem Landesgesetzgeber gestatten wolle, den Rechtsweg für Fragen des zwischenstaatlichen Rechtes auszuschließen.

Maßgebend für die Zulässigkeit des Rechtswegs ist in erster Linie § 13 GVG., wonach u. a. diejenigen bürgerlichen Rechtsstreitigkeiten — um eine solche handelt es sich hier —, für welche die Zuständigkeit von Verwaltungsbehörden begründet ist, nicht vor die ordentlichen Gerichte gehören. Das Berufungsgericht ist der Meinung, daß für einen Streit darüber, ob und in welchem Maße das unten liegende Grundstück die Vorflut des oben liegenden aufnehmen müsse, nach lübeckischem Recht als Verwaltungsbehörde die lübeckische Wasserlösungs-Kommission zuständig sei und daß der Kläger als Auswärtiger, wenn er die Klage im fremden Staat anbringe, sich an die für diese Klage nach dem betreffenden Landesrecht zuständige Stelle wenden müsse. Richtig ist, daß die deutschen Länder, soweit das Wasserrecht in Betracht kommt, gegenseitig als Ausland zu betrachten sind (vgl. RGZ. Bd. 116 Anhang S. 29 und, für das Gebiet des Bergrechts, Bd. 92 S. 75). Indessen erhebt sich gegen die Richtigkeit jenes Ausspruchs des Berufungsgerichts zunächst der Zweifel, ob sich der Kläger, als er das Landgericht Lübeck mit der vorliegenden Klage befaßte, damit wirklich an das Gericht eines fremden Staates gewendet und sich dessen Vorschriften über die Zuständigkeit von Verwaltungsbehörden unterworfen hat. Das Landgericht Lübeck ist gemeinsames Gericht für beide wasserrechtlich in Betracht kommenden Rechtsgebiete. Nach der Bekanntmachung betreffend den mit Oldenburg abgeschlossenen Vertrag über Errichtung eines gemeinschaftlichen Landgerichts für die Freie und Hansestadt Lübeck und das Großherzoglich Oldenburgische Fürstentum Lübeck vom 10. Januar 1879 (Sammlung der lübeckischen Verordnungen und Bekanntmachungen 1879 Nr. 1 S. 1) ist das mit dem Sitz in Lübeck errichtete Landgericht gemeinschaftliches Gericht beider Gebiete. Für diejenigen Fälle, in denen eine Entscheidung darüber erforderlich ist, für welchen Staat es als „fungierend" anzusehen sei, hat der Kläger die Wahl, sofern es sich um einen erstinstanzlichen bürgerlichen Rechtsstreit handelt.

Nach Lage der Sache bedarf es jedoch keiner Untersuchung darüber, ob der Kläger seinen Willen hinreichend kundgetan hat, das Landgericht Lübeck sei es als lübeckisches sei es als oldenburgisches Gericht in Anspruch zu nehmen. Denn bei der gegenwärtigen Prozeßlage handelt es sich nur darum, ob das ordentliche Gericht oder eine Verwaltungsstelle zuständig ist, und braucht nicht darüber befunden zu werden, welche sachlichen Rechtsnormen Anwendung zu finden haben. Hier muß an Hand der prozeßrechtlichen Vorschriften geprüft werden, ob nicht das Landgericht Lübeck vermöge der Natur der erhobenen Klage als eine Gerichtsbehörde in Anspruch genommen war, deren Zugehörigkeit zu einem der beiden in Betracht kommenden Gerichtssprengel sich von selbst ergab. Nach § 24 ZPO. ist für Eigentumsklagen ausschließlich zuständig das Gericht, in dessen Bezirk die Sache gelegen ist. Hier ist aber in erster Linie eine Eigentumsfreiheitsklage erhoben, weil der Kläger gegen die Beschädigung seines Grundstücks durch das Wasser vorgeht, das vom Grundstück des Beklagten hereindringt. In derartigen Fällen hat der erkennende Senat als ausschlaggebend für die Zulässigkeit des Rechtswegs und auch für die Zuständigkeit des Gerichts schon mehrfach den Ort angesehen, wo der schädigende Zustand oder die schädigende Handlung ihre Wirkung ausübt (RGZ. Bd. 36 S. 237; JW. 1895 S. 144 Nr. 2; Bolze, Praxis des RG. Bd. 3 S. 8). In RGZ. Bd. 36 S. 237 ist hinzugefügt, daß mit der Eigentumsfreiheitsklage gleichzeitig Ersatz des dem Eigentümer als solchem zugefügten Schadens gefordert werden könne. Ein solcher Schadensersatzanspruch ist hier an zweiter Stelle erhoben worden. Durch das Verhalten des Beklagten beschädigt ist aber nach dem Klagvortrag das im oldenburgischen Rechtsgebiet liegende Grundstück des Klägers als Oberliegers. Für dieses Gebiet hat das Berufungsgericht die Frage der Zuständigkeit einer Verwaltungsbehörde oder eines Verwaltungsgerichts (§ 13 GVG.) bisher noch nicht geprüft. Ist eine solche Zuständigkeit bei erneuter Verhandlung nicht festzustellen, so unterliegen die mit der Klage geltendgemachten Ansprüche der Beurteilung durch die ordentlichen Gerichte.

---

42. 1. Welchen Einfluß auf die Wirksamkeit eines Vergleichs hat ein Irrtum über die Geschäftsgrundlage, in dem beide Parteien bei Abschluß des Vergleichs befangen waren?

2. Auf welcher Grundlage ist das Auseinandersetzungs-Guthaben des stillen Gesellschafters zu berechnen, wenn die Auflösung der Gesellschaft in die Zeit der Geldentwertung fiel?

BGB. §§ 242, 779. HGB. § 340. GoldbilanzVo. v. 28. Dezember 1923.

II. Zivilsenat. Urt. v. 30. Oktober 1928 i. S. C. (Bekl.) w. G. (Kl.). II 28/28.

I. Landgericht Lübeck.
II. Oberlandesgericht Hamburg.

Die Klägerin und ihre drei Schwestern waren als Erben ihres am 21. Oktober 1915 verstorbenen Vaters E. mit Einlagen von je 100000 M. an einer Kommanditgesellschaft beteiligt. Die vier Kommanditistinnen schlossen am 30. Dezember 1915 mit dem Beklagten, dem persönlich haftenden Gesellschafter, einen Vertrag, durch den dieser das Geschäft ohne Liquidation mit Aktiven und Passiven übernahm. Die bisherigen Kommanditistinnen sollten mit ihren Einlagen von je 100000 M. bis zum 31. Dezember 1916 als stille Gesellschafter am Geschäft beteiligt bleiben und je mit 7% am Gewinn und Verlust teilnehmen. Die Beteiligung ist später bis Ende 1921 verlängert worden. Bei der Auseinandersetzung kam es zu Streitigkeiten. Der Beklagte stellte sich auf den Standpunkt, daß die Klägerin stille Gesellschafterin sei und daher nur ein Guthaben von 100000 M. habe. Dementsprechend überwies er ihr am 7. Januar 1922 diese Summe nebst Zinsen. Die Klägerin war dagegen der Ansicht, sie sei Kommanditistin, zum mindesten müsse sie für die Auseinandersetzung als solche gelten. Sie wurde aber mit ihrer auf Vornahme einer dementsprechenden Abrechnung gerichteten Klage durch Urteil des Landgerichts Lübeck vom 3. Juli 1923 abgewiesen, das infolge Zurückweisung ihrer Berufung und ihrer Revision rechtskräftig geworden ist; ihre Anfechtung des Vertrags vom 30. Dezember 1915 (wegen Irrtums und arglistiger Täuschung) wurde für unbegründet erklärt. Nach Erlassung des Lübecker Urteils schlossen die Parteien zur Beilegung jenes Rechtsstreits am 20. August 1923 einen außergerichtlichen Vergleich, der in seinem wesentlichen Teil wie folgt lautet:

„Zur gänzlichen Abfindung aller in den anhängigen Prozessen von Frau Dr. Käthe G. (d. i. die Klägerin) geltend gemachten oder aus irgendeinem Rechtsgrunde ihr sonst zustehenden Forderungen gegen Herrn C. (d. i. der Beklagte) zahlt Herr C. an Frau Dr. G. zu Händen des Herrn Dr. med. G. die Summe von 500 Millionen Mark."

Diese Summe wurde sofort gezahlt. Nach der Festigung der Mark erhielt die Klägerin vom Beklagten weitere 4000 GM.; dieser Betrag wurde, wie sie angibt, auf Konto rückständiger Gewinne gezahlt.

Nunmehr verlangt die Klägerin Aufwertung ihrer Einlage von 100000 M.; zunächst fordert sie einen Teilbetrag in Höhe von 5000 RM.

Der Beklagte verweist auf den Wortlaut des Vergleichs vom 20. August 1923, durch den die Klägerin wegen aller Ansprüche habe abgefunden werden sollen einschließlich etwaiger Aufwertungsansprüche, mit deren Bestehen sie schon damals gerechnet habe. Außerdem habe er die Einlage im Januar 1922 zurückgezahlt, also zu einer Zeit, als noch der Satz Mark = Mark gegolten habe. Auf alle Fälle sei der geforderte Betrag von 5000 RM. zu hoch mit Rücksicht darauf, daß die Klägerin auf Grund der Bilanzen der Inflationszeit Gewinnbeträge erhalten habe, obgleich in Wahrheit keine Gewinne gemacht worden seien.

Das Landgericht wies die Klage ab; das Oberlandesgericht gab ihr statt. Die Revision des Beklagten führte zur Aufhebung und Zurückverweisung.

Gründe:

Das Berufungsgericht weist den Einwand, daß durch den Vergleich vom 20. August 1923 alle Ansprüche der Klägerin einschließlich eines etwaigen Aufwertungsanspruchs abschließend geregelt worden seien, mit der Begründung zurück, daß sich die Parteien über Aufwertungsansprüche, deren Bestehen ihnen unbekannt gewesen sei, nicht hätten vergleichen wollen. Die Revision macht geltend, diese Annahme sei mit dem Wortlaut des Vergleichs unvereinbar, da insbesondere die Wendung „oder aus irgendeinem Rechtsgrunde ihr sonst zustehende Forderungen" klar darauf hinweise, daß alle denkbaren Ansprüche gegen den Beklagten erledigt sein sollten. Auf beiden Seiten hätten beim Vergleichsabschluß erfahrene Anwälte mitgewirkt. Daß man schon damals an die Geldentwertung gedacht und gerade ihren Ausgleich durch Festsetzung der sonst unverständlichen Abfindungssumme von 500 Millionen Mark beabsichtigt habe, ergebe sich aus dem ausdrücklichen Vorbehalt, den der Anwalt der Klägerin in einem am 16. Juli 1923 an den Beklagten gerichteten Schreiben gemacht habe. Er habe ihr nämlich dort „alle Ansprüche in bezug auf ihren Gewinnanteil wegen Verzugsschäden, namentlich wegen Geldentwertung" vorbehalten. Die Auffassung des Berufungsgerichts, daß man zwischen einem auf Verzug beruhenden Aufwertungsanspruch und sog. echter, d. h. vom Verzug unabhängiger Aufwertung habe unterscheiden wollen, sei verfehlt; man habe vielmehr durch den Vergleich die auf der Geldentwertung beruhende Ungewißheit schlechthin beseitigen wollen.

Dieser Angriff konnte keinen Erfolg haben.

Der Vorbehalt im Schreiben vom 16. Juli 1923 bezog sich nur auf einen Anspruch, der ein Verschulden des Beklagten erforderte und außerdem voraussetzte, daß die Klägerin bei rechtzeitiger Zahlung das Geld gegen Entwertung hätte schützen können. Solche sich auf Verzug gründende Ansprüche auf Ersatz des Geldentwertungsschadens waren damals längst anerkannt, wie das Berufungsgericht mit Recht annimmt. An eine ohne diese Voraussetzungen eintretende Um- oder Aufwertung des Rechts hat man nicht gedacht; der Aufwertungsgedanke hatte sich zu jener Zeit noch nicht durchgesetzt. In der Rechtsprechung des Reichsgerichts ist, wie der erkennende Senat in RGZ. Bd. 117 S. 211 ausgeführt hat, erst durch das Urteil vom 28. November 1923 (RGZ. Bd. 107 S. 78) die Ansicht zur Anerkennung gelangt, daß ein ausschließlich im Währungsverfall begründetes Aufwertungsrecht bestehe. Aber auch dieses Urteil, das den besonderen, später gesetzlich geregelten Fall der Hypothekenaufwertung betrifft, hat, wie dort weiter dargelegt wird, die jetzige Rechtsprechung nur eingeleitet. Für die Annahme, daß trotzdem alle Ansprüche der Klägerin auf Ausgleich der Geldentwertung durch den Vergleich hätten erledigt werden sollen, wäre daher, wenn eine Aufwertung im eigentlichen Sinne in Frage stände, der Nachweis besonderer Umstände erforderlich. Die Auffassung, die das Oberlandesgericht Hamburg im Vorprozeß vertreten hat, daß nämlich der Vergleich vom 20. August 1923 nach § 779 BGB. unwirksam sei, trifft nicht zu (wie denn auch schon der VII. Zivilsenat des Reichsgerichts in seinem Revisionsurteil im Vorprozeß vom 11. Oktober 1927 VII (VI) 215/27 jene Annahme als zweifelhaft bezeichnet hat). Denn der Vergleich bezweckte in erster Linie die Beseitigung des Streits über die Frage, ob den E.schen Töchtern Kommanditisten-Eigenschaft zukomme. Es fehlt also an dem Erfordernis, daß der Streit bei Kenntnis der Unrichtigkeit des Satzes Mark = Mark nicht entstanden wäre. Die Parteien sind aber bei Abschluß des Vergleichs von einem gemeinsamen Irrtum geleitet worden, sofern das Nichtbestehen eines Aufwertungsrechts eine Geschäftsgrundlage bildete, und sie würden den Vergleich nicht geschlossen haben, wenn sie die wahre Rechtslage gekannt hätten. In solchem Falle kann sich, auch wenn die besonderen Voraussetzungen des § 779 BGB. nicht gegeben sind, keine Partei auf den Vergleich berufen, ohne damit gegen Treu und Glauben zu verstoßen und der andern Partei den Einwand der allgemeinen Arglist an die Hand zu geben (JW. 1928 S. 400 Nr. 4; **Mügel** in der Anmerkung daselbst, ebenso in seinem „Gesamten Aufwertungsrecht" 5. Aufl. Erl. 7 Abs. 2 zu § 67 AufwG.). Der Vergleich steht daher dem Klaganspruch nicht entgegen.

Bei der Beurteilung dieses Anspruchs selbst ist davon auszugehen, daß die Klägerin seit Abschluß des Vertrags vom 30. Dezember 1915 nicht mehr Kommanditistin, sondern nur noch stille Gesellschafterin war. Ihre Beteiligung hat mit dem 31. Dezember 1921 ihr Ende gefunden. Dieser Tag der Auflösung der stillen Gesellschaft war der Stichtag für die Auseinandersetzung zwischen den Parteien (§ 340 HGB.). Die Summe von 100000 PM., die durch die auf den 31. Dezember 1921 errichtete Bilanz als Guthaben der Klägerin ausgewiesen wurde, ist ihr nach der Feststellung des Berufungsgerichts am 7. Januar 1922 gezahlt worden, bevor sich der Geldwert geändert hatte. Der Beklagte hatte in der Berufungsinstanz geltend gemacht, es müsse geprüft werden, ob nicht die Bilanz vom 31. Dezember 1921 nach den heutigen Anschauungen unrichtig sei und ob der Klägerin auf Grund einer Bilanz nach Goldwährung damals ein Anspruch auf Auskehrung ihrer Einlage zugestanden habe. Der Vorderrichter hat diesen Einwand mit der Begründung zurückgewiesen, die Behauptung, daß die Papiermark-Bilanzen, vom heutigen Standpunkt aus betrachtet, sämtlich falsch gewesen seien, beruhe auf rein theoretischer Betrachtung, weil es gar nicht möglich sei, an Stelle dieser angeblich falschen Bilanzen richtige zu setzen. Der Berufungsrichter entnimmt aus dem Betrag des Auseinandersetzungs-Guthabens der Klägerin nach der Bilanz vom 31. Dezember 1921, daß sie die Auskehrung ihres vollen Guthabens zu beanspruchen gehabt habe. Weiter erwägt er, daß es sich um die Aufwertung einer bereits 1915 entstandenen, mithin ursprünglich auf Goldmark gerichteten Forderung handle und daß die geforderte Aufwertung in Höhe von 5000 RM. auch unter Berücksichtigung der geleisteten Zahlungen geringfügig genug sei, um dem Beklagten ohne weiteres zugemutet werden zu können. Das Berufungsgericht nimmt also an, daß der Klägerin ein zur Zeit der Goldparität entstandener Anspruch auf Zahlung von 100000 M. zustehe, der nunmehr aufzuwerten sei. Hiervon geht auch das erwähnte Revisionsurteil des VII. Zivilsenats aus.

Mit Recht wendet sich die Revision gegen diese Ausführungen. Es handelt sich um die Frage, auf welcher Grundlage das Auseinandersetzungs-Guthaben eines stillen Gesellschafters zu berechnen ist, wenn die stille Gesellschaft mit Schluß des Jahres 1921 ihr Ende erreicht hat. Die Bilanz vom 31. Dezember 1921 wäre hierfür nicht geeignet, wenn sie eine in der gewöhnlichen Anordnung aufgestellte Jahresrechnung gewesen sein sollte. Sie gäbe wegen der besonderen Verhältnisse, wie sie während der Inflationszeit bestanden, kein richtiges Bild von der wirtschaftlichen Lage des Unternehmens und von dem sich danach bemessenden Anspruch des stillen Gesellschafters. Die steigende Geldentwertung brachte es mit sich, daß die nach dem Grundsatz Mark = Mark aufgestellten Papiermark-Bilanzen Ansätze von ganz verschiedenem Werte enthielten. Das mußte im Laufe des Fortschreitens der Geldentwertung zu einer völligen Verschiebung des wirklichen Beteiligungsverhältnisses der vier stillen Gesellschafter führen. Dies gilt auch schon für den Schluß des Jahres 1921 als den hier maßgebenden Zeitpunkt der Auseinandersetzung. Denn die Einwirkung der Entwertung der Mark, die damals, am Dollar gemessen, schon auf weniger als ein Vierzigstel ihres Friedenswertes gesunken war, auf die in die Bilanz eingestellten Posten war schon so erheblich, daß die Papiermark nicht mehr als geeignete Grundlage für die Berechnung des Auseinandersetzungs-Guthabens des ausscheidenden stillen Gesellschafters dienen kann. Es ist daher in Fällen, wo — wie hier — die Auflösung der stillen Gesellschaft in die Zeit fortgeschrittener Geldentwertung fällt, an Stelle einer nach den Parteibehauptungen auf dem Grundsatz Mark = Mark aufgebauten Papiermarkbilanz eine andere Grundlage für die Berechnung des Auseinandersetzungs-Guthabens zu setzen. Das gilt für die stille Gesellschaft ebenso, wie es in RGZ. Bd. 117 S. 238 für die offene Handelsgesellschaft, in WarnRspr. 1925 Nr. 184 für die Kommanditgesellschaft und in RGZ. Bd. 111 S. 77 für die bürgerlichrechtliche Gesellschaft angenommen worden ist. Auch hier sind die Grundsätze von Treu und Glauben maßgebend, die nach §§ 157, 242 BGB. das Rechtsleben allgemein beherrschen und bei einem Gesellschaftsverhältnis wegen des zwischen den Gesellschaftern bestehenden besonderen Vertrauensverhältnisses in erhöhtem Maße berücksichtigt werden müssen. Sie verbieten eine auf der Geldentwertung beruhende Bereicherung des einen Gesellschafters auf Kosten des andern; sie verlangen, daß der Berechnung des Auseinandersetzungs-Guthabens des ausscheidenden stillen Gesellschafters die wirkliche Vermögenslage zugrundegelegt werde. Das kann nur dadurch geschehen, daß für diese Berechnung die Einwirkung der Geldentwertung nach Möglichkeit ausgeschaltet wird, indem man die Bilanzen für die Auseinandersetzung auf wertbeständiger Grundlage umwertet. Dabei ist von der letzten echten Goldbilanz, d. i. von der für Ende 1917 aufgestellten, auszugehen, und es sind alle späteren Einzahlungen und Entnahmen nach dem Tage der Gutschrift oder der Belastung über den Dollar in Goldmark umzurechnen zwecks Ermittlung des Gewinns oder Verlusts, der sich seit dem Aufhören der Goldparität ergab. Nur auf diesem Wege kann klargestellt werden, was aus der in Friedensmark geleisteten Einlage der Klägerin bis zur Auflösung der stillen Gesellschaft geworden ist unter Berücksichtigung des Umstands, daß die Klägerin mit 7% am Gewinn und Verlust beteiligt war. Diese Beteiligung am Verlust läßt die Möglichkeit nicht ausgeschlossen erscheinen, daß die Festmarkbilanz eine erhebliche Einbuße ergibt, durch welche die Einlage der Klägerin größtenteils aufgezehrt wird. Gegen eine derartige Umrechnung sind, wie der erkennende Senat schon wiederholt ausgesprochen hat, vom formalrechtlichen Gesichtspunkt der auf Grund früherer Papiermark-Bilanzen abgegebenen Saldoanerkenntnisse keine Bedenken zu erheben, und es ist auch nicht einzusehen, weshalb eine solche Umrechnung hier unmöglich sein soll, wie das Berufungsgericht meint. Die Notwendigkeit ihrer Vornahme im Falle der stillen Gesellschaft wird auch vom Schrifttum anerkannt (Byk GBVo. 2. Aufl. Anhang zu § 2 Anm. 30 und Quassowski-Susat GBVo. 2. Aufl. S. 80), ebenso vom Goldbilanz-Schiedsgericht (Sammlung seiner Entscheidungen S. 25, 141, 146).

Erst wenn auf dem angegebenen Wege der Umwertung geklärt sein wird, was aus den von der Klägerin in die stille Gesellschaft eingelegten 100000 M. in der Zeit bis zur Auflösung der Gesellschaft (31. Dezember 1921) geworden ist, entsteht die Frage, ob und in welcher Höhe der Beklagte die so ermittelte Summe aufzuwerten hat. Dabei wären dann auch die an die Klägerin bereits geleisteten Zahlungen zu berücksichtigen.

43. Ist eine bei der Anmeldung vorgenommene Beschränkung des Zeichenschutzes auf bestimmte Waren und die entsprechende Eintragung des Warenzeichens von Bedeutung für die Frage des Schutzes gleichartiger Waren?

WZG. §§ 2, 5, 9 Nr. 1.

II. Zivilsenat. Urt. v. 30. Oktober 1928 i. S. H. (Kl.) w. Zentral-Molkerei R., e. G. m. b. H. (Bekl.). II 147/28.

I. Landgericht I Berlin.
II. Kammergericht daselbst.

Der Klägerin ist als Warenzeichen für Emmenthaler Käse ohne Rinde am 20. November 1924 das Wort „Bergmännle" und am 21. November 1924 ein Bildzeichen eingetragen worden, das in einem Kreise das Bild eines Jungen (Gnomen) in bayerischer Tracht zeigt. Hinter dem Jungen befindet sich eine Berglandschaft; um das Bild herum stehen die Worte: „Marke Bergmännle, Feinster Emmenthaler ohne Rinde". Der Beklagten wurde am 28. September 1926 das Wort „Marke Bergmädel" als Warenzeichen für Butter, Käse, Milch, Kefir und Yoghurt eingetragen. Die Klägerin erblickt im Erwerb dieses Zeichenschutzes durch die Beklagte eine mindestens grob fahrlässige Verletzung ihres Zeichenrechts. Sie klagt deshalb auf Löschung des Zeichens und auf Unterlassung seiner Benutzung, ferner auf Auskunfterteilung, Beseitigung der ihre Rechte verletzenden Bezeichnungen und Feststellung der Schadensersatzpflicht.

Das Landgericht sprach die Klage zu; das Kammergericht dagegen wies sie ab. Auf die Revision der Klägerin wurde das landgerichtliche Urteil insoweit wiederhergestellt, als es den Anträgen auf Löschung und Unterlassung stattgegeben hatte; im übrigen wurde die Revision zurückgewiesen.

Gründe:

Beide Vorinstanzen bejahen ohne Rechtsirrtum die Verwechslungsgefahr der Wortzeichen „Bergmännle" und „Marke Bergmädel". Das erste Zeichen besitzt die Priorität. Der Heranziehung des zweiten aus Wort und Bild zusammengesetzten Zeichens der Klägerin, das ebenfalls vor dem Zeichen der Beklagten eingetragen worden ist, bedarf es somit nicht. Es handelt sich daher nur noch um die Frage der

Gleichartigkeit der den beiden Teilen geschützten Waren. Dieser Punkt ist in erster Instanz nicht behandelt worden, weder im Parteivortrag noch im Urteil, weil die Beklagte die Gleichartigkeit erst im zweiten Rechtszug bezweifelt hat. Sie stützt sich dabei auf den Unterschied zwischen dem von der Klägerin ursprünglich angemeldeten Warenverzeichnis (Eier, Milch, Butter, Käse, Margarine, Speiseöle und Speisefette) und der erst später eingetragenen Beschränkung auf „Emmenthaler Käse ohne Rinde", wie die Eintragung lautet. Die Beklagte steht auf dem Standpunkt, daß die Klägerin, wenn sie im Anmeldungsverfahren sich mit einer so engen Begrenzung ihres Zeichenschutzes begnügt habe, nicht nachträglich den Zeichenschutz wieder auf diejenigen Waren ausdehnen könne, die ihr auf Grund ihrer eigenen Einschränkung nicht geschützt seien. Nach Ansicht der Beklagten soll in solchen Fällen das gelten, was das Reichsgericht, V. Strafsenat, in der Entscheidung vom 4. Juli 1913 (Markensch. und Wettbew. XIII S. 21) für den Fall ausgesprochen hat, daß ein Warenzeichen ausdrücklich nur für eine oder einige Waren eingetragen, die Eintragung für eine andere Ware aber abgelehnt worden ist. Der Zeichenschutz der Klägerin dürfe sich daher nur auf die eingetragenen Waren, nicht aber auf gleichartige Waren erstrecken. Die Klägerin ist dagegen der Ansicht, die erwähnte Beschränkung sei nur schuldrechtlich von Bedeutung gegenüber demjenigen, der seinen Widerspruch mit Rücksicht auf die Einschränkung vereinbarungsgemäß zurückgezogen habe. Die Allgemeinheit erlange aus solchen rein schuldrechtlichen Geschäften keine Rechte; für sie sei die gesetzliche Vorschrift maßgebend, daß das Warenzeichen nicht nur die eingetragenen, sondern auch die ihnen gleichartigen Waren schütze.

Das Berufungsgericht hat sich der Auffassung der Beklagten angeschlossen. Es führt aus: Die Erklärung des Anmelders gegenüber dem Patentamt, daß sich der Zeichenschutz im Gegensatz zu der ursprünglichen Anmeldung nur auf eine ganz bestimmte Ware — hier eine einzelne Käseart (Emmenthaler ohne Rinde) — beziehen solle, und die demgemäß erfolgte Eintragung stelle eine für die Öffentlichkeit bestimmte Kundgebung dar. Für ihre Bedeutung sei es gleichgültig, ob der Anmelder hierbei in Erfüllung einer schuldrechtlichen Verpflichtung gehandelt habe oder nicht. Lasse nun, wie hier, das Verhalten des Anmelders deutlich erkennen, daß er den Zeichenschutz nicht für Käse schlechthin, sondern nur für die angegebene bestimmte Käseart beanspruche, so sei der Schutz nach dem ausdrücklich erklärten Willen des Anmelders auf diese bestimmte Käsesorte beschränkt. Es liege also, entsprechend der Willenserklärung des Anmelders, eine Ausnahme von der gesetzlichen Regel über den Umfang des Zeichenschutzes vor. Die Frage der zeichenrechtlichen Gleichartigkeit der den beiden Parteien geschützten Waren spiele deshalb keine Rolle. Im übrigen ständen sich hier nicht einfach verschiedene Käsearten gegenüber, die im allgemeinen als zeichenrechtlich gleichartig anzusehen seien, sondern es sei von einer ganz besonderen Art von Emmenthaler Käse auszugehen. Im Vergleich mit dieser gebe es möglicherweise eine zeichenrechtlich gleichartige Ware; aber die Käsesorte der Beklagten sei ihr nicht gleichartig.

Diese Begründung verletzt die Grundsätze des Warenzeichenrechts über den gesetzlichen Schutzumfang des Zeichens. Es ist unerheblich, daß die Klägerin als Waren, für die ihr Zeichen bestimmt war, abweichend von der ursprünglichen Anmeldung schließlich nur „Emmenthaler Käse ohne Rinde" angegeben hat. Das Berufungsgericht irrt, wenn es meint, sie habe dadurch erklärt, daß sie sich auf den Schutz dieser einen Käseart beschränken wolle. Eine solche Erklärung liegt darin nicht, mag von vornherein nur die eine bestimmte Ware angemeldet oder eine ursprünglich weitergehende Anmeldung nachträglich eingeschränkt worden sein. Im letzteren Falle macht es keinen Unterschied, ob die Einschränkung auf einer Entscheidung des Patentamts beruht oder, wie hier, durch den Widerspruch eines Konkurrenten veranlaßt wurde. Immer erklärt der Anmelder nur den Willen, das Zeichen für die bestimmte Ware geschützt zu sehen; eine Erklärung dahin, daß der Schutz nicht über diese Ware hinausgreifen solle, gibt er nicht ab und kann er auch nicht mit allgemeiner Rechtswirkung abgeben. Denn nach §§ 5 und 9 Nr. 1 WZG. erstreckt sich der zeichenrechtliche Schutz auf alle Waren, die den eingetragenen gleichartig sind. Eine Einschränkung dieser Vorschrift durch eine Erklärung des Anmelders oder durch eine Entscheidung des Patentamts ist, soweit eine allgemeine Rechtswirkung beabsichtigt sein sollte, als mit dem Wesen des Zeichenrechts unvereinbar ausgeschlossen. Denn das Zeichenrecht wendet sich an den großen wirtschaftlichen Verkehr; seine Anschauungen und seine Bedürfnisse sind hier vielfach mehr als auf anderen Rechtsgebieten von maßgebender

Bedeutung. Nun ist aber für den Verkehr im Hinblick auf die Eile, in der er sich gewöhnlich abspielt, die Berücksichtigung von Waren, die den geschützten gleichartig sind, ein unentbehrliches Erfordernis. Dabei kommt zunächst das Interesse des Zeicheninhabers in Betracht, dessen Zeichenschutz nahezu wertlos wäre, wenn er sich auf die einzelne angemeldete Ware beschränken würde; denn damit wäre der Möglichkeit der Nachahmung durch den Konkurrenten Tür und Tor geöffnet. Anderseits handelt es sich aber auch um die Wahrung der Interessen des verbrauchenden Publikums, dem nicht zugemutet werden kann, bei Auswahl der Ware nach mehr oder weniger stark in der Erinnerung haftenden Herkunftszeichen die einzelnen zwar nicht genau gleichen, aber wirtschaftlich sich nahestehenden Waren auseinanderzuhalten.

Mit dieser auf das Wesen des Warenzeichenrechts gegründeten Beurteilung steht die schon erwähnte Entscheidung des V. Strafsenats des Reichsgerichts vom 4. Juli 1913 im Widerspruch. Danach soll sich der Zeichenschutz dann, wenn die Eintragung für eine bestimmte Ware vom Patentamt ausdrücklich abgelehnt worden ist, auf diese Ware auch nicht unter dem Gesichtspunkt der Gleichartigkeit mit der eingetragenen erstrecken. Dieser Auffassung kann nach den obigen Darlegungen nicht beigetreten werden (ebenso **Hagens** WZRecht S. 60); sie ist vielmehr als mit dem Wesen des Zeichenrechts unvereinbar abzulehnen. Einer Anrufung der Vereinigten Senate des Reichsgerichts bedurfte es nicht, weil der V. Strafsenat, nachdem er bereits längere Zeit nicht mehr als Revisionssenat tätig gewesen war, jetzt überhaupt nicht mehr besteht (RGSt. Bd. 58 S. 425, Bd. 60 S. 178, Bd. 61 S. 341; RGZ. Bd. 108 S. 59). Selbst da, wo sich im Warenverzeichnis eines Anmelders ein Vermerk wie „ohne Ausdehnung auf . . . . ." oder „mit Ausschluß von . . . . ." findet, müssen die Gerichte im Eingriffsverfahren selbständig über die Gleichartigkeit entscheiden (ebenso **Hagens** a. a. O.). Die Sache liegt in solchem Falle nicht anders, als wenn die betreffende Ware überhaupt nicht angemeldet wäre, etwa weil der Anmeldende sie nicht führt. . . . Daß hier das Erfordernis der Gleichartigkeit gegeben ist, kann nicht zweifelhaft sein. „Emmenthaler Käse ohne Rinde" wurde ursprünglich von der Gattung „Käse" (unter den Waren der Beklagten) mitumfaßt und ist, nach der im Laufe des Rechtsstreits dem Verzeichnis der Beklagten hinzugefügten Einschränkung („Käse unter Ausschluß von Emmenthaler Käse, insbesondere ohne Kruste"), ihren übrigen Waren gleichartig.

Danach ist der Löschungs- und ebenso der Unterlassungsanspruch begründet. Dagegen fehlt es, was die übrigen Klagansprüche betrifft, in Anbetracht der erwähnten abweichenden Auffassung des V. Strafsenats des Reichsgerichts (der sich manche Vertreter des Schrifttums, z. B. A. Seligsohn WZG. § 2 Anm. 6, angeschlossen haben) an der Voraussetzung der groben Fahrlässigkeit der Beklagten. Insoweit mußte es daher bei der Abweisung der Klage sein Bewenden haben.

44. Kann der mit der Klage auf Herstellung der häuslichen Gemeinschaft rechtskräftig abgewiesene Kläger nachträglich gegenüber der Scheidungswiderklage der Beklagten auch seinerseits Scheidung der Ehe beantragen?

BGB. § 1564. ZPO. §§ 614, 616.

VIII. Zivilsenat. Urt. v. 15. Oktober 1928 i. S. Ehefrau Sch. (Bekl.) w. Ehemann Sch. (Kl.). VIII 182/28.

I. Landgericht Frankfurt a. O.
II. Kammergericht Berlin.

Die Frage wurde bejaht aus folgenden

Gründen:

Die Revisionsrüge der Beklagten, der Kläger könne nach rechtskräftiger Abweisung seiner Klage auf Herstellung der häuslichen Gemeinschaft nicht seinerseits gegenüber der Scheidungswiderklage im Wege der Anschlußberufung Scheidung verlangen, ist unbegründet. Ihr liegt folgender Sachverhalt zugrunde. Der Kläger hat auf Herstellung der Gemeinschaft, die Beklagte widerklagend auf Scheidung geklagt. Das Landgericht hat der Klage stattgegeben und die Widerklage abgewiesen. Das Kammergericht dagegen hat Klage und Widerklage abgewiesen. Auf Revision der Beklagten, die ihren Widerklageantrag wiederholte, hat das Reichsgericht das kammergerichtliche Urteil, soweit es die Widerklage abwies, wegen Verletzung des § 1573 BGB. aufgehoben und die Sache an das Berufungsgericht zurückverwiesen. Dadurch ist die Abweisung der Klage auf Herstellung rechtskräftig geworden, da für sie der Grundsatz der Einheitlichkeit und Gleichzeitigkeit der Entscheidung in Ehesachen nicht gilt (RGZ. Bd. 58 S. 307). In der erneuten Verhandlung vor dem Berufungsgericht hat der Kläger, indem er sich der Berufung der Beklagten anschloß, ebenfalls Widerklage auf Scheidung (aus § 1568 BGB.) erhoben. Es fragt sich demnach, ob es zulässig ist, in Ehesachen gegenüber einer auf Scheidung gerichteten Widerklage den in der Klage nicht, auch nicht hilfsweise, erhobenen Scheidungsanspruch noch nachträglich geltendzumachen. Für die Beantwortung der Frage ist es gleichgültig, ob man nach Erledigung des Herstellungsbegehrens des Mannes als Klägers die auf Scheidung klagende Frau als Klägerin ansehen muß oder ob sie Widerklägerin bleibt. Denn die Bedenken, die im Schrifttum gegen die Erhebung einer Widerklage gegenüber einer Widerklage erhoben werden (RGZ. Bd. 58 S. 314), entspringen nicht der formalen Prozeßstellung der Parteien, sondern dem Inhalt des nachträglich erhobenen Anspruchs. Es wird für den gewöhnlichen Rechtsstreit geltendgemacht, die nachträgliche Erhebung einer Widerklage durch den Kläger enthalte stets eine Erweiterung seines Klaganspruchs und sei daher nur möglich, soweit das Gesetz eine solche Erweiterung zulasse. Dieses Bedenken trifft für den Ehestreit nicht zu. Zwar spricht § 614 ZPO. nur von der Geltendmachung neuer Klagegründe, aber es können unbedenklich auch neue Klagansprüche im Laufe des Verfahrens erhoben werden (RGZ. Bd. 3 S. 9; Bd. 45 S. 97; Bd. 106 S. 222). Die Zulässigkeit des Scheidungsantrags ergibt sich im vorliegenden Falle aus der Bedeutung, welche die §§ 614, 616 ZPO. für den Ehescheidungs- (und Anfechtungs-) streit haben. Ihr Zweck ist, alle Scheidungs- und Anfechtungsgründe, die der eine oder der andere Teil als ihm bekannt und beweisbar vorbringen kann, in einem Verfahren zu vereinigen und so die Wiederholung von Eheprozessen nach Möglichkeit zu vermeiden. Dieses Ziel der Zusammenfassung aller Gründe und Ansprüche ergibt sich nicht nur aus Rücksichten der Zweckmäßigkeit, sondern zwingend daraus, daß, wenn auf das Vorbringen einer Partei die Scheidung (oder Nichtigkeit) der Ehe ausgesprochen und das Urteil rechtskräftig geworden ist, weder diese Partei ihr günstigere Klagegründe (z. B. statt § 1569 solche aus §§ 1565, 1566, 1568 BGB.), noch die andere Partei überhaupt Scheidungs- oder Anfechtungsgründe vorbringen kann. Denn die einmal geschiedene oder für nichtig erklärte Ehe kann nicht nochmals geschieden oder angefochten werden.

Der von der Rechtsprechung hieraus entwickelte Grundsatz, daß über den Bestand der Ehe nur einheitlich und gleichzeitig entschieden werden darf, bildet die Grundlage auch für die vorliegende Frage, ob eine Widerklage des mit der Herstellungsklage rechtskräftig abgewiesenen Klägers auf Scheidung möglich ist. Wäre sie nicht möglich und würde die Widerklage zur Scheidung der Ehe führen, so wäre der Kläger mit seinen Klagegründen ausgeschlossen, weil die Ehe nur einmal geschieden werden kann. Hiergegen kann nicht eingewandt werden, er hätte seine Scheidungsgründe schon vor der ersten Revision der Beklagten in erster Instanz oder in zweiter Instanz hilfsweise neben dem Antrag auf Herstellung der ehelichen Gemeinschaft anbringen können. Denn dazu bestand für den Kläger weder ein im Gesetz begründeter Zwang, noch konnte ihm vernünftigerweise verwehrt werden, zunächst nur das Ziel der Herstellung der häuslichen Gemeinschaft zu verfolgen und erst, nachdem dieses Ziel durch Abweisung der Herstellungsklage unerreichbar geworden war, gegenüber der Scheidungswiderklage seine eigene Scheidungsklage anzubringen. Der Kläger kann auch nicht darauf verwiesen werden, daß er statt der Scheidungsklage den Antrag auf Erklärung der Mitschuld der Beklagten stellen könne. Denn wenn auch die Wirkungen der Erklärung als mitschuldig weitgehend denen der Scheidung gleichkommen (BGB. §§ 1578, 1579, 1584, 1635), so läge doch in der Beschränkung des Klägers auf jenen Antrag eine dem Gesetz fremde unterschiedliche Behandlung der Streitteile. Außerdem würde die Verweisung auf dieses Hilfsmittel im Falle des § 1569 BGB. (Scheidung wegen Geisteskrankheit) und auch dann vollständig versagen, wenn der Kläger nach rechtskräftiger Abweisung seiner Herstellungsklage nicht auf Scheidung, sondern auf Anfechtung der Ehe klagen will. Nach alledem muß die Widerklage zugelassen werden, wenn der Kläger nicht benachteiligt werden soll. . . .

45. Ist das aufwertbare Vermögen einer Versicherungsgesellschaft dem Treuhänder auch dann in vollem Umfang zu überweisen, wenn die Gesellschaft neben Versicherungen der in § 59 Abs. 1 AufwG. bezeichneten Art Versicherungen anderer Art betreibt?

AufwG. §§ 59, 60. DurchfVo. v. 29. November 1925 Art. 97, 101, 102, 107.

VII. Zivilsenat. Urt. v. 30. Oktober 1928 i. S. H. (Bekl.) w. V. Versicherungs-AG. (Kl.). VII 267/28.

I. Landgericht II Berlin.
II. Kammergericht daselbst.

Für die Klägerin war im Grundbuch von S. eine Vorkriegshypothek von 86000 M. eingetragen. Der Beklagte hat das belastete Grundstück durch Vertrag vom 18. Juli 1922 gekauft und ist dessen Eigentümer. Im Kaufvertrag hat er die Hypothek als Selbstschuldner übernommen; die Klägerin hat die Schuldübernahme genehmigt. Der Beklagte hat am 3. August 1922 6000 M. und am 24. Oktober 1922 92000 M. auf die Hypothekenforderung gezahlt. Die Klägerin hat Quittungen und Löschungsbewilligungen erteilt, auf Grund deren die Post am 14. Februar 1923 gelöscht wurde.

Am 25. November 1925 hat die Klägerin die Hypothek und die persönliche Forderung bei der Aufwertungsstelle zur Aufwertung angemeldet. Diese hat ihr zur Erhebung der Klage eine Frist von 3 Monaten gesetzt. Die Klägerin verlangt nunmehr Feststellung der Verpflichtung des Beklagten zur Aufwertung der Hypothekenforderung in der von der Aufwertungsstelle festzusetzenden Höhe und die Feststellung seiner persönlichen Haftung für die der Hypothek zugrundeliegende Forderung. Sie behauptet, daß ihr Treuhänder die Hypothek nebst der zugrundeliegenden Forderung zum Aufwertungsstock gezogen habe. Der Beklagte macht geltend, die Rückzahlung sei auf Grund eines die Aufwertung ausschließenden Vergleichs erfolgt.

Das Landgericht erkannte nach dem Klagantrag. Die Berufung des Beklagten wurde zurückgewiesen. Seine Revision hatte keinen Erfolg.

Gründe:

Das Berufungsgericht hat angenommen, daß der nach Behauptung des Beklagten innerhalb der Zeit vom 15. Juni 1922 bis zum 14. Februar 1924 geschlossene Vergleich dem Aufwertungsanspruch der Klägerin nicht entgegenstehe, weil die Aufwertung zugunsten eines Aufwertungsstocks erfolge (§ 67 Abs. 2 letzter Halbs. AufwG.). Der Beklagte bestreitet nicht, daß zugunsten des Aufwertungsstocks der Klägerin aufgewertet werden soll, macht aber geltend, die Hypothek habe nur insoweit zu diesem Stock gezogen werden dürfen, als er zur Befriedigung von Ansprüchen aus Versicherungen der in § 59 Abs. 1 AufwG. bezeichneten Art diene, nicht aber insoweit, als daraus Ansprüche aus Versicherungen anderer Art gedeckt werden sollten. Nun hat die Klägerin auch andere Arten von Versicherungen als die in § 59 Abs. 1 bezeichneten betrieben, und die Revision meint, das aufgewertete Vermögen der Klägerin könne zum Aufwertungsstock nur in dem Verhältnis herangezogen werden, in dem der Umfang der von ihr betriebenen Versicherungen der in § 59 Abs. 1 bezeichneten Art zum Umfang ihrer übrigen Versicherungsgeschäfte stehe. Wenn sich also z. B. ein Verhältnis von 2 (Versicherungen der in § 59 Abs. 1 bezeichneten Art) zu 1 (sonstige Versicherungen) ergebe, so dürften nur $^2/_3$ jeder zum aufwertbaren Vermögen gehörigen Hypothek zum Aufwertungsstock gezogen werden, der Rest nicht; daraus folge, daß ein Aufwertungsvergleich die Aufwertung eines Drittels der Hypothek ausschließe.

Diesen Weg ist das Gesetz nicht gegangen. Danach wird das aufgewertete Vermögen der Versicherungsunternehmung einem Treuhänder überwiesen (§ 60 Abs. 1 AufwG.). Diese Vorschrift betrifft nicht allein solche Unternehmungen, die lediglich Geschäfte der in § 59 Abs. 1 AufwG. bezeichneten Art betreiben, sondern findet auch Anwendung, wenn die Gesellschaft neben solchen Geschäften andere Versicherungen übernimmt. Auf das Verhältnis des Umfangs beider Versicherungsarten legt das Gesetz kein Gewicht; es verordnet die Überweisung des gesamten aufwertbaren Vermögens an den Treuhänder, sofern die Unternehmung Versicherungen der in § 59 Abs. 1 bezeichneten Art übernommen hat. Das dem Treuhänder zu überweisende Vermögen bildet nach der — gemäß § 61 AufwG. zulässigen — Ergänzungsvorschrift in Art. 97 Abs. 1 der Durchführungsverordnung vom 29. November 1925 den Aufwertungsstock; in ihn fließt das gesamte aufgewertete Vermögen der Versicherungsunternehmung (Art. 97 Abs. 3). Die Interessen der Gläubiger aus Versicherungen anderer als der in § 59 Abs. 1 bezeichneten Art werden durch mehrere Vorschriften berücksichtigt.

Einmal ist der Treuhänder mit Zustimmung der Aufsichtsbehörde berechtigt und verpflichtet, unter gewissen Voraussetzungen Teile des Aufwertungsstocks zur Befriedigung solcher Gläubiger freizugeben (Art. 101 Abs. 1 DurchfVo.); sodann müssen die zum Aufwertungsstock gehörigen Vermögenswerte auf die verschiedenen Versicherungszweige nach dem Verhältnis der auf sie entfallenden technischen Reserven verteilt werden (Art. 102 das.). Soweit hiernach Vermögen freigegeben ist oder der Aufwertungsstock auf andere als die in § 59 Abs. 1 bezeichneten Versicherungszweige entfällt, ist das Vermögen in dem vom Treuhänder aufzustellenden Teilungsplan nicht zu berücksichtigen, sondern an die Versicherungsunternehmung zurückzugeben (Mügel zu Art. 102 DurchfVo., Quassowski ebendas.).

Daraus ergibt sich, daß die Hereinnahme der vollen Hypothek in den Aufwertungsstock den geltenden Vorschriften entspricht und daß mithin der angebliche Vergleich der Aufwertung der Hypothek nicht entgegensteht. Daß die Hypothek gemäß Art. 101, 102 a. a. O. freigegeben worden sei, hat der Beklagte nicht behauptet. Die Frage, ob er sich im vorliegenden Rechtsstreit darauf berufen darf, daß der Treuhänder einer etwaigen Verpflichtung zur Freigabe nicht nachgekommen sei, muß verneint werden. Art. 107 DurchfVo. bestimmt, daß der Teilungsplan und der ihm zugrundeliegende Bestand des Aufwertungsstocks unter Ausschluß des Rechtswegs durch Genehmigung der Aufsichtsbehörde festgestellt wird. Die Entscheidung der Frage, ob eine Ausscheidung aus dem Aufwertungsstock oder dessen Aufteilung nach Art. 101, 102 DurchfVo. stattzufinden habe, gehört zur Feststellung des Bestandes des Aufwertungsstocks als Grundlage der Verteilung, kann also im Rechtsweg nicht erörtert werden.

---

46. Setzt die von Amts wegen erfolgte Zustellung eines Urteils, das die Scheidungsklage des einen Ehegatten abweist und auf die Widerklage des andern die Scheidung der Ehe ausspricht, die Berufungsfrist auch insoweit in Lauf, als die Klage abgewiesen ist?

ZPO. §§ 317, 625.

VII. Zivilsenat. Beschl. v. 2. November 1928 i. S. Ehefrau F. (Kl.) w. Ehemann F. (Bekl.). VII B 45/28.

I. Landgericht Allenstein.
II. Oberlandesgericht Königsberg.

Aus den Gründen:

Die sofortige Beschwerde der Klägerin gegen die Verwerfung ihrer Berufung enthielt zwar die Anschrift an das Reichsgericht, ist aber beim Oberlandesgericht in Königsberg am 17. Oktober 1928 eingereicht worden. Dies genügte, um den beim Oberlandesgericht zugelassenen Rechtsanwalt Dr. R. zur Einlegung der Beschwerde für befugt zu erachten. Die Beschwerde hat danach auch als rechtzeitig eingelegt zu gelten, obwohl sie erst am 26. Oktober 1928 — nach Ablauf der Beschwerdefrist — an das Reichsgericht gelangt ist. Sie ist aber unbegründet.

Das Armenrechtsgesuch der Klägerin für die Berufungsinstanz vom 11. April 1928 ist beim Oberlandesgericht erst am 18. dess. Monats eingegangen, nachdem es ein Volksanwalt für sie unzulässigerweise beim erstinstanzlichen Gericht eingereicht und dieses das am 14. April bei ihm eingegangene Gesuch am 16. April an das Oberlandesgericht weitergeschickt hatte. Als das Gesuch dort einging, hatte das landgerichtliche Urteil vom 7. März 1928 schon die Rechtskraft beschritten, da es am 16. März 1928 den Parteivertretern von Amts wegen zugestellt worden war. Das Urteil sprach zwar die Scheidung der Ehe der Parteien nur auf die Widerklage des Mannes aus, während die Scheidungsklage der Frau abgewiesen wurde. Aber trotzdem setzte die von Amts wegen erfolgte Zustellung die Berufungsfrist auch insoweit in Lauf, als die Klage der Frau abgewiesen war. Denn für das einheitliche Urteil kam nicht etwa insoweit, als es die Scheidungsklage abwies, die Zustellung im Parteibetrieb, im übrigen aber die Zustellung von Amts wegen in Frage. Eine solche Trennung könnte für die einzelnen Teile des Urteils den Eintritt der Rechtskraft verschieden gestalten, was nicht bloß unzweckmäßig, sondern wegen der Unteilbarkeit der Entscheidung in Ehesachen auch nicht angängig wäre. Darum wirkt die Zustellung von Amts wegen für die ganze Entscheidung. . . .

47. Kann der frühere Gläubiger einer abgetretenen Hypothek auf Grund von § 17 des Aufwertungsgesetzes gegen den Ersteher des belasteten Grundstücks Aufwertungsansprüche erheben, wenn dem Ersteher der Zuschlag vor Inkrafttreten des Aufwertungsgesetzes unter der Bedingung erteilt worden ist, daß die Hypothek bestehen bleibe, der Versteigerungserlös aber nicht zur Befriedigung aller Gläubiger ausgereicht hat?

AufwG. §§ 17, 21 Abs. 2. ZVG. § 91 Abs. 1.

V. Zivilsenat. Urt. v. 3. November 1928 i. S. T. (Bekl.) w. P. (Kl.). V 595/27.

I. Landgericht I Berlin.
II. Kammergericht daselbst.

Auf einem zurzeit dem Beklagten gehörigen Grundstück waren an erster bis dritter Stelle für eine Rentenversicherungsanstalt drei Hypotheken eingetragen, die im November 1923 infolge Abtretung auf den Kaufmann H. umgeschrieben worden sind. Gesamtrechtsnachfolgerin der erwähnten Anstalt ist eine Versicherungsunternehmung geworden, für deren Aufwertungsstock der Kläger als Treuhänder gemäß § 17 AufwG. die Aufwertung der Hypotheken gegen den Beklagten als dinglichen Schuldner betreibt. Nachdem das Landgericht auf Abweisung der Klage erkannt hatte, stellte das Kammergericht fest, daß dem Kläger der dingliche Anspruch auf Aufwertung der drei Hypotheken zustehe. Auf die Revision des Beklagten wurde das erste Urteil wiederhergestellt.

Gründe:

Der Beklagte, der vor der Erteilung des Zuschlags Gläubiger einer unmittelbar hinter den streitigen drei Hypotheken eingetragenen Hypothek gewesen war, hat aus dieser Hypothek die Zwangsversteigerung in das belastete Grundstück betrieben und am 7. Juni 1925 den Zuschlag erhalten unter der Bedingung, daß die drei ersten Hypotheken bestehen bleiben sollten. Seine Hypothek wurde durch den Versteigerungserlös nur zu einem kleinen Teil gedeckt und fiel im übrigen aus. Er macht zu seiner Verteidigung in erster Linie geltend: nach den Versteigerungsbedingungen hätten nur die drei damals auf den Namen des Kaufmanns H. eingetragenen Hypotheken bestehen bleiben sollen; Hypothekenansprüche der früheren Gläubigerin seien weder im Zwangsversteigerungsverfahren angemeldet gewesen, noch in den Versteigerungsbedingungen aufrecht erhalten worden, also gemäß § 91 Abs. 1 ZVG. erloschen.

Das Kammergericht hat diese Auffassung mit folgender Begründung zurückgewiesen: Aufwertungsansprüche der früheren Gläubigerin hätten zur Zeit des Zuschlags rechtlich noch nicht bestanden, sondern seien erst durch das später in Kraft getretene Aufwertungsgesetz geschaffen worden; sie hätten also auch nicht durch den Zuschlagsbeschluß berührt und zum Erlöschen gebracht werden können. Die drei streitigen Hypotheken seien im Zuschlagsbeschluß als Rechte von unbestimmter Höhe und ohne Nennung des Gläubigers aufrechterhalten worden. Der Anspruch des früheren Gläubigers aus § 17 AufwG. sei kein selbständiger Anspruch neben dem des letzten Gläubigers, sondern es liege nur ein einziges Recht vor mit der Maßgabe, daß der Aufwertungsanspruch mehreren Personen zustehe. Danach könne der Anspruch des früheren Gläubigers nicht durch den Zuschlag erloschen sein, da er sich ja gerade aus dem bestehen gebliebenen Recht herleite. Dem ist im Ergebnis beizustimmen. Nach den Versteigerungsbedingungen sollten die drei damals noch als Papiermark-Hypotheken eingetragenen Rechte bestehen bleiben. Sie wurden damit vom Ersteher übernommen samt ihren Entwicklungsmöglichkeiten, und zwar gleichgültig, ob im Zuschlagsbeschluß der Name des damals eingetragenen Gläubigers H. genannt war oder nicht. Wenn nunmehr das Aufwertungsgesetz mit rückwirkender Kraft einen Teil des Aufwertungsanspruchs dem früheren Gläubiger zuwies (RGZ. Bd. 116 S. 183), so kann diese Rückwirkung nicht Halt machen vor einer Hypothek, die zwar durch ein Zwangsversteigerungsverfahren hindurchgegangen, in diesem aber durch den Zuschlagsbeschluß ausdrücklich aufrechterhalten worden ist. Wenn die Revision geltendmacht, die tatsächlichen und rechtlichen Verhältnisse im Zeitpunkt der Zuschlagserteilung seien maßgebend, im Zuschlagsbeschluß sei aber ein Anspruch des Klägers nicht als „bestehen bleibend" angeführt, so verkennt sie die Tragweite der Rückwirkung, die sich das Aufwertungsgesetz beigelegt hat, und klammert sich unzulässigerweise rein äußerlich an den Wortlaut einerseits der Zuschlagsbedingungen und anderseits des § 91 Abs. 1 ZVG.

Mit Recht wendet sich die Revision jedoch gegen die Begründung, mit der das Berufungsgericht auch die weitere, auf § 21 Abs. 2 AufwG. gestützte Verteidigung des Beklagten zurückgewiesen hat. Diese Verteidigung ging dahin: Wenn das Aufwertungsgesetz zur Zeit des Versteigerungsverfahrens schon in Kraft gewesen wäre, so hätten die Ansprüche der früheren Gläubigerin nach § 21 Abs. 2 das. den Rang hinter der Hypothek des Beklagten gehabt; da schon diese in der Zwangsversteigerung nur zu einem geringen Teil Deckung gefunden habe, würden die hinter ihr stehenden Ansprüche aus § 17 AufwG. völlig ausgefallen sein. Hierzu sagt das Berufungsgericht: Tatsächlich sei die Hypothek des Beklagten ausgefallen und gelöscht, es sei somit nichts mehr da, dem gemäß § 21 Abs. 2 AufwG. der Anspruch der früheren Gläubigerin nachgehen könnte. Es sei auch zu bedenken, daß, wenn zur Zeit der Zwangsversteigerung die frühere Gläubigerin bereits einen Anspruch aus der von ihr abgetretenen Hypothek gehabt hätte, sie im Verfahren mitgeboten hätte, und daß so möglicherweise die Hypothek des Beklagten zum Zug gekommen wäre. Der Berufungsrichter zieht dabei die rückwirkende Kraft des Aufwertungsgesetzes nicht genügend in Rechnung. Wenn sich das Aufwertungsgesetz schon einmal solche Rückwirkung beigelegt hat, so muß auch die durch den Zuschlag geschaffene Rechtslage so betrachtet werden, als hätte das Aufwertungsgesetz schon bei Erlassung des Zuschlagsbeschlusses gegolten. Dann hätten aber die Zuschlagsbedingungen nur so lauten dürfen, daß die Aufwertungsansprüche der früheren Gläubigerin nicht bestehen blieben, da sie im Rang hinter der betreibenden Hypothek gestanden hätten. Bei dem tatsächlich erzielten Versteigerungserlös wäre sie dann notwendig ausgefallen. Wenn das Berufungsgericht darauf hinweist, daß in dem gedachten Fall die frühere Hypothekengläubigerin möglicherweise mitgeboten hätte und dadurch der Versteigerungserlös höher geworden wäre, so könnte das dem Kläger doch nur helfen, wenn man annehmen müßte, es wäre ein auch die Aufwertungsansprüche der früheren Gläubigerin deckendes Höchstgebot erzielt worden. Ein solches war aber von der früheren Gläubigerin selbst schwerlich zu erwarten, da sie bei sachgemäßem Vorgehen allenfalls die ihr vorgehenden, nicht aber ihre eigenen Ansprüche ausgeboten hätte. Jedenfalls wäre dann auch dem Beklagten der Ausfall seiner Hypothek erspart geblieben. Auf alle Fälle muß sich der Kläger damit abfinden, daß, weil das Aufwertungsgesetz damals noch nicht in Kraft war und er oder die frühere Gläubigerin damals noch nicht an Ansprüche aus der abgetretenen Hypothek denken konnte, die Möglichkeit, zur Rettung solcher Ansprüche mitzubieten, nicht ausgenutzt werden konnte.

Sonach hat das Landgericht die Klage mit Recht abgewiesen.

---

48. 1. Indossament eines nicht an Order lautenden Ladescheins als Rechtsübertragung.

2. Verspätete Geltendmachung des Pfandrechts des Frachtführers nach § 442 HGB. und ihre Bedeutung für den Verlust des Anspruchs auf Liegegeld gegenüber dem Absender.

3. Bedeutung der Klausel „frei gegen Lieferschein" im Frachtverkehr.

4. Zum Begriff der Löschbereitschaft des Kahnschiffers, insbesondere bei Eingriffen der Besatzungsbehörde.

HGB. §§ 436, 442, 447. BinnenschiffG. §§ 49, 67, 72.

I. Zivilsenat. Urt. v. 3. November 1928 i. S. Maatschappij S. „Noach" (Kl.) w. 1. N. V. H. „Ruilverkeer", 2. N. V. H. und T. Maatschappij „Vulcaan" (Bekl.). I 33/28.

I. Landgericht Duisburg, Kammer für Handelssachen.
II. Oberlandesgericht Düsseldorf.

Die Klägerin hat im Jahre 1923 mit dem Beklagten zu 2 (im folgenden „Vulcaan" genannt) einen Frachtvertrag abgeschlossen über die Beförderung einer Ladung Eisenerz mit dem ihr gehörenden Kahn „Noach" von Rotterdam nach Hamborn. Über die Verpflichtung zur Auslieferung des Frachtgutes hat der Schiffer des Kahns einen Ladeschein ausgestellt. Darin hatte er sich verpflichtet, die Ladung in Hamborn an den Beklagten zu 1 (nachstehend als „Ruilverkeer" bezeichnet) „frei gegen Lieferschein" abzuliefern. Als Meldeadresse ist auf dem Ladeschein angegeben: „A. T.-Hütte, Gewerkschaft Hamborn-Bruckhausen". Der Ladeschein lautet nicht an Order. Er trägt aber auf seiner Rückseite ein vom Ruilverkeer ausgestelltes Indossament, welches lautet:

„Für uns an die Order der A. T.-Hütte, Gewerkschaft Hamborn".

Am 26. Februar 1923 ging der Kahn mit seiner Ladung gemäß einer durch roten Zettelaufdruck dem Ladeschein beigefügten Anweisung auf dem Rheinstrom vor dem T.-Hafen Sch. vor Anker. Noch am gleichen Tage meldete sich der Kahnschiffer bei der A. T.-Hütte in Hamborn löschbereit. Diese bescheinigte dem Kahnschiffer auf einer Kopie des Ladescheins, daß er sich am 26. Februar 1923 löschbereit gemeldet habe. Sie erteilte ihm ferner die Anordnung, zunächst auf dem freien Strom liegen zu bleiben. Am 1. März 1923 kam ein Schlepper der T.schen Hafenverwaltung, um den Kahn zur Löschung in den Hafen Sch. abzuschleppen. Vor der Einfahrt in den Hafen sperrte jedoch ein Polizeiboot der belgischen Besatzungsbehörde den Weg. Ein Offizier gab durch Winken den Befehl, auf den Strom zurückzufahren. Entsprechend dieser Anweisung kehrte der „Noach" auf den freien Rheinstrom zurück. Am 3. April 1923 wurde der Hafen Sch. von der belgischen Besatzungsbehörde freigegeben, die diesen Hafen am 1. März 1923 besetzt hatte. Nunmehr wurde der Kahn am 4. April 1923 in den Hafen Sch. geschleppt. Seine Löschung wurde in der Nacht vom 4. zum 5. April begonnen und am 5. April 1923 fortgesetzt. Am 5. April verlangte der Kahnschiffer Hinterlegung von Liegegeld, da der Kahn seit dem 26. Februar 1923 löschbereit gewesen sei und die Löschzeit von 9 Tagen am 8. März 1923 ihr Ende erreicht habe. Die A. T.-Hütte weigerte sich dessen. Darauf lehnte der Schiffer die weitere Löschung des Kahns ab. Erst am 23. Mai 1923 gab er die Ladung zur weiteren Löschung frei, wobei er der A. T.-Hütte erklärte, daß diese Freigabe „kein Präjudiz" bedeute. Die Löschung ist am 23. Mai 1923 fortgesetzt und am 29. Mai 1923 beendet worden.

Die Klägerin verlangt von den Beklagten als Gesamtschuldnern Liegegeld wegen Überschreitung der Löschzeit um 85 Tage, und zwar vom Ruilverkeer als dem im Ladeschein angegebenen Empfänger des Frachtgutes und vom Vulcaan als Absender der Ware auf Grund des Frachtvertrags. Das Landgericht erklärte die Klage dem Grunde nach für berechtigt. Das Oberlandesgericht wies sie ab. Die Revision der Klägerin hatte keinen Erfolg.

Gründe:

I. Der Klaganspruch gegen Ruilverkeer als angeblichen Empfänger.

Hierzu hat das Berufungsgericht folgendes ausgeführt: Ruilverkeer sei im Zeitpunkt der Löschung des Kahns nicht mehr Empfängerin der Ladung gewesen. Die Übertragung des Ladescheins vom Ruilverkeer an die A. T.-Hütte durch Indossament sei damals bereits vollzogen gewesen. Der Ladeschein laute zwar auf den Namen von Ruilverkeer und sei nicht ausdrücklich an Order gestellt. Das Indossament von Ruilverkeer sei aber als eine Forderungsabtretung anzusehen, die zur Übertragung des Ladescheins genüge. Damit sei die A. T.-Hütte, die ursprünglich nur Meldeadresse im Sinne von § 72 BinnenschiffG. gewesen sei, zur Empfängerin der Ladung geworden. Gleichzeitig sei die „Beklagbarkeit" von Ruilverkeer, d. h. dessen Eigenschaft und Haftung als Empfänger, entfallen.

Die hiergegen erhobenen Revisionsangriffe schlagen nicht durch.

1. Allerdings haben die Parteien vor dem Berufungsgericht darüber gestritten, ob — wie die Beklagten behaupten — das Indossament auf dem Ladeschein schon vorhanden war, bevor die Kahnladung an die A. T.-Hütte ausgeliefert wurde. Dabei haben die Beklagten zugegeben, es sei möglich, daß die A. T.-Hütte sich in einem Brief vom 15. Mai 1923 nur als Meldeadresse bezeichnet habe. Sie erklären dies aber mit einem tatsächlichen Irrtum der Rechtsabteilung der A. T.-Hütte, von der jenes Schreiben ausgegangen sei und der damals der Original-Ladeschein nicht vorgelegen habe. Anderseits ist zu beachten, daß die A. T.-Hütte im Ladeschein als Meldeadresse angegeben ist, obgleich es sich nicht um einen Order-Ladeschein handelt und die A. T.-Hütte selbst alsbald den Besitz des Ladescheins erlangt und behalten hat (§ 72 Abs. 3 BinnenschiffG.). Die A. T.-Hütte hat über den Rahmen der in § 72 Abs. 3 für eine Meldeadresse vorgesehenen Tätigkeit hinaus dem Kahnschiffer auf seiner Ladeschein-Kopie bescheinigt, daß er sich am 26. Februar 1923 löschbereit gemeldet habe; sie hat ferner am 5. April 1923 die Hinterlegung des vom Kahnschiffer verlangten Liegegelds verweigert und hat am 23. Mai 1923 die Erklärung des Kahnschiffers entgegengenommen, daß die „Freigabe der Ladung kein Präjudiz bedeute". Gelöscht worden ist sowohl am 4. und 5. April als auch am 23. bis 29. Mai 1923 in dem der A. T.-Hütte gehörigen Hafen Sch., und es ist nicht ersichtlich, daß Ruilverkeer an dieser Ladungsempfangnahme beteiligt gewesen ist. So hat denn auch der

Anwalt der Klägerin dieser in einem Schreiben vom 23. Mai 1923 mitgeteilt, daß ihm vom Ruilverkeer erklärt worden sei, Ruilverkeer habe mit der Sache nichts zu tun, da er das Konnossement (den Ladeschein) an die A. T.-Hütte indossiert habe und diese die Empfängerin der Ladung sei. Somit steht nichts der Annahme entgegen, daß zur Zeit der Löschung des Kahns das Indossament bereits auf dem Ladeschein vorhanden war. ...

2. Da der Ladeschein nicht an Order lautet, hat das auf ihn gesetzte Indossament nicht die in § 447 Abs. 1, § 363 Abs. 2 HGB. vorgesehenen Wirkungen. Wohl aber konnte das Berufungsgericht ohne Rechtsirrtum aus der Indossierung zusammen mit dem Umstand, daß die A. T.-Hütte zur Zeit der Löschung im Besitz des Originalladescheins war, seine Schlüsse ziehen. Es konnte daraus entnehmen, daß der im Ladeschein als Empfänger aufgeführte Ruilverkeer seine Rechte aus dem Ladeschein auf die A. T.-Hütte übertragen hat und daß im Verhältnis der Parteien nicht Ruilverkeer, sondern die A. T.-Hütte als Empfängerin der Kahnladung im Sinne von § 436 HGB. mit den Rechten und Pflichten einer solchen anzusehen ist (Staub HGB. 13. Aufl. § 447 Anm. 1, § 445 Anm. 3 Nr. 4 Abs. 2; Düringer-Hachenburg HGB. 2. Aufl. § 447 Anm. 2—4; Mittelstein Binnenschiffahrtsrecht § 72 Anm. 4d a S. 298). Dabei hat das Berufungsgericht zutreffend die rechtliche Selbständigkeit des Ruilverkeer hervorgehoben und die Behauptung der Klägerin, daß die beiden Beklagten mit der A. T.-Hütte eine wirtschaftliche Einheit bildeten, für unbeachtlich erklärt. Ebenso ist es ohne Bedeutung, daß die belgische Behörde das Löschungsverbot vom 7. März 1923 nur an Ruilverkeer gerichtet hatte.

II. Der Klaganspruch gegen Vulcaan als Absender.

Das Berufungsgericht hat angenommen, daß die Klägerin ihrer etwaigen Ansprüche auf Liegegeld gegen den Vulcaan als Absender der Kahnladung verlustig gegangen sei, weil sie ihr Pfandrecht nicht rechtzeitig gerichtlich geltendgemacht habe. Der grundsätzlich dem Frachtführer zustehende Anspruch auf Überliegegeld richte sich allerdings auch gegen den Absender des Ladeguts. Der Anspruch des Frachtführers auf Liegegeld im Löschungshafen werde aber umfaßt von dessen Pfandrecht wegen aller durch den Frachtvertrag begründeten Forderungen. Es seien daher auch auf diesen Liegegeld-Anspruch die Vorschriften von § 442 HGB. anwendbar. Innerhalb der dort vorgesehenen Frist habe der Schiffer das Pfandrecht nicht gerichtlich geltendgemacht. Die Erklärung des Schiffers gegenüber der A. T.-Hütte, die Freigabe der Ladung bedeute kein Präjudiz, möge für die Empfängerin von Bedeutung sein. Die Entgegennahme dieser Erklärung durch die Empfängerin sei aber für den Vulcaan als Absender des Ladeguts ohne Rechtswirkung. Eine Haftung des Absenders für das Liegegeld würde danach nur vom Gesichtspunkt der Bereicherung aus begründet sein. Die Klägerin habe aber keine entsprechenden Behauptungen aufgestellt.

Auch diese Ausführungen des Berufungsgerichts sind vom Rechtsstandpunkt aus nicht angreifbar.

1. An sich ist der Absender dem Frachtführer auf Grund des zwischen ihnen abgeschlossenen Frachtvertrags zur Zahlung des im Löschungshafen entstandenen Liegegeldes verpflichtet (Mittelstein Binnenschiffahrtsgesetz § 49 Anm. 4; Förtsch Binnenschiffahrtsrecht 2. Aufl. § 49 Anm. 4; Makower-Löwe Binnenschiffahrt 6. Aufl. § 49 Anm. 1b), und zwar im Falle von § 436 HGB. neben dem Empfänger (Düringer-Hachenburg HGB. § 436 Anm. 7; Staub HGB. § 436 Anm. 8, § 425 Anm. 13; anders im Seerecht: Schaps Seerecht 2. Aufl. § 614 Anm. 14). Nach der in Rechtsprechung und Schrifttum herrschenden Ansicht ist zu den in § 442 HGB. angeführten Vormännern auch der Absender zu rechnen (Düringer-Hachenburg HGB. § 442 Anm. 3; Staub HGB. § 442 Anm. 9; Littauer-Mosse HGB. 14. Aufl. § 442 Anm. 2 S. 469; Makower-Löwe Binnenschiffahrt § 67 Anm. 1a; Mittelstein Binnenschiffahrtsges. § 67 Anm. 3b β, S. 278; Förtsch a. a. O. zu § 26 S. 113). Allerdings spricht § 442 Satz 2 HGB. nur vom Verlust des „Rückgriffs" gegen die Vormänner, während es sich hier um einen auf dem Frachtvertrag beruhenden, unmittelbaren Anspruch des Frachtführers gegen den Absender auf noch nicht bezahltes Liegegeld handelt. Das bedeutet aber nicht, daß der Rechtsverlust des Frachtführers nach § 442 Satz 2 HGB. nur solche Forderungen betrifft, die dem Frachtführer durch Befriedigung eines Vormanns in Ausführung des Frachtvertrags erwachsen sind (vgl. aber Düringer-Hachenburg HGB. § 442 Anm. 5, 3). Unter „Rückgriff" des Frachtführers ist hier die Inanspruchnahme der Vormänner an sich zu verstehen, also auch die Geltendmachung von Forderungen, die der Frachtführer gegen die Vormänner unmittelbar auf Grund des Frachtvertrags

erlangt hat. Denn grundsätzlich gehen nach § 442 Satz 2 HGB. alle gegen die Vormänner gerichteten Rechte aus dem Frachtvertrag unter (Staub HGB. § 442 Anm. 2, 3, 4; Ritter HGB. § 442 Anm. 2), insbesondere auch diejenigen Ansprüche, wegen deren der Frachtführer durch die Auslieferung und Annahme der Güter gemäß § 436 HGB. im Empfänger einen Schuldner erhält (siehe auch Schaps Seerecht § 625 Anm. 3). Der Absender, der dem Frachtführer für die im Löschungshafen entstandenen Liegegelder neben dem Empfänger aufkommen muß, hat ein begründetes Interesse daran, daß der Frachtführer das Frachtgut nicht vor der Bezahlung dieses Liegegeldes aus der Hand gibt. Daß die Klägerin oder ihr Kahnschiffer an der gehörigen und rechtzeitigen gerichtlichen Geltendmachung des Pfandrechts nach § 442 HGB. ohne Verschulden verhindert gewesen sei, ist weder behauptet noch sonst ersichtlich.

2. Hieran wird dadurch nichts geändert, daß der Ladeschein die Bestimmung enthält, es solle das Frachtgut im Löschungshafen „frei gegen Lieferschein" abgeliefert werden. Diese Klausel besagt nichts anderes, als daß der Frachtführer die Fracht nicht vom Empfänger, sondern vom Absender erhält, aber nur, wenn er einen vom Empfänger auszustellenden Schein vorlegt, wonach die Ladung gehörig abgeliefert ist. Durch diese Klausel wird aber die grundsätzliche Verpflichtung des Absenders, dem Frachtführer für die im Löschungshafen entstandenen Liegegelder aufzukommen, und das hierfür nach § 440 HGB. dem Frachtführer zustehende Pfandrecht jedenfalls dann nicht berührt, wenn, wie hier, keine besonderen Umstände hervorgetreten sind, die dagegen sprechen könnten (§ 67 BinnenschiffG.; Mittelstein Binnenschiffahrtsges. § 67 Anm. 5 S. 278flg.; Makower-Löwe Binnenschiffahrt § 67 Anm. 2).

3. Es bedarf keiner näheren Darlegung, daß auch hier gegenüber der rechtlichen Selbständigkeit des Vulcaan die angebliche „wirtschaftliche Identität" der beiden Beklagten mit der A. T.-Hütte ohne Bedeutung ist. Es kann auch nicht, wie die Revision meint, unterstellt werden, daß sich die Parteien, also auch der Vulcaan, geeinigt hätten, die Ladung ohne Präjudiz für den Liegegeldanspruch zu löschen. (Wird dargetan.)

III. Zur Frage der Löschbereitschaft des Kahnschiffers.

1. Nach Feststellung des Berufungsgerichts handelt es sich um lose Güter, die der Empfänger gemäß § 56 BinnenschiffG. im Schiff

abzunehmen hatte. Dabei sei, so wird dort ausgeführt, eine tatsächliche Mitwirkung des Kahnschiffers erforderlich gewesen: er habe das Löschgut zur Entladung anweisen, möglicherweise auch die Schiffslukes öffnen, jedenfalls aber das Schiff in einen derartigen Zustand versetzen müssen, daß es löschfähig war. Durch das Eingreifen der belgischen Besatzungsbehörden, die den Kahn verhindert hätten, in den Hafen einzufahren und die Löschung vorzunehmen, sei es dem Schiffer unmöglich gemacht worden, die ihm obliegenden notwendigen Handlungen vorzunehmen, um den Kahn zur Löschung bereit zu stellen. Demnach sei der Kahnschiffer nicht löschbereit gewesen.

Diese Erwägungen entsprechen der in RGZ. Bd. 115 S. 215 dargelegten Rechtsauffassung. Sollte die belgische Besatzungsbehörde nicht bei jeder in Hamborn angebrachten Kahnladung, sondern nur bei Ladungen der hier fraglichen Art eingegriffen haben (§ 48 Abs. 3 Satz 2 BinnenschiffG.) — was die Klägerin behauptet, die Beklagten aber bestreiten —, so ergeben doch die Ausführungen des Berufungsgerichts, daß für das Verhalten der Besatzungsbehörde nicht die Art und Beschaffenheit der Ladung als Frachtgut, sondern andere Gründe, insbesondere die wirtschaftliche Bedeutung des Gutes bei seiner industriellen Bearbeitung und Ausnützung für das Einbruchsgebiet und das übrige Deutschland, entscheidend waren. Dementsprechend wandten sich auch jene Maßnahmen im vorliegenden Fall gegen den Kahnschiffer selbst; dieser wurde durch unmittelbar gegen ihn gerichteten militärischen Eingriff gehindert, seinen Kahn am Löschungsort an den ihm von zuständiger Seite angewiesenen Löschplatz zu legen. Jedenfalls reichen die Ausführungen des Berufungsgerichts aus, um das von ihm festgestellte Fehlen der Löschbereitschaft des Kahnschiffers an sich rechtlich begründet erscheinen zu lassen. War aber der Kahnschiffer selbst nicht löschbereit, so kommt es für den Lauf der Löschzeit und für die Entstehung und den Umfang des von der Klägerin geltendgemachten Liegegeld-Anspruchs nicht darauf an, ob die Empfängerin ihrerseits lösch- und empfangsfähig war. Das Berufungsgericht konnte daher ohne Rechtsirrtum unerörtert lassen, ob die Beklagten oder die A. T.-Hütte imstande waren, am Ablieferungsort des Frachtguts einen geeigneten Löschplatz anzuweisen und die Güter abzunehmen.

2. Der Vorderrichter hat keine Stellung genommen zu der Behauptung der Klägerin, daß die Beklagten als Ausländer das Löschungs-

hindernis durch Zahlung des von der Besatzungsbehörde verlangten Zolles hätten beseitigen können. Dessen bedurfte es auch nicht, da nach den Feststellungen des Berufungsgerichts nicht der Ruilverkeer, sondern die A. T.-Hütte zur maßgebenden Zeit berechtigte Empfängerin des Frachtguts gewesen ist. Eine Behauptung, daß die A. T.-Hütte in einer ihr zumutbaren Weise das Löschungshindernis hätte beseitigen können, ist nicht aufgestellt worden (vgl. aber auch RGZ. Bd. 115 S. 217).

3. Nach dem Tatbestand des Berufungsurteils hat sich der Schiffer des Kahns am 26. Februar 1923 (einem Montag) bei der A. T.-Hütte als löschbereit gemeldet. Die Beklagten haben nicht behauptet, daß der Kahnschiffer damals oder am 27. Februar 1923 nicht löschbereit gewesen sei. Wohl aber soll nach Angabe der Beklagten am 28. Februar 1923 ein belgischer Zollbeamter in den Geschäftsräumen der Hafenverwaltung der A. T.-Hütte die Einstellung des Löschens der mit „Zollgütern" beladenen Kähne, also auch des Kahnes Noach, verlangt und ferner ein Löschungsverbot gegenüber dem Schiffer des Noach ausgesprochen haben. Das Berufungsurteil ist hierauf nicht weiter eingegangen, enthält aber im Tatbestand die Bemerkung, daß der Hafen Sch. von den belgischen Besatzungstruppen „erstmalig" am 1. März 1923 besetzt worden sei. An diesem Tage ist auch das Einlaufen des Kahnes Noach in den Hafen Sch. durch ein belgisches Polizeiboot verhindert worden.

Nun begründet das Berufungsgericht seine allgemein gehaltene Feststellung der mangelnden Löschbereitschaft des Kahnschiffers nur damit, daß dieser durch das Eingreifen der belgischen Besatzungsbehörde verhindert worden sei, mit seinem Kahn in den Hafen einzufahren und die Löschung vorzunehmen. Dies betrifft aber einen Vorgang, der sich erst am 1. März 1923 abgespielt hat, und läßt die Frage offen, ob der Kahnschiffer in der Zeit vom 26. bis 28. Februar 1923 löschbereit gewesen ist oder nicht. Sollte während dieses Zeitraumes der Kahn löschbereit gewesen sein, so sind nach §§ 48, 47 BinnenschiffG. der 27. und 28. Februar 1923 als Löschtage zu zählen. Es würden dann nach den Ausführungen des Berufungsgerichts als Löschtage in Frage kommen: der 27. und 28. Februar, der 4. April, der 5. April nebst der Nacht vom 4. zum 5. April, die Tage vom 23. bis 26. sowie der 28. und 29. Mai 1923 (§ 48 Abs. 3 BinnenschiffG.; der 27. Mai 1923 war ein Sonntag). Damit würde die angeblich

9 Löschtage umfassende Löschzeit überschritten und ein gewisser Betrag an Liegegeld verfallen sein (§ 49 BinnenschiffG.). Insoweit ist die Annahme des Berufungsgerichts nicht schlüssig, daß der Anspruch der Klägerin auf Zahlung des Liegegeldes auch nach dem erstinstanzlichen Vorbringen der Beklagten in vollem Umfang unbegründet sei. Dies kommt aber hier nur für die Kostenentscheidung in Betracht. Jener Betrag ist jedoch im Verhältnis zum Klaganspruch so geringfügig, daß seine Nichtbeachtung unter entsprechender Anwendung des in § 92 Abs. 2 ZPO. zum Ausdruck gekommenen Rechtsgedankens nicht als rechtsirrtümlich erachtet werden kann.

---

49. Über die gesetzliche Haftung einer Stadtgemeinde, deren vertragliche Haftung nicht begründet ist, auf Zahlung des ortsüblichen Mäklerlohnes für Vermittlung eines ihr zugegangenen und von ihr angenommenen Darlehens.

Städteordnung für die Provinz Westfalen vom 19. März 1856 § 56 Nr. 8. BGB. § 818 Abs. 2, § 812. HGB. § 354.

II. Zivilsenat. Urt. v. 6. November 1928 i. S. Diskont- u. Handelsbank AG. (Kl.) w. Stadtgemeinde H. (Bekl.). II 235/28.

I. Landgericht I Berlin.
II. Kammergericht daselbst.

Die verklagte Stadtgemeinde bemühte sich im Mai 1925 um die Aufnahme eines Darlehens. Ihr Oberbürgermeister hatte sich wegen des Nachweises eines Geldgebers an die klagende Bank und an die Firma K. & R. GmbH. in B. gewandt. In einem Schein vom 7. Mai 1925, der die Unterschrift trägt: „Der Magistrat der Stadt H. gez. S. . . ." (Name des Oberbürgermeisters) wurden der Klägerin als Nachweisprovision $^3/_4$% des Kapitals zugesagt, das die Beklagte durch Vermittlung jener Firma erhalte. Nach dem 7. Mai 1925 bekam die Beklagte vom Reichsknappschaftsverein ein Darlehen, dessen Höhe die Klägerin auf 500000 RM. angibt. Dieser Darlehensgeber wurde der Beklagten nach Behauptung der Klägerin von der Firma K. & R. nachgewiesen. Die Beklagte lehnt aber die Zahlung einer Provision an die Klägerin ab, weil die Erklärung vom 7. Mai 1925 für die Stadtgemeinde keine Verpflichtung begründe, da sie nur die Unterschrift ihres Oberbürgermeisters, nicht aber (gemäß

§ 56 Nr. 8 der Städteordnung für die Provinz Westfalen) noch die eines andern Magistratsmitglieds trage. Außerdem fehle es, so meint die Beklagte, am ursächlichen Zusammenhang zwischen der Darlehensgewährung und der Tätigkeit der Klägerin; denn die Beklagte habe mit dem Reichsknappschaftsverein wegen eines Darlehens schon verhandelt, bevor der Oberbürgermeister an die Klägerin herangetreten sei.

Die Klägerin verlangt im Rechtsstreit einen Mäklerlohn von 5000 RM. Beide Vordergerichte haben die Klage abgewiesen. Die Revision der Klägerin führte zur Aufhebung und Zurückverweisung.

Gründe:

Das Berufungsgericht nimmt an, der vom Oberbürgermeister allein unterschriebene Verpflichtungsschein vom 7. Mai 1925 genüge der Vorschrift des § 56 Nr. 8 der Städteordnung für die Provinz Westfalen insofern nicht, als die Unterschrift eines zweiten Magistratsmitglieds fehle. Diese sei hier erforderlich, da es sich nicht um ein Geschäft der laufenden Verwaltung handle. Unerheblich sei, ob, wie die Klägerin behaupte, die Stadtverordneten-Versammlung und der Magistrat vorher übereinstimmend beschlossen hätten, der Oberbürgermeister solle zu Verhandlungen über die Darlehensaufnahme und zur Ausstellung von Provisionsscheinen ermächtigt sein. Denn um eine Willenserklärung der Beklagten einem Dritten gegenüber, auf die es bei § 56 Nr. 8 a. a. O. allein ankomme, handle es sich hier nicht. Deshalb sei es auch gleichgültig, ob der Oberbürgermeister bei den Verhandlungen mit der Klägerin eine Ausfertigung dieser Beschlüsse vorgelegt habe.

Diese Auslegung des § 56 Nr. 8 wird von der Revision nicht angegriffen; sie kann auch nicht angegriffen werden, da die Städteordnung für die Provinz Westfalen vom 19. März 1856 wegen ihres beschränkten Geltungsbereichs keine revisible Rechtsnorm ist (RGZ. Bd. 97 S. 312 [318]; JW. 1926 S. 1450 Nr. 5).

Der genannte § 56 Nr. 8 (und ebenso die in anderen preußischen Städteordnungen sich befindende gleichlautende Bestimmung) enthält aber keine bloße Formvorschrift, sondern eine Beschränkung der Vertretungsmacht der städtischen Organe. Die Vorschrift hat neben dem Bürgerlichen Gesetzbuch ihre Gültigkeit behalten (RGZ. Bd. 115 S. 311; JW. 1927 S. 1251 Nr. 8 und das Urteil des erkennenden Senats vom 26. Oktober 1928 II 266/28, S. 175 dieses Bandes).

Wenn von zwei Personen, die nur zusammen zur Vertretung befugt sein sollen, bloß eine ohne Mitwirkung der anderen gehandelt hat, so liegt eine unvollständige Vertretung vor, die rechtlich nichts anderes ist, als wenn ein Vertreter ohne Vertretungsmacht handelt (§ 177 Abs. 1 BGB.). Der Vertrag erlangt erst durch seine Genehmigung Wirksamkeit für und gegen den Vertretenen (§ 177 Abs. 1 BGB.). Die Klägerin erblickt diese Genehmigung in der Annahme und Verwendung des ihrer Behauptung nach von ihr beschafften Kapitals durch die Beklagte. Das Berufungsgericht lehnt das ab, weil nichts dafür erbracht, nicht einmal behauptet sei, daß die Beklagte mit der Annahme und Verwendung des Kapitals auch das Provisionsabkommen habe genehmigen wollen; das folge auch daraus, daß Klagerhebung notwendig geworden sei. Die Revision meint dagegen: wenn die Stadtgemeinde, wie für die Revisionsinstanz zu unterstellen sei, ein von der Klägerin beschafftes Kapital angenommen und verwendet habe, dann liege hierin eine Annahme der Dienste der Klägerin, so wie sie geleistet worden seien, und damit auch eine Genehmigung des ihr erteilten Auftrags. In der Annahme und Verwendung des vom Reichsknappschaftsverein hergegebenen Geldes liegt jedoch noch keine stillschweigende Genehmigung des an sich für die Stadtgemeinde rechtsunwirksamen Provisionsversprechens durch den Magistrat. Eine solche Genehmigung hätte zur Voraussetzung, daß der die Grundlage des Mäklergeschäfts bildende Provisionsschein dem Magistrat vorgelegt oder wenigstens inhaltlich bekannt gegeben worden wäre und daß der Magistrat den Willen gehabt hätte, ihn zu genehmigen. Davon hat aber die Klägerin nach der Feststellung des Berufungsgerichts nichts behauptet. Die Rüge konnte daher keinen Erfolg haben.

Aus dem gleichen Grunde kommt, entgegen der Ansicht der Revision, auch § 653 BGB. nicht in Frage. Ein Mäklervertrag ist eben zwischen den Parteien nicht zustandegekommen, auch nicht durch nachträgliche Genehmigung des der Klägerin vom Oberbürgermeister erteilten Auftrags, und auch kein solcher ohne feste Provisionszusage durch den Magistrat. Für die Annahme stillschweigender Vereinbarung eines Mäklerlohns fehlt es daher an der erforderlichen Voraussetzung.

Demnach ist eine rechtsgeschäftliche Haftung der Stadtgemeinde nicht begründet worden. Das schließt aber die Möglichkeit ihrer Haftung aus Gesetz oder unerlaubter Handlung nicht grundsätzlich aus.

Denn § 56 Nr. 8 a. a. O. (und ebenso die entsprechende Vorschrift in anderen preußischen Städteordnungen) bezieht sich nicht auf die letztgenannten Haftungsgründe, sondern beschränkt sich auf die Regelung der Vertragshaftung. Haftung aus unerlaubter Handlung ist hier nicht geltendgemacht, scheidet auch beim Fehlen irgendwelcher Unterlagen ohne weiteres aus. Nur Haftung aus Gesetz kann in Frage kommen. Sie ist nach § 818 Abs. 2 in Verbindung mit § 812 BGB. und nach § 354 HGB. hier gegeben, und zwar aus dem Gesichtspunkt, daß der Kaufmann nach der Verkehrssitte seine Tätigkeit nicht umsonst in den Dienst anderer stellt, sondern auf Vergütung dafür rechnet, und daß dies jeder weiß oder wissen muß, der mit einem Kaufmann in geschäftliche Beziehungen tritt. Zu solchen Diensten gehört ohne Zweifel auch die Beschaffung eines größeren Kapitalbetrags für einen andern. Hat daher die Beklagte das — wie zu unterstellen ist — von der Klägerin ihr vermittelte Kapital angenommen und verwendet, lehnt sie aber die Zahlung der ortsüblichen Vergütung für diese Vermittlertätigkeit ab, so ist die Klägerin aus dem Gesichtspunkt der ungerechtfertigten Bereicherung (BGB. § 818 Abs. 2) berechtigt, den Ersatz des Wertes ihrer Vermittlertätigkeit in Höhe des ortsüblichen Mäklerlohns von der Beklagten zu fordern. Denn eine Zurückforderung der Leistung selbst ist hier nicht möglich.

Zum gleichen Ergebnis führt der (von der Klägerin in der Berufungsinstanz geltendgemachte) Rechtsbehelf des § 354 HGB., wonach derjenige, der bei Ausübung seines Handelsgewerbes einem andern Geschäfte besorgt oder Dienste leistet, eine Vergütung nach den ortsüblichen Sätzen auch ohne Vereinbarung über eine solche fordern kann, gleichgültig, ob ein Vertragsverhältnis (z. B. Kauf, Werkvertrag, Frachtvertrag) vorliegt oder nicht. Hier ist, wie dargelegt, eine derartige Vereinbarung nicht zustandegekommen. Ein Vertrag, der für die Beklagte wegen fehlender Vertretungsmacht des Vertreters von Anfang an nicht rechtswirksam war und auch nicht nachträglich von ihr genehmigt worden ist, stellt keine Vereinbarung zwischen den Parteien dar. Es ist rechtsirrig, wenn das Berufungsgericht einen Unterschied machen will zwischen dem Fall, wo eine Vereinbarung überhaupt nicht getroffen ist, und dem, wo eine solche zwar vorliegt, aber keine Verpflichtungen begründet, weil sie für die Beklagte nicht wirksam ist. Wenn nun unter solchen Umständen, d. h. beim Fehlen jeglicher Mäklervereinbarung, die Klägerin der

Beklagten eine Stelle nachweist, die ihr ein Darlehen gewährt, so steht der Anwendung des § 354 HGB. kein rechtliches Bedenken entgegen. Diese Tätigkeit wäre von der Klägerin in Ausübung ihres Handelsgewerbes geleistet worden; denn ihre Angabe, daß sie sich gewerbsmäßig mit Geldgeschäften und deren Vermittlung befasse, ist unbestritten geblieben. Nach der Verkehrssitte wird auch eine solche Mäklertätigkeit regelmäßig vergütet.

Hiernach war die Sache zur Erörterung der Frage des ursächlichen Zusammenhangs und gegebenenfalls zur Feststellung der ortsüblichen Höhe der Provision an das Berufungsgericht zurückzuverweisen.

---

50. Was bedeutet „nicht gehörig bemannt" in § 821 Nr. 1 HGB.?

I. Zivilsenat. Urt. v. 7. November 1928 i. S. V. Feuerversicherungs-AG. (Kl.) w. Afrikanische O.-AG. (Bekl.). I 159/28.

I. Landgericht I Berlin, Kammer für Handelssachen.
II. Kammergericht daselbst.

Die Beklagte war bei der Klägerin auf Kasko, Motor und Zubehör der Motorbarkasse „Bijagos" für Fahrten innerhalb und in der Nähe des Bijagos-Archipels (Portugiesisch Neu-Guinea) versichert. Während der Versicherungszeit ist die Barkasse bei einer Versicherungsreise im Februar 1926 auf einen Pfahl gefahren und in Totalverlust geraten. Die Beklagte hat der Klägerin von dem Schadensfall Nachricht gegeben und Zahlung der Versicherungssumme von 20000 RM. verlangt. Die Klägerin hat der Beklagten auf ihre Forderung zunächst 12000 RM. gezahlt unter dem Vorbehalt, daß der Schaden zu Lasten der Police gehe. Kurz darauf hat sie der Beklagten weitere 8000 RM. gezahlt.

Die Klägerin behauptet, es habe sich nunmehr herausgestellt, daß der Schaden durch Überlassung der Steuerung der Motorbarkasse an einen 14 bis 15 Jahre alten Burschen, also durch nicht gehörige Bemannung des Schiffes, entstanden sei und ihr gemäß § 821 Nr. 1 HGB. nicht zur Last falle. Sie verlangt daher jetzt Rückzahlung der 20000 RM. nebst Zinsen. Die Klägerin unterlag in allen drei Rechtszügen.

Gründe:

(Es wird zunächst dargetan, daß die Klägerin — ganz abgesehen davon, ob sie bei der zweiten Zahlung ihren Vorbehalt aufrecht erhalten habe oder nicht — dafür beweispflichtig sei, daß die Motorbarkasse auf der Unfallreise nicht gehörig bemannt in See gesandt und daß der Schaden hieraus entstanden sei.)

Das Berufungsgericht hat folgendes ausgeführt. Es habe sich um eine ganz kurze Fahrt in der Nähe der Küste gehandelt. Daher müsse angenommen werden, daß das Schiff trotz Abwesenheit des Kapitäns gehörig bemannt gewesen sei. Die Klägerin habe nicht dargetan, daß der Bootsmann völlig dienstunfähig oder durch sein Beinleiden auch nur erheblich in seinem Dienste behindert gewesen sei. Der Umstand, daß der Matrose Albino mit der Führung des Steuers betraut worden sei, hätte nach aller Wahrscheinlichkeit nicht zu dem Unglück geführt. Hätte der Bootsmann ihn im ruhigen Fahrwasser unter Aufsicht gehabt und in schwierigen Fällen, z. B. beim Anlanden, kurze Zeit das Steuer selbst bedient, so wäre das Boot vermutlich ohne Unfall an Land gekommen. Es sei durchaus wahrscheinlich, daß der Bootsmann, der die aus seinem Leiden sich ergebenden Hemmungen pflichtgemäß hätte überwinden müssen, aus Nachlässigkeit und Bequemlichkeit seinen Dienst nicht genügend versehen habe und daß hierdurch der Schaden entstanden sei. Die Klägerin habe aber nach § 8 der englischen Versicherungsbedingungen (Institute Time Clauses, Hulls-F. P. A. Absolutely) für Schäden einzustehen, die durch Verschulden der Schiffsbesatzung entstanden sind. Jedenfalls habe die Klägerin keinen genügenden Beweis dafür erbracht, daß der Bootsmann auch bei Erfüllung seiner Pflichten das Unglück wegen seines Leidens nicht hätte abwenden können.

Hiermit hat das Berufungsgericht zum Ausdruck gebracht: es sei nach Lage der Sache anzunehmen, daß die Motorbarkasse auf der Unfallreise den Verhältnissen dieser Reise entsprechend gehörig bemannt gewesen und daß der Unfall durch Verschulden (Nachlässigkeit, negligence) der Schiffsbesatzung (des Bootsmanns) verursacht worden sei, da die Klägerin besondere dagegen sprechende Umstände nicht dargetan und bewiesen habe. Diese im wesentlichen auf tatsächlichem Gebiet liegenden Erwägungen des Berufungsgerichts sind rechtlich fehlerfrei. Den Versicherungsvertrag haben Aktiengesellschaften abgeschlossen, die in Deutschland ansässig sind; für die in

Deutschland angefertigte Polize ist ein deutscher Vordruck benutzt worden, in dem auf die angehängten englischen Bedingungen hingewiesen wird. Danach sind zwar die in Bezug genommenen englischen Bedingungen, die zu den typischen Bedingungen des englischen Assekuranz-Verkehrs gehören, in dem Sinne auszulegen, wie sie im englischen Rechtsverkehr verstanden werden. Im übrigen aber ist der Versicherungsvertrag nach deutschem Recht zu beurteilen, d. h. mangels Heranziehung besonderer Seeversicherungsbedingungen in erster Reihe nach §§ 778flg. HGB.

Die der Versicherungspolize beigefügten englischen Bedingungen enthalten keine ausdrücklichen Vorschriften für den Fall, daß das Schiff auf der Unfallreise nicht gehörig bemannt (nicht gehörig bemannt in See gesandt) war. Nimmt man mit der Klägerin an, daß ein solcher Fall auch mittelbar von den englischen Bedingungen, insbesondere von der Nr. 8 der Institute Time Clauses, nicht betroffen wird, so würde § 821 Nr. 1 HGB. anwendbar sein und danach die Klägerin nicht haften, wenn der Schaden daraus entstanden sein sollte, daß das Schiff nicht gehörig bemannt in See gesandt worden ist. Für die Frage, ob letzteres der Fall war oder nicht, kommt es nicht nur auf Art und Größe des Schiffes, Qualität der Mannschaft usw. an, sondern auch auf die besonderen Umstände der Reise selbst, ihre Dauer, ihr Ziel, die Zeit ihrer Ausführung und die zu dieser Zeit herrschenden Witterungs-, Wasser- und Beleuchtungs-Verhältnisse. Mit Recht hat daher das Berufungsgericht Gewicht darauf gelegt, daß es sich um eine ganz kurze Fahrt (unbestritten von 20—30 Minuten Dauer) in der Nähe der Küste und in ruhigem Fahrwasser handelte. Wenn also das Berufungsgericht angenommen hat, daß das Schiff trotz Abwesenheit des Kapitäns für die Reise gehörig bemannt war, zumal da der an Bord befindliche Bootsmann der berufene Vertreter des Kapitäns gewesen sei, so ist dies nicht rechtsirrtümlich. Insbesondere geben die Parteiausführungen und die Feststellungen des Berufungsgerichts keinen Anhalt dafür, daß, wie die Revision meint, das Schiff bei Berücksichtigung der in Portugiesisch Neu-Guinea gegebenen Verhältnisse ohne Kapitän unter keinen Umständen als genügend bemannt erachtet werden könne. Es ist auch nicht ersichtlich, daß der Bootsmann als Stellvertreter des Kapitäns bei pflichtmäßigem Handeln die an Bord erforderliche Autorität nicht hätte wahren können. Denn es handelte sich um eine offene Motorbarkasse, die 13 m lang war und deren Ruderstand sich unmittelbar neben der Kabine befand; der Mann am Ruder konnte mithin ständig von der Kabine aus überwacht und durch Anweisungen geleitet werden. Nach den Feststellungen des Berufungsgerichts hätte der Bootsmann diese Überwachung wirksam vornehmen, in schwierigen Fällen auch für kurze Zeit das Ruder selbst bedienen können und müssen. Außer dem Bootsmann befand sich unbestritten ein Maschinist, ferner der vom Bootsmann an das Steuer beorderte 14—15jährige Matrose Albino und noch ein anderer 14—15jähriger Eingeborener zu Dienstleistungen an Bord. Das Berufungsgericht meint, diese Mannschaft sei unter den obwaltenden Umständen ausreichend gewesen, und es sei anzunehmen, daß der Unfall vermieden worden wäre, wenn nur der Bootsmann diejenige Sorgfalt beobachtet hätte, die er trotz seines Beinleidens anwenden konnte und mußte. Dies ist vom Rechtsstandpunkt aus nicht zu beanstanden. Für die Annahme, daß die Klägerin von ihrer durch den Versicherungsvertrag begründeten Haftpflicht wegen ungenügender Bemannung des Schiffes (§ 821 Nr. 1 HGB.) befreit worden sei, ist nach den Feststellungen des Berufungsgerichts kein Raum. Sie geben genügenden Anhalt dafür, daß der Schaden durch Nachlässigkeit der Schiffsbesatzung im Sinne von Nr. 8 der englischen Bedingungen verursacht und daher von der Klägerin zu vertreten ist. Das Vorliegen eines ursächlichen Verschuldens des Schiffseigners (der Beklagten) oder eines Geschäftsführers im Sinne jener Nr. 8 ist vom Berufungsgericht ohne Rechtsirrtum verneint worden.

---

51. Kommt es dann, wenn eine Hypothek zu treuen Händen abgetreten wurde, für die Anwendung des § 67 Abs. 2 Satz 2 AufwG. darauf an, ob bei Abschluß des Vergleichs der Treugeber Kaufmann war, oder ist die Kaufmannseigenschaft des Treuhänders entscheidend?

V. Zivilsenat. Urt. v. 10. November 1928 i. S. Neue Boden-AG. (Kl.) w. W. (Bekl.). V 558/27.

I. Landgericht Königsberg i. Pr.
II. Oberlandesgericht daselbst.

Der Beklagte ist Eigentümer eines Grundstücks, auf dem am 30. April 1921 für die Bodengesellschaft K. mbH. eine Restkaufgeld-Hypothek von 92000 M. eingetragen worden war. Die Hypothek wurde am 1. März 1923 an die Klägerin abgetreten und, nachdem der Beklagte im August 1923 an die Klägerin 9200000 M. gezahlt hatte, am 31. Dezember 1924 gelöscht. Die Klägerin beantragt festzustellen, daß der Beklagte verpflichtet sei, die Hypothek als dinglicher und persönlicher Schuldner aufzuwerten. Das Landgericht hat die Klage abgewiesen, das Oberlandesgericht die Berufung der Klägerin zurückgewiesen. Auch die Revision der Klägerin blieb erfolglos.

Gründe:

Das Berufungsgericht ist der Ansicht, daß das von den Parteien in der Rückwirkungszeit geschlossene Abkommen sich als ein Aufwertungsvergleich im Sinne des § 67 AufwG. darstelle. Rechtliche Bedenken gegen diese Annahme sind nicht zu erheben. Auch die Revision hat sie nicht bekämpft.

Das angefochtene Urteil führt weiter aus: Da der Vergleich in der in § 67 Abs. 2 AufwG. bestimmten Zeit abgeschlossen sei, stehe er der Aufwertung nur dann entgegen, wenn der Gläubiger Kaufmann sei und den Vergleich im Betriebe seines Handelsgewerbes abgeschlossen habe; denn Aufwertung zugunsten einer Teilungsmasse komme unstreitig hier nicht in Frage. Die Klägerin habe als Aktiengesellschaft nach § 210 HGB. ohne weiteres Kaufmannseigenschaft; nach der Vermutung des § 344 HGB. gelte auch der Vergleich als zum Betrieb ihres Handelsgewerbes gehörig. Sie berufe sich jedoch darauf, daß sie die Hypothek nur als Treuhänderin erworben habe und daß die wirklichen Gläubiger nicht Kaufleute seien. Der Senat trete der Ansicht des Landgerichts bei, daß in einem solchen Falle entscheidend sei, ob der Treuhänder Kaufmannseigenschaft besitze. Wenn Neukirch für maßgebend halte, ob der Treugeber Kaufmann sei, so sei nicht einzusehen, wie die Vorschrift des § 3 AufwG. über die Berechnung des Goldmarkbetrags auf einen völlig anderen Tatbestand anzuwenden sein sollte. Es werde dabei übersehen, daß der Treugeber etwaige Verfügungen des Treuhänders über das zu treuen Händen übertragene Recht anerkennen müsse und sich seinerseits nur an den Treuhänder halten könne, wenigstens dann, wenn dem Dritten das Treuhandverhältnis unbekannt sei. Daher könne es auch auf sich beruhen, ob bei Abschluß des Vergleichs ein Treuhandverhältnis bestanden habe und ob der Treugeber nicht Kaufmann gewesen sei. Übrigens treffe letzteres nur dann zu, wenn bei Abschluß des Vergleichs die Liquidation der Bodengesellschaft K. schon beendet gewesen sei; denn bis zur Beendigung der Liquidation habe diese Gesellschaft als Handelsgesellschaft gleichfalls Kaufmannseigenschaft gehabt.

Demgegenüber macht die Revision geltend: Die Klägerin habe bei Abschluß des Vergleichs als Treuhänderin gehandelt; es komme somit darauf an, ob der Treugeber zur Zeit des Vergleichsabschlusses Kaufmann gewesen sei. Gläubiger im Sinne des § 67 Abs. 2 AufwG. sei nur der wirklich Berechtigte, also der Treugeber. Treugeber seien aber zur Zeit des Vergleichsabschlusses die Gesellschafter der jetzt nicht mehr bestehenden Bodengesellschaft gewesen, nämlich Frau Baurat K. in B., die K.schen Erben in K. und die Klägerin, von denen die beiden erstgenannten nicht Kaufleute seien. Die Klägerin habe übrigens den Vergleich auch nicht im Betrieb ihres Handelsgewerbes geschlossen; dies ergebe sich daraus, daß sie dabei nur als Treuhänderin gehandelt habe. Hiernach stehe der Vergleich der Aufwertung nicht entgegen.

Den Ausführungen der Revision kann nicht beigepflichtet werden. Allerdings vertritt Neukirch Anm. 9, 3a zu § 67 AufwG. die Ansicht, daß es bei Treuhandverhältnissen in entsprechender Anwendung des § 3 Nr. 7 AufwG. auf den Treugeber, nicht auf den Treuhänder ankomme. Dagegen soll nach der Meinung Mügels (5. Aufl. Anm. 6 zu § 67 AufwG.) entscheidend sein, ob der Treuhänder verfügungsberechtigt ist oder ob er nach den Weisungen des Treugebers zu handeln hat. Mit Recht hat bereits das Berufungsgericht Neukirch gegenüber darauf hingewiesen, daß für eine entsprechende Anwendung des § 3 Nr. 7 auf die Fälle eines vom Treuhänder abgeschlossenen Aufwertungsvergleichs kein Raum ist. Die Vorschrift des § 67 Abs. 2 Satz 2 AufwG. verdankt ihre Entstehung der Erwägung, daß Kaufleute bei Abschluß eines Aufwertungsvergleichs die mögliche Entwicklung der Währungsverhältnisse schon einkalkuliert haben. Aus diesem Grunde hielt man im Interesse einer ruhigen Entwicklung des Wirtschaftsverkehrs in solchen Fällen die Aufrechterhaltung der Vergleiche für geboten (KommBer. S. 27; RGZ. Bd. 114 S. 51; JW. 1926 S. 2567 Nr. 1). Dagegen ist bei § 3 Nr. 7

AufwG. der gesetzgeberische Gedanke ein völlig anderer. Daß in § 3 Nr. 1 das. für die Berechnung des Goldmarkbetrags der Erwerb des Gläubigers als ausschlaggebend bestimmt wurde, ist darauf zurückzuführen, daß man die Ausnutzung eines spekulativen Erwerbs ausschalten wollte. Die hiervon abweichende Regelung in den Nummern 2 bis 11, wonach für die Berechnung des Goldmarkbetrags der Erwerb des Rechtsvorgängers entscheidend sein soll, ist darin begründet, daß in diesen Fällen ein spekulativer Erwerb durch den Rechtsnachfolger nicht in Betracht kommt (Nadler Grundbuch- und Aufwertungsfragen 3. Aufl. S. 9; Neukirch AufwG. Anm. 1 zu § 3). Die gesetzgeberischen Gründe für die genannten beiden Vorschriften sind daher völlig verschieden, und eine entsprechende Anwendung des § 3 Nr. 7 auf den Fall eines vom Treuhänder in der Rückwirkungszeit abgeschlossenen Aufwertungsvergleichs ist nicht angängig. Der dem § 67 Abs. 2 Satz 2 zugrundeliegende Gedanke muß vielmehr — auch unter Ablehnung der in der Anwendung zu schwierigen Unterscheidungen führenden Ansicht Mügels — dazu führen, für die Anwendung dieser Vorschrift allein den Umstand entscheiden zu lassen, ob der Treuhänder Kaufmann war und ob er den Vergleich im Betriebe seines Handelsgewerbes abgeschlossen hat. Denn wenn auch die einem Treuhänder zu treuen Händen abgetretene Hypothek wirtschaftlich und sachlich zum Vermögen des Treugebers gehört, so hat doch nach außen hin allein der Treuhänder, der im Grundbuch als Hypothekengläubiger eingetragen ist oder dessen Gläubigerrecht sich aus § 1155 BGB. ergibt, die Verfügungsmacht über die ihm anvertraute Hypothek. Er ist es, der mit dem Schuldner den Vergleich abschließt, und er allein tritt ihm hierbei als verfügungsberechtigter Hypothekengläubiger gegenüber. Aus seiner Person ist daher auch zu beurteilen, ob der Vergleich von einem Kaufmann abgeschlossen ist, der in der Lage war, der möglichen Entwicklung der Währungsverhältnisse einen Einfluß auf die Bemessung der Vergleichssumme einzuräumen. Gerade in solchem Fall soll aber nach Sinn und Zweck des § 67 Abs. 2 Satz 2 der Vergleich der Aufwertung entgegenstehen. Es kommt hiernach darauf an, ob der in der Rückwirkungszeit einen Aufwertungsvergleich abschließende Treuhänder Kaufmann ist. Diese Voraussetzung liegt bei der Klägerin (ihre Eigenschaft als Treuhänderin unterstellt) vor; denn sie ist eine Aktiengesellschaft und besitzt demnach Kaufmannseigenschaft. Daher gilt für sie auch die Vermutung des § 344 HGB., daß der Vergleich im Betrieb ihres Handelsgewerbes abgeschlossen worden ist. Diese Vermutung ist zwar widerlegbar; die von der Klägerin aufgestellten Behauptungen genügen aber nicht, um darzutun, daß ihre Treuhänderschaft und der Vergleichsschluß außerhalb ihres Handelsgewerbes lagen.

---

52. Kann ein Hypothekenschuldner, der die in einem Aufwertungsvergleich bedungene Leistung bewirkt hat, diese Leistung nach den Vorschriften über ungerechtfertigte Bereicherung zurückfordern, wenn der Vergleich nach § 67 Abs. 2 Satz 1 AufwG. der Aufwertung nicht entgegensteht?

AufwG. § 67 Abs. 2. BGB. § 812.

V. Zivilsenat. Urt. v. 10. November 1928 i. S. Str. (Bekl.) w. Frankf. Hypothekenbank (Kl.). V 689/27.

I. Landgericht Gießen.
II. Oberlandesgericht Darmstadt.

Auf einem dem Beklagten gehörenden Grundstück wurde für die Klägerin vor dem 1. Januar 1918 eine Darlehenshypothek von 27000 M. eingetragen. Im Januar 1924 schlossen die Parteien einen Vergleich dahin, daß die Hypothek gegen Zahlung von 4043 GM. gelöscht werden solle. Dieser Betrag ist am 14. und 17. Januar 1924 gezahlt worden, und die Klägerin hat Löschungsbewilligung erteilt. Nunmehr begehrt die Klägerin Feststellung dahin, daß die Hypothek mit 25 % des Goldwertes, sonach mit 6750 GM. nach Abzug gezahlter 4043 GM., also mit restlichen 2707 GM. sowohl in Ansehung der dinglichen Sicherung wie auch der persönlichen Forderung kraft Rückwirkung aufzuwerten und der Beklagte verpflichtet sei, die alten Schuldurkunden herauszugeben. Der Beklagte hat widerklagend Herauszahlung von 1300 RM. verlangt. Er behauptet, die Klägerin habe mehr erhalten, als ihr nach dem Aufwertungsgesetz zustehe. Sie habe zudem durch Aushändigung der Löschungsbewilligung auf jede Aufwertung verzichtet. Auch die Härtevorschrift des § 15 AufwG. sei anwendbar. Die zuviel erhaltenen 1300 GM. müsse die Klägerin zurückzahlen.

Das Landgericht hat Klage und Widerklage abgewiesen. Das Oberlandesgericht hat auf die Berufung der Klägerin den Klaganspruch, soweit er die Aufwertung betrifft, dem Grunde nach für gerechtfertigt erklärt und die Anschlußberufung des Beklagten zurückgewiesen. Die Revision des Beklagten blieb erfolglos.

Aus den Gründen:

... Zutreffend geht der Berufungsrichter davon aus, daß der im Januar 1924 unter den Parteien geschlossene Aufwertungsvergleich nach § 67 Abs. 2 AufwG. der Aufwertung nicht entgegenstehe, da zwar die Klägerin Kaufmann sei und den Vergleich im Betrieb ihres Handelsgewerbes geschlossen habe, die Aufwertung aber zugunsten einer Teilungsmasse erfolge. Der Vorderrichter hält auch ohne Rechtsirrtum den Feststellungsanspruch der Klägerin nur dann für begründet, wenn ihr durch den Vergleich weniger gewährt worden sei, als sie nach dem Aufwertungsgesetz zu beanspruchen habe. Das nimmt er aber gleichfalls einwandfrei an, indem er in Übereinstimmung mit der ständigen Rechtsprechung des erkennenden Senats der Vorschrift des Art. 21 DurchfVo. z. AufwG. die rückwirkende Kraft abspricht. Die Vorschrift bezieht sich nur auf Zahlungen, die am 10. Dezember 1925 oder später geleistet worden sind (RGU. vom 17. November 1927 V 195/27 und vom 25. Januar 1928 V 218/27).

Zu Unrecht meint die Revision, dem Beklagten stehe ein Bereicherungsanspruch gegen die Klägerin zu. Die gegen die Löschungsbewilligung gezahlten 4043 GM. seien auf Grund eines Vergleichs im Sinne des § 67 AufwG. gezahlt worden. Da an die Stelle der Vergleichssumme auf Grund des Aufwertungsgesetzes nachträglich die Forderung auf Aufwertung kraft Rückwirkung getreten, sei der Rechtsgrund der Zahlung der 4043 GM. weggefallen und diese Summe an sich zurückzuzahlen. Wolle die Klägerin den Betrag nebst Zinsen behalten, so habe sie ihn doch ohne Rechtsgrund erhalten. Die entgegenstehende Forderung aus dem Aufwertungsgesetz sei erst im Jahre 1932 fällig. In diesem Jahre könne also erst die Forderung der Klägerin auf Aufwertung mit der gezahlten Summe verglichen werden. Zu diesem Zeitpunkt sei der zu Unrecht gezahlte Betrag um alles das vergrößert, was die Klägerin damit verdient habe. Dies seien mindestens die gesetzlichen Zinsen für die Zwischenzeit, in Wirklichkeit alle weiteren Vorteile, die hätten erzielt werden können.

Ein Bereicherungsanspruch ist aber nicht gegeben. Allerdings hält Mügel (AufwRecht S. 963, 1103) einen solchen für begründet, weil der Vergleich auf Grund des § 67 Abs. 2 AufwG. hinfällig geworden sei. Dem kann jedoch nicht beigepflichtet werden. Diese Vorschrift, wonach ein in der Rückwirkungszeit geschlossener Vergleich der Aufwertung nach den Vorschriften des Aufwertungsgesetzes „nicht entgegensteht", hat nicht die Bedeutung, daß ein solcher Vergleich nach Art der in § 779 BGB. getroffenen Regelung hinfällig wird (RGZ. Bd. 114 S. 50, 51), noch auch, daß er als Rechtsgrund im Sinne der Grundsätze über die ungerechtfertigte Bereicherung für die gemäß dem Vergleich geleisteten Zahlungen beseitigt werden soll. Die Vorschrift erstrebt vielmehr lediglich den Schutz des Gläubigers, der sich unter dem Druck der Geldentwertung auf einen Vergleich eingelassen hat, wonach er weniger bekommt als auf Grund des später in Kraft getretenen Aufwertungsgesetzes. Sie will nur zum Ausdruck bringen, daß die Aufwertung durch den Vergleich nicht gehindert werden, sondern nach §§ 14, 15 AufwG. ohne Rücksicht auf ihn stattfinden soll. Man kann auch nicht sagen, daß der Erfolg, der für die Zahlung der Vergleichssumme bestimmend war, nicht erreicht worden sei. Denn der nach dem Inhalt des Vergleichs bezweckte Erfolg der Zahlung, die Tilgung der Schuld des Beklagten, ist seinerzeit eingetreten; die Darlehensforderung ist nach dem damaligen Stande der Gesetzgebung und Rechtsprechung tatsächlich getilgt worden. Einen weiteren für die Zukunft zu erwartenden Erfolg im Sinne des § 812 Abs. 1 Satz 2 BGB., insbesondere den Erfolg, daß die Forderung auch bei abweichender Regelung durch eine spätere Gesetzgebung nicht weiter aufgewertet werden solle, haben die Parteien nach dem Inhalt des Rechtsgeschäfts nicht bezweckt (Bayerisches Oberstes Landesgericht bei Ring AufwRspr. 1928 S. 59). Das Aufwertungsgesetz hat aber die Frage der Anrechnung der geleisteten Zahlungen in §§ 18 und 78 erschöpfend geregelt. Diese Vorschriften machen keinen Unterschied dahin, ob es sich um eine Zahlung handelt, die auf Grund eines Aufwertungsvergleichs (§ 67 AufwG.) oder einer „Vereinbarung" ohne die Rechtsnatur eines solchen Vergleichs geleistet ist, oder endlich um eine Zahlung, die weder einen Aufwertungsvergleich noch eine „Vereinbarung" (wie erwähnt) zur Grundlage hat. Beide Vorschriften treffen vielmehr unterschiedlos alle geleisteten Zahlungen.

Eine Zurückforderung von Zwischenzinsen aus ungerechtfertigter Bereicherung ist nicht begründet. Sie würde im Ergebnis darauf hinauslaufen, daß dem Art. 21 DurchfVo. rückwirkende Kraft zukäme, während er nach der ständigen Rechtsprechung des erkennenden Senats eine solche nicht hat. Auch der gesetzgeberische Gedanke des Art. 23 DurchfVo. spricht gegen die Möglichkeit einer Zurückforderung aus ungerechtfertigter Bereicherung. Daß Art. 21 DurchfVo. in Art. 23 das. erwähnt wird, obwohl er erst gleichzeitig mit Art. 23 in Kraft getreten ist und eine unmittelbare Anwendung des Art. 21 daher nicht in Frage kommen kann, beruht lediglich darauf, daß man Schlußfolgerungen verhüten wollte, die sich aus der Nichterwähnung dieser Vorschrift hätten ziehen lassen (Quassowski 5. Aufl. Erl. zu Art. 23 DurchfVo. S. 662; Schlegelberger-Harmening 5. Aufl. Anm. 5 zu Art. 23). Im übrigen ist die Leistung des Schuldners, mag er auf Grund eines Vergleichs oder ohne solchen gezahlt haben, auf 25% des Goldmarkbetrags beschränkt. Die Unbilligkeit liegt nur darin, daß der Schuldner infolge des Vergleichs des Zahlungsaufschubs verlustig geht. Darin ist er aber nicht ungünstiger gestellt als andere Schuldner, die ohne einen Vergleich gezahlt haben. Ein Bereicherungsanspruch des Schuldners, der auf Grund eines in der Rückwirkungszeit abgeschlossenen, der Aufwertung nach § 67 Abs. 2 AufwG. nicht entgegenstehenden Aufwertungsvergleichs gezahlt hat, kann hiernach nicht anerkannt werden.

53. 1. Ist die Vorbenutzung eines patentierten Verfahrens dann offenkundig, wenn die zur Ausübung des Verfahrens dienende Maschine in der Fabrik, für die sie bestimmt ist, hergestellt wird, insbesondere dann, wenn dafür ein betriebsfremder Unternehmer hinzugezogen wird?

2. Ist in diesem Falle Offenkundigkeit vorhanden, wenn der fremde Unternehmer die erforderlichen Maschinenzeichnungen in seinen eigenen Betriebsräumen anfertigen läßt?

3. Ist im letzteren Fall, abgesehen von der Frage der Offenkundigkeit, eine mittelbare Benutzung des Verfahrens durch Anfertigung der Maschinenzeichnungen begrifflich möglich?

PatentG. § 2.

I. Zivilsenat. Urt. v. 10. November 1928 i. S. J. G. F. (Bekl.) w. M. & Co. (Kl.). I 86/28.

I. Reichspatentamt.

Der Beklagten ist mit Wirkung vom 12. April 1919 durch das Patent 360034 ein Verfahren zur Verhütung von Explosionen in Karbidbehältern von Azetylenentwicklungsapparaten des Einwurfsystems geschützt, das nach seinem Patentanspruch 1 dadurch gekennzeichnet ist,

daß die gleichzeitige Anwesenheit wesentlicher Mengen Sauerstoff bzw. Luft neben Azetylen im Zeitpunkt des Einfüllens des Karbids in den Karbidbehälter ausgeschlossen wird.

Die Patentansprüche 2 und 3 lauten:

2. Verfahren zum Verhüten von Explosionen im Karbidbehälter von Azetylenentwicklungsapparaten des Einwurfsystems nach Anspruch 1, dadurch gekennzeichnet, daß das Einfüllen des Karbids in den Karbidbehälter vermittels eines auf den Behälter aufgepaßten Einfülltrichters erfolgt und das in den Karbidbehälter gleitende Karbid und das durch dieses verdrängte Azetylen sich durch die gleiche Öffnung in entgegengesetzter Richtung bewegen.

3. Verfahren zum Verhüten von Explosionen im Karbidbehälter nach Anspruch 1, dadurch gekennzeichnet, daß das Karbid vor dem Eingleiten in den Karbidbehälter auf dem Verschluß dieses Behälters ruht, so daß es beim Öffnen des Verschlusses sofort querschnittverengernd auf die Einfüllöffnung wirkt.

Die Klägerin hat beantragt, den Anspruch 1 dieses Patents für nichtig zu erklären, weil einmal der Erfindungsgedanke des angegriffenen Patents durch die deutsche Patentschrift 113425 vorweggenommen und zweitens das Verfahren nach Anspruch 1 von ihr selbst, der Klägerin, offenkundig vorbenutzt worden sei. Sie habe nämlich im Jahre 1918 in dem Werke A. der Chemischen Fabrik in G. das Austreiben der Luft aus Karbidbehältern mittels Stickstoffs offenkundig vorgenommen. Die Beklagte bestritt das Vorbringen der Klägerin. Das Reichspatentamt gab der Klage aus dem ersten Grunde statt, ohne auf den zweiten einzugehen. Das Reichsgericht wies die Klage ab, weil weder die Patentschrift 113425 den Erfindungsgedanken vorweggenommen habe, noch eine offenkundige Vorbenutzung des Verfahrens nachgewiesen sei.

Aus den Gründen:

... Als offenkundige Vorbenutzung hat sich die Klägerin hauptsächlich auf ihre eigene Tätigkeit in dem Werke der Chemischen Fabrik in G. berufen. Die Beklagte hat die Offenkundigkeit bestritten. Sie hat behauptet: das G.er Werk habe damals der Klägerin den Auftrag erteilt, an einem Azetylenapparat eine Vorrichtung anzubringen, welche die Anwendung von Stickstoff (zum Ausblasen der Luft im Karbidbehälter) gestattete, und das Werk habe der Klägerin dazu erläuternde Skizzen übersandt. Die Klägerin habe diese Vorrichtung an dem im Werk aufgestellten Apparat angebracht, also an einem für Unbeteiligte nicht zugänglichen Ort. Von Offenkundigkeit könne deshalb keine Rede sein. Darauf hat die Klägerin entgegnet, Offenkundigkeit sei um deswillen anzunehmen, weil sie die Bauzeichnungen in ihrem eigenen Werk angefertigt habe. Dort seien sie verschiedenen ihrer Angestellten zu Gesicht gekommen, die bei Anmeldung des Streitpatents nicht mehr in ihrem Dienst gewesen seien.

Offenbar erblickt hiernach die Klägerin selber nicht mehr die von ihr behauptete Offenkundigkeit in der Tätigkeit, die sie im G.er Werk vorgenommen hat. Das entspricht auch der Rechtsprechung des Reichsgerichts. Die Vorgänge in einer Fabrik sind in der Regel nicht offenkundig. Was den darin beschäftigten Angestellten vermöge ihrer Beschäftigung in dem Werk bekannt geworden ist, gilt nicht als offenkundig. Das gleiche trifft für betriebsfremde Handwerker und dgl. zu, die von dem Werk zu Arbeiten herangezogen worden sind, gleichviel ob sie die Arbeiten in ihrer eigenen Betriebsstätte oder im Werk der Auftraggeberin ausgeführt haben. Soweit also die Klägerin in den Azetylenapparat des G.er Werkes die Einrichtung zum Ausblasen der Luft im Karbidbehälter eingebaut hat, ist diese Einrichtung nicht offenkundig geworden. Das Reichsgericht hat aber im Verfolg seines Standpunktes weiter den Grundsatz aufgestellt, daß die durch Vertrauensbruch in die Öffentlichkeit gelangte Kenntnis für die Frage der Offenkundigkeit auszuscheiden hat. So schon im Urteil vom 24. Januar 1914 I 212/13 (PMZBl. 1914 S. 267 [278]), ebenso im Urteil vom 29. November 1924 I 339/23 (GUR. Bd. 30 S. 124). Im zweiten Urteil ist ausgeführt, daß ein derartiger Vertrauensbruch auch dann noch begangen wird, wenn der Angestellte nach seiner Entlassung das Verfahren oder die Vorrichtung bekannt gibt. Hieran ist festzuhalten. Der Begriff „offenkundig" in § 2 PatG. hat, wie

Isay zutreffend ausführt (Anm. 16 zu § 2 PatG.), aktive Bedeutung. Die Vorbenutzung selbst muß der Allgemeinheit Kunde geben. Sie muß also wahrgenommen werden. Bloße Mitteilungen über das Vorhandensein der Vorbenutzung genügen nicht. Die Wahrnehmung und Wahrnehmbarkeit der Vorbenutzung ist entscheidend, sei es, daß der Ort der Vorbenutzung jedem zugänglich ist, sei es, daß den Personen, die Zutritt haben, keine Geheimhaltung obliegt (ebenso Isay a. a. O.). Ist also der letztere Fall nicht gegeben, aber auch der Ort der Vorbenutzung nur den Fabrikangehörigen zugänglich, so ist es nur die notwendige Folge, daß Mitteilungen, die dennoch, also unter Vertrauensbruch, an die Öffentlichkeit gelangen, die Offenkundigkeit der Benutzung nicht herbeiführen können.

Geht man hiervon aus, so ist es völlig unschädlich für den Anspruch 1 des Streitpatents, ob Angestellte des G.er Werkes oder Angestellte der Beklagten einen Vertrauensbruch begangen haben. Schon deshalb ist das Vorbringen der Klägerin nicht geeignet, eine offenkundige Vorbenutzung zu erweisen.

Das gleiche ist aber noch aus einem anderen Grunde der Fall. Gegenstand des Streitpatentes, insbesondere seines Anspruchs 1, ist keine Vorrichtung, sondern ein Verfahren. Wenn man dies erwägt, so erhellt sofort, daß die — gegebenenfalls offenkundige — Herstellung von Bauzeichnungen für eine Vorrichtung, mit der ein Verfahren ausgeübt werden soll, niemals eine Vorbenutzung des Verfahrens selbst sein kann; dies auch dann nicht, wenn der Fachmann aus den Zeichnungen das beabsichtigte Verfahren erkennen konnte. Der Bau der Spezialmaschine zur Ausübung des Verfahrens könnte an sich eine mittelbare Benutzung des Verfahrens sein (RGUrt. vom 25. Mai 1927 I 366/26 in M. u. W. 27/28 S. 139). Die Zeichnungen aber dienten nur der Vorbereitung zur unmittelbaren oder mittelbaren Benutzung des Verfahrens. Wahrnehmung dieser Vorbereitungen ist nicht gleichbedeutend mit der erst später vorgenommenen unmittelbaren oder mittelbaren Benutzung selbst. Es kann deshalb dahingestellt bleiben, ob wirklich der Fachmann schon aus der Bauzeichnung das Verfahren erkennen konnte, zu dessen Ausübung die nach der Zeichnung herzustellende Maschine bestimmt war. Und es kann weiter unerörtert bleiben, ob das G.er Verfahren auf dem gleichen Gedanken beruht, wie er dem Streitpatent in Anspruch 1 zugrundeliegt. . . .

54. Ist zu der Annahme, der Eintritt einer Bedingung sei wider Treu und Glauben verhindert worden, die Feststellung einer Vereitlungsabsicht des bedingt Verpflichteten erforderlich?

BGB. § 162 Abs. 1.

III. Zivilsenat. Urt. v. 13. November 1928 i. S. R. J. GmbH. (Bekl.) w. St. K. AG. (Kl.). III 148/28.

I. Landgericht Elberfeld.
II. Oberlandesgericht Düsseldorf.

Durch schriftlichen Vertrag vom 4./6. Mai 1925 haben die Parteien folgendes vereinbart. Die Klägerin überläßt der Beklagten am Giebel des ihr gehörigen Gasthofs in E. einen Platz von etwa 15 bis 18 Meter Länge und 1 bis 1,30 Meter Höhe „zur Ausnutzung für Lichtreklame". Wegen der Lage des vermieteten Platzes bestimmt § 1 des Vertrags weiter, der Hauptteil befinde sich an der Stirnseite des Hauses, die anderen Teile sollten links oder rechts je nach Bedarf bis zur vorstehend genannten Höchstlänge um die Ecken gehen. Als Platz für die Anbringung der Lichtreklame wurde der Zwischenraum zwischen dem dritten Obergeschoß und dem Dachgeschoß vorgesehen, endgültige Maße und Lage sollten sich jedoch nach den Vorschriften der behördlichen Genehmigung richten. Nach § 1 Abs. 2 in Verbindung mit § 2 sollte durch die Anlage die Benutzbarkeit der Räumlichkeiten des Hauses in keiner Weise leiden; Voraussetzung war in jedem Falle, daß die Anlage nicht vor den Fenstern der in Frage kommenden Räume angebracht werde, daß durch die Anlage das Tageslicht in den Räumen keine Einbuße erleide und Lichtreflexe oder Geräusche in den Räumen nicht wahrnehmbar seien. „Gegebenen Falles" — so fährt § 1 Abs. 2 fort — „beschränkt sich das Höhenmaß auf den Platz zwischen den Fenstern des dritten Obergeschosses und denen des Dachgeschosses". § 5 des Vertrags enthält die Verpflichtung beider Parteien, „ihr möglichstes zur Beschaffung der behördlichen Genehmigung zu tun", doch sollten alle hierdurch entstehenden Kosten von der Beklagten getragen werden. Abs. 2 dieses Paragraphen lautet: „Sollte wider Erwarten die Genehmigung der Behörden versagt werden, so erlischt dieser Vertrag, ohne daß einer der beiden Parteien irgendwelche Verpflichtungen verbleiben". Als Vergütung für die im § 1 von der Klägerin übernommenen Leistungen wurden dieser bestimmte Abgaben vom Gesamtumsatz der Lichtreklame zugesichert, der Mindestbetrag der Entschädigung wurde jedoch auf jährlich 12000 GM. festgesetzt. Der Vertrag wurde auf fünf Jahre abgeschlossen; die Anlage sollte sofort nach erteilter behördlicher Genehmigung angebracht und in Betrieb gesetzt, der Mietzins spätestens vom 1. August 1925 ab an die Klägerin entrichtet werden.

Durch Briefe vom 18. und 24. September 1925 hat die Beklagte der Klägerin mitgeteilt, daß sie nicht in der Lage sei, den Vertrag zu erfüllen, weil die schlechte wirtschaftliche Lage die Anbringung der Lichtanlagen unmöglich mache, und sie, die Beklagte, hierdurch ihr Unternehmen ruinieren würde. Die Klägerin ist auf dieses Verlangen der Vertragsaufhebung nicht eingegangen. Erst am 5. Dezember 1925 hat die Beklagte bei der Baupolizei angefragt, ob für eine Wanderschriftanlage an dem Gasthof mit der Sichtfront nach dem Hauptbahnhof die Genehmigung erteilt werden könne, in welchem Falle sie die notwendigen Zeichnungen einreichen werde. Im Februar 1926 hat sodann die Beklagte eine Zeichnung über die geplante Anlage eingereicht und um baupolizeiliche Genehmigung nachgesucht. Diese ist durch Bescheid vom 22. März 1926 unter Hinweis auf § 32 Nr. 3 der Baupolizeiverordnung vom 15. Mai 1907 und § 1 der Ortssatzung für die Stadt E. zum Schutze gegen Verunstaltung vom 29. Januar 1923 versagt worden. Eine hiergegen gerichtete Beschwerde der Beklagten ist durch den Verbandspräsidenten des Siedlungsverbandes mit der Begründung zurückgewiesen worden, die beabsichtigte Anlage passe sich in keiner Weise der architektonischen Form des Gasthofs an und wirke verunstaltend für das durch die vorerwähnte Ortssatzung besonders geschützte Straßenbild. Ein im Auftrag der Beklagten vom Februar 1927 eingereichter neuer Antrag hatte den gleichen Mißerfolg. Dagegen wurde ein im Juni 1927 von einer anderen Elektrizitätsgesellschaft im Auftrag der Klägerin eingereichter Antrag zur Errichtung einer Lichtreklameanlage an dem Gasthof genehmigt.

Die Klägerin hat unter der Behauptung, sie habe die ihr nach dem Vertrag zustehende Mindestvergütung vom 1. August 1925 ab mindestens bis zur Versagung der baupolizeilichen Genehmigung zu beanspruchen, die Beklagte habe aber auch wider Treu und Glauben absichtlich die Verweigerung der Genehmigung durch Einreichung völlig aussichtsloser Entwürfe herbeigeführt, auf Zahlung von

5000 RM. Klage erhoben. Die Beklagte hat das Vorbringen der Klägerin bestritten und geltendgemacht, sie habe entsprechend ihrer Verpflichtung in § 5 des Vertrags ihr möglichstes zur Erwirkung der Genehmigung getan; sie habe sich bei ihren Entwürfen stets im Rahmen der vertraglichen Bestimmungen gehalten, während die Klägerin diese bei dem von ihr eingereichten, behördlicherseits genehmigten Entwurf außer acht gelassen habe.

Das Landgericht hat die Klage abgewiesen; das Oberlandesgericht hat auf Berufung der Klägerin die Beklagte zur Zahlung von 5000 RM. verurteilt. Die Revision der Beklagten hatte keinen Erfolg.

Gründe:

Der Rechtsstandpunkt der Klägerin, daß der in § 7 des Vertrags vereinbarte Anfangstermin für die Zahlung der Mindestvergütung, der 1. August 1925, unter allen Umständen und ohne Rücksicht auf Erteilung oder Versagung der baupolizeilichen Genehmigung einzuhalten sei, findet nicht die Billigung des Berufungsgerichts. Dieses legt vielmehr den Vertrag so aus, daß seine Wirksamkeit durch Erteilung der behördlichen Genehmigung aufschiebend bedingt gewesen sei und erst durch diese Genehmigung bindend werden sollte. Diese Auslegung wird von der Revision nicht angefochten.

Dagegen nimmt das Berufungsgericht an, daß die Beklagte wider Treu und Glauben den Eintritt der Bedingung vereitelt habe, unter welcher der Vertrag wirksam werden sollte, und daß daher die Rechtsfolgen aus § 162 Abs. 1 BGB. eingetreten seien. Zur Begründung führt das angefochtene Urteil aus, der erste von der Beklagten der Baupolizei eingereichte Entwurf für die Lichtreklame-Anlage habe in keiner Weise den vertraglichen Verabredungen und den von der Ortssatzung zur Vermeidung von Verunstaltungen des Straßenbildes gestellten Anforderungen entsprochen, und es sei ohne weiteres klar gewesen, daß ein derartiger Plan von der Baupolizei nicht genehmigt werden könnte. Der zweite auf Veranlassung der Beklagten eingereichte Entwurf habe sich in seinen beiden verschiedenen Gestaltungen der Stirnseite des Gasthofs gleichfalls nur unvollkommen angepaßt und sei von der Baupolizei verworfen worden, weil seine Verwirklichung die Eigenart des Orts- und Straßenbildes ganz wesentlich beeinträchtigt, sowie die architektonische Harmonie des Gebäudes gestört habe, Versagungsgründe, die der Berufungsrichter für einleuchtend erklärt. Auf der andern Seite stellt das Berufungsgericht unter Heranziehung und Auslegung der Vertragsbestimmungen fest, daß der auf Veranlassung der Klägerin eingereichte und von der Baupolizeibehörde anstandslos genehmigte Entwurf mit den Vertragsabreden im Einklang stehe, wenn er auch nur eine Länge von 10 Metern an der Stirnseite des Hauses für die Lichtanlage vorsehe, und der Berufungsrichter gibt als seine Überzeugung kund, daß eine Verlängerung nach den Seiten möglich wäre und auch Genehmigung finden würde, wenn sich die Anlage den Umrissen des Daches ebenso genau anpassen würde, wie es in dem Entwurf für die nur 10 Meter lange Anlage vorgesehen sei.

Gegen diese im wesentlichen auf Würdigung tatsächlicher Verhältnisse und auf Vertragsauslegung beruhende Auffassung des Berufungsrichters versucht die Revision durch Bezugnahme auf das die Beschwerde der Beklagten zurückweisende Schreiben des Verbandspräsidenten vom 14. Mai 1927 anzukämpfen, jedoch ohne Erfolg. Wenn in diesem Bescheid gesagt ist, der Mittelbau des Gebäudes sei nur etwa 10 Meter breit, der Entwurf lasse sich aber nicht verwirklichen, weil die Beklagte wenigstens 14 Meter Ausdehnung benötige, so beruht dies darauf, daß sich die Beklagte bei allen der Behörde eingereichten Entwürfen darauf versteift hatte, die Wanderschriftanlage in der vollen beabsichtigten Länge an der Stirnseite des Gebäudes anzubringen, und die Maße, soweit sie die Breite des Mittelbaues überschritten, in den freien Luftraum hinausragen zu lassen. Das war aber keineswegs der Standpunkt der Parteien bei Abschluß des Vertrags. Daß der Mittelbau des Gasthofs nur etwa 10 Meter breit ist, konnte der Beklagten schon damals nicht verborgen sein, und gerade deshalb bestimmt der Vertrag, daß sich nur der Hauptteil der vermieteten Fläche an der Stirnseite des Hauses befinden, die anderen Teile dagegen „links oder rechts je nach Bedarf bis zur vorstehend genannten Maximallänge um die Ecken gehen" sollen. Von einem Hinausragen der Anlage in den freien Luftraum ist im Vertrag mit keinem Wort die Rede. Mit Recht führt aber auch das angefochtene Urteil an, daß nach § 1 des Vertrags die endgültigen Maße und die Lage nicht festgelegt werden sollten, sondern sich nach den Vorschriften der behördlichen Genehmigung richten mußten. Die Behauptung der Revision, daß sich die Klägerin mit ihrem Entwurf außerhalb der vertraglichen Vereinbarung gestellt habe und daß ein Widerspruch zwischen der Auffassung des Berufungsgerichts und dem für die Ablehnung des Entwurfs der Beklagten maßgebenden Versagungsgrund bestehe, ist daher rechtlich unhaltbar.

Nach den Ausführungen des Berufungsgerichts kann es keinem Zweifel unterliegen, daß die Beklagte die ihr obliegenden Vertragspflichten verletzt hat und daher nach §§ 242, 276 BGB. zum mindesten der Klägerin gegenüber zum Schadensersatz verpflichtet ist. Um den Tatbestand des § 162 Abs. 1 BGB. zu erfüllen, ist aber weiter erforderlich, daß der bedingt Verpflichtete den Eintritt der Bedingung wider Treu und Glauben verhindert hat (RGZ. Bd. 66 S. 224; Bd. 79 S. 96). Auch diese Voraussetzung erachtet das Berufungsgericht für erfüllt, während die Revision Verletzung des § 162 BGB. geltendmacht. Dieser Revisionsbeschwerde wäre unter Umständen der Erfolg nicht zu versagen, wenn, wie die Revision behauptet, zur Erfüllung des Tatbestands des § 162 die Absicht der Vereitlung notwendig wäre und ein fahrlässiges, selbst grob fahrlässiges Handeln oder Verhalten nicht genügen würde. Dies ist jedoch nicht der Fall. Schon nach allgemeinen Rechtsgrundsätzen und im Hinblick auf das weite Anwendungsgebiet der §§ 276, 325 flg. BGB. (RGZ. Bd. 52 S. 19, Bd. 53 S. 201, Bd. 65 S. 117) ist daran festzuhalten, daß Verletzungen von Treu und Glauben nicht nur vorsätzlich, sondern auch fahrlässig erfolgen können (WarnRspr. 1910 Nr. 247; RGE. vom 8. November 1924 IV 228/24). Hierzu kommen aber für den Sonderfall des § 162 noch folgende Erwägungen:

Der § 136 des ersten Entwurfs zum Bürgerlichen Gesetzbuch, aus dem der heutige § 162 entstanden ist, machte die Fiktion der Erfüllung der Bedingung davon abhängig, daß der bedingt Verpflichtete die wirkliche Erfüllung „in einer dem Inhalte des Rechtsgeschäfts zuwiderlaufenden Weise" verhindert habe (Motive zu § 136 bei Mugdan, die gesamten Materialien zum BGB. Bd. 1 S. 498). Bei den Kommissionsberatungen erhielt der § 136 als § 132 des zweiten Entwurfs — von späteren redaktionellen Änderungen abgesehen — die Form, in der er Gesetz geworden ist. Es wurde namentlich die Fassung beschlossen, daß die Bedingung als eingetreten gelte, wenn der Eintritt der Bedingung von demjenigen, zu dessen Nachteil er gereichen würde, „wider Treu und Glauben verhindert" werde. Hierzu bemerken die Protokolle: „Man war einverstanden, daß der Antrag nach seiner Tragweite keine sachliche Verschiedenheit gegenüber dem Entwurf beabsichtige, man besorgte jedoch, daß die im Entwurf gebrauchte Wendung

‚in einer dem Inhalt des Rechtsgeschäfts zuwiderlaufenden Weise‘ leicht zu eng ausgelegt werden könnte. Die Vorschrift muß auch in solchen Fällen Anwendung finden, in welchen derjenige, zu dessen Nachteil der Eintritt der Bedingung gereichen würde, diesen in einer dem Sinne, der Tendenz des Rechtsgeschäfts zuwiderlaufenden Weise, das ist wider Treu und Glauben, verhindert. Man war einverstanden, daß die Absicht des Handelnden nicht unmittelbar auf die Vereitlung der Bedingung gerichtet zu sein brauche, sondern daß schon ein bewußt pflichtwidriges mittelbares Eingreifen in den Gang der Bedingung genüge" (Mugdan a. a. O. Bd. 1 S. 764).

Hiermit stimmt die Rechtsprechung des Reichsgerichts im wesentlichen überein. Allerdings erklärt das Urteil des V. Zivilsenats vom 12. Dezember 1906 V 169/06 für rechtlich bedenkenfrei die Annahme des Berufungsgerichts, beim bedingt Verpflichteten müsse die Absicht vorhanden sein, die Bedingung zu vereiteln; bloße Fahrlässigkeit im Handeln, selbst eine grobe, stehe der Vereitlungsabsicht nicht gleich. An dieser Ansicht hat jedoch der V. Senat offensichtlich nicht festgehalten; denn im Urteil vom 16. März 1912 (RGZ. Bd. 79 S. 96) stellt der gleiche Senat, ohne sein früheres Urteil zu erwähnen, an das Verhalten des bedingt Verpflichteten wesentlich strengere Anforderungen und verlangt von ihm, auch ohne dahingehende vertragliche Verpflichtungen, wie sie hier festgestellt sind, ein Handeln, „wie es der bedingt Berechtigte nach Lage der Sache billigerweise erwarten konnte." Eine unredliche Vereitlung der Bedingung gemäß § 162 Abs. 1 BGB. „kann deshalb" — so fährt dieses Urteil fort — „auch schon dann in Frage kommen, wenn der bedingt Verpflichtete die gebotene Handlung äußerlich zwar vorgenommen hat, wenn er es jedoch nicht in der Weise getan hat, wie sein Gegner zu erwarten berechtigt war und wie er es, um eine sachgemäße Entscheidung zu erwirken, redlicherweise hätte tun müssen". Unter Bezugnahme auf diese Entscheidung führt endlich das Urteil des VII. Zivilsenats vom 2. Juli 1920 VII 69/20 aus: wider Treu und Glauben handle nicht schon derjenige, der vertragswidrig handle; es werde ein Handeln vorausgesetzt, das gegen Ehrlichkeit und Anstand im geschäftlichen Verkehr verstoße und von arglistigen Hintergedanken getragen sei.

Bei Anwendung dieser Grundsätze reicht die Begründung des angefochtenen Urteils aus, um die Entscheidung zu tragen. Das

Berufungsgericht bringt seine Überzeugung zum Ausdruck, daß es der Beklagten sehr wohl möglich gewesen wäre, für die Errichtung einer dem Vertrag entsprechenden Anlage die Genehmigung zu erhalten, wenn sie nur einen Plan eingereicht hätte, der den vernünftigerweise zu stellenden ästhetischen Anforderungen genügte. Die Beklagte habe das nicht getan, sondern habe nur Entwürfe eingereicht, die weder dem Vertrag entsprochen noch ernstlich Aussicht dafür geboten hätten, daß sie von der Behörde genehmigt würden, und sie habe damit wider Treu und Glauben den Eintritt der Bedingung für das Wirksamwerden des Vertrags vereitelt. Das angefochtene Urteil legt aber weiterhin als Überzeugung des Berufungsrichters dar, das Verhalten der Beklagten habe seinen Beweggrund darin, daß sie fürchtete, durch Errichtung der Anlage, wie sie im Vertrag vorgesehen war, und durch ihren Betrieb in fünf Jahren nicht soviel zu verdienen, um den Ansprüchen der Klägerin gerecht zu werden, die Errichtungskosten abschreiben und selbst noch ein Geschäft machen zu können. War es aber hiernach das Bestreben der Beklagten, sich nachträglich vom Vertrag loszusagen, obwohl ihr der Wille der Klägerin, daran festzuhalten, bekannt gegeben war, so ist die Annahme des Berufungsrichters nicht von der Hand zu weisen, daß sie diesen rechtswidrigen Erfolg durch unredliche, die Grundsätze von Treu und Glauben verletzende Einflußnahme auf den Eintritt der Bedingung herbeizuführen suchte.

Die Bejahung des ursächlichen Zusammenhangs zwischen der Handlungsweise der Beklagten und der Verhinderung des Eintritts der Bedingung ist gleichfalls bedenkenfrei.

---

55. Wie wirkt die Auflösung einer eingetragenen Genossenschaft auf ihre Mitgliedschaft bei einer anderen eingetragenen Genossenschaft?

GenG. §§ 75, 77.

II. Zivilsenat. Urt. v. 13. November 1928 i. S. P. als Verwalter im Konkurse der R. G. Handelsgesellschaft, eingetr. Genossenschaft mbH. (Kl.) w. M. u. Gen. (Bekl.). II 131/28.

I. Landgericht Schneidemühl.
II. Oberlandesgericht Marienwerder.

Durch Beschluß der Generalversammlung der gemeinschuldnerischen Genossenschaft m. beschr. Haftpfl. vom 24. Januar 1924 ist der einzelne Geschäftsanteil auf 50 Rentenmark, die Haftsumme auf 500 Rentenmark umgestellt und die Höchstbeteiligungsziffer eines Genossen auf 500 Geschäftsanteile festgesetzt worden. Am 24. März 1924 wurde der Beschluß in das Genossenschaftsregister eingetragen. In einer weiteren Generalversammlung vom 29. Mai 1925 ist die Erhöhung des einzelnen Geschäftsanteils auf 200 RM. und der Haftsumme auf 2000 RM. beschlossen worden. Diese Beschlüsse wurden am 18. Juli 1925 in das Genossenschaftsregister eingetragen. Das Geschäftsjahr lief vom 1. Juni bis 31. Mai. Kündigung konnte nur schriftlich zum Schluß eines Geschäftsjahrs unter Einhaltung einer Frist von zwei Jahren geschehen. Nach der Satzung konnten auch juristische Personen die Mitgliedschaft erwerben. Besondere Bestimmungen über ihr Ausscheiden enthält die Satzung nicht; sie zählt nur eine Reihe von Ausschließungsgründen auf und wiederholt für den Fall des Todes eines Mitglieds die Vorschrift des § 77 GenG. Am 2. September 1926 ist über die Gemeinschuldnerin das Konkursverfahren eröffnet und der Kläger zum Konkursverwalter bestellt worden. Die von ihm aufgestellte Vorschußberechnung von je 700 RM. für den Geschäftsanteil ist vom Konkursgericht am 2. Oktober 1926 für vollstreckbar erklärt worden. Eingetragenes Mitglied der Gemeinschuldnerin, und zwar mit 10 Geschäftsanteilen, war seit 1922 auch der im selben Jahre gegründete Raiffeisen Spar- und Darlehenskassenverein L., eingetr. Genossenschaft m. unbeschr. Haftpfl. in L. Die Beitritts- und Übernahmeerklärung haben die beiden Beklagten als damalige Vorstandsmitglieder mitgezeichnet. Diese Genossenschaft, die es nur auf 11 Mitglieder brachte, hat am 4. März 1925 ihre Auflösung und Liquidation beschlossen und gleichzeitig die beiden Beklagten zu Liquidatoren bestellt. Eintragung in das Genossenschaftsregister geschah am 20. März 1925. Die Liquidations-Eröffnungsbilanz wies Aktivposten über zusammen 200 RM. aus. Am 29. September 1925 haben die Beklagten zum Register angemeldet, daß das Genossenschaftsvermögen vollständig verteilt und damit ihre Vollmacht erloschen sei; der entsprechende Registereintrag geschah am 3. Oktober 1925.

Der Kläger verlangt nunmehr von den Beklagten als den Liquidatoren des L.er Vereins Schadensersatz, weil sie die ihnen bekannten Ansprüche der Gemeinschuldnerin wegen rückständiger Einzahlungen auf Geschäftsanteile und auf Leistungen aus den Haftsummen bei der Liquidation nicht berücksichtigt hätten mit dem Ergebnis, daß jetzt, nach Abschluß der Liquidation, gegen den Verein nicht mehr vorgegangen werden könne. Der Schaden belaufe sich auf 1990,20 RM. rückständige Zahlungen auf Geschäftsanteile und 7000 RM. Vorschuß auf die Haftsumme laut vollstreckbar erklärter Vorschußberechnung, zusammen demnach auf 8990,20 RM. Diese Summe fordert der Kläger mit der Klage. Die Beklagten haben den Schadensersatzanspruch nach Grund und Betrag bestritten. Sie machen geltend, der L.er Verein sei zufolge seiner Auflösung schon zum 31. Mai 1925 bei der Gemeinschuldnerin ausgeschieden und könne deshalb aus den Haftsummen nicht mehr herangezogen werden. Ihn berühre auch der Erhöhungsbeschluß vom 29. März 1925 nicht mehr. Den Beklagten seien die Ansprüche der Gemeinschuldnerin unbekannt gewesen. Im übrigen könne der Kläger immer noch gegen den Verein vorgehen und die Beklagten höchstens wegen eines etwaigen Ausfalls haftbar machen.

Das Landgericht hat die Klage abgewiesen. Das Oberlandesgericht hat durch Teilurteil die Berufung des Klägers in Höhe von 7000 RM. zurückgewiesen. Seine Revision hatte keinen Erfolg.

Gründe:

Das Berufungsgericht hat den Schadensersatzanspruch, soweit er in die Revisionsinstanz erwachsen ist, abgewiesen, weil es für die Frage, ob die Mitgliedschaft einer Genossenschaft bei einer andern Genossenschaft erlischt, die Auflösung der ersteren dem Tod einer natürlichen Person gleichstellt und demgemäß den § 77 GenG. entsprechend anwendet. Hieraus folge, so führt das angefochtene Urteil weiter aus, daß der L.er Verein mit Ablauf des 31. Mai 1925 ohne weiteres als bei der Gemeinschuldnerin ausgeschieden zu gelten habe. Da ferner der Konkurs erst am 2. September 1926, also lange nach Ablauf der Frist von 6 Monaten (§ 75 GenG.), eröffnet worden sei, habe dieser Verein auf Grund der Haftsummen nicht mehr herangezogen werden können. Damit sei aber dem Schadensersatzanspruch des Klägers insoweit von vornherein der Boden entzogen. Hierbei geht das Berufungsgericht davon aus, daß die in der Generalversammlung vom 29. Mai 1925 beschlossene Erhöhung des einzelnen Geschäftsanteils von 50 Rentenmark auf 200 RM.

und der Haftsumme von 500 Rentenmark auf 2000 RM. für den Verein noch verbindlich sei, eben weil seine Mitgliedschaft erst mit dem 31. Mai 1925 geendet habe. Insoweit hat das Berufungsgericht jedoch übersehen, daß nach § 16 Abs. 1, 2 und 4, § 131 Abs. 2 GenG. die Erhöhungsbeschlüsse erst durch Eintragung ins Genossenschaftsregister und mit Wirkung vom Tag der Eintragung Geltung erlangten. Diese Eintragung ist aber nach den Registerakten am 18. Juli 1925, mithin erst nach dem Ausscheiden des Vereins, vollzogen worden, berührte ihn also nicht mehr, sofern wegen des Zeitpunkts seines Ausscheidens dem Berufungsgericht beizutreten ist. Der Verein hätte daher überhaupt nur wegen der etwa rückständigen Einzahlungen auf die früheren Geschäftsanteile von 50 Rentenmark und aus der alten Haftsumme von 500 Rentenmark in Anspruch genommen werden können. Dagegen hätte das Berufungsgericht damit Recht, daß der Kläger als Konkursverwalter der Gemeinschuldnerin den L.er Verein auf Grund der Haftsummen nicht mehr heranziehen konnte. Ob den Gläubigern der Gemeinschuldnerin wegen eines etwaigen Ausfalls in entsprechender Anwendung des § 125 Abs. 2 in Verb. mit §§ 122, 123, 141 GenG. immer noch der Einzelangriff offenstünde, bedarf nicht der Erörterung, weil sich der Kläger keinesfalls auf diese Bestimmungen berufen könnte.

Nun ist allerdings der L.er Verein als beitragspflichtiger Genosse in die Vorschußberechnung des Klägers aufgenommen und diese für vollstreckbar erklärt worden, anscheinend ohne daß hiergegen innerhalb der Frist des § 111 GenG. Anfechtungsklage erhoben worden wäre. Es mag deshalb sein, daß die Vorschußpflicht dem Verein gegenüber rechtskräftig festgestellt ist. Allein dies ändert nichts daran, daß (immer unter Zugrundelegung der Ansicht des Berufungsgerichts über die Wirkung der Auflösung des Vereins auf seine Mitgliedschaft) ein begründeter Anspruch aus den Haftsummen nicht mehr bestanden hat, also durch das gesetzwidrige Verfahren der Beklagten bei Durchführung der Liquidation auch nicht hätte beeinträchtigt werden können. Die Ansicht des Berufungsgerichts, daß die Auflösung einer Genossenschaft für die Frage ihrer Mitgliedschaft bei einer anderen Genossenschaft dem Tod eines Genossen gleichzubehandeln sei, ist die in Schrifttum und Rechtsprechung herrschende (so Crecelius-Krüger Anm. 7 zu § 77 GenG.; Nagel Anm. 1 ebenda; Waldecker S. 182 Nr. 5

und Fußnote 1; Deumer S. 172; Rieß bei Ehrenberg Bd. III Abt. II S. 107 Abs. 2 und Fußnote 29; Müller-Erzbach Deutsches Handelsrecht S. 391 unter Nr. 3; ferner RGZ. Bd. 87 S. 408 und RG. i. Recht 1926 Nr. 2153 in Abweichung von RJA. 13 S. 117 und ROLG. Bd. 23 S. 133).

An dieser Ansicht ist trotz der Angriffe der Revision festzuhalten. Bei dem in RGZ. Bd. 87 S. 408 entschiedenen Fall hat es sich darum gehandelt, daß das Geschäft einer offenen Handelsgesellschaft, die Mitglied einer Genossenschaft war, mit der Firma unter Ausschluß der Liquidation von einem der bisherigen Mitgesellschafter allein übernommen worden war. Wegen der Unveräußerlichkeit und Unvererblichkeit des Mitgliedschaftsrechts (§§ 66, 77, 15 GenG.) wurde damals ausgesprochen, daß der Übernehmer nicht Genosse geworden sei und daß im Hinblick auf die innere Natur der eingetragenen Genossenschaft als einer auf rein persönlicher Grundlage beruhenden Vereinigung und auf ihre Zweckbestimmung der Beitritt einer in Auflösung begriffenen juristischen Person zu ihr ausgeschlossen sei. Ebensowenig könne eine solche juristische Person die vor ihrer Auflösung erworbene Mitgliedschaft länger behalten, als dies der Zweck der Genossenschaft erfordere. Das Gesetz enthalte zwar insofern eine Lücke, als es nicht, wie in dem ähnlich liegenden Fall des Todes eines Genossen, ausdrücklich bestimme, daß die nichtphysische Person erst mit dem Schluß des Geschäftsjahres als ausgeschieden gelte, in dem sie die Fähigkeit verliere, Mitglied einer Genossenschaft zu sein; die entsprechende Anwendung des § 77 GenG. auf den Fall der Auflösung einer nichtphysischen Person unterliege jedoch keinem Bedenken.

Von dieser Auffassung abzugehen besteht kein Anlaß. Gegen eine entsprechende Anwendung des § 77 GenG. hat Flechtheim (JW. 1916 S. 410 Nr. 12 Fußnote) insofern Zweifel geäußert, als nicht schon die Auflösung, sondern erst die Vollbeendigung einer juristischen Person oder Handelsgesellschaft dem Tod einer physischen Person gleichgestellt werden könne. Dem wird im allgemeinen beizutreten sein. Hier muß aber mit Rücksicht auf den nach § 77 Abs. 3 GenG. ebenfalls entsprechend anwendbaren § 75 das. etwas anderes gelten. Die letztere Vorschrift rechnet offenbar mit einem für den Zeitpunkt des Ausscheidens maßgebenden bestimmten Tag. Wollte man den Schluß der Liquidation entscheidend sein lassen, so könnte ein bestimmter Tag überhaupt nicht angegeben werden; nachgekommenes oder später erst bekannt gewordenes Vermögen könnte und müßte jenen Zeitpunkt immer wieder verschieben und ins Ungewisse stellen. Deshalb kann man hier nur vom Tag des Auflösungsbeschlusses ausgehen. Da es eine mit § 75 GenG. sachlich übereinstimmende Vorschrift bei den anderen juristischen Personen oder bei den Handelsgesellschaften nicht gibt, steht nichts im Wege, die Frage nach dem Zeitpunkt des Ausscheidens für den Fall anders zu entscheiden, daß eine Genossenschaft, ein Verein usw. einer solchen anderen Vereinigung angehört.

Der Revision ist nicht zuzugeben, daß die hier vertretene Auffassung über die entsprechende Anwendbarkeit des § 77 zu schweren Übelständen und Gefahren führen könnte und müßte. Solche sind jedenfalls bisher nicht bekannt geworden. Obgleich das Urteil des erkennenden Senats vom 21. Dezember 1915 (RGZ. Bd. 87 S. 408) schon über ein Jahrzehnt zurückliegt und inzwischen mehrere Novellen zum Genossenschaftsgesetz ergangen sind, hat sich der Gesetzgeber nicht zu einer Sonderregelung der Frage des Ausscheidens von Korporationen und Handelsgesellschaften aus Genossenschaften veranlaßt gesehen. Eine solche Sonderregelung hätte aber sehr nahe gelegen, wenn der in jener Entscheidung eingenommene Standpunkt wirklich erhebliche Übelstände im Gefolge gehabt hätte. Auch im Fall der Auflösung einer juristischen Person scheidet diese nach der entsprechend anwendbaren Vorschrift des § 77 erst mit dem Schluß des laufenden Geschäftsjahrs der betreffenden Genossenschaft aus; und wenn diese selbst innerhalb der Frist des § 75 aufgelöst wird, so gilt, wiederum in entsprechender Anwendung des § 77 Abs. 3, das Ausscheiden als nicht erfolgt. Die Muttergenossenschaft hat es damit immerhin bis zu einem gewissen Grad in der Hand, durch eigene Auflösung den Versuch einer Genossenschaftsflucht der juristischen Personen zu durchkreuzen und so den von der Revision betonten Gefahren für die Gläubiger und die übrigen Genossen zu begegnen. Auch der Hinweis der Revision auf Wortlaut und Entstehungsgeschichte des § 77 versagt. Dessen Wortlaut bezieht sich allerdings nur auf den Fall des Todes eines Mitglieds und läßt als einzige Ausnahme von dem sonst festgehaltenen Zwang zur Listeneintragung das Ausscheiden mit Schluß des laufenden Geschäftsjahrs ohne Eintragung als erfolgt gelten. Daraus ergibt sich aber noch nichts gegen eine entsprechende Anwendung der Vorschrift auf den Fall der Auflösung der Genossenschaft. Da die Mitgliedschaft juristischer Personen im Genossenschaftsgesetz keine Sonderregelung erfahren hat, liegt es im Gegenteil nahe, Rechtssätze, die ihrem Wortlaut nach nur auf die Mitgliedschaft natürlicher Personen passen, sinngemäß auch auf juristische Personen zu übertragen. Tod einer natürlichen, Vollbeendigung einer juristischen Person sind aber Rechtstatsachen, die sich in Ansehung des Untergangs des bisherigen Rechtssubjekts im wesentlichen gleichstehen. Weshalb für den Zeitpunkt des Ausscheidens aus Genossenschaften bei juristischen Personen und Handelsgesellschaften nicht an die Vollbeendigung angeknüpft werden kann, ist schon dargelegt. Demgegenüber läßt sich auch aus der Entstehungsgeschichte des § 77 kein durchschlagender Einwand herleiten. Abgesehen davon, daß die Motive nicht Gesetz sind, geben sie nur Erwägungen wieder, die gegen eine Vererblichkeit der Mitgliedschaft und damit zugleich für eine Durchbrechung des Grundsatzes der Listeneintragung beim Ausscheiden verstorbener Genossen sprechen. § 77 unterscheidet im übrigen nicht, ob die Erben eines verstorbenen Genossen mit oder ohne Verschulden keine Kenntnis von seiner Mitgliedschaft erlangt haben.

Die Ansicht der Revision, daß die Mitgliedschaft nur durch Kündigung der Liquidatoren und durch entsprechenden Eintrag in die Liste der Genossen beendet werden könne, führt zu unhaltbaren Ergebnissen. Wenn die Liquidatoren, ohne zu kündigen, die rückständigen Einlagen auf die Geschäftsanteile geleistet und dem § 90 GenG. sonst genügt haben, so ist und bleibt die aufgelöste Genossenschaft erloschen und es ist nicht ersichtlich, wie noch für eine Inanspruchnahme aus der Haftsumme oder für einen Schadensersatzanspruch der erst 6 Monate nachher in Konkurs geratenen Mutter- oder „Dach"-Genossenschaft Raum sein sollte. Es müßten ferner, wenn es aus irgendeinem Grund nicht zur Kündigung gekommen ist, listenmäßig Genossen weitergeführt werden, die als Rechtssubjekte längst erloschen sind. Die Liste der Genossen könnte dann allein im Wege der Ausschließung solcher „Genossen" bereinigt werden, eine Maßnahme, die hier nur leere, zwecklose Form wäre. Dabei wäre aber immer noch Voraussetzung, daß die Satzung einen entsprechenden Ausschließungsgrund enthielte. Bis zur Erledigung des Ausschließungsverfahrens müßte insoweit der listenmäßige Bestand der

Genossen unverändert bleiben; die Liste würde als Genossen juristische Personen aufweisen, die längst nicht mehr als Rechtssubjekte und Rechtsträger bestehen. Damit würden Kreditgrundlagen vorgetäuscht, die nicht mehr vorhanden sind. Der Zweck der Genossenliste, Offen- und Festlegung der Kreditgrundlage, erfordert aber, daß die Liste baldigst durch Löschung der Scheineinträge ohne weiteres berichtigt werden kann. Vom Standpunkt der Revision aus wäre dies nicht möglich.

---

56. Fällt die Einforderung des den Kunden am Kaufpreis abgezogenen Treu-Rabatts, die durch Verletzung einer vertraglichen Verpflichtung zum ausschließlichen Bezug vom Kartell veranlaßt ist, unter § 9 Abs. 1 der Verordnung vom 2. November 1923 über den Mißbrauch wirtschaftlicher Machtstellungen?

II. Zivilsenat. Urt. v. 14. Dezember 1928 i. S. der Verkaufsstelle der Drahtglasfabriken, GmbH. i. Liqu. (Kl.) w. Bl. & Co. (Bekl.). II 136/28.

I. Landgericht I Berlin, Kammer für Handelssachen.
II. Kammergericht daselbst.

Die Klägerin ist eine Gründung und Verkaufsstelle des Drahtglas-Syndikats, eines Preis- und Absatzkartells, das bis auf zwei Außenseiter alle übrigen deutschen Drahtglas-Fabriken umfaßte. Sie schloß mit Abnehmern, die sich dazu bereit fanden, Treu-Rabatt-Verträge mit sog. Exklusivklauseln ab. Die Kunden mußten hiernach schriftlich eine Reihe von Verpflichtungen eingehen, so die Verpflichtung zur Deckung ihres Bedarfs an gewissen Drahtglas-Sorten ausschließlich bei der Klägerin (in Erzeugnissen der im Syndikat zusammengeschlossenen Unternehmungen), ferner die Verpflichtung zur Abnahme einer jährlichen Mindestmenge, zur Haltung eines ständigen Lagers von gewissem Umfang und zur Nichtüberschreitung der von der Klägerin für den Weiterverkauf festgelegten Rabattsätze. Dagegen gewährte die Klägerin solchen Abnehmern einen im voraus von den Rechnungsbeträgen abgehenden Sonderrabatt von 7%. Diese Vergünstigung fiel u. a. weg im Fall einer Zuwiderhandlung gegen die ausschließliche Bezugsverpflichtung; auch waren dann die für das letztvergangene Jahr bezogenen Rabattbeträge an die Klägerin zurückzuzahlen. Das Vertragsverhältnis konnte von dem Kunden jederzeit unter Wahrung einer Frist von einem Jahr gekündigt werden. Die vertraglichen Bindungen erloschen ferner für die Zukunft im Falle eines Verstoßes gegen die Exklusivklausel oder der Weigerung der Klägerin, den Treu-Rabatt weiterzugewähren.

Die Beklagte hat die entsprechenden Verpflichtungsscheine am 19. Mai 1917 / 14. Dez. 1925 unterzeichnet. Ende 1925 bezog sie Drahtglas zu billigerem Preise als dem Syndikatspreis von einem Kartell-Außenseiter. Die Klägerin teilte ihr darauf mit, daß sie wegen dieser Treupflicht-Verletzung für die Zukunft die Gewährung des Treu-Rabatts ablehne und Erstattung des im letztverflossenen Jahr der Beklagten zugutegekommenen Rabattbetrags von insgesamt 4124,90 RM. verlange. Auf diese Summe nebst Zinsen geht auch der Klagantrag. Die Beklagte wendet unter Bezugnahme auf § 9 Abs. 1 KartVo. ein, es handle sich hier um die Verhängung von ähnlichen Nachteilen wie einer Sperre auf Grund von Verträgen und Beschlüssen der in § 1 KartVo. genannten Art; deshalb sei Einwilligung des Vorsitzenden des Kartellgerichts erforderlich, die unstreitig nicht vorliege. Sie macht ferner geltend, die Klägerin sei selbst vertragsuntreu gewesen; die geforderte Summe sei auch übermäßig hoch und das Vorgehen der Klägerin daher sittenwidrig.

Die Klägerin ist während des Rechtsstreits in Liquidation getreten.

Beide Vordergerichte haben die Klage abgewiesen. Die Revision der Klägerin führte zur Aufhebung und Zurückverweisung.

Gründe:

Die Vorinstanzen stützen die Abweisung der Klage auf § 9 Abs. 1 KartVo. Nach dieser Vorschrift dürfen auf Grund von Verträgen oder Beschlüssen der in § 1 KartVo. bezeichneten Art ohne die (hier nicht vorliegende) Einwilligung des Vorsitzenden des Kartellgerichts keine Sicherheiten verwertet und keine Sperren oder Nachteile von ähnlicher Bedeutung verhängt werden. Das Berufungsgericht läßt dahingestellt, ob bei Treu-Rabatt-Verträgen die Rückforderung des für einen bestimmten Zeitraum gewährten

Rabatts im Fall der Verletzung der Treupflicht als Verwertung einer Sicherheit angesehen werden kann, ist jedoch der Meinung, daß in dieser Maßnahme die Verhängung eines Nachteils von ähnlicher Bedeutung wie einer Sperre liege, jedenfalls dann, wenn damit zugleich die Entziehung des Treu-Rabatts für die Zukunft verbunden sei. Mit Recht wendet sich hiergegen die Revision.

Nach RGZ. Bd. 119 S. 366 = JW. 1928 S. 1209 Nr. 9 fällt die bloße Umsatzvergütung (sog. Mengen-Rabatt) nicht unter § 9 KartVo., auch dann nicht, wenn sie von einem Kartellverband gewährt wird. Dem ist unbedenklich beizupflichten. Nun handelt es sich hier allerdings nicht um eine solche „Umsatz-Bonifikation" mit freier Bezugsberechtigung und Bezugsmöglichkeit des Abnehmers. Vielmehr liegt ein sog. Treu-Rabatt-Vertrag vor mit Exklusivklausel und mit gewissen Preisbindungen für den Weiterabsatz, geschlossen zwischen der Klägerin als Kartell-Verkaufsstelle und einem Einzelabnehmer. Die Beklagte war nach diesem Vertrag u. a. verpflichtet, gewisse Glassorten ausschließlich in Erzeugnissen des Kartells von der Klägerin zu beziehen und erhielt dafür einen vorweg abzuziehenden, in Prozenten des jeweiligen Rechnungsbetrags ausgedrückten Rabatt, der im Fall der Verletzung der Treupflicht für das vorausgegangene letzte Jahr zurückzugewähren war. Ob ein solcher Treu-Rabatt unter § 9 KartVo. fällt, hat das Urteil RGZ. Bd. 119 S. 366 (bei dem es sich übrigens um das Verhältnis des konkurrierenden Außenseiters zum Kartell handelte) ausdrücklich unentschieden gelassen.

Im Streit ist hier der Rückforderungsanspruch der Klägerin wegen Vertragsbruchs der Beklagten. Es kann zugegeben werden, daß auch hier eine Maßregel in Frage steht, die auf Verträge und Beschlüsse im Sinne des § 1 KartVo. zurückgeht. In Rechtsprechung und Schrifttum herrscht aber Einigkeit darüber, daß nicht schon der Kartellbeschluß auf Einführung des Treu-Rabatt-Systems unter § 9 Abs. 1 KartVo. fällt. Die Verhängung einer Sperre oder ähnlicher Nachteile erfordert insbesondere eine Kennzeichnung der Person, gegen die sich die Maßregeln richten sollen (RGZ. Bd. 119 S. 366; Beschluß des Kartellgerichts vom 3. Mai 1928 in Kart. Rundsch. 1928 S. 351). Unzweifelhaft gehört auch der Abschluß von Einzelverträgen mit den Abnehmern, in Richtung auf diese gesehen, nicht zu den in § 9 Abs. 1 KartVo. als einwilligungsbedürftig bezeichneten Tatbeständen.

Gleiches muß aber auch für die Einforderung des Treu-Rabatts wegen Verstoßes gegen die ausschließliche Bezugsverpflichtung gelten. Zwar mag richtig sein, daß § 9 Abs. 1 KartVo. nicht nur Maßnahmen des sog. inneren, sondern auch solche des äußeren Kartellzwangs erfaßt und daß durch diese Vorschrift nicht nur die Kartell-Außenseiter als Kartell-Wettbewerber, sondern auch die Kartell-Abnehmer geschützt sind. Allein damit sind die Voraussetzungen des § 9 Abs. 1 KartVo. noch nicht erfüllt. Das Versprechen, die Rabattbeträge im Fall der Zuwiderhandlung gegen die übernommenen Vertragspflichten, insbesondere gegen die Verpflichtung zum ausschließlichen Bezug vom Kartell, nachzuzahlen, erfüllt alle Merkmale eines Vertragsstrafe-Versprechens im Sinne des § 339 BGB. Es handelt sich hierbei nicht um eine differenzierte Preisabrede. Diese Betrachtungsweise würde dann zutreffen, wenn es im Belieben der Beklagten gestanden hätte, ob sie vom Kartell oder von Außenseitern beziehen wollte, und wenn sich nur die Höhe der Preise der Klägerin je nachdem verschieden bestimmt hätte. Die Beklagte hatte sich aber verpflichtet, ihren Bedarf in gewissen Warensorten beim Kartell zu decken, und hat deshalb einen Treu-Rabatt erhalten. Damit, daß sie trotzdem vom Außenseiter bezog, hat sie also eine Vertragspflicht verletzt. Rechtlich ist demnach der Anspruch der Klägerin unbedenklich als Anspruch auf Zahlung einer Vertragsstrafe anzusehen. Daß diese Vertragsstrafe nicht auf eine von vornherein bestimmte Geldsumme geht, sondern sich nach dem Umfang der in einem bestimmten Zeitraum gewährten Rabatte bemißt, ist rechtlich ohne Belang.

Die Kartellverordnung verbietet die Kartelle nicht, sondern erkennt sie an und unterwirft sie nur in gewissen Richtungen Sondernormen, die allerdings ihre Rechtsstellung im Vergleich zu derjenigen anderer Rechtsträger wesentlich beeinflussen. Trotzdem muß grundsätzlich angenommen werden, daß auch Kartelle und Kartellverbände im Rahmen des allgemeinen Rechts von den vorhandenen Rechts- und Rechtsschutz-Einrichtungen ebenso Gebrauch machen können wie andere Rechtssubjekte. Wo diese allgemeine Gleichheit vor Recht und Gesetz zum Nachteil solcher Vereinigungen durchbrochen sein soll, muß dies nach allgemeinen Rechtsgrundsätzen, wenn nicht ausdrücklich verordnet, so doch zweifelsfrei zu erschließen sein. Die Kartellverordnung hat nicht jede Maßnahme des Kartells gegen seine Mitglieder, Außenseiter oder Abnehmer, auch wenn es sich um ein Mittel im gewerblichen Wettkampf handelt, der „Präventivzensur“ des § 9 Abs. 1 unterworfen. Dieses Erfordernis ist nur für die Verwertung von Sicherheiten, Verhängung von Sperren und Nachteilen von ähnlicher Bedeutung aufgestellt. Damit ist sachlich das Anwendungsgebiet dieser Vorschrift auf Tatbestände beschränkt, die unter diese Begriffe zu bringen sind. Dies bedeutet eine Schranke, vor welcher der Schutzzweck der Kartellverordnung Halt macht und jenseits deren sich das Kartell im allgemeinen Rahmen der Gesetze frei betätigen kann. Gewiß kommt den wirtschaftlichen und sonstigen Zwecken, welche die Kartellverordnung verfolgt, für die Auslegung ihrer Vorschriften erhebliche Bedeutung zu; darauf allein kann es aber nicht ankommen. Dies ist insbesondere gegenüber gewissen Ausführungen des Berufungsgerichts zu betonen.

Demnach ist zunächst zu verneinen, daß sich die Einforderung einer Vertragsstrafe aus dem zugrundeliegenden Versprechen als Verwertung einer Sicherheit im Sinne des § 9 Abs. 1 KartVo. darstellt. Verhängung und Beitreibung von Vertragsstrafen ist etwas anderes als Verwertung von Sicherheiten, die für solche Versprechen bestellt sind. Wohl werden nicht selten zur Verstärkung von Vertragsstrafe-Versprechen Sicherheiten bestellt, deren Verwertung dann ein Mittel zur Einziehung der verfallenen Vertragsstrafe bildet. Allein Mittel und Zweck sind nicht dasselbe. Einforderung der Vertragsstrafe und Verfolgung dieses Anspruchs im Wege der Klage einerseits und Beitreibung oder Verwertung einer bestellten Sicherheit anderseits sind völlig verschiedene Dinge, die weder notwendig noch auch nur regelmäßig miteinander verbunden sind. Das ist auch hier nicht der Fall. Sowenig dem Kartell durch § 9 Abs. 1 KartVo. verwehrt ist, ohne vorherige Zustimmung des Vorsitzenden des Kartellgerichts die Kartellpflicht selbst, zu deren Verstärkung eine Sicherheit bestellt war, gegen den Schuldner anders als durch Verwertung der Sicherheit zu verfolgen, ebensowenig ist es an der gerichtlichen Geltendmachung eines einfachen Vertragsstrafe-Versprechens gehindert. Daß die gerichtliche Verfolgung eines solchen Versprechens nicht unter den Begriff der Sperre fällt, ist außer Streit.

Endlich handelt es sich aber dabei auch nicht um die Verhängung eines Nachteils „von ähnlicher Bedeutung“. Darunter sind Maßnahmen zu verstehen, die, wenn auch nicht (wie die Sperre) auf völlige Ablehnung oder Verschließung, so doch auf eine wesentliche

Erschwerung des sonst üblichen, allgemein zugänglichen Geschäftsverkehrs hinauslaufen (z. B. Preis-Abstufungen). Wesen, Zweck und Wirkung einer Vertragsstrafe und ihre Beitreibung im Weg der Klage haben aber damit nichts zu tun. Es handelt sich insoweit um Zahlung einer Geldsumme, deren Einforderung und Beitreibung für den Schuldner und sein Unternehmen nicht anders wirkt als die freiwillige oder zwangsmäßige Tilgung einer sonstigen Geldschuld. Sie zielt weder auf Abschneidung noch auf Erschwerung der Bezugs-, Absatz- und Kreditmöglichkeiten des Schuldners ab, sondern soll nur den vertraglichen Ausgleich für bewußte und gewollte Vertragsuntreue bilden. Unzweifelhaft begründet eine schuldhafte Verletzung der Bezugspflicht nach allgemeinen Rechtsgrundsätzen für den Kartellverband einen Schadensersatzanspruch. Die Geltendmachung eines Anspruchs dieser Art wäre keinesfalls unter § 9 Abs. 1 KartVo. zu bringen. Zwischen ihm und einem Vertragsstrafe-Versprechen wegen Nichterfüllung übernommener Verpflichtungen besteht aber, wie sich aus § 340 Abs. 2 BGB. ergibt, rechtlich ein enger Zusammenhang. Die Klägerin wäre auch nicht gehindert, gegebenenfalls noch weiteren Schaden über den Rabatt hinaus ersetzt zu verlangen. Endlich ist nicht einzusehen, wie bei Geltendmachung eines solchen Vertragsstrafe-Anspruchs im ordentlichen gerichtlichen Verfahren Raum sein sollte für die Wirkung des Kartell- und Organisationszwangs.

Wie schon dargelegt ist, kann es bei § 9 Abs. 1 KartVo. nicht entscheidend darauf ankommen, daß sich die Vertragsstrafe nach der Höhe des für eine gewisse Zeit bezogenen Treu-Rabatts bemißt. Ob die Strafe ziffermäßig von vornherein auf rund 4200 RM. bemessen war oder ob sie sich in dieser Höhe erst durch Zusammenrechnung bestimmter Rabattvorteile errechnen ließ, macht wirtschaftlich und rechtlich im Ergebnis keinen Unterschied. Ist aber die Einforderung des Treu-Rabatts als Vertragsstrafe anzusehen und fällt sie als solche nicht unter § 9 Abs. 1 KartVo., so ändert hieran auch der Umstand nichts, daß das Kartell neben und gleichzeitig mit ihr weitere Maßnahmen gegen die Beklagte ergriffen hat, die möglicherweise einen der einwilligungspflichtigen Tatbestände des § 9 Abs. 1 erfüllen. Dann bedurften wohl die letztgenannten Maßnahmen der Einwilligung des Vorsitzenden; dieses Erfordernis erstreckte sich aber nicht auf die gemeinhin „freien" Maßnahmen.

Eine gegenteilige Auffassung würde praktisch zu unhaltbaren Ergebnissen führen. Im übrigen kann dahingestellt bleiben, ob etwa die Entziehung des Treu-Rabatts für die Zukunft unter § 9 Abs. 1 KartVo. fällt. Auf die Einforderung für die Vergangenheit trifft die Vorschrift jedenfalls nicht zu. Schon aus diesem Grunde war das angefochtene Urteil aufzuheben.

Zum gleichen Ergebnis führt aber noch ein weiterer Gesichtspunkt. Die Klägerin und das Kartell mit ihr hat sich zum 1. Januar 1927 aufgelöst und ist in Liquidation getreten. Gerade auch darauf hat sich die Klägerin berufen. Das Berufungsgericht ist der Meinung, daß die Auflösung des Kartells unerheblich und daß nach wie vor die Einwilligung des Vorsitzenden des Kartellgerichts zur Verfolgung des Vertragsstrafe-Anspruchs erforderlich sei. Dem kann nicht beigetreten werden. Ist das Kartell aufgelöst, besteht also das Kartell-Gemeinschaftsverhältnis nicht mehr, vermöge dessen überhaupt nur die Anwendbarkeit des § 9 Abs. 1 in Frage kommen könnte, dann ist damit der Zusammenhang der streitigen Verpflichtung mit Kartellverband, Kartellzweck und Kartellzwang gelöst und jede Möglichkeit mißbräuchlicher Ausnützung der wirtschaftlichen Machtstellung des Kartells nunmehr ausgeschlossen. Der wirtschaftliche Sondertatbestand, auf dem § 9 Abs. 1 KartVo. beruht, ist also beseitigt und damit ist der Anwendbarkeit dieser Vorschrift der Boden entzogen (vgl. für §§ 4, 12 KartVo. Entscheidung des Kartellgerichts vom 4. November 1927, veröffentlicht in der Sammlung von Entscheidungen und Gutachten des Kartellgerichts, herausgegeben von der Kartellstelle des Reichsverbands der deutschen Industrie, Jahrgang 1928, Heft 1 S. 1). Auch das hat das Berufungsgericht verkannt. . . .

---

57. Darf ein Verein nach dem Austritt eines Mitglieds einen Beschluß des Inhalts herbeiführen, daß die Ausschließung beschlossen worden wäre, wenn das Mitglied nicht schon ausgetreten wäre? Kann auf die Feststellung der Rechtsunwirksamkeit eines solchen Beschlusses geklagt werden?

BGB. §§ 25, 39. ZPO. § 256.

IV. Zivilsenat. Urt. v. 5. November 1928 i. S. v. B.sche Familienversammlung (Bekl.) w. Frhr. v. B. (Kl.). IV 16/28.

I. Landgericht Potsdam.
II. Kammergericht Berlin.

Die beklagte „Familienversammlung“ ist ein auf Grund des Statuts vom 15. März 1860 mit landesherrlicher Genehmigung ins Leben getretener rechtsfähiger Verein. Der Kläger, der ihr Mitglied war, hat durch Schreiben an den Vorstand vom 8. August 1925 seinen Austritt erklärt. Der Vorstand der Beklagten bekannte sich zum Empfang dieser Erklärung durch Schreiben vom 8. Mai 1926 mit dem Bemerken, daß er, da das Familienstatut den Austritt jederzeit gestatte, die Austrittserklärung entgegennehmen müsse, ohne das (angeblich von ihm bereits vor der Austrittserklärung eingeleitete) Ehrenratsverfahren durchführen zu können. Durch Schreiben vom 7. Juni 1926 teilte er dem Kläger mit, daß die auf den 6. Juli 1926 einberufene Familienversammlung über einen Antrag, ihn aus der Familie auszuschließen, beschließen werde. Der Kläger erhob Widerspruch gegen die Zulässigkeit einer solchen Beschlußfassung. In der Versammlung der Mitglieder vom 6. Juli 1926 wurde dann ein Beschluß folgenden Wortlauts gefaßt:

„Nachdem die Vorgänge der Angelegenheit des ... (Klägers) der Familie vorgetragen und eingehend erörtert sind, beschließt die Familie, jede Gemeinschaft mit ihm abzubrechen, und erklärt, daß sie seinen Ausschluß aus der Familie ausgesprochen hätte, wenn ... (der Kläger) nicht seinen Austritt selbst bereits erklärt hätte.“

Der Vorstand teilte diesen Beschluß durch Schreiben vom 27. Juli 1926 dem Kläger und ferner dem Altherrenverband eines studentischen Korps und dem Johanniterorden (Verbänden, denen der Kläger angehört) sowie der Deutschen Adelsgenossenschaft mit.

Die Klage richtet sich u. a. auf die Feststellung der Rechtsunwirksamkeit des Beschlusses. Das Landgericht hat ihr stattgegeben. Die Berufung der Beklagten wurde zurückgewiesen. Auch ihre Revision hatte keinen Erfolg.

Aus den Gründen:

Das Berufungsgericht bezeichnet den Beschluß vom 6. Juli 1926 deshalb als rechtsunwirksam, weil er eine Beleidigung des Klägers enthalte und im Sinne des § 826 BGB. sittenwidrig sei. Die formelle Zulässigkeit des Beschlusses zu beanstanden, weil er zu einer Zeit ergangen ist, als der Kläger nicht mehr Mitglied der Beklagten war, lehnt das Berufungsgericht ab. Es geht zwar davon aus, daß sich die Beklagte dem Kläger gegenüber auf den Standpunkt stelle, er sei als ihr früheres Mitglied trotz seines Austritts verpflichtet, sich die in dem Beschluß liegende, seine Ehre und gesellschaftliche Stellung schwer beeinträchtigende Maßregelung gefallen zu lassen, verwertet diesen Umstand aber nur zur Begründung der verfahrensrechtlichen Voraussetzungen der Feststellungsklage nach § 256 ZPO.

Die Rechtswirksamkeit des Beschlusses ist indessen schon wegen seiner formellen Unzulässigkeit zu verneinen. Wie in der Rechtsprechung des Reichsgerichts feststeht, ist ein Verein, dem seine Satzung das Recht gibt, die Ausschließung eines Mitglieds zu beschließen, zu dieser Ausschließung nicht mehr befugt, wenn die Mitgliedschaft des Auszuschließenden zur Zeit der Beschlußfassung bereits durch eine wirksame Austrittserklärung erloschen ist (RGZ. Bd. 51 S. 66, Bd. 78 S. 134; JW. 1905 S. 315 Nr. 1, 1914 S. 460 Nr. 2). Dieser Rechtssatz ist nicht nur daraus hergeleitet, daß eine Mitgliedschaft, die nicht mehr vorhanden ist, auch nicht mehr entzogen werden kann, sondern auch daraus, daß eine Disziplinarmaßregel, zu deren Verhängung die Satzung eines Vereins dessen Organe gegenüber den Mitgliedern ermächtigt, nicht mehr zulässig ist, wenn der Betroffene aufgehört hat, Vereinsmitglied zu sein. Im ersten der angeführten Urteile ist dies ausdrücklich ausgesprochen und zugleich dargelegt, daß das ehrengerichtliche Verfahren gegen einen Rechtsanwalt und das förmliche Disziplinarverfahren gegen einen Beamten nicht zur Vergleichung herangezogen werden können. Auch im zweiten Urteil ist hervorgehoben, daß gegenüber einer dem Verein nicht mehr angehörigen Person der Verein keine Gerichtsbarkeit mehr ausüben kann. Diese Erwägung steht aber nicht nur einem nachträglichen Ausschließungsbeschluß, sondern auch dem entgegen, daß ein Verein nach dem Austritt eines Mitglieds einen Beschluß des nach der Satzung für die Ausschließung zuständigen Vereinsorgans des Inhalts herbeiführt, die Ausschließung würde beschlossen worden sein, wenn das Mitglied nicht bereits ausgetreten wäre. Ein solcher Fall liegt hier vor, wo die im verklagten Verein zusammengeschlossene Familie, also der verklagte Verein, mit dem am 6. Juli 1926 gefaßten Beschluß, jede Gemeinschaft mit dem Kläger abzubrechen, eine Erklärung des eben angegebenen Inhalts verbunden hat, und zwar (nach der rechtlich einwandfreien

Sachwürdigung des Berufungsgerichts), um damit eine „Maßregelung" des „gewissermaßen als Angeklagter behandelten" Klägers vorzunehmen und seine „Ächtung" zu erzielen. Mit dieser Anmaßung der Vereinsgewalt über den dem Verein nicht mehr angehörigen Kläger hat die Beklagte die der Vereinsgewalt auch bei einem Familienverband gesetzten Grenzen in unzulässiger Weise überschritten. Der angefochtene Beschluß, den das Berufungsgericht zutreffend als ein einheitliches Ganzes betrachtet, ist aus diesem Grunde rechtsunwirksam. Es braucht deshalb auf die vom Berufungsgericht hierfür gegebene, von der Revision insbesondere wegen der Anwendbarkeit des § 826 BGB. bekämpfte Begründung nicht eingegangen zu werden.

Auch gegenüber der vorstehenden Begründung kommt in Betracht, was die Revision in folgender Richtung ausführt: Ein Beschluß, durch den ein Verein ein angebliches Mitglied ausschließe, stelle äußerlich und nach dem Willen des Vereins einen Rechtsakt dar und könne als solcher rechtliche Wirksamkeit haben. Gegenüber einem derartigen Beschluß könne deshalb auch ein Klaganspruch auf Feststellung der Nichtigkeit in Frage kommen. Ein Beschluß der hier vorliegenden Art aber, der nur ausspreche, was geschehen sein würde, wenn ein in Wahrheit nicht gegebener Sachverhalt vorgelegen hätte, sei kein Rechtsakt. Für ihn komme eine Wirksamkeit überhaupt nicht in Frage und deshalb auch kein Anspruch auf die Feststellung seiner Unwirksamkeit, sodaß eine dahin zielende Feststellungsklage unzulässig sei. Die Einwendung ist unbegründet. Der angefochtene Beschluß ist keine auf einen unwirklichen Fall abgestellte, für sich selbst eine Wirksamkeit nicht in Anspruch nehmende Meinungsäußerung, sondern eine auf das Verhalten des Klägers, wie es die Beklagte als wirklich gegeben ansieht, abgestellte, in die Gegenwart fortwirkende Maßregelung, zu der sich die Beklagte gegenüber dem Kläger als ihrem früheren Mitgliede die Befugnis zuschreibt. Mit der Feststellung der Rechtsunwirksamkeit des Beschlusses wird der Beklagten das Recht abgesprochen, sich dem Kläger gegenüber auf diesen Rechtsstandpunkt zu stellen. Danach handelt es sich hier im Sinne des § 256 ZPO. um die Feststellung des Nichtbestehens eines Rechtsverhältnisses, ebenso wie im Falle eines nachträglichen Ausschließungsbeschlusses, für den dies vom Senat in JW. 1914 S. 460 Nr. 2 gegen Lenel (DJZ. 1913 Sp. 84) näher dargelegt ist. Das rechtliche Interesse des Klägers an der alsbaldigen Feststellung wird vom Berufungsgericht ohne

Rechtsirrtum damit begründet, daß die Aufrechterhaltung des Beschlusses eine Quelle dauernder Beeinträchtigungen und Zwistigkeiten bedeute und zu einer schweren ideellen und möglicherweise auch wirtschaftlichen Schädigung des Klägers führen müsse. . . .

---

58. Ist ein Unfall „beim Betrieb" eines stillstehenden Kraftfahrzeugs erfolgt, wenn ein anderes Kraftfahrzeug auf dieses auffährt?

Kraftfahrzeuggesetz § 7.

VI. Zivilsenat. Urt. v. 12. November 1928 i. S. Sch. P. Brauerei AG. u. Gen. (Bekl.) w. B. (Kl.). VI 173/28.

I. Landgericht III Berlin.
II. Kammergericht daselbst.

Am 18. Januar 1926 abends zwischen 9 und 10 Uhr fuhr der Kläger auf der Landstraße von Frankfurt a. O. nach Berlin mit seinem Personenkraftwagen auf den auf der Landstraße stehenden Lastkraftzug der Erstbeklagten auf, der aus Kraftwagen und Anhänger bestand. Führer des Lastkraftzuges war der Zweitbeklagte. Der Lastkraftzug stand auf der Straße still, weil der Betriebsstoff ausgegangen war; der Begleitmann befand sich auf dem Wege zur nächsten Ortschaft, um Betriebsstoff zu holen. Der Zweitbeklagte saß zur Zeit des Zusammenstoßes auf dem Führersitze seines Kraftwagens. Die Sicht war behindert durch Nebelschwaden, die über die Landstraße zogen. Bei dem Zusammenstoß trug der Kläger eine Brustquetschung und einen Nervenschock davon; sein Kraftwagen wurde beschädigt.

Der Kläger verlangt auf Grund der Vorschriften des Kraftfahrzeuggesetzes und auf Grund der §§ 823, 831 BGB. gesamtschuldnerische Verurteilung der Beklagten zum Ersatz alles Schadens, der ihm durch den Unfall entstanden ist.

Die Beklagten wurden vom Landgericht zu drei Vierteln, vom Berufungsgericht zur Hälfte für schadensersatzpflichtig erklärt. Ihre Revision führte zur Aufhebung und Zurückverweisung.

Aus den Gründen:

Das Berufungsgericht hält eine Haftung der Beklagten auf Grund der §§ 7, 18 KraftfahrzG. für gegeben. Es nimmt an, daß der

Unfall auch dann, wenn der Lastkraftwagenzug stillgestanden habe, „beim Betrieb" dieses Wagenzugs erfolgt sei. Gegen diese Annahme wendet sich mit Grund die Revision. Unstreitig stand der Wagenzug still, als der Unfall sich ereignete. Es kann unbedenklich davon ausgegangen werden, daß der Motor nicht mehr lief, da der Betriebsstoff ausgegangen war. Zur Zeit des Unfalls befand sich also der Lastkraftwagen im Zustand völliger Ruhe, und zwar gilt dies nicht nur von der äußeren Bewegung, sondern auch von der Tätigkeit des Motors. Gleichwohl ist das Berufungsgericht der Ansicht, der Unfall sei beim Betrieb des Lastkraftwagens erfolgt. Die Betriebsgefahr des Kraftfahrzeugs habe — so führt das Urteil aus — auch in seiner Ruhelage noch insofern fort- und nachgewirkt, als die Versperrung des Weges durch das stillstehende Fahrzeug die unmittelbare Wirkung der gerade aus dem Kraftfahrzeugbetrieb erwachsenden und ihm eigentümlichen Gefahr gewesen sei, daß der Brennstoff ohne ein vorher bemerkbares Anzeichen ausgehen und das Fahrzeug infolgedessen an ungeeigneter Stelle plötzlich stehen bleiben und zunächst nicht mehr aus dem Wege geräumt werden konnte.

Nach §§ 7, 18 KraftfahrzG. kommt eine Haftung des Halters und des Führers dann in Frage, wenn sich der Unfall „beim Betrieb eines Kraftfahrzeugs" ereignet hat. Bei der Frage, wann dieser Fall vorliegt, ist zunächst davon auszugehen, daß nicht das Betriebsunternehmen als solches, etwa im Sinne von § 1 des Reichshaftpflichtgesetzes, mit in Rücksicht zu ziehen ist, sondern daß es nur auf den Betriebsvorgang des einzelnen Kraftfahrzeugs ankommt. Denn die Quelle der Gefahren für den Verkehr, die den Ausgangspunkt für die Haftung nach § 1 KraftfahrzG. bildet, ist die Bewegung des einzelnen Fahrzeugs, das durch Maschinenkraft mit einer gegenüber anderen Fuhrwerken erhöhten Geschwindigkeit betrieben wird (JW. 1919 S. 104 Nr. 4). Von diesem Gesichtspunkt aus ist ein Kraftfahrzeug jedenfalls dann als in Betrieb gesetzt und im Betrieb befindlich anzusehen, wenn es entweder infolge des motorischen Antriebs schon selbst in Bewegung gesetzt oder wenn wenigstens der Motor als Kraftquelle der Bewegung in Gang gebracht ist. Der Zustand des Betriebs dauert fort, bis das Fahrzeug wieder in völlige Betriebsruhe versetzt ist (RGU. vom 29. Oktober 1921 VI 320/21). Ein Fahrzeug wird deshalb auch dann noch als im Betrieb befindlich anzusehen sein, wenn zwar eine Übertragung der Motorkraft auf die Wagenräder wegen der Abstellung des Motors nicht mehr stattfindet, das Fahrzeug selbst aber infolge der Nachwirkung des motorischen Antriebs noch in Bewegung ist. Auf der andern Seite wird ein Fahrzeug nicht schon dann ohne weiteres als außer Betrieb befindlich zu gelten haben, wenn es auf einer Fahrt durch zeitweilige Abstellung des Motors vorübergehend, sei es infolge eines der Weiterfahrt entgegenstehenden Hindernisses oder zu vorübergehender Unterbrechung der Fahrt auf kürzere Zeit, zum Stillstand gekommen ist und jederzeit wieder in Betrieb gesetzt werden kann (JW. 1912 S. 650 Nr. 26; RGU. vom 29. Oktober 1921 VI 320/21). Im Streitfall handelt es sich indessen um einen gegenüber den eben erwähnten Fällen wesentlich verschiedenen Sachverhalt. Da der Betriebsstoff ausgegangen und neuer Betriebsstoff noch nicht zur Stelle war, seine Beschaffung auch geraume Zeit erforderte, war es hier ganz unmöglich, durch bewußte oder auch nur durch zufällige Einwirkung auf den Motor die motorische Kraft zu entfalten und den Wagenzug wieder in Bewegung zu setzen. Das Fahrzeug befand sich nicht in einem trotz vorhandener Fortbewegungsmöglichkeit bestehenden Zustande vorübergehender Fahrtunterbrechung, sondern war durch die tatsächlichen Verhältnisse in den Zustand völliger Betriebsruhe gelangt. Es bedeutete in diesem Zustand, in dem die Möglichkeit der Fortbewegung durch motorische Kraft ausgeschlossen war, nichts anderes als jeder leblose Gegenstand, der auf der Fahrbahn ein Hindernis bereitete.

Hat sich aber der Lastkraftwagen zur Zeit des Unfalls nicht im Betrieb befunden, so kann auch nicht angenommen werden, daß sich der Unfall beim Betrieb des Wagens ereignet habe. Das Berufungsgericht meint zwar, die Betriebsgefahr des Kraftfahrzeugs habe auch in seiner Ruhelage noch fort- und nachgewirkt. Denn der Umstand, daß das stillstehende Fahrzeug den Weg versperrt habe, sei die unmittelbare Wirkung der gerade aus dem Kraftfahrzeugbetrieb erwachsenden, ihm eigentümlichen Gefahr gewesen, daß der Brennstoff ohne ein vorher bemerkbares Anzeichen ausgehe. Infolgedessen bleibe das Fahrzeug plötzlich an ungeeigneter Stelle stehen und könne zunächst nicht mehr aus dem Wege geräumt werden. Allerdings wird unter Umständen ein Unfall auch dann als beim Betrieb des Kraftfahrzeugs erfolgt gelten können, wenn bei ihm ein Umstand ursächlich mitgewirkt hat, dessen Vorhandensein noch eine Nachwirkung des die Gefährdungshaftung begründenden Betriebs des Kraftfahrzeugs ist. Der Umstand, daß das Kraftfahrzeug mitten auf der Fahrstraße zum Stillstand gekommen ist, stellt aber keine sich aus dem Betrieb ergebende adäquate Ursache des Unfalls mehr dar, welche die vom Gesetz als besondere Folge der Gefährlichkeit des Betriebs angeordnete Haftung nach sich zieht. Wenn ein Lastkraftwagen infolge Ausgehens des Betriebsstoffs zum Stillstand kommt, so gehört das nicht zu denjenigen Eigentümlichkeiten des Kraftwagenbetriebs, die im allgemeinen als wahrscheinlich vorauszusehen sind. Der Bedarf an Betriebsstoff läßt sich im voraus errechnen, und die Fälle, in denen das Fahrzeug infolge besonders starken Verbrauchs unerwartet stillsteht, gehören nicht zu denen, die dem Kraftwagenbetrieb eigentümlich sind. Auch Fahrzeuge anderer Art können durch irgendwelche unerwarteten Ereignisse (Bruch von Achsen, Stürzen der Zugtiere) plötzlich zum Stehen gebracht werden. Das Stillstehen des Lastkraftfahrzeugs der Erstbeklagten war daher ein Ereignis, das nicht auf den Eintritt der dem Kraftwagenbetrieb eigentümlichen Gefahren, sondern auf ein davon verschiedenes und unabhängiges zufälliges Ereignis zurückzuführen ist.

Hiernach hält das Berufungsgericht rechtsirrtümlich die Haftung aus §§ 7, 18 und damit auch die Anwendbarkeit der § 17 Abs. 1 Satz 2 und § 18 Abs. 3 KraftfahrzG. für gegeben. Eine Haftung der Beklagten kann lediglich aus § 823 Abs. 1, § 831 BGB. hergeleitet werden. . . .

---

59. Ist das Reichsgericht zur Entscheidung über eine weitere Beschwerde zuständig, wenn ein Oberlandesgericht von der Entscheidung eines andern Oberlandesgerichts abgehen will, das seinen Sitz in einem jetzt abgetretenen Gebiet hatte?

FGG. § 28 Abs. 2. GBO. § 79 Abs. 2.

IV. Zivilsenat. Beschl. v. 15. November 1928 i. d. R.schen Nachlaßsache. IVB 51/28.

I. Landgericht Hamburg.
II. Oberlandesgericht daselbst.

Die Frage ist verneint worden.

Aus den Gründen:

Nach § 28 Abs. 2 FGG. hat das Oberlandesgericht eine weitere Beschwerde unter anderem dann dem Reichsgericht vorzulegen, wenn es bei der Auslegung einer reichsgesetzlichen Vorschrift, die eine der in § 1 bezeichneten Angelegenheiten betrifft, von der auf weitere Beschwerde ergangenen Entscheidung eines anderen Oberlandesgerichts abweichen will. Der Zweck dieser Vorschrift — wie auch der entsprechenden Vorschrift des § 79 Abs. 2 GBO. — ist der, die Einheit der Rechtsprechung auf dem Gebiete des Reichsrechts zu sichern. Darüber lassen der klare Inhalt des Gesetzes und seine Entstehungsgeschichte keinen Zweifel. (Vgl. Kommissionsberichte Reichstag 1897/1898 Drucks. Nr. 109 S. 30, 1895/97 Drucks. Nr. 686 S. 28flg., insbesondere Erklärung des Staatssekretärs des Reichsjustizamtes; Güthe-Triebel, Anm. 2 zu § 79 GBO.; Schlegelberger, Anm. 8 zu § 28 FGG.).

Dieser Zweck des Gesetzes wird nicht in Frage gestellt, wenn ein Oberlandesgericht von der Entscheidung eines anderen Oberlandesgerichts abgeht, das, wie das Oberlandesgericht Colmar, aus dem Gebiete des Deutschen Reiches ausgeschieden ist. Die gedachten Vorschriften sind daher in dem Sinne zu verstehen, daß ein Oberlandesgericht durch die entgegenstehende Entscheidung eines jetzt dem abgetretenen Gebiet angehörenden Oberlandesgerichts nicht gehindert ist, über die weitere Beschwerde zu entscheiden. Der abweichenden, auf die Ausführungen Josefs im ZBl. f. FG. Bd. 21 S. 145 gestützten Ansicht von Güthe-Triebel (Anm. 13 zu § 79 GBO.) kann angesichts des klaren Zweckes der fraglichen Vorschriften nicht beigetreten werden.

---

60. 1. Miete oder Pacht?

2. Wann liegt „wirtschaftlicher Zusammenhang" und „Zugleich"-Vermieten im Sinne des § 3 Abs. 2 der preuß. Lockerungsverordnung vom 11. November 1926 vor?

VIII. Zivilsenat. Urt. v. 15. November 1928 i. S. C. (Kl.) w. H. u. Gen. (Bekl.). VIII 243/28.

I. Landgericht III Berlin.
II. Kammergericht daselbst.

Im Hause der Klägerin in Berlin-Halensee hatte der Fleischermeister B. bis zum Herbst 1919 einen Laden mit Nebengelassen inne, worin er einen Fleisch- und Wursthandel — ohne Fabrikation — betrieb. Als er die Räume aufgab, hatte er den größten Teil seiner Einrichtungsgegenstände von ihrem bisherigen Platz entfernt und zum Zweck der Versteigerung zusammengestellt. Die Versteigerung hatte der beauftragte Auktionator öffentlich bekannt gemacht. Am 25. September 1919 schlossen die Beklagten mit der Klägerin einen Vertrag, durch den ihnen dieselben Räume zum Betrieb „einer Schlächterei nebst Wurstfabrik" überlassen wurden. Am gleichen Tage kauften sie die zusammengestellten Einrichtungsgegenstände freihändig vom Auktionator und richteten damit die Räume wieder ein. Einige Jahre später gingen sie dann auch zur Wurstfabrikation über. Durch Vertrag vom 28. September 1921 überließ die Klägerin den Beklagten noch eine Wohnung im vierten Stockwerk des Hauses. Die Klägerin hat die Räume zum 30. September 1927 gekündigt, was nach dem Vertrag zulässig war, und verlangt nun mit der Klage die Räumung. Ihrer Ansicht nach liegt in Ansehung des Ladens und der Wohnung ein Pachtverhältnis vor.

Das Landgericht wies die Klage ab. Die Berufung der Klägerin hatte keinen Erfolg. Auch ihre Revision wurde zurückgewiesen.

Gründe:

Das Berufungsgericht ist der Ansicht, daß stets Pacht vorliege, wenn fertige Räume mit Inventar zur Ausübung eines Gewerbebetriebs überlassen würden. Dies gelte auch dann, wenn der neue Bezieher die innere Einrichtung und Ausstattung von einem Dritten im Wege besonderen Vertrags erworben habe, vorausgesetzt, daß zwischen den Verträgen ein Zusammenhang bestehe. Es sei schon zweifelhaft, ob der von B. zum Fleisch- und Wurstwarenhandel benutzte Laden mit Nebengelaß eine innere Einrichtung aufgewiesen habe, die in der Hauptsache geeignet und ausreichend gewesen sei, unmittelbar die Fruchtziehung für den Betrieb einer Schlächterei nebst Wurstfabrikation zu ermöglichen. Die Einrichtungsgegenstände seien von ihrem bisherigen Platz entfernt und anderweitig zusammengestellt gewesen. Damit hätten sie aufgehört, Einrichtungsgegenstände zu sein; zur Zeit des Ankaufs hätten sie diese Eigenschaft eingebüßt gehabt. Ein Zusammenhang zwischen dem Raumüberlassungs- und dem Kaufvertrag bestehe also nicht. Es fehle auch ein Anhalt dafür, daß die Beklagten gerade das von B. bisher betriebene Geschäft als solches hätten fortsetzen wollen. Anderseits liege ein tatsächlicher wirtschaftlicher Zusammenhang im Sinne der preußischen Lockerungsverordnung vom 11. November 1926 zwischen den gewerblichen Räumen und den Wohnräumen vor. Auch das Erfordernis des „Zugleich"-Vermietens sei vorhanden, da die Beklagten gerade wegen dieser Vorteile die Wohnung hinzugemietet hätten und diese wirtschaftlichen Erwägungen dem anderen Teil ohne weiteres erkennbar gewesen seien.

Die Revision hält die Verneinung des Zusammenhangs zwischen den beiden Verträgen für rechtsirrig. Schon eine Woche nach dem Überlassungsvertrag hätten die Beklagten den Betrieb eröffnet. Die Einrichtungsgegenstände seien noch nicht aus dem Laden entfernt gewesen, als die Beklagten sie erworben hätten. Ein sachlicher Zusammenhang bestehe zwischen Laden und Wohnräumen ebensowenig wie zwischen dem ersteren und den anderen Räumen des Hauses; sie lägen nur unter demselben Dache. Auch müsse der Geschäftsraum wegen seines wirtschaftlichen Zusammenhangs mit den Wohnräumen gemietet sein, nicht umgekehrt. Sie müßten aber auch „zugleich" vermietet sein. Dem stehe entgegen, daß die Wohnung zwei Jahre später gemietet worden sei.

Diese Rügen können keinen Erfolg haben.

Was zunächst die Frage angeht, ob der fragliche Vertrag ein Miet- oder ein Pachtvertrag ist, so ist dem Berufungsgericht beizutreten. Nach der ständigen Rechtsprechung des Reichsgerichts liegt Pacht dann vor, wenn Räume zu einem bestimmten Betrieb überlassen und gerade für diesen Betrieb baulich geeignet und mit der wesentlichen, zur alsbaldigen Benutzung für den Betrieb und die Fruchtziehung daraus erforderlichen Einrichtung und Ausstattung versehen sind. Andernfalls liegt ein Mietverhältnis vor. Ob die vorhandene Einrichtung dem Eigentümer der Räume gehört und von ihm dem Übernehmer überlassen wird, oder ob sie einem Dritten gehört und von ihm dem neuen Inhaber der Räume übertragen wird, ist für die Rechtsnatur des Vertrags als eines Pachtvertrags gleichgültig, ebenso, ob über die Räume und über die Einrichtung je ein besonderer Vertrag abgeschlossen worden ist.

Im gegenwärtigen Falle haben die Beklagten die Räume zunächst von der Eigentümerin, der Klägerin, zum Betrieb einer Schlächterei nebst Wurstfabrik übernommen. Danach haben sie vom früheren Inhaber B., der in den Räumen den Wurst- und Fleischverkauf betrieben hatte, einen großen Teil der bisherigen Einrichtung gekauft. Die letztere war in ihren einzelnen Stücken von den Plätzen bereits entfernt und für die Versteigerung im Laden zusammengestellt. Einen Teil davon, u. a. den Motor, hatte B. aus den Räumen überhaupt entfernt; er wurde nicht mitverkauft. Mit Recht nimmt das Berufungsgericht an, daß die so zusammengestellten Einrichtungsgegenstände ihre bisherige Eigenschaft als solche zur Zeit des Vertragsabschlusses verloren hatten und daß zum alsbaldigen Betrieb fertige Räume nicht mehr vorhanden waren. Der Vorderrichter konnte demnach dahingestellt lassen, ob die Räume, die nur zum Wurst- und Fleischverkauf eingerichtet gewesen waren, mit den von B. zurückgelassenen Einrichtungsstücken zum Betrieb einer Schlächterei nebst Wurstfabrik geeignet gewesen wären, wozu sie die Beklagten ausdrücklich benutzen wollten. Ohne Rechtsirrtum hat auf Grund dieser Sachlage das Berufungsgericht auch den Zusammenhang zwischen den beiden Verträgen verneint und einen Mietvertrag angenommen.

Bei Beurteilung der Frage, ob die gemieteten Geschäftsräume und die später im gleichen Hause gemietete Wohnung unter § 3 Abs. 2 der preußischen Lockerungsverordnung vom 11. November 1926 fallen, vertritt das Berufungsgericht auf Grund der Entscheidung des Reichsgerichts vom 20. April 1928 III 494/27 mit Recht die Ansicht, daß der wirtschaftliche Zusammenhang, den die Verordnung verlangt, dann gegeben sei, wenn die gemeinschaftliche Benutzung der beiden Raumarten dem Inhaber erhebliche wirtschaftliche Vorteile bietet. Daß dies im vorliegenden Falle zutrifft, bedarf keiner Darlegung, wird auch vom Berufungsgericht festgestellt. Es bedarf auch keines weiteren Eingehens auf die Frage, ob dieser Zusammenhang nur tatsächlich vorhanden zu sein braucht, da er hier sowohl nach der objektiven als auch nach der subjektiven Seite gegeben ist.

Die Revision rügt weiter, es seien Geschäfts- und Wohnräume zu verschiedenen Zeiten gemietet, die Wohnung etwa zwei Jahre später als die ersteren. Es fehle also daran, daß im Sinne des § 3 Abs. 2 LockVo. „zugleich" gemietet sei. Es ist der Revision zuzugeben, daß im Schrifttum die Ansicht vertreten wird, es müßten, wenn die Verordnung Anwendung finden solle, Geschäfts- und Wohnräume gleichzeitig, also zu demselben Zeitpunkt, gemietet sein; dieser Sinn sei mit dem Worte „zugleich" zu verbinden. Der erkennende Senat kann sich dem nicht anschließen. Eine Entscheidung des Reichsgerichts zu dieser Frage ist bisher nicht ergangen.

Mit der Lockerungsverordnung wollte der Gesetzgeber die Geschäftsräume, für die eine Zwangsbewirtschaftung nicht mehr erforderlich erschien, aus der Zwangswirtschaft herausnehmen. Dem stellte sich aber das Bedenken entgegen, daß, falls dies ausnahmslos geschähe, viele kleine Gewerbetreibende wegen der zu erwartenden hohen Mieten ihre bisherigen geschäftlichen Räume nicht mehr würden halten können und damit ihr wirtschaftliches Fortkommen einbüßen würden. Der ihnen für die Wohnräume verbleibende Mieterschutz hätte nach dem Verlust der Geschäftsräume seine Bedeutung zum größten Teil verloren, da die Wohnräume ohne Geschäftsräume zur Erhaltung des wirtschaftlichen Fortkommens allein nicht mehr ausreichen würden. Gegen diese aus einer ausnahmslosen Freistellung der Geschäftsräume mit Notwendigkeit sich ergebenden Härten wollte die Ausnahmevorschrift des § 3 Abs. 2 LockVo. die betroffenen Mieter schützen. Sollte sie ihren Zweck erreichen, so durfte sie nicht bloß die Geschäftsräume treffen, die mit der Wohnung räumlich unmittelbar zusammenhingen, sondern sie mußte sich auch auf räumlich getrennte Geschäfts- und Wohnräume erstrecken, wenn der Inhaber im Interesse seines Fortkommens auf das räumliche Verhältnis der beiden Arten von Räumen angewiesen war, wenn sich also aus der räumlichen Nähe besondere, sein wirtschaftliches Fortkommen sichernde Vorteile für ihn ergaben. Hätte die Verordnung mit dem Worte „zugleich" nur die Vertragsverhältnisse treffen wollen, in denen Geschäfts- und Wohnräume durch denselben Vertrag zu demselben Zeitpunkt gemietet worden waren, so würde sie den von ihr verfolgten Zweck in den sicher nicht wenigen Fällen selbst wieder vereitelt haben, wo Wohn- und Geschäftsräume nicht im gleichen Zeitpunkt gemietet worden sind und es dem Mieter, vielleicht nach langen Bemühungen, gelang, Geschäftsräume beim gleichen Vermieter in der Nähe seiner Wohnung (oder umgekehrt) zu finden. Eine solche Absicht ist mit dem Zweck der Verordnung nicht in Einklang zu bringen und kann vom Gesetz nicht gewollt sein. Danach kann das Wort „zugleich" nur den Sinn haben, den ihm auch das Berufungsgericht beilegt, daß es nämlich im Sinne von „zusammen, von demselben Vermieter" zu verstehen ist.

Zu Unrecht macht die Revision endlich geltend, § 3 Abs. 2 a. a. O. spreche von Geschäftsräumen, die wegen ihres wirtschaftlichen Zusammenhangs mit Wohnräumen vermietet seien; das treffe hier nicht zu, weil die Wohnräume später gemietet worden seien als die Geschäftsräume. Diese Auffassung wird dem Sinne des Abs. 2 nicht gerecht, sie preßt seinen Wortlaut zu sehr. Dem Gesetzgeber kam es nur auf den wirtschaftlichen Zusammenhang an. Eine der beiden Arten von Räumen mußte er zuerst nennen. Da § 3 in erster Linie nur die Geschäftsräume betrifft und diese in Abs. 1 allein genannt werden, ergab sich auch für die Ausnahme in Abs. 2 ihre Voranstellung von selbst. Eine sachliche Bedeutung kommt ihr nicht zu.

61. 1. Was sind Schuldverschreibungen im Sinne der Tarifstelle 14 des preußischen Stempelsteuergesetzes vom 27. Oktober 1924 (GS. S. 627)?

2. Erfaßt die Tarifstelle 15 daselbst die Beurkundung einer Sicherstellung von Rechten auch dann, wenn die Beurkundung des sicherzustellenden Rechts keine Schuldverschreibung darstellt?

VII. Zivilsenat. Urt. v. 16. November 1928 i. S. D. Bank (Kl.) w. Preuß. Staat (Bekl.). VII 205/28.

I. Landgericht I Berlin.

Durch Vertrag vom 29. Oktober 1925 hat die Klägerin im eigenen Namen, aber im Auftrag und für Rechnung der holländischen Handelsgesellschaft C., von dem Kommerzienrat Z. in D. die Tabak- und Zigarettenfabrik Y. gekauft. Der Kaufpreis betrug 18000000 GM. Dazu sagt § 8 des Vertrags:

„a) GM. 5000000 sind in bar an den Verkäufer spätestens am 5. November 1925 zu zahlen;

b) weitere GM. 3000000 sind fällig am 31. Dezember 1926 und bis dahin . . . zu verzinsen;

c) den Restbetrag von GM. 10000000 erhält der Verkäufer in zu 7% ab 1. Januar 1926 verzinslichen Teilschuldverschreibungen der ... C. ... über einen Gesamtbetrag von holländischen Gulden (hfl.) 5882000. Jede Teilschuldverschreibung soll über hfl. 1000 lauten. Im übrigen sollen die in Halbjahresraten verzinslichen Teilschuldverschreibungen wie folgt ausgestattet sein: ....

Sie sind von Ende 1927 an in 10 gleichen Jahresraten im Wege der Auslosung zu tilgen derart, daß die erste Tilgungsrate am 1. Januar 1928 fällig wird. ..."

Am 31. Oktober 1925 richtete die C. von Amsterdam aus unter Beifügung eines Abdruckes des Vertrags vom 29. Oktober 1925 ein Schreiben an die Klägerin, an dessen Schluß es heißt:

„Wir andererseits verpflichten uns hiermit, Ihnen gegenüber für sämtliche Ihnen aus dem bezeichneten Vertrage erwachsenden Verpflichtungen einzustehen."

Für die Erfüllung der der C. hiernach obliegenden Verpflichtungen haben die G. A.-AG. in D. und die R.-AG. in A. laut Urkunde vom 31. Oktober 1925 gegenüber der Klägerin die gesamt- und selbstschuldnerische Bürgschaft übernommen. Für die Bürgschaftsurkunde hat die Klägerin den ihr unter Berufung auf Tarifstelle 15 des preußischen Stempelsteuergesetzes vom 27. Oktober 1924 abverlangten Stempel von 18000 RM. am 8. November 1927 gezahlt. Sie hält diesen Stempelansatz nicht für begründet und fordert mit der Klage Rückzahlung der 18000 RM. nebst 5% Zinsen seit dem 8. November 1927. Das Landgericht wies die Klage ab. Die von der Klägerin unmittelbar eingelegte Revision, die aber nur den Betrag von 10000 RM. nebst Zinsen betraf, hatte im wesentlichen Erfolg.

Gründe:

Die Tarifstelle 15 StStG., um deren Anwendbarkeit es sich handelt, belegt Beurkundungen über die Sicherstellung von Rechten mit einem Stempel von $^1/_{10}$% des Wertes der sichergestellten Rechte. Nach Abs. 3 das. darf jedoch der Stempel in keinem Falle den für die Beurkundung des sicherzustellenden Rechts zu erhebenden Stempel übersteigen. Das sichergestellte Recht ist beurkundet in dem Schreiben der C. vom 31. Oktober 1925 und seiner Anlage. Der Brief ist im Ausland geschrieben und unterliegt daher dem preußischen Landesstempel überhaupt nicht. Das ist indessen für die zu entscheidende Frage unerheblich, wie auch die Klägerin anerkennt. Bei der Berechnung des Stempels nach Abs. 3 T. St. 15 ist davon auszugehen, daß die „Beurkundung des sicherzustellenden Rechts" an sich dem Stempelsteuergesetz unterworfen ist. Nur so kann die Vergleichsrechnung aufgemacht werden, welche T.St. 15 Abs. 3 vorschreibt.

Im Kaufvertrag vom 29. Oktober 1925 hat sich die Klägerin verpflichtet, dem Verkäufer Z. 8000000 GM. bar zu zahlen und ihm Teilschuldverschreibungen der C. über 10000000 GM. auszuhändigen. In ihrem Briefe vom 31. Oktober 1925 hat die C. sich verbindlich gemacht, der Klägerin für die ihr aus dem Vertrag erwachsenden Verpflichtungen einzustehen. Sie übernahm es damit also ihrerseits, der Klägerin 8000000 GM. zu zahlen und ihr Teilschuldverschreibungen über 10000000 GM. zur Verfügung zu stellen. Die erstere Zusage enthält eine Schuldverschreibung im Sinne der T.St. 14, die letztere nicht.

Schuldverschreibungen der genannten Art sind nur urkundliche Erklärungen über die Verpflichtung, einem andern eine bestimmte Geldsumme zu zahlen (RGZ. Bd. 74 S. 12), wie ja auch der Schuldverschreibungsstempel vom Kapitalbetrag der Schuldverschreibung zu berechnen ist. Daß die versprochene Leistung einen Kapitalwert hat, genügt nicht, um sie zu einer stempelpflichtigen Schuldverschreibung zu machen (RGZ. Bd. 45 S. 293). Wie auch der Beklagte nicht bestreitet, herrscht diese Auffassung seit langer Zeit in der Rechtsprechung des Reichsgerichts; von ihr abzugehen liegt kein Anlaß vor. Das Landgericht hat also ganz richtig die Frage aufgeworfen, ob die Klägerin auf Grund des Briefes vom 31. Oktober 1925 Zahlung der 10000000 GM. von der C. verlangen konnte. Es irrt aber, wenn es diese Frage bejaht. Die C. hatte sich, wie schon oben dargelegt, nur verpflichtet, der Klägerin Teilschuldverschreibungen über 10000000 GM. zur Verfügung zu stellen. Etwas anderes konnte auch die Klägerin nicht von ihr verlangen. Die Hingabe von Teilschuldverschreibungen bedeutet aber keine Zahlung, und daran ändert auch der Umstand nichts, daß in die Teilschuldverschreibungen das Versprechen aufzunehmen war, die 10000000 GM. in bestimmter Weise zu tilgen, also künftig einmal 10000000 GM. zu zahlen. Das beweist nur, daß sich die C. in ihrem Briefe verbindlich gemacht hatte, das Zahlungsversprechen abzugeben, nicht aber, daß sie es in jenem Briefe schon abgegeben hat. Die Klägerin konnte gegen die C. aus dem Briefe immer nur auf Hergabe von Schuldverschreibungen klagen, die das Zahlungsversprechen zu enthalten hatten, niemals aber auf die Zahlung selbst.

Die Revisionsbeantwortung meint, es gehe nicht an, dem Zwischenvorgang der Aushändigung von Schuldverschreibungen ein so erhebliches Gewicht beizulegen; das geschehe auch nicht, wenn sich jemand verpflichte, mit Bezug auf eine eingegangene Schuld einen Wechsel hinzugeben. Dabei wird übersehen, daß ein Wechsel regelmäßig zahlungshalber hingegeben wird, daß also trotz seiner Hingabe die eigentliche Schuld bestehen bleibt, während im vorliegenden Falle nach dem Vertrag vom 29. Oktober 1925 die Kaufpreisschuld in Höhe von 10000000 GM. durch Hingabe der Schuldverschreibungen getilgt werden sollte. Die Klägerin war eben nur verpflichtet, die Schuldverschreibungen hinzugeben. Damit konnte sie sich in Höhe von 10000000 GM. von ihren Verpflichtungen aus dem Kaufvertrag lösen. Entsprechend hatte sich auch die C. durch ihren Brief vom 31. Oktober 1925 nur verpflichtet, der Klägerin die Schuldverschreibungen zur Verfügung zu stellen. Tat sie das, so war sie in Ansehung der 10000000 GM. ihrer Verpflichtungen aus dem Briefe ledig.

Der Revisionsbeklagte hat weiter ausgeführt, die T.St. 15 StStG. ziehe die Beurkundung der Sicherstellung von Rechten schlechthin zur Steuer heran, möge es sich um Schuldverschreibungen oder um andere Rechtsvorgänge handeln; auf diesen Standpunkt hätten sich auch der Präsident des Landesfinanzamts Berlin und der preußische Finanzminister in ihren der Klägerin erteilten Beschwerdebescheiden gestellt. Das letztere ist richtig, und auch dem oben wiedergegebenen Rechtssatz ist an sich zuzustimmen. Die T.St. 15 erfaßt die Beurkundung einer Sicherstellung von Rechten in der Tat auch dann, wenn die Beurkundung des sicherzustellenden Rechts keine Schuldverschreibung darstellt. Da aber der Stempel für die beurkundete Sicherstellung den Stempel für die Beurkundung des sicherzustellenden Rechts nicht übersteigen darf (T.St. 15 Abs. 3), so ist in erster Linie immer zu fragen, ob die Beurkundung des sicherzustellenden Rechts überhaupt einem Stempel unterliegen würde, gegebenenfalls in welcher Höhe. Die Beschwerdebescheide haben diese

Frage im vorliegenden Falle dahin beantwortet, daß die T.St. 14 in Betracht kommen würde, weil sich die Klägerin im Kaufvertrag vom 29. Oktober 1925 auch in Ansehung der 10000000 GM. Kaufpreis zur Zahlung des Geldes verpflichtet und weil die C. es im Briefe vom 31. Oktober 1925 übernommen habe, für diese Zahlungsverpflichtung einzustehen. Das trifft aber, wie oben dargelegt, nicht zu. Eine andere Tarifstelle, die außer der T.St. 14 für die im Briefe vom 31. Oktober 1925 übernommene Verpflichtung zur Aushändigung der Schuldverschreibungen in Betracht kommen könnte, haben die Beschwerdebescheide nicht angeführt und hat auch die Revisionsbeantwortung nicht zu nennen vermocht. Eine solche gibt es auch nicht. Der allgemeine Vertragsstempel der T.St. 18 Nr. 2, an den man denken könnte, scheidet aus, weil für den Brief vom 31. Oktober 1925, wenn er im Inland geschrieben worden wäre, schon die T.St. 15 zur Anwendung käme, allerdings in geringerem Umfang, als die Revisionsbeantwortung meint.

Durch die Bürgschaftsurkunde vom 31. Oktober 1925 sind von den beiden Bürgen zwei Rechte der Klägerin sichergestellt worden, das Recht auf Zahlung von 8000000 GM. und das auf Aushändigung von Schuldverschreibungen über 10000000 GM. Für die Beurkundung des zweiten der beiden Rechte wäre keine preußische Stempelsteuer zu erheben. Deshalb darf auch für die beurkundete Sicherstellung dieses Rechts nach T.St. 15 Abs. 3 kein Stempel erhoben werden. Anders würde die Sache bei der Beurkundung des Rechts auf Zahlung der 8000000 GM. liegen. Insoweit ist deshalb auch für die beurkundete Sicherstellung dieses Rechts ein Stempel fällig geworden. Die Revision hat ihn nach T.St. 15 richtig auf $^1/_{10}$% des Wertes des sichergestellten Rechts, d. h. auf 8000 RM. berechnet. Danach hat die Klägerin 10000 RM. zuviel gezahlt und verlangt mit Recht deren Zurückzahlung. Der Zinsanspruch der Klägerin ist aber zum Teil nicht gerechtfertigt. Erstens können Zinsen bei Stempelrückforderungen nur von der Klagzustellung ab zugesprochen werden (RGZ. Bd. 93 S. 272) und zweitens beträgt der gesetzliche Zinsfuß für Nichthandelsgeschäfte nur 4, nicht 5% (§ 246 BGB.). Unter dem Gesichtspunkt des Schadensersatzes ist die Zinsforderung nicht begründet worden.

62. 1. Zum Verhältnis der §§ 27, 28 des Hamburger Hafengesetzes und des Art. 25 der Seestraßenordnung zu Art. 18 und 22 SeestrO.

2. Ist der Führer eines gemieteten Schleppers Erfüllungsgehilfe des Mieters bei Ausführung eines Schleppvertrags?

3. Kann sich der Schlepper, der am Zusammenstoß seines Anhangs mit einem dritten Schiff schuldig ist, gegenüber dem Eigentümer des geschleppten Schiffes auf Mitverschulden des dritten Schiffes berufen?

4. Welche Bedeutung hat, wenn eine Leistungs- und eine Feststellungsklage erhoben worden sind, der Erlaß eines Zwischenurteils über den Grund für die Feststellungsklage?

SeestrO. Art. 18, 22, 25. BGB. § 278. HGB. §§ 735, 738. ZPO. §§ 301, 304.

I. Zivilsenat. Urt. v. 17. November 1928 i. S. H. u. Gen. (Bekl.) w. K. GmbH. (Kl.). I 146/28.

I. Landgericht Hamburg, Kammer für Handelssachen.
II. Oberlandesgericht daselbst.

Am 29. Dezember 1926 morgens noch in der Dunkelheit stieß im Hamburger Hafen der japanische Seedampfer „San Francisco Maru" mit dem Schiff der Klägerin „Kohlenheber III" zusammen. Letzteres befand sich im Anhang der Schlepper „Gerda" und „WKK II". Der japanische Dampfer kam weiter mit dem Motorkahn „Simson" und den Motorseglern „Johannes" und „Catharina" in Berührung. Die Klägerin mißt das Verschulden an dem Unfall den Führern der beiden Schlepper bei. Sie hatte die Zweitbeklagte mit dem Bugsieren des „Kohlenheber III" beauftragt. Hierfür sollen nach ihrer Angabe die beiden Schlepper bei den herrschenden Wetterverhältnissen zu schwach gewesen sein. Deshalb will sie die Zweitbeklagte sowohl wegen eigenen Verschuldens wie auch wegen Verschuldens der beiden Schlepper als deren Erfüllungsgehilfen haftbar machen. Den Erstbeklagten ferner hat sie als Führer der „Gerda", den Drittbeklagten als deren Eigner in Anspruch genommen. Sie begehrt Ersatz des am „Kohlenheber III" entstandenen Schadens sowie Befreiung von den Ansprüchen der Eigner und Führer der übrigen an den Zusammenstößen beteiligten Schiffe.

In den beiden ersten Rechtszügen war die Klage dem Grunde nach für berechtigt erklärt worden. Die Revision der Beklagten wurde mit der aus den Gründen ersichtlichen Maßgabe zurückgewiesen.

Gründe:

Das Berufungsgericht geht von folgender tatsächlichen Beurteilung des Sachverhalts aus: Der japanische Dampfer „San Francisco Maru" kam hart auf der Süd stromaufwärts auf. „Kohlenheber III" sollte von seinem Liegeplatz hinter Brandenburgs Dock nach dem Roßhafen geschleppt werden. Nachdem er auf die freie Elbe gebracht und stromgerecht gedreht war, setzte sich die „Gerda", die ihn zunächst achtern gehalten hatte, vor den vorn austauenden Schlepper „WKK II", um den Kohlenheber gegen Wind und Flut vorwärts zu bringen. Zu dieser Zeit befand sich der Schleppzug weiter von der Süd entfernt als der japanische Dampfer, der ihn demgemäß auf Backbord voraus in Sicht bekam. Nach der Nord hin war das Fahrwasser beengt durch einen über Steuer stromaufwärts bugsierten holländischen Dampfer. Es war jedoch für den Schleppzug ausreichend Raum vorhanden, um unter Beibehaltung seines Kurses zwischen dem Holländer und dem Japaner hindurchzugehen. Der Vorderrichter erblickt ein schuldhaftes Verhalten des Führers der „Gerda" darin, daß er in dieser Lage den Entschluß faßte und auszuführen begann, hart nach Backbord auszutauen und an dem Japaner Steuerbord zu Steuerbord vorbeizukommen. Dabei legte er — nach Annahme des Berufungsgerichts unter Verstoß gegen Art. 18 und 22 SeestrO. — den Schleppzug dem Japaner vor den Bug und setzte so eine ursächliche Bedingung für den Zusammenstoß des „San Francisco Maru" mit „Kohlenheber III" und den anderen Schiffen. ... (Es folgen weitere Angaben über den Inhalt des Berufungsurteils.)

Die Revision hat geltendgemacht: Der Entschluß der „Gerda", nach der Süd zu gehen, sei sachlich berechtigt gewesen, zum mindesten aber mit Rücksicht auf die Einzelumstände der Lage ohne Verschulden gefaßt worden. Die Kürze des Weges, den sie zu ihrem ebenfalls am Süduser gelegenen Ziel noch habe zurücklegen müssen, habe sie (nach den in RGZ. Bd. 117 S. 174 entwickelten Grundsätzen) berechtigt, von der Vorschrift des Art. 25 SeestrO. abzuweichen, im engen Fahrwasser die Steuerbordseite zu halten. Zugunsten eines solchen Entschlusses sei weiter in Rechnung zu stellen, daß das Süd ufer größeren Windschutz geboten und der Kurs des holländischen Dampfers geschwankt habe. Mit Rücksicht hierauf und weil dem japanischen Dampfer durch ein Signal des „WKK II" das Backbord-Manöver des Schleppzugs bereits angedeutet worden, auch der Abstand des Japaners vom Süduser in jenem Zeitpunkt schwer einzuschätzen gewesen sei — er habe damals noch das grüne Licht gezeigt —, könne es dem Führer der „Gerda" keinesfalls zum Vorwurf gemacht werden, daß er den beabsichtigten Kurs als vorschriftsmäßig und gefahrlos angesehen habe.

Die Ausführungen der Revision werden der Sachlage nicht gerecht, wie sie nach den tatsächlichen Feststellungen des Berufungsgerichts zugrundezulegen ist. Es handelt sich nicht darum, ob der Schleppzug überhaupt ohne Verstoß gegen maßgebliche Vorschriften den Weg zu seinem Ziel am Süduser wählen durfte. In Frage steht lediglich, ob er sich in jenem Zeitpunkt, als er sich zu dem Backbord-Manöver entschloß, hierzu nach der gegebenen Sachlage bei pflichtmäßiger Sorgfalt für berechtigt halten durfte. Nach der tatsächlichen Feststellung des Berufungsgerichts war bereits vor der Kursänderung des stromgerecht liegenden Schleppzuges die Lage der begegnenden Fahrzeuge derart, daß der Japaner dem Schleppzug das rote Licht zeigte. Er befand sich danach also, von der „Gerda" aus gesehen, an Backbord voraus. Kurshalten führte diese, wie das Berufungsgericht weiter feststellt, frei von dem Gegendampfer. Durch Kurshalten entstand auch keine sonstige Gefahr, da der Abstand vom holländischen Dampfer genügte, um zwischen diesem und dem „San Francisco Maru" hindurchzufahren. Eine Notwendigkeit zum Ausweichen nach irgendeiner Richtung bestand somit für den Schleppzug nicht. An sich war nach den getroffenen Feststellungen nicht die in Art. 18 Abs. 1 und 3 SeestrO., sondern die in Abs. 2 und 4 bezeichnete Lage gegeben. Der Schleppzug mußte sich daher in sinngemäßer Anwendung von Art. 25 SeestrO., soweit dies die Lage des holländischen Dampfers gestattete, an der nördlichen Seite der Fahrwassermitte halten. Will man selbst annehmen, daß die Gefahr des Zusammenstoßes bestand, so hatte der Schleppzug nach Abs. 1 des Art. 18 zu verfahren. Auf jeden Fall unsachgemäß und ein Verstoß gegen den Grundsatz vorsichtiger Schiffsführung nach Art. 22 war es dagegen bei dieser Lage, dem Gegendampfer vor den Bug zu laufen. Auch wenn man unterstellt, daß der Schleppzug an sich ohne Verschulden seinen Weg an der Süd suchen konnte, so durfte er zu einer entsprechenden Kursänderung keinesfalls in dem Zeitpunkt übergehen, als er einen aufkommenden Dampfer an Backbord voraus hatte, es wäre denn, er hätte mit Sicherheit übersehen können, daß er sein Manöver ohne Gefahr auszuführen vermöge. Nach dem zugrundegelegten Sachverhalt, wonach der Schleppzug mit Mühe gegen Wind und Strom ankämpfte, kann davon keinesfalls die Rede sein.

Diese Erwägungen stehen nicht im Widerspruch mit RGZ. Bd. 117 S. 172. Dort wird ausgeführt, daß in Ausnahmefällen die Pflicht sorgfältiger Schiffsführung es rechtfertigen könne, von der Vorschrift des Art. 25 SeestrO. abzuweichen, nämlich dann, wenn bei Befolgung der Vorschrift die Gefahr eines Zusammenstoßes geschaffen werde. Es wird aber dort weiter hervorgehoben, daß Art. 25 den Zweck habe, es zur Entstehung gefahrbringender Kurse sich begegnender Fahrzeuge überhaupt nicht kommen zu lassen. Dagegen wird dort nicht ausgesprochen, daß ein Schiff ohne Rücksicht auf die durch entgegenkommende Schiffe geschaffene Lage von der an sich vielleicht bestehenden Berechtigung Gebrauch machen dürfe, an der Backbord-Seite des Fahrwassers seinen Kurs zu nehmen.

Auch die Vorschriften des Hamburger Hafengesetzes berechtigten den Führer der „Gerda" nicht zu einer Handlungsweise, die mit den grundsätzlichen Kursvorschriften der Seestraßenordnung im Widerspruch stand. Wie auch § 26 des Hafengesetzes hervorhebt, wird der Verkehr im Hamburger Hafen beherrscht von den Vorschriften der Seestraßenordnung. Die Vorschriften der §§ 27 und 28 des Hafengesetzes dienen nur zur Ergänzung (vgl. auch Ausschußberichte der Hamburger Bürgerschaft 1897 Nr. 7 S. 5). Sie verfolgen den Zweck, die durch Zusammenballung des Verkehrs auf schmalen Fahrwasserstreifen entstehende Gefahrenquelle durch Entlastung des Fahrwassers nach Möglichkeit auszuschalten. Insoweit kommt ihnen eine ähnliche Bedeutung zu wie dem Art. 25 SeestrO. Mit Recht nimmt aber bereits das Landgericht an, daß aus ihnen nicht die Berechtigung hergeleitet werden könne, von den Kursvorschriften der Seestraßenordnung in den dort vorausgesetzten Lagen abzuweichen. Ein Verstoß gegen revisible Rechtsvorschriften ist insoweit nicht ersichtlich. Die Annahme des Berufungsgerichts, daß die Voraussetzungen des § 28 Satz 1 des Hafengesetzes an sich nicht gegeben gewesen seien, ist nach § 549 ZPO. der Nachprüfung des Revisionsgerichts entzogen.

Ohne Rechtsirrtum hat somit das Berufungsgericht die Handlungsweise des Führers der „Gerda" als sachlich unrichtig und für den Unfall ursächlich angesehen. Mit Recht hat es sie aber auch als schuldhaft erachtet. In erster Linie beruht es nach seinen Feststellungen auf mangelhafter und nicht mit pflichtmäßiger Sorgfalt durchgeführter Beobachtung und Beurteilung der Lichter des Japaners, also auf Fahrlässigkeit, daß der Schiffer der „Gerda" die Lage nicht richtig erkannte und aus dieser irrigen Einstellung heraus unsachgemäß handelte. Ebenso ist ohne Rechtsirrtum Fahrlässigkeit insoweit angenommen worden, als der Schiffer das dem holländischen Dampfer gegebene Backbord-Signal des „WK. II" ohne weiteres als für den Japaner bestimmt und von ihm beachtet angesehen hat, obwohl es von diesem nicht beantwortet worden war. Nachdem die „Gerda" die Spitze des Schleppzuges übernommen hatte, unterstand ihr dessen Leitung. Sie durfte nach der gegebenen Lage mit einem dem früheren Signal entsprechenden Verhalten des Japaners nur rechnen, wenn dieser das Signal in gleichem Sinne beantwortete. Das ist nicht geschehen. Auch ein Mißverstehen eines Signals des Gegendampfers kommt insoweit bei der „Gerda" nicht in Betracht.

Danach ist die Klägerin berechtigt, den Erstbeklagten als Schiffer der „Gerda" aus unerlaubter Handlung für den ihr durch sein Verhalten entstandenen Schaden in Anspruch zu nehmen. Auch die gesamtschuldnerische Mithaftung der anderen Beklagten ist ohne Rechtsirrtum angenommen worden. Nach dem Tatbestand hat die Zweitbeklagte den dem Drittbeklagten gehörigen Schlepper „Gerda" auf Grund eines Mietvertrags (verbunden mit Dienstverschaffungsvertrag) benutzt. Der Drittbeklagte blieb danach Schiffseigner (vgl. RGZ. Bd. 48 S. 89, Bd. 56 S. 360). Er haftet daher gemäß §§ 3, 4, 114, 92 des Binnenschiffahrtsgesetzes, §§ 735, 738 HGB. Für die Erfüllung des zwischen der Klägerin und der Zweitbeklagten bestehenden Schleppvertrags war der Erstbeklagte Erfüllungsgehilfe der Zweitbeklagten, für dessen Verschulden diese nach § 278 BGB. einzustehen hat (Mittelstein in Ehrenbergs Handbuch des Handelsrechts Bd. VII 1 S. 326). Dieser Auffassung steht die Entscheidung in RGZ. Bd. 91 S. 243 nicht entgegen, wie die Revision der Zweitbeklagten meint. Dort stand ein Frachtvertrag in Frage, bei dessen Ausführung sich der Frachtführer zur Beförderung seines Kahns eines selbständigen Schleppers bediente. Jene Entscheidung hat angenommen, daß es in solchem Falle auf Grund der leitenden nautischen Stellung des Schlepperführers nicht gerechtfertigt sei, ihm die Eigenschaft eines Gehilfen bei Ausführung des Frachtvertrags beizulegen. Derartige Erwägungen kommen im vorliegenden Fall nicht in Frage. Hier handelt es sich um die Ausführung eines Schleppvertrags, die der Unternehmer mit gemietetem Schlepper und einer Schlepperbesatzung bewirkte, deren Dienste ihm auf Grund des Mietvertrags zur Verfügung standen und die daher seinen Weisungen zu folgen hatte. Es besteht kein Anlaß, in einem solchen Fall die Vorschrift des § 278 BGB. (§ 431 HGB. scheidet beim Schleppvertrag aus) nicht anzuwenden. Jenes Urteil weist selbst darauf hin, daß die Sachlage anders zu beurteilen sei, wenn es sich um einen gemieteten Schlepper handle, dessen Schiffer den Weisungen des Frachtführers unterworfen sei.

Die Frage, ob den Führer des Dampfers „San Francisco Maru" ein mitwirkendes Verschulden treffe, konnte unerörtert bleiben. Die Vorschrift des § 254 BGB. behandelt nur ein Mitverschulden des Geschädigten. § 735 HGB. ist, auch soweit es sich um die Haftung des Drittbeklagten handelt, nicht anwendbar, da sich dieser zur Minderung seiner eigenen Haftung nicht auf das mitwirkende Verschulden eines Dritten berufen kann, mit dem er gemeinsam als Gesamtschuldner haftet. Im Falle eines ursächlichen Mitverschuldens des „San Francisco Maru" würden aber dessen Führer und Reeder mit den Beklagten zu 1 und zu 3 als Gesamtschuldner haften (RGZ. Bd. 96 S. 164). Die Beklagten können somit der Klägerin gegenüber ihre Haftung durch Berufung auf ein mitursächliches Verschulden des „San Francisco Maru" nicht mindern. Die Revision der Beklagten ist daher unbegründet.

Gegen die Fassung der Urteilsformel auf Feststellung des Anspruchs dem Grunde nach könnten allerdings verfahrensrechtliche Bedenken erhoben werden. Geklagt war auf Verurteilung der Beklagten zu einer bestimmten, bezifferten Zahlung und ferner auf Befreiung von allen Ansprüchen des Führers und der Reederei des „San Francisco Maru" sowie der Führer und Schiffseigner der übrigen in den Zusammenstoß hineingezogenen Schiffe.

Der unbezifferte Befreiungsanspruch kann als Feststellungsanspruch entsprechenden Inhalts aufgefaßt werden (JW. 1894 S. 296 Nr. 22, 1908 S. 203 Nr. 22, 1911 S. 188 Nr. 18; WarnRspr. 1915 Nr. 124). Das landgerichtliche Urteil, dem sich das Berufungsgericht in allen Punkten anschließt, hat in seinen Eingangserwägungen das Vorhandensein des rechtlichen Interesses auch ausreichend nachgeprüft. Danach konnte der erste Richter nach seiner sachlichen Rechtsauffassung für den Leistungsanspruch ein Zwischenurteil nach § 304 ZPO. erlassen und über den Feststellungsanspruch durch Teilendurteil entscheiden. Er hat aber lediglich die Klage dem Grunde nach für berechtigt erklärt. Das Berufungsgericht hat sich dann darauf beschränkt, die Berufung gegen dieses Urteil zurückzuweisen. So erweckt die Wortfassung des Urteils den Eindruck, als habe sowohl über den Leistungsanspruch wie auch — unzulässigerweise — über den unbezifferten Feststellungsanspruch, bei welchem Grund und Betrag gar nicht streitig sein konnten, ein Zwischenurteil nach § 304 ZPO. erlassen werden sollen. Tatsächlich ist jedoch, da unzweifelhaft das Urteil über beide Ansprüche hat entscheiden wollen, als wahrer Wille des Vorderrichters anzunehmen, daß er nur für den Leistungsanspruch hat ein Zwischenurteil über den Grund erlassen und insofern die Zurückverweisung der Sache an das Landgericht aussprechen, wegen des Feststellungsanspruchs aber ein Teilendurteil hat ergehen lassen wollen (JW. 1908 S. 203 Nr. 22 und S. 338 Nr. 24; WarnRspr. 1915 Nr. 124; vgl. auch RGUrt. vom 1. Oktober 1924 I 390/23 und RGZ. Bd. 90 S. 238). In der die Zurückweisung der Revision aussprechenden Entscheidung war dies erläuternd klarzustellen.

---

63. Ist Ersatzzustellung nach § 182 ZPO. zulässig durch Niederlegung beim Distriktsvorsteher im Sinne der Gemeindeordnung für das rechtsrheinische Bayern vom 29. April 1869?

VIII. Zivilsenat. Urt. v. 29. Oktober 1928 i. S. Ehefr. E. (Bekl.) w. Ehem. E. (Kl.). VIII 172/28.

I. Landgericht Nürnberg.
II. Oberlandesgericht daselbst.

Obige Frage wurde bejaht aus folgenden

Gründen:

Die Rüge, daß die Zustellung des Urteils durch Niederlegung beim Distriktsvorsteher in Nürnberg nicht der im § 182 ZPO. zugelassenen Niederlegung beim Gemeindevorsteher oder Polizeivorsteher entspreche, ist unbegründet.

Die Einrichtung des „Distriktsvorstehers" fußt auf den Art. 120, 121 der Gemeindeordnung für das rechtsrheinische Bayern vom 29. April 1869, die bis zu ihrer Ablösung durch die Gemeindeordnung vom 17. Oktober 1927 (Art. 165) in Kraft gewesen ist.

Art. 120 bestimmt:

„Die größeren Städte sollen von dem Magistrat nach Straßen und Plätzen in Distrikte mit eigenen Distriktsvorstehern eingeteilt werden.

Die Distriktsvorsteher werden vom Magistrate für jeden Distrikt aus den zu Gemeindeämtern wählbaren Einwohnern desselben oder eines anstoßenden Distrikts auf fünf Jahre ernannt. Ihr Amt ist unentgeltlich und widerruflich."

Art. 121:

„Die Distriktsvorsteher haben den Magistrat in der Ausübung seiner Befugnisse innerhalb ihres Distrikts zu unterstützen und in polizeilichen Angelegenheiten im Falle augenblicklichen Bedarfs statt des Bürgermeisters zu handeln."

Für die hier in Frage stehende Zuständigkeit hat die Bekanntmachung der Staatsminister der Justiz und des Innern vom 26. Dezember 1899 (Just.MinBl. 1900 S. 110) zur Vollziehung der Vorschrift des § 167 (jetzt 182) ZPO. angeordnet:

„Die Niederlegung erfolgt in den Landesteilen rechts des Rheins bei dem Bürgermeister oder dessen Stellvertreter, ferner in größeren Städten bei dem Distriktsvorsteher (Art. 120 der Gemeindeordnung)."

In der Bekanntmachung des Justizministeriums vom 2. März 1910 (JustMinBl. S. 195 § 19 IIIa) ist diese Anweisung wiederholt worden.

Es kann unbedenklich angenommen werden, daß diese Zuständigkeitsregelung mit der Vorschrift des § 182 ZPO. nicht im Widerspruch steht. Ist der Distriktsvorsteher auch nicht Gemeindevorsteher oder Polizeivorsteher im Sinne des Bayerischen Verwaltungsrechts, so kann es doch für die Zwecke des § 182 ZPO. auf die allgemeine verwaltungsrechtliche Stellung nicht ankommen. Eine Wahrnehmung dieser Geschäfte der Gemeindevorsteher größerer Städte durch staatliche örtliche Stellen lag durchaus im Sinne der reichsrechtlichen Regelung. Ihr kam es nur auf sachgemäße Durchführung ihrer Anordnungen an, es lag ihr aber fern, mit der allgemeinen Bezeichnung „Gemeindevorsteher" und „Polizeivorsteher" einen verwaltungsrechtlich festen Begriff zu verbinden. Es sollte vielmehr der Zuständigkeit der Länder (Bundesstaaten) überlassen sein, die von der Zivilprozeßordnung bestimmte Tätigkeit verwaltungsrechtlich in das Behördensystem des Landes einzuordnen...

---

64. 1. Inwieweit wird der Mieter dem Vermieter gegenüber dadurch von einer sonst bestehenden Haftung für Brandschaden befreit, daß er die Zahlung der vom Vermieter zu entrichtenden Feuerversicherungs-Prämien übernommen hat?

2. Muß der Versicherer eine solche Vereinbarung gegen sich gelten lassen?

3. Wie regelt sich die Beweislast zwischen Versicherer und Mieter, wenn der Versicherer von diesem Ersatz der dem Vermieter gezahlten Brandschadenssumme verlangt?

BGB. §§ 548, 556. VVG. § 67.

VII. Zivilsenat. Urt. v. 2. November 1928 i. S. Westfälische Provinzial-Feuersozietät (Kl.) w. H. (Bekl.). VII 215/28.

I. Landgericht Arnsberg.
II. Oberlandesgericht Hamm.

Der Beklagte hatte von der Firma J. in A. seit dem 1. Februar 1922 einige Fabrikräume gemietet. Nach dem als „Pachtvertrag" bezeichneten Vertrag hatte der Beklagte jährlich 5000 M. Miete zu zahlen und „den Beitrag zur Provinzial-Feuerversicherung oder einer vom Verpächter zu bestimmenden gleichwertigen Gesellschaft zu tragen". Die Feuerversicherung sollte stets in einer dem Werte der Gebäude entsprechenden Höhe genommen werden. Dann heißt es im Vertrag weiter: „Der Pächter muß alle Vorsichtsmaßregeln gegen Feuersgefahr beachten und befolgen." Der Beklagte betrieb in den gemieteten Räumen eine Nagelfabrik und hatte hierfür in einem der Räume eine Feldschmiede errichtet. Am 26. Juli 1926 abends brach in den gemieteten Räumen Feuer aus, wodurch das Gebäude zum Teil zerstört wurde. Die Entstehung des Brandes ist nicht aufgeklärt. Die Klägerin hat der Vermieterin, die bei ihr versichert war, Ersatz des Brandschadens in Höhe von 6390 RM. gewährt. Mit der Klage verlangt sie Ersatz dieses Betrags vom Beklagten.

Das Landgericht hat den Klaganspruch dem Grunde nach für gerechtfertigt erklärt; das Oberlandesgericht hat die Klage abgewiesen. Auf die Revision der Klägerin wurde das Berufungsurteil aufgehoben und die Sache in die Vorinstanz zurückverwiesen aus folgenden

Gründen:

Der Berufungsrichter legt die vorstehend wiedergegebene, den Beklagten zur Zahlung der Feuerversicherungs-Prämien verpflichtende Vertragsbestimmung dahin aus, daß der Beklagte insoweit für Brandschäden nicht aufzukommen brauche, als der verkehrsübliche Versicherungsschutz (für Zufall und leichte Fahrlässigkeit) reiche. Hierin findet der Berufungsrichter kein Aufgeben eines Ersatzanspruchs durch die Vermieterin und Versicherungsnehmerin im Sinne von § 67 Abs. 1 Satz 3 VVG. Denn diese Vorschrift betreffe, so wird weiter ausgeführt, in erster Linie die Beeinträchtigung eines gegen den Dritten bereits entstandenen Rechtes auf Ersatz. Allerdings sei sie auch dann anzuwenden, wenn der Versicherungsnehmer von vornherein durch ungewöhnliche Vereinbarungen mit dem Dritten die Entstehung eines solchen Rechtes und damit dessen Übergang auf den Versicherer verhindert habe; das gelte aber nur von ungewöhnlichen Abreden, durch die eine Ersatzpflicht überhaupt von vornherein ausgeschlossen werde. Hier sei jedoch die Ersatzpflicht nur in der Weise gegen Übernahme der Prämienzahlung gemildert worden, daß sie bloß dann eintreten sollte, wenn dem Beklagten bei der Entstehung des Brandes Vorsatz oder grobe Fahrlässigkeit zur Last falle. Eine solche Vereinbarung sei durchaus verkehrsüblich. § 67 VVG. stehe der Auslegung nicht entgegen, die das Berufungsgericht der Klausel gegeben habe. Im Hinblick auf die Klausel hätte die Klägerin dartun müssen, daß der Brandschaden auf grobe Fahrlässigkeit oder auf Vorsatz des Beklagten zurückzuführen sei. Sie habe aber nicht einmal entsprechende Behauptungen aufgestellt.

Der Revision war stattzugeben.

1. Die Klage macht einen in der Person der Vermieterin, Firma J., entstandenen Ersatzanspruch geltend, der nach § 67 Abs. 1 Satz 1 VVG. auf die Klägerin übergegangen sein soll. Der Ersatzanspruch selbst wird nur aus den §§ 548, 556 BGB. hergeleitet, nicht auch, wie die Revision meint, aus § 823 das. Die Klägerin hat während des ganzen Rechtsstreits die Meinung vertreten, daß der Beklagte den Entlastungsbeweis zu führen habe. Dieser Stand punkt ist mit einer Klage aus § 823 BGB. nicht vereinbar.

2. Die der Vertragsbestimmung vom Berufungsrichter gegebene Auslegung ist möglich und verstößt nicht gegen gesetzliche Auslegungsregeln. Es kann auch der Revision nicht zugegeben werden, daß sich der Vermieter durch die Abrede der Gefahr eines Rechtsverlusts nach § 67 Abs. 1 Satz 3 VVG. ausgesetzt hätte. Wenn dort gesagt ist, der Versicherer werde von seiner Ersatzpflicht frei, sofern der Versicherungsnehmer seinen Anspruch auf Ersatz des Schadens gegen den Dritten aufgebe, so handelt es sich dabei in erster Linie um einen schon entstandenen Anspruch. Auf Fälle wie den gegenwärtigen, wo nur die Möglichkeit der Entstehung eines Ersatzanspruchs im voraus eingeschränkt wird, kann die Vorschrift nicht bezogen werden, sofern die Vertragsklausel nicht als ungewöhnliche Abrede anzusehen ist und die Lage des Versicherers nicht schlechter gestaltet, als sie ohne den zwischen dem Versicherungsnehmer und dem Dritten geschlossenen Vertrag wäre (RGZ. Bd. 9 S. 120, Bd. 25 S. 100, anderseits Bd. 97 S. 78). Der Versicherer hat kein Recht darauf, daß der Versicherungsnehmer, wenn er die versicherte Sache vermietet, das Interesse des Ve.sicherers in der Weise vertritt, daß dieser durch die Vermietung besser gestellt wird, als er ohne eine solche stehen würde. Der Versicherungsnehmer darf ihn nur nicht schlechter stellen. Das geschieht aber nicht, wenn er mit seinem Mieter vereinbart, dieser brauche für Brandschaden insoweit nicht aufzukommen, als der verkehrsübliche Versicherungsschutz reiche, er brauche also nicht für Zufall und leichte Fahrlässigkeit zu haften. Eine derartige, dem Interesse des Mieters entsprechende Vereinbarung ist nicht ungewöhnlich, sondern, wie der Berufungsrichter ohne Rechtsirrtum feststellt, durchaus verkehrsüblich (OLG. Hamburg in ROLG. Bd. 22 S. 248).

3. Wenn aber der Berufungsrichter die Klägerin schon deshalb abweist, weil sie nicht dargetan habe, daß der Brandschaden auf Vorsatz oder grobe Fahrlässigkeit des Beklagten zurückzuführen sei, so beruht das auf einer Verkennung der Beweislast. Wie sich aus den §§ 548, 556 BGB. ergibt, trägt der Mieter dem Vermieter gegenüber die Beweislast dafür, daß eine Zerstörung oder Beschädigung der Sache durch Brand nicht auf einen von ihm zu vertretenden Umstand zurückzuführen sei (vgl. RG. in BayZ. 1922 S. 173). Nach der Auslegung des Berufungsrichters hat der Beklagte zwar nicht für Zufall und leichte Fahrlässigkeit aufzukommen; eine Auslegung dahin aber, daß nach dem Willen der Vertragschließenden auch die Beweislast sich umkehre und der Vermieter im Falle eines Brandes den Beweis für Vorsatz oder grobe Fahrlässigkeit des Mieters führen müsse, hat der Berufungsrichter nicht getroffen. Im Eingang der Gründe des Urteils läßt er die Frage der Beweislast dahingestellt; er hat diese Frage also überhaupt nicht entschieden. Wenn er gleichwohl der Klägerin die Beweispflicht dafür auferlegt, daß der Brandschaden auf Vorsatz oder grobe Fahrlässigkeit des Beklagten zurückzuführen sei, so verletzt er die Beweisregel, wonach der Mieter sich entlasten muß, sofern keine abweichende Vereinbarung getroffen ist. Die besondere Vereinbarung bezog sich aber nach der Feststellung des Berufungsrichters nur darauf, daß der Beklagte nicht für Zufall und leichte Fahrlässigkeit aufzukommen habe, nicht auch darauf, daß er das Fehlen von Vorsatz oder grober Fahrlässigkeit nicht zu beweisen brauche. Insoweit hatte es also bei der auf den §§ 548, 556 BGB. beruhenden Regel zu verbleiben.

Wegen dieses Verstoßes gegen die Beweislast mußte das Urteil aufgehoben werden.

---

65. Fließt die Vergütung, die der preußische Landkreistag den von ihm verwendeten Personen gewährt, aus öffentlichen Mitteln?

§ 27 Abs. 1, 2 des preuß. Pensionsgesetzes i. d. F. des Art. IV des Gesetzes vom 12. Juli 1923 (GS. S. 305).

III. Zivilsenat. Urt. v. 16. November 1928 i. S. Preuß. Staat (Bekl.) w. K. (Kl.). III 112/28.

I. Landgericht Königsberg.
II. Oberlandesgericht daselbst.

Der Kläger, der als preußischer Landrat im Jahre 1920 pensioniert worden ist, hat vom Beklagten, dem Preußischen Staat, zunächst ein Ruhegehalt empfangen. Seit dem 1. Juli 1926 verweigert der Beklagte die Weiterzahlung des Ruhegehalts um deswillen, weil der Kläger unstreitig für seine Tätigkeit als Leiter des preußischen Landkreistags seit Februar 1924 ein sein Landratsgehalt übersteigendes Gesamteinkommen bezieht. Der Kläger hat deshalb den Rechtsweg beschritten. Das Landgericht hat seine Klage auf Fortzahlung der Pension abgewiesen; das Oberlandesgericht hat ihr stattgegeben. Die Revision des Beklagten wurde zurückgewiesen.

Gründe:

Die Revision rügt, daß das Berufungsgericht die Vorschrift des § 27 Abs. 1, 2 des preuß. Pensionsgesetzes i. d. F. des Art. IV des Gesetzes vom 12. Juli 1923 verletzt habe, indem es die Einbehaltung des Ruhegehalts des Klägers für unberechtigt erkläre, weil der Kläger als Leiter des preußischen Landkreistags nicht im öffentlichen Dienste stehe. Zur Begründung wird geltendgemacht, daß nach der genannten Vorschrift jede Tätigkeit eines Pensionärs schon dann zur Kürzung der Pension führe, wenn die Vergütung unmittelbar oder mittelbar aus öffentlichen Mitteln fließe, und daß diese Voraussetzung beim Landkreistag vorliege, weil er seine Mittel aus den Beiträgen der Landkreise erhalte.

Die Auffassung, daß die Bezüge des Klägers aus öffentlichen Mitteln flössen, ist nicht zutreffend. Bei Auslegung des § 27 Abs. 2 des preuß. Pensionsgesetzes ist davon auszugehen, daß diese Vorschrift eine Ausnahmebestimmung gegenüber den pensionierten Beamten darstellt und daher nicht ausdehnend ausgelegt werden darf. Im Beamtenrecht gilt der — nur vorübergehend durch die Personalabbauverordnung beseitigte — Grundsatz, daß der pensionierte Beamte, auf dessen Tätigkeit der Staat verzichtet hat, frei über seine Arbeitskraft verfügen kann und sich eine Kürzung seiner Pension nur bei Wiederverwendung im öffentlichen Dienst gefallen lassen muß. Wenn § 27 Abs. 2 eine Kürzung der Pension für den Fall vorsieht, daß die Vergütung des Pensionärs unmittelbar oder mittelbar aus öffentlichen Mitteln fließt, so kann dem nicht die Bedeutung beigelegt werden, daß die Vorschrift in jedem Falle eingreift, in dem der Ursprung der Mittel in irgendwelcher Weise auf öffentliche Mittel zurückgeht. Ein solcher Fall, in dem die Kürzung der Pension eine Überspannung des Gedankens des § 27 Abs. 2 bedeuten würde, liegt hier vor. Der Landkreistag ist nach seiner Satzung ein Verein des bürgerlichen Rechts, der in das Vereinsregister eingetragen ist. Die Mitglieder des Vereins, die Landkreise, unterliegen in Ansehung ihres Beitritts zum Landkreistage keinem Zwang; sie schließen sich freiwillig dem Verband an und leisten ihm ihre Beiträge auf Grund des § 5 der Satzung. Wenn die Beiträge auch insofern aus öffentlichen Mitteln fließen, als die Kreise ihrerseits die von ihnen an den Landkreistag gezahlten Summen regelmäßig auf dem Wege der Erhebung öffentlicher Abgaben empfangen haben werden, so fällt doch entscheidend ins Gewicht, daß diese Gelder durch Hingabe an den bürgerlichrechtlichen Verein, den Landkreistag, und durch den Übergang in das Vereinsvermögen sich in privatrechtliche Mitgliedsbeiträge verwandeln und damit ihren öffentlichrechtlichen Charakter verlieren. Leistet daher der Verein Zahlungen aus seinem Vereinsvermögen, in das die Beiträge gelangt sind, so können diese Zahlungen nicht mehr als aus öffentlichen Mitteln fließend angesehen werden. Der preußische Finanzminister selbst hat in seiner Verfügung vom 8. Oktober 1923 über das Ruhen der Pensionen bei Verwendung von Pensionären im Reichs-, Staats- oder in einem sonstigen öffentlichen Dienste anerkannt, daß § 27 Abs. 2 keine Anwendung finde auf Beschäftigungen bei Unternehmen, an denen „das Reich (ein Land oder eine sonstige öffentliche Körperschaft) in privatrechtlicher Gesellschaftsform mit Kapitalseinlagen beteiligt ist (z. B. bei vom Staat oder unter Staatsbeteiligung gegründeten Aktiengesellschaften, Siedlungsgesellschaften usw.)." Wenn der Minister gleichwohl in derselben Verfügung die Tätigkeit bei einem Städtebund und beim Verband deutscher Landkreise als Beschäftigung im öffentlichen Dienst ansieht, so widerspricht er damit dem von ihm selbst aufgestellten Grundsatz. Denn der Landkreis, der dem Landkreistag angehört, ist Mitglied eines Vereins des bürgerlichen Rechts und leistet als solches die ihm nach bürgerlichem Recht obliegenden Beiträge. Die Angestellten des Vereins stehen rechtlich nicht anders da als die Angestellten einer vom Kreis oder unter Beteiligung des Kreises gegründeten Aktiengesellschaft. Wenn die

Entscheidung des Senats vom 6. Dezember 1927 (RGZ. Bd. 119 S. 209) die Vergütung, welche die Deutsche Rentenbank den bei ihr verwendeten Personen gewährt, als aus öffentlichen Mitteln fließend ansieht, so legt sie das Hauptgewicht darauf, daß die den Angestellten geleisteten Zahlungen mittelbar ein Ergebnis der Zwangsgrundschulden sind, die sich als obrigkeitlich erzwungene Leistungen der dazu herangezogenen Staatsangehörigen darstellen. Diese Voraussetzung ist nach dem Ausgeführten hier nicht gegeben. Wegen der Ansprüche aus der „Grundschuld" findet nach § 6 Abs. 7 der Verordnung über die Errichtung der Deutschen Rentenbank vom 15. Oktober 1923 (RGBl. I S. 963) auf Antrag der Deutschen Rentenbank die sofortige Zwangsvollstreckung im Verwaltungsweg statt (RGZ. Bd. 115 S. 212). Der Landkreistag hingegen muß Ansprüche auf Zahlung von Beiträgen gegen seine Mitglieder im Wege des Zivilprozesses durchfechten.

---

66. Haftet eine hannoversche Landgemeinde den Hinterbliebenen auf Schadensersatz, wenn ein Mitglied der Pflichtfeuerwehr in Ausübung der Feuerlöschtätigkeit tödlich verunglückt ist?

Einleitung zum Preuß. ALR. § 75. BGB. §§ 670, 844. Preuß. Gesetz vom 21. Dezember 1904 (GS. S. 291). RVerf. Art. 133, 161.

VI. Zivilsenat. Urt. v. 19. November 1928 i. S. Gemeinde Sch. (Bekl.) w. W. u. Gen. (Kl.). VI 216/28.

I. Landgericht Lüneburg.
II. Oberlandesgericht Celle.

Der Ehemann der Klägerin Frau W. und Vater der mitklagenden Kinder war Mitglied der in der verklagten Landgemeinde Sch. bestehenden Pflichtfeuerwehr. Am 3. Juli 1926 brach in Sch. ein Brand aus. Der Brandmeister der Feuerwehr, Tischlermeister G., forderte den W. auf, nach hinten zu den brennenden Wohnräumen zu laufen und Papiere und Bücher zu retten. W. kam dieser Aufforderung nach. Ohne daß es jemand voraussehen konnte, stürzte der hintere Giebel des Hauses nach außen ein; dabei wurden drei Personen getroffen, darunter W., der infolge der erlittenen Verletzungen starb. Die Hannoversche landwirtschaftliche Berufsgenossenschaft hat die Entschädigungsansprüche der Hinterbliebenen endgültig abgelehnt, weil kein landwirtschaftlicher Betriebsunfall vorliege. Die Kläger verlangen nunmehr wegen Fortfalls der Unterhaltspflicht ihres Ehemanns und Vaters von der Beklagten Schadensersatz in Form einer Rente von vierteljährlich 675 RM. seit dem 4. Juli 1926. Sie stützen den Klaganspruch auf Verschulden des Brandmeisters, für den die Beklagte hafte, und auf verschiedene andere rechtliche Erwägungen. Das Landgericht wies die Klage ab; das Berufungsgericht erklärte den Klaganspruch dem Grunde nach für gerechtfertigt. Die Revision der Beklagten führte zur Aufhebung des angefochtenen Urteils und zur Zurückweisung der Berufung der Kläger gegen das landgerichtliche Urteil.

Gründe:

Die Kläger machen einen dem § 844 BGB. entsprechenden Schadensersatzanspruch geltend. Sie bringen vor, es sei ihnen durch den Tod ihres Ehemanns und Vaters, der in Ausübung seiner Tätigkeit als Mitglied der Pflichtfeuerwehr tödlich verunglückt sei, der Anspruch auf Unterhalt gegenüber dem Verunglückten entzogen. Das Berufungsgericht bejaht die Berechtigung der Klagansprüche aus zwei Gründen. Es erwägt zunächst, daß nach der vom Oberpräsidenten der Provinz Hannover erlassenen Polizeiverordnung vom 15. Februar 1908 jeder Feuerwehrpflichtige sich bei einem Brande unverzüglich an der Brandstelle einzufinden und den Befehlen der Führer Folge zu leisten habe. Die Gemeinde als Trägerin der Feuerlöschpflicht habe diese Pflicht so zu erfüllen, daß die Gemeindeglieder keinen Schaden litten. Ihren eigenen Pflichtfeuerwehrleuten gegenüber hafte sie aber auch ohne Verschulden; denn sie habe die Lasten und Aufwendungen, die sich aus der Erfüllung ihrer Löschpflicht ergäben, ihnen gegenüber ohne weiteres zu tragen. Durch die Ausübung ihrer Löschpflicht habe die Beklagte die Unterhaltsansprüche der Kläger vernichtet. Die zur Beseitigung dieses Zustands erforderlichen Aufwendungen seien Kosten der Feuerlöschpflicht der Beklagten.

Dem kann nicht beigetreten werden. Es ist zwar richtig, daß eine Landgemeinde regelmäßig Trägerin der — mit der Verpflichtung zur Tragung der Kosten begrifflich sich nicht deckenden — Feuerlöschlast ist. Darüber besteht in Rechtsprechung und Schrifttum kein Zweifel

(Entsch. des preuß. Oberverw. Gerichts Bd. 38 S. 183, 184; Hückinghaus, Die Feuerwehr im preuß. öffentlichen Recht S. 17). Dem steht nicht entgegen, daß die Fürsorge gegen Feuersgefahr zu den Gegenständen der ortspolizeilichen Vorschriften gehört, wie in § 6g der preußischen Verordnung über die Polizeiverwaltung in den neu erworbenen Landesteilen vom 20. September 1867 (GS. S. 1529) in Übereinstimmung mit § 6 des für die alten Provinzen erlassenen preußischen Gesetzes über die Polizeiverwaltung vom 11. März 1850 (GS. S. 265) gesagt ist. Die Rechtslage ist die, daß die Oberleitung des gesamten Feuerwehrwesens eines Ortes dem Verwalter der Ortspolizei zusteht, während die Organisation der Feuerwehr im übrigen verschieden geregelt sein kann, daß aber die Feuerwehr in den Landgemeinden von diesen errichtet und unterhalten wird als eine für polizeiliche Zwecke errichtete Gemeindeanstalt (Jebens im preuß. Verwaltungsblatt Bd. 22 S. 329; v. Bitter Handwörterbuch der preuß. Verwaltung 1928 Bd. 1 S. 514; Norden im preuß. Verwaltungsblatt Bd. 43 S. 435, 438). Diese Last der Gemeinde erstreckt sich einmal auf die Beschaffung von (nicht immer allen) sachlichen Einrichtungen, die nach den Verhältnissen der einzelnen Gemeinde zur Erfüllung der Feuerlöschpflicht nötig sind, und sodann auf die Gestellung der erforderlichen Personen. Soweit die persönliche Leistung von Feuerlöschhilfe nicht durch Polizeiverordnung geregelt ist, hat die Gemeinde zu bestimmen, ob sie das erforderliche Personal durch Annahme besoldeter Kräfte oder durch Inanspruchnahme unentgeltlicher Dienste der Gemeindeangehörigen beschaffen will (Entsch. des preuß. Oberverw. Gerichts Bd. 30 S. 429; v. Bitter a. a. O. S. 510). In Preußen können, soweit nicht ein Ortsstatut das Feuerlöschwesen regelt, nach dem Gesetz vom 21. Dezember 1904 (GS. S. 291) Polizeiverordnungen über die Verpflichtung der Einwohner zur persönlichen Mitwirkung bei Bränden, insbesondere auch zum Eintritt in die Pflichtfeuerwehr, erlassen werden. Eine solche polizeiliche Verordnung ist — mit Wirkung auch für den Bezirk der verklagten Gemeinde — vom Oberpräsidenten der Provinz Hannover am 15. Februar 1908 erlassen worden. W. ist demgemäß Mitglied der Pflichtfeuerwehr geworden.

Es geht nun aber nicht an, einen Unfall, den er in Ausübung dieser Pflicht erlitten hat, der Gemeinde ohne weiteres deshalb zur Last zu legen, weil ihr die Feuerlöschpflicht obliegt. Nach allgemeinen Rechtsgrundsätzen könnte eine Haftung der Gemeinde unter diesem Gesichtspunkt nur dann in Frage kommen, wenn die Gemeinde ihre Pflicht schuldhaft verletzt hätte. Da die persönliche Verpflichtung des Verunglückten auf einer Polizeiverordnung beruhte, kommt für die Beklagte überdies nur die Beschaffenheit der die Erfüllung der Feuerlöschpflicht ermöglichenden Einrichtungen in Betracht; ein Verschulden der Beklagten nach dieser Richtung ist nicht behauptet. In Wirklichkeit beruht die Annahme des Berufungsgerichts auf einer Erweiterung der an sich bestehenden — im übrigen nicht durch ein der Revision verschlossenes Gesetz begründeten — Feuerlöschlast, wofür eine rechtliche Grundlage erst bezeichnet werden müßte. Ein Verschulden der Beklagten kommt nach den Feststellungen des angefochtenen Urteils auch nach anderer Richtung nicht in Frage. Der Berufungsrichter stellt fest, daß ein Giebel des brennenden Hauses eingestürzt und W. dabei getroffen worden ist, ohne daß der Einsturz vorauszusehen war. Dann kann es aber nicht auf einer Verletzung der im Verkehr erforderlichen Sorgfalt beruhen, wenn der Brandmeister den Verunglückten aufforderte, aus dem brennenden Hause Gegenstände zu retten. Bei dieser Sachlage kann dahingestellt bleiben, ob zwischen dem Brandmeister und der verklagten Gemeinde ein Beamtenverhältnis besteht und ob nicht der Brandmeister in Ausübung einer (nicht der Gemeinde zukommenden) öffentlichrechtlichen Gewalt gehandelt hat (RGZ. Bd. 83 S. 309; Gruch. Bd. 54 S. 980; WarnRspr. 1910 Nr. 232, 1918 Nr. 200; anderseits Gruch. Bd. 44 S. 932).

Es ist daher zu prüfen, ob sich der Klaganspruch aus anderen Vorschriften ableiten läßt. Die Kläger berufen sich auf § 75 der Einleitung zum Preuß. Allgem. Landrecht. Danach ist der Staat gehalten, denjenigen zu entschädigen, der seine besonderen Rechte und Vorteile dem Wohl des gemeinen Wesens aufzuopfern genötigt wird. Nach dem durch die Kabinettsorder vom 4. Dezember 1831 (GS. S. 255) genehmigten Bericht des Staatsministeriums vom 16. November 1831 enthalten die §§ 73 bis 75 a. a. O. den Grundsatz, daß dann, wenn das Interesse der Gesamtheit der Einwohner des Staates eine Einrichtung in der Verwaltung erfordert, die das Privateigentum des einzelnen gefährdet, die Entschädigung des einzelnen aus dem Gesamtvermögen zu leisten ist. Der Anwendung dieser Vorschriften auch für den Bezirk der verklagten Gemeinde würden keine Bedenken entgegenstehen, da sie als allgemeine Vorschriften des öffentlichen Rechts auch in den neuen preußischen Provinzen Geltung haben (RGZ. Bd. 72 S. 88, Bd. 64 S. 186; RGU. vom 8. April 1925 V 349/24 im Recht 1925 Nr. 938). Wenn ferner ein zum Besten des Gemeinwohls erfolgender Eingriff in Privatrechte nicht dem allgemeinen Landesinteresse, sondern den Angehörigen einer innerhalb des Staates bestehenden engeren öffentlichrechtlichen Gemeinschaft, z. B. einer Gemeinde, zugutekommt, so ist nicht der Staat, sondern die Gemeinde zur Entschädigung verpflichtet (RGU. vom 17. März 1917 V 312/16; RGZ. Bd. 77 S. 198, Bd. 82 S. 77). Die Anwendung der genannten Vorschriften scheitert aber daran, daß sie nur die Beschränkung des Eigentums, nicht einen Personenschaden betreffen (RGZ. Bd. 103 S. 426). Man kann auch nicht, wie Kraft im preuß. Verw.Blatt Bd. 41 S. 427 es will, aus § 75 a. a. O. die allgemeine Erwägung herleiten, daß der Pflicht zur Teilnahme an der Pflichtfeuerwehr nach dem Grundsatz der öffentlichrechtlichen Ausgleichung eine volle Schadloshaltung des Beauftragten durch den Auftraggeber gegenüberstehen müsse. Denn jene Vorschriften regeln den Fall, daß das Gemeinwesen einen Vorteil erhält, während die Erlangung gerade dieses Vorteils durch den Verlust des einzelnen herbeigeführt wird. Ein Unfall, den eine Person in Ausübung einer öffentlichrechtlichen Pflicht erleidet, ist dagegen eine beklagenswerte und nicht gewollte Folge der Erfüllung dieser Pflicht, der ein vermögensrechtlicher Gewinn für das Gemeinwesen nicht gegenübersteht. Es geht also nicht an, jene Vorschriften unter dem Gesichtspunkt des Vorliegens eines rechtsähnlichen Verhältnisses zur Anwendung zu bringen. Auch Delius (preuß. Verw.Blatt 1925 S. 177), der sich für die Schadensersatzpflicht der Gemeinde bei einem solchen Unglücksfall ausspricht, sieht von der Heranziehung des § 75 a. a. O. für einen Personenschaden ab und spricht ihm nur für Sachschaden Bedeutung zu.

Das Berufungsgericht will die Haftung der Beklagten in zweiter Linie aus den Vorschriften des Bürgerlichen Gesetzbuchs über den Auftrag herleiten und meint, daß zum mindesten ein auftragähnliches Verhältnis vorliege, da die Pflichtfeuerwehrleute, die der Aufforderung der Gemeinde, in Tätigkeit zu treten, folgten, nicht nur eine öffentlichrechtliche Verpflichtung zur Hilfeleistung erfüllten, sondern zugleich einen ihnen im einzelnen Fall erteilten

Auftrag ausführten; der Verunglückte habe dadurch, daß er beim Löschen sein Leben opferte, eine — allerdings nicht seiner Absicht entsprechende — Aufwendung gemacht; die besondere Gefahr sei vorherzusehen gewesen und von vornherein in Rechnung gezogen worden. Nach § 670 BGB. ist der Auftraggeber zum Ersatz verpflichtet, wenn der Beauftragte zum Zweck der Ausführung des Auftrags Aufwendungen macht, die er den Umständen nach für erforderlich halten darf. Grundsätzlich sind unter Aufwendungen nur die auf freiem Willen beruhenden Auslagen und Aufopferungen von Vermögenswerten zu verstehen, und zwar auch solche, die nicht zur Ausführung des Auftrags gemacht sind, sondern nur als notwendige Folge der Ausführung erscheinen (RGZ. Bd. 75 S. 208; Planck BGB. § 670 Bem. 2). Die Frage, ob der Auftraggeber für Schäden haftet, die der Beauftragte bei Ausführung des Auftrags erleidet, ist bei den gesetzgeberischen Vorarbeiten behandelt, aber wegen der Verschiedenheit der in Betracht kommenden Fälle nicht geregelt worden. Bei den Beratungen der zweiten Kommission wurde vorgeschlagen, dem Beauftragten einen Anspruch auf Ersatz von Verlusten aus solchen Gefahren zu geben, die nach dem Inhalt des Auftrags von der Geschäftsbesorgung unzertrennlich seien. Der Vorschlag wurde abgelehnt. Es wurde geltendgemacht, schon die allgemeinen Grundsätze führten in vielen Fällen zu dem Ziele, das der abgelehnte Antrag verfolge; wer einen Auftrag übernehme, stelle gewissermaßen seine ganze Persönlichkeit zum Zweck der Erfüllung des Auftrags in den Dienst des Auftraggebers; erleide er hierbei an seiner Gesundheit Schaden, so opfere er ein Rechtsgut auf, und für dieses Opfer könne er ebenso Ersatz fordern wie für gewisse Vermögensaufwendungen (Planck a. a. O. § 670 Bem. 5; RGZ. Bd. 94 S. 169). Eine grundsätzliche Vorschrift dieser Art, die sich ungefähr mit der Auffassung des Berufungsgerichts decken würde, ist also nicht Gesetz geworden; es hängt daher von den Umständen des einzelnen Falles ab, ob sich eine dahingehende Auffassung rechtfertigen läßt.

Aus der Rechtsprechung sind folgende Urteile zu erwähnen: Im Falle RGZ. Bd. 94 S. 169 handelte es sich darum, daß ein Polizeiwachtmeister einer Stadtgemeinde dem Kläger den Auftrag gegeben hatte, einen tollwutverdächtigen Hund einzufangen. Der Kläger erlitt bei Ausführung des Auftrags Schaden durch einen

Hundebiß. Das Berufungsgericht bejahte die Haftung der Beklagten. Das Reichsgericht nahm an, aus dem festgestellten Sachverhalt habe die Folgerung gezogen werden können, daß die Beklagte nach dem Willen der Parteien für denjenigen Schaden aufkommen wolle und solle, der dem Kläger durch die Ausführung des von ihm unentgeltlich übernommenen Auftrags insofern erwuchs, als dieser Schaden durch die mit der Ausführung des Auftrags naturgemäß verbundene Gefahr entstanden war. In dem der Entscheidung RGZ. Bd. 98 S. 195 zugrundeliegenden Falle war der Kläger vom Bürgermeister als dem Leiter von Rettungs- und Löscharbeiten zur Hilfeleistung aufgefordert und bei Ausführung des Auftrags durch Einsturz eines Gebäudeteils körperlich verletzt worden. Hier wurde ein privatrechtliches Auftragsverhältnis angenommen und die Haftung der Gemeinde bejaht. In JW. 1914 S. 676 Nr. 4 handelte es sich um die Aufforderung eines Polizeibeamten an den Kläger, ihm die Teilnehmer an einer Schlägerei zu zeigen. Der Kläger wurde bei Ausführung dieses Auftrags körperlich verletzt. Das Reichsgericht führt zu diesem Falle aus, daß der Kläger die Hilfe im öffentlichen Interesse, aber nicht unter einem gesetzlichen oder behördlichen Zwange, sondern freiwillig geleistet habe; es handle sich nicht schlechthin um ein bürgerlichrechtliches Verhältnis, der Fall sei aber im wesentlichen nach den Grundsätzen über den Auftrag zu beurteilen. Diesen Fällen gemeinsam war die Aufforderung eines in der Ausübung polizeiamtlicher Tätigkeit handelnden Beamten an einen Dritten zur Hilfeleistung. Die Ablehnung, welche diese Rechtsprechung zum Teil erfahren hat (Hofacker im preuß. VerwBlatt Bd. 43 S. 40; Parisius daselbst Bd. 46 S. 458), kann nicht als berechtigt anerkannt werden. Es braucht indessen hierauf nicht weiter eingegangen zu werden. Auch kann dahingestellt bleiben, ob nicht im vorliegenden Falle die entsprechende Anwendung des § 670 BGB. schon deshalb ausgeschlossen wäre, weil der Verunglückte der Gemeinde als Mitglied der Pflichtfeuerwehr gegenüberstand. In dieser Beziehung könnte erwogen werden, daß auch ein Beamtenverhältnis — in einem solchen stand der Verunglückte zur Gemeinde nicht — rechtlichen Vorschriften unterworfen sein kann, die, zunächst dem bürgerlichen Recht angehörig, durch die Anwendung auf das Beamtenverhältnis selbst zu Bestandteilen des öffentlichen Rechts werden, wie z. B. § 618 BGB. (vgl. Urteil des III. Zivilsenats in RGZ. Bd. 63 S. 432

und das die Fassung jener Entscheidung zum Teil berichtigende Urteil vom 6. Juli 1915 III 39/15, im Recht 1915 Nr. 1981). Denn auch wenn man den Begriff der Aufwendungen im Sinne des § 670 BGB. weit auslegt und im angegebenen Umfang Schäden einbezieht, so kann doch ein Schaden, der nicht dem Beauftragten selbst, sondern einem anderen erwachsen ist, darunter nicht begriffen werden (RGU. vom 20. Dezember 1924 IV 392/24). Der auf § 844 BGB. gestützte Anspruch der Kläger wäre aber ein solcher, der von vornherein in ihrer eigenen Person entstanden ist (RGZ. Bd. 69 S. 186; RGR-Komm. 6. Aufl. § 844 Bem. 1). Wäre also auch die Haftung für Aufwendungen und Schäden bei freiwilliger Übernahme eines Auftrags und bei der Verpflichtung zu dessen Befolgung auf dem hier fraglichen Gebiete in gleicher Weise zu beurteilen (Delius im preuß. Verw.Blatt Bd. 44 S. 223 und in „Versicherung und Geldwirtschaft" 1925 S. 177), so könnte man doch nicht zu einem den Klägern günstigen Ergebnis gelangen. Die Möglichkeit, die Übernahme des aus der Ausführung des Auftrags sich ergebenden Risikos durch den Auftraggeber im Wege der Auslegung übereinstimmender Willenserklärungen zu folgern (vgl. das angeführte RGU. vom 20. Dezember 1924; Planck a. a. O. § 670 Bem. 5; Oertmann, Recht der Schuldverhältnisse, 4. Aufl. § 670 Bem. 3b), kommt hier nicht in Betracht, da lediglich ein Auftrag zur Erfüllung einer öffentlich-rechtlichen Pflicht festgestellt ist.

Die vom Berufungsgericht herangezogenen, wenn auch nicht zur Begründung des Urteils mitverwendeten Vorschriften der Reichsverfassung können den Klaganspruch nicht tragen. Art. 133 das. stellt die Verpflichtung aller Staatsbürger fest, nach Maßgabe der Gesetze persönliche Dienste für den Staat und die Gemeinde zu leisten, sagt aber nichts über die vermögensrechtlichen Folgen, die sich aus einem bei Leistung solcher Dienste eintretenden Unfall ergeben. Art. 161 weist auf die Schaffung eines umfassenden Versicherungswesens hin; eine gesetzliche Regelung ist aber für Unfälle der hier vorliegenden Art bisher nicht erfolgt. Bei Beratung des erwähnten preußischen Gesetzes vom 21. Dezember 1904, betreffend den Erlaß von Polizeiverordnungen über die Verpflichtung der Einwohner zur Hilfeleistung bei Bränden, hat das Haus der Abgeordneten eine Entschließung angenommen, welche auf die gesetzliche Regelung der Unfallfürsorge für verunglückte Feuerwehrleute hinwirken wollte (Bericht der 23. Kommission, Drucks. 529, 20. Legislaturperiode S. 3556, 3557; Drucks. 341, 20. Legislaturperiode S. 3027). Schon in der allgemeinen Verfügung des preuß. Ministers des Innern über die Regelung des Feuerlöschwesens vom 28. Dezember 1898 (MinBl. f. d. innere Verw. 1899 S. 6) war bemerkt worden, daß keine gesetzliche Pflicht zur Übernahme einer derartigen Fürsorge bestehe und deshalb in dieser Hinsicht kein Zwang ausgeübt werden könne; es sei auf freiwillige Betätigung der Gemeinden zurückzugreifen. Im Anschluß hieran wurde auf besondere Versicherungskassen für die bei Bränden verunglückten Feuerwehrleute hingewiesen. Die Beklagte hat keine Vorsorge nach dieser Richtung getroffen; die von ihr eingegangene Haftpflichtversicherung soll sie gerade gegen Ansprüche schützen, die gegen sie erhoben werden.

Die Behauptung, es sei Brauch und geradezu Gewohnheitsrecht in der Provinz Hannover geworden, daß die Mitglieder der Feuerwehr gegen Schäden, die sie bei Bränden erlitten, durch die Gemeinde versichert würden, will offenbar nur eine tatsächliche Übung zum Ausdruck bringen, die als solche keine Rechtsquelle ist, demnach auch den Klaganspruch nicht stützen kann. Für die Entstehung einer derartigen Rechtsnorm fehlt es an jedem Anhalt, sodaß auf die Frage der Bildung von partikularem Gewohnheitsrecht und der Tragweite des Art. 55 EinfG. z. BGB. nicht eingegangen zu werden braucht. Offenbar handelt es sich bei der behaupteten Übung um eine amtlich befürwortete freiwillige Betätigung der Gemeinden auf diesem Gebiet. . . .

---

67. 1. Kann das Reichsgericht auf Grund von Art. 13 Abs. 2 RVerf. auch dann angerufen werden, wenn die landesrechtliche Vorschrift, über deren Vereinbarkeit mit dem Reichsrecht es entscheiden soll, schon den Gegenstand eines Rechtsstreits bildet?

2. Ist § 14 Abs. 8 des Landeswahlgesetzes für den Freistaat Sachsen in der Fassung vom 6. Oktober 1926 mit dem Reichsrecht vereinbar?

RVerf. Art. 17 Abs. 1 Satz 2.

III. Zivilsenat. Beschl. v. 23. November 1928. III Tgb. 145/28.

Die erste Frage ist bejaht, die zweite verneint worden aus folgenden

Gründen:

Das Landeswahlgesetz für den Freistaat Sachsen vom 4. September 1920 (SächsGVoBl. S. 331) ist auf Grund des zu seiner Änderung erlassenen Gesetzes vom 6. Oktober 1926 am gleichen Tage in neuer Fassung bekanntgemacht worden (SächsGBl. S. 365). Neu ist in dieser Fassung insbesondere der § 14 Abs. 8, der folgenden Wortlaut hat:

„(8) Wahlvorschläge einer Partei, die im letzten Landtag nicht vertreten gewesen ist, sind nur zuzulassen, wenn diese Partei spätestens am siebzehnten Tage vor dem Wahltage beim Landeswahlleiter den Betrag von dreitausend Reichsmark eingezahlt hat. Dieser Betrag wird zurückgezahlt, wenn der Partei bei der Verteilung der Abgeordnetensitze (§§ 26, 29 und 30) mindestens ein Sitz zugewiesen worden ist; andernfalls verfällt er zugunsten der Staatskasse."

Mit Rücksicht auf die Rechtsprechung des Staatsgerichtshofs für das Deutsche Reich, der verschiedentlich ähnliche Vorschriften in Wahlgesetzen anderer deutscher Länder für reichsverfassungswidrig erklärt hat, ist die Reichsverfassungsmäßigkeit dieser sächsischen Vorschrift bezweifelt worden. Die sozialdemokratische Landtagsfraktion des sächsischen Landtags hat beim Staatsgerichtshof für das Deutsche Reich den Antrag gestellt, dahin zu erkennen, daß § 14 Abs. 8 gegen Art. 17 RVerf. verstoße. Mit Rücksicht darauf hat der sächsische Ministerpräsident namens des sächsischen Gesamtministeriums gemäß Art. 13 Abs. 2 RVerf. in Verbindung mit dem Gesetz zur Ausführung dieses Artikels vom 8. April 1920 (RGBl. S. 510) beim Reichsgericht den Antrag gestellt, darüber zu entscheiden, ob der genannte § 14 Abs. 8 mit dem Reichsrecht vereinbar sei. Der Präsident des Reichsgerichts hat für die Entscheidung über diesen Antrag den III. Zivilsenat bestimmt.

Das beim Staatsgerichtshof für das Deutsche Reich anhängige Verfahren hinderte das sächsische Gesamtministerium nicht, auf Grund von Art. 13 Abs. 2 RVerf. das Reichsgericht anzurufen. Trotz gewisser im Verfassungsausschuß der Nationalversammlung gefallener Äußerungen (Drucks. Nr. 336 S. 411, 412) kann nicht anerkannt werden, daß Zweifel und Meinungsverschiedenheiten über die Vereinbarkeit von Landesrecht mit Reichsrecht dann nicht der Behandlung nach Art. 13 Abs. 2 RVerf. zugänglich seien, wenn sie irgendwie rechtshängig sind. Im Gegenteil kann der Umstand, daß die Zulässigkeit einer landesrechtlichen Vorschrift im Verhältnis zum Reichsrecht den Gegenstand eines Rechtsstreits bildet, der beteiligten Reichs- oder Landeszentralbehörde besondere Veranlassung geben, die Frage in einem Verfahren nach Art. 13 RVerf. mit Gesetzeskraft klären zu lassen. Nur so kann der Streit endgültig ausgetragen werden. Es ist nicht richtig, in einem derartigen Falle von einem Eingriff in ein schwebendes Verfahren zu sprechen. Das zwischen bestimmten Parteien anhängige Verfahren bleibt als solches unberührt. Es wird nicht dem zuständigen Gericht entzogen und vor das Reichsgericht gebracht. Dieses hat vielmehr in einem eigenen Verfahren, unabhängig von dem anhängigen Streitfall, über die reine Rechtsfrage zu entscheiden, ob die angezweifelte landesrechtliche Bestimmung nach Reichsrecht zulässig ist. Diese Entscheidung wirkt, wenn sie erlassen ist, auf den objektiven Rechtszustand ein, stellt ihn in bestimmtem Sinne klar, nicht anders, als wenn der Reichsgesetzgeber selbst die Frage regelte. Eine unmittelbare Entscheidung des anhängigen Rechtsstreits liegt darin nicht. Für ihn wird damit nur der Rechtszustand an sich festgestellt, den das entscheidende Gericht nunmehr seinem Urteil zugrundezulegen hat. Die Zulässigkeit eines Verfahrens nach Art. 13 Abs. 2 RVerf. auch in dem Fall, wenn die Frage bereits in einem Rechtsstreit einem Gericht unterbreitet worden ist, hat der Senat schon anerkannt in dem S. 10 dieses Bandes abgedruckten Beschlusse vom 13. Juli 1928 III Tgb. 58/28. Er hat dort über die Gültigkeit des § 5 Abs. 1 des badischen Beamtengesetzes entschieden, obgleich zur Zeit seiner Anrufung durch das badische Staatsministerium ein Rechtsstreit, in dem es sich gerade um die Begrenzung jener Vorschrift durch die Reichsverfassung handelte, zwei Instanzen durchlaufen hatte und schon in die Revisionsinstanz gediehen war. Nicht anders ist die Rechtslage hier, wo zur Zeit der Antragstellung schon eine die Verfassungsmäßigkeit des § 14 Abs. 8 des Landeswahlgesetzes für den Freistaat Sachsen betreffende Verfassungsstreitigkeit beim Staatsgerichtshof für das Deutsche Reich schwebte.

Die danach gebotene sachliche Entscheidung muß gegen den Antragsteller ausfallen. Denn sein Standpunkt, daß § 14 Abs. 8

des Landeswahlgesetzes für den Freistaat Sachsen mit der Reichsverfassung vereinbar sei, ist ungerechtfertigt. In Übereinstimmung mit der ständigen Rechtsprechung des Staatsgerichtshofs für das Deutsche Reich (Entscheidungen vom 17. Dezember 1927 betreffend die Wahlgesetze von Mecklenburg-Strelitz StGH. 6/27 [abgedr. RGZ. Bd. 118 Anh. S. 22], Hamburg StGH. 8/27 und Hessen StGH. 12/27; vom 22. Juni 1928 betreffend das Wahlgesetz von Mecklenburg-Schwerin StGH. 3/28; vom 7. Juli 1928 betreffend das Wahlgesetz von Baden StGH. 1/28) ist eine Vorschrift wie die hier in Frage kommende als gegen Art. 17 Abs. 1 Satz 2 RVerf. verstoßend anzusehen. Sie verletzt die dort für die Wahlen zu den Volksvertretungen der Länder vorgeschriebenen Grundsätze der Gleichheit und der Allgemeinheit.

Mit dem Staatsgerichtshof für das Deutsche Reich ist davon auszugehen, daß sich bei der durch die Reichsverfassung für die Wahlen in den Ländern angeordneten Verhältniswahl die Wahlberechtigung jedenfalls dann nicht in der Stimmabgabe erschöpft, wenn das Wahlverfahren, wie nach dem Landeswahlgesetz für den Freistaat Sachsen, so geordnet ist, daß vor der Wahl Wahlvorschläge eingereicht werden müssen und daß nur die für solche Wahlvorschläge abgegebenen Stimmen gültig sind. Bei einem derartigen Wahlverfahren mit gebundenen Listen ist die Einreichung der Wahlvorschläge ein Recht der Wähler (vgl. § 14 Abs. 2 und 3 des sächsischen Landeswahlgesetzes), das einen wesentlichen Bestandteil der Wahlberechtigung überhaupt bildet. Seine Ausübung darf deshalb nicht in einer Weise geregelt werden, die den Grundsätzen der Gleichheit und der Allgemeinheit der Wahl widerspricht. Die Ansicht, daß sich diese Grundsätze nur auf die Abgabe der Wahlstimme beziehen, muß für die Verhältniswahl mit gebundenen Listen abgelehnt werden.

Richtig ist allerdings, daß Art. 17 Abs. 1 Satz 2 RVerf. nur bestimmt, die Volksvertretungen der Länder seien nach den Grundsätzen der Verhältniswahl zu wählen, daß er dagegen kein bestimmtes System der Verhältniswahl vorschreibt. So wäre es mit der Reichsverfassung vereinbar, wenn ein Land für die Landtagswahl ein Verhältniswahlverfahren einführte, das von gebundenen Listen absähe. Der Antragsteller betont ganz besonders den Umstand, daß nicht jede nach der Reichsverfassung zulässige Gestaltung des Verhältniswahlrechts die Aufstellung von Wahlvorschlägen erforderlich mache, die für die Wähler bindend seien, und glaubt daraus herleiten zu können, daß die Reichsverfassung durch die zwingende Einführung der Verhältniswahl den Begriffen der Gleichheit und Allgemeinheit der Wahl keine Bedeutung verliehen habe, die über die herkömmliche, nur die Stimmabgabe umfassende Bedeutung hinausgehe. Dem kann indessen nicht beigepflichtet werden. Es kommt vielmehr für die Anwendung der Grundsätze der Gleichheit und Allgemeinheit der Wahl auf die Regelung an, die das einzelne Land innerhalb der ihm durch die Reichsverfassung gezogenen Grenzen dem Verfahren für die Landeswahlen gegeben hat. Wenn sich die Wähler nach dem Wahlgesetz des betreffenden Landes nur durch Aufstellung von Wahlvorschlägen die Möglichkeit verschaffen können, die Personen zu wählen, deren Entsendung in die Volksvertretung sie wünschen, so darf diese Befugnis von der Wahlberechtigung selbst nicht getrennt werden. Letztere umfaßt auch die durch die Einreichung von Wahlvorschlägen vorzunehmende Bestimmung der Personen, die gewählt werden dürfen. Diese Einreichung unterliegt in solchem Falle als wesentlicher Bestandteil der Ausübung des Wahlrechts gleichfalls den für sie geltenden Verfassungsgrundsätzen. Es kann zudem nicht bezweifelt werden, daß die Reichsverfassung, wenngleich sie in Art. 17 Abs. 1 Satz 2 nur von der Verhältniswahl im allgemeinen spricht, dabei gerade die Verhältniswahl mit gebundenen Listen im Auge gehabt hat. Denn schon die Verfassunggebende Deutsche Nationalversammlung ist nach diesem System gewählt worden (Reichswahlgesetz vom 30. November 1918, RGBl. S. 1345). Ebenso ist es von dem durch die Nationalversammlung erlassenen Reichswahlgesetz vom 27. April 1920 (RGBl. S. 627) angenommen worden. Gerade weil für das Reich das System der Verhältniswahl mit gebundenen Listen eingeführt wurde, ist es nicht bloß zulässig, sondern durchaus geboten, den mit Art. 22 in engstem Zusammenhang stehenden Art. 17 RVerf. in erster Linie auf diese Art der Verhältniswahl zu beziehen und den in diesem Artikel niedergelegten Verfassungsgrundsätzen gerade bei ihr uneingeschränkt Geltung zu verschaffen.

Nach dem neuen § 14 Abs. 8 des Landeswahlgesetzes für den Freistaat Sachsen kann nun das zur Wahlberechtigung gehörende Recht, Wahlvorschläge zu machen, nicht von allen Wählern in gleicher Weise ausgeübt werden. Die Vorschrift bevorrechtigt die Parteien, die im letzten Landtag vertreten gewesen sind, indem sie nur von den

Parteien, die dort nicht vertreten waren, die vorherige Einzahlung von 3000 RM. fordert. Das ist mit dem Grundsatz der Gleichheit der Wahl unvereinbar. Ebenso widerstreitet die getroffene Regelung dem Grundsatz der Allgemeinheit der Wahl. Nach ihm darf die Ausübung der Wahlberechtigung nicht von Voraussetzungen abhängig gemacht werden, die nicht jeder Deutsche im wahlfähigen Alter erfüllen kann. Insbesondere darf den Wählern keine Vermögensleistung zugemutet werden. Das geschieht hier aber, mag diese Vermögensleistung auch nicht mit der Stimmabgabe, sondern mit der Einreichung von Wahlvorschlägen verbunden sein. Auch letztere gehört, wie dargelegt, zur Wahlrechtsbetätigung.

Das sächsische Gesamtministerium hat sich zur Unterstützung seiner Ansicht auf den Reichsminister des Innern berufen, der die Reichsverfassungsmäßigkeit des streitigen § 14 Abs. 8 anerkannt habe. In seinem Bescheid vom 28. September 1926 heißt es aber nur, der Grundsatz der Gleichheit des Wahlrechts werde nicht dadurch berührt, daß die Zulassung von Wahlvorschlägen von der Zahlung eines Kostenbeitrags abhängig gemacht werde. Ob dem beizutreten ist, kann dahingestellt bleiben. Denn die hier von den neuen Parteien geforderte Zahlung ist kein Beitrag zu den Kosten des amtlichen Stimmzettels. Sie wird von den alten Parteien, obgleich sie ebenfalls die Vorteile des Einheitsstimmzettels genießen, überhaupt nicht gefordert und wird neuen Parteien, die einen Abgeordnetensitz erringen, zurückgezahlt. Daraus erhellt unzweideutig, daß es sich um eine von einer Gegenleistung des Staates unabhängige Belastung der Unterzeichner der fraglichen Wahlvorschläge handelt. In seiner am 22. Oktober 1926 erteilten Antwort auf eine Anfrage im Reichstag hat der Reichsminister des Innern allerdings den § 14 Abs. 8 als eine zulässige Schutzvorschrift gegen mißbräuchliche Verwendung der Vorteile des Einheitsstimmzettels bezeichnet. Es muß indessen gefordert werden, daß Schutzmaßnahmen gegen solche Mißbräuche keine Einschränkung der verfassungsmäßigen Wahlgrundsätze enthalten. Das ist aber nach dem oben Ausgeführten hier der Fall.

Der neue § 14 Abs. 8 des Landeswahlgesetzes für den Freistaat Sachsen verstößt mithin gegen Art. 17 Abs. 1 Satz 2 RVerf. Es bedarf deshalb keiner Erörterung, ob er auch mit Art. 125 RVerf. unvereinbar ist. Die Ausführungen des Antragstellers, mit denen er darzulegen versucht, daß die streitige Vorschrift nicht in die Wahlfreiheit eingreife, können vielmehr auf sich beruhen bleiben. Bemerkt werden mag nur, daß der Staatsgerichtshof für das Deutsche Reich die Anwendung des Art. 125 RVerf. auf die entsprechende Vorschrift des mecklenburgisch-strelitzschen Wahlgesetzes abgelehnt hat (a. a. O. S. 39).

---

68. Zur Auslegung der §§ 133, 140 HGB.

HGB. § 133, 140, 161.

II. Zivilsenat. Urt. v. 23. November 1928 i. S. H. & Gen. (Kl.) w. B. (Bekl.). II 221/28.

I. Landgericht Chemnitz.
II. Oberlandesgericht Dresden.

Der Erstkläger (im folgenden als „Kläger" bezeichnet) und der Beklagte vereinigten sich am 25. September 1919 zu einer offenen Handelsgesellschaft. Der Kläger leistete eine Bareinlage von 300000 M., der Beklagte eine solche von 50000 M. Die Dauer der Gesellschaft wurde auf die Zeit bis zum 30. Juni 1920 festgesetzt. Nach dem Gesellschaftsvertrag war jeder der beiden Gesellschafter zur Geschäftsführung berechtigt. In einem Nachtrag vom 1. April 1920 hat der Kläger von seiner Einlage, die er auf 400000 M. erhöhte, je 100000 M. auf seine drei Töchter, die Mitklägerinnen, als Kommanditanteil übertragen. Im Anschluß hieran sind die drei Töchter mit Wirkung vom 1. Juli 1920 ab als Kommanditistinnen mit einer Einlage von je 100000 M. in die Gesellschaft eingetreten. Das Verhältnis zwischen den beiden ursprünglichen Gesellschaftern hat sich bald verschlechtert. Es kam zu Meinungsverschiedenheiten und schließlich nach einer heftigen Aussprache Ende Oktober 1921 zum offenen Bruch. Der Kläger schenkt dem Beklagten kein Vertrauen mehr; er wirft ihm krankhaften Hang zur Unwahrheit und in mehreren Fällen Unredlichkeit zum Schaden der Gesellschaft vor. Dieses Mißtrauen hat der Kläger wiederholt vor Angestellten des Geschäfts kundgegeben; das gleiche hat auch der Beklagte getan, wobei er den Kläger vor den Angestellten verhöhnte und verspottete.

Seit Ende Oktober 1921 sprechen die beiden nicht mehr miteinander, außer bei Auftritten der erwähnten Art; sie grüßen sich auch nicht mehr und tauschen ihre Meinungen über geschäftliche Angelegenheiten schriftlich aus. Im Jahre 1923 hat sogar ein Privatklageverfahren zwischen ihnen geschwebt, an dem jeder als Kläger und als Angeklagter beteiligt war und das schließlich durch Vergleich erledigt wurde.

Der Kläger behauptet, der Beklagte habe durch sein Verhalten die Pflichten als Gesellschafter gröblich verletzt, und verlangt in erster Linie Ausschließung des Beklagten aus der Gesellschaft gemäß §§ 140, 161 HGB., hilfsweise deren Auflösung nach § 133 das. Der Beklagte bestreitet, einen wichtigen Grund zur Auflösung der Gesellschaft oder gar zu seiner Ausschließung gegeben zu haben, da er sich nur gegen die ständigen Angriffe des Klägers gewehrt habe. Er gibt aber zu, daß unter den Verhältnissen, wie sie sich nun einmal herausgebildet hätten, eine Fortsetzung der Gesellschaft unmöglich sei, und hat daher — unter Verwahrung gegen Tragung von Kosten — den auf Auflösung der Gesellschaft gerichteten Hilfsanspruch anerkannt.

Beide Vordergerichte haben den Hauptanspruch abgewiesen und dem Hilfsantrag stattgegeben. Die auf Verurteilung des Beklagten nach dem Hauptantrag gerichtete Revision der Kläger hatte keinen Erfolg.

Aus den Gründen:

Das Berufungsgericht geht zutreffend davon aus, daß das Recht des einen Gesellschafters, die Ausschließung des andern zu verlangen, nicht nur im Falle alleinigen Verschuldens des letzteren, sondern auch beim Vorliegen von Verfehlungen des klagenden Gesellschafters begründet sein könne; diese Verfehlungen seien dann zur Würdigung der Schwere der gegen den verklagten Gesellschafter erhobenen Beschuldigungen in Betracht zu ziehen (RG. in LZ. 1914 Sp. 1036 Nr. 14). Der Vorderrichter hält die von ihm festgestellten Verfehlungen des Klägers für so schwer, daß im Verhalten des Beklagten, so sehr es zu mißbilligen sei, kein wichtiger Grund erblickt werden könne, der seine Ausschließung rechtfertige. Jeder von den beiden vertretungsberechtigten Gesellschaftern trage ein hohes Maß von Schuld an den bestehenden Zwistigkeiten, und es wäre daher höchst unbillig, wenn man den einen durch Ausschließung des anderen bevorzugen würde. (Wird näher ausgeführt.)

Die Revision hält die §§ 133, 140 HGB. für verletzt, da das Wort „kann" in § 133 dahin auszulegen sei, daß das Gericht bei Vorliegen eines wichtigen Grundes die Auflösung der Gesellschaft aussprechen müsse. In gleicher Weise sei das Wort „kann" in § 140 dahin zu verstehen, daß das Gericht auf Ausschließung erkennen müsse, wenn über den § 133 hinaus die besonderen Voraussetzungen jener Vorschrift gegeben seien. Daß in der Person des Beklagten ein wichtiger Grund im Sinne des § 133 vorliege, könne nach den Feststellungen des Berufungsgerichts nicht zweifelhaft sein; die „übrigen" Gesellschafter hätten auch den Antrag auf Ausschließung des Beklagten gestellt. Dieser Auffassung über die Bedeutung des Wortes „kann" in §§ 133 und 140 HGB. ist in Übereinstimmung mit Staub-Pinner HGB. Anm. 13 zu § 133 und Anm. 3 zu § 140; Düringer-Hachenburg HGB. Anm. 12 zu § 133; Planck BGB. Einleitung VI 4a beizutreten; an der gegenteiligen Ansicht, die der erkennende Senat in RGZ. Bd. 105 S. 376 vertreten hat, wird nicht festgehalten. Wird im Bürgerlichen Gesetzbuch oder im Handelsgesetzbuch von einer Behörde gesagt, daß sie etwas tun kann, so ist damit nicht nur die rechtliche Zulässigkeit des Tuns bestimmt, sondern zugleich gesagt, daß sie es tun muß, wenn nach ihrem pflichtmäßigen Ermessen die Voraussetzungen ihres Eingreifens vorhanden sind. Praktisch ist übrigens der Streit nicht von großer Bedeutung, da es dem Richter freisteht, einen wichtigen Grund nicht anzunehmen, wenn ihm die Ausschließung unbillig erscheinen sollte.

Im vorliegenden Falle kann aber der Revisionsangriff deshalb keinen Erfolg haben, weil das Berufungsgericht einen in der Person des Beklagten liegenden wichtigen Grund gar nicht feststellt, sondern das Vorliegen eines solchen ausdrücklich verneint unter rechtlich einwandfreier Berücksichtigung der Verfehlungen, die sich der Kläger selbst gegenüber dem Beklagten hat zuschulden kommen lassen. Damit vertritt das Berufungsgericht den gleichen Standpunkt, der im landgerichtlichen Urteil dahin zusammengefaßt ist, daß alles, was gegen den Beklagten erwiesen sei und ihm sonst noch vorgeworfen werde, am Verhalten des Klägers gemessen, nicht ausreiche, um die Ausschließung des Beklagten zu rechtfertigen. Eine weitere Rüge geht dahin, das Berufungsgericht habe nicht scharf genug unterschieden, ob kein wichtiger Grund vorliege, der an sich geeignet wäre, den Beklagten auszuschließen, oder ob der an sich vorhandene Ausschließungsgrund nur deshalb nicht geltendgemacht werden könne, weil sich der Kläger gleichfalls gegen die Pflichten eines Gesellschafters vergangen habe. Die Revision meint, wenn ein wichtiger Grund in der Person des Beklagten vorläge, der an sich die Ausschließung rechtfertigen würde und nur deshalb nicht dazu ausreiche, weil auch in der Person des Klägers ein Ausschließungsgrund gegeben sei, so könne dieser Ausschließungsgrund nur im Verhältnis zwischen dem Kläger und dem Beklagten, nicht aber zwischen den drei Mitklägerinnen und dem Beklagten wirken. Dann könne — so macht die Revision weiter geltend — höchstens die Klage des Klägers, nicht aber die der drei Mitklägerinnen abgewiesen werden; denn diese hätten sich nach der Feststellung der Vordergerichte dem Beklagten gegenüber keiner Verfehlung schuldig gemacht. Auch dieser Angriff kann keinen Erfolg haben. Eine Trennung der Klage des Klägers und der drei Mitklägerinnen (Kommanditistinnen) ist nicht zulässig. Nach § 140 HGB. ist der Antrag auf Ausschließung eines Gesellschafters von allen übrigen Gesellschaftern zu stellen. Das streitige Rechtsverhältnis kann daher allen Streitgenossen gegenüber nur einheitlich festgestellt werden (§ 62 ZPO.). Die Wirkung der Ausschließung ist ja auch, daß die Gesellschaft nach § 138 HGB. unter den übrigen Gesellschaftern bestehen bleibt (RGZ. Bd. 24 S. 138). Wollten die mitklagenden Kommanditistinnen, die sich keiner Verfehlung schuldig gemacht haben, die Berücksichtigung des gesellschaftswidrigen Verhaltens des Erstklägers zu ihrem Nachteil verhindern, so mußten sie die Klage auch gegen ihn richten. In diesem Falle hätte nach Lage der Sache vermutlich kein Anlaß bestanden, von einer Ausschließung der beiden persönlich haftenden Gesellschafter Abstand zu nehmen. Schwierigkeiten solcher Art sind die unvermeidliche Folge davon, daß das Ausschließungsrecht nur allen übrigen Gesellschaftern gemeinschaftlich zusteht (Düringer-Hachenburg Anm. 4 zu § 140).

Gleichfalls verfehlt ist endlich die Rüge, daß, wenn auch die eigenen Verfehlungen des Klägers bei Beurteilung der Schwere derjenigen des Beklagten zu berücksichtigen seien, doch die Verfehlungen des letzteren, soweit sie vor denen des Klägers lägen, selbständig für sich zu würdigen seien. Denn das Verhalten des einen Gesellschafters kann nicht derart schematisch dem des andern gegenübergestellt werden, jedenfalls nicht in einem Falle wie dem vorliegenden, wo das gesellschaftswidrige Verhalten des einen wie des andern Gesellschafters aus einer ganzen Kette von Verfehlungen besteht und der Kläger es unterlassen hat, wegen des angeblich vor seinen eigenen Verfehlungen liegenden schuldhaften Verhaltens des Beklagten gegen diesen gemäß § 140 HGB. vorzugehen. . . .

---

69. 1. Nach welchem Recht ist eine Chartepartie zu beurteilen, die in London vom dortigen Agenten der englischen Reederei und dem der einem andern Staat angehörigen Befrachterin auf einem Vordruck der Baltic and White Sea Conference gezeichnet ist?

2. Zur Bedeutung der Konnossementsklausel „Freight and all conditions and exceptions as per Charter Party" für die Bestimmung des auf die Rechtsbeziehungen zwischen Verfrachter und Empfänger anzuwendenden Rechts. Inwieweit kann für diese Rechtsbeziehungen entgegen einer Konnossementsklausel, welche das den Frachtvertrag beherrschende Recht für maßgebend erklärt, das abweichende Recht des Bestimmungsortes in Betracht kommen?

HGB. §§ 557, 651.

I. Zivilsenat. Urt. v. 24. November 1928 i. S. A. St. Co. Ltd. (Kl.) w. C. Co. mbH. u. Gen. (Bekl.). I 68/28.

I. Landgericht Hamburg, Kammer für Handelssachen.
II. Oberlandesgericht daselbst.

An Bord des der Klägerin gehörigen Dampfers „Mary Amelia" brach auf einer Reise vom Schwarzen Meer nach Hamburg Feuer aus. Durch die Einwirkung des Feuers verklumpte die aus Ölkuchen bestehende Ladung. Infolgedessen verursachte die Löschung der Ladung in Hamburg besondere, über die gewöhnlichen Löschkosten hinausgehende Unkosten. Die Klägerin fordert Erstattung dieser Unkosten von den Beklagten als Empfängern der Ladung. Nach Auffassung der Beklagten fallen diese Kosten dem Reeder zur Last.

Das Landgericht gab der Klage statt, das Oberlandesgericht wies sie ab. Die Revision der Klägerin blieb ohne Erfolg.

Gründe:

Streitig ist zwischen den Parteien, ob die laut Konnossement befugten Empfänger einer Ladung dem Verfrachter für die außergewöhnlichen Löschungskosten haften, die mit einer besonderen Haverei der Ladung in ursächlichem Zusammenhang stehen. Darüber, daß es nach der Charteparttie an sich zu Lasten des Verfrachters ging, die Ladung aufzunehmen und längsseits des Schiffs zu bringen, besteht Einigkeit.

Streit herrscht schon über das Recht, nach welchem diese Frage zu entscheiden ist. Gezeichnet ist die Charteparttie in London von den dortigen Agenten der englischen Reederei und der Befrachterin, die der Union der Sozialistischen Sowjet-Republiken angehört. Das in einem Hafen des Schwarzen Meeres an die Order der Befrachterin ausgestellte Konnossement enthält die Klausel: „Freight and all conditions and exceptions as per Charter Party“ usw. Die durch Feuer verklumpte Ladung, deren Entlöschung die Aufwendung außergewöhnlicher Unkosten (sogenanntes „dirty money“) erforderte, wurde im Bestimmungshafen Hamburg von deutschen Firmen übernommen.

Das Berufungsgericht hat die Rechtsbeziehungen der Verfrachterin und der Empfänger nach englischem Recht beurteilt und ist in dessen Anwendung zu dem Ergebnis gelangt, die Verfrachterin könne die durch die Verklumpung der Ladung entstandenen Mehrlöschkosten von den Empfängern auch unter dem Gesichtspunkt der besonderen Haverei nicht verlangen, da nach dem Frachtvertrag die Entlöschung in vollem Umfang ohne Rücksicht auf ihre Kosten Sache der Verfrachterin gewesen sei.

Die Revision hat demgegenüber die Auffassung vertreten, es handle sich im Rechtsverhältnis der Parteien bei dem Streit darüber, wer die Kosten der Entlöschung zu tragen habe, um die Frage der Erfüllung von Verpflichtungen aus dem Konnossement, für diese aber sei das Recht des Bestimmungshafens, also deutsches Recht, maßgebend. Hiernach aber fielen die streitigen Kosten den Empfängern zur Last. Hier sei nämlich einer der in § 593 HGB. vorgesehenen Ausnahmefälle gegeben, da, wie unter Beweis gestellt, nach Hamburger Ortsgebrauch mit Mehrkosten der erörterten Art nicht, wie es der grundsätzlichen Regelung in § 593 entspreche, der Verfrachter, sondern der Ladungsempfänger belastet werde.

Die Revision kann indes keinen Erfolg haben. Für die Auffassung, daß die zur Erörterung stehenden Rechtsbeziehungen der Parteien nach englischem Recht zu beurteilen seien, hat sich das Berufungsurteil die Begründung des erstinstanzlichen Urteils zu eigen gemacht. Dieses entnimmt den Umständen des Falles (Abschluß des Vertrags in London durch englische Firmen unter Benutzung eines dem englischen Schiffahrtsrecht eigenen Vordrucks), daß Verfrachter und Befrachter den Frachtvertrag dem englischen Recht hätten unterwerfen wollen. Daß die Rechtsbeziehungen zwischen Verfrachter und Ladungsempfänger von dem gleichen Rechte beherrscht würden, folgert es aus der oben angeführten Bestimmung des für diese Beziehungen maßgebenden Konnossements.

Daß das Berufungsgericht den Frachtvertrag als solchen unter englisches Recht stellt, kann nicht als rechtsirrtümlich angesehen werden. Es entspricht anerkannten Rechtsgrundsätzen, bei Prüfung der Frage, welchem Rechte die Beziehungen zwischen den Parteien eines Seefrachtvertrags zu unterstellen seien, der innerhalb verschiedener Rechtsgebiete zur Entstehung und Abwicklung gelangt, in erster Linie das entscheidende Gewicht darauf zu legen, ob sich aus den Einzelumständen des Falles Anhaltspunkte für den Willen der Parteien ergeben, das zwischen ihnen entstehende Rechtsverhältnis einem einheitlichen Recht zu unterwerfen (RGZ. Bd. 68 S. 203). Daß die Gesichtspunkte, welche das erstinstanzliche Urteil in dieser Richtung herangezogen hat, erheblich sind, ist ebenfalls von der Rechtsprechung anerkannt. Bei dem Vertragsvordruck handelt es sich allerdings nicht um eine dem englischen Verkehrsrecht allein eigentümliche Gestaltung der Vertragsbedingungen, sondern, wie die Überschrift („The Documentary Council of the Baltic and White Sea Conference") zeigt, um einen in zwischenstaatlicher Besprechung vorgeschlagenen Vertragsentwurf. Diesen hat jedoch die großbritannische Chamber of Shipping angenommen („adopted by the Documentary Committee of the Chamber of Shipping of the United Kingdom"). Immerhin weist der Vertrag in mehreren Punkten (unselbständige Negligence clause in Nummer 2 Absatz 2, Lien clause in Nummer 8) Bestimmungen auf, die der englischen Rechtsauffassung eigentümlich sind. Unter diesen Umständen kann darin keine Verletzung von Auslegungsgrundsätzen erblickt werden, daß aus der Vereinigung der einzelnen Anhaltspunkte die Unterstellung des Vertrags unter englisches Recht entnommen worden ist. Diesen Anhaltspunkten mag noch ergänzend hinzugefügt werden, daß nach Nummer 12 der Charteppartie ein Fall großer Haverei in London abgewickelt und damit — abgesehen von der Anwendung der York-

Antwerp Rules — englischem Recht unterstellt worden ist. Daß danach auch Fälle besonderer Haverei mit Recht nach englischen Rechtsanschauungen beurteilt worden sind, bedarf keiner weiteren Darlegung.

Ohne Rechtsirrtum hat aber das Berufungsgericht weiter angenommen, auch die Rechtsbeziehungen der Verfrachterin und der Empfänger unterlägen, soweit sie auf dem Frachtvertrag beruhten, der Beurteilung nach englischem Recht. Die erwähnte Klausel des Konnossements läßt erkennen, daß diese Rechtsbeziehungen gleich denen der Parteien des Frachtvertrags gestaltet werden sollten, soweit sich nicht aus dem Konnossement etwas anderes ergab. Die Fassung der Klausel genügt auch den Anforderungen des § 651 Abs. 2 HGB. Unter diesen Umständen bestehen keine Rechtsbedenken gegen die Auffassung, daß auch die in der streitigen Rechtsfrage berührten Rechtsbeziehungen zwischen Verfrachterin und Empfängern der Beurteilung nach englischem Recht zu unterwerfen seien.

Zuzugeben ist allerdings der Revision, daß nach deutscher Rechtsanschauung im allgemeinen für die Beurteilung der Ansprüche und Verpflichtungen aus dem Konnossement das Recht des Bestimmungsortes als maßgebend gilt (ROHG. Bd. 25 S. 192; Schaps Seerecht Anm. 35 zu § 642 HGB. und die weiteren dort angeführten Entscheidungen). Es gibt zweifellos auch Fälle, in denen, selbst wenn im allgemeinen nach dem aus der Sachlage entnommenen Willen der Beteiligten die Rechtsbeziehungen zwischen Verfrachter und Empfänger von anderem Recht beherrscht werden, die Sachlage in gewissen Beziehungen die Anwendung des Rechts des Bestimmungsortes fordert. Das kann sowohl aus einer unter dem Gesichtspunkt eines vernünftigen und billigen Ergebnisses vorzunehmenden Ergänzung des Parteiwillens folgen wie auch schon durch Sinn und Zweck der Vorschriften des Rechts des Bestimmungsortes mit Rücksicht auf die Sicherung des kaufmännischen Konnossementsverkehrs gefordert werden (RGZ. Bd. 34 S. 72 [80, 81]). Zu denken ist dabei z. B. an Bestimmungen oder Ortsgebräuche, die den Vorgang der Entlöschung als solchen betreffen (Boyens, Das deutsche Seerecht Bd. I §§ 32, 51), sowie an die Vorschriften über die Voraussetzungen, unter denen Rechte und Verpflichtungen zwischen Verfrachter und Empfänger erwachsen (z. B. §§ 614flg. HGB.). Um solche Fragen handelt es sich aber im vorliegenden Falle nicht, sondern lediglich darum, ob die Bestimmung des Frachtvertrags, wonach der Verfrachterin die Ausladung des Ladungsgutes auf ihre Kosten obliegt, die Anwendung der Rechtsgrundsätze über besondere Haverei ausschließt, letzthin also um die Tragweite einer Bestimmung des Frachtvertrags. Es erscheint nicht geboten, diese Frage, abweichend von dem den Frachtvertrag und die Rechtsbeziehungen zwischen Verfrachter und Empfänger im allgemeinen beherrschenden Recht, nach dem Recht des Bestimmungsortes zu entscheiden. Ein berechtigtes Interesse der Verfrachterin, die den Frachtvertrag englischem Recht unterworfen hat, diese Frage nach dem ihr etwa günstigeren Rechte des Bestimmungsortes und eines dort etwa bestehenden Ortsgebrauchs entschieden zu sehen, ist nicht zu erkennen.

Das englische Recht ist somit ohne Rechtsirrtum angewandt worden. Die Beurteilung, welche der Fall nach diesem Recht erfahren hat, insbesondere auch die Frage, ob die Erheblichkeit eines Ortsgebrauchs im Bestimmungshafen erschöpfend gewürdigt worden ist, war in der Revisionsinstanz nicht nachzuprüfen.

---

70. 1. Über die Wahrung der Frist zur Erhebung der Klage in § 5 des preußischen Tumultschadengesetzes vom 11. März 1850.

2. Unterliegt der Anspruch aus § 1 dieses Gesetzes der dreijährigen Verjährungsfrist des § 852 BGB.?

Preuß. Tumultschädengesetz vom 11. März 1850 §§ 1, 5. Reichs-Tumultschadengesetz vom 12. Mai 1920 §§ 6, 15. Verordnung vom 8. Januar 1924 (RGBl. I S. 23). BGB. §§ 202, 203, 242, 852.

VI. Zivilsenat. Urt. v. 26. November 1928 i. S. N. (Kl.) w. Stadtgemeinde B. (Bekl.). VI 222/28.

I. Landgericht I Berlin.
II. Kammergericht daselbst.

Der Kläger betrieb zwei Konfektionsgeschäfte. Das Hauptgeschäft befand sich in der M.straße in B., das andere in N. In der Nacht zum 11. Januar 1919 wurde das Hauptgeschäft aus Anlaß der Spartakistenunruhen von einer Menschenmenge vollständig ausgeplündert; die Schaufenster wurden sämtlich zertrümmert. Der

Kläger meldete am 12. Januar 1919 bei der Beklagten einen Tumultschaden von 95169 M. an und erhob, nachdem er am 2. Oktober 1919 abschlägig beschieden worden war, noch im gleichen Monat Klage gegen die Stadtgemeinde B. auf Zahlung jenes Betrags. Durch rechtskräftig gewordenes Urteil vom 11. Januar 1922 wurde die Beklagte unter Abweisung der Mehrforderung des Klägers zur Zahlung von 67169 M. verurteilt. Am 26. April 1922 zahlte sie 74000 M. einschließlich Zinsen und Kosten.

Der Kläger ist der Ansicht, daß durch diese Zahlung der ihm erwachsene Schaden nicht gedeckt sei. Er hat sich daher durch Schreiben vom 27. Februar und 5. März 1926 wegen Erstattung seines weiteren Schadens an die Beklagte gewandt. Diese hat sich jedoch nur bereit erklärt, ihm den Unterschied zwischen den Goldmarkwerten der Urteilssumme am Tage der Urteilsverkündung und am Tage der Zahlung mit 606,51 RM. zu zahlen; die Begleichung seiner Mehransprüche hat sie dagegen abgelehnt. Nachdem dem Kläger auf seinen Antrag vom 1. April 1926 das Armenrecht bewilligt worden war, hat er Anfang Oktober 1926 auf Grund der Behauptung, daß durch die Plünderung vom 11. Januar 1919 sein wirtschaftliches Bestehen vernichtet sei, die gegenwärtige Klage auf Zahlung von 30086,76 RM. nebst Zinsen erhoben. Er berechnet seinen noch nicht erstatteten Restschaden auf 40115,70 RM. und verlangt hiervon 75%. Die Beklagte hat einen Teilbetrag von 673,50 RM. nebst 175,08 RM. Zinsen alsbald anerkannt und an den Kläger gezahlt. Im übrigen hat sie den Klaganspruch bestritten.

Das Landgericht erklärte den Anspruch dem Grunde nach für gerechtfertigt. Das Kammergericht dagegen bezeichnete den Klaganspruch in Höhe von 848,58 RM. (obengenannter Teilbetrag nebst Zinsen) als erledigt und wies die Klage im übrigen ab. Die Revision des Klägers führte zur Aufhebung und Zurückverweisung.

Gründe:

Der Klaganspruch ist auf drei Gründe gestützt: auf das preußische Tumultschadengesetz vom 11. März 1850 (GS. S. 199), auf Verzug der Beklagten und endlich auf Aufwertung.

Von diesen Klagegründen hat der letzte ohne weiteres außer Betracht zu bleiben. Denn das preußische Tumultschadengesetz gewährt dem Geschädigten einen Schadensersatzanspruch gegen die Gemeinde; es muß der Zustand hergestellt werden, der bestehen würde, wenn die schädigende Handlung nicht vorgenommen worden wäre. Demnach hat die Beklagte dem Kläger — unbeschadet der teilweisen Abweisung seines Anspruchs im Vorprozeß — den Geldbetrag zu gewähren, der zur Wiederbeschaffung der ihm gestohlenen Waren und zur Wiederherstellung der zertrümmerten Schaufenster nötig ist, und nicht nur den Betrag, der seinem Nennwert nach dem Werte jener Sachen zur Zeit des schädigenden Ereignisses entsprach. Es steht auch ein unmittelbarer und nicht etwa nur ein mittelbarer Schaden oder gar nur ein entgangener Gewinn in Frage (RGZ. Bd. 98 S. 10, 55, 205, Bd. 101 S. 419, Bd. 102 S. 143, 384, Bd. 105 S. 117, 151 Bd. 107 S. 228). Vergeblich weist die Beklagte darauf hin, daß das Reichswirtschaftsgericht, das gemäß § 6, § 15 Abs. 3 des Reichs-Tumultschadengesetzes vom 12. Mai 1920 (RGBl. S. 941) in letzter Instanz über den Erstattungsanspruch der Gemeinde gegen das Reich und das Land zu entscheiden hat, die Berücksichtigung der seit dem Schadensfall infolge Wertsteigerung eingetretenen Erhöhung der Schadensumme ablehne (Behnisch in JW. 1922 S. 57; Küppers im preuß. Verwaltungsblatt Bd. 45 S. 38 Nr. 2b und 2d; anderseits Entsch. des Reichswirtschaftsgerichts Bd. 2 S. 146). Ebensowenig kann die Beklagte geltendmachen, der Berücksichtigung der Geldentwertung bei der Schadensberechnung durch die ordentlichen Gerichte stehe der auf teilweise Entlastung der Gemeinden von der Tumultschädenzahlung gerichtete Wille des Gesetzgebers und die Unbilligkeit entgegen, die darin läge, daß die Gemeinden zwar den Schaden in vollem Umfang erstatten müßten, ihn aber nur zu einem geringen Bruchteil auf Reich und Land abwälzen könnten. Eine abweichende Stellungnahme des Reichswirtschaftsgerichts nötigt nicht dazu, dem Geschädigten den Erstattungsanspruch gegenüber der Gemeinde insoweit zu versagen, als er nach der vom Reichsgericht in ständiger Rechtsprechung festgehaltenen Auslegung der gesetzlichen Vorschriften gerechtfertigt erscheint. Steht hiernach dem Kläger ein Schadensersatzanspruch, und zwar ein Wertanspruch zu, der als solcher zur Berücksichtigung des Geldentwertungsschadens führt, so scheidet der Gesichtspunkt der Aufwertung im eigentlichen Sinne aus. Denn die Aufwertung ist nur ein äußerster Notbehelf für den Fall, daß alle anderen Rechtsgründe zur Herbeiführung eines der Billigkeit entsprechenden Ergebnisses versagen (RGZ. Bd. 109 S. 63, Bd. 111 S. 366, Bd. 114 S. 345). Damit erledigt sich die Einrede der sog. Verwirkung, die sich darauf stützt, daß der Kläger wider Treu und Glauben erst im Februar 1926 mit seinem Anspruch hervorgetreten sei. Es bedarf auch an dieser Stelle keiner Stellungnahme zu dem Vorbringen der Beklagten, daß der Anspruch des Klägers als ein solcher öffentlichrechtlicher Art der Aufwertung grundsätzlich unzugänglich sei. Eine actio judicati auf Grund des rechtskräftigen Urteils vom 11. Januar 1922 liegt nicht vor. Anderseits ist eine Berücksichtigung des Verarmungsfaktors ausgeschlossen.

Auf den Klagegrund des Verzugs kann es nach Lage der Sache nicht ankommen. Denn auch dieser stützt sich schließlich auf das Tumultschadengesetz (RGZ. Bd. 111 S. 104) und führt weder zu einer Erhöhung der Klagforderung, soweit der Hauptanspruch in Betracht kommt, noch zu einer günstigeren Rechtsstellung des Klägers in Ansehung der Einwände der Beklagten.

Zu prüfen bleibt hiernach nur noch der erste Klagegrund. Insoweit ist die Rechtslage folgende. Der Tatbestand des § 1 des preuß. Tumultschadengesetzes, das nach Art. 108 EG. z. BGB. in Kraft geblieben ist, liegt unstreitig vor. Da der Kläger nur einen Vermögensschaden geltendmacht und dieser in der Zeit zwischen dem 1. November 1918 und dem 14. Mai 1920, dem Tage des Inkrafttretens des Reichs-Tumultschadengesetzes (RGZ. Bd. 108 S. 235), verursacht worden ist, so bleibt nach dem — abweichend vom Regierungsentwurf durch den Ausschuß der Nationalversammlung zum Schutz wohlerworbener Rechte eingefügten — § 15 Abs. 1 des Reichs-Tumultschadengesetzes das bisherige Recht maßgebend. Der Kläger kann jedoch, da das Urteil vom 11. Januar 1922 nur für einen jetzt nicht mehr in Betracht kommenden Teil seines Anspruchs Rechtskraft geschaffen hat (§ 15 Abs. 1 S. 2 Reichs-TumultschG.), keinen Ersatz beanspruchen für seinen mittelbaren Schaden und entgangenen Gewinn, und ebensowenig für Gegenstände, die seinem Luxusbedürfnis dienten. Eine weitere Begrenzung hat der Anspruch des Klägers durch die Verordnung vom 8. Januar 1924 (RGBl. I S. 23). insofern erfahren, als er auf den in § 1, § 2 Abs. 1 des Reichs-Tumultschadengesetzes bezeichneten Umfang beschränkt worden ist und als § 2 Abs. 1 in der Fassung der eben genannten Verordnung den Entschädigungsanspruch nur gewährt, wenn und soweit das wirtschaftliche Bestehen des Betroffenen gefährdet ist; auch darf die Entschädigung 75% des festgestellten Schadens nicht überschreiten. Die mit der Tumultschaden-Regelung sich befassenden späteren Verordnungen vom 14. Februar 1924 (Dritte SteuernotVo. Art. IVa § 42 Abs. 2 Nr. 7, RGBl. I S. 74) und vom 29. März 1924 (das. S. 381) sind hier nicht von Bedeutung.

Für den Fall, daß auf Grund der bisherigen Gesetze Verjährung eingetreten oder eine Ausschlußfrist abgelaufen war, gewährt das Reichs-Tumultschadengesetz in § 15 Abs. 4 dem Geschädigten eine Art von allgemeiner Wiedereinsetzung in den vorigen Stand, indem es ihm gestattet, seine Ansprüche binnen einer mit dem 13. August 1920 ablaufenden Ausschlußfrist nach den alten Gesetzen geltendzumachen. Für die Verfolgung und den Umfang des Ersatzanspruchs sind dann aber die §§ 1—10, 12 des Reichs-TumultschG. maßgebend, also auch § 6, der die Verfolgung des Anspruchs im ordentlichen Rechtsweg ausschließt. Diese Sondervorschrift kommt hier nicht zur Anwendung. Denn am 14. Mai 1920, dem Tage des Inkrafttretens des Reichs-Tumultschadengesetzes, war der erst am 11. Januar 1919 entstandene Schadensersatzanspruch des Klägers keinesfalls verjährt, und daß an jenem Tage die Ausschlußfristen des § 5 des preuß. Tumultschadengesetzes noch nicht abgelaufen waren, hat das Kammergericht ohne Rechtsirrtum angenommen. Danach bestehen gegen die Zulässigkeit des Rechtswegs keine Bedenken (JW. 1925 S. 497 Nr. 5, S. 498 Nr. 7; Entsch. des Reichswirtschaftsgerichts Bd. 1 S. 104, 107, 292, 294, 317).

Danach war zunächst von Amts wegen zu prüfen, ob die in § 5 des preuß. Tumultschadengesetzes verordneten Ausschlußfristen gewahrt sind. Daß die erste Frist, die vierzehntägige Anmeldefrist, vom Kläger eingehalten worden ist, ergibt der Sachverhalt; die Beklagte hat dies auch nicht bemängelt. Dagegen sieht das Kammergericht die zweite Ausschlußfrist, die vierwöchige Klagerhebungsfrist, durch die Anfang Oktober 1926 erfolgte Zustellung der gegenwärtigen Klage nicht als gewahrt an. Denn wenn auch der Kläger mit der ersten Klage (vom Oktober 1919) seinen gesamten Schaden geltendgemacht habe, so habe doch die Entwicklung der Währungsverhältnisse im Laufe des Vorprozesses dahin geführt, daß der vom Kläger geforderte Betrag zur Deckung seines gesamten Schadens nicht mehr ausgereicht habe. Dies habe der Kläger jedenfalls im Jahre 1922 erkennen müssen; er hätte daher seinen Klagantrag, wie solches in vielen anderen Tumultschaden-Prozessen geschehen sei, erweitern können und müssen, nicht aber habe er das Urteil vom 11. Januar 1922 rechtskräftig werden lassen dürfen. Die Klagerhebung im Vorprozeß habe infolge der Beendigung dieses Rechtsstreits ihre Wirkung im Rahmen des § 5 preuß. TumultschadenG. verloren.

Diese Ausführungen sind rechtlich bedenklich. Dem Berufungsgericht kann zugegeben werden, daß der Kläger unter Hinweis auf die Eigenschaft seines Anspruchs als Wertanspruchs im Vorprozeß hätte versuchen können, durch fortgesetzte Erweiterung des Klagantrags zur vollen Befriedigung seines Anspruchs zu gelangen; vielleicht hätte er auch mit einem solchen Vorgehen den Schutz der Gerichte gefunden (RGZ. Bd. 102 S. 340, 380). Aber aller Voraussicht nach wäre es ihm bei dem damaligen jähen Absturz der deutschen Währung nicht gelungen, auf diese Weise sein Ziel zu erreichen, d. h. zum vollen Ersatz seines Schadens zu gelangen. In einem Rechtsstreit war nach der damaligen Lage der Verhältnisse jenes Ziel nicht erreichbar. Will man also nicht zu dem unbefriedigenden Ergebnis kommen, daß man zwar dem Kläger grundsätzlich den Anspruch auf vollen Schadensersatz zubilligt, ihm aber den Weg zur Durchführung dieses Anspruchs verschließt, so muß ein Mittel gefunden werden, um ihm zu seinem Rechte zu verhelfen. Dieses bietet sich in dem Gedanken, daß der Tumultschaden-Anspruch einen rechtlich einheitlichen Anspruch darstellt und daß daher bei dem durch die Geldentwertung herbeigeführten Stand der Dinge der Rechtsweg, nachdem er mit der auf Ersatz des vollen Schadens gerichteten, unter Wahrung der Frist des § 5 preuß. TumultschG. erhobenen Klage vom Oktober 1919 eröffnet war, so lange offen bleiben muß, bis über die ganze damalige Klagforderung entschieden ist. Der Senat macht sich damit die Erwägungen zu eigen, die den VII. Zivilsenat des Reichsgerichts in einer die Frist aus § 30 des preuß. Enteignungsgesetzes betreffenden Entscheidung (RGZ. Bd. 119 S. 365) dazu geführt haben, jene Frist als durch die Erhebung der ersten Klage gewahrt anzusehen. Ist auch die rechtliche Natur der Entschädigungsklage auf Grund des Enteignungsgesetzes eine wesentlich andere als die einer Klage aus dem Tumultschadengesetz, so liegen doch die Fälle in Ansehung der Frage der Fristwahrung völlig gleich (RGZ. Bd. 102 S. 383).

Hiernach läßt sich die Abweisung der Klage aus dem vom Kammergericht für durchschlagend erachteten Grunde nicht rechtfertigen. Es war daher zu erörtern, ob der festgestellte Sachverhalt aus einem anderen Grunde zum gleichen Ergebnis führt (§ 563 ZPO.). Insoweit kommen nur die Einreden des Verzichts und der Verjährung in Frage.

(Die Einrede des Verzichts wird für unbegründet erklärt.)

Die dreijährige Verjährungsfrist des § 54 I 6 des preuß. ALR. kommt der Beklagten nicht zustatten. Denn diese Vorschrift ist durch Art. 89 des preuß. AusfG. z. BGB. aufgehoben, soweit sie sich nicht auf öffentliches Recht bezieht. Das preuß. Tumultschadengesetz gewährt aber dem Geschädigten nicht einen öffentlichrechtlichen, sondern einen bürgerlichrechtlichen Anspruch (RGZ. Bd. 107 S. 131). Dagegen greift allerdings die dreijährige Verjährungsvorschrift des § 852 BGB. Platz. Zwar ist die Schadensersatzpflicht aus § 1 des preuß. Tumultsch.G., wie in den Entsch. des Obertribunals Bd. 74 S. 124 und in RGZ. Bd. 98 S. 11, 205 mit ausführlicher Begründung, insbesondere an Hand der Entstehungsgeschichte des Gesetzes, dargelegt wird, von einem Verschulden der Gemeinde unabhängig und beruht daher nicht auf einer unerlaubten Handlung im engeren Sinne. Auch ein vermutetes Verschulden oder eine Gefährdungshaftung der Gemeinde steht nicht in Frage. Aber der § 852 BGB. steht im Titel über unerlaubte Handlungen, und diesen Begriff hat das Reichsgericht stets im weitesten Sinne aufgefaßt (RGZ. Bd. 67 S. 144, Bd. 78 S. 202; KommRGR. 6. Aufl. Erl. 2 zu § 852 und Erl. 1, 2 vor § 823). Er umfaßt alle gegenständlich rechtswidrigen Ereignisse, für deren Eintritt kraft gesetzlicher Bestimmung eine Person verantwortlich ist. Diese Begriffsbestimmung trifft auf die nach § 1 des preuß. TumultschG. der Entschädigungspflicht unterworfenen Beschädigungen zu; denn diese stellen objektiv rechtswidrige Eingriffe dar, für welche die Gemeinde kraft Gesetzes haftet (Friedlaender preuß. Tumultschadengesetz S. 31, 34; Wüsthoff Haftung der Gemeinden bei Aufruhrschäden S. 20; a. M. Liebrecht preuß. Tumultschadengesetz S. 26, 44).

Die dreijährige Verjährungsfrist war aber, entgegen der Annahme der Beklagten, noch nicht abgelaufen, als der Kläger Anfang Oktober 1926 die gegenwärtige Klage erhob. Dabei kann dahingestellt bleiben, ob nicht gemäß § 203 BGB. die Verjährung in der Zeit vom 1. April 1926, dem Tage der Einreichung des Armenrechtsgesuchs, bis Anfang Oktober 1926 wenigstens zum Teil gehemmt war (RGZ. Bd. 87 S. 55). Denn die Verjährung beginnt erst zu laufen, wenn der Geschädigte von dem Schaden und der Person des Täters Kenntnis erlangt hat, und sie ist so lange gehemmt (§ 202 BGB.), als er die Durchführbarkeit seines Anspruchs nicht kannte oder kennen mußte. Diese Voraussetzung für die Hemmung liegt hier vor. Während des Währungsverfalls und auch noch in der ersten Zeit nach der Festigung der Mark unterschieden die Gerichte nicht streng zwischen Wertansprüchen, Verzugsschadenforderungen und reinen Aufwertungsansprüchen, und es bestanden daher unter den Gläubigern solcher Forderungen berechtigte Zweifel, ob ihre Ansprüche gerichtlich anerkannt würden. Dem Kläger konnte sonach zum mindesten bis in den Oktober 1923 hinein nicht zugemutet werden, seinen Anspruch gerichtlich geltendzumachen. Demgemäß ist die Anfang Oktober 1926 erfolgte Klagerhebung keinesfalls verspätet. In gleichem Sinne hat das Reichsgericht, und insbesondere auch der erkennende Senat, bei Schadensersatzforderungen in ständiger Rechtsprechung entschieden (RGZ. Bd. 102 S. 143, Bd. 120 S. 355; Zeiler Aufwertungsfälle Nr. 262, 500, 931, 1041, 1073, 1241). Das Urteil RGZ. Bd. 117 S. 423 (426) steht zum mindesten deshalb nicht entgegen, weil in dem dort behandelten Falle ausdrücklich nur ein Teil des dem Geschädigten zustehenden Anspruchs eingeklagt war.

Nach alledem hängt die Entscheidung davon ab, ob die Voraussetzungen des § 2 Abs. 1 des Reichs-TumultschG. vom 12. Mai 1920 in der Fassung der Verordnung vom 8. Januar 1924 in der Person des Klägers erfüllt sind.

---

71. Kann für eine durch Verkehrshypothek gesicherte Forderung an einem andern Grundstück eine Sicherungshypothek unter der Bedingung bestellt werden, daß der Gläubiger aus der Verkehrshypothek nicht volle Befriedigung findet (Ausfall-Sicherungshypothek)?

BGB. § 1132.

V. Zivilsenat. Beschl. v. 28. November 1928 in einer Grundbuchsache. V B 47/28.

I. Amtsgericht Berlin-Schöneberg.
II. Landgericht II Berlin.

Die Frage wurde bejaht aus folgenden

Gründen:

Der Beschwerdeführer ist im Grundbuch von Berlin-Schöneberg als Eigentümer mehrerer Grundstücke eingetragen. In der notariellen Verhandlung vom 11. Januar 1928 erklärte er: Auf diesen Grundstücken seien in Abteilung III unter Nr. 7 und 9 Hypotheken von 71684 und 107526 g Feingold für die offene Handelsgesellschaft in Firma St. Br. in New-York eingetragen. Für den Fall, daß die Gläubigerin wegen dieser Hypothekenforderungen aus den belasteten Grundstücken keine Befriedigung finden sollte, bestelle er ihr eine unverzinsliche Gesamtsicherungs-Hypothek von 150000 GM. an einigen anderen Grundstücken. Zugleich unterwerfe er sich für diese Forderung der sofortigen Zwangsvollstreckung wegen des jedesmaligen Rückstands in der Weise, daß die Vollstreckung aus der Urkunde gegen den jeweiligen Eigentümer zulässig sein solle. Der Beschwerdeführer hat die Eintragung dieser Hypothek in das Grundbuch bewilligt und beantragt. Der Rechtspfleger des Grundbuchamts beanstandete durch Zwischenverfügung, daß die Forderung, für welche die Hypothek bestellt werde, ihrem Betrag nach nicht bestimmt sei, es könne deshalb nur eine Höchstbetragshypothek eingetragen werden, bei der aber die Unterwerfung unter die sofortige Zwangsvollstreckung nicht möglich sei. Auf die Gegenvorstellung des Notars trat das Amtsgericht dem Rechtspfleger bei. Durch den angefochtenen Beschluß hat das Landgericht die Beschwerde gegen diese Verfügung zurückgewiesen. Der Antrag auf Eintragung wurde sodann vom Grundbuchamt nach nochmaliger Fristsetzung abgelehnt.

Das Kammergericht hat die weitere Beschwerde des Antragstellers dem Reichsgericht zur Entscheidung vorgelegt und dabei folgendes ausgeführt:

Die Urkunde vom 11. Januar 1928 sei dahin aufzufassen, daß die neue Hypothek als bedingte Hypothek einzutragen, aber zur Sicherung derselben Forderungen bestimmt sei, die den bereits eingetragenen wertbeständigen Verkehrshypotheken zugrundelägen, sodaß durch die Eintragung der Sicherungshypothek mit den Verkehrshypotheken eine Gesamthypothek in Höhe von 150000 GM. entstehe. Dieses Ergebnis lasse sich nicht dadurch vermeiden, daß die Eintragungsbewilligung anscheinend nur an den neu zu belastenden Grundstücken eine Gesamthypothek begründen wolle. Denn die Gleichheit der zugrundeliegenden Forderungen schließe die mehreren Hypotheken mit einer der Parteibestimmung entzogenen Notwendigkeit zum einheitlichen Recht der Gesamthypothek zusammen, sodaß eine solche immer vorliege, wenn und soweit für dieselbe Forderung gleichzeitig oder nachträglich an verschiedenen Grundstücken Hypothek bestellt werde. Unzulässig sei aber eine Gesamthypothek, die auf dem einen Grundstück Verkehrs- und auf dem andern Sicherungshypothek sei, möge sie von vornherein als einheitliche Gesamthypothek bestellt oder die Eintragung der zweiten ungleichartigen Hypothek erst nachträglich für dieselbe Forderung bewilligt werden. Das Reichsgericht habe jedoch in RGZ. Bd. 70 S. 248 bei ähnlicher Sachlage eine Ausnahme zugelassen und ausgesprochen, die Bestellung und Eintragung einer bedingten Sicherungshypothek (Höchstbetragshypothek) sei für den Fall möglich, daß eine auf einem andern Grundstück eingetragene Verkehrshypothek einen Ausfall erleide. Anscheinend sei angenommen worden, daß hierbei keine Gesamthypothek begründet werde. Das Kammergericht könne sich dem nicht anschließen und halte an seiner im Beschluß vom 29. Januar 1908 (RJA. Bd. 9 S. 137) für einen ganz gleichliegenden Fall entwickelten Ansicht fest, daß bei solcher Sachlage wie hier weder eine Gesamthypothek mit einem von § 1132 BGB. abweichenden Inhalt, noch eine zweite selbständige Einzelhypothek für die nämliche Forderung rechtlich zulässig sei. Es könne nicht anerkannt werden, daß die Gründe, die der Eintragung einer Gesamthypothek auf dem einen Grundbuchblatt als Verkehrshypothek, auf dem andern als unbedingte Sicherungshypothek entgegenständen, nicht auch durchgreifen sollten, wenn die Sicherungshypothek als bedingte eingetragen werde. Die verschiedene Gestaltung der Einzelhypotheken müsse im letzteren Falle nicht weniger als im ersteren zu den in RGZ. Bd. 70 S. 248 dargelegten, dem Willen des Gesetzes widersprechenden und für den Rechtsverkehr höchst bedenklichen Folgen führen.

Die Zuständigkeit des Reichsgerichts ist gemäß § 79 Abs. 2, 3 GBO. gegeben, namentlich mit Rücksicht darauf, daß der erkennende Senat im Urteil vom 6. Mai 1914 V 4/14 (teilweise abgedruckt im Recht 1914 Nr. 2465) die Entscheidung auf die in RGZ. Bd. 70 S. 248 nur beiläufig ausgesprochene Ansicht über die streitige Rechtsfrage gegründet hat.

Die Zulässigkeit der weiteren Beschwerde unterliegt keinem Bedenken. Zutreffend hebt das Kammergericht hervor, sie sei nicht dadurch gegenstandslos geworden, daß das Grundbuchamt nach Erlaß des landgerichtlichen Beschlusses den Eintragungsantrag endgültig zurückgewiesen habe (KGJ. Bd. 43 S. 141).

Sachlich ist an der in den beiden genannten Entscheidungen des Senats zum Ausdruck gelangten Rechtsansicht festzuhalten. Die weitere Beschwerde erscheint daher als begründet. Unzutreffend ist zunächst, wie auch das Kammergericht annimmt, der Grund, aus dem das Grundbuchamt und das Landgericht die Eintragung beanstandet haben. Nach der Eintragungsbewilligung vom 11. Januar 1928 sollen, wie das Kammergericht zutreffend ausführt, nicht unbestimmte künftige Ausfallforderungen gesichert werden, sondern die gleichen der Höhe nach bestimmten Forderungen, die den alten Eintragungen zugrundeliegen, nur mit der Maßgabe, daß die neu belasteten Grundstücke zwar für jeden Teil der Forderung haften, ihre Haftung aber auf den Betrag von 150000 RM. beschränkt ist. Dagegen soll die Gesamtsicherungshypothek auf den neu zu belastenden Grundstücken nicht unbedingt bestellt werden, sondern aufschiebend bedingt dadurch, daß die Gläubigerin wegen ihrer wertbeständigen Verkehrshypotheken einen Ausfall erleide. Die Bestellung einer aufschiebend bedingten Hypothek ist unbedenklich zulässig; in dieser Beziehung wird auf die Ausführungen in RGZ. Bd. 70 S. 248 verwiesen. Auch daraus können keine Bedenken hergeleitet werden, daß mit der einen, neu einzutragenden Gesamtsicherungshypothek zwei verschiedene Forderungen gesichert werden sollen; denn es handelt sich dabei um Forderungen desselben Gläubigers gegen denselben Schuldner (RGZ. Bd. 75 S. 247; RGRKomm. Anm. 5 zu § 1113 BGB.).

Das Kammergericht meint, es müsse, da es sich um die Sicherung derselben Forderungen handle, durch die Eintragung der neu beantragten Hypothek notwendig eine Gesamthypothek in Höhe von 150000 RM. mit den früheren Hypotheken entstehen; dies sei jedoch im vorliegenden Falle nicht zulässig, weil nach feststehender Rechtsprechung des Reichsgerichts eine Gesamthypothek nicht auf dem einen Grundstück als Verkehrshypothek, auf dem andern als Sicherungshypothek eingetragen werden könne (RGZ. Bd. 70 S. 248, Bd. 98 S. 110). Dieser Schluß ist nicht gerechtfertigt. Aus der Fassung des § 1132 Abs. 1 BGB. entnehmen allerdings Schrifttum und Rechtsprechung nahezu übereinstimmend, daß die hypothekarische Haftung mehrerer Grundstücke für dieselbe Forderung nur in der Form einer Gesamthypothek begründet werden kann, und daß daher für die eine Forderung nicht mehrere Einzelhypotheken an verschiedenen Grundstücken bestellt werden können. Eine Ausnahme ist in RGZ. Bd. 98 S. 110 nur insofern zugelassen, als eine Zwangs-Sicherungshypothek auch dann eingetragen werden darf, wenn für dieselbe Forderung schon eine Verkehrshypothek eingetragen ist, ohne daß in diesem Falle eine Gesamthypothek entsteht. Durch Zulassung der hier in Rede stehenden aufschiebend bedingten Ausfall-Sicherungshypothek neben Verkehrshypotheken wird aber dieser Grundsatz keineswegs durchbrochen, da eine gleichzeitige Haftung mehrerer Grundstücke für dieselben Forderungen gar nicht in Frage kommt, soweit man einerseits die früher bestellten Hypotheken, anderseits die bedingte Hypothek ins Auge faßt. Die aufschiebend bedingte Ausfall-Sicherungshypothek stellt zwar bereits ein Vermögensrecht, keine bloße Anwartschaft dar (RGRKomm. Vorbem. 4 vor § 158 BGB.); sie kommt aber als Hypothek erst zur Entstehung, wenn die aufschiebende Bedingung eintritt (§ 158 Abs. 1 BGB.; RGRKomm. Anm. 2 zu § 158 und Anm. 2 zu § 1113 BGB.), wenn also der Gläubiger bei Verwirklichung seines Rechts aus den Verkehrshypotheken einen Ausfall erlitten hat. Dieser Ausfall kann sich nur bei der Zwangsversteigerung der Grundstücke ergeben, und zwar frühestens nach Eintritt der Rechtskraft des Zuschlags. Da ein Ausfall nur dann in Frage kommen kann, wenn die Hypothek nicht in das geringste Gebot fällt, so sind die Verkehrshypotheken nach §§ 52, 91 ZVG. in dem Augenblick erloschen, wo der Ausfall festgestellt wird. Die bedingte Ausfall-Sicherungshypothek kann hiernach erst entstehen, wenn die Verkehrshypotheken schon untergegangen sind. Die Verkehrshypotheken und die bedingte Ausfall-Sicherungshypothek sichern somit zwar dieselbe Forderung, aber nicht gemeinsam und gleichzeitig, sondern die Haftung des mit der Ausfall-Sicherungshypothek belasteten Grundstücks tritt erst dann ein, wenn die Haftung der mit den Verkehrshypotheken belasteten Grundstücke endgültig erloschen ist. Eine Gesamthypothek, die sowohl die zuerst unbedingt als auch die später ausfallweise belasteten Grundstücke zu derselben Zeit erfaßt, kommt infolgedessen nicht zur Entstehung (RGRKomm. Anm. 2 zu § 1113 BGB.). Ungerechtfertigt sind daher die Einwendungen, die das Kammergericht im Vorlegungsbeschluß und in der Entscheidung RJA. Bd. 9 S. 137 gegen die Zulässigkeit der Begründung einer aufschiebend bedingten Ausfall-Sicherungshypothek (neben einer Verkehrshypothek für dieselbe Forderung) aus den Vorschriften über die Gesamthypothek herleitet.

Auch die übrigen vom Kammergericht in der letztgenannten Entscheidung geäußerten Bedenken greifen nicht durch. Die Begründung einer bedingten Hypothek steht, wie schon erwähnt und wie auch das Kammergericht nicht bezweifelt, an sich mit dem Wesen der Hypothek nicht im Widerspruch. Wenn das Bürgerliche Gesetzbuch unter die Vorschriften über die Hypothek keine solche aufgenommen hat, die den Rechtsgedanken der Verweisung des Gläubigers auf andere, ihm für dieselbe Forderung verhaftete Pfänder verwirklicht, so ist damit nicht gesagt, daß es den Parteien verwehrt sei, diesen wirtschaftlichen Erfolg auf einem Wege zu erreichen, der dem Zweck und Sinn der Hypothek nicht widerstreitet. Auch die Sicherstellung einer Forderung durch Sicherungsübereignung und die Ausfallbürgschaft sind im Bürgerlichen Gesetzbuch nicht geregelt, und doch kann die Zulässigkeit ihrer Vereinbarung nicht bestritten werden (RGRKomm. Anm. 6 zu § 930 BGB. und Vorbem. 5b vor § 765). Grundbuch- und hypothekenrechtliche Bedenken, unter dem Gesichtspunkt der Rechtssicherheit, bestehen gegen die Zulassung der fraglichen Eintragung auch nicht. Insbesondere ist eine Gefährdung des Schuldners durch eine Vervielfältigung der Hypothek in der Hand gutgläubiger Erwerber bei der Zulassung der bedingten Ausfall-Sicherungshypothek nicht zu befürchten, da sich ihre Bedingtheit aus der Eintragung im Grundbuch ergeben muß. Zudem kann diesem Bedenken durch sinngemäße Anwendung des § 49 GBO. begegnet werden, wie dies der Senat auch im Fall der nachträglichen Eintragung einer Zwangs-Sicherungshypothek für eine schon durch Verkehrshypothek gesicherte Forderung in RGZ. Bd. 98 S. 111 als angemessen erachtet hat.

---

72. Über die Grenzen der Berichtigung und Ergänzung von Urteilen nach §§ 319 bis 321 ZPO.

ZPO. §§ 319, 320, 321, 551 Nr. 7.

IV. Zivilsenat. Urt. v. 29. November 1928 i. S. Ehefrau B. (Kl.) w. Ehemann B. (Bekl.). IV 266/28.

I. Landgericht Hamburg.
II. Oberlandesgericht daselbst.

Nachdem auf Klage der Frau und Widerklage des Mannes das Landgericht die Scheidung der Ehe aus beiderseitigem Verschulden ausgesprochen hatte, hat die Klägerin Berufung eingelegt und Abweisung der Widerklage beantragt; sie hat ihre eigene Scheidungsklage zurückgenommen und nur noch Mitschuldigerklärung des Beklagten für den Fall des Durchdringens der Widerklage beantragt. Das Oberlandesgericht hat die Ehe auf die Widerklage geschieden und beide Parteien für schuldig erklärt. Die Revision der Klägerin (als Widerbeklagter) hatte keinen Erfolg.

Aus den Gründen:

Das Landgericht hatte den von der Klägerin zur Widerklage erhobenen Einwand der Verzeihung gewürdigt und zurückgewiesen. Der ursprüngliche Tatbestand des Urteils zweiter Instanz behandelt diesen Einwand nicht. In den Entscheidungsgründen hat der Berufungsrichter zunächst erklärt, daß er sich der Begründung des Landgerichts zur Widerklage anschließe, und dann eine eigene Würdigung des ehewidrigen Verhaltens der Klägerin gegeben, ohne auf den Einwand der Verzeihung zurückzukommen. Nach Verkündung des Urteils wurden von beiden Parteien Anträge auf Berichtigung des Tatbestands eingebracht. Daneben beantragte der Beklagte auch Ergänzung des Urteils durch nachträgliche Entscheidung gemäß § 321 ZPO. dahingehend, daß der von der Klägerin (als Widerbeklagter) erhobene Einwand der Verzeihung nicht habe durchgreifen können, weil weder der Zeuge R. eine Versöhnung bestätigt habe, noch die von der Klägerin vorgetragenen Tatsachen eine Versöhnung erkennen ließen. Daraufhin wurde durch Beschluß des Oberlandesgerichts der Tatbestand des Urteils in zulässiger Weise berichtigt, namentlich in bezug auf den Einwand der Verzeihung und die Beweiserhebung in zweiter Instanz. Zugleich wurden in diesem Beschluß die Urteilsgründe gemäß § 319 ZPO. berichtigt, und zwar wurde in eingehender Erörterung das Vorliegen einer Verzeihung unter Würdigung des Beweisergebnisses zweiter Instanz verneint.

Die Revision trägt vor, im Urteil selbst sei das selbständige Verteidigungsmittel der Verzeihung übergangen worden. Da dieser Fehler durch einen nachträglichen, über die Grenzen des § 319 ZPO. weit hinausgehenden Berichtigungsbeschluß nicht habe verbessert werden können, so unterliege der — hier allein maßgebende — Inhalt des Urteils in seiner ursprünglichen Fassung der Rüge aus § 551 Nr. 7 ZPO.

Der Revision ist zuzugeben, daß eine nachträgliche Berichtigung der Urteilsgründe, wie sie hier vorgenommen worden ist, unzulässig war. Sie wird durch § 320 Abs. 5 ZPO. verboten, denn nach dieser Vorschrift hat die Berichtigung des Tatbestands eine Änderung des übrigen Teiles des Urteils nicht zur Folge. Auch der Weg des § 321 ZPO. stand für die hier vorgenommene Ergänzung der Urteilsgründe nicht offen. Denn dieser Paragraph läßt eine nachträgliche Entscheidung nur zu, wenn ein Haupt- oder Nebenanspruch oder wenn der Kostenpunkt übergangen ist; er bezieht sich nicht auf die Übergehung einzelner Angriffs- oder Verteidigungsmittel. Sind solche übergangen, so kann die Übergehung nur mit dem zulässigen Rechtsmittel gerügt werden (RGZ. Bd. 75 S. 293). Die Revision war daher hier der alleinige Rechtsbehelf, mit dem eine Übergehung des Einwands der Verzeihung in den Urteilsgründen zur Geltung gebracht werden konnte. Und dieser Rechtsbehelf konnte nicht dadurch verkümmert werden, daß der Berufungsrichter die Berichtigung mit § 319 ZPO. rechtfertigen zu können geglaubt hat. Es ist zwar richtig, daß die Grenzen des § 319 ZPO. umstritten sind und daß das Reichsgericht mehrfach (so in RGZ. Bd. 110 S. 429; JW. 1928 S. 709 Nr. 7; Urt. vom 28. Mai 1919 VI 69/19) ausgesprochen hat, ein Berichtigungsbeschluß nach § 319 ZPO. sei nur nach Maßgabe dieses Paragraphen selbst anfechtbar und, wenn von einem Oberlandesgericht erlassen, unanfechtbar. Allein alle diese Fälle lagen anders. Im Streitfall handelt es sich, anders als dort, nicht um die Frage, wie weit die Grenzen des § 319 zu ziehen sind, sondern darum, daß der Beschluß inhaltlich gegen § 320 Abs. 5 ZPO. verstößt und daher als ein unstatthafter und nicht zu beachtender Urteilsnachtrag anzusehen ist (so auch RGU. vom 5. Februar 1926 III 92/25).

Die Rüge der Verletzung des § 551 Nr. 7 ZPO. wäre daher berechtigt, wenn es zuträfe, daß in der ursprünglichen Fassung der Urteilsgründe der Einwand der Verzeihung nicht gewürdigt worden sei. Was der Berufungsrichter selbst darüber in seinem Berichtigungsbeschluß sagt — die Frage der Verzeihung sei mitberaten worden und nur versehentlich im Urteil nicht erörtert —, kommt nicht in Betracht, da der Urteilsnachtrag keinerlei Bedeutung hat. Das Berufungsurteil in seiner ursprünglichen Fassung ist allein für das Revisionsgericht maßgebend und aus sich selbst heraus zu beurteilen. In seinen Gründen ist aber der Verzeihungseinwand keineswegs unerörtert geblieben. (Wird unter Hinweis auf die vom Berufungsrichter in Bezug genommene Begründung des landgerichtlichen Urteils ausgeführt.)

---

73. 1. Muß der Pächter eines landwirtschaftlichen Gutes, der nach dem Pachtvertrag alle das Gut betreffenden öffentlichen Lasten und Abgaben zu tragen hat, dem Verpächter, dem nach dem Vertrag nur die auf sein Einkommen aus dem Pachtgut zur Erhebung gelangenden „direkten Staatseinkommensteuern" zur Last fallen, den auf das Pachtgut entfallenden Teil der Reichsvermögensteuer ersetzen?

2. Über den Unterschied zwischen Vermögen- und Einkommensteuer?

BGB. § 546. Einkommensteuergesetz vom 10. August 1925 § 1. Vermögensteuergesetz vom 10. August 1925 § 1.

VIII. Zivilsenat. Urt. v. 6. Dezember 1928 i. S. Prinz B. von C. (Kl.) w. M. (Bekl.). VIII 281/28.

I. Landgericht Öls.
II. Oberlandesgericht Breslau.

Der Kläger hat an den Beklagten im Jahre 1919 ein landwirtschaftliches Gut verpachtet. Nach dem Pachtvertrag hatte der Pächter alle das Gut betreffenden öffentlichen Lasten und Abgaben zu tragen, der Verpächter dagegen nur die auf sein Einkommen aus dem Pachtgut zur Erhebung kommenden „direkten Staatseinkommensteuern" aus eigenen Mitteln zu zahlen. Auf Grund dieser Bestimmung fordert der Kläger vom Beklagten Erstattung des von ihm gezahlten, auf das Pachtgut fallenden Teils der Reichsvermögensteuer.

Das Landgericht gab der Klage statt, das Oberlandesgericht wies sie ab. Die Revision des Klägers führte zur Aufhebung und Zurückverweisung.

Gründe:

Das Berufungsgericht unterstellt für seine Entscheidung die Auslegung, die der Kläger dem § 15 des Pachtvertrags gibt und die dahin geht, daß er selbst nur die Einkommensteuer, alle übrigen Steuern aber, welche die Pachtgüter belasteten, der Beklagte zu tragen habe. Trotzdem kommt der Vorderrichter zur Abweisung der Klage, weil die Reichsvermögensteuer nicht unter die letzteren Steuern falle. Das angefochtene Urteil führt dazu aus: Die Reichsvermögensteuer sei eine persönliche Steuer; wenn der Steuerpflichtige Eigentümer von Grundstücken sei, so ruhe die Steuer nicht auf den Grundstücken, diese seien nicht Steuerquelle. Das Vermögen des Steuerpflichtigen, also auch seine etwaigen Grundstücke, sei nur Bemessungsgrundlage für die Steuer, sie werde nach seinem gesamten Vermögen und nach seinen persönlichen und Familienverhältnissen berechnet, die Schulden seien abzuziehen. Die Vermögensteuer sei nur der Form nach eine solche, tatsächlich sei sie eine Einkommensteuer, die nach der Absicht des Gesetzgebers ohne Inanspruchnahme der Vermögenssubstanz aus dem Einkommen entrichtet werden solle, das der Steuerpflichtige aus seinem Vermögen erziele. Die Vermögensteuer sei auch nicht aus den Erträgnissen zu bestreiten, die der Pächter aus dem Pachtgut erziele, sondern aus dem Einkommen, aus den Pachtzinsen, die der Verpächter durch die Verpachtung des Gutes erhalte.

Insoweit diese Erwägungen darauf hinausgehen, die Reichsvermögensteuer grundsätzlich als Einkommensteuer zu betrachten und das zu besteuernde Vermögen lediglich als Grundlage für die Bemessung der Steuer zu erklären, sind sie nicht bedenkenfrei.

Daß die Vermögensteuer keine auf den Besitz, insbesondere auf den Grundbesitz gelegte Realsteuer, keine auf dem Besitz ruhende Last im Sinne des § 546 BGB. ist, hat schon der III. Zivilsenat des Reichsgerichts im Urteil vom 1. Oktober 1926 (JW. 1927 S. 1753 Nr. 2) ausgesprochen. Hiervon abzugehen besteht kein Anlaß. Man hat die Reichsvermögensteuer eine „verkappte“ Einkommensteuer genannt, weil ihrer Veranlagung wohl das Vermögen zugrundegelegt werde, ihr Zweck aber dahin gehe, die Einkommen aus

Besitz vor denen aus Arbeit zu belasten und so die Einkommensteuer zu ergänzen, die nach dieser Richtung nicht ausreichend unterscheide. Die Vermögensteuer mag auch eine Ergänzung der Einkommensteuer bezwecken; daraus folgt aber nicht, daß sie nun selbst zu einer verbesserten Einkommensteuer geworden wäre. Ihr Zweck wurde eben dadurch erreicht, daß das Gesetz außer dem unter das Einkommensteuergesetz fallenden Einkommen nun auch das „Vermögen" besteuert wissen will (§ 1 des Gesetzes über Vermögen- und Erbschaftsteuer vom 10. August 1925, RGBl. I S. 233), daß es die in § 2 genannten Rechtspersönlichkeiten „mit dem gesamten Vermögen" für steuerpflichtig erklärt und daß es nach §§ 6, 7 auch die Steuer nach dem „Vermögen" berechnet. Die Vermögensteuer unterscheidet sich von der Einkommensteuer in einem ganz wesentlichen Punkt: das Einkommensteuergesetz besteuert grundsätzlich nur das Einkommen, den Überschuß der Einnahmen des Steuerpflichtigen über seine Ausgaben (§§ 3, 6, 7, 15 des Einkommensteuergesetzes vom 10. August 1925, RGBl. I S. 189). Das für die Vermögensteuer maßgebliche Reichsbewertungsgesetz vom 10. August 1925 (RGBl. I S. 214) unterwirft der Steuer alles irgendwie greifbare Vermögen, auch wenn der Steuerpflichtige aus ihm kein Einkommen bezieht, so z. B. unverzinsliche Kapitalforderungen, bares Geld, noch nicht fällige Ansprüche aus Lebens- und sonstigen Versicherungen, mit Einschränkung auch Schmuck- und Luxusgegenstände, Kunstgegenstände und Sammlungen usw. (§ 38 des Gesetzes).

Schon diese Tatsache allein verbietet es, die Reichsvermögensteuer einfach als Einkommensteuer zu behandeln.

Einkommensteuer muß der Verpächter zahlen aus dem Pachtzins des Pächters, und zwar nicht als Eigentümer der Pachtgrundstücke. Steuergegenstand ist hier das steuerbare Einkommen als solches, eben der Pachtzins, der unabhängig ist von den jeweiligen Erträgnissen des Grundstücks (§ 6 Abs. 1 Nr. 6 und § 38 EStG.), während der Pächter selbständig seine Einkünfte aus dem Betrieb der Landwirtschaft als Einkommen zu versteuern hat (§ 6 Abs. 1 Nr. 1 und § 45 EStG.). Die Höhe der Vermögensteuer dagegen richtet sich, mag das Grundstück verpachtet sein oder nicht, nach dem Ertrag des Grundstücks und dem daraus zu berechnenden Ertragswert, hat also mit dem vom Pächter zu zahlenden Pachtzins (abgesehen davon, daß auch dieser Pachtzins für die Berechnung des Ertragswertes einen

Maßstab abgeben kann) nichts zu tun, mag die Steuer auch rein äußerlich aus dem Pachtzins gezahlt werden. Der Berechnung des Ertragswertes eines landwirtschaftlichen Grundstücks wird nach § 13 des Reichsbewertungsgesetzes und § 152 der Reichsabgabenordnung der Reinertrag zugrundegelegt, den es nach seiner wirtschaftlichen Bestimmung bei ordnungsmäßiger und gemeinüblicher Bewirtschaftung mit entlohnten fremden Arbeitskräften unter gewöhnlichen Verhältnissen im Durchschnitt nachhaltig gewähren kann. Es wird also ein den besonderen Verhältnissen eines solchen Grundstücks und seines regelrechten Betriebs angepaßter Normalmaßstab angelegt und vom erzielbaren, nicht vom wirklich erzielten Rohertrag ausgegangen. Der Verpächter wird auf diesen in der Regel keinen Einfluß haben, von der Tüchtigkeit des Pächters dagegen hängt es ab, ob der Ertrag des Pachtgutes möglichst gesteigert wird, ohne daß deswegen allein eine Erhöhung der Vermögensteuer zu befürchten wäre. Die danach zu entrichtende Vermögensteuer steht also zum Grundstück selbst und zu seinen natürlichen Erzeugnissen in untrennbarer Beziehung. Die Grundstücke als das Vermögen oder als ein Teil des Vermögens des Steuerpflichtigen sind Gegenstand der Besteuerung, die sich wiederum nach ihrem durchschnittlichen objektiv möglichen Ertrag und nach dem danach zu berechnenden Ertragswert richtet. Die Grundstücke sind also gleichzeitig auch Grundlage für die Bemessung der Steuer. Steuerquelle ist nicht der Pachtzins, sondern, wenn die Steuer auch rein kassenmäßig häufig aus dem Pachtzins bestritten werden mag, das Gesamtvermögen, dessen Wert durch Zusammenrechnen der Einheitswerte der wirtschaftlichen Einheiten des landwirtschaftlichen Vermögens und der Werte des sonstigen Vermögens einerseits und anderseits durch Abrechnung der im Reichsbewertungsgesetz für abzugsfähig erklärten Schulden und Lasten gefunden wird. In diesem Gesamtwert geht nun allerdings der Ertragswert der landwirtschaftlichen Einheiten auf; die Vermögensteuer richtet sich als Personalsteuer in ihrem Endergebnis lediglich nach den persönlichen Verhältnissen des Steuerpflichtigen. Dies ändert aber nichts daran, daß wenigstens ein Teil dieses Gesamtvermögens als selbständige Einheit nach dem Ertragswerte des landwirtschaftlichen Vermögens berechnet worden ist. Diesem Einheitswert legt das Gesetz auch insofern selbständige Bedeutung bei, als dem Eigentümer über dessen Höhe nach § 54 RBewG. ein selbständiger schriftlicher

Bescheid zu erteilen ist und die festgestellten Einheitswerte nach näherer Bestimmung des Reichsministers der Finanzen offengelegt werden müssen, § 55 a. a. O.

Wenn es aber auch richtig ist, daß nach dem Willen des Gesetzgebers die Vermögensteuer unter gewöhnlichen Verhältnissen aus den Erträgen des Vermögens gezahlt werden soll, so macht doch das Gesetz selbst gerade bei der Bewertung landwirtschaftlicher Grundstücke hiervon eine Ausnahme. Der Eigentümer eines solchen Grundstücks kann sich nicht darauf berufen, daß seine Landwirtschaft keinen Ertrag bringe, aus dem er die Vermögensteuer zahlen könne, daß sie sogar Zuschüsse beanspruche. Denn nach § 15 Abs. 2 RBewG. darf der für einen landwirtschaftlichen Betrieb anzusetzende Wert nicht geringer sein als der Ertragswert, der sich für die bebauten Grundstücksteile nach den sonstigen für bebaute Grundstücke geltenden Grundsätzen ergeben würde.

Das Berufungsgericht wird bei alledem zu prüfen haben, was die Parteien nach den Grundsätzen von Treu und Glauben mit Rücksicht auf die damals geltende Verkehrssitte, sowie unter Berücksichtigung der damaligen Zeit- und Steuerverhältnisse bei Abschluß des Vertrags vom 11. Juli 1919 beabsichtigt haben, was sie im besonderen unter den nach dem Vertrag dem Verpächter allein zur Last fallenden „direkten Staatseinkommensteuern" verstanden wissen wollten und wie sie die Reichsvermögensteuer vertraglich behandelt hätten, wenn diese schon damals in Geltung gewesen wäre oder in Aussicht gestanden hätte.

---

74. Über Umwertung rückständiger Papiermark-Einzahlungen auf Aktien im Falle rechtswirksamer Umstellung des Aktienkapitals auf Reichsmark.

HGB. §§ 211, 221. Zweite DurchfVo. z. GoldbilanzVo. § 26. BGB. § 242. AufwG. § 63.

II. Zivilsenat. Urt. v. 30. November 1928 i. S. Dr. G. u. Gen. (Kl.) w. Maschinenfabrik K. AG. (Bekl.). II 38/28.

I. Landgericht Chemnitz, Kammer für Handelssachen.
II. Oberlandesgericht Dresden.

Das Grundkapital der verklagten Aktiengesellschaft, das bei ihrer Gründung im Jahre 1872 1350000 M. betragen hatte, ist in der Zeit der Geldentwertung verschiedentlich erhöht worden, letztmals durch Generalversammlungs-Beschluß vom 8. November 1922 von 7500000 M. auf 22500000 M. durch Ausgabe von 500 Vorzugsaktien und 12000 Stammaktien zu je 1200 M. Die jungen Stammaktien wurden den Inhabern der alten Stammaktien in der Weise zum Bezug angeboten, daß auf je 600 M. alte eine neue Aktie bezogen werden konnte. Bei der Zeichnung wurden auf die einzelne Aktie 25% des Nennbetrags, also 300 M., aus Gesellschaftsmitteln eingezahlt. Zeit und Höhe der weiteren Einzahlungen sollten vom Aufsichtsrat bestimmt werden; es sind jedoch keine Einzahlungen in Papiermark mehr angefordert worden. Vor der Umstellung auf Goldmark hat eine Generalversammlung vom 23. Oktober 1924 einstimmig die Resteinzahlung für die Stammaktien vom November 1922 auf 300 GM. für die Aktie festgesetzt. Dieser Beschluß ist auf Klage eines Aktionärs für nichtig erklärt worden. Berufung und Revision der Beklagten wurden zurückgewiesen (letztere durch Urteil des erkennenden Senats vom 19. März 1926, vgl. RGZ. Bd. 113 S. 152 = JW. 1928 S. 624 Nr. 4). In der Folge hat eine Generalversammlung vom 23. September 1926 die Goldmark-Eröffnungsbilanz genehmigt, das Grundkapital der Beklagten auf 3607000 RM. (3600000 RM. in Stammaktien, 7000 RM. in Vorzugsaktien) umgestellt und die Nennbeträge der bisherigen Stammaktien zu 300 M. auf 50 RM., die der Stammaktien zu 1200 M. auf 200 RM. festgesetzt. Der Umstellungs-Beschluß ist in das Handelsregister eingetragen und nicht angefochten worden. In der Goldmark-Eröffnungsbilanz waren die Ansprüche der Beklagten wegen der rückständigen Einlagen auf die Stammaktien vom November 1922 mit 120000 RM. unter den Aktiven vermerkt, gleichzeitig war aber wegen der tatsächlichen und rechtlichen Unsicherheit dieser Ansprüche auf der Passivseite ein gleich hohes Delkredere-Konto eingestellt worden. Durch diese Bilanzierungsweise sollte jedoch einer künftigen — gegebenenfalls gerichtlichen — Festsetzung der Höhe der Einlage-Rückstände nicht vorgegriffen werden.

In der Generalversammlung vom 24. März 1927 ist ein aus Aktionärkreisen gestellter, ordnungsmäßig angekündigter Antrag, die Resteinzahlungen auf die Aktien der Ausgabe vom November 1922 auf je 10 RM. festzusetzen, mit 25807 gegen 332 Stimmen angenommen worden. Vorstands- und Aufsichtsratsmitglieder mit 6286 Stimmen hatten sich der Abstimmung enthalten. Gegen diesen Beschluß haben die drei Kläger sofort Widerspruch zu Protokoll erklärt und dann Anfechtungsklage erhoben. Übereinstimmend sind sie, wie übrigens auch die Beklagte selbst, der Ansicht, daß der Beschluß gegen das Gesetz verstoße. Der Erstkläger Dr. Gai. und die Beklagte vertreten im wesentlichen die Ansicht, daß entsprechend dem Verhältnis der Papiermark-Einzahlung zum früheren Papiermark-Nennbetrag 25% vom Nennbetrag der auf 200 RM. umgestellten Aktien als eingezahlt zu gelten hätten, daß demnach noch 75% = 150 RM. auf die nicht voll eingezahlten Aktien geschuldet würden und daß hieran im Hinblick auf § 221 HGB. auch die Generalversammlung nichts mehr ändern könne. Die Kläger Dr. R. und Dr. Ge. sind dagegen der Meinung, daß die Rückstände auf die Einlagen nach Aufwertungsgrundsätzen umzuwerten seien und daß keinesfalls über den ursprünglichen Goldmarkwert hinausgegangen werden könne. Der Kläger Dr. Gai. beantragt demnach Nichtigerklärung des angegriffenen Beschlusses schlechthin, der Kläger Dr. R. Nichtigerklärung insoweit, als der Beschluß die Resteinzahlung auf einen 60 Pfg. übersteigenden Betrag für die Aktie bemißt. Auch der Kläger Dr. Ge. verlangt Nichtigerklärung des Beschlusses und außerdem Festsetzung der restlichen Einzahlung für die Aktie auf 1 RM. Die Beklagte hat dem Kläger Dr. R. gegenüber Widerklage erhoben auf Feststellung, daß er auf seine 50 Stammaktien der Ausgabe vom November 1922 je 150 RM. nachzuzahlen habe. Der Widerbeklagte hat den Anspruch in Höhe von 60 Pfg. für die Aktie anerkannt.

Das Landgericht erklärte den angefochtenen Beschluß für nichtig, soweit er die Resteinzahlung auf die Aktien der November-Ausgabe 1922 höher als auf 60 Pfg. je Aktie festsetze. Die Widerklage wurde abgewiesen. Der Kläger Dr. Gai. und die Beklagte legten Berufung ein. Die Berufung des Dr. Gai. wurde zurückgewiesen. Auf die Berufung der Beklagten wurden die drei Kläger abgewiesen. Zur Widerklage, der im übrigen der Erfolg versagt blieb, stellte das Oberlandesgericht fest, daß Dr. R. auf seine 50 Aktien eine Resteinzahlung von 10 RM. je Aktie schulde.

Die Revisionen der Kläger Dr. Gai. und Dr. R. und der Beklagten wurden zurückgewiesen.

Gründe:

Beide Vorinstanzen haben die Frage, ob überhaupt die Generalversammlung die Umwertung der rückständigen Einlagen regeln konnte, nicht ausdrücklich erörtert; sie haben sie stillschweigend bejaht, wie sich aus dem sonstigen Inhalt der Gründe ergibt. Wäre dem nicht beizutreten und könnte daher die Umwertung nur durch Vereinbarung zwischen der Gesellschaft und dem Einzelaktionär oder im Streitfall durch Richterspruch (im Rechtsstreit der Gesellschaft mit dem einzelnen Aktionär) erfolgen, hätte also die Generalversammlung mit dem angegriffenen Beschluß die Grenzen ihrer Zuständigkeit überschritten, so wäre der Beschluß ohne weiteres nichtig. Wie schon im Urteil des erkennenden Senats vom 19. März 1926 (RGZ. Bd. 113 S. 152, vgl. auch Bd. 119 S. 221) dargelegt ist, handelt es sich aber hier, soweit die Gesamtheit der beteiligten Aktionäre in Betracht kommt, um eine gesellschaftliche Angelegenheit, die eben deshalb im allgemeinen Rahmen der Gesetze und der Satzung der Beschlußfassung durch die Generalversammlung unterliegt. Denn diese als oberstes Organ der Gesellschaft hat in den umschriebenen Grenzen zuvörderst über die Regelung gesellschaftlicher Fragen zu befinden. Daß die Umwertung schematisch, d. h. für alle beteiligten Aktionäre nur gleichmäßig geschehen kann, hat der erkennende Senat schon wiederholt ausgesprochen (vgl. die erwähnten Urteile und RGZ. Bd. 120 S. 363). Auch daran ist festzuhalten.

Das erwähnte Urteil vom 19. März 1926 führt zur Frage der Gültigkeit des damals angegriffenen Generalversammlungs-Beschlusses über die Umwertung der rückständigen Einzahlungsforderung auf 300 GM. aus, die Höhe der noch zu leistenden Einzahlungen in Gold sei so eng mit den ganzen Umstellungsmaßnahmen verknüpft, daß sie nicht davon losgelöst durch besonderen Beschluß vor der Umstellung festgesetzt werden könne und daß deshalb jener vor der Umstellung gefaßte Umwertungsbeschluß nichtig sei. Die Beklagte war also ausdrücklich darauf hingewiesen, daß zu den Umstellungsmaßnahmen gerade auch die Entschließung über die Festsetzung der rückständigen Papiermark-Einzahlungen in der neuen Währungseinheit gehöre. Demzufolge ist zunächst zu prüfen, ob überhaupt die Generalversammlung nach vollzogener Umstellung noch die rechtliche Möglichkeit hatte, Beschlüsse über Art und Höhe der Umwertung zu fassen, und weiterhin, ob dann, wenn man bei der Umstellung hierüber nicht oder nicht rechtsgültig Beschluß gefaßt hätte, der Umstellungsbeschluß selbst fehlerhaft, insbesondere unheilbar nichtig wäre. Träfe letzteres zu, dann wäre die Rechtslage dieselbe, wie sie dem Urteil vom 19. März 1926 zugrundelag, d. h. der jetzt angegriffene Beschluß wäre wiederum nichtig, weil er vor rechtswirksam erfolgter Umstellung gefaßt ist. Einer nachträglichen, d. h. erst nach der Umstellung auf Goldmark vorgenommenen Beschlußfassung über die Umwertung stehen die im Urteil vom 19. März 1926 gegen die Zulässigkeit einer vorherigen Regelung dieser Frage erhobenen Bedenken nicht im Wege. Vom Standpunkt der sog. Quotentheorie aus, wonach die Aktionäre in Höhe des bisherigen Prozentsatzes schlechthin auf Nachzahlung des umgestellten Aktiennennbetrags haften und der Generalversammlungs-Beschluß insofern nur deklaratorische Bedeutung haben soll (Hartmann im Bankarchiv 1923/24 S. 213), würde sich die Frage, ob nachträgliche Umwertungsbeschlüsse möglich sind, allerdings ohne weiteres erledigen. Denn nach dieser Lehre wäre mit der Beschlußfassung über die Umstellung von selbst und zwingend auch die Umwertung der Einlage-Rückstände in der Weise vollzogen, daß 75% des neuen Nennbetrags der Aktien als nicht eingezahlt und darum als rückständig gelten müßten. Hieraus ergäbe sich weiter, daß der jetzt angegriffene Generalversammlungs-Beschluß vom 24. März 1927 in Wahrheit auf einen Teilerlaß rückständiger Gold- oder Reichsmark-Kapitaleinlagen der Aktionäre hinauslaufen würde. Einem solchen Erlaß stünde jedoch die im öffentlichen Interesse gegebene zwingende Vorschrift des § 221 HGB. entgegen. Der Beschluß wäre demnach nichtig. Sieht man aber zunächst von der Quotentheorie ab, so muß, wenn es nicht schon im Rahmen der Umstellung geschehen ist, auch noch nach der Umstellung über die Umwertung der rückständigen Papiermark-Einlagen Beschluß gefaßt werden können. Gewiß ist ein solches Verfahren nicht zweckmäßig. Es ist zuzugeben, daß deshalb vielleicht auch die Goldmark-Eröffnungsbilanz und der Umstellungsbeschluß mit Erfolg hätten angefochten werden können. Denn die bilanzmäßige Bewertung der Einlage-Rückstände muß naturgemäß in erster Linie an den Nennbetrag der gesamten Einlageschuld anknüpfen. Dies ist aber nicht möglich, wenn nicht gleichzeitig über die Umwertung selbst Beschluß gefaßt wird. Immerhin ist es nichts Außergewöhnliches, daß über Bestand und Höhe einer Gesellschaftsforderung im Zeitpunkt der Genehmigung der Bilanz Ungewißheit herrscht und daß deshalb der Posten überhaupt nicht unter die Aktiven aufgenommen oder eine besondere bilanzmäßige Sicherung gegen Ausfall getroffen wird. So ist aber hier verfahren worden. Damit waren in der Bilanz unter Umständen sehr erhebliche Reserven geschaffen, was bestenfalls nur einen Anfechtungsgrund hätte abgeben können. Im übrigen sind Umwertungsbeschluß und Bilanzbewertung zwei ganz verschiedene Dinge. Es läßt sich auch, von der Quotentheorie abgesehen, sehr wohl denken, daß ein im Rahmen des Umstellungsverfahrens gefaßter Umwertungsbeschluß hinfällig ist oder wird, ohne daß dadurch im Hinblick auf die Art und Weise der Aufmachung der Goldmark-Eröffnungsbilanz die Umstellung, so wie beschlossen, in Frage gestellt würde. Hierbei ist davon ganz abgesehen, daß von den im Rahmen der Umstellung gefaßten Beschlüssen unter Umständen überhaupt nur gegen den Umwertungsbeschluß Anfechtungsklage erhoben werden konnte und erhoben worden ist.

Diese Auffassung deckt sich mit der Vorschrift des § 26 der 2. DurchfVo. z. GBVo. Endlich gehen in Übereinstimmung mit beiden Vorinstanzen sämtliche Revisionen davon aus, daß die Umstellung der verklagten Gesellschaft rechtswirksam erfolgt ist. Der Streit der Parteien dreht sich allein darum, ob die durch den angefochtenen Beschluß vollzogene Umwertung der Einlage-Rückstände rechtlichen Bestand haben kann oder nicht. Im Grunde verneinen dies sowohl die Kläger wie die Beklagte, die letztere und der Kläger Dr. Gai. wegen angeblich zu niedriger, der Kläger Dr. R. umgekehrt wegen zu hoher Bemessung der Einlage-Rückstände auf die umgestellten Aktien.

Das angefochtene Urteil nimmt zunächst an, daß Ansprüche einer Aktiengesellschaft auf rückständige Einlagen, die als Papiermark-Ansprüche begründet sind, ebensowenig wie sonstige Geldansprüche infolge der Geldentwertung wertlos geworden seien, sondern umgewertet werden müßten. Dem stehe auch § 26 der 2. DurchfVo. z. GBVo. nicht im Wege, denn er lasse die Ansprüche der Gesellschaft auf die ausstehenden Einzahlungen ausdrücklich unberührt. Diese Auffassung stimmt mit der Auffassung des erkennenden Senats in den Urteilen RGZ. Bd. 113 S. 152, Bd. 119 S. 221, Bd. 120 S. 363 überein und wird auch im Schrifttum nahezu einhellig vertreten. Das Berufungsgericht lehnt sodann unter Bezugnahme auf die Ausführungen bei Quassowski-Susat zu § 26 der 2. DurchfVo. z. GBVo. und auf die Beschlüsse des Kammergerichts vom 12. März 1925 (ROLG. Bd. 44 S. 203) und vom 6. Mai 1925 (Recht 1926 Nr. 112 S. 353) die Quotentheorie ab. Nach dieser würde sich die Umwertung der rückständigen Einlage mit der Umstellung und durch sie in der Weise vollziehen, daß die Aktionäre vom neuen Nennbetrag der Aktien die gleiche Quote nachzuzahlen hätten wie zuvor vom Nennbetrag der Papiermark-Aktien. Hierzu führt das angefochtene Urteil aus: Die Verpflichtung des Aktionärs zur Leistung von Kapitaleinlagen werde nach § 221 HGB. durch den Nennbetrag der Aktie und, falls der Ausgabepreis höher sei, durch diesen begrenzt; es handle sich also um die Verpflichtung zur Zahlung einer bestimmten Geldsumme, nicht um Quotenhaftung; die Umwertung der Einlage-Rückstände habe deshalb im Sinne der Aufwertung zu geschehen, und zwar nach dem Grundsatz der Gleichbehandlung der Aktionäre schematisch. Eine Aufwertung der rückständigen 900 PM. auf 10 RM. für die Aktie, wie es der angegriffene Generalversammlungs-Beschluß wolle, sei nicht zu beanstanden. Der Beschluß verstoße weder gegen § 221 noch gegen § 211 HGB. Ein Betrag von 150 RM., wie ihn der Kläger Dr. Gai. und die Beklagte für angemessen hielten, gehe weit hinaus über das, was aufwertungsrechtlich möglich sei. Der Goldmarkwert der rückständigen 900 PM. vom 15. November 1922, dem Mitteltag zwischen dem Kapitalerhöhungs-Beschluß vom 8. November 1922 und seiner Eintragung ins Handelsregister, habe sich, über den Dollar gerechnet, nur auf 60 Pfg. belaufen. Hierzu komme daß die Aktien damals nicht zur Beschaffung von neuem Kapital ausgegeben worden seien, sondern um damit den seitherigen Aktionären eine „Zuwendung" zu machen. Nach alledem könne keine Aufwertung in Höhe von 150 RM. in Betracht kommen; auch 10 RM. seien schon reichlich hoch. Die freie Aufwertung brauche jedoch nicht beim Goldmarkwert des aufzuwertenden Papiermarkbetrags Halt zu machen. Ihre Höhe sei in weitem Umfang Ermessenssache. Die Generalversammlung der Beklagten, die auch zur Wahrnehmung der Aktionär-Interessen berufen sei, habe sich mit überwältigender Mehrheit für eine Aufwertung auf 10 RM. ausgesprochen. Dieser Satz sei unter den obwaltenden Umständen weder zu hoch noch zu niedrig.

Hiergegen richten sich die Revisionsangriffe der Kläger und der Beklagten.

Zu der Frage, wie sich die Umwertung rückständiger Kapitaleinlagen auf Papiermark-Aktien bei rechtswirksamer Umstellung zu vollziehen habe, hat der erkennende Senat bisher noch keine Stellung genommen. Die Urteile in RGZ. Bd. 119 S. 221 und Bd. 120 S. 363 betreffen Fälle, in denen es nicht zu einer rechtsgültigen Umstellung gekommen ist, eine solche auch wegen des inzwischen eingetretenen Zusammenbruchs der Gesellschaft nicht mehr möglich war. Für derartige Fälle hat der erkennende Senat angenommen, daß die Umwertung nach den Grundsätzen der freien Aufwertung zu geschehen habe. Es fragt sich zunächst, ob in Übereinstimmung mit dem Berufungsgericht auch für die Umwertung im Falle rechtswirksamer Umstellung ein gleiches zu gelten hat.

Die Anwendbarkeit der Quotentheorie wird im besonderen für Versicherungs-Aktiengesellschaften vertreten von Hartmann im Bankarchiv 1923 S. 273, ferner von Güldennagel, Umstellung von Aktien usw. S. 41 flg. und von Ring in JW. 1924 S. 1108. Auf demselben Boden steht das (gleichfalls eine Versicherungs-Aktiengesellschaft betreffende) Urteil des Oberlandesgerichts Hamburg in Hans. RZ. 1927 S. 183. Diese Ansicht geht davon aus, daß der Nennbetrag nur das Verhältnis anzeige, zu dem der Aktieninhaber am Gesellschaftsvermögen beteiligt sei. Dieses Verhältnis werde durch einen Bruch dargestellt, dessen Zähler der Nennbetrag der Aktien und dessen Nenner die Ziffer des gesamten Grundkapitals sei. Demgemäß müsse auch die in einem Hundertsatz des Aktien-Nennbetrags ausgedrückte Haftpflicht des (Versicherungs-) Aktionärs eine Quotenhaftung sein. Der Aktionär hafte auf den Hundertsatz des Wertes des Aktienrechts, mit dem dieses Recht nicht voll bezahlt sei. Durch die Umstellung werde an dem Maße des Anteilrechts des Aktionärs am Gesellschaftsvermögen und Gesellschaftsgewinn nichts geändert. Es müsse aber auch die dem Recht „korrespektive" Verpflichtung des Aktionärs nach der Umstellung im gleichen Verhältnis zum Nennbetrag des Rechts stehen wie vorher, wenn nicht das Verhältnis von Recht und Verpflichtung durch die Umstellung geändert und damit der das ganze Umstellungsrecht beherrschende Grundsatz verletzt werden solle, daß die materielle Rechtslage des Aktionärs nicht angetastet werden dürfe.

Es kann dahinstehen, ob diesen Ausführungen für Versicherungs-Aktiengesellschaften im Hinblick auf deren Eigenart, insbesondere auf die Garantie-Funktion der Einlage-Rückstände, beizutreten wäre. Für gewöhnliche Aktiengesellschaften, wie hier, können sie nicht als zutreffend anerkannt werden. Ihre Anwendbarkeit für dieses Gebiet scheitert an den positiven Vorschriften der §§ 211, 221 HGB. Aus § 211 HGB. ergibt sich unzweideutig, daß die Beitragspflicht des Aktionärs durch den Nennbetrag der Aktie oder einen etwaigen höheren Ausgabepreis bestimmt und begrenzt ist, daß sie also eine auf einen festen Geldbetrag lautende Summenschuld darstellt. Darüber kann im Fall der Ausgabe über pari kein Zweifel sein; bei Pari-Ausgabe verhält es sich aber nicht anders. Der Nennbetrag einerseits und die geleistete Anzahlung anderseits bilden die feste Umgrenzung der noch ausstehenden Zahlungsverpflichtung. Dies hat nichts zu tun mit der Bedeutung des Aktien-Nennbetrags als eines der Umstände, die für die Bestimmung des Anteilsrechts des Aktionärs am Gesellschaftsvermögen maßgebend sind. Aus § 221 HGB. folgt sodann, daß eine auch nur teilweise Befreiung der Aktionäre von ihrer Einlagepflicht unzulässig ist und daß daher diese Verpflichtung durch spätere Veränderungen des Grundkapitals und des Nennbetrags der Aktien nicht mehr betroffen wird. All dies ist mit der Annahme einer Quotenhaftung unvereinbar und beweist, daß Beteiligungsrecht und Einzahlungspflicht nicht in dem Abhängigkeitsverhältnis zueinander stehen, wie dies die Quotentheorie annimmt. Sie ist daher hier nicht verwendbar. Es kann auch nicht zugegeben werden, daß im Rahmen des geltenden Rechts nur mit ihrer Hilfe eine annehmbare und den Bedürfnissen des aktienrechtlichen Verkehrs Rechnung tragende Lösung der einschlägigen Fragen möglich wäre. Wenn eine rechtswirksame Umstellung nicht vorliegt und nicht mehr vorgenommen werden kann, versagt die Quotentheorie überhaupt, wie schon in den Urteilen des erkennenden Senats RGZ. Bd. 119 S. 221 und Bd. 120 S. 363 dargelegt ist. Ihre Vorzüge, eine generelle und schematische Lösung der Umwertungsfrage, lassen sich auch bei Umwertung nach Aufwertungsgrundsätzen in weitem

Umfang erreichen; diese führen in dem dehnbaren Rahmen des § 242 BGB. folgerichtig dahin, daß dem Wesen der Schuldverbindlichkeit (typische Massenverpflichtungen) die Art und Weise der Aufwertung angepaßt wird, daß mit anderen Worten die Aufwertung, soweit irgend möglich, einheitlich und schematisch erfolgen muß. Im wesentlichen dieselben rechtlichen Bedenken wie gegen die Quotentheorie bestehen auch gegen die Auffassung, die im Gutachten des ständigen Schiedsgerichts für Goldbilanz-Streitfragen bei der Industrie- und Handelskammer Berlin vom 25. Juni 1924 über die Behandlung nicht voll eingezahlter Aktien bei der Goldmarkumstellung (bei Feilchenfeld, Goldumstellung S. 127) und in den Entscheidungen des Goldbilanz-Schiedsgerichts (Sammlung dieser Entscheidungen S. 36 und 72) vertreten wird.

Hiernach muß mit dem Berufungsgericht grundsätzlich davon ausgegangen werden, daß die Umwertung der Einlage-Rückstände im Wege der Aufwertung vorzunehmen ist.[1]) Damit erledigen sich ohne weiteres die Revisionsangriffe des Klägers Dr. Gai. und der Beklagten, soweit sie das Berufungsurteil vom Standpunkt der Quotentheorie oder verwandter Auffassungen aus bekämpfen. Zu bemerken ist nur noch, daß die Frage der Umwertung rückständiger Aktien-Einzahlungen mit dem Verbot der Unterpari-Emission nichts zu tun hat. Die Ausgabe der Aktien ist längst erfolgt; die Aktionäre der im November 1922 neugeschaffenen Stammaktien sind, abgesehen von der rückständigen Resteinzahlung, vollständig in die Gesellschafterrechte eingetreten. Ihre Aktien sind durch die Umstellung allerdings nicht volleingezahlte Reichsmark-Aktien geworden; es stehen darauf noch 900 PM. für die Aktie aus. Die Zurückführung dieser Papiermarkziffer in die Umstellungswährung ist eben die zu lösende Aufwertungsfrage. Der Betrag, der sich hierbei ergibt, bildet die auf den neuen Nennbetrag allein noch rückständige Einlage, durch deren Zahlung diese Aktien zu volleingezahlten Anteilsrechten werden.

---

[1]) So Quassowski-Susat GoldbilVo. 2. Aufl. S. 279flg.; Kahn GoldbilVo. § 8 S. 171 II; Breit GoldbilVo. 2. Bd. S. 36flg.; Byk Goldbilanzen 2. Aufl. S. 262/264; Rosendorff Goldmarkbilanz S. 213flg.; Schlegelberger-Harmening AufwG. 5. Aufl. § 10 Erl. 4a; Quassowski AufwG. 5. Aufl. § 63 Erl. II B 1 (S. 498); vgl. auch Mügel Aufwrecht 5. Aufl. I. Teil § 29 S. 288/289. Ferner Kammergericht in DNotVZ. 1925 S. 207 = ROLG. Bd. 44 S. 203 u. Recht 1926 Nr. 1151; OLG. München in Zeitschr. f. Rechtspfl. i. Bayern 1925 S. 394.

Da es sich hier um Ansprüche aus einem Gesellschaftsvertrag handelt, sind nach § 63 Abs. 2 Nr. 1 AufwG. die Grundsätze über die sog. freie Aufwertung anzuwenden.

Der Kläger Dr. Gai. und die Beklagte machen geltend, daß der angefochtene Beschluß auch von dieser Grundlage aus ungültig sei, weil er unter Verkennung maßgeblicher Aufwertungsgrundsätze den Aufwertungsbetrag willkürlich zu niedrig bemesse und deshalb nicht nur gegen § 242 BGB., sondern auch gegen §§ 211, 221 HGB. verstoße. Der Angriff ist nicht begründet. Richtig ist, daß für die Bemessung der Aufwertung der über den Dollar errechnete Goldmarkwert der ursprünglichen Einzahlungs-Forderung nicht die Höchstgrenze bildet. An Hand anderer Maßstäbe kann vielmehr darüber hinausgegangen werden, wie auch der Vorderrichter nicht verkennt. So übersteigt auch tatsächlich der Aufwertungsbetrag von 10 RM. den über den Dollarkurs errechneten ursprünglichen Goldmarkwert der restlichen Papiermark-Einlage von nur 60 Pfg. um mehr als das Fünfzehnfache. Die Grundsätze über Aufwertung bei beiderseits nicht erfüllten gegenseitigen Verträgen können allerdings nicht zur Anwendung kommen. Einmal stehen Beteiligungsrecht und Einlage nicht im Verhältnis der Gegenseitigkeit, sodann waren aber auch die Verpflichtungen der Gesellschaft schon durch die Ausgabe der jungen Aktien und die damit verbundene Schaffung und Einräumung der neuen gesellschaftlichen Beteiligungsrechte erfüllt. Zu berücksichtigen ist nun, daß der Börsenindex für Aktien der verarbeitenden Industrien im November 1922, gegenüber dem Stande von etwa 102 im Januar 1914, rund 5500 betragen und daß die Verringerung des Reinvermögens der Beklagten in der Inflationszeit ein Zusammenlegen der Aktien im Verhältnis 6:1 notwendig gemacht hat. Und weiter kommt in Betracht, daß die Aktien der Ausgabe vom November 1922 unstreitig nicht zur Kapitalbeschaffung, sondern zur Verwässerung des Gewinns dienen sollten, daß sie deshalb samt und sonders den alten Stammaktionären zum Bezug überlassen und überdies die fälligen Ersteinzahlungen aus Mitteln der Gesellschaft geleistet wurden. Schon deshalb kann nicht zugegeben werden, daß die Generalversammlung bei Bemessung der Aufwertung willkürlich, also gesetzwidrig verfahren wäre. Die schematische Aufwertung mußte außerdem so geregelt werden, daß sie für die Gesamtheit der Aktionäre erträglich war. Mit Recht weist auch das Berufungsgericht darauf hin, daß die Generalversammlung gleichermaßen zur Wahrung der Interessen der Gesellschaft wie der Aktionäre berufen ist. Daß durch den Beschluß dem Gesetz zuwider beachtenswerte Interessen dieser Art verkümmert worden wären, ist nicht ersichtlich, von der Beklagten auch nicht schlüssig behauptet. Die Verwässerung des Anteilsrechts der alten Aktionäre, soweit sie im November 1922 vom Bezugsrecht keinen Gebrauch machten, war schon mit dem damaligen Kapitalerhöhungs-Beschluß und seiner Durchführung vollzogen. Die Umstellung bedeutet im Aktienrecht Neuaufstellung des vorhandenen Vermögens auf Grundlage der neuen Rechnungs- und Währungseinheit sowie Angleichung der Anteilsrechte an die so errechnete Masse, nicht aber Erschließung neuen Kapitals (anders bei Genossenschaften). Gerade vom Standpunkt der Gesellschaft und der alten Aktionäre aus darf nicht außer Betracht bleiben, daß der angegriffene Beschluß immerhin einen Kapitalzufluß von 120000 RM. sicherte. Nimmt man noch hinzu, daß sich der Beschluß mit der Bewertung deckt, wie sie der von keiner Seite angegriffenen Umstellung zugrundegelegt wurde, so ist vollends nicht einzusehen, inwiefern er wegen zu niedriger Bemessung des Aufwertungsbetrags gegen anerkannte Grundsätze des Aufwertungsrechts verstoßen sollte.

Unbegründet ist aber auch die Revision des Klägers Dr. R. Sie greift den Beschluß und das Berufungsurteil um deswillen an, weil die Aufwertung viel zu hoch sei. Sie macht dem Berufungsgericht den Vorwurf, es habe, insbesondere auf der Schuldnerseite, nicht alle erheblichen Umstände berücksichtigt; eine objektiv zu hohe, nach Aufwertungsgrundsätzen nicht zu rechtfertigende Aufwertung verstoße überdies gegen § 211 HGB. Die Revision gibt selbst zu, daß der über den Dollar errechnete Goldmarkwert der ursprünglichen Papiermark-Schuld nicht die Höchstgrenze für die Aufwertung bilde. Bekanntermaßen hatte die Mark im November 1922 nicht bloß im Grundstücksverkehr, sondern gerade auch auf dem Gebiete des Handels mit börsengängigen Aktien eine sehr viel höhere Kaufkraft, als sie ihr im Verhältnis zu den Auslandsvaluten und auch zu den Lebenshaltungskosten innewohnte. Mitte November 1922 betrug der Dollarkurs rund 7500 M., der Lebenshaltungsindex rund 480; der Börsenindex für Aktien der verarbeitenden Industrien war dagegen (von etwa 102 im Januar 1914) im November 1922 erst auf rund 5500 gestiegen. Dies zeigt deutlich die erheblich höhere Kaufkraft, welche die Mark im Aktienverkehr hatte. Es steht nichts im Wege, gerade auch diesem Umstand bei Bemessung der Aufwertung rückständiger Einlagen auf Aktien mit Rechnung zu tragen. Geschieht dies, so ergibt sich ohne weiteres, daß der Goldwert der rückständigen Einlage, nach diesem Index errechnet, den Aufwertungsbetrag von 10 RM. nicht unwesentlich überstieg. Der Goldwert der Aktie selbst ist bei der Umstellung zu $^1/_6$ erhalten geblieben. Der Kurs der Aktien der Ausgabe vom November 1922 bewegt sich zwischen 8 und 10%, für die volleingezahlten Aktien zwischen 70 und 90%. In der unverhältnismäßig niedrigen Kursbewertung der nicht volleingezahlten Aktien kommt die Unsicherheit über die Höhe der Einzahlungslast zum Ausdruck; offenbar ist dabei eine Nachzahlungspflicht in Höhe von 100 bis 140 RM. eingerechnet. Bei dieser Sachlage kann daran kein Zweifel sein, daß auch der Kaduzierungswert der jungen Aktien nach Klärung der Nachzahlungspflicht erheblich über dem angesetzten Aufwertungsbetrag liegt. So gesehen enthält der angegriffene Beschluß keine mit den Grundsätzen des § 242 BGB. unvereinbare und deshalb rechtlich zu mißbilligende Belastung der zahlungspflichtigen Aktionäre. Damit entfällt auch der behauptete Verstoß gegen § 211 HGB.

---

75. Welche rechtlichen Folgen treten ein, wenn der Bürgermeister einer Stadtgemeinde, der zugleich Vorsitzender des Vorstands der dortigen städtischen Sparkasse ist, es duldet, daß Sparkassenbeamte, die nach der Satzung nicht zur Abgabe wechselmäßiger Verpflichtungserklärungen ermächtigt sind, im Rahmen einer zwischen der Sparkasse und einer Bank bestehenden dauernden Geschäftsverbindung Wechsel an diese Bank indossieren?

WO. Art. 81. BGB. §§ 276, 278.

II. Zivilsenat. Urt. v. 23. November 1928 i. S. Stadtgemeinde G. (Bekl.) w. N.sche Sparkasse — N.sche Landesbank (Kl.). II 166/28.

I. Landgericht Kassel.
II. Oberlandesgericht daselbst.

Die von der verklagten Stadtgemeinde eingerichtete städtische Sparkasse in G. stand mit der Deutschen Girozentrale, der Rechtsvorgängerin der jetzigen Klägerin, im Giroverkehr. Sie beteiligte sich an einer Reihe von Einrichtungen, die von der Girozentrale zur Förderung des Geldverkehrs getroffen waren, nämlich am kommunalen Giroverkehr, am Eilüberweisungsverkehr, am Scheckinkassoverkehr, am Reise-Kreditbriefverkehr, sowie am Wechsel- und Quittungsverkehr. Anfang 1924 ging die Sparkasse auch dazu über, Wechsel von Kunden an die Girozentrale zu indossieren. Nach den Girobedingungen der Girozentrale durfte sie nur mit diesen, nicht auch mit anderen Privatbanken arbeiten. Dementsprechend verfuhr sie auch. Am 16., 18. und 26. Mai 1925 übersandte die Sparkasse der Girozentrale im ganzen 5 Wechsel im Gesamtbetrage von 40500 RM. zur Diskontierung. Die Indossamente waren von den Sparkassenbeamten C. und Sch. vollzogen worden; die beiden sind gemeinschaftlich zur Zeichnung von Quittungen und zur Erledigung der Kassengeschäfte ermächtigt. Die Girozentrale girierte die Wechsel und schrieb den Gegenwert am 18., 22. und 28. Mai 1925 in Teilbeträgen dem bei ihr geführten Kontokorrentkonto der Sparkasse gut. Diese verfügte wenige Tage darauf über die Beträge. Die Wechsel wurden bei Fälligkeit mangels Zahlung protestiert, worauf die Girozentrale das Konto der Sparkasse mit den Wechselbeträgen nebst den üblichen Kosten und Spesen belastete. Diese Belastung will die Beklagte nicht gegen sich gelten lassen. Aussteller und Akzeptant der Wechsel sind vermögenslos und zahlungsunfähig, sodaß die Wechselbeträge bei ihnen nicht beigetrieben werden können. Die zunächst in Höhe eines Teilbetrags von 5000 RM. in Anspruch genommene Beklagte wandte ein, die Indossamente seien nicht von den vertretungsberechtigten Beamten der Sparkasse abgegeben und daher unwirksam. Das Landgericht sprach die Klage zu. Berufung und Revision der Beklagten waren erfolglos.

Gründe:

Mit Recht ist der Berufungsrichter der Ansicht, einer Haftung der Beklagten aus den Wechseln (gemäß Art. 81 WO.) stehe die Ungültigkeit der Indossamente der Sparkasse entgegen, da diese nicht, wie es die Satzung für verpflichtende öffentliche Urkunden der Sparkasse vorschreibe, vom Vorsitzenden des Vorstands und einem zweiten Vorstandsmitglied, sondern nur von den beiden, dem Vorstand nicht angehörenden Kassenbeamten C. und Sch. vollzogen worden seien. Weiter legt der Berufungsrichter dar, daß sich die wechselmäßige Haftung der Beklagten auch nicht aus einer den beiden Kassenbeamten ausdrücklich oder stillschweigend erteilten Vollmacht herleiten lasse, die Wechsel namens der Sparkasse zu indossieren. Denn nach der Satzung dürften nur Vorstandsmitglieder mit der selbständigen Erledigung einzelner Arten von Geschäften betraut werden. Diese Auffassung steht im Einklang mit der ständigen Rechtsprechung des erkennenden Senats (RGZ. Bd. 116 S. 227, 247; so auch Simonson im Bankarchiv 1928 S. 209). An ihr hält der Senat trotz der von mehreren Seiten daran geübten Kritik fest. Die Satzungsbestimmungen von Sparkassen über die Vertretungsmacht und die Form der Vertretung sind nicht anders zu beurteilen als die entsprechenden gesetzlichen Vorschriften über Rechtsgeschäfte von Städten und sonstigen öffentlichrechtlichen Verbänden, weil sie ebenso wie diese Vorschriften im öffentlichen Interesse gegeben sind. Dies führt mit Notwendigkeit zur Ablehnung der Erfüllungshaftung der Stadt aus Wechseln, wenn, wie hier, die Unterzeichner der Indossamente keine Vertretungsmacht besaßen und wenn eine stillschweigende Zustimmung des Sparkassenvorstands gegen die Satzung verstößt. Dem widerspricht nicht, daß in Fällen, wo das Akzept der Stadt formgerecht war und nur der Ausstellervermerk sowie das Indossament der Sparkasse der Form entbehrte, im Akzept eine Genehmigung des Ausstellervermerks und des Indossaments erblickt worden ist. Etwas derartiges kommt jedoch hier, wo lediglich das Indossament den Verpflichtungsgrund für die Stadt bilden soll, nicht in Frage.

Die wechselmäßige Haftung scheidet hiernach als Klagegrund aus. Der Berufungsrichter läßt aber die Beklagte aus dem zwischen ihr und der Girozentrale in F. zustandegekommenen dauernden Vertragsverhältnis auf Schadensersatz haften, weil der Sparkassenvorstand seine Vertragspflichten schuldhaft verletzt habe. Dies wird folgendermaßen begründet. Der Geschäftsverbindung der Girozentrale mit der Sparkasse habe ein Girovertrag zugrundegelegen. Die Sparkasse habe der Girozentrale F. angeschlossen werden sollen. Sie habe sich dann auch ständig an Einrichtungen der Girozentrale beteiligt, z. B. am kommunalen Giroverkehr, am Scheckinkassoverkehr und am Wechsel- und Quittungsverkehr. Dabei sei sie gehalten gewesen, nicht mit Privatbanken, sondern nur mit der Girozentrale zu arbeiten, und demgemäß sei sie auch verfahren. Dadurch, daß die Geschäftsverbindung nicht mit einer außenstehenden Bank, sondern mit einer kommunalen Zentralbank bestanden habe, sei zwischen der Sparkasse und der Girozentrale eine besonders enge Verbindung und ein besonderes Vertrauensverhältnis begründet worden; es sei ein ähnliches Verhältnis entstanden wie bei dem eine Unterart des Girovertrags bildenden Scheckvertrag. Wie der Scheckkunde auch beim Fehlen besonderer Geschäftsbedingungen für Scheckfälschungen verantwortlich sei, die durch sein Verschulden ermöglicht worden seien, so habe die Beklagte auf Grund des dauernden Vertragsverhältnisses mit der Girozentrale dafür Sorge tragen müssen, daß die ihr übersandten Wechsel die rechtsgültigen Unterschriften ihrer Vertreter trugen. Diese Pflicht habe der Sparkassenvorstand fahrlässig außerachtgelassen. Sowohl der Bürgermeister wie das Vorstandsmitglied G. habe von der ständigen satzungswidrigen Unterzeichnung der Wechsel durch die Kassenbeamten Kenntnis gehabt. Gegen ein solches Verfahren hätten sie einschreiten müssen. Dadurch, daß dies unterblieben sei, hätten die beiden ihre Pflicht gegenüber der Klägerin fahrlässig verletzt. Der Bürgermeister habe aber auch am 12. Dezember 1923 der Girozentrale mitgeteilt, daß C. und Sch. zusammen zeichnungsberechtigt seien. Diese Mitteilung müsse die Beklagte gegen sich gelten lassen, da es sich dabei um ein Geschäft der laufenden Verwaltung gehandelt habe, zu dem der Bürgermeister als Vorsitzender des Sparkassenvorstands nach der Satzung befugt gewesen sei. Durch dieses Verhalten des Bürgermeisters und des G., für das die Beklagte einzustehen habe, sei der Girozentrale insofern ein Schaden entstanden, als diese im Vertrauen auf die Gültigkeit der Wechselunterschriften und die erwähnte Mitteilung des Bürgermeisters die Wechsel giriert und die Beträge der Sparkasse ausgezahlt habe. Hätte der Vorstand seiner Aufsichtspflicht genügt, so wären die Wechsel von den satzungsmäßig bestimmten Vertretern indossiert und es wäre dann gegen die Beklagte ein Regreßanspruch begründet worden, oder man hätte die Wechsel nicht weitergegeben und der Beklagten die Valuta nicht ausgezahlt.

Wie die Revision mit Recht geltendmacht, weisen diese Ausführungen insofern eine Lücke auf, als keine Feststellung darüber getroffen ist, ob und welche Geschäftsbedingungen für den sog. Girovertrag galten, den der Berufungsrichter zur Grundlage der Haftung der Beklagten macht. Es fehlt auch an einer Begründung dafür, weshalb die Beziehungen der Beklagten zur Girozentrale enger gewesen seien und in höherem Maße ein Vertrauensverhältnis begründet hätten, als wenn die Sparkasse mit einer außenstehenden Bank in ständiger Geschäftsbeziehung gestanden hätte. Außerdem ist der Vergleich der Stellung der Beklagten zur Girozentrale mit der des Scheckkunden zur bezogenen Bank wenig glücklich. Denn wenn der Scheckkunde auch verhüten muß, daß das Scheckbuch in unrechte Hände gelangt, so entspricht es doch nicht der Auffassung des Verkehrs, wenn der Scheckkunde mit einer weitergehenden Sorgfaltspflicht belastet wird. Im allgemeinen genügt vielmehr der Scheckkunde seiner Sorgfaltspflicht, wenn er der bezogenen Bank diejenigen Personen bezeichnet, die in seinem Namen zeichnen dürfen; die Prüfung, ob der Scheck die Unterschrift eines zur Zeichnung nicht berechtigten Dritten trägt, gehört zu den Obliegenheiten der bezogenen Bank. Nur wenn der Scheckkunde das Auftreten des andern in seinem Namen kennt und widerspruchslos duldet, gereicht ihm dies zum Nachteil, und zwar nach den Regeln der stillschweigenden Zustimmung. Eine solche kommt aber im vorliegenden Falle nicht in Betracht, da die Sparkassen-Satzung eine stillschweigende Zustimmung ausschließt.

Diese Bedenken lassen jedoch den Kern der Sache unberührt. Das wesentliche in den Ausführungen des Berufungsgerichts ist, daß die verklagte Stadtgemeinde nicht aus dem Wechselindossament als solchem haften, sondern nach §§ 276, 278 BGB. schadensersatzpflichtig sein soll, weil der Bürgermeister, ihr gesetzlicher Vertreter, die durch die dauernde Geschäftsverbindung mit der Girozentrale begründete Sorgfaltspflicht verletzt hat. Es handelt sich dabei um eine Überwachungspflicht gegenüber dem äußeren Geschäftsgebaren der Sparkasse, die aus dem Bestehen eines dauernden Geschäftsverkehrs zwischen der Beklagten und der Girozentrale hergeleitet wird. Eine derartige Verpflichtung und Schadensersatzpflicht wird vom Reichsgericht in ständiger Rechtsprechung bejaht (RGZ. Bd. 27 S. 118, Bd. 65 S. 141, Bd. 67 S. 395). Danach bildet sich bei einer dauernden kaufmännischen Geschäftsverbindung ein Vertrauensverhältnis aus, in welchem die Wahrung von Treu und Glauben in erhöhtem Maße und in weiterem Umfang als im Verkehr zwischen einander fremd gegenüber stehenden Personen zur notwendigen Übung wird, und es kann in solchem Falle eine Haftung nach Vertragsgrundsätzen auch für Handlungen (wie z. B. eine Auskunftserteilung) begründet sein, die nicht unmittelbar in der Erfüllung einer eigentlichen Vertragspflicht, aber im Zusammenhang mit der Geschäftsverbindung stehen. Gegenüber einer solchen nach Vertragsgrundsätzen zu beurteilenden Haftung der Beklagten auf Schadensersatz muß die Berufung auf die nur für Rechtsgeschäfte geltenden Schutzbestimmungen der Sparkassen-Satzung versagen.

In tatsächlicher Beziehung hat der Berufungsrichter festgestellt, daß zwischen der Sparkasse und der Girozentrale eine dauernde Geschäftsverbindung bestanden hat, da die Sparkasse — wie schon erwähnt — an den kommunalen Giroverkehr, den Scheckinkassoverkehr und den Wechsel- und Quittungsverkehr der Girozentrale angeschlossen war. Es kann sich fragen, ob nicht bereits Anfang 1924, als die Sparkasse anfing, Kundenwechsel auf die Girozentrale zu indossieren, und sich der Girozentrale gegenüber verpflichtete, alle von ihr diskontierten Wechsel nur durch sie rediskontieren zu lassen, Anordnungen hätten getroffen werden müssen, um den Wechselverkehr mit der Girozentrale in Einklang mit der Satzung zu bringen. Das lag um so näher, als dieser Verkehr bald sehr rege geworden ist, wie dem Bürgermeister bei den regelmäßigen Sparkassen-Revisionen nicht entgehen konnte. Jedenfalls stellt es aber eine grobe Pflichtverletzung der Beklagten und ihrer gesetzlichen Vertreter dar, wenn sie es wissentlich geschehen ließen, daß die Sparkassenbeamten entgegen der klaren Bestimmung der Satzung Kundenwechsel der Sparkasse zur Rediskontierung an die Girozentrale indossierten. Der Bürgermeister war unter diesen Umständen verpflichtet, die Beamten zur genauen Beobachtung der Satzung anzuhalten, sie streng zu überwachen, gegebenenfalls gegen sie einzuschreiten und, wenn sich eine mit der Satzung übereinstimmende Erledigung des Wechselverkehrs nicht ermöglichen ließ, auf eine entsprechende Satzungsänderung hinzuwirken. Vor allem erforderte aber die Sorgfaltspflicht eine Aufklärung der Girozentrale darüber, daß jene Beamten zur Abgabe wechselmäßiger Erklärungen und namentlich auch zur Indossierung von Wechseln für die Sparkasse nicht befugt seien und daß sich die Mitteilung vom 12. Dezember 1923 nicht auf derartige wechselmäßige Zeichnungen beziehe.

Gegenüber der Ausführung des angefochtenen Urteils, der Bürgermeister habe schon durch die Mitteilung vom 12. Dezember 1923 gegen seine Pflicht zur Aufklärung der Girozentrale verstoßen, bemerkt die Revision mit Grund, es sei zur Zeit dieser Mitteilung noch gar nicht in Frage gekommen, daß die Beklagte der Girozentrale gegenüber Wechselverpflichtungen durch Girierung von Wechseln übernehmen solle. Damals verlangte die Girozentrale von der Sparkasse zur Vervollständigung ihrer Akten die Unterschriften der zur Zeit zeichnungsberechtigten Personen, wobei aus dem mitübersandten Vordruck hervorging, daß es sich nur um Eröffnung eines Kontokorrent- und Depotkontos der Sparkasse bei der Girozentrale handelte. Ob schon die damalige Auskunft des Bürgermeisters gegen die Satzung verstieß (weil die Sparkassenbeamten nur zur Erteilung von Quittungen, nicht aber zu sonstigen im Kontokorrent- und Depotverkehr vorkommenden Erklärungen befugt waren), kann dahingestellt bleiben. Das kommt hier nicht weiter in Frage. Unzutreffend ist auch die Annahme des Berufungsrichters, daß sich jene Mitteilung auf die Abgabe wechselrechtlicher Erklärungen bezogen habe.

Die Mitteilung des Bürgermeisters vom 12. Dezember 1923 ist jedoch nach anderer Richtung für sein späteres Verhalten von Bedeutung. Sie ist nämlich unmittelbar vor dem zu Anfang 1924 beginnenden regen Diskontverkehr der Sparkasse mit der Girozentrale gemacht worden. Gerade weil der Bürgermeister wußte, daß die Sparkassenbeamten seither namens der Sparkasse Kundenwechsel ohne Mitwirkung des Sparkassenvorstands bei der Girozentrale diskontiert und daß die letztere die (nach der Satzung ungültigen) Indossamente nicht beanstandet hatte, mußte er sich sagen, daß die Girozentrale seine damalige Mitteilung auch auf die Befugnis der Kassenbeamten zur Zeichnung von Indossamenten bezogen habe. Unter diesen Umständen gebot ihm seine Aufklärungspflicht der Girozentrale gegenüber, diese unter Bezeichnung der betreffenden Satzungsbestimmungen auf ihre irrtümliche Auffassung hinzuweisen. Die Unterlassung dieser Aufklärung stellt ein grobes Verschulden dar. Daß sich der Bürgermeister bei Abgabe seiner Auskunft — eine urkundliche Verpflichtung, ein eigentlicher Willensakt der Beklagten kommt nicht in Betracht — in den Grenzen der vom Vorsitzenden des Vorstands und gesetzlichen Vertreter der Stadt allein zu erledigenden laufenden Geschäftsführung gehalten hat, nimmt der Berufungsrichter mit Recht an. Damit erledigt sich der diese Ausführung beanstandende Revisionsangriff.

Die Beklagte bestreitet den ursächlichen Zusammenhang zwischen der Unterlassung der Aufklärung und dem Eintritt des Schadens, indem sie aus dem Schreiben der Girozentrale vom 30. Oktober 1924 folgert, daß diese die satzungsmäßige Beschränkung der Kassenbeamten in Ansehung der Abgabe wechselmäßiger Verpflichtungserklärungen gekannt habe. Hierbei verwechselt die Beklagte jedoch zwei von einander zu unterscheidende Fragen. In dem bezeichneten Schreiben handelte es sich nur darum, welche Geschäfte die Sparkasse als solche nach dem Inhalt ihrer Satzung vornehmen dürfe. Bekanntlich hatten sich während der Inflationszeit und auch noch nachher in den Betrieb der Sparkassen vielfach mißbräuchlich das Wechseldiskont- und das Girogeschäft eingeschlichen, ohne daß man sofort die Unvereinbarkeit der Vornahme solcher Geschäfte mit den (meisten) Sparkassensatzungen erkannt hätte. Indem die Girozentrale in dem genannten Schreiben hierauf hinwies, wollte sie den Wechseldiskont- und den Giroverkehr mit der städtischen Sparkasse in G. auf eine gesetzliche Grundlage gestellt wissen; sie hat das auch später erreicht, da die Sparkasse im Februar 1925 ihre Satzung abänderte. Hiervon ist aber die Frage zu unterscheiden, wieweit die Vertretungsbefugnis der Sparkassenbeamten in Ansehung der Geschäfte der Sparkasse reicht. Diese Frage wurde brennend, als die Sparkassen mehr und mehr zum bankmäßigen Geschäftsbetrieb übergingen. Über diese Vertretungsbefugnis enthält das Schreiben vom 30. Oktober 1924 nichts; es läßt nicht einmal erkennen, ob sich die Girozentrale damals im Besitze der Satzung der Sparkasse befunden hat. Die Revision meint, die Girozentrale habe bewußt satzungswidrig mit den nicht vertretungsberechtigten Sparkassen-Angestellten Wechselgeschäfte betrieben. Eine solche Behauptung ist aber, soweit es sich nicht um eine unrichtige Folgerung aus dem Schreiben vom 30. Oktober 1924 handelt, bisher nicht aufgestellt worden.

(Nach Zurückweisung weiterer, hier nicht interessierender Revisionsrügen wird fortgefahren:) Nicht zu beanstanden ist die Ausführung des Berufungsrichters, daß die Stadtgemeinde für das schuldhafte Verhalten des Bürgermeisters nach § 278 BGB. einzustehen habe. Gegenüber der hiergegen gerichteten Rüge der Revision genügt der Hinweis darauf, daß § 278 neben dem Erfüllungsgehilfen des Schuldners den gesetzlichen Vertreter nennt, für dessen Verschulden der Schuldner aufzukommen hat. Daß die Mitglieder des Vorstands der Sparkasse deren gesetzliche Vertreter sind, ergibt die Satzung; und da die Sparkasse eine Einrichtung der verklagten Stadtgemeinde ist, kann auch unbedenklich angenommen werden, daß die Vorstandsmitglieder in bezug auf diese Einrichtung zugleich gesetzliche Vertreter der Beklagten sind. Dagegen ist es nicht richtig, wenn die Beklagte von der Stellung des Bürgermeisters als gesetzlichen Vertreters der Stadtgemeinde seine Stellung als Sparkassenvorstand unterscheiden will. Weil die Sparkasse eine Einrichtung der Stadtgemeinde darstellt, ist der Bürgermeister als gesetzlicher Vertreter der Beklagten zugleich Vorsitzender des Vorstands der Sparkasse. Als solcher übt er für die Beklagte die leitende Tätigkeit aus, die ihr der vermögensrechtlich selbständig gestalteten Sparkasse gegenüber zusteht. Das zum Schadensersatz verpflichtende Verhalten des Bürgermeisters hat seine Grundlage in dem dauernden Geschäftsverkehr jener Einrichtung der Beklagten mit der Girozentrale.

Die Annahme des Berufungsgerichts, daß die Haftung wegen der unrichtigen Auskunft des Bürgermeisters auch auf die Vorschriften des § 839 in Verbindung mit §§ 31, 89 BGB. gestützt werden könne, ist unzutreffend. § 839 kommt schon deshalb nicht in Frage, weil sich die Klage nicht gegen einen Beamten, sondern gegen die Stadt richtet. Die §§ 31 und 89 kämen aber nur in Verbindung mit § 823 Abs. 2 und einem Schutzgesetz als Haftungsgrundlage in Betracht; von einem Schutzgesetz ist jedoch hier keine Rede.

Die Revision meint die Anwendbarkeit der Grundsätze über positive Vertragsverletzung deshalb verneinen zu können, weil die Girozentrale die Satzung der Sparkasse genau gekannt habe und die Satzungswidrigkeit der von den Angestellten vorgenommenen Wechselgirierungen habe erkennen müssen. Dem stehen jedoch die Feststellungen des Berufungsrichters entgegen. Daß sich aus dem Schreiben vom 30. Oktober 1924 nichts für den Standpunkt der Beklagten ergibt, ist schon erörtert.

Durch diese Entscheidung, der ein ganz besonderer Fall zugrundeliegt, setzt sich der Senat mit seiner bisherigen Rechtsprechung nicht in Widerspruch. Bisher war bloß die Frage zu entscheiden, ob ein dem Sparkassenvorstand zur Last fallendes Dulden der satzungswidrigen Abgabe von Wechselerklärungen durch Kassenbeamte Rechtsfolgen gegen die Sparkasse oder die Stadtgemeinde nach sich zieht, und zwar nur unter dem Gesichtspunkt der stillschweigenden Vollmacht. Die Möglichkeit einer stillschweigenden Vollmachtserteilung wurde anerkannt in Fällen, wo die Satzung eine Bevollmächtigung allgemein und demgemäß auch den Kassenbeamten gegenüber zuließ (JW. 1927 S. 1251 Nr. 8); sie wurde dagegen verneint, soweit eine (ausdrückliche) Bevollmächtigung der Kassenbeamten satzungsgemäß unzulässig war. Im Gegensatz hierzu handelt es sich im vorliegenden Falle um die Frage, ob nicht dann, wenn eine wechselmäßige Haftung wegen mangelnder Vertretungsbefugnis und wegen Unzulässigkeit stillschweigender Bevollmächtigung nicht in Betracht kommt, unter besonderen Umständen gleichwohl eine Schadensersatzpflicht der Stadtgemeinde begründet sein kann. Solche besonderen Umstände liegen vor, wenn — wie hier — der gesetzliche Vertreter einer Stadtgemeinde bei dauernder Geschäftsverbindung und ständigem Wechselverkehr, in dem die Sparkasse mit einer Bank steht, trotz Kenntnis von der unbefugten Vollziehung von Indossamenten durch Kassenbeamte der Sparkasse nicht einschreitet und die Bank nicht aufklärt, obwohl er weiß, daß eine von ihm an die Bank gerichtete Mitteilung im Sinne einer Bevollmächtigung der Kassenbeamten gedeutet wird. Ein solches pflichtwidriges Verhalten des gesetzlichen Vertreters einer Stadtgemeinde begründet zwar keine wechselmäßige Haftung der Stadt, muß aber wegen des darin liegenden gröblichen Verstoßes wider Treu und Glauben im Verkehr eine Schadensersatzpflicht nach sich ziehen.

Schließlich versagt auch die Rüge, daß das vom Berufungsgericht als möglich angenommene mitwirkende Verschulden der Klägerin oder ihrer Rechtsvorgängerin auch dem geltendgemachten Teilanspruch gegenüber hätte berücksichtigt werden müssen. Es steht nichts im Wege, daß jemand, der Schadensersatzansprüche erheben zu können glaubt, zunächst nur einen Teil des Anspruchs geltendmacht, damit ihm die Einrede aus § 254 BGB. nicht entgegengehalten werden kann. Die gegenteilige Meinung würde dazu führen, daß in einem derartigen Falle der Kläger stets einen Teil der Prozeßkosten tragen müßte.

76. Kann ein rechtskräftig bestätigter Zwangsvergleich, zu dessen Inhalt die Vergleichsbürgschaft eines Dritten gerechnet worden ist, gegen den Dritten als Vergleichsbürgen vollstreckt werden, wenn dieser vor und in dem Vergleichstermin seine die Bürgschaft betreffenden Erklärungen widerrufen hat?

Geschäftsaufsichtsverordnung in der Fassung vom 14. Juni 1924 §§ 33, 41, 53.

VII. Zivilsenat. Urt. v. 30. November 1928 i. S. des Kreises M. (Bekl.) w. Firma F. W.-B. GmbH. (Kl.). VII 235/28.

I. Landgericht Cleve.
II. Oberlandesgericht Düsseldorf.

Über das Vermögen der Firma X.er Schuhfabrik in X. wurde durch Beschluß des Amtsgerichts vom 13. Oktober 1925 die Geschäftsaufsicht eingeleitet. An dem Verfahren war auch der verklagte Kreis wegen eines von seiner Sparkasse der Schuldnerin gegebenen Darlehens von 160000 RM. beteiligt.

In einer am 7. Dezember 1925 abgehaltenen Sitzung des Gläubigerbeirats gab die Klägerin — offenbar im Einverständnis mit der Schuldnerin — einen Vergleichsvorschlag bekannt, in dem sie sich für eine den Gläubigern zu zahlende Abfindung von 45% zur selbstschuldnerischen Bürgschaft bereit erklärte. Die Geschäftsaufsichtsperson sowie die als Mitglieder des Gläubigerbeirats an der Sitzung teilnehmenden Gläubiger, unter denen sich als Vertreter des Beklagten auch der Direktor der Kreissparkasse befand, beschlossen, den Vergleichsvorschlag den Gläubigern zur Annahme zu empfehlen. Die Schuldnerin reichte dem Gericht zunächst nur die Urschrift des Protokolls jener Sitzung ein. Es wurde ihr aufgegeben, einen den Erfordernissen des § 41 Abs. 1 GAVo. genügenden Antrag auf Eröffnung des Vergleichsverfahrens einzureichen. Dem kam sie nach und reichte mit dem Antrag, einen Vergleichstermin anzuberaumen, am 9. Januar 1926 einen Abdruck des Protokolls nach, der insofern von der Urschrift abwich, als unter dem Vergleichsvorschlag — und zwar auch nur gedruckt — die Firma der Schuldnerin stand und am Schlusse die Erklärung der Klägerin, daß sie die „Abmachung" als für sich bindend anerkenne. Das Gericht eröffnete darauf am 12. Januar 1926 das Vergleichsverfahren und beraumte zur Beschlußfassung über den Vergleichsvorschlag Termin auf den 9. Februar 1926 an. Der Beschluß, in dem vom Gericht der Inhalt des Vergleichsvorschlags bekannt gegeben wurde und auch Eröffnungen über die Form der Zustimmungserklärungen enthalten waren, wurde der Aufsichtsperson, der Schuldnerin und sämtlichen Gläubigern von Amts wegen zugestellt. Schon vor dem Termin zog die Klägerin mit einem an das Amtsgericht gerichteten Schreiben vom 3. Februar 1926 ihre Bereitschaft zur Bürgschaftsleistung — sie selbst spricht von einem „Garantieangebot" — zurück. Im Vergleichstermin lehnte sie die Bürgschaftsleistung nochmals ab. Die Geschäftsaufsichtsperson erklärte, daß sie die Klägerin nicht aus ihrer Bürgschaftserklärung entlasse. Es wurde dann über den Vergleichsvorschlag vom 7. Dezember 1925 verhandelt und, als sich nach der Stimmliste die vorgeschriebene Mehrheit für die Annahme des Vorschlags mit der Bürgschaft ergab, durch das Gericht mit dieser Maßgabe auch die Bestätigung des Vergleichs ausgesprochen.

Der Beklagte ließ auf Grund des Zwangsvergleichs gegen die Klägerin als Vergleichsbürgin wegen seiner Forderung von 72267,45 RM. Zwangsvollstreckung vornehmen. Die Klägerin erhob Klage mit dem Antrag, die Unzulässigkeit der Zwangsvollstreckung festzustellen, weil eine wirksame Bürgschaftserklärung ihrerseits im Zwangsvergleichstermin nicht vorgelegen habe und deshalb ein gegen sie wirksamer Zwangsvergleich nicht zustandegekommen sei. Der Beklagte behauptet, die im Termin vom 7. Dezember 1925 dem Gläubigerbeirat gegenüber abgegebene Bürgschaftserklärung sei für die Klägerin bindend und daher nicht widerruflich. Sie handle auch arglistig, weil sie sich schon aus Anlaß eines die Dortmunder Schwesterfirma der Aufsichtsschuldnerin betreffenden Zwangsvergleichsverfahrens zur Bürgschaft für die Vergleichsquote im X.er Zwangsvergleich verpflichtet habe; sie könne diese Verpflichtung vollends nicht mehr in Abrede stellen, seit das Gericht den Zwangsvergleich mit der Bürgschaft rechtskräftig bestätigt habe.

Die Klägerin hat in den Vorinstanzen obsiegende Urteile erstritten. Die Revision des Beklagten blieb ohne Erfolg.

Gründe:

Hätte die Klägerin die Bestätigung des Zwangsvergleichs mit ihrer Bürgschaft durch ein Rechtsmittel bekämpfen können, so wäre dies für sie der Weg gewesen, dem bestätigten Zwangsvergleich zu widersprechen. Da aber ihr als Bürgin nach § 59 Abs. 2 GAVo. in der Fassung vom 14. Juni 1924 die Beschwerde gegen den die Bestätigung aussprechenden Beschluß nicht zustand, so blieb ihr nur der Weg der Klage übrig, um das Nichtbestehen eines Zwangsvergleichs mit ihrer Bürgschaft gerichtlich feststellen zu lassen. Daß das Berufungsgericht die Klage nicht als Vollstreckungsgegenklage (§ 767 ZPO.), sondern als Feststellungsklage angesehen hat, ist rechtlich nicht zu beanstanden. Die Voraussetzungen für eine Vollstreckungsgegenklage hätten nicht vorgelegen. Denn die Klage richtet sich gegen die Rechtsbeständigkeit des Titels, wenn behauptet wird, daß ein Zwangsvergleich mit dem Inhalt, in dem er die Bestätigung des Gerichts gefunden hat, in Wirklichkeit nicht zustandegekommen sei. Für einen solchen Angriff gegen den Vollstreckungstitel ist die Vollstreckungsgegenklage nicht gegeben (RGZ. Bd. 61 S. 365; JW. 1910 S. 709 Nr. 14). Es kommt darum auf die Vorschriften des § 767 Abs. 2 und des § 797 Abs. 4 ZPO. nicht weiter an.

Aus der Bestätigung des Zwangsvergleichs ist zwar zu entnehmen, daß das Gericht die Ablehnung der Bürgschaft durch die Klägerin im Schreiben vom 3. Februar 1926 und auch im Vergleichstermin als rechtlich nicht beachtlich und die Bürgschaft als bestehend angesehen hat. Aber damit ist nicht bindend festgestellt, daß eine wirksame Bürgschaftserklärung von der Klägerin den Gläubigern gegenüber wirklich abgegeben worden wäre und daß sie darum als Bestandteil des angenommenen Zwangsvergleichs-Vorschlags zu gelten hätte. Denn mag auch zuzugeben sein, daß der Richter bei der Bestätigung zu prüfen hatte, ob eine wirksame Bürgschaft der Klägerin für die im Zwangsvergleich übernommenen Verpflichtungen der Schuldnerin vorliege, so waren dies doch nur Erwägungen, die er für die Entscheidung über die Bestätigung des Zwangsvergleichs anzustellen hatte. Er stellte aber mit der Bestätigung nicht rechtskräftig fest, daß die Bürgschaft der Klägerin wirksam zustandegekommen sei. Denn der bestätigte Zwangsvergleich hat, wie in der Rechtsprechung des Reichsgerichts anerkannt ist (RGZ. Bd. 77 S. 404, Bd. 92 S. 187), nicht die materiellen Rechtskraftwirkungen eines Urteils, sondern nur Vertragsnatur (Jaeger Geschäftsaufsicht S. 101; derselbe im „Konkursrecht" in der Enzyklopädie für Rechts- und Staatswissenschaften S. 139; Mentzel Konkursordnung 3. Aufl. S. 493). Hieran ist auch fernerhin festzuhalten. Es bleibt deshalb trotz der Bestätigung Raum für die Prüfung, ob ein wirksamer Zwangsvergleich zustandegekommen oder doch mit dem bei der Bestätigung angenommenen Inhalt zwischen den Beteiligten geschlossen worden ist. Ebenso ist ein Vertrag, der die vorgeschriebene Genehmigung des Vormundschaftsgerichts gefunden hat, darum noch nicht der prozeßgerichtlichen Nachprüfung seiner Gültigkeit oder des wirksamen Zustandekommens einzelner Abreden entzogen (Jaeger Enzyklopädie S. 142). Auf jeden Fall muß dies dem Bürgen gegenüber gelten, wenn er behauptet, er habe die im Zwangsvergleich ihm zugeschriebene Bürgschaft in Wirklichkeit nicht übernommen. Denn da er dem Zwangsvergleich gegenüber kein Beschwerderecht hat, wäre er rechtlos, wenn ihm nicht auch nach und trotz der rechtskräftigen Bestätigung des Zwangsvergleichs die prozeßgerichtliche Nachprüfung des Bestehens der Bürgschaft zugestanden würde. Dem steht nicht entgegen, daß nach der Rechtsprechung des Reichsgerichts der Zwangsvergleichsbürge seine zu einem Teil des Zwangsvergleichs gewordene Bürgschaftsverpflichtung nicht wegen Irrtums anfechten kann, weil es rechtlich nicht möglich ist, die Bürgschaftsleistung vom Zwangsvergleich zu sondern und die Bürgschaft für sich anzufechten, und weil es dem Zwangsvergleich gegenüber keine Irrtumsanfechtung gibt (RGZ. Bd. 57 S. 272). Denn hier handelt es sich nicht um die Anfechtung einer tatsächlich abgegebenen Bürgschaft, sondern um die Frage, ob die in den Zwangsvergleich aufgenommene Bürgschaft wirklich übernommen worden ist, und diese Frage betrifft, weil sie sich auf den Inhalt des Zwangsvergleichs bezieht, vorzugsweise den Vergleich als solchen.

Zur Begründung der Bürgschaft war eine Bürgschaftserklärung der Klägerin und ihre Annahme durch die Gläubiger erforderlich. Die von der Klägerin in der Sitzung vom 7. Dezember 1925 dem Gläubigerbeirat abgegebene Erklärung, daß sie für die Vergleichsquote die Bürgschaft übernehme, war keine Bürgschaftserklärung und auch kein Angebot, die Bürgschaft zu übernehmen, sondern nur eine Bekanntgabe der Tatsache, daß sie sich der Schuldnerin gegenüber zur Bürgschaft für deren Vergleichsverpflichtungen bereit erklärt oder verpflichtet habe. Denn der Gläubigerbeirat war zur Empfangnahme einer rechtsgeschäftlichen Willenserklärung der Klägerin nicht befugt und konnte somit auch nicht eine Bürgschaftserklärung oder ein Angebot zur Bürgschaftsübernahme von ihr entgegennehmen. Die Erklärungen sowohl der Schuldnerin wie der Klägerin können darum nur den Zweck gehabt haben, den beabsichtigten Zwangsvergleich einschließlich der Bürgschaftsbereitschaft der Klägerin zur Kenntnis des Gläubigerbeirats zu bringen und die Empfehlung des Zwangsvergleichs-Vorschlags durch diesen herbeizuführen.

Die Erklärung der Klägerin vom 7. Dezember 1925 war auch insofern keine rechtsverbindliche Bürgschaftserklärung und auch kein rechtsverbindliches Angebot zur Übernahme der Bürgschaft, als sie dazu bestimmt war, an sämtliche Gläubiger weitergeleitet zu werden. Hierüber sagt das über die Verhandlung aufgenommene Protokoll nichts, und tatsächlich ist auch der Vergleichsvorschlag der Schuldnerin mit der auf die Bürgschaft der Klägerin bezüglichen Erklärung gar nicht an die Gläubiger hinausgegangen. Vielmehr hat die Schuldnerin dem Gesetze gemäß den Vergleichsvorschlag mit der die Bürgschaft betreffenden Erklärung ihrem Antrag auf Eröffnung des Vergleichsverfahrens beigefügt (§§ 33, 41 GAVo.), und lediglich mit dem zugestellten Beschluß über die Eröffnung des Vergleichsverfahrens und über den Vergleichstermin hat das Gericht den Gläubigern den Inhalt des Vergleichsvorschlags mitgeteilt. Ob dies beim Einverständnis der erforderlichen Gläubigermehrheit mit dem Vergleichsvorschlag zum Zustandekommen der Bürgschaft ausgereicht haben würde, wenn die Klägerin nichts weiter getan hätte und auch im Vergleichstermin nicht erschienen wäre, kann auf sich beruhen. Denn tatsächlich hat sie noch vor dem Vergleichstermin und auch in diesem ihre Erklärung widerrufen und dadurch zu erkennen gegeben, daß sie die Bürgschaft nicht übernehmen wolle. Damit entfiel aber die wesentliche Grundlage für ihre Bürgschaft. Dies ist ohne weiteres zu bejahen, wenn man annimmt, daß die entscheidenden Vergleichserklärungen erst im Vergleichstermin abgegeben werden und die vorher abgegebenen Erklärungen lediglich als Ankündigungen zu gelten haben (Jaeger Geschäftsaufsicht S. 87; Cahn Geschäftsaufsicht und Zwangsvergleich S. 252; Zweigert Geschäftsaufsicht Bem. 2 zu § 33; Wolff, Maas und v. Simson Vergleichsordnung Anm. 5 zu § 16; Grabner Zeitschr. f. Zivilproz. Bd. 48 S. 202). Dafür könnten nicht zuletzt die Vorschriften der §§ 51, 56 GAVo. ins Feld geführt werden. Aber auch wenn man nicht so weit geht (RGZ. Bd. 56 S. 72, Bd. 74 S. 261) und die Möglichkeit rechtsverbindlicher Erklärungen vor dem Vergleichstermin anerkennt (für die jetzige Vergleichsordnung könnte man dies vielleicht aus § 16 daselbst entnehmen), so waren doch jedenfalls im vorliegenden Falle die auf die Bürgschaft der Klägerin bezüglichen Erklärungen nichts weiter als Ankündigungen. Denn die Klägerin hat, wie bereits hervorgehoben, in der Sitzung vom 7. Dezember 1925 keine rechtsverbindliche Bürgschaftserklärung abgegeben; deshalb konnte auch der Eingang des Protokolls über diese Sitzung keine Bürgschaftsverpflichtung begründen.

Diese Rechtslage wurde auch dadurch nicht geändert, daß die Geschäftsaufsichtsperson, wahrscheinlich im Hinblick auf § 41 Nr. 2 GAVo., das Protokoll vom 7. Dezember 1925 einschließlich der Namensunterschriften den Gläubigern gedruckt zur Kenntnisnahme zugesandt hat. Denn abgesehen davon, daß mit dieser Übersendung wohl nur Erklärungen der Gläubiger über die Eröffnung des Vergleichsverfahrens gewonnen werden sollten, und daß das gedruckte Protokoll durch den Zusatz, die Klägerin erkenne die „Abmachung" als bindend an, von der Urschrift abwich, hatte diese Zusendung schon deshalb keine rechtliche Bedeutung, weil gedruckte Erklärungen, bei denen auch die Namensunterschrift des Erklärenden nur gedruckt ist, nicht als wirksame Willenserklärungen angesehen werden können. Den Umstand, daß eine Bürgschaftserklärung der Klägerin keiner Schriftform bedurfte, versucht die Revision vergeblich für sich zu verwerten. Sie könnte sich darauf nur dann berufen, wenn die Klägerin wirklich mündliche Erklärungen abgegeben hätte. Das hat aber die Revision selbst nicht behauptet.

Ob sich die Klägerin gegenüber der Schuldnerin verpflichtet hatte, die Bürgschaft für die Vergleichsverpflichtungen zu übernehmen, braucht nicht geprüft zu werden. Denn eine solche Verpflichtung hätte die Bürgschaftserklärung nicht ersetzt und hätte auch keine Pflichten gegenüber den Gläubigern begründet. Ebenso kann dahinstehen, ob der in dem gedruckten Protokoll vom 7. Dezember 1925 enthaltene Zusatz, die Klägerin erkenne die im Protokoll enthaltene „Abmachung" (richtig: die Erklärungen) als für sich bindend an, die Bedeutung haben sollte, daß sie sich eines Widerrufs ihrer Bürgschaftsbereitschaft begebe. Denn schon an dem Mangel der Rechtsverbindlichkeit dieser nur gedruckten, in der Urschrift des Protokolls nicht enthaltenen Erklärung scheitert ihre Beachtlichkeit.

Nach alledem muß man zu dem Ergebnis kommen, daß ein Zwangsvergleich mit der Bürgschaft der Klägerin nicht zustandegekommen ist. Dann kann auch keine Zwangsvollstreckung aus dem bestätigten Zwangsvergleich gegen die Klägerin stattfinden. Denn der vollstreckbare Titel, der aus dem Anerkennungsvermerk im Gläubigerverzeichnis in Verbindung mit dem Zwangsvergleich und nach seinem Inhalt gebildet wird, ist in diesem Falle unrichtig und darum gegen die Klägerin als angebliche Bürgin nicht wirksam. Daß die Klägerin bei Verfolgung des Klaganspruchs arglistig handle, weil sie sich aus Anlaß des Geschäftsaufsichts-Verfahrens über die Dortmunder Firma zur Bürgschaft für die demnächstigen Zwangsvergleichs-Verpflichtungen der X.er Firma verbindlich gemacht habe und sich deshalb nicht auf die Unzulässigkeit der Zwangsvollstreckung berufen könne, ist der Revision nicht zuzugeben. Denn die Klägerin macht nur von ihrem Recht Gebrauch, wenn sie dem Vorbringen über ihre Bürgschaftsleistung (als Bestandteil des Zwangsvergleichs) entgegentritt. Deshalb kann ihr der Beklagte für den Fall, daß die behauptete Verpflichtung bestehen sollte, höchstens Vertragsverletzung, nicht aber Arglist vorwerfen.

77. Welche Rechtsfolgen hat die Nichtbeachtung der in der Satzung einer Gesellschaft mbH. angeordneten Beurkundung von Gesellschafterbeschlüssen?

GmbHG. §§ 48, 51 Abs. 3.

II. Zivilsenat. Urt. v. 4. Dezember 1928 i. S. B. (Bekl.) w. Cl. GmbH. (Kl.). II 360/28.

I. Landgericht Detmold
II. Oberlandesgericht Celle.

Der Beklagte ist eingetragener Eigentümer eines Grundstücks in D. Die Auflassung dieses Grundstücks an ihn fand statt, als er noch Geschäftsführer der klagenden Gesellschaft mbH. war. Diese Gesellschaft bestand aus zwei Gesellschaftern: dem Beklagten und dem Kaufmann W. Von den insgesamt 40 Geschäftsanteilen besaß der Beklagte 32, jedoch nur als Treuhänder des W., der auch Inhaber der übrigen 8 Anteile war. Die Klägerin behauptet, der Beklagte habe im Jahre 1922 in seiner Eigenschaft als Geschäftsführer von ihr den Auftrag erhalten, das Grundstück für die Gesellschaft zu erwerben; indem er es auf sich eintragen ließ, habe er sich des Betrugs und der Untreue schuldig gemacht und er sei deshalb zum Schadensersatz verpflichtet. Als solchen fordert die Klägerin von ihm die Übertragung des Eigentums an dem Grundstück. Der Beklagte wandte namentlich ein, daß kein dem Gesetz und der Satzung entsprechender Gesellschafterbeschluß auf Erwerb der streitigen Parzellen gefaßt worden sei. Beide Vordergerichte gaben der Klage statt. Die Revision des Beklagten war erfolglos.

Aus den Gründen:

Der Berufungsrichter nimmt an, daß im Jahre 1922 ein rechtsgültiger Beschluß der beiden einzigen Gesellschafter der Gesellschaft mbH. auf Erwerb des streitigen Grundstücks gefaßt worden sei. Dabei geht es zugunsten des Beklagten davon aus, daß dieser nach außen die Rechtsstellung eines Gesellschafters eingenommen habe, wenn er auch die 32 Geschäftsanteile nur als Treuhänder des andern Gesellschafters besessen habe. Des weiteren ist das Berufungsgericht der Meinung, mit Rücksicht auf die (von ihm festgestellte) Willenseinigung der beiden Gesellschafter habe es nicht der Einberufung einer förmlichen Gesellschafter-Versammlung zur Beschlußfassung über die Erwerbung des Grundstücks bedurft, wie sie in § 10 der Satzung und in § 48 Abs. 1 GmbHG. vorgesehen sei. Denn da sie die einzigen Gesellschafter gewesen seien, hätten sie jederzeit eine Gesellschafterversammlung dargestellt und gemäß § 51 Abs. 3 GmbHG. gültige Beschlüsse für die Gesellschaft fassen können. Dem stehe nicht entgegen, daß nach der Satzung der Gesellschaft die Beschlüsse in ein Protokollbuch einzutragen und von den anwesenden Gesellschaftern zu unterschreiben gewesen seien (was hier unstreitig nicht geschehen ist). Diese Bestimmung berühre die Verbindlichkeit der gefaßten Beschlüsse nicht, sondern sei nur eine für die Geschäftsführung beachtliche Ordnungsvorschrift, behandle also nur eine innere Angelegenheit der Gesellschaft. Demgegenüber meint die Revision, es liege kein wirksamer Gesellschafterbeschluß vor. Eine bloße Einigung der Gesellschafter unter sich reiche hierzu nicht aus, wie sich aus den §§ 47 flg. GmbHG. und daraus ergebe, daß die Satzung für einen Beschluß über den Erwerb von Grundstücken die Wahrung besonderer Formen vorschreibe. Dieser Auffassung kann jedoch nicht beigetreten werden.

Nach § 51 Abs. 3 GmbHG. ist eine Beschlußfassung auch ohne Einberufung der Gesellschafter möglich, wenn diese sämtlich anwesend sind. Die Satzung der Klägerin steht der Annahme eines gültigen Beschlusses auch nicht entgegen. § 10 daselbst kommt nicht in Betracht, da er sich weder auf den Fall der Vollversammlung, noch — nach der Bestimmung über die erforderliche Stimmenmehrheit — auf den der Einstimmigkeit der Gesellschafter bezieht. Die in § 11 angeordnete Aufnahme eines Privatprotokolls aber soll nur dem Beweiszweck dienen, wie der erkennende Senat schon in einem gleichliegenden Fall (RGZ. Bd. 104 S. 415) ausgesprochen hat. Sowohl in dem jener Entscheidung zugrundeliegenden wie auch im vorliegenden Fall handelt es sich nur um die Anordnung einer privatschriftlichen Festlegung. Liebmann-Saenger, GmbHG. S. 262, haben dagegen bei der Annahme der Rechtsungültigkeit von Gesellschafterbeschlüssen, bei denen die satzungsmäßige Form nicht beobachtet ist, nach ihrer ausdrücklichen Erklärung den Fall im Auge, daß die Satzung eine gerichtliche oder notarielle Beurkundung vorschreibt. Brodmann, GmbHG. S. 188 a. E., sagt das nicht ausdrücklich, sondern spricht ganz allgemein davon, daß, falls der Gesellschaftsvertrag Aufnahme eines Protokolls bestimme, die Beschlüsse nur gültig seien, wenn dem nachgekommen werde. Auch der Zusammenhang ergibt nicht zweifelfrei, daß Brodmann hierbei nur an die satzungsmäßige Vorschrift der Aufnahme eines gerichtlichen oder notariellen Protokolls denkt. Die Behandlung der ganzen Frage im Kommentar von Scholz (S. 493) ist nicht klar. Anscheinend soll dort zwischen der Unterlassung der in der Satzung angeordneten einfachen Beurkundung und der darin vorgeschriebenen Aufnahme eines gerichtlichen oder notariellen Protokolls kein rechtlicher Unterschied gemacht, sondern die Ansicht vertreten werden, daß die Verletzung der Satzung weder im ersten noch im zweiten Falle die Ungültigkeit des Gesellschafterbeschlusses nach sich ziehe. Diese Auffassung kann nicht geteilt werden. Es ist vielmehr anzunehmen, daß ein Verstoß gegen die satzungsmäßige Vorschrift gerichtlicher oder notarieller Beurkundung von Gesellschafterbeschlüssen deren Nichtigkeit zur Folge hat. Da der Beschluß als solcher kein Rechtsgeschäft ist, ergibt sich dies zwar nicht aus § 125 Satz 2 BGB. Wohl aber folgt es daraus, daß bei der Gesellschaft mbH., soweit nicht das Gesetz zwingend eine Form vorschreibt (§§ 53flg. GmbHG.), nicht anders als bei der offenen

Handelsgesellschaft und der Genossenschaft, in erster Linie die Satzung, die Rechtsverhältnisse der Gesellschaft regelt (RGZ. Bd. 65 S. 92), und daß eine Bestimmung, welche die Zuziehung eines Richters oder Notars als Urkundsbeamten fordert, nur als Aufstellung einer Voraussetzung für die Gültigkeit des Beschlusses verstanden werden kann. Eine solche Form des Protokolls ist in der Satzung der Klägerin nicht angeordnet.

Hiernach liegt ein rechtswirksamer Gesellschafterbeschluß über den Erwerb des streitigen Grundstücks vor. ...

78. Über das Erfordernis der vormundschaftsgerichtlichen Genehmigung bei Verträgen Minderjähriger, die gegen eine Abfindung aus einer offenen Handelsgesellschaft ausscheiden.

BGB. § 1822 Nr. 3.

II. Zivilsenat. Urt. v. 4. Dezember 1928 i. S. Firma H. & Pl. u. Gen. (Bekl.) w. G. u. Gen. (Kl.). II 486/28.

I. Landgericht Weiden.
II. Oberlandesgericht Nürnberg.

Die Kläger, nämlich die Witwe G. und ihre zwei minderjährigen Kinder, sind als Erben ihres Gatten und Vaters R. G. und auch des Großvaters der Kinder, A. G., an Stelle der Erblasser auf Grund eines Gesellschaftsvertrags vom 10. Juli 1904 als Gesellschafter in die offene Handelsgesellschaft H. & Pl., Dampfsägewerk in T., eingetreten. Am 18. März 1918 schlossen sie mit den verklagten Geschwistern des R. G. und mit weiteren Erben des A. G., die als Gesellschafter im Handelsregister eingetragen sind, einen „Erbauseinandersetzungsvergleich" mit dem Vorbehalt vormundschaftsgerichtlicher Genehmigung. Demgemäß sollten die Kläger gegen eine in mündelsicheren Wertpapieren zu zahlende Abfindungssumme von 230000 M. mit Wirkung vom 1. Januar 1918 ab aus der Firma H. & Pl. ausscheiden, die Löschung der Inhabereigenschaft ihres Erblassers R. G. sofort nach Empfang der Vergleichssumme bewirken und keinerlei Ansprüche mehr aus dem Nachlaß des R. G. und des A. G. an die Vertragsgegner haben. Das um die vormundschaftsgerichtliche Genehmigung angegangene Amtsgericht T. erklärte am 15. April 1918 eine solche Genehmigung für nicht erforderlich. Danach wurde die

Vergleichssumme ausgezahlt und am 26. November 1919 das Ableben des R. G. und des A. G., das Ausscheiden der Kläger als ihrer Erben und der Eintritt der Beklagten als der Erben des A. G. in die Gesellschaft ins Handelsregister eingetragen. Am 30. April 1921 erklärte auf Betreiben der Kläger das Bayerische Oberste Landesgericht als Beschwerdegericht in Vormundschaftssachen die vormundschaftsgerichtliche Genehmigung des Vergleichs vom 18. März 1918 für erforderlich. Mit Beschluß vom 10. April 1922 versagte dann das Amtsgericht T. diese Genehmigung. Daraufhin erhoben die Kläger Klage, mit der sie u. a. Feststellung dahin verlangten, daß sie noch Gesellschafter der offenen Handelsgesellschaft H. & Pl. zu dem ihnen gebührenden Anteil seien. Beide Vordergerichte sprachen die Klage zu. Die Revision der Beklagten war erfolglos.

Aus den Gründen:

... Die Revision wendet sich hauptsächlich dagegen, daß der „Erbauseinandersetzungsvergleich" vom 18. März 1918 der vormundschaftsgerichtlichen Genehmigung unterliegen soll. Das Bayerische Oberste Landesgericht stützt diese Annahme auf § 1822 Nr. 3 BGB. In seinem Beschluß vom 30. April 1921 (Entsch. d. Bayer. ObLG. Bd. 21 S. 221) heißt es: Im Ausscheiden einzelner Teilhaber einer offenen Handelsgesellschaft gegen Entschädigung sei eine Veräußerung ihres Anteils am Erwerbsgeschäft der Gesellschaft zu erblicken. Ebenso wie Anteilsrechte an Grundstücken im Sinne des § 1821 Abs. 1 Nr. 1 BGB. als Grundstücke gälten, müsse auch ein Vertrag, der auf die Veräußerung eines Anteils an einem Erwerbsgeschäft gerichtet sei, im Sinne des § 1822 Nr. 3 einem auf die Veräußerung des Erwerbsgeschäfts im ganzen gerichteten Vertrag gleichgestellt werden. Dem hat sich der Vorderrichter angeschlossen. Hierin erblickt die Revision eine Verletzung der in den Urteilen des VII. und des I. Zivilsenats des Reichsgerichts (RGZ. Bd. 54 S. 278 und Bd. 65 S. 227) ausgesprochenen Rechtsgrundsätze. Sie meint, das Reichsgericht habe sich zu § 1822 Nr. 3 BGB. nicht geäußert, es sei aber ausgeschlossen, daß es die Anwendung dieser Vorschrift auf die damals entschiedenen, ähnlich liegenden Fälle übersehen habe. Hier komme keine Veräußerung eines Erwerbsgeschäfts, sondern nur die Auszahlung eines Liquidationsguthabens in Frage. Im Falle RGZ. Bd. 54 S. 278 handelte es sich um einen Vertrag über die Art der Liquidation einer offenen Handelsgesellschaft, wobei Grundstücke in

Betracht kamen. Für jenen Vertrag hat das Reichsgericht mit Rücksicht auf das Gesamthands-Eigentum der Gesellschafter an den Gesellschaftsgrundstücken das Formerfordernis der gerichtlichen oder notariellen Beurkundung (§ 313 BGB.) und bei Beteiligung Minderjähriger auch das Erfordernis der vormundschaftsgerichtlichen Genehmigung (§ 1821 Abs. 1 Nr. 1 und 3) verneint. Um all das dreht es sich aber hier nicht. Der Entscheidung RGZ. Bd. 65 S. 227 dagegen lag allerdings ein Fall zugrunde, in dem ein minderjähriger Gesellschafter gegen Abfindung aus einer offenen Handelsgesellschaft ausgeschieden war. Dort hat sich der erste Zivilsenat des Reichsgerichts, was das Formerfordernis des § 313 BGB. und die Genehmigung nach § 1821 Abs. 1 Nr. 1 und 3 BGB. anlangt, auf denselben Standpunkt gestellt wie der VII. Zivilsenat. Er hat aber auch den § 1822 Nr. 3 BGB., dessen Verletzung damals ausdrücklich gerügt war, nicht übersehen, sondern hierzu in dem nicht veröffentlichten Teil der Entscheidung Stellung genommen. Die Anwendbarkeit des § 1822 Nr. 3 sei, so wird dort ausgeführt, mit Recht verneint, weil es sich nicht um die entgeltliche Veräußerung eines bestehenden Erwerbsgeschäfts gehandelt habe, sondern um die Auseinandersetzung über eine schon aufgelöste offene Handelsgesellschaft. Hierfür bezieht sich jenes Urteil auf Lehmann-Ring HGB. zu § 158 S. 337 gegen Staub HGB. 8. Aufl. Anm. 15 zu § 145. Wenn damit auch auf eine vielleicht weitergreifende, übrigens nicht mit Gründen versehene Meinung eines Erläuterers des Handelsgesetzbuchs verwiesen wurde, so ist doch die Entscheidung nach ihrer Begründung auf den Fall der schon erfolgten Auflösung der offenen Handelsgesellschaft beschränkt; das Erwerbsgeschäft wird als nicht mehr bestehend, nur noch zum Liquidationszweck vorhanden behandelt. Diese Entscheidung, zu deren Richtigkeit hier keine Stellung genommen zu werden braucht, kann nicht auf den vorliegenden Fall übertragen werden, wo die Gesellschaft kraft Vertrags zwischen den Erben fortbestand (§ 131 Nr. 4 HGB.) und das Erwerbsgeschäft dauernd weitergeführt werden sollte und weitergeführt worden ist. Der jetzt erkennende Senat hat schon im Urteil vom 29. Oktober 1926 (RGZ. Bd. 115 S. 172) die Veräußerung eines Gesamthand-Anteils am väterlichen Erwerbsgeschäft, den ein Minderjähriger zusammen mit seiner Mutter durch Erbschaft erworben hatte, als Veräußerung eines Erwerbsgeschäfts im Sinne des § 1822 Nr. 3 BGB. behandelt, also die Auffassung des Bayerischen Obersten Landesgerichts in Ansehung der Gleichstellung des Anteils mit dem Ganzen geteilt. Er trägt kein Bedenken, für den vorliegenden Fall auch im übrigen diesem Gerichtshof beizutreten. Der gesetzgeberische Gedanke, wonach dafür gesorgt werden muß, daß erhebliche Vermögenswerte Minderjähriger nicht leichtfertig weggegeben werden, trifft auch hier zu. Der Anteil an der Gesellschaft konnte für die klagenden Minderjährigen eine Quelle des Einkommens für eine ferne Zukunft bilden. Es handelte sich dabei nicht um einen Vermögenswert, der etwa nur im Zeitpunkt des Auseinandersetzungs-Abkommens veräußerlich gewesen wäre. . . .

---

79. Zur Auslegung einer Abtretungserklärung, durch die eine Hypothek „einschließlich aller sich darauf beziehenden Aufwertungsansprüche" abgetreten wird.

AufwG. § 17.

V. Zivilsenat. Urt. v. 5. Dezember 1928 i. S. B. B. u. Pr. Lebensvers. AG. (Bekl.) w. B. (Kl.). V 302/28.

I. Landgericht I Berlin.
II. Kammergericht daselbst.

Im Grundbuch von F. ist eine Hypothek von 335000 M. für die verklagte Aktiengesellschaft eingetragen. Am 28. November 1923 trat die Beklagte die Hypothek „samt der ihr zugrundeliegenden Forderung mit allen Rechten, insbesondere mit den Zinsen seit dem 16. November 1923" unter Übergabe des Hypothekenbriefs an den Direktor Be. ab. Am 8. September 1924 trat Be. die Hypothek, wiederum unter Übergabe des Hypothekenbriefs, „mit allen Rechten und Unterrechten einschließlich der ihr zugrundeliegenden Forderung" an den Deutschen Sparkassen- und Giroverband ab. Diese Bank übertrug die Hypothek am 4. September 1925 „einschließlich aller sich darauf beziehenden Aufwertungsansprüche" unter Übergabe des Hypothekenbriefs an die Aktiengesellschaft für J. u. T. Von dieser wurde die Hypothek nebst der Forderung „einschließlich aller sich darauf beziehenden Aufwertungsansprüche" unter Übergabe des Hypothekenbriefs und der vorgenannten Abtretungsurkunden am 30. August 1927 an die Klägerin abgetreten. Alle hier erwähnten Abtretungen sind durch notariell beglaubigte Urkunden erfolgt. Direktor Be. hat der Beklagten als Entgelt für die genannte und eine andere Vorkriegshypothek von 465000 M. am 7. November 1923 1260 GM., am 10. November 1923 398 Dollars und 135 Milliarden Mark, sowie 10 Anteile der Otawi Minen- und Eisenbahngesellschaft im Werte von etwa 8800 GM. geleistet. Die Grundstückseigentümerin hat wegen des Streites der Parteien die seit dem 1. Januar 1925 aus dem Aufwertungsbetrag von 83750 GM. fällig gewordenen Zinsen bei der amtsgerichtlichen Hinterlegungsstelle hinterlegt.

Die Klägerin ist der Ansicht, die Beklagte habe durch die Abtretung an Be. ihre sämtlichen Aufwertungsansprüche einschließlich des Anspruchs aus § 17 AufwG. auf ihn übertragen; von diesem seien sie durch die weiteren Abtretungen auf die Klägerin übergegangen. Sie verlangt nunmehr von der Beklagten, diese habe einzuwilligen, daß die hinterlegten Zinsbeträge nebst den Depositalzinsen an sie (Klägerin) ausgezahlt würden. Hilfsweise begehrt sie Feststellung, daß sie berechtigt sei, die erwähnten Zinsbeträge bei der Hinterlegungsstelle zu erheben. In letzter Linie soll die Beklagte verurteilt werden, die ihr nach den Grundsätzen der Rechtsprechung und durch die Aufwertungsgesetzgebung entstandenen Ansprüche in Ansehung der hinterlegten Zinsen an die Klägerin abzutreten. Das Landgericht hat die Klage abgewiesen; das Berufungsgericht hat die Beklagte nach dem Hauptantrag verurteilt. Die Revision der Beklagten führte zur Aufhebung und Zurückverweisung.

Gründe:

Das Berufungsgericht ist der Ansicht, die Tatsache, daß in sämtlichen Abtretungsurkunden von der Abtretung der Forderung und der Hypothek mit allen Rechten und Aufwertungsansprüchen die Rede sei, und daß man jeweils die früheren Abtretungserklärungen in Bezug genommen und ausgehändigt habe, ergebe, daß jedesmal alle schuldrechtlichen Ansprüche, also auch die Ansprüche auf Abtretung der Zedentenrechte aus § 17 AufwG. abgetreten worden seien, sofern solche in der Person des ersten Abtretungsempfängers

B. entstanden seien. Wenn aber nach dem Willen der Vertragsparteien durch die Abtretung auch die Aufwertungsrechte hätten übergehen sollen, so sei für einen bloßen Ausgleichsanspruch des Abtretungsempfängers kein Raum. Hätten die Parteien mit einer Aufwertung gerechnet und gerade sie zum Gegenstand ihrer Vereinbarung gemacht und habe der Abtretungsempfänger die Forderung über den damaligen Währungspreis hinaus in der Hoffnung bezahlt, die spätere Aufwertung werde den gezahlten Preis übersteigen (während der Abtretende das Gegenteil erwartet habe), dann müsse sich jede Partei an die Erklärungen halten, die sie damals abgegeben habe. Der Abtretende sei in diesem Falle zur Abtretung aller in seiner Person entstandenen Aufwertungsansprüche auch über den Rahmen eines bloßen billigen Ausgleichs hinaus verpflichtet; er müsse mithin auch seine Ansprüche aus § 17 AufwG. auf den Abtretungsempfänger übertragen.

Demgegenüber verweist die Revision auf das Urteil des erkennenden Senats vom 10. März 1928 V 133/27 (Jur. Rundsch. 1928 HRR. Nr. 1476; Ring AufwRspr. 1928 Nr. 183), worin der Standpunkt vertreten sei, daß die Parteien in solchen Fällen immer nur an die dem Abtretungsempfänger in seiner Person erwachsenden Aufwertungsrechte gedacht haben könnten. Unmöglich könnten sie erwogen haben, daß durch eine spätere Gestaltung der Gesetzgebung auch für den Abtretenden ein Recht auf Aufwertung entstehen werde. Die Auffassung des Berufungsgerichts führe zur Vereitlung der Absicht des Gesetzes, die sich gegen eine Bereicherung des Abtretungsempfängers richte. Im vorliegenden Falle sei die erste Abtretung am Tage des reichsgerichtlichen Urteils vom 28. November 1923 (RGZ. Bd. 107 S. 78) vorgenommen worden, durch das der Aufwertungsgedanke erst Leben erhalten habe. Dies sei den Parteien selbstverständlich noch nicht bekannt gewesen. Wenn unter diesen Umständen die Beklagte ein Abtretungsentgelt erhalten habe, das zwar den Nennbetrag der abgetretenen Forderung überschritten, aber ihren Goldwert nicht annähernd erreicht habe, so könne daraus unmöglich der Schluß gezogen werden, daß sämtliche in Zukunft entstehenden Aufwertungsansprüche des Abtretenden hätten mitübergehen sollen. Ein derartiger Wille hätte zweifelsfrei ausgedrückt werden müssen. Wenn die Beklagte die Hypothek „samt der ihr zugrundeliegenden Forderung mit allen Rechten, insbesondere mit den Zinsen usw." abgetreten habe, so könne hierin nur das Bestreben erblickt werden, zu verdeutlichen, daß der Abtretungsempfänger nunmehr an Stelle des Abtretenden die aus der übertragenen Forderung entspringenden Befugnisse gegenüber dem Schuldner ausüben könne, z. B. die Einziehung der Zinsen. Aus den gebrauchten Worten könne um so weniger etwas anderes zugunsten der Klägerin hergeleitet werden, als die Ausdrucksweise ohnehin juristisch ungenau sei; es hätte umgekehrt lauten müssen „Abtretung der Forderung samt der Hypothek".

Dieser Angriff ist begründet. Das Berufungsgericht meint, Gegenstand des zwischen der Beklagten und Be. abgeschlossenen Abtretungsvertrags sei die Hypothek nebst den ihr anhaftenden Aufwertungsansprüchen gewesen. Dem ist zwar insoweit zuzustimmen, als die Parteien dabei an die in der Person des Abtretungsempfängers entstehenden Aufwertungsansprüche gedacht haben können. Es muß aber nach der zur Zeit der Abtretung (28. November 1923) bestehenden Rechtslage als völlig ausgeschlossen erscheinen, daß sie dabei erwogen haben könnten, es werde durch eine spätere Gestaltung der Gesetzgebung auch für den Abtretenden ein Aufwertungsrecht entstehen. Dies hat der erkennende Senat in dem von der Revision erwähnten Urteil vom 10. März 1928 für eine im Oktober 1923 erfolgte Abtretung angenommen. Nichts anderes kann aber gelten, wenn die Abtretung, wie hier, am 28. November 1923 geschehen ist. In ständiger Rechtsprechung (z. B. RGZ. Bd. 116 S. 143, Bd. 117 S. 299) hat der erkennende Senat ausgesprochen, es bedürfe stets der Feststellung besonderer Umstände, um annehmen zu können, daß sich Vertragschließende vor dem reichsgerichtlichen Urteil vom 28. November 1923 überhaupt der Möglichkeit einer Aufwertungspflicht des Schuldners bewußt gewesen seien. Daß aber Vertragschließende an jenem Tage bereits an ein Aufwertungsrecht des Abtretenden gedacht haben könnten, wie es die spätere Gesetzgebung gewährt hat, ist im Hinblick auf den damaligen Rechtszustand ausgeschlossen, wonach der Abtretende durch die Abtretung aus dem Schuldverhältnis völlig ausschied und alle Rechte auf den neuen Gläubiger übergingen. Daher können Be. und die Beklagte bei Abschluß des Vertrags vom 28. November 1923 die für den Abtretenden erst durch das Aufwertungsgesetz begründete Aufwertungsmöglichkeit nicht zum Gegenstand des Vertrags gemacht haben.

Die Revisionsbeklagte meint, die Auslegung des Berufungsgerichts, wonach Gegenstand der Abtretung die Hypothek nebst allen ihr anhaftenden Aufwertungsmöglichkeiten einschließlich derjenigen für den Abtretenden gewesen sein soll, sei durchaus möglich. Die Vertragschließenden hätten eben die gesamten Aufwertungsmöglichkeiten übertragen wollen, gleichgültig, wie sie künftig durch Rechtsprechung oder Gesetzgebung im einzelnen gestaltet würden. Dann umfasse aber ihr Wille stillschweigend auch den Aufwertungsanspruch des Abtretenden, wenn auch die Parteien damals noch keine Vorstellung davon gehabt haben könnten, daß die spätere Gesetzgebung den Aufwertungsanspruch des Abtretenden so gestalten werde, wie es das Aufwertungsgesetz dann getan habe. Mindestens sei hier die sog. ergänzende Auslegung zulässig und geboten. Eine solche Auslegung wird jedoch dem Willen des Gesetzes nicht gerecht. Das Aufwertungsgesetz hat in § 17 den Aufwertungsanspruch neu geschaffen für den bisherigen Gläubiger, der die Hypothek abgetreten und die Gegenleistung nach dem 14. Juni 1922 oder unter Vorbehalt der Rechte angenommen hat. Dabei ging man davon aus, daß die gleichen Billigkeitserwägungen, die der nach dem 15. Juni 1922 geschehenen Papiermarkzahlung des Schuldners nur eine beschränkte Zahlkraft beilegen, auch dazu führen müßten, das Recht des früheren Gläubigers wieder herzustellen (Ausschußbericht S. 18). Wenn der Gesetzgeber dementsprechend die Regelung dahin getroffen hat, daß im Gegensatz zum bisherigen Rechtszustand trotz der Abtretung ein Aufwertungsanspruch in der Person des Abtretenden entstehen soll, so ist damit zum Ausdruck gebracht worden, daß diese Regelung unabhängig vom Willen der Abtretungsparteien eintreten und daß deren Wille, mit der Hypothek alle Aufwertungsmöglichkeiten auf den neuen Gläubiger zu übertragen, nicht anerkannt werden soll. Denn das Gesetz hat dem früheren Gläubiger einen Aufwertungsanspruch verliehen, obwohl sich mit jeder Hypothekenabtretung der Wille der Beteiligten verbindet, mit der Hypothek auch die ihr anhaftenden Aufwertungsmöglichkeiten zu übertragen, und zwar auch dann, wenn dies bei der Abtretung nicht besonders hervorgehoben worden ist. Daß etwas anderes gelten müsse, wenn ein solcher Wille durch die Vereinbarung eines Aufgelds besonders starken Ausdruck gefunden hat, kann nicht anerkannt werden. Der gegenteilige Standpunkt müßte dahin führen, daß der Abtretende seines ihm durch das Aufwertungsgesetz verliehenen Aufwertungsanspruchs auf einem Umwege wieder beraubt würde.

Auch für eine Erklärung des Parteiwillens im Sinne der Revisionsbeklagten ist gegenüber dem in § 17 AufwG. klar zum Ausdruck gekommenen, oben dargelegten Willen des Gesetzgebers kein Raum.

In Frage kommen kann hiernach nur, ob und in welchem Umfang der Klägerin etwa ein Ausgleichsanspruch gegen die Beklagte zuzubilligen ist. Das Berufungsgericht wird diese Frage, zu der auf das schon erwähnte Urteil des erkennenden Senats vom 10. März 1928 verwiesen wird, in erneuter Verhandlung zu prüfen haben. Über den Goldmarkbetrag des Abtretungsentgelts darf der Ausgleichsanspruch nicht hinausgehen, wie in jenem Urteil ausgeführt ist. Es wird insbesondere auch festzustellen sein, welcher Teil des von Be. für die beiden Hypotheken geleisteten Abtretungsentgelts auf die Abtretung der hier streitigen Hypothek entfällt.

---

80. 1. Zur Anwendung der §§ 434, 439 Abs. 2 BGB. beim Verkauf sämtlicher Aktien einer Grundstücks-Gesellschaft an mehrere Erwerber.

2. Sind die in RGZ. Bd. 112 S. 329 für Grundstücksverkäufe ausgesprochenen Grundsätze entsprechend anzuwenden auf Kaufabschlüsse über Aktien einer Grundstücks-Gesellschaft, wenn der Verkäufer den Käufern vertraglich für die Freiheit des Grundstücks von Aufwertungslasten einzustehen hat?

BGB. §§ 242, 434, 439.

I. Zivilsenat. Urt. v. 5. Dezember 1928 i. S. Interessengemeinschaft O.-L.-K. GmbH. (Bekl.) w. F. K. Aktiengesellschaft (Kl.). I 111/28.

I. Landgericht I Berlin, Kammer für Handelssachen.
II. Kammergericht daselbst.

Im November 1923 verkaufte die Klägerin ihren Besitz an Aktien einer Haus-Aktiengesellschaft (weiterhin als „Grundstücks-Gesellschaft" bezeichnet) im Nennwert von 1 Million Mark an zwei Käufer, und zwar zu einem Teil an die O. Sp. GmbH. für 12000 Dollars und zum andern Teil an eine holländische Bankfirma für 20000 Dollars. Die restlichen Aktien der nämlichen Gesellschaft im Nennbetrag von 500000 M. gingen zu gleicher Zeit durch Verkauf für einen Preis von 19000 Dollars von der F. Treuhand GmbH. an die S.-P.-Brauerei über. In einem Schreiben vom 22. November 1923 erklärten die Verkäufer der Gegenseite, sie kämen dafür auf, daß die Gesellschaft, deren Aktien den Kaufgegenstand bildeten, außer einigen näher bezeichneten Hypotheken keinerlei Verbindlichkeiten habe. Die holländische Firma entrichtete ihren Kaufpreis. Bei den andern beiden Abschlüssen wurde der Kaufpreis unter Umwandlung in eine Darlehensschuld von 130200 GM. bis zum 15. November 1926 gestundet. Die Grundstücks-Gesellschaft übernahm die gestundete Schuld mit und ließ für sie auf ihrem Grundstück, das ihr wesentliches Vermögensstück bildet, eine Hypothek eintragen. Für die Schuld der Gesellschaft übernahm die Beklagte die selbstschuldnerische Bürgschaft. Die Klägerin fordert mit der Klage 10000 RM. nebst Zinsen als Teilbetrag der von der Beklagten verbürgten Schuld. Die Beklagte hat gegenüber der Klage geltendgemacht: Auf dem Grundstück seien außer jener Hypothek von 130200 RM. infolge der Bestimmungen des Aufwertungsgesetzes noch weitere Hypotheken im Gesamtbetrag von 330000 RM. eingetragen worden. Die Klägerin habe nach §§ 434, 439 Abs. 2 BGB. sowie auf Grund der im Schreiben vom 22. November 1923 übernommenen Verpflichtung diese Lasten zu beseitigen. Durch Abtretung der Ansprüche der Käufer habe die Hauptschuldnerin ein Recht auf Erfüllung dieser Verbindlichkeit erworben. Die Beklagte sei zur Erfüllung ihrer Bürgschaftsschuld nur Zug um Zug gegen Erfüllung dieser Verbindlichkeit verpflichtet.

In den ersten beiden Rechtszügen hatte die Klage Erfolg. Auf die Revision der Beklagten wurde das Berufungsurteil aufgehoben und die Sache an die Vorinstanz zurückverwiesen.

Aus den Gründen:

Die unter Umwandlung in ein Darlehen gestundete Schuld der O. Sp. GmbH. und der S.-P.-Brauerei aus Ankauf von Aktien der Grundstücks-Gesellschaft ist von der letzteren mitübernommen worden. Auf Grund der selbstschuldnerischen Bürgschaft für diese Verbindlichkeit der Gesellschaft haftet die Beklagte der Klägerin als einer der Verkäuferinnen für den eingeklagten Teilbetrag der Forderung, wenn ihre gemäß § 768 BGB. dem Rechtsverhältnis zwischen der Klägerin und der Hauptschuldnerin entnommenen Einwendungen unbegründet sind. Das Berufungsgericht ist zu diesem Ergebnis gelangt. Es handelt sich in erster Reihe um ein Zurückbehaltungsrecht, das zugunsten der Hauptschuldnerin in Anspruch genommen wird, bis die Klägerin diese von den Ansprüchen befreit habe, die von den Inhabern von Papiermarkhypotheken auf Grund der Aufwertungsgesetzgebung gegen die Gesellschaft als Eigentümerin des ihren hauptsächlichen Vermögensbestandteil ausmachenden Grundstücks erhoben worden sind. Der Befreiungsanspruch wird aus einer im Kaufvertrag ausdrücklich übernommenen, nach Auffassung der Beklagten auch durch §§ 434, 439 Abs. 2 BGB. begründeten und durch Abtretung nunmehr der Hauptschuldnerin gegenüber bestehenden Verpflichtung der Klägerin hergeleitet, dafür aufzukommen, daß die Grundstücks-Gesellschaft außer einigen zur Zeit des Kaufabschlusses noch eingetragenen Hypotheken keinerlei Verbindlichkeiten habe.

(Es wird zunächst die Auffassung des Berufungsgerichts wiedergegeben, die beim Kaufabschluß abgegebene Zusicherung der Klägerin enthalte keine Verpflichtung zur Beseitigung von etwaigen Aufwertungslasten, eine solche ergebe sich auch nicht aus §§ 434, 439 Abs. 2 BGB.).

Die Erwägungen des Berufungsgerichts sind rechtlich nicht durchweg einwandfrei. Bei einem Kaufvertrag über Aktien handelt es sich um den Kauf von Rechten. Allerdings kommt im allgemeinen der wirtschaftliche Zustand des Vermögens einer Aktiengesellschaft als eine nach § 459 BGB. zu gewährleistende Sacheigenschaft der Aktien nicht in Betracht (RGZ. Bd. 59 S. 240, Bd. 86 S. 146; RG. im Bankarchiv Bd. 10 S. 93; RGUrt. vom 10. Oktober 1928 I 79/28 und I 95/28)[1]). Denn nach § 434 BGB. hat der Verkäufer den Kaufgegenstand frei von Rechten Dritter zu liefern. Unter solche fallen an sich nicht Belastungen des Vermögens der Aktiengesellschaft, an dem die Aktie dem Berechtigten lediglich eine rechtlich besonders geordnete Beteiligung verschafft. Ebenso kann zwar im allgemeinen die Vorschrift des § 439 Abs. 2 BGB. nur auf den Verkauf von Grund-

[1]) Abgedr. in Seuff. Arch. Bd. 83 Nr. 12.

stücken Anwendung finden. Die Rechtsprechung ist jedoch dazu gelangt, die Gewährleistungsgrundsätze für Sachmängel wegen Mängel eines Geschäftsunternehmens auch dann anzuwenden, wenn mit dem Verkauf der Anteilsrechte einer mit selbständiger Rechtspersönlichkeit bekleideten Gesellschaft ein Verkauf des von ihr betriebenen Geschäftsunternehmens verbunden ist (RGZ. Bd. 98 S. 289, Bd. 100 S. 200). Der II. Zivilsenat des Reichsgerichts hat dann in seiner Entscheidung (RGZ. Bd. 120 S. 283) weiter ausgesprochen: Nach der Auffassung des Verkehrs sei der Verkauf sämtlicher Anteilsrechte regelmäßig als eine Veräußerung des von der Gesellschaft betriebenen Unternehmens anzusehen. Der Veräußerer sei daher hinsichtlich der Haftung für Sach- und Rechtsmängel so zu behandeln, wie wenn das Unternehmen selbst verkauft wäre. Das gelte insbesondere von dem Verkauf sämtlicher Anteile an einer Grundstücks-Gesellschaft. Bestehe in solchem Falle das ganze Vermögen der Gesellschaft in einem Grundstück, so seien die darauf lastenden Hypotheken als Belastungen des Unternehmens selbst anzusehen und der Verkäufer in entsprechender Anwendung der §§ 434, 439 Abs. 2 BGB. zu ihrer Beseitigung verpflichtet. Der Berufungsrichter hat diese Entscheidung nicht berücksichtigen können, weil sie erst nach dem angefochtenen Urteil ergangen ist. Er hat jedoch die darin entwickelten Rechtsgrundsätze nicht verletzt, wenn er nach dem ihm vorliegenden Streitstoff angenommen hat, daß auf ihn die §§ 434 und 439 Abs. 2 BGB. nicht anwendbar seien. In den beiden Kaufabschlüssen sind zwar die gesamten Aktien der Grundstücks-Gesellschaft veräußert worden. Sie sind aber auf drei verschiedene Käufer übergegangen. Zwar kann auch in einem solchem Falle der durch den Kaufvertrag bezweckte wirtschaftliche Erfolg auf einen gemeinschaftlichen Erwerb des Geschäftsunternehmens gerichtet sein. Dies kann z. B. der Fall sein, wenn die sämtlichen Aktien auf eine Mehrheit gleichberechtigter und gleichverpflichteter Erwerber übertragen worden sind. In dieser Hinsicht gibt jedoch der vorgetragene Streitstoff keine ausreichenden Anhaltspunkte. Wenn sich auch die Aktienkäufer beim Erwerb der Aktien zur gemeinsamen Verfolgung irgendwelcher wirtschaftlicher Ziele verbunden haben mögen — wenigstens haben sie nach der Behauptung der Beklagten die Kaufverhandlungen durch den Geschäftsführer der Beklagten als gemeinschaftlichen Beauftragten führen lassen —, so ergibt der vorgetragene Streitstoff doch nichts Entscheidendes dafür, daß die Käufer das Geschäftsunternehmen der Grundstücks-Gesellschaft als solches gemeinsam erwerben wollten. ... Nach dem vorgetragenen Streitstoff kann nur davon ausgegangen werden, daß die Aktien in die Hand dreier Erwerber gelangten, über deren wirtschaftliche Verbundenheit nähere Behauptungen nicht aufgestellt sind. Es besteht daher insoweit kein Anlaß, dem angefochtenen Urteil entgegenzutreten. Somit kommt für die Berechtigung der Aktienerwerber, die Befreiung der Grundstücks-Gesellschaft von Aufwertungsverpflichtungen zu fordern, nur die im Schreiben vom 22. November 1923 übernommene Verpflichtung in Betracht.

Allein die Auslegung, die diese Vertragsbestimmung gefunden hat, unterliegt rechtlichen Bedenken. ... (Es wird dies im einzelnen erörtert und dabei folgendes ausgeführt:) Die von der Verkäuferin gegebene Zusage versprach ein Einstehen dafür, daß die Gesellschaft, deren Aktien den Kaufgegenstand bildeten, außer den angegebenen keinerlei Verbindlichkeiten habe. Auf noch ungewisse Aufwertungsverpflichtungen ist sie, wie aus den Feststellungen des angefochtenen Urteils zu entnehmen ist, bei den Verhandlungen nicht ausdrücklich erstreckt worden. Bei dieser Sachlage ist der wirtschaftliche Erfolg, der durch die in enger sachlicher Verbindung abgegebene Kaufabrede und die Zusicherung angestrebt wurde, dahin zu kennzeichnen, daß die Käufer für ihre Zahlung Aktien geliefert erhalten sollten, welche die Beteiligung an einem Geschäftsunternehmen verbrieften, das mit keinen anderen als den ausdrücklich angegebenen Verbindlichkeiten belastet war. Diesem Vertragsinhalt, wonach Leistung und Gegenleistung in einem bestimmten wirtschaftlichen Verhältnis zueinander standen, würde es widersprechen, wenn die Käufer sich für ihre vollwertige Zahlung mit Aktien begnügen müßten, deren wirtschaftliche Unterlagen nicht dem vertraglich zugrundegelegten Zustand entsprachen. Berücksichtigt man bei der Auslegung der Vertragsabrede diesen allgemeinen Gesichtspunkt, so führt das zu dem Ergebnis, daß die Verpflichtung der Verkäufer aus ihrer Zusicherung auch auf die Aufwertungsverpflichtung erstreckt werden muß. Denn in deren Höhe bestand eine Belastung der Grundstücks-Gesellschaft nach der nunmehr in der Rechtsprechung festgelegten Anschauung bereits zur Zeit des Vertragsabschlusses (RGZ. Bd. 112 S. 331, Bd. 119 S. 134, Bd. 120 S. 289). Einer solchen Erstreckung der Verpflichtungserklärung steht ihre Fassung nicht entgegen. Der übernommenen Verpflichtung ist daher dieser Inhalt zu geben. Soweit dies zu einer unbilligen Belastung des Verkäufers infolge späterer Änderung der für den Inhalt der versprochenen Leistungen als maßgeblich betrachteten Rechtsgrundsätze führt, ist gemäß § 242 BGB. Abhilfe zu suchen. Zu ähnlichem Ergebnis gelangt die Entscheidung RGZ. Bd. 120 S. 283. Daß im vorliegenden Fall die Gewährleistungserklärung nicht, wie dort angenommen, die bereits von Gesetzes wegen bestehende Verpflichtung der Käufer lediglich unterstützt, sondern sie erst begründet, ist nicht von entscheidender Bedeutung.

(Nach Besprechung von Ausführungen des Berufungsgerichts folgt die Erörterung der Ausgleichspflicht:) Wie in ständiger Rechtsprechung anerkannt ist, können bei einem Grundstückskauf, wenn der Veräußerer für die Hypothekenfreiheit des Grundstücks einzustehen hat und das im Vertrag vorausgesetzte Verhältnis zwischen Leistung und Gegenleistung durch spätere Aufwertungspflichten erschüttert worden ist, die Umstände es nach Treu und Glauben rechtfertigen, dem Veräußerer nicht die volle Aufwertungslast aufzubürden, sondern auch den Erwerber zu den damit verbundenen Aufwendungen heranzuziehen. Bei Feststellung der Lastenverteilung sind alle für einen billigen Ausgleich erheblichen Umstände zu berücksichtigen. Aufgeführt werden insbesondere die Höhe des Kaufpreises und der zur Beseitigung der Hypotheken benötigte Betrag, das Verhältnis des Nennbetrags der Hypothek zum Kaufpreis, die wirtschaftliche Lage der Beteiligten, der gegenwärtige Wert des Grundstücks und die wertbeständige Anlage des Kaufpreises. Voraussetzung für einen solchen Ausgleich ist, daß dem Geschäft nicht ein spekulativer Einschlag innewohnt und daß es zu einer Zeit abgeschlossen wurde, wo der Verkäufer mit einer Aufwertung überhaupt noch nicht oder doch nicht in der durch die Aufwertungsgesetzgebung festgelegten Höhe zu rechnen brauchte (RGZ. Bd. 112 S. 331, Bd. 119 S. 133; WarnRspr. 1926 Nr. 74, 75, 132; Zeiler Aufwertungsfälle Nr. 450, 451). Im vorliegenden Fall handelt es sich allerdings nicht um den Verkauf eines Grundstücks, sondern um den von Aktien, deren Übertragung nur eine mittelbare Beziehung der Erwerber zu dem den wesentlichen Vermögensbestandteil der Gesellschaft ausmachenden Grundstück schafft. Es sind aber durch die Garantieerklärung der Erwerber die Hypothekenverhältnisse des Grundstücks derart mit dem Aktienkauf verknüpft worden, daß eine entsprechende Anwendung dieser Rechtsgrundsätze gerechtfertigt erscheint (vgl. auch Zeiler a. a. O. Nr. 1006). Nach den Feststellungen des Berufungsrichters wird angenommen werden können, daß die Voraussetzungen für die Anwendung dieser Grundsätze insoweit gegeben sind, als die Vertragsparteien entsprechend der damaligen Rechtsauffassung nicht mit einer Aufwertungsmöglichkeit gerechnet haben (WarnRspr. 1926 Nr. 132). Aus der Vereinbarung eines Preises in fester Währung und daraus, daß die Veräußerer die Aktien bereits mit der Absicht gewinnbringenden Verkaufs erworben haben, wird nicht ohne weiteres auf eine spekulative Absicht geschlossen werden können (WarnRspr. a. a. O.; Zeiler a. a. O. Nr. 1285). An Hand der erörterten Gesichtspunkte bedarf die Sachlage erneut tatsächlicher Nachprüfung. Es wird zu erörtern sein, wie sich bei Anwendung dieser Grundsätze die Rechtsbeziehungen der Erwerber zu den Veräußerern gestalten. Die jenen zustehenden Einwendungen stehen auch der Grundstücks-Gesellschaft zu Gebote, soweit sie in deren Schuld eingetreten ist; und die Einwendungen der Grundstücks-Gesellschaft kann wiederum die Beklagte als selbstschuldnerische Bürgin nach § 768 BGB. dem Klaganspruch entgegensetzen.

---

81. Über die Wirkung der Eigentümer-Rangbefugnis in der Zwangsversteigerung.

AufwG. § 7. ZVG. § 37 Nr. 4, § 115.

V. Zivilsenat. Urt. v. 5. Dezember 1928 i. S. Preuß. Staat (Kl.) w. Firma E. (Bekl.). V 250/28.

I. Landgericht Kassel.

Die Witwen H. St. und E. St. waren Miteigentümerinnen eines Grundstücks je zur ideellen Hälfte. Auf diesem Grundstück stand als im Rang erste Belastung eine Aufwertungshypothek in Höhe von

26498,94 GM. für eine Bank eingetragen. Hinter dieser Hypothek war von Amts wegen ein Rangvorbehalt aus § 7 AufwG. in Höhe von 26500 GM. für die Grundeigentümer eingetragen worden. Darauf folgten zwei Hypotheken der Beklagten. Das Grundstück ist auf Betreiben der Bank wegen ihres Hypothekenanspruchs zur Zwangsversteigerung gekommen; der Zwangsversteigerungs-Vermerk ist am 30. Oktober 1926 im Grundbuch eingetragen worden. Am 9. November 1926 ist ein von der Witwe H. St. dem Grundbuchamt gegenüber erklärter Verzicht auf ihr Eigentum an dem Grundstück in das Grundbuch eingetragen worden. Der Versteigerungstermin hat am 9. Februar 1927 stattgefunden. Am 2. März 1927 ist der Zuschlag erteilt worden. Sämtliche Grundbuchbelastungen sind erloschen. Am 28. Februar 1927 hat der klagende preußische Staat vor dem Grundbuchamt erklären lassen, er mache von seinem Aneignungsrecht auf das von der Witwe H. St. aufgegebene Eigentum Gebrauch und beantrage die Eintragung einer Eigentümergrundschuld von 13250 GM. an Stelle des für die Witwe H. St. eingetragenen Rangvorbehalts. Am 1. März 1927 sind der Eigentumserwerb und die Grundschuld eingetragen worden. Im Verteilungstermin hat der Versteigerungsrichter einen Teilungsplan aufgestellt, wonach an letzter Stelle der Beklagten 20837,18 RM. aus dem Barerlös zufallen sollten. Der Vertreter des Klägers hat gegen diese Zuteilung in Höhe von 13250 RM. Widerspruch erhoben mit dem Verlangen, daß die für den Kläger eingetragene Grundschuld vor der Beklagten zur Hebung komme. Der Versteigerungsrichter hat festgestellt, daß der Kläger, falls der Widerspruch begründet sei, vor der Beklagten zur Hebung komme, und hat, da keine Barzahlung erfolgte, gegen die Ersteherin die Eintragung einer Sicherungshypothek zugunsten der Firma E. in Höhe von 20837,18 RM. mit der Maßgabe bewirkt, daß der Anspruch des preußischen Staates in Höhe von 13250 RM. dem Anspruch der Firma E. vorgehe und ihm die Hypothekenforderung in dieser Höhe zuzuweisen sei, falls der Widerspruch für begründet erklärt werde.

Der Kläger begehrt Feststellung dahin, daß seine Forderung von 13250 GM. vor der Forderung der Beklagten zu befriedigen sei. Er meint, seine Grundschuld habe an der Stelle, wo sie eingetragen stand, also vor der Beklagten berücksichtigt werden müssen; denn die Eigentümer-Rangbefugnis sei vom Anfang der Versteigerung an aus dem Grundbuch ersichtlich gewesen. Die Beklagte hat geltend gemacht, falls der Kläger die Grundschuld rechtmäßig erworben haben sollte, hätte er seinen Anspruch spätestens im Versteigerungstermin vor der Aufforderung zur Abgabe von Geboten anmelden müssen.

Das Landgericht hat die Klage abgewiesen. Die vom Kläger unmittelbar eingelegte Revision blieb erfolglos.

Aus den Gründen:

Der erste Richter hat die Klage abgewiesen, weil der Widerspruch des Klägers nicht gerechtfertigt sei. Er meint, der Kläger hätte im Verteilungstermin nur dann an der beanspruchten Stelle berücksichtigt werden können, wenn er die Grundschuld, die zur Zeit der Eintragung des Versteigerungsvermerks noch nicht aus dem Grundbuch ersichtlich gewesen sei, spätestens im Versteigerungstermin vor der Aufforderung zur Abgabe von Geboten angemeldet hätte.

Dieser Abweisungsgrund ist zutreffend. Die noch nicht ausgeübte Rangbefugnis nach § 7 AufwG. gewährt dem Eigentümer kein Recht am Grundstück und gibt kein Recht auf Befriedigung aus ihm. Abgesehen von dem hier nicht in Betracht kommenden Fall des Einrückens wertbeständiger Rechte nach § 7 Abs. 4 AufwG. entsteht ein Recht am Grundstück anstatt des Rangvorbehalts erst mit der Eintragung einer Hypothek oder Grundschuld an seiner Stelle. Erst diese Grundstücksbelastung kann bei der Zwangsversteigerung berücksichtigt werden. Die in Ausübung der Rangbefugnis eingetragene Last ist etwas ganz anderes als jene. Ist auch der Rangvorbehalt zur Zeit der Eintragung des Versteigerungsvermerks aus dem Grundbuch zu ersehen, wie es hier der Fall war, so ist damit doch nicht ein Recht ersichtlich, das aus dem Grundstück zu befriedigen und bei der Verteilung des Erlöses an Stelle des Rangvorbehalts zu berücksichtigen wäre. Hier ist die Rangbefugnis erst nach Anordnung der Zwangsversteigerung und sogar nach dem Versteigerungstermin durch Bestellung einer Grundschuld ausgeübt worden. Eine Wirkung dieser Grundschuldeintragung für die Verteilung des Erlöses, durch den nicht alle Grundstücksbelastungen gedeckt worden sind, ist mit dem Landgericht schon deshalb abzulehnen, weil dieses zur Zeit der Eintragung des Versteigerungsvermerks aus dem Grundbuch nicht ersichtliche Recht nicht spätestens im Versteigerungstermin vor der Aufforderung zur Abgabe von Geboten angemeldet worden ist (§ 37 Nr. 4, § 110 ZVG.). Bei dieser Sachlage kann dahingestellt bleiben, ob eine Ausübung der Rangbefugnis nach der durch Anordnung der Zwangsversteigerung erfolgten Beschlagnahme des Grundstücks (§§ 20, 23 ZVG.) und deren Vermerkung im Grundbuch überhaupt noch Wirkungen für das Zwangsversteigerungsverfahren äußern kann, auch wenn das neu eingetragene Recht nach § 37 Nr. 4 ZVG. rechtzeitig angemeldet wird.

---

82. 1. Über die Erfordernisse einer stillen Gesellschaft.

2. Kann an einem Handelsgeschäft ein Beteiligungsverhältnis im Sinne von § 63 Abs. 2 Nr. 1 AufwG. auch in einer im Handelsgesetzbuch nicht ausdrücklich vorgesehenen Form begründet werden?

HGB. § 336 Abs. 2. AufwG. § 63 Abs. 2 Nr. 1.

IV. Zivilsenat. Urt. v. 6. Dezember 1928 i. S. N. (Kl.) w. offene Handelsgesellschaft F. & W. u. Gen. (Bekl.). IV 93/28.

I. Landgericht Leipzig, Kammer für Handelssachen.
II. Oberlandesgericht Dresden.

Zwischen dem Ingenieur M. und der verklagten offenen Handelsgesellschaft, deren einer Teilhaber damals Adolf F. (der Vater der Beklagten zu 2a und b) war, wurde am 18. Juni 1901 ein schriftlicher Vertrag geschlossen, nach dessen § 1 sich M. vom 1. Juli 1901 ab an der von der offenen Handelsgesellschaft betriebenen Buchdruckerei als stiller Gesellschafter mit einer Vermögenseinlage von 100000 M. beteiligte. Weiter ist in dem Vertrage bestimmt: M. solle am Verlust der Gesellschaft nicht beteiligt sein, dagegen werde ihm von seiner Einlage ein jährlicher Gewinn von 4000 M. zugesichert, zahlbar in vierteljährlichen, an den Quartalsersten fälligen Raten von je 1000 M. (§ 3). Seien diese Gewinnauszahlungen länger als eine Woche nach der Fälligkeit rückständig, so solle M. berechtigt sein, die Liquidation der Gesellschaft zu beantragen (§ 4). Der Vertrag war auf 10 Jahre geschlossen und galt als auf weitere 5 Jahre verlängert, falls er von keiner Seite ein Jahr vor seinem Ablauf aufgekündigt wurde. Die Inhaber der offenen Handelsgesellschaft waren jedoch berechtigt, jederzeit auf die Einlage des M. Rückzahlungen zu machen, in welchem Falle dessen künftiger Gewinnanteil aus einer vierprozentigen Verzinsung der dann noch verbleibenden Einlage bestehen sollte (§ 5). Durch den Tod des M. sollte die Gesellschaft nicht aufgelöst werden, seine Rechte sollten vielmehr in diesem Fall auf seinen Bruder Otto N., gegebenenfalls auf dessen Erben übergehen. Im Falle der Konkurseröffnung sollte dagegen die Auflösung eintreten und beim Ableben von Adolf F. sollte es dem M. oder seinem Rechtsnachfolger freistehen, die Auflösung zu beantragen. Ein halbes Jahr nach einer etwaigen Kündigung des M. oder seines Rechtsnachfolgers sollte der Kündigende austreten und ein Jahr nach der Kündigung sollte die Einlage zurückgezahlt werden (§ 6). Endlich bestimmt § 7, daß im übrigen die §§ 335 bis 442 HGB. Anwendung zu finden hätten, soweit nichts Gegenteiliges vereinbart sei (§ 7).

M. hat die 100000 M., wie im Vertrag (§ 2) vorgesehen, gezahlt. Er ist im Jahre 1909 gestorben. Sein Erbe ist der im Vertrag (§ 6) genannte Otto N. (der Vater des Klägers) geworden. An diesen wurden die 100000 M. von der Erstbeklagten am 4. April 1923 dem Nennbetrag nach zurückgezahlt. Im November 1924 ist auch er gestorben. Seine Kinder, die seine Erben geworden sind, haben sich über den zum Nachlaß gehörigen angeblichen Anspruch auf Aufwertung der von M. als „stillem Gesellschafter" geleisteten „Vermögenseinlage" von 100000 M. auseinandergesetzt, wobei dem Kläger $1/8$ dieses Anspruchs überwiesen wurde. Der Kläger verlangt eine Aufwertung auf 100%. Unter Abzug des Goldmarkbetrags der Zahlung der Erstbeklagten fordert er das ihm zustehende, auf 12487,47 RM. berechnete Achtel der rückständigen „Einlage" von den Beklagten als Gesamtschuldnern. Diese machen geltend: die 100000 M. seien als ein Darlehen gewährt worden, das sich als Vermögensanlage darstelle; in dem für den Kläger günstigsten Falle bestehe deshalb nur die Möglichkeit einer Aufwertung bis zu 25%.

Das Landgericht hat den Klaganspruch dem Grunde nach für gerechtfertigt erklärt, „aber nur als Anspruch aus einem Darlehensvertrag", und zwar, wie sich aus den Urteilsgründen ergibt, in dem Sinne, daß nicht eine Aufwertung nach §§ 62, 63 Abs. 2 Nr. 1, sondern eine solche nach § 63 Abs. 1 AufwG., also nur die für Vermögensanlagen geltende Aufwertung in Frage komme. Das Oberlandesgericht hat die Berufung des Klägers zurückgewiesen. Auf seine Revision wurde das Berufungsurteil aufgehoben und das erste Urteil dahin abgeändert, daß der Klaganspruch als ein Anspruch aus einem Beteiligungsverhältnis (§ 63 Abs. 2 Nr. 1 AufwG.) dem Grunde nach gerechtfertigt sei.

Aus den Gründen:

Der Kläger erhebt aus dem Vertragsverhältnis seines Rechtsvorgängers M. zu der verklagten offenen Handelsgesellschaft einen Anspruch gegen diese Gesellschaft und ihre beiden nach § 128 HGB. für die Verbindlichkeiten der Gesellschaft als Gesamtschuldner haftenden gegenwärtigen Teilhaber. Im ersten Urteil, dessen Formel durch die Entscheidungsgründe erläutert wird, ist der Anspruch nur als ein solcher aus einem der Vermögensanlage (§ 63 Abs. 1 AufwG.) dienenden Darlehen anerkannt. Demgegenüber erstrebt der Kläger die Anerkennung des Klaganspruchs als eines Anspruchs aus Gesellschaftsvertrag oder einem anderen Beteiligungsverhältnis (§ 63 Abs. 2 Nr. 1 AufwG.). . . .

Durch den Vertrag vom 18. Juni 1901 hat nach der Ansicht der Vertragschließenden ein rechtliches Beteiligungsverhältnis in der Form der stillen Gesellschaft begründet werden sollen. Das haben die Instanzgerichte aus dem Vertrag selbst sowie aus dem den Vertragsschluß vorbereitenden Schreiben von Adolf F. an M. vom 16. April 1901 entnehmen können und entnommen. In dem Schreiben heißt es: „Was nun Deinen Vorschlag anbelangt, doch lieber die Form des stillen Teilhabers zu wählen, so begrüßen wir diesen Entschluß mit Freuden. Wie sollte denn auch eine genügende Sicherheit für Dich und Deine Erben geschaffen werden? Schwerlich anders als auf der Basis der Geschäftsbeteiligung." Trotz der daraufhin erfolgten Anpassung des Wortlauts des Vertrags an das Gesellschaftsrecht und trotz der im Vertrag ausgesprochenen Verweisung auf die von der stillen Gesellschaft handelnden §§ 335 bis 342 HGB. ist in den Vorentscheidungen das Zustandekommen einer stillen Gesellschaft mit Recht verneint worden. Denn nach § 336 Abs. 2 HGB. kann im Gesellschaftsvertrag zwar bestimmt werden, daß der stille Gesellschafter nicht am Verlust beteiligt sein soll, seine Beteiligung am Gewinn kann aber nicht ausgeschlossen werden. Ein stiller Gesellschafter muß hinsichtlich seines Gewinns die Gefahr des Unternehmens mittragen, in das er eine Vermögenseinlage gemacht hat. Mit diesem Erfordernis ist es verträglich, wenn die Gewinnbeteiligung auf einen Höchst- oder einen Mindestbetrag festgesetzt wird. Ist dagegen für den Geldgeber eine feste, von den wechselnden Geschäftsergebnissen unabhängige Vergütung ausgemacht, so liegt keine Gewinnbeteiligung und deshalb keine stille Gesellschaft vor. Um einen solchen Fall handelt es sich hier, wo im Vertrag vom 18. Juni 1901 dem „stillen Gesellschafter" für die Dauer der Überlassung seiner „Einlage" von 100000 M. an die Erstbeklagte „ein jährlicher Gewinn von 4000 M." und bei Rückzahlungen auf die Einlage eine „vierprozentige Verzinsung der dann noch verbleibenden Einlage" zugesichert ist, und zwar — nach der Auslegung des Vertrags durch die Instanzgerichte — als eine feste Entschädigung, die von den wechselnden Geschäftserträgnissen in keiner Weise berührt werden sollte. Diese Auslegung ist rechtlich einwandfrei und entspricht der übereinstimmenden Erklärung der Parteien.

Beim Fehlen einer wesentlichen Voraussetzung dafür, daß M. mit der Zahlung der 100000 M. an die Erstbeklagte eine Vermögenseinlage als stiller Gesellschafter geleistet hat, ist die Zahlung dieser Summe, die in Höhe von 4% jährlich zu verzinsen und unter den sich aus dem Vertrag (§§ 4 bis 6) ergebenden Bedingungen zurückzuzahlen war, von den Instanzgerichten mit Recht als ein Darlehen aufgefaßt worden (§ 607 BGB.). . . .

Auch die Annahme eines sogenannten partiarischen Darlehens scheidet aus. Denn ein solches setzt, wie die stille Gesellschaft, eine Gewinnbeteiligung des Geldgebers an dem Unternehmen voraus, für welches das Geld hingegeben wird. Gleichwohl ist nach dem festgestellten Sachverhalt ein Beteiligungsverhältnis im Sinne des § 63 Abs. 2 Nr. 1 AufwG. anzunehmen. Indem das Gesetz von „Gesellschaftsverträgen und anderen Beteiligungsverhältnissen" spricht, bringt es zum Ausdruck, daß die wirtschaftliche Entwicklung Verhältnisse geschaffen hat, die in keinen der vom Gesetz für Gesellschaften vorgesehenen verschiedenen Rahmen passen, den Gesellschaftsverhältnissen aber in Ansehung der Aufwertung gleichgestellt werden müssen. Welche Verhältnisse diese Gleichstellung verdienen, wird sich bei der Vielgestaltigkeit der wirtschaftlichen Verhältnisse kaum durch eine unter allen Umständen zutreffende Begriffsbestimmung sagen lassen. Der II. Zivilsenat des Reichsgerichts hat im Urteil vom 4. Februar 1927 (AufwRspr. Bd. 2 S. 329) ausgesprochen: für das Vorliegen eines Beteiligungsverhältnisses sei wesentlich, daß demjenigen, der Geld für ein fremdes Geschäftsunternehmen hergebe, in irgendeiner Weise ein Anteil am Gewinn zugesagt werde. Die Aufstellung dieses Erfordernisses hat im überwiegenden Teil des Schrifttums und (mit Bezug auf die dem § 63 Abs. 2 Nr. 1 entsprechende Vorschrift des § 10 Abs. 1 Nr. 1 AufwG.) in der Rechtsprechung der Aufwertungssenate des sächsischen Oberlandesgerichts, des Kammergerichts und des bayerischen Obersten Landesgerichts Widerspruch gefunden. Auch der jetzt erkennende Senat hat im Urteil vom 16. Februar 1928 (JW. 1928 S. 1372 Nr. 32, AufwRspr. Bd. 3 S. 342) Bedenken getragen, sich jenen Standpunkt zu eigen machen. Im Urteil vom 11. Mai 1928 II 499/27 hat der II. Zivilsenat übrigens anerkannt, daß eine „weite Auslegung" des § 63 Abs. 2 Nr. 1 angebracht sei, und im Urteil vom 18. Mai 1928 (JW. 1928 S. 2830 Nr. 20, AufwRspr. Bd. 3 S. 489) hat er die damals bei der Hingabe eines Darlehens ausdrücklich zum Vertragszweck gemachte (nicht in einer Gewinnbeteiligung bestehende) wirtschaftliche Interessenverknüpfung zwischen Gläubiger und Schuldner genügen lassen. Aus der Rechtsprechung des II. Zivilsenats ist danach kein Bedenken mehr dagegen herzuleiten, daß ein Beteiligungsverhältnis auch dann angenommen wird, wenn keine Gewinnbeteiligung vereinbart ist. Hier haben die Vertragsparteien ein rechtliches Beteiligungsverhältnis in der Form der stillen Gesellschaft begründen wollen; sie haben jedoch ein solches Verhältnis in dieser Rechtsform wegen der fehlenden Beteiligung des Geldgebers am Geschäftsgewinn nicht erreicht. Aber sie haben doch rechtswirksam festgesetzt, daß die vom einen Teil hinzugebenden 100000 M. in das vom andern betriebene Handelsgewerbe verwendet werden und daß der Geldgeber gegenüber diesem Handelsgewerbe, gemäß § 7 des Vertrags in Verbindung mit § 338 HGB., dieselben Überwachungsrechte wie ein stiller Gesellschafter haben sollte. Der eine Teil ist am Handelsgewerbe des andern als Geldgeber und als eine mit Gesellschafterrechten ausgestattete Überwachungsinstanz beteiligt worden. Er sollte nach der in der Vertragsurkunde niedergelegten Willensmeinung der Vertragsparteien auch sonst wie ein Gesellschafter gestellt werden. Daß er auf dem Boden des Aufwertungsgesetzes nicht wie ein persönlicher Darlehensgläubiger behandelt, sondern daß seinem Anspruch das nach § 63 Abs. 2 Nr. 1 AufwG. den Ansprüchen „aus Gesellschaftsverträgen und anderen Beteiligungsverhältnissen" zukommende Vorrecht eingeräumt werde, liegt im Sinne des Vertrags und ist ein Gebot der Billigkeit. . . .

Anhang:

Entscheidung des Staatsgerichtshofs.

In der Streitigkeit

des Landes Lübeck,
Antragsteller,

gegen

das Land Mecklenburg-Schwerin,
Antragsgegner,

betreffend die Feststellung der Hoheitsrechte in der Lübecker Bucht, hat der Staatsgerichtshof für das Deutsche Reich auf Grund der öffentlichen Verhandlung vom 6. und 7. Juli 1928 (StGH. 2/25) für Recht erkannt:

1. Vorbehaltlich der Rechte des Deutschen Reiches und der Länder Preußen und Oldenburg steht die Gebietshoheit in dem Teil der Lübecker Bucht, der von der Landseite durch die Küste zwischen dem Brodtener Grenzpfahl im Westen bis zur Mündung der Harkenbeck im Osten, von der Seeseite durch eine von dort in die Richtung des Gömnitzer Turms gezogene Linie und ein vom Brodtener Grenzpfahl auf diese Linie gefälltes Lot begrenzt wird, soweit es sich um die Schiffahrts- und Fischereihoheit handelt, dem Lande Lübeck zu.

Im übrigen steht dort die Gebietshoheit zu: westlich einer vom Zollhaus (Wachtgraben auf dem Priwall) in nördlicher Richtung bis zur Schiffahrtsstraße und in deren Verlängerung (an ihrer Ostseite) laufenden Linie dem Lande Lübeck, östlich dem Lande Mecklenburg-Schwerin.

2. In dem ganzen zu 1 bezeichneten Seegebiet steht dem Lande Lübeck das Fischereirecht zu. Bei Regelung der Fischerei

dort hat Lübeck im hergebrachten Umfang den mecklenburgischen Fischern ein Mitbefischungsrecht einzuräumen.

3. Den im Lande Lübeck ansässigen Fischern steht das Recht der Fischerei im mecklenburgischen Küstengewässer zwischen der Mündung der Harkenbeck und Tarnewitz unter den gleichen Bedingungen zu wie den Fischern Mecklenburg-Schwerins.

4. Die weitergehenden Anträge beider Streitteile werden abgewiesen.

Gründe:

I.

Zwischen den beiden deutschen Ländern Lübeck und Mecklenburg-Schwerin bestehen Meinungsverschiedenheiten über die Gebietshoheit im innersten, vor dem Ausfluß der Trave gelegenen Teil der Lübecker Bucht und über die Fischereiberechtigung dort. Lübeck hat auf Entscheidung durch den Staatsgerichtshof für das Deutsche Reich angetragen und um vorläufige Regelung durch einstweilige Verfügung gebeten. Nachdem ihm dann die Polizeiverordnung Mecklenburg-Schwerins vom 23. Februar 1925 zum Schutze der Fischerei in den Küstengewässern der Travemünder Bucht (Regierungsblatt für Mecklenburg-Schwerin 1925 S. 57) bekannt geworden war, wonach die Ausübung der Fischerei dort an der mecklenburgischen Küste nur selbständigen mecklenburgischen Fischern auf Grund von Fischereiberechtigungsscheinen erlaubt sein soll, hat es seine Anträge dahin erweitert, daß es gebeten hat, die Ungültigkeit dieser Polizeiverordnung festzustellen, soweit sie die Rechte des lübeckischen Staates und seiner Angehörigen verletze. Der Staatsgerichtshof für das Deutsche Reich hat dem Antrag auf vorläufige Regelung entsprochen und am 10. Oktober 1925 nach mündlicher Verhandlung eine einstweilige Verfügung erlassen. Hierdurch ist bis zur Entscheidung in der Hauptsache dem Lande Mecklenburg-Schwerin die Ausübung der Fischereihoheit und der Schiffahrtspolizei in der Travemünder Bucht bis zur Linie Gömnitzer Turm—Pohnsdorfer Mühle—Steinrifftonne—Mündung der Harkenbeck untersagt und festgestellt worden, daß die Ausübung dieser Rechte bis zur bezeichneten Linie so lange allein der freien und Hansestadt Lübeck zustehe. Darauf hat Lübeck seine Anträge zur Hauptsache neu gefaßt und beantragt, der Staatsgerichtshof wolle feststellen,

1. daß der freien und Hansestadt Lübeck auf dem Teil der Lübecker Bucht, der begrenzt wird nach der Seeseite durch eine von der Mündung der Harkenbeck in die Richtung des Gömnitzer Turms gezogene Linie und ein vom Brodtener Grenzpfahl auf diese Linie gefälltes Lot, nach der Landseite durch den Strand von der Mündung der Harkenbeck bis zum Brodtener Grenzpfahl, die Gebietshoheit zusteht und daß der bezeichnete Gewässerteil Lübecker Eigengewässer (im Sinne von öffentlichem Binnengewässer) ist,

2. daß der freien und Hansestadt Lübeck auf dem genannten Gewässer das ausschließliche Fischereirecht zusteht,

3. daß den im Lande Lübeck ansässigen Fischern das Recht der Fischerei in den mecklenburgischen Küstengewässern zusteht und das Land Mecklenburg-Schwerin ihnen die Ausübung dieses Rechts nicht untersagen, ihnen auch dafür keinerlei schwerere Bedingungen auferlegen darf als seinen eigenen Fischern.

Das Land Mecklenburg-Schwerin ist bei seinem Antrag verblieben,

> unter Abweisung der Anträge Lübecks festzustellen, daß Mecklenburg-Schwerin das Hoheitsrecht an dem Teil der Lübecker Bucht zusteht, der begrenzt wird durch eine vom Zollhaus (Wachtgraben auf dem Priwall) in nördlicher Richtung bis zur Schiffahrtsstraße gezogene Linie und östlich dieser Grenze.

Mecklenburg-Schwerin hat ferner gegenüber dem dritten Antrag Lübecks unzulässige Klagerweiterung gerügt und seiner Berücksichtigung widersprochen. Beide Parteien haben ihre Anträge nach Maßgabe ihrer zu den Akten eingereichten Schriftsätze nebst Anlagen, der vorgelegten Gutachten und der ergänzenden Erklärungen in der mündlichen Verhandlung begründet.

II.

Die Zuständigkeit des Staatsgerichtshofs für das Deutsche Reich zur Entscheidung über die vorstehenden Anträge ist gegeben. Das ist für den ersten Antrag Lübecks und den Gegenantrag Mecklenburg-Schwerins nicht zweifelhaft. Denn offenbar handelt es sich dabei lediglich um eine Streitigkeit nicht privatrechtlicher Art im Sinne des Art. 19 RVerf., § 16 Nr. 3 des Gesetzes über den Staatsgerichtshof vom 9. Juli 1921 (RGBl. S. 905) zwischen zwei deutschen Ländern über ihre Gebietshoheit an einem Teil der Lübecker Bucht. Der Ausdruck „Eigengewässer" hat keine privatrechtliche Bedeutung, sondern bezieht sich nur auf die staatsrechtliche Zugehörigkeit. Etwas anderes soll auch durch den Zusatz „im Sinne von öffentlichem Binnengewässer" nicht gesagt werden. Die staatsrechtliche Zugehörigkeit wird hier durch das Wort „öffentlich" bezeichnet. Eines Reichsgesetzes nach Art. 18 RVerf. bedarf es nicht, weil es sich nicht um Gebietsveränderung, sondern nur um einen Grenzstreit und um Feststellung des Staatsgebiets handelt.

Nicht völlig unzweifelhaft ist die Zuständigkeit des Staatsgerichtshofs zur Entscheidung über den zweiten Antrag Lübecks. Denn Lübeck bezeichnet das Fischereirecht, dessen Feststellung es begehrt, als ein ihm zustehendes Regal, und die niederen Regalien haben nach zwar nicht unbestrittener, vom Reichsgericht aber in ständiger Rechtsprechung gebilligter Ansicht die Natur von Privatrechten. Nach der Begründung indessen, die Lübeck für seinen Antrag gegeben hat, verlangt es nicht bloß die Feststellung eines solchen Privatrechts, sondern es behauptet, kraft seiner Gebietshoheit auf dem im Antrag bezeichneten Teil der Lübecker Bucht über das ihm dort zustehende Fischereiregal verfügen, es insbesondere auf andere übertragen und auf Grund dessen andere von der Fischerei dort ausschließen zu können. Dieses Hoheitsrecht nimmt es gerade auch Mecklenburg-Schwerin und dessen Staatsangehörigen gegenüber in Anspruch. Unter diesen Umständen kann der Ansicht des Professors Dr. v. Gierke (in seinem Rechtsgutachten), daß dem Staatsgerichtshof insoweit die Zuständigkeit fehle, nicht zugestimmt werden. Es liegt vielmehr auch hier eine nicht privatrechtliche Streitigkeit zwischen zwei deutschen Ländern vor, zu deren Entscheidung ein anderer Gerichtshof des Reiches nicht berufen ist.

Was den dritten Antrag Lübecks anlangt, so könnte es nach seinem ersten Teil („festzustellen, daß den im Lande Lübeck ansässigen Fischern das Recht der Fischerei . . . . zusteht") scheinen, als ob nicht eine Streitigkeit zwischen zwei deutschen Ländern vorliegen, sondern lediglich ein privates Recht lübeckischer Fischer für diese durch den Staat Lübeck gegenüber Mecklenburg-Schwerin verfolgt würde. Zur Entscheidung darüber wäre der Staatsgerichtshof nicht berufen. Aber der Antrag im Zusammenhang aller seiner Teile und die ihm gegebene Begründung lassen einen anderen Sachverhalt erkennen. Denn danach hat Mecklenburg-Schwerin die lübeckischen Fischer von der Fischerei in seinen Küstengewässern ausgeschlossen, obwohl sie dort angeblich eine im öffentlichen Recht wurzelnde, auf Völkergewohnheitsrecht oder Gemeingebrauch beruhende Fischereibefugnis besitzen. Diese öffentlichrechtliche Befugnis will Lübeck für seine Landesangehörigen gegenüber Mecklenburg-Schwerin festgestellt sehen, wozu es mangels abweichender Regelung durch die Reichsverfassung und Gesetzgebung ebenso befugt ist, wie es im entsprechenden Falle ein fremder Staat für seine Angehörigen dem Reiche gegenüber tun könnte. Hierbei handelt es sich also ebenfalls um eine Streitigkeit nicht privatrechtlicher Art zwischen zwei deutschen Ländern, über die zu entscheiden ein anderer Gerichtshof des Reiches nicht zuständig ist.

III.

Unbegründet ist die gegenüber dem dritten Antrag Lübecks erhobene Einrede der unzulässigen Klagerweiterung. Die entsprechende Anwendung der die Klagänderung betreffenden Vorschriften der Zivilprozeßordnung ist weder im Gesetz über den Staatsgerichtshof vom 9. Juli 1921 (RGBl. S. 905) noch in seiner Geschäftsordnung (RGBl. 1921 S. 1535) vorgesehen. Es steht daher im freien Ermessen des Staatsgerichtshofs, ob er eine nachträgliche Klagerweiterung zulassen will oder nicht, und im vorliegenden Falle erscheint es weder als notwendig noch als zweckmäßig, den dritten Antrag Lübecks zu einem besonderen Verfahren zu verweisen. Allerdings sind der Einführung eines neuen Streitgegenstandes im Verfahren vor dem Staatsgerichtshof insofern gewisse Schranken gesetzt, als nach der Geschäftsordnung ein vorbereitendes Verfahren stattzufinden hat, in dem der Streitstoff von den Parteien schriftlich erörtert wird und der Berichterstatter erforderlichenfalls zur Klärung der Sachlage beiträgt. Der Staatsgerichtshof hat deshalb schon Anträge abgelehnt, die erst in der mündlichen Verhandlung gestellt worden waren, ohne daß das vorbereitende Verfahren sich darauf erstreckt hatte (vgl. die Entscheidung vom 17. Dezember 1927, StGH. 6/27, abgedruckt RGZ. Bd. 118 Anhang S. 40). Hier ist aber der Antrag im vorbereitenden Verfahren von beiden Parteien ausreichend erörtert worden. Im übrigen wäre der erweiterte

Antrag bei entsprechender Anwendung des § 264 ZPO. in der jetzt geltenden Fassung ebenfalls zuzulassen, weil dies für sachdienlich erachtet werden muß.

IV.

In der Sache selbst kann den Anträgen beider Parteien nur in beschränktem Umfang entsprochen werden.

Was zunächst die rechtlichen Grundlagen der zu treffenden Entscheidung anbetrifft, so ist die von Mecklenburg-Schwerin im Anschluß an seine Gutachter Langfeld, v. Gierke und Wenzel vertretene Ansicht abzulehnen, daß bei Meeresbuchten mit mehreren Anliegern nach allgemein anerkannten völkerrechtlichen Grundsätzen die von den Ufergrenzen gezogenen Mittellinien die staatlichen Grenzen auf dem Wasser bildeten. Sie wird allerdings auch von einigen anderen Lehrern des Völkerrechts vertreten, mehrfach jedoch nicht ohne Hervorhebung, daß sie bestritten sei (so z. B. Hatschek, Völkerrecht S. 199; derselbe, Völkerrecht im Grundriß S. 94, und Strupp, Theorie und Praxis des Völkerrechts § 8 Nr. 6β (S. 43). Bei Strupp, Grundzüge des positiven Völkerrechts, heißt es in der 3. Auflage S. 72, daß die Rechtslage von Baien und Buchten sehr umstritten sei. Im Anschluß daran wird von solchen Baien und Buchten, die von mehr als einem Staat umschlossen sind, gesagt, daß ihre Territorialeigenschaft nur noch vereinzelt behauptet werde und daß sie nach richtiger Ansicht dem offenen Meere gleich zu behandeln seien. Vorwerk im Strupp'schen Wörterbuch des Völkerrechts und der Diplomatie, Artikel „Baien und Buchten" S. 107, bezeichnet die Frage der Abgrenzung der Gebietshoheit innerhalb von Baien und Buchten als noch völlig im Fluß befindlich. Allgemeine Regeln sind weder im Völkerrecht anerkannt, noch lassen sie sich aufstellen, weil die Verhältnisse und die Bedürfnisse der Anliegerstaaten sehr mannigfaltig geartet sein können. Die geschichtliche Entwicklung, der gerade hierbei besondere Bedeutung zukommt, kann zu einem sehr verschiedenen Ergebnis geführt haben. Es kann danach sein, daß jeder Anliegerstaat an einem Teil der Bucht Gebietshoheit besitzt; es ist aber auch möglich, daß die Staaten die ungeteilte Gebietshoheit an der ganzen Bucht gemeinschaftlich ausüben; es ist ferner denkbar, daß überhaupt keine volle Gebietshoheit entstanden ist, der Bucht vielmehr die Natur des Küstengewässers innewohnt. Endlich ist aber auch nicht ausgeschlossen, daß einer der

Anliegerstaaten an der ganzen Bucht die Gebietshoheit besitzt (vgl. auch **Stoerk** in Holtzendorffs Handbuch Bd. II S. 468 und **Niemeyer** in seinem Völkerrecht, Sammlung Göschen, S. 111). Diese Auffassung, daß nämlich für die Gebietshoheit bei Buchten mit mehreren Anliegern der geschichtlichen Entwicklung und den tatsächlichen Verhältnissen entscheidende Bedeutung zukomme, hat auch das Deutsche Reich in Verhandlungen mit den Niederlanden, betreffend das Wattenmeer an der Unterems, ständig vertreten. Der grundsätzliche Standpunkt Lübecks ist danach der richtige. Diese Auffassung führt auch dahin, daß an einem und demselben Teil einer Meeresbucht die Gebietshoheit dem einen anliegenden Staat nach der einen Richtung und einem anderen anliegenden Staat nach einer anderen Richtung zustehen kann, wie denn im Völkerrecht die Grenzen für die Gebietshoheit über die Küstengewässer je nach ihren einzelnen Ausstrahlungen (Fischereihoheit, Zollhoheit) nicht selten verschieden bestimmt sind.

Gibt es aber für die Gebietshoheit in Buchten keine allgemein geltenden Regeln des Völkerrechts, so ist es ohne weiteres unzutreffend, wenn Professor Dr. **Wenzel** in seiner Druckschrift S. 70flg. und, ihm folgend, Mecklenburg-Schwerin die über das Eindringen völkerrechtlicher Anschauungen in Lübeck angezogenen Vorgänge dahin würdigt, daß die lübeckische Staatspraxis die Grenzen des lübeckischen Hoheitsgebiets, seewärts wie nach dem „Küstenmeer" der Nachbarstaaten hin, nach den Grundsätzen des Meeresvölkerrechts bestimmt, daß Lübeck damit die Grundsätze als maßgebend für die Abgrenzung lübeckischen Gebiets in der Travemünder Bucht erklärt, sie zu Normen des lübeckischen Rechts gemacht habe. Ebenso unrichtig ist die Auffassung, daß es gegenüber den Tatsachen der siebziger Jahre des vorigen Jahrhunderts völlig gleichgültig sei, welches Recht hinsichtlich der Abgrenzung lübeckischer Hoheitsrechte vorher geherrscht habe (so **Wenzel** S. 78). Aber abgesehen davon wird jenen Vorgängen eine zu weitgehende Bedeutung beigelegt.

Darüber, wie Völkerrecht entsteht, herrscht im Schrifttum keineswegs Einigkeit. Im allgemeinen werden als Völkerrechtsquellen Vereinbarungen und Gewohnheitsrecht genannt. So bei **von Liszt**, Das Völkerrecht, 11. Aufl. § 2 S. 9flg., bei **Hatschek**, Völkerrecht, § 2 S. 8flg., bei **Heilborn**, Grundbegriffe des Völkerrechts, im Handbuch des Völkerrechts, herausgegeben von Stier-Somlo Bd. I § 6 S. 33. Triepel, Völkerrecht und Landesrecht, S. 95, führt das Völkergewohnheitsrecht auf Staatenvereinbarung zurück. Strupp, Theorie und Praxis des Völkerrechts § 2 S. 3, erkennt als einzige Völkerrechtsquelle die Vereinbarung an mit der Gliederung in stillschweigende (Völkergewohnheitsrecht) und ausdrückliche. Holtzendorff, Handbuch des Völkerrechts, Bd. I §§ 22 flg., bezeichnet als unmittelbare Rechtsquellen Anerkennung und Gewohnheit und als mittelbare Landesgesetze und Staatsverträge. Auf diese Lehrmeinungen kann hier nicht näher eingegangen werden; die Ansicht Wenzels rechtfertigt sich nach keiner von ihnen.

Was zunächst die Vereinbarung als Quelle des Völkerrechts anlangt, so kommt der internationale Vertrag betreffend die polizeiliche Regelung der Fischerei in der Nordsee außerhalb der Küstengewässer vom 6. Mai 1882 (RGBl. 1884 S. 25) hier nicht in Betracht. Er regelt nur die Nordseefischerei im Verhältnis zwischen Deutschland einerseits und verschiedenen außerdeutschen Ländern andererseits und nur außerhalb der Küstengewässer; auf solche inneren Buchtteile, wie sie hier im Streit stehen, findet er keine Anwendung (Art. 2 Abs. 1, 2). Deshalb ist die Ansicht Wenzels (S. 74) unzutreffend, daß mit dem Haager Vertrag vom Jahre 1882 die ganze Travemünder Bucht als Hoheitsgebiet unter die Uferstaaten verteilt worden sei. Der Vertrag berührt das Gebiet, über das die Parteien streiten, überhaupt nicht.

Auch eine andere völkerrechtliche Vereinbarung zwischen den Streitteilen ist ihrem Vortrag nicht zu entnehmen. Nur einmal sind sie miteinander in Verbindung getreten, als Mecklenburg-Schwerin Lübeck darum ersuchte, die mecklenburgische Verordnung vom 10. Oktober 1874 zum Schutz der Ufer und Dünen bei Rosenhagen usw. in Travemünde in ortsüblicher Weise bekannt zu machen, und Lübeck diesem Ersuchen entsprach. Daraus mag man folgern können, daß Lübeck damals den Inhalt der mecklenburgischen Verordnung als mit seinen Hoheitsrechten vereinbar angesehen hat, möglicherweise, wie Professor Dr. Rörig annimmt, weil es völkerrechtliche Grundsätze dafür als maßgebend betrachtete. Aber ein Wille der zuständigen Behörden des lübeckischen Staates, daß sich diese Rechte künftig nach allgemeinen völkerrechtlichen Regeln bestimmen sollten, ist dabei nicht erkennbar hervorgetreten, und noch weniger läßt sich sagen, daß dieser Wille auf mecklenburgischer Seite vorhanden gewesen und der Gegenpartei gegenüber mit hinreichender Deutlichkeit zum Ausdruck gekommen sei. Die Verhandlungen des Jahres 1870 über die Ausübung der Fischerei durch Dahmer Fischer sind nur zwischen Lübeck und Preußen gepflogen worden, und im übrigen handelt es sich bei dem, was nach dieser Richtung vorgebracht worden ist, um innere Vorgänge bei lübeckischen Behörden, die zu einer völkerrechtlichen Vereinbarung nicht führen sollten und nicht führen konnten. Eine Willenseinigung des angegebenen Inhalts kann deshalb nicht festgestellt werden.

Was ferner das Gewohnheitsrecht betrifft, soweit solches überhaupt ohne Vereinbarung sollte entstehen können, so setzt es eine tatsächliche Übung voraus, die nach zutreffender Ansicht fortgesetzt, dauernd sein muß (Hatschek a. a. O. § 2 S. 9; Heilborn a. a. O. § 7 S. 38). Und wenn sich nun auch, wie allgemein anerkannt wird, über die Zahl der Übungshandlungen und ihre Dauer keine allgemeinen Regeln aufstellen lassen, so genügt doch regelmäßig ein einzelner Übungsfall nicht (Heilborn a. a. O. S. 38). Etwas anderes nimmt wohl auch Triepel nicht an, wenn er a. a. O. S. 99 sagt, daß unter gewissen Voraussetzungen schon eine einzige Übungshandlung der Staatenpraxis dazu genügen möge, um die Schlußfolgerung auf das Bestehen eines völkerrechtlichen Satzes wagen zu lassen. Die Übung muß ferner, wenn sie zur Bildung von Gewohnheitsrecht führen soll, von den berufenen Organen des Staates betätigt werden und kann nur zwischen solchen Staaten Recht erzeugen, in deren Zwischenverkehr sie gepflogen worden ist (Hatschek a. a. O. § 2 S. 9; Heilborn a. a. O. § 7 S. 38flg.). Äußerungen anderer Staatsmitglieder und gegenüber anderen Staaten mögen für die Erkenntnis einer Rechtsüberzeugung von Bedeutung sein, vermögen aber für sich allein Völkergewohnheitsrecht nicht zu begründen. Prüft man den vorliegenden Sachverhalt nach diesen rechtlichen Gesichtspunkten, so kommen als einziger Übungsfall zwischen den Streitteilen die die Veröffentlichung der mecklenburgischen Verordnung vom 10. Oktober 1874 in Travemünde betreffenden Vorgänge in Betracht. Alles andere hat sich entweder zwischen anderen Staaten ereignet, wie der Schriftwechsel zwischen lübeckischen und preußischen Behörden über die Ausübung der Fischerei durch Dahmer Fischer in der Travemünder Bucht, oder es handelt sich dabei nicht um die Betätigung einer Übung im Verkehr von Staaten untereinander, sondern um bloß innerstaatliche Vorgänge. Was insbesondere den Fall der Ausübung der Fischerei durch Dahmer Fischer im inneren Teil der Lübecker Bucht vor Travemünde anlangt, so ergeben die gewechselten Schreiben überhaupt nicht die Übung des Rechtssatzes, daß Lübeck in der Lübecker Bucht zur Ausübung von Hoheitsrechten nur nach allgemeinen völkerrechtlichen Regeln befugt sei. Es handelt sich dabei vielmehr, soviel ersichtlich ist, lediglich darum, daß Lübeck damals seine Ansicht über die Nichtberechtigung der Dahmer Fischer zum Fischen in der Nähe von Travemünde mit einem allgemeinen völkerrechtlichen Rechtssatz begründet hat, der hier im Verhältnis der beiden Streitteile zueinander gar nicht in Betracht kommt. Die einmalige Betätigung einer Übung, wie sie vielleicht in der Veröffentlichung der mecklenburgischen Verordnung vom 10. Oktober 1874 in Travemünde gefunden werden könnte, kann aber mangels Hinzutritts weiterer Umstände zur Begründung eines Völkergewohnheitsrechts selbst dann nicht als ausreichend angesehen werden, wenn man aus dem sonstigen Sachverhalt folgern wollte, daß damals bei den maßgebenden lübeckischen Behörden die Rechtsüberzeugung von der Notwendigkeit dieser Übung bestanden habe. Damit ist nicht gesagt, daß die Veröffentlichung der mecklenburgischen Verordnung durch Lübeck für den vorliegenden Streitfall ohne jede Bedeutung sei; es wird darauf noch weiter unten eingegangen werden.

Endlich führt auch die von Holtzendorff a. a. O. vertretene Lehrmeinung über die Anerkennung als selbständige Quelle des Völkerrechts zu keinem anderen Ergebnis, abgesehen davon, daß ihr gewichtige, insbesondere von Triepel a. a. O. S. 64flg. (Fußnote) hervorgehobene Bedenken entgegenstehen. Denn, soviel ersichtlich, ist dabei nicht an Fälle der vorliegenden Art gedacht worden, sondern nur an solche völkerrechtliche Regeln, ohne deren Einhaltung, wie Holtzendorff a. a. O. S. 87 sagt, „ein rechtlicher Bestand der Staatengemeinschaft unmöglich sein würde". Davon kann keine Rede sein, wenn es sich, wie hier, abgesehen von der Fischereiberechtigung, lediglich um die Grenzen der Gebietshoheit handelt. Im übrigen hat Lübeck nach allem, was von den Parteien vorgebracht worden ist, mecklenburgische Gebietshoheit in dem Umfang, wie sie jetzt beansprucht wird, niemals anerkannt.

V.

Aus dem Gesagten folgt, daß Mecklenburg-Schwerin sich für die von ihm beanspruchte Gebietshoheit nicht auf einen allgemein anerkannten Satz des Völkerrechts stützen kann. Wieweit sein sonstiges Vorbringen diesen Anspruch rechtfertigt, ist zu prüfen. Ebenso ist zu untersuchen, ob die Anträge Lübecks nach den ihnen gegebenen Unterlagen begründet sind .... (Es wird ausgeführt, daß die Anträge Lübecks in dem Privileg Kaiser Friedrichs I. vom Jahre 1188 und in seiner Bestätigung durch Kaiser Friedrich II. im Jahre 1226 keine genügende Unterlage finden).... Dagegen ist es glaubhaft, daß man sich in Lübeck auf Grund der beiden Kaiserurkunden schon frühzeitig ein Recht zur Ausübung der Fischerei in dem umstrittenen Teil der Lübecker Bucht zugeschrieben hat, und sehr wahrscheinlich, daß dies der Grund gewesen ist für die tatsächliche Entwicklung, welche die Fischerei dort genommen hat. Darin liegt die Bedeutung der Urkunden für die Entscheidung des vorliegenden Streits.... (Es folgt eine Darstellung der Entwicklung der Fischerei in der Lübecker Bucht)...

Der Staatsgerichtshof sieht hiernach als erwiesen an, daß sich Lübeck Jahrhunderte hindurch bis in die neueste Zeit im ungestörten Besitz der Fischereihoheit auf dem im ersten Antrag Lübecks und im Gegenantrag Mecklenburg-Schwerins bezeichneten Teil der Lübecker Bucht, vorbehaltlich seiner Begrenzung seewärts, befunden hat. Dieser unvordenkliche Besitzstand begründet die Vermutung der Rechtmäßigkeit und rechtfertigt es, die Fischereihoheit Lübecks insoweit auch für die Zukunft festzustellen.

VI.

Ebenso verhält es sich mit der Schiffahrtshoheit. (Wird ausgeführt)....

Hiernach hält der Staatsgerichtshof auch für die Schiffahrtshoheit den Beweis für erbracht, daß sich Lübeck seit unvordenklicher Zeit in ihrem Besitz befindet, und zwar auf dem ganzen streitigen Teil der Lübecker Bucht bis zur Mündung der Harkenbeck, so daß auch insoweit dem ersten Antrag Lübecks zu entsprechen ist. Lübeck behält danach die Möglichkeit, seine Seeschiffahrt auch in Zukunft so zu ordnen, wie es den jeweiligen Bedürfnissen entspricht, ohne einen Einspruch Mecklenburg-Schwerins befürchten zu müssen.

Zweifel können allerdings wegen der Abgrenzung nach der See zu bestehen; denn wieweit sich hier der Besitz Lübecks erstreckt hat, läßt sich weder für die Schiffahrtshoheit noch, wie bereits oben erwähnt, für die Fischereihoheit genau feststellen. Hier müssen Zweckmäßigkeitserwägungen den Ausschlag geben, und zwar ist Gewicht darauf zu legen, daß zur Vermeidung eines Widerstreits der Interessen die Grenze für Fischerei- und Schiffahrtshoheit dieselbe sein muß. Ferner erweist es sich als notwendig, die Grenze schiffahrtstechnisch richtig zu ziehen. Deshalb muß die in der Örtlichkeit nicht kenntliche Linie Harkenbeckmündung—Hafftrugerfeld, die andernfalls auch in Betracht kommen könnte, ausscheiden. Der Staatsgerichtshof entscheidet sich sonach für die Peillinie Harkenbeckmündung—Gömnitzer Turm und für das vom Brodtener Grenzpfahl auf diese Linie gefällte Lot, wie das dem Antrag Lübecks entspricht.

VII.

Abgesehen von der Fischerei- und von der Schiffahrtshoheit kann aber dem ersten Antrag Lübecks nicht in vollem Umfang entsprochen werden; denn ein unvordenklicher Besitzstand Lübecks in Ansehung aller aus der Gebietshoheit entspringenden Rechte ist nicht nachgewiesen. Es muß vielmehr festgestellt werden, daß auch Mecklenburg-Schwerin auf dem Wasser vor seiner Küste Priwall—Harkenbeckmündung schon in alten Zeiten seine Gebietshoheit betätigt hat. (Wird ausgeführt) . . .

In § 1 seiner Verordnung zum Schutze der Ufer und Dünen des Ostseestrandes bei Rosenhagen, Berendorf usw. vom 10. Oktober 1874 hat Mecklenburg-Schwerin unzweideutig Gebietshoheit an seinem Strande bis in die See hinein in Anspruch genommen, indem es verboten hat, dort im Dünenbezirk oder an den hohen Ufern längs der Seeküste wie auch aus der Ostsee bis 400 m in die See hinein ohne Erlaubnis der Obrigkeit Sand, Kies, Ton oder Lehm zu graben, Gras, Dünenkorn oder sonstigen Anwuchs abzuschneiden und Seetang oder Steine wegzuholen, und Lübeck hat diese Verordnung auf Ersuchen in Travemünde öffentlich bekannt gemacht. Daraus muß geschlossen werden, daß Lübeck damals volle Gebietshoheit bis zum mecklenburgischen Strande weder zu haben geglaubt noch tatsächlich gehabt hat. Dagegen hat sich Mecklenburg-Schwerin in jener Zeit dort im Besitz einer beschränkten Gebietshoheit befunden.

Zu weiteren Feststellungen reichen die beigebrachten Unterlagen nicht aus. Unter solchen Umständen hält es der Staatsgerichtshof für angebracht und zur Wahrung der Interessen beider Parteien für geboten, das unter ihnen streitige Buchtgewässer, von der Fischerei- und Schiffahrtshoheit abgesehen, so zu teilen, daß der westliche Teil der Gebietshoheit Lübecks, der östliche der Gebietshoheit Mecklenburg-Schwerins unterstellt wird. Dabei erschien es zweckmäßig, als Grenze zwischen diesen beiden Teilen eine Linie zu bestimmen, die vom Zollhaus (Wachtgraben auf dem Priwall) in nördlicher Richtung bis zur Schiffahrtstraße und dann weiter seewärts in ihrer Verlängerung an der Ostseite verläuft. Damit ist die Schiffahrtstraße gemeint, wie sie jetzt besteht und auf dem zu den Akten eingereichten Meßtischblatt Nr. 662 der preußischen Landesaufnahme 1877, Nachträge 1919, eingezeichnet und durch Seezeichen kenntlich gemacht ist. Diese Gebietshoheitsgrenze bleibt unverändert fortbestehen, auch wenn die Schiffahrtstraße künftig verlegt würde. Sollten sich Schwierigkeiten daraus ergeben, daß hiernach auf dem östlichen Buchtteil Hoheitsrechte beider Parteien nebeneinander bestehen, so wird bis zu einer reichsrechtlichen Regelung aller dieser Fragen der Weg gütlicher Vereinbarung beschritten werden müssen. Der Staatsgerichtshof kann die künftige Entwicklung der Dinge nicht voraussehen und ihr keine Richtung geben.

VIII.

Dem Antrag Lübecks, festzustellen, daß der von ihm beanspruchte Gewässerteil Lübecker Eigengewässer im Sinne von öffentlichem Binnengewässer sei, kann nicht entsprochen werden. Für den östlichen Teil nicht, weil Mecklenburg-Schwerin dort außer der Fischerei- und Schiffahrtshoheit die Gebietshoheit besitzt; ebensowenig aber für den westlichen. Der Antrag läuft darauf hinaus, daß die Befugnisse näher umgrenzt werden sollen, die Lübeck kraft seiner Gebietshoheit zustehen. Dazu fehlt es an einem ausreichend dargelegten rechtlichen Interesse und auch an der Möglichkeit, da sich diese Rechte nicht im voraus für alle Fälle bestimmen lassen. Überdies ist der Begriff des Eigengewässers im Völkerrecht keineswegs so feststehend, daß er für die Urteilsformel verwendbar wäre.

Hieraus ergibt sich, daß dem ersten Antrag Lübecks und dem Gegenantrag Mecklenburg-Schwerins nur in beschränktem Umfang stattgegeben werden kann. Dabei ist zur Klarstellung noch zu bemerken, daß die Entscheidung nur unter den Parteien Rechtswirksamkeit haben kann und daß sie daher vorbehaltlich der Rechte des Deutschen Reiches und der Länder Preußen und Oldenburg ergeht.

IX.

Was den zweiten Antrag Lübecks anlangt, so ist, wie bereits gesagt, die Fischerei im streitigen Buchtgewässer seit Jahrhunderten bis jetzt durch lübeckische Fischer ausgeübt worden. Es besteht also insoweit ein unvordenklicher Besitzstand, der vermuten läßt, daß die lübeckische Fischerei berechtigt ist. Fraglich kann nur sein, ob es sich dabei um ein Recht des lübeckischen Staates als solchen oder um ein Recht seiner Fischereibevölkerung handelt und ob das Recht, wie Lübeck behauptet, ein ausschließliches ist. Der Staatsgerichtshof nimmt das erstere an und verneint das letztere. (Es wird ausgeführt und festgestellt, daß eine hergebrachte Fischereinutzung mecklenburgischer Fischer bestehe) . . .

Davon, daß die Fischerei im innersten Buchtgewässer gemeinfrei gewesen sei, kann allerdings nicht die Rede sein. Es finden sich zwar Anklänge daran in einigen alten Urkunden, insbesondere in der Exzeptionsschrift vom 2. Oktober 1618, wo vom usus publicus die Rede ist. Dem kann aber angesichts der Entwicklung, welche die lübeckische Fischerei in den letzten Jahrhunderten genommen hat, keine entscheidende Bedeutung beigelegt werden. Die Annahme der Gemeinfreiheit der Fischerei ist unvereinbar mit der Art, wie diese von Lübeck obrigkeitlich geregelt wurde. Dagegen muß die hergebrachte, durch unvordenklichen Besitz bestätigte Fischereinutzung der mecklenburgischen Fischer ihnen erhalten bleiben; Mecklenburg ist auch berechtigt, diese Befugnis seiner Angehörigen Lübeck gegenüber vor dem Staatsgerichtshof zu vertreten. Deshalb stellt der Staatsgerichtshof zwar das Fischereirecht Lübecks im ganzen streitigen Teil der Lübecker Bucht fest, legt diesem Lande aber die Verpflichtung auf, den mecklenburgischen Fischern im hergebrachten Umfang ein Mitbefischungsrecht einzuräumen. Dabei sind unter „Fischern" nicht nur die berufsmäßigen Fischer, sondern auch Anlieger zu verstehen, die sich, ohne Fischer zu sein, gelegentlich mit Fischfang beschäftigen. Der weitergehende Antrag Lübecks ist abzuweisen.

Den Umfang der hergebrachten mecklenburgischen Fischerei näher festzustellen, ist der Staatsgerichtshof nicht in der Lage. Hierüber werden sich die Streitteile zu einigen haben.

X.

Was die lübeckische Fischerei an der mecklenburgischen Küste östlich der Harkenbeckmündung betrifft, auf die sich der dritte Antrag Lübecks bezieht, so steht sein Gutachter Rörig (S. 21 flg. seines ersten Gutachtens) auf dem Standpunkt, daß die Fischerei dort stets gemeinfrei gewesen sei. Was er anführt, spricht auch in gewissem Umfange dafür. . . . (Wird ausgeführt.) Allerdings ist Gemeinfreiheit der Fischerei nicht für die ganze mecklenburgische Küste anzunehmen. Die Verhältnisse liegen dort sehr verschieden. Eine eingehende Prüfung der hierzu beigebrachten Unterlagen hat ergeben, daß die Gemeinfreiheit nur für die Strecke von der Harkenbeckmündung bis Tarnewitz als nachgewiesen angesehen werden kann. Weiter nach Osten zu ist die Rechtslage zweifelhaft. Für das Gewässer bei Wismar westlich bis zur Lieps und östlich bis Alt-Gaarz nimmt Rörig selbst (zweites Gutachten S. 302 flg.) Regalität der Fischerei an. Nicht viel weiter östlich an der See liegt Brunshaupten, wo nach der Urkunde von 1219, deren Auslegung allerdings zweifelhaft ist, dem Kloster Sonnenkamp (Neukloster) die halbe Fischerei im Küstengewässer verliehen worden sein soll. Es folgt weiter östlich Doberan, dem durch Urkunde vom Jahre 1189 das Recht zum Heringsfang verliehen wurde. Dann folgt Rostock, das mit der Seefischerei mehrfach privilegiert worden ist. An der pommerschen Grenze liegt Ribnitz, das ebenfalls Fischereirechte im Meer besessen zu haben scheint. Überdies ist anzunehmen, daß Mecklenburg-Schwerin im 17. und 18. Jahrhundert Anspruch auf Meeresfischerei als ihm zustehendes Regal an der Küste zwischen Rostock und der pommerschen Grenze erhoben hat. Das Ergebnis dieser Untersuchung steht im wesentlichen im Einklang mit Neubauer, Zusammenstellungen des in Deutschland geltenden Rechts betreffend verschiedene Rechtsmaterien usw. 1880 S. 107 und mit Hagemeister, Meckl. Staatsrecht § 166 S. 246. Gemeinfreiheit der Fischerei ist hiernach für die mecklenburgische Küste von der Harkenbeckmündung bis Tarnewitz als dargetan anzusehen. Soweit sie reicht, kann sich ein gewohnheitsrechtlicher Sonderanspruch für die lübeckischen Fischer durch Betätigung der Fischerei nicht gebildet haben; aber auch darüber hinaus ist die Entstehung eines solchen Anspruchs nicht nachgewiesen. Dagegen steht, soweit die Fischerei in Mecklenburg-Schwerin gemeinfrei ist, den lübeckischen Fischern Art. 110 Abs. 2 RVerf. zur Seite, wonach jeder Deutsche in jedem Lande des Reiches die gleichen Rechte und Pflichten hat wie die Angehörigen des Landes selbst. Diese Vorschrift findet sich im zweiten Hauptteil der Reichsverfassung, der von den Grundrechten und Grundpflichten der Deutschen handelt. Sie bedarf, wie allgemein anerkannt wird, um verbindliche Kraft zu erlangen, keines besonderen Gesetzes, sondern enthält einen unmittelbar anwendbaren Rechtssatz (Anschütz, Die Verfassung des Deutschen Reiches, 3. und 4. Aufl. S. 302, 314; Hatschek, Deutsches und Preußisches Staatsrecht Bd. 1 S. 186, 255; derselbe in den Institutionen des Deutschen Staatsrechts Bd. 1 S. 143). Dieser Rechtssatz ist gerade auch für subjektiv öffentliche Rechte der hier vorliegenden Art von Bedeutung (Anschütz a. a. O. S. 314 A. 4; Hatschek a. a. O. S. 256; Aldag, Die Gleichheit vor dem Gesetz in der Reichsverfassung S. 72). Mecklenburg-Schwerin muß hiernach an der Küstenstrecke Harkenbeckmündung—Tarnewitz die lübeckischen Fischer unter denselben Bedingungen zum Fischfang zulassen wie seine eigenen Fischer. Insoweit ist der dritte Antrag Lübecks gerechtfertigt und war ihm stattzugeben. Dagegen geht sein Verlangen, festzustellen, daß seinen Fischern die Ausübung der Fischerei nicht untersagt werden dürfe, insofern zu weit, als Mecklenburg-Schwerin das Recht behalten muß, einzelne Stellen der Küste vom Gemeingebrauch der Fischerei auszunehmen, z. B. um Badegelegenheit zu schaffen. Insoweit unterliegt der Antrag der Abweisung. Mecklenburg-Schwerin darf aber die lübeckischen Fischer nicht anders behandeln als seine eigenen, ihnen insbesondere keine schwereren Bedingungen auferlegen. Letzteres in der Formel noch ausdrücklich auszusprechen, ist nicht erforderlich.

Entscheidung des Staatsgerichtshofs.

In der verfassungsrechtlichen Streitsache

des Landes Preußen,
Antragstellers,

gegen

1. das Deutsche Reich,
Antragsgegner,

2. die Länder Bayern, Württemberg, Baden,
Beteiligte,

betreffend die Gültigkeit des Reichsgesetzes vom 9. April 1927 (RGBl. I S. 94) zur Änderung der Gesetze über den Eintritt der Freistaaten Württemberg, Bayern und Baden in die Biersteuergemeinschaft (StGH. 4/27),

hat der Staatsgerichtshof für das Deutsche Reich in der öffentlichen Sitzung vom 17. November 1928 für Recht erkannt, und zwar zu III durch einstweilige Verfügung:

I. Das Gesetz vom 9. April 1927 zur Änderung der Gesetze über den Eintritt der Freistaaten Württemberg, Bayern und Baden in die Biersteuergemeinschaft ist ungültig.

II. Das Reich ist dem Lande Preußen gegenüber berechtigt, die in § 3 der Eintrittsgesetze bestimmten Höchstsummen der Biersteuerabfindungen ohne Rücksicht auf die Gesetze vom 9. Juli 1923 und vom 10. August 1925 angemessen aufzuwerten; die Entscheidung über die Höhe der Aufwertung bleibt vorbehalten.

III. Bis zur Endentscheidung oder einer mit verfassungändernder Mehrheit der gesetzgebenden Körperschaften des Reiches zustandegekommenen Änderung der Eintrittsgesetze ist das Reich dem Lande Preußen gegenüber berechtigt, den Ländern Württemberg, Bayern und Baden die in dem Gesetze vom 9. April 1927 bezeichneten Beträge weiterzuzahlen.

Gründe:

I.

Der Biersteuergemeinschaft sind der Freistaat Württemberg nach dem Gesetz vom 27. März 1919 (RGBl. S. 345) am 1. April 1919 und die Freistaaten Bayern und Baden nach dem Gesetz vom 24. Juni 1919 (RGBl. S. 599) am 1. Juli 1919 beigetreten. Dabei war (je in § 3 der Gesetze) bestimmt worden, daß aus den Reineinnahmen an Biersteuer in jedem Rechnungsjahr dem Freistaat Württemberg 3,45%, jedoch nicht mehr als 15 Millionen Mark, dem Freistaat Bayern 13,55%, jedoch nicht mehr als 78 Millionen Mark, und dem Freistaat Baden 1,60%, jedoch nicht mehr als 10 Millionen Mark überwiesen werden sollten. Beide Gesetze (§ 6 bzw. § 8) schrieben weiter vor, daß sie nur unter den Voraussetzungen geändert werden könnten, die nach der Reichsverfassung für Verfassungsänderungen vorgesehen seien. Der Hundertsatz für Württemberg ist nach dem Beitritt Bayerns und Badens gemäß § 4 des Gesetzes vom 27. März 1919 durch Bekanntmachung vom 5. Juli 1919 (RGBl. S. 635) auf 2,5% herabgesetzt worden.

Nach Eintritt der Geldentwertung wurden im Zusammenhang mit dem Biersteuergesetz vom 9. Juli 1923 (RGBl. I S. 557) durch das Gesetz vom gleichen Tage zur Änderung der Gesetze über den Eintritt der Freistaaten Württemberg, Bayern und Baden in die Biersteuergemeinschaft (RGBl. I S. 563) die Höchstsätze für Württemberg auf 380 Millionen Mark, für Bayern auf 2 Milliarden Mark und für Baden auf 260 Millionen Mark festgesetzt. Gleichzeitig wurde der Reichsminister der Finanzen ermächtigt, mit Zustimmung des Reichsrats und eines Ausschusses des Reichstags die Höchstbeträge im Falle der Erhöhung der Biersteuer entsprechend zu erhöhen und die so erhöhten Beträge im Falle der Ermäßigung der Biersteuer entsprechend, jedoch nicht unter die ursprünglichen, in den Gesetzen von 1919 vorgesehenen Beträge herabzusetzen.

Nach Festigung der Währung wurden durch das Gesetz über Erhöhung der Bier- und Tabaksteuer vom 10. August 1925 (RGBl. I S. 244) gleichzeitig mit Festsetzung der Biersteuer in Reichsmark die Höchstbeträge für Württemberg auf 3300000 RM., für Bayern auf 17200000 RM. und für Baden auf 2200000 RM. bestimmt. Die Ermächtigung des Reichsministers der Finanzen zu weiteren Änderungen der Höchstbeträge wurde beseitigt.

Durch das Gesetz vom 9. April 1927 zur Änderung der Gesetze über den Eintritt der Freistaaten Württemberg, Bayern und Baden in die Biersteuergemeinschaft (RGBl. I S. 94) wurden mit Wirkung vom 1. April 1927 ab die Höchstbeträge für Württemberg auf 8633000 RM., für Bayern auf 45000000 RM. und für Baden auf 5755000 RM. festgesetzt und eine gewisse Nachzahlung aus dem Biersteuer-Aufkommen des Rechnungsjahres 1926 angeordnet. Das Gesetz ist im Reichstag mit einfacher Stimmenmehrheit angenommen worden. Der Reichsrat, der das auf Grund eines Initiativantrags vom Reichstag beschlossene Gesetz erst nachträglich zur Beschlußfassung über die Einlegung des Einspruchs erhielt, hat sich mit 37 gegen 30 Stimmen bei einer Stimmenthaltung gegen den Einspruch ausgesprochen.

II.

Zwischen Preußen und dem Reiche besteht Streit darüber, ob das Gesetz vom 9. April 1927 ordnungsgemäß zustandegekommen und als rechtsgültig zu behandeln ist. Preußen ist im Gegensatz zum Reiche der Ansicht, daß das Gesetz im Reichstag und im Reichsrat die in Art. 76 RVerf. vorgesehenen Zweidrittel-Mehrheiten hätte finden müssen, um als ordnungsmäßig zustandegekommen gelten zu können. Es hat sich deshalb an den Staatsgerichtshof gewandt mit dem Antrag,

eine Entscheidung über den Streit dahin zu treffen, daß das Gesetz vom 9. April 1927 rechtsungültig sei.

A. Zur Begründung seines Antrags macht Preußen geltend:

1. Die Vorschriften in den §§ 6 bzw. 8 der Gesetze vom 27. März und 24. Juni 1919, die von der verfassunggebenden Nationalversammlung und vom Staatenausschuß einstimmig beschlossen worden seien, müßten als gültig anerkannt werden, ohne daß auf die Streitfrage eingegangen zu werden brauche, ob sie auch durch einfaches Gesetz hätten getroffen werden können. Denn die National-

versammlung habe Auftrag und Vollmacht gehabt, Verfassungsrecht zu schaffen, und sei schon vor Erlaß der Reichsverfassung in der Lage gewesen, im Rahmen des erhaltenen Auftrags verfassungsrechtliche Teilvorschriften gültig zu beschließen. Überdies seien durch Art. 178 RVerf. die bis dahin erlassenen Gesetze in ihrer Geltung bestätigt worden.

2. Die genannten Vorschriften forderten nach ihrem zweifelfreien Wortlaut bei jeder Änderung der Gesetze von 1919 die Form der Verfassungsänderung nicht bloß für die Herabsetzung der Entschädigung, sondern auch für die Erhöhung der Höchstgrenzen; mit dem Wortlaut der Gesetze habe sich auch der Wille der an der Gesetzgebung beteiligten Faktoren gedeckt. Wenn für die gegenteilige Annahme geltendgemacht werde, ihnen hätten bei Schaffung dieser Vorschriften die Bestimmungen der alten Reichsverfassung über Verfassungsänderungen (Art. 78) vorgeschwebt, der Verfassungsschutz in den beiden Gesetzen sei deshalb nur als ein Schutz für die drei beteiligten Länder gedacht gewesen, und das werde dadurch bestätigt, daß diese Länder seinerzeit erklärt hätten, sie hätten für die neue Regelung die Form des Vertrags zwischen dem Reich und ihnen vorgezogen, so sei das nicht zutreffend. Als die Nationalversammlung die Eintrittsgesetze beschlossen habe, sei die alte Reichsverfassung beseitigt gewesen. An ihre Stelle sei das Gesetz über die vorläufige Reichsgewalt vom 10. Februar 1919 getreten (RGBl. S. 169). Auch habe damals der Entwurf der neuen Verfassung der Nationalversammlung bereits vorgelegen. Es sei danach ausgeschlossen, daß die Erinnerung an das frühere Recht mit seiner besonderen Betonung der Bundesratsrechte noch eine Rolle gespielt habe. Außerdem wäre die Notwendigkeit einer Zweidrittel-Mehrheit kein wirksamer Schutz für die drei Länder gewesen, da sie allein damals wie heute nur über weniger als ein Drittel der Stimmen verfügten. Daß die Reservat-Staaten es vorgezogen hätten, wenn die Ablösung ihres Reservats im Wege des Staatsvertrags erfolgt wäre, und daß sie sich dann, lediglich als Ersatz für diesen stärkeren Schutz, mit der Vorschrift über die erschwerte Abänderung der Gesetze abgefunden hätten, beweise nicht, daß man mit dieser für die Reservat-Staaten ungünstigeren Form der Regelung doch immer nur ihren Schutz bezweckt habe. Starke Kräfte hätten vielmehr damals dahin gestrebt, Vorrechte einzelner Länder ent-

schädigungslos ganz zu beseitigen. Sie hätten den Erfolg erzielt, daß die Reservate tatsächlich aufgehoben worden seien, und hätten nur eine Entschädigung zugestehen müssen. Die Eintrittsgesetze seien danach Kompromisse gewesen. Der Verfassungsschutz wirke also nicht nur zugunsten der drei Länder gegen eine Entziehung oder Schmälerung ihrer Entschädigungsrechte, sondern ebensosehr zum Schutze der im Werden begriffenen Reichsverfassung gegen partikularistische, mit dem Grundsatz der gleichmäßigen Behandlung aller Länder nicht vereinbare Bestrebungen.

3. Wenn die Gegenseite unter Berufung auf ein von der badischen Regierung dem Reichstag unterbreitetes Gutachten des Professors Dr. Anschütz geltendgemacht habe, mit dem Satze, daß die Höchstgrenzen nur im Wege der verfassungsmäßigen Gesetzgebung heraufgesetzt werden könnten, sei eine Aufwertung der Höchstbeträge durch einfaches Gesetz vereinbar, so seien in dieser Frage zwei Auffassungen möglich, die beide jedoch nicht zur Anerkennung der Gültigkeit des Gesetzes vom 9. April 1927 führen könnten.

a) Zunächst gelte der Grundsatz der Aufwertung, der Anpassung an die Geldentwertung, nicht allgemein; insbesondere sei der Umfang seiner Geltung für das öffentliche Recht zweifelhaft und verhältnismäßig eng. Wenn, wie es in den Gesetzen vom 9. Juli 1923 und vom 10. August 1925 geschehen sei, der Gesetzgeber eingegriffen und vorgeschrieben habe, daß und auf welchen Betrag aufzuwerten sei, so habe darin eine sachliche Änderung der aus den Gesetzen von 1919 folgenden Rechtslage gelegen, wie sich denn auch die Gesetze von 1923 und 1925 der Form nach als Abänderungsgesetze bezeichnet hätten. Würden solche Änderungen, die sich als Anpassung an die Geldentwertung darstellten, nicht der verfassungändernden Mehrheit bedürfen, so wären die gesetzgebenden Körperschaften in der Lage, unter dem Deckmantel der „angemessenen Aufwertung" durch einfaches Gesetz eine Festsetzung der Entschädigungen vorzunehmen, die gegenüber den sich aus den geltenden geschriebenen und ungeschriebenen Rechtsgrundsätzen ergebenden Beträgen eine starke Herabsetzung oder Erhöhung bedeuten würde.

b) Nehme man aber an, daß eine Anpassung der Biersteuer-Entschädigungen an die veränderten Geldwertverhältnisse durch einfaches Gesetz erfolgen könne, so müsse man folgerichtig auch anerkennen, daß die im Weg der Aufwertung festgesetzten Beträge Gesetzesinhalt geworden und durch die §§ 6 und 8 der Eintrittsgesetze sowohl gegen Erhöhung wie gegen Herabsetzung geschützt seien. Dann stehe aber die 1925 vorgenommene Aufwertung, die anderthalb Jahre nach Festigung der Währung stattgefunden habe und bei der alle für das Maß der Aufwertung in Betracht kommenden Gesichtspunkte gegeneinander abgewogen worden seien, unter Verfassungsschutz.

4. Die Erhöhungen des Gesetzes vom Jahre 1927 seien jedoch keine Aufwertung. Wirksam werde die Höchstgrenze stets dann, wenn der Betrag, der sich aus der Anwendung des Hundertsatzes ergebe, sie übersteigen würde, wenn also das Biersteuer-Aufkommen über einen bestimmten Betrag hinausgehe. Das könne drei Gründe haben: a) Die Biersteuer werde erhöht, b) es werde mehr Bier verbraucht und die Steigerung liege nicht ausschließlich außerhalb des entschädigungsberechtigten Landes, c) es werde mehr Bier verbraucht und die Steigerung liege ausschließlich außerhalb des entschädigungsberechtigten Landes. Die Begründung zum Eintrittsgesetz für Württemberg, auf die im andern Eintrittsgesetz Bezug genommen sei, erwähne nur den letzten der drei Fälle. Es sei aber ausgeschlossen, daß man die beiden ersten Fälle, die auf der Hand gelegen hätten, übersehen habe. Es sei auch nur natürlich, daß die Kreise, die grundsätzlich gegen eine Bevorzugung einzelner Länder gewesen seien, die Entschädigung für die Aufhebung der Reservate auf den Betrag hätten beschränken wollen, der sich bei Zugrundelegung des damaligen Verbrauchs und des damaligen Steuersatzes ergeben habe, da nur in dieser Höhe ein greifbarer Nachteil für die Reservatländer festzustellen gewesen sei. Insbesondere habe also auch eine Erhöhung des Biersteuersatzes keine Erhöhung der Entschädigung nach sich ziehen sollen. Bei Wahl der Höchstbeträge sei man 1919 von den Verhältnissen von 1912 und 1913 ausgegangen, habe aber mit einem gegenüber dieser Zeit um 25% zurückgegangenen Bierverbrauch gerechnet. Man habe also keineswegs den beteiligten Ländern einen Betrag sichern wollen, der ungefähr der Summe entsprochen habe, die aus dem Vorteil der besonderen Biersteuer-Reservate im Sinne der in den letzten Vorkriegsjahren aus dem Reservat erzielten Reineinnahme hervorgegangen sei, sondern man habe die Entschädigung ohne Rücksicht auf die früheren höheren Reinerträge auf der um 25% verringerten Grundlage berechnet. Das könne nicht nach-

träglich im Wege der „Aufwertung" wegkonstruiert werden. Sei aber danach den zahlenmäßigen Höchstbeträgen eine grundsätzliche und entscheidende Bedeutung zugekommen, so könne man die Aufwertung der Entschädigungen niemals in der Weise vornehmen, daß man den Höchstbetrag als weggefallen ansehe und nur noch den Hundertsatz anwende. Das wäre keine Anpassung der ursprünglichen Rechtsvorschrift an die gegenwärtigen Verhältnisse, sondern eine vollständige Veränderung ihres Inhalts. Die Festsetzung der Höchstbeträge habe auch die Bedeutung, daß eine spätere Erhöhung des Biersteuersatzes ausschließlich der Reichskasse habe zugutekommen sollen. Die am 1. Januar 1927 in Kraft getretene Erhöhung des Biersteuersatzes, die keine Anpassung an die Geldentwertung sei, und die dadurch erzielte Steigerung des Biersteuer-Aufkommens um 30% müsse also nach dem eigentlichen Gedanken der Gesetze von 1919 bei Bemessung der Entschädigung außer Betracht bleiben. Dem würde es widersprechen, wenn man den Aufwertungsbetrag in der Weise finden wollte, daß man den festgesetzten Hundertsatz auf das Biersteuer-Aufkommen von 1927 anwende. Die Aufwertungsrechnung könne vielmehr nur vom inneren Wert der im Jahre 1919 festgesetzten Entschädigungs-Höchstbeträge ausgehen. Diese Höchstbeträge hätten bei den damaligen Geldverhältnissen bei weitem nicht den Goldwert und die Kaufkraft der jetzt festgesetzten Höchstbeträge gehabt. Gleichviel ob man für den wirklichen Wert der Mark den Dollarkurs oder den die Kaufkraft widerspiegelnden Großhandelsindex oder die Aufwertungstabelle heranziehe, immer komme man auf erheblich geringere Zahlen, z. B. bei Bayern auf etwa 23 bis 25 Millionen RM. Alle für die Aufwertung in Betracht zu ziehenden Gesichtspunkte seien aber schon bei Erlaß des Gesetzes vom 10. August 1925 eingehend berücksichtigt worden. Die Vorlage der Reichsregierung habe für Bayern 4897000 RM., für Württemberg 927000 RM. und für Baden 635000 RM. vorgeschlagen. Der Reichstag habe dann die Abfindungsbeträge für Bayern auf 17,2 Millionen, für Württemberg auf 3,3 Millionen und für Baden auf 2,2 Millionen RM. festgesetzt, also etwa auf das Vierfache dessen, was die Reichsregierung selbst begründen zu können geglaubt habe. Aus dieser Sachlage gehe klar hervor, daß die Regelung von 1925 die endgültige Abfindung für die früheren Biersteuer-Reservate dargestellt habe. Die jetzt erfolgte Erhöhung auf etwa das Zehnfache der von der Reichsregierung selbst erst vor zwei Jahren ursprünglich vorgeschlagenen Beträge sei keine „nur deklaratorische" Änderung der Gesetze von 1919 mehr, zumal da der Geldwert heute derselbe wie 1925 und die Finanzlage des Reiches nicht besser sei. Eine solche Erhöhung sei nur durch verfassungänderndes Gesetz möglich.

5. Die Zuständigkeit des Staatsgerichtshofs zur Entscheidung des Streits und die Berechtigung Preußens zur Anrufung dieses Gerichtshofs sei gegeben. Eine dessen Zuständigkeit begründende Streitigkeit liege vor, wenn ein Land behaupte, es werde vom Reich in seinen subjektiven öffentlichen Rechten verletzt. Preußen werde in seinen subjektiven öffentlichen Rechten dadurch verletzt, daß das Reich das Gesetz vom 9. April 1927 als rechtsgültig behandle. Der neuen Reichsverfassung liege in verstärktem Maße der schon in der alten Reichsverfassung enthaltene Gedanke der Gleichberechtigung aller Länder zugrunde. In Ansehung der Biersteuer sei zwar diese Gleichberechtigung zugunsten von Württemberg, Bayern und Baden und zuungunsten aller anderen Länder durchbrochen, aber für das Maß der Durchbrechung sei eine bestimmte Grenze gesetzt und unter Verfassungsschutz gestellt. Damit habe das Interesse der Länder an der Gleichbehandlung aller — bis zu dieser Grenze — rechtlich geschützt werden sollen. Dieses rechtlich geschützte Interesse sei ein subjektives Recht, dessen Verletzung die Anrufung des Staatsgerichtshofs rechtfertige. Bei der engen Verflochtenheit der Einnahmen wie Ausgaben zwischen Reich und Ländern werde das Reich durch jede Belastung zugunsten einzelner Länder genötigt, entweder zum Nachteil aller Länder seine Ausgaben einzuschränken oder — ebenfalls zum Schaden aller Länder — von der für Reich und Länder gemeinsamen Steuerdecke einen weiteren Teil für sich in Anspruch zu nehmen. Das die Sachbefugnis zur Anrufung des Staatsgerichtshofs rechtfertigende Interesse Preußens ergebe sich aber unabhängig hiervon auch daraus, daß sich für den im Reichsrat gestellten Antrag Preußens, gegen den Gesetzesbeschluß Einspruch einzulegen, 30 von 68 Stimmen ausgesprochen hätten. Damit habe man den Einspruch rechtswirksam beschlossen, da auch im Reichsrat eine verfassungändernde Mehrheit erforderlich sei. Da die Reichsregierung gleichwohl den Antrag auf Einlegung des Einspruchs als abgelehnt bezeichnet und dementsprechend das Gesetz verkündet habe, bestehe infolgedessen auch ein Streit zwischen dem Reich und Preußen darüber, ob ein von

Preußen im Reichsrat gestellter Antrag angenommen worden sei oder nicht.

B. Das Reich beantragt:

1. den Antrag Preußens als unzulässig zu verwerfen;

2. für den Fall, daß dem Antrag zu 1 nicht entsprochen werde, den Antrag Preußens als unbegründet zurückzuweisen;

3. für den Fall, daß weder dem Antrag zu 1 noch dem zu 2 entsprochen werde, festzustellen, daß das Reich verpflichtet sei, aus den Reineinnahmen an Biersteuer in jedem Rechnungsjahr zu überweisen: a) dem Lande Bayern 13,55% der Reineinnahmen, jedoch nicht mehr als 45 Millionen RM., b) dem Lande Württemberg 2,50% der Reineinnahmen, jedoch nicht mehr als 8633000 RM., c) dem Lande Baden 1,60% der Reineinnahmen, jedoch nicht mehr als 5755000 RM.;

4. für den Fall, daß keinem der Anträge zu 1 bis 3 entsprochen werde, im Wege der einstweiligen Verfügung anzuordnen, daß das Reich aus den Reineinnahmen an Biersteuer in jedem Rechnungsjahr bis auf weiteres zu überweisen habe a) dem Lande Bayern 13,55% der Reineinnahmen, jedoch nicht mehr als 45 Millionen RM., b) dem Lande Württemberg 2,50% der Reineinnahmen, jedoch nicht mehr als 8633000 RM., c) dem Lande Baden 1,60% der Reineinnahmen, jedoch nicht mehr als 5755000 RM.

Zur Begründung dieser Anträge macht das Reich geltend:

1. Der Antrag Preußens sei unzulässig.

a) Für die Entscheidung von Meinungsverschiedenheiten darüber, ob eine als Gesetz oder Verordnung zu verkündende oder verkündete Rechtsnorm des Reichsrechts mit der Reichsverfassung im Widerspruche stehe (oben unter II 5 am Schluß), bestehe zur Zeit im Reiche keine Instanz. Art. 19 RVerf. gewähre nicht schlechthin einen Anspruch auf Feststellung, daß ein Reichsgesetz mit der Reichsverfassung nicht im Einklang stehe. Auf Grund dieses Artikels könne nur über ein konkretes, zwischen dem Antragsteller und dem Antragsgegner bestehendes Rechtsverhältnis, nicht dagegen über eine abstrakte Rechtsfrage eine Entscheidung des Staatsgerichtshofs verlangt werden. Die Verträglichkeit eines Reichsgesetzes mit der Reichsverfassung komme dabei nur als Vorfrage in Betracht.

b) Selbst wenn — entgegen diesen Ausführungen — beim Staatsgerichtshof die Feststellung der Verfassungswidrigkeit eines

Reichsgesetzes schlechthin beantragt werden könnte, wäre es doch nicht ohne weiteres zulässig, daß ein einzelnes Land einen derartigen Antrag stelle. Die Zulässigkeit des Antrags würde vielmehr davon abhängen, ob der Antragsteller in seinen subjektiven Rechten verletzt worden sei. Die Ausführungen Preußens hierzu ständen mit seinem Antrag nicht im Einklang. Der Antrag ziele unzulässigerweise nur auf die Feststellung ab, daß das Gesetz vom 9. April 1927 rechtsungültig sei. In der unrichtigen Bewertung des Abstimmungsergebnisses durch die Reichsregierung könnte allenfalls eine Verletzung der verfassungsmäßigen Rechte der überstimmten Minderheit des Reichsrats erblickt werden. Keinesfalls liege darin eine Verletzung von Rechten eines einzelnen Landes.

c) Auch durch den Inhalt des Gesetzes vom 9. April 1927 sei ein subjektives Recht Preußens nicht verletzt worden. Selbst wenn man anerkenne, daß die Reichsverfassung vom Grundsatz der Gleichberechtigung aller Länder ausgehe, so wäre daraus noch kein subjektives Recht des einzelnen Landes auf Gleichberechtigung abzuleiten. Das sei so wenig der Fall, wie Artikel 109 Abs. 1 RVerf. für den deutschen Staatsbürger ein subjektives Recht begründe. Überdies bilde der Grundsatz der Gleichberechtigung keine Schranke für den Gesetzgeber.

2. Der Antrag Preußens sei auch unbegründet.

a) Mit der Ansicht, das Gesetz vom 9. April 1927 hätte nur mit Zweidrittel-Mehrheit rechtsgültig beschlossen werden können, setze sich Preußen in Widerspruch zu der Staatspraxis, wie sie in den Novellen zu den Eintrittsgesetzen von 1923 und 1925 ihren Niederschlag gefunden habe. Weder im Reichsrat noch im Reichstag sei damals bezweifelt worden, daß zur Änderung der Eintrittsgesetze ein einfaches Reichsgesetz genüge. Diese gleichsam zum staatsrechtlichen Gewohnheitsrecht gewordene Staatspraxis müsse auch für das Gesetz von 1927 berücksichtigt werden. Das könne man nicht mit der Begründung bestreiten, die jetzigen Änderungen seien anders geartet als die früheren, insbesondere seien sie nicht, wie diese, als Aufwertung aufzufassen. Abgesehen davon, daß auch die im Gesetze vom 9. April 1927 vorgenommenen Änderungen den Charakter einer Aufwertung trügen (nämlich den einer nachträglichen Ergänzung der im Jahre 1925 nur unzulänglich vorgenommenen Aufwertung), würde man überhaupt einen falschen Maßstab anlegen, wenn man die Entscheidung der Frage, ob die Höchstbeträge nur durch verfassungänderndes Gesetz heraufgesetzt werden könnten, darauf abstellen wollte, ob die Heraufsetzung den Charakter einer Aufwertung trage oder nicht. An sich gälten die Vorschriften über Verfassungsänderungen nicht nur für sachliche Änderungen der Verfassung, sondern auch für solche Änderungen des Verfassungstextes, bei denen es sich um die formelle Klarstellung einer sachlichen Änderung der Rechtslage handle, die schon abgesehen von der Verfassung eingetreten sei. Wenn die Höchstbeträge nur durch verfassungänderndes Gesetz heraufgesetzt werden könnten, wären danach die im Art. 76 RVerf. vorgesehenen Zweidrittel-Mehrheiten auch für die Gesetze von 1923 und 1925 erforderlich gewesen. Sei aber für diese eine solche Mehrheit nicht verlangt worden, so müsse nach der ständigen und von keiner Seite angefochtenen Staatspraxis auch für das Gesetz von 1927 einfache Mehrheit genügen.

b) Die Zulässigkeit der Heraufsetzung der Höchstbeträge mit einfacher Mehrheit entspreche auch dem Willen des Gesetzgebers bei Schaffung der Eintrittsgesetze von 1919. Damals habe als Staatsgrundgesetz das Gesetz über die vorläufige Reichsgewalt vom 10. Februar 1919 gegolten. Nach dessen § 4 sei die Schaffung von Verfassungsrecht an leichter zu erfüllende Voraussetzungen geknüpft gewesen als die sonstige Gesetzgebung, die der Zustimmung des Staatenausschusses bedurft habe. Angesichts der souveränen Stellung der Nationalversammlung für die Schaffung von Verfassungsrecht hätten die Vorschriften in §§ 6 und 8 der Gesetze vom 27. März und vom 24. Juni 1919 keinen rechten Sinn gehabt. Wie die Regierungen der süddeutschen Länder über diese Vorschriften gedacht hätten, ergebe sich aus ihrer Erklärung im Staatenausschuß: sie hätten dem Gesetzentwurf unter der Voraussetzung zugestimmt, daß ihnen die jährliche Entschädigung, die sie künftig an Stelle ihres Biersteuer-Sonderrechts aus der Reichshauptkasse erhalten sollten, auch nicht durch ein verfassungänderndes Gesetz wieder entzogen werde. Das könne dem Sinne nach nur bedeuten, daß die Vorschriften über die Biersteuer-Überweisungen gegen ihren Willen nicht geändert werden dürften. Daraus folge, daß nach Ansicht der süddeutschen Länder, die von der Reichsregierung allerdings nicht geteilt werde, die §§ 6 und 8 einer Änderung der Eintrittsgesetze durch einfaches Reichsgesetz jedenfalls insoweit nicht entgegenständen, als die Reservatländer der Änderung zustimmten.

Das werde durch die frühere Staatspraxis bestätigt, wie sie sich aus folgenden Vorschriften ergebe: § 47 Abs. 2 des Reichsgesetzes über die Besteuerung des Branntweins vom 24. Juni 1887 (RGBl. S. 253), § 154 des Branntweinsteuergesetzes vom 15. Juli 1909 (RGBl. S. 661), § 2 Abs. 2 des Reichsgesetzes betreffend Beseitigung des Branntweinkontingents vom 14. Juni 1912 (RGBl. S. 378), § 1 des Reichsgesetzes zur Einführung des Gesetzes über den Unterstützungswohnsitz im Königreich Bayern vom 30. Juni 1913 (RGBl. S. 495) und § 259 des Reichsgesetzes über das Branntweinmonopol vom 26. Juli 1918 (RGBl. S. 887). Richtig sei, daß man den Fall der Erhöhung des Biersteuersatzes nicht übersehen habe. Daß er in den Eintrittsgesetzen nicht besonders erwähnt worden sei, erkläre sich daraus, daß jener Fall bei seinem Eintreten durch besonderes (einfaches) Gesetz habe geregelt werden können. Zu einer Regelung in den Eintrittsgesetzen würde nur dann Anlaß bestanden haben, wenn man die §§ 6 und 8 unrichtigerweise dahin aufgefaßt hätte, daß sie einer Heraufsetzung der Höchstbeträge im Wege der einfachen Gesetzgebung entgegenständen.

c) Hätten die §§ 6 und 8 schon nach dem gesetzgeberischen Willen nur die Bedeutung gehabt, daß Änderungen der Eintrittsgesetze der Zustimmung der Reservatstaaten bedürften, so hätten sie mit dem Inkrafttreten der neuen Reichsverfassung jede Bedeutung verloren. Nach § 1 des Gesetzes über die vorläufige Reichsgewalt vom 10. Februar 1919 habe das Verfassungsrecht in einer neuen Reichsverfassung zusammengefaßt werden sollen. Für die Zwischenzeit bis dahin hätten Vorschriften über verfassungsrechtliche Fragen nur als vorläufige Regelung erlassen werden können. Die §§ 6 und 8 hätten Verfassungsrecht enthalten, nämlich Vorschriften über die Reichsgesetzgebung. Diese Materie habe in der Weimarer Reichsverfassung eine zusammenfassende und abschließende Regelung in dem Sinne erfahren, daß ihre Vorschriften über die Reichsgesetzgebung an die Stelle jeglichen vorher geltenden Reichsverfassungsrechts getreten seien. Die §§ 6 und 8 seien demgemäß durch Art. 178 der Reichsverfassung aufgehoben worden. Art. 76 finde nur auf das in der Weimarer Verfassung zusammengefaßte sowie auf das nach ihrer Verabschiedung entstandene Reichsverfassungsrecht Anwendung. Das ergebe sich auch aus Äußerungen des Schrifttums und aus den Verhandlungen im Verfassungsausschuß der Nationalversammlung.

3. Die Verneinung der Gültigkeit des Gesetzes vom 9. April 1927 würde schließlich auch zu unhaltbaren Folgen führen.

Bei der Gleichheit der Rechtslage müßte man dann auch die Gesetze vom 9. Juli 1923 und vom 10. August 1925 für ungültig erklären. Dann verblieben nur die Vorschriften der Eintrittsgesetze von 1919. Es entstände die Frage, welche Bedeutung den Überweisungsbestimmungen dieser Gesetze unter Berücksichtigung des Umstandes beizumessen sei, daß sich inzwischen die deutschen Währungsverhältnisse grundlegend geändert hätten. Unmöglich könnten für die Höchstbeträge die gleichen Summen, wie sie in den Eintrittsgesetzen in Papiermark bestimmt seien, nunmehr als Reichsmarkbeträge angesetzt werden. Abzulehnen sei weiter die Auffassung, daß die Höchstbeträge mit ihren Papiermarksummen, also gleich null Reichsmark, anzusetzen seien, weil das — entgegen dem in den Eintrittsgesetzen zum Ausdruck gelangten gesetzgeberischen Willen — auf eine Beseitigung der Biersteuer-Überweisungen hinauslaufen würde. Endlich gehe es auch nicht an, die festgesetzten Hundertsätze als weitergeltend, die auf Papiermark lautenden Höchstbeträge dagegen als überholt, als praktisch bedeutungslos anzusehen. Näher läge es, in entsprechender Anwendung der Ausführungen des Reichsgerichts im Urteil vom 6. Mai 1926 (RGZ. Bd. 113 S. 377) und des Staatsgerichtshofs in der Entscheidung vom 15. Oktober 1927 (RGZ. Bd. 118 Anh. S. 1) die Höchstbeträge nach allgemeinen Grundsätzen aufzuwerten. Was den Umfang der Aufwertung betreffe, so sei auf die Ausführungen des Staatssekretärs Dr. Popitz in der Sitzung des Reichstags vom 2. April 1927 (stenographische Berichte S. 10358) zu verweisen, welche die Grundlage für eine gerechte Aufwertung, für eine der Billigkeit entsprechende Abwägung der beiderseitigen Interessen enthielten. Der Staatsgerichtshof werde, wenn er die erlassenen Gesetze für ungültig halte und infolgedessen zur Aufwertung schreite, schwerlich auf andere als die im Gesetze vom 9. April 1927 festgesetzten Höchstbeträge kommen können.

4. Wenn es nicht angängig sein sollte, schon jetzt die Aufwertungsbeträge endgültig festzusetzen, bleibe zur Abwendung der aus der Rechtsunsicherheit erwachsenden Nachteile nur der Weg, durch einstweilige Verfügung eine vorläufige Regelung zu treffen.

C. Preußen bittet um Ablehnung der Anträge des Reiches und beantragt unter Aufrechterhaltung seines ersten Antrags hilfsweise eine Entscheidung dahin, daß für das Reich aus dem Gesetze vom 9. April 1927 weder die Verpflichtung noch die Berechtigung erwachse, aus den Reineinnahmen an Biersteuer in jedem Rechnungsjahre zu überweisen a) dem Lande Bayern 13,55% der Reineinnahmen, jedoch nicht mehr als 45 Millionen RM., b) dem Lande Württemberg 2,50% der Reineinnahmen, jedoch nicht mehr als 8633000 RM., c) dem Lande Baden 1,60% der Reineinnahmen, jedoch nicht mehr als 5755000 RM.

Dabei läßt Preußen dahingestellt, ob Gegenstand der Entscheidung des Staatsgerichtshofs nach Art. 19 RVerf. nur ein konkretes Rechtsverhältnis und nicht die abstrakte Rechtsfrage der Verfassungsmäßigkeit eines Gesetzes sein könne, da es sich beim vorliegenden Streit um ein konkretes Rechtsverhältnis handle. Der Hilfsantrag werde für den Fall gestellt, daß es erforderlich sein sollte, dieses Rechtsverhältnis im Antrag selbst anzuführen. Den Ausführungen des Reiches werde widersprochen. Die in der Steuerüberweisung an die süddeutschen Länder liegende Maßnahme des Reiches verletze Preußens Rechte. Bei der Beteiligung am Biersteuer-Aufkommen handle es sich, anders als bei Art. 109 RVerf., um ein Recht der Länder auf Gleichheit des Gesetzes, nicht nur auf Gleichheit vor dem Gesetz. Dieses rechtlich geschützte Interesse sei ein subjektives Recht, dessen Verletzung die Anrufung des Staatsgerichtshofs rechtfertige. Außerdem werde Preußen durch die Maßnahme des Reiches auch in seinen finanziellen Interessen beeinträchtigt. Die Berufung auf die bisherige Staatspraxis könne nicht durchschlagen. Eine unrichtige Rechtsübung vermöge kein Recht zu schaffen, zum mindesten dann nicht, wenn, wie sich aus der Begründung des Entwurfs zum Gesetz vom 9. Juli 1923 (Reichstagsdrucks. Nr. 5739 S. 12 Schlußsatz) ergebe, die Unrichtigkeit erkannt worden sei. Den durch die §§ 6 und 8 der Eintrittsgesetze gewährten Verfassungsschutz aufzuheben, habe die Nationalversammlung bei Verabschiedung der Reichsverfassung nicht beabsichtigt, sie habe ihm vielmehr Dauergeltung beilegen wollen. Art. 178 RVerf. stehe dem nicht entgegen, da die Verfassung derartige Bestimmungen nicht verbiete. Die Anträge des Reiches unter 3 und 4 seien unzulässig, weil der Gegenstand der vom Staatsgerichtshof zu treffenden Entscheidung lediglich durch die Anträge Preußens bestimmt werde und weil darüber, was zu geschehen habe, wenn keine Verpflichtung aus dem Gesetze vom 9. April 1927 bestehe, bisher noch kein Streit zwischen dem Reiche und Preußen entstanden sei.

Das Reich beantragt,
den Hilfsantrag Preußens aus den gegen den Hauptantrag vorgebrachten Gründen abzulehnen.

D. Die dem Verfahren als Beteiligte beigetretenen Länder Bayern, Württemberg und Baden schließen sich den Anträgen und Ausführungen des Reiches an. Nur gegenüber der Ansicht des Reiches (oben II B unter 2c), daß die §§ 6 und 8 der Gesetze von 1919 mit dem Inkrafttreten der Reichsverfassung jede Bedeutung verloren hätten, vertreten sie eine andere Auffassung. Die §§ 6 und 8 seien weder durch eine ausdrückliche Vorschrift der Reichsverfassung noch durch Art. 178 das. aufgehoben worden. Entscheidend sei insoweit allein der Wille der Nationalversammlung als des Gesetzgebers. Es sei aber ausgeschlossen, daß derselbe Gesetzgeber, der die süddeutschen Länder zu einem Verzicht auf ihre Biersteuer-Vorrechte veranlaßt habe, wenige Wochen später die ihnen dafür gewährten Vergünstigungen hätte wieder beseitigen wollen. Im übrigen führte der Vertreter der süddeutschen Länder aus, daß die Höchstbeträge von 1919 als Goldmarkbeträge angesehen worden seien, daß also eine Aufwertung für sie überhaupt nicht in Betracht komme. Er fügte übrigens bei, daß das nur seine Rechtsauffassung sei, und daß damit nicht eine entsprechende Forderung geltendgemacht werden solle. Jedenfalls überschritten aber die im Gesetz vom 9. April 1927 bestimmten Höchstbeträge nicht die Grenze einer angemessenen Aufwertung.

E. Die sämtlichen Beteiligten beantragen für den Fall, daß nach Ansicht des Staatsgerichtshofs eine Aufwertung der Höchstsätze einzutreten habe, wegen deren Höhe die Verhandlung zu vertagen, da die Sache insofern weiterer Vorbereitung bedürfe.

Das Reich überreicht eine Niederschrift der 24. Sitzung des Reichsrats vom 2. Juni 1927, der Vertreter der süddeutschen Länder eine Denkschrift über die Entschädigung Bayerns für seinen Verzicht auf das Biersteuer-Sonderrecht vom 11. Februar 1927. Preußen beantragt, den sächsischen Reichsratsbevollmächtigten von Sichart als Zeugen über die Vorgänge zu vernehmen, die sich 1919 im Staatenausschuß bei der Beratung über die Biersteuer-Reservate der süddeutschen Länder abgespielt hätten, insbesondere darüber, ob die Eintrittsgesetze von 1919 nur den Schutz der süddeutschen Länder bezweckt hätten.

III.

Der Staatsgerichtshof ist für die Entscheidung über die vorliegende Streitsache zuständig.

Es besteht zwar keine allgemeine Norm, wonach alle verfassungsrechtlichen Streitsachen durch den Staatsgerichtshof zu entscheiden wären. Seine Zuständigkeit ist vielmehr auf bestimmte Fälle beschränkt, die ihm durch die Reichsverfassung und besondere Gesetze zur Entscheidung zugewiesen sind (vgl. die Zusammenstellung bei Poetzsch-Heffter, Reichsverfassung 3. Aufl. Anm. 1 zu Art. 108). Die gegenwärtige Streitsache gehört jedoch zu den verfassungsmäßig bestimmten Fällen, in denen der Staatsgerichtshof zu entscheiden hat. Es handelt sich um eine Streitigkeit nicht privatrechtlicher Art zwischen einem Land und dem Reich, für die kein anderer Gerichtshof des Reiches zuständig ist. Für solche Streitsachen ist nach Art. 19 RVerf. der Staatsgerichtshof zuständig.

Hiergegen kann nicht geltendgemacht werden, daß der Streit die Frage der Verfassungsmäßigkeit eines Reichsgesetzes betreffe und daß es an einer allgemeinen Vorschrift über die Zuständigkeit des Staatsgerichtshofs zur Prüfung der Verfassungsmäßigkeit einer reichsrechtlichen Norm bisher fehle. Eine solche Vorschrift soll nach dem beim Reichstag vorliegenden Entwurf eines Gesetzes über die Prüfung der Verfassungsmäßigkeit von Vorschriften des Reichsrechts (Reichstagsdrucks. Nr. 382/28) dadurch geschaffen werden, daß dem Staatsgerichtshof die Entscheidung übertragen wird, wenn Zweifel oder Meinungsverschiedenheiten darüber bestehen, ob eine Rechtsvorschrift des Reichsrechts mit der Reichsverfassung unvereinbar und daher rechtsungültig ist. Der Umstand, daß der Staatsgerichtshof zu dieser Prüfung noch nicht allgemein bestellt ist, schließt keineswegs aus, daß ihm die Befugnis dazu auf Grund besonderer gesetzlicher Anordnung zusteht. § 10 des bezeichneten Gesetzentwurfs will ein aus der Reichsverfassung sich ergebendes Recht auf Anrufung des Staatsgerichtshofs unberührt lassen. Die Begründung dazu (S. 5 Spalte 2 der Reichstagsdrucksache) erkennt ausdrücklich an, daß ein Recht, den Staatsgerichtshof in Streitfällen zur Prüfung der Verfassungsmäßigkeit einer Rechtsvorschrift des Reichsrechts anzurufen, schon jetzt gegeben ist. Art. 19 RVerf. enthält wegen des Inhalts von Streitigkeiten nicht privatrechtlicher Art, die zwischen dem Reich und einem Lande auftauchen, keinerlei Beschränkungen, durch welche die

Zuständigkeit des Staatsgerichtshofs ausgeschlossen würde. Hiermit erledigen sich die gegen die Zuständigkeit des Staatsgerichtshofs vorgebrachten Bedenken.

IV.

Ebensowenig begründet sind die Einwendungen des Reiches gegen die Zulässigkeit des preußischen Hauptantrags und gegen die Sachbefugnis Preußens.

1. Preußen wäre freilich mit dem Antrag nicht zu hören, wenn dieser lediglich bezweckte, die Frage der Gültigkeit des Gesetzes vom 9. April 1927 abstrakt und ohne Beziehung auf ein bestimmtes streitiges Rechtsverhältnis zwischen Preußen und dem Reiche vor dem Staatsgerichtshof zur Entscheidung zu bringen. Zur Prüfung derartiger Fragen ist der Staatsgerichtshof ebensowenig berufen wie grundsätzlich irgendeine andere Gerichtsbehörde. Dadurch unterscheidet sich seine Aufgabe von der, die gemäß Art. 13 Abs. 2 der RVerf. i. Verb. mit dem Gesetze vom 8. April 1920 (RGBl. S. 510) dem Reichsgericht gestellt ist. Damit ein Verfahren vor dem Staatsgerichtshof in Lauf gebracht werde, muß es sich um einen konkreten Rechtsstreit zwischen zwei Parteien handeln.

Ein solcher liegt aber hier vor. Die Absicht, welche Preußen mit seinem Antrag verfolgt, ist nicht darauf gerichtet, vorsorglich für die Zukunft über Gültigkeit und Inhalt einer Rechtsnorm Klarheit zu gewinnen, sondern darauf, daß ein gesetzgeberischer Akt des Reiches, durch den Preußen sich beschwert fühlt, weil rechtlich ungültig, auch tatsächlich als nicht bestehend behandelt werden soll. Hierbei geht Preußen davon aus, daß durch die im Gesetz vom 9. April 1927 vorgenommene Neufestsetzung von Höchstbeträgen der Biersteuer-Abfindungen alle deutschen Länder außer Bayern, Württemberg und Baden insofern geschädigt würden, als damit Reichsmittel, die andernfalls zur Überweisung an sämtliche Länder zur Verfügung stünden, in höherem als dem zulässigen Betrag zugunsten der drei genannten Länder vorweg verwendet würden. Wie sich das Verhältnis der Überweisungen von Reichsmitteln an die Länder rechnerisch gestalten müßte, wenn das Gesetz von 1927 für ungültig erklärt wird, läßt sich zur Zeit nicht übersehen. Diese Frage ist zunächst nach dem bisher nicht angefochtenen Gesetze von 1925 zu beantworten. Nach diesem Gesetz wäre die finanzielle Lage Preußens im Verhältnis zu den abfindungsberechtigten süddeutschen Ländern offenbar günstiger als nach dem angefochtenen

Gesetz von 1927. Sieht man aber vom Inhalt des Gesetzes von 1925 wie auch von dem des Gesetzes von 1923 ab, so ist jene Frage, wie das Reich selbst hat ausführen lassen, von einer großen Zahl besonderer Umstände abhängig, die mit dem allgemeinen Finanzausgleich zwischen Reich und Ländern zusammenhängen. Es ist daher nicht nur zweckmäßig, sondern geradezu geboten, daß über die Frage der Rechtsgültigkeit des Gesetzes von 1927 vorab entschieden wird.

2. Aus dieser Erwägung ergibt sich gleichzeitig die Sachbefugnis Preußens zur Stellung seines Antrags. Wenn das Reich diese bestreitet, weil Preußen kein für sein Land besonders gegebenes öffentliches Recht in Anspruch nehme, sondern nur die Interessen sämtlicher nicht durch die Biersteuer-Abfindung begünstigter Länder vertrete, so übersieht es, daß das Bestehen einer Streitgenossenschaft die Klage des einzelnen Streitgenossen vor dem Staatsgerichtshof nicht ausschließen würde. Daß eine notwendige Streitgenossenschaft sämtlicher nicht begünstigter Länder im Sinne des Zivilprozesses vorliege, kann zunächst nicht zugegeben werden. Denn es steht im Belieben jedes Landes, ob es sein Interesse an der Ungültigkeit des Gesetzes von 1927 gegenüber dem Reich durchfechten will oder nicht. Sodann sind aber die Vorschriften der Zivilprozeßordnung über die notwendige Streitgenossenschaft für das Verfahren vor dem Staatsgerichtshof nicht bindend. Wenngleich also die Entscheidung, die der Staatsgerichtshof im Streit zwischen Preußen und dem Reich über die Gültigkeit des Gesetzes vom 9. April 1927 zu treffen hat, sachlich auch für die übrigen Länder von einschneidender Bedeutung sein muß, so schließt doch dieser Umstand formell das Recht Preußens nicht aus, für sich allein die Entscheidung des Staatsgerichtshofs anzurufen.

V.

Hiernach ist der preußische Antrag auf seine sachliche Begründung hin zu prüfen.

1. Preußen leitet sein Recht auf Anfechtung des Änderungsgesetzes schon daraus her, daß es im Reichsrat, an den das Gesetz nach Verabschiedung durch den Reichstag gelangte, seine Regierungsstimmen zugunsten eines Einspruchs abgegeben und daß sich nur die einfache Mehrheit gegen den Einspruch entschieden habe. Der Einspruch habe demnach als gültig behandelt werden müssen, weil die Zustimmung des Reichsrats zu dem Gesetz nur mit Zweidrittel-Mehrheit hätte beschlossen werden können. Im Gegensatz hierzu habe

der Reichsrat auf Einspruch die Ablehnung des Antrags festgestellt. Hierdurch fühle sich Preußen in seinem verfassungsmäßigen Rechte verletzt und begehre schon deshalb die Feststellung der Ungültigkeit des so zustandegekommenen Gesetzes.

Ob das Verfahren im Reichsrat den Vorschriften der Reichsverfassung entsprach, kann in der Tat zweifelhaft sein. Es fragt sich aber weiter, ob es sich nicht hierbei weniger um das Recht eines einzelnen Landes gegenüber dem Reiche handelt, als um das verfassungsmäßige Recht einer qualifizierten Reichsrats-Minderheit, das Zustandekommen eines gültigen Mehrheitsbeschlusses zu verhindern. Die Geltendmachung eines solchen Rechts würde sich als eine verfassungsrechtliche Streitigkeit zwischen dem Reich und einem seiner Organe darstellen und deshalb aus dem Rahmen des Art. 19 RVerf. herausfallen. Streitigkeiten dieser Art sind von der Reichsverfassung mit vollem Bedacht bisher noch keiner gerichtlichen Regelung unterstellt worden. Erst der jetzt dem Reichstag vorliegende Entwurf will ihre Entscheidung in gewissem Umfang dem Staatsgerichtshof übertragen, wie in der Begründung des Entwurfs ausführlich dargelegt wird. Endgültig braucht jedoch zu dieser Frage hier nicht Stellung genommen zu werden, weil der preußische Antrag aus anderen Gründen als gerechtfertigt anerkannt werden muß.

2. Der Antrag Preußens stützt sich nämlich weiter auf den angeblichen Grundsatz der Verfassung, daß die Länder in ihrem Verhältnis zum Reiche gleich behandelt werden müßten und daß daher jedes Gesetz eine Verfassungsänderung enthalte, wenn es, wie nach Preußens Ansicht das Gesetz von 1927, diesem Grundsatz widerspreche. Der angeführte Grundsatz läßt sich aber in der behaupteten allgemeinen Form nicht aus der Reichsverfassung herleiten. Selbstverständlich müssen Verfassungsvorschriften, die ihrem Inhalt nach für alle Länder gegeben sind, allen Ländern gegenüber gleichmäßig ausgelegt und angewendet werden. Die Verfassung selbst kennt aber Vorschriften, die für einzelne Länder eine Sonderregelung vorsehen (z. B. Art. 63 Abs. 1, Art. 82 Abs. 4, Art. 170). Demgegenüber könnte sich Preußen auch nicht auf eine entsprechende Anwendung von Art. 109 RVerf. berufen. Durch die Rechtsprechung des Reichsgerichts ist festgelegt, daß dieser Artikel nicht für den einzelnen Staatsbürger ein subjektives öffentliches Recht auf inhaltliche Gleichheit der gesetzlichen Normen mit Bezug auf alle deutschen Staatsangehörigen

in sich schließt, sondern nur eine Anweisung an den Richter enthält, die bestehenden Gesetze ohne Ansehung der Person auf alle Parteien gleichmäßig anzuwenden (RGZ. Bd. 111 S. 329, Bd. 113 S. 13). Ebenso könnte Preußen dann, wenn der Grundsatz der Gleichheit der Länder als ungeschriebener Inhalt der Reichsverfassung anerkannt werden müßte, daraus noch kein subjektives öffentliches Recht herleiten, kraft dessen es gegen den Inhalt eines im übrigen verfassungsmäßig zustandegekommenen Reichsgesetzes anzugehen befugt wäre.

3. Ein solches subjektives Recht ergibt sich aber aus den §§ 6 und 8 der Eintrittsgesetze. Das Interesse Preußens und der anderen nord- und mitteldeutschen Länder geht dahin, daß die Höchstbeträge der Biersteuer-Abfindungen nicht in einer Art neu festgesetzt werden, die zu ihrem Nachteil die süddeutschen Abfindungsländer über das im Jahre 1919 bestimmte Maß hinaus begünstigt. Dieses Interesse wird durch die angeführten Paragraphen gewahrt. Denn die Vorschrift, daß „Änderungen dieser Gesetze nur unter den Voraussetzungen erfolgen können, die nach der Reichsverfassung für Verfassungsänderungen vorgesehen sind", sichert nicht nur die Abfindungsländer, sondern auch die übrigen Länder gegen eine ihnen nachteilige Neufestsetzung durch einfaches Gesetz. Alle Länder haben hiernach einen unmittelbaren Anspruch auf staatsrechtlichen Schutz dagegen, daß ihr Interesse durch eine Neufestsetzung mittels einfacher Mehrheit verletzt wird. Die Abfindungsländer, und zwar jedes für sich, könnten daraus gegenüber dem Staatsgerichtshof einen Schutzanspruch herleiten, wenn ihre Beteiligungsquote am Biersteuer-Ertrag oder deren gesetzlicher Höchstbetrag im Wege der einfachen Gesetzgebung vermindert würde. Ebenso haben die übrigen Länder einzeln und insgesamt einen Schutzanspruch gegen Erhöhung dieser Beträge.

Daß das Gesetz vom 9. April 1927 den Erfordernissen eines verfassungändernden Gesetzes nicht entspricht, ist unstreitig. Es ist — ebenso wie übrigens auch die Gesetze von 1923 und 1925 — nur mit einfacher Mehrheit angenommen worden, während die Reichsverfassung (Art. 76) bei Verfassungsänderungen für den Reichsrat eine Mehrheit von zwei Dritteln der abgegebenen Stimmen, für den Reichstag die Anwesenheit von zwei Dritteln der gesetzlichen Mitgliederzahl und die Zustimmung von mindestens zwei Dritteln der Anwesenden verlangt. Die Voraussetzungen der Gültigkeit des

Änderungsgesetzes von 1927 sind also nach dem klaren Wortlaut der Gesetze von 1919 nicht gegeben.

4. Der Versuch des Reiches, die Gültigkeit der §§ 6 und 8 der Eintrittsgesetze zu bestreiten, kann ebensowenig Erfolg haben wie die Versuche der dem Reiche beigetretenen Länder, die Tragweite jener Bestimmungen einzuschränken.

a) Abzulehnen ist die Auffassung des Reiches, der übrigens die beteiligten süddeutschen Länder ausdrücklich widersprechen, daß die §§ 6 und 8 der Gesetze von 1919 deshalb außer Kraft getreten seien, weil sie verfassungsmäßigen Inhalt hätten und daher durch die später verabschiedete Reichsverfassung außer Kraft gesetzt worden seien. Die beiden genannten Vorschriften lassen Änderungen der Gesetze von 1919 unter den Voraussetzungen zu, die nach der Reichsverfassung für Verfassungsänderungen vorgesehen sind. Es ist ausgeschlossen, daß man dabei an die Vorschriften der alten Reichsverfassung gedacht hat. Diese war zwar der Form nach noch nicht aufgehoben, aber durch den Umsturz überholt. Es stand für jedermann fest, daß die neue Reichsverfassung, zu deren Schaffung die Verfassunggebende Deutsche Nationalversammlung nach dem Gesetz über die vorläufige Reichsgewalt vom 10. Februar 1919 in erster Linie berufen war, von der bisherigen Reichsverfassung wesentlich abweichen würde. Das ergab sich auch aus dem Entwurf der neuen Verfassung, der zur Zeit des Erlasses der Gesetze vom 27. März und vom 24. Juni 1919 bereits vorlag und im Art. 54 in Ansehung der Voraussetzungen für eine Änderung der Verfassung Bestimmungen enthielt, die sich von denen im Art. 78 der Verfassung von 1871 grundsätzlich unterschieden. Die beiden genannten Gesetze waren für die Dauer bestimmt. Der zugesicherte Verfassungsschutz hätte danach keinen Sinn gehabt, wenn er sich nicht auch auf den Schutz durch die bereits im Entstehen begriffene neue Verfassung erstreckt hätte. Die Nationalversammlung war nach den ihr im Gesetze vom 10. Februar 1919 eingeräumten unbeschränkten Machtbefugnissen durch nichts gehindert, den Gesetzen Verfassungsschutz im Sinne der künftigen Reichsverfassung beizulegen. Die Gesetze sind aber auch nach Erlaß der neuen Reichsverfassung nicht nur mit ihrem sonstigen Inhalt, sondern auch in Ansehung des ihnen gewährten Verfassungsschutzes in Geltung geblieben. Außer Kraft getreten wären sie in diesem Punkte nach Art. 178 RVerf. nur dann, wenn diese selbst ihnen hierin entgegenstände. Das ist jedoch nicht der Fall.

b) Für die Annahme, daß außerhalb und neben der Verfassungsurkunde Gesetze mit verstärkter formeller Gesetzeskraft grundsätzlich unzulässig seien, besteht nach dem Inhalt der geltenden Reichsverfassung kein ausreichender Grund. Die beiden Gesetze vom 27. März und vom 24. Juni 1919 müssen daher im Zusammenhang mit der neuen Reichsverfassung ausgelegt werden. Sie sind nach dem offensichtlichen Willen der Nationalversammlung dahin zu verstehen, daß ihnen für die Dauer Verfassungsschutz im Sinne der neuen Reichsverfassung gewährt werden sollte. Keiner Entscheidung bedarf die von Preußen aufgeworfene und in der Wissenschaft bestrittene Frage, ob grundsätzlich Gesetze, die ihre eigene Abänderung unter den Schutz des Art. 76 RVerf. stellen, insoweit zu ihrer Gültigkeit selbst der Annahme durch eine verfassungändernde Mehrheit der gesetzgebenden Körperschaften bedürfen. Diese Frage kommt hier nicht in Betracht, weil die Gesetze von 1919 von der verfassunggebenden Nationalversammlung, deren Hauptaufgabe darin bestand, neues Verfassungsrecht zu schaffen, angenommen worden sind und daher an sich schon die Kraft verfassungsrechtlicher Normen haben.

c) Verfehlt ist aber auch die von den Abfindungsländern vorgetragene, von der Auffassung Preußens und des Reiches abweichende Ansicht, daß nach dem Sinn der §§ 6 und 8 der Eintrittsgesetze, wie er sich aus ihrer Entstehungsgeschichte und gemäß der Vertragsnatur der ganzen ihnen zugrundeliegenden Vereinbarungen ergebe, Änderungen des § 3 dieser beiden Gesetze schon dann als verfassungsmäßig zustandegekommen zu betrachten seien, wenn sie bei einfacher Mehrheit die Zustimmung der Abfindungsländer gefunden hätten. Diese Ansicht überträgt den Grundgedanken des Art. 78 der alten Reichsverfassung in unzulässiger Weise auf die neue Rechtslage. Sie stützt sich u. a. auf die Niederschrift über die 32. Sitzung des Staatenausschusses vom 20. Juni 1919 (Drucks. S. 293 § 383). Dort ist über die Beratung des Entwurfs eines Gesetzes betreffend den Eintritt der Freistaaten Bayern und Baden in die Biersteuer-Gemeinschaft folgendes angeführt:

„Es wurde in erster und zweiter Lesung beschlossen, der Einbringung des Gesetzentwurfes in die Verfassunggebende Deutsche Nationalversammlung in der aus der Anlage ersichtlichen Fassung zuzustimmen.

Bayern und Baden erklären, daß sie für die in dem Gesetzentwurf vorgesehene Neuregelung die Form eines Vertrags vorgezogen hätten. Sie stimmen dem Gesetzentwurf zu unter der Voraussetzung, daß ihnen die jährliche Entschädigung, die sie künftig an Stelle ihres Biersteuer-Sonderrechts aus der Reichshauptkasse erhalten sollen, auch nicht durch ein verfassungänderndes Gesetz wieder entzogen werden wird.

Württemberg schließt sich dieser Erklärung an".

Die hier protokollierten Erklärungen der Abfindungsstaaten bringen aber gerade deutlich zum Ausdruck, daß sie die ursprünglich gewünschte vertragsmäßige Sicherstellung ihrer Ansprüche auf privilegierte Behandlung in der Biersteuerfrage fallen gelassen haben, wie denn die übrigen Verhandlungen unzweifelhaft ergeben, daß die Nationalversammlung ein Fortbestehen der früheren Reservatrechte in der alten Vertragsform unter keinen Umständen dulden wollte. Aus dem Vorbehalt, den die Abfindungsstaaten mit Bezug auf eine spätere Entziehung ihrer Entschädigungsrechte an ihre Zustimmung zu dem Gesetzentwurf geknüpft haben, läßt sich aber keineswegs schließen, daß die Bestimmungen des Entwurfs in §§ 3 und 6 und in §§ 3 und 8 der endgültigen Fassung nur zu ihren Gunsten getroffen worden sind und daß deshalb die Schutzvorschriften der §§ 6 und 8 wegfallen, wenn die Abfindungsländer sich mit einer Änderung des § 3 in beiden Gesetzen einverstanden erklärt haben. Welchen Sinn man auch immer jenem Vorbehalt geben mag und wie weit man ihn zugunsten der Abfindungsländer als wirksam betrachten will, er kann niemals dazu führen, die verfassungsrechtliche Schutzwirkung, die sich aus dem klaren Wortlaut der §§ 6 und 8 für die übrigen Länder ergibt, von der Stellungnahme der Abfindungsländer abhängig zu machen. Hätte die Nationalversammlung mit den §§ 6 und 8 den jetzt von den Abfindungsländern vertretenen Sinn verbinden wollen, so lag nichts näher, als jenen Vorschriften den entsprechenden, schon in der früheren Reichsverfassung vorgezeichneten Wortlaut zu geben. Gerade die Abweichung von der früheren Verfassungsvorschrift beweist, daß nicht nur der Wortlaut des Gesetzes, sondern auch der Wille des Gesetzgebers den entgegengesetzten Weg gegangen ist.

5. Das Reich und die süddeutschen Länder machen nun aber geltend, daß es sich bei dem Gesetz von 1927 ebenso wie bei den Gesetzen von 1923 und 1925 gar nicht um eine Änderung der Gesetze von 1919 handle, sondern nur um eine Anpassung der im § 3 des einen und des andern Gesetzes von 1919 angegebenen Zahlen an die veränderten Wäh-

rungsverhältnisse, mit anderen Worten nur um eine Aufwertung im Rahmen der gesetzlichen Vorschriften; die letzteren seien an sich unverändert bestehen geblieben.

a) Diesem Einwand gegenüber ist zuzugeben, daß da, wo nach dem ausdrücklichen oder durch Auslegung zu gewinnenden Inhalt einer gesetzlichen Vorschrift eine Aufwertung vorzunehmen ist, diese auch in einem öffentlichrechtlichen Verpflichtungsverhältnis keine Veränderung seines Inhalts herbeiführt, sondern nur die Erfüllung der Verpflichtung bedeutet. Das hat der Staatsgerichtshof in der Streitsache zwischen der sächsischen evangelisch-lutherischen Landeskirche und dem Lande Sachsen ausdrücklich anerkannt (RGZ. Bd. 118 Anh. S. 1). Infolgedessen wäre der Staatsgerichtshof, der ja kein neues Staatsrecht schaffen, sondern nur bestehendes anwenden kann, an sich ohne weiteres in der Lage gewesen, auf Grund der beiden Gesetze von 1919 und auf Antrag eines der süddeutschen Länder im Streitfall die je im § 3 das. festgesetzten Höchstbeträge aufzuwerten. Eine Gesetzesänderung wäre damit nicht verbunden gewesen.

b) Anders steht es aber dann, wenn der Gesetzgeber selbst die Aufwertung regelt. Wie er in bürgerlichen Rechtssachen durch die Aufwertungsgesetze unzweifelhaft neues Recht geschaffen hat (mag er nun die Aufwertung willkürlich begrenzt oder eine möglichst objektive Anpassung an die veränderten Währungsverhältnisse bezweckt haben), so hat der Reichsgesetzgeber auch durch die Gesetze von 1923, 1925 und 1927 in das Gebiet der freien Aufwertung bestimmend eingreifen wollen. Damit wollte er jedes Gericht, das die durch ihn geregelte Frage nachzuprüfen gehabt hätte, also auch den Staatsgerichtshof, gesetzmäßig binden. Eine solche Bindung enthält aber eine Änderung des Gesetzes, weil der Richter sich künftig nicht mehr auf das alte Gesetz stützen darf, sondern nach dem neuen Gesetz urteilen muß. Die in dieser Weise erfolgte gesetzmäßige Bindung des Richters an das Maß der Aufwertung steht der authentischen Auslegung eines Gesetzes gleich. Für diese ist aber anerkannt, daß sie, sofern das geltende Recht nicht eine andere Form besonders vorsieht, nur in den Formen der Gesetzgebung geschehen darf und daß dementsprechend, wenn die Verfassung oder ein den Verfassungsschutz genießendes Einzelgesetz authentisch ausgelegt werden soll, die für Verfassungsänderungen vorgeschriebene Form eingehalten werden muß. Mit Recht hat daher die Reichsregierung im Jahre 1923 für das von ihr eingebrachte Umwertungsgesetz ursprünglich verfassungändernde Mehrheit verlangt, und mit Recht bezeichnen sich die drei Gesetze von 1923, 1925 und 1927 sämtlich als Gesetze zur Änderung der Gesetze von 1919. Der Umstand, daß es bei ihrer Verabschiedung an einer verfassungändernden Mehrheit fehlte, steht daher ihrer verfassungsmäßigen Gültigkeit im Wege.

6. Dem kann auch nicht entgegengehalten werden, daß sich durch die mit einfacher Mehrheit erfolgte Verabschiedung der Gesetze von 1923 und 1925 ein Staatsgewohnheitsrecht gebildet habe. Zur Feststellung eines solchen bedarf es einer gleichmäßigeren und dauernderen Rechtsübung, als sie hier vorliegt. Der Anlaß, der zu den beiden Gesetzen von 1923 und 1925 führte, war durchaus ungewöhnlicher Art; es war der in der Währungsgeschichte fast einzig dastehende Verfall der deutschen Mark. Beide Gesetze sind auch insofern nicht gleichartig, als das erste noch während dieses Verfalls, das zweite kurz nach der Festigung der Währung erlassen worden ist. Aus diesen Gründen muß die normbildende Kraft der beiden gesetzgeberischen Vorgänge verneint werden.

VI.

Für den Fall der Ungültigerklärung des Gesetzes von 1927 hat das Reich zwei Hilfsanträge gestellt, deren erster auf die Feststellung gerichtet ist, daß es aus dem Reinertrag der Biersteuer die festgesetzten Hundertsätze bis zu bestimmten Höchstbeträgen an die drei süddeutschen Länder zu zahlen habe. Der zweite Hilfsantrag dagegen bezweckt für den Fall der Ablehnung des ersten die Erlassung einer einstweiligen Verfügung gleichen Inhalts. Preußen hat mit Bezug auf den ersten Hilfsantrag des Reiches einen Antrag auf negative Feststellung gestellt und im übrigen Abweisung jener Anträge verlangt. Zunächst ist der sachlichrechtliche Antrag des Reiches zu erörtern.

1. Ihm gegenüber macht Preußen geltend, daß damit der Boden der dem Staatsgerichtshof unterbreiteten verfassungsrechtlichen Streitigkeiten verlassen werde. Es handle sich nicht um die Feststellung einer Verpflichtung aus den Gesetzen von 1919, sondern allein um die Frage der Gültigkeit des Gesetzes von 1927. Die Anträge des Reiches seien deshalb unzulässig. Diesen Ausführungen konnte nicht beigepflichtet werden. Die zivilprozeßrechtlichen Regeln über die Widerklage sind für den Staatsgerichtshof nicht bindend. Es steht in seinem Ermessen, ob er Streitfragen, die im Lauf eines

verfassungsrechtlichen Verfahrens von den Parteien aufgeworfen werden, in seine Entscheidung einbeziehen will oder nicht. Er wird dies nicht tun, wenn die Gegenanträge einen völlig selbständigen Verfassungsstreit betreffen, insbesondere wenn durch ihre Anbringung diejenigen Garantien sorgfältiger Vorbereitung und Erörterung gefährdet werden, die im Reichsgesetz über den Staatsgerichtshof und in seiner Geschäftsordnung für die Entscheidung vorgesehen sind. Im vorliegenden Falle hängen jedoch die Gegenanträge rechtlich und sachlich mit den Hauptanträgen so eng zusammen, daß es nicht angezeigt ist, sie zum besonderen Verfahren zu verweisen. Soweit sie noch eine eingehendere Behandlung erfordern, kann dem dadurch Rechnung getragen werden, daß zunächst über den Grund des geltendgemachten ersten Gegenanspruchs vorab entschieden wird.

2. Dem Reich ist darin beizustimmen, daß aus demselben Grunde, aus dem Preußen das Gesetz von 1927 anficht, auch die Gesetze von 1925 und 1923 als ungültig anzusehen sind. Der Form nach sind zwar diese Gesetze im jetzigen Rechtsstreit nicht angefochten. Sachlich hat jedoch der Staatsgerichtshof auf die Gegenanträge des Reiches ihre Rechtsbeständigkeit von Amts wegen zu prüfen. In dieser Hinsicht gilt entsprechend das, was oben unter V Nr. 4 und 5 über das Gesetz von 1927 ausgeführt worden ist.

3. Daß an sich auf Grund der Gesetze von 1919 eine Aufwertungspflicht des Reiches gegenüber den süddeutschen Ländern besteht und daß daher das Reich den andern Ländern gegenüber berechtigt ist, eine solche Aufwertung vorzunehmen, ist zwischen den Parteien nicht ernstlich bestritten. Nur die Höhe der Aufwertung wird angegriffen, wie sie im Gesetze von 1927 bestimmt ist. Zwar gelten auf dem Gebiete des öffentlichen Rechts grundsätzlich nicht die Regeln, die das Reichsgericht für das Gebiet des bürgerlichen Rechts aus § 242 BGB. entwickelt hat. Aber der Staatsgerichtshof hat schon in dem Streit über die Leistungen des Landes Sachsen an die sächsische evangelisch-lutherische Landeskirche dahin erkannt, daß eine öffentlichrechtliche Aufwertungspflicht überall da anzunehmen ist, wo sie aus dem Zweck einer Verfassungsvorschrift hervorgeht (RGZ. Bd. 118 Anh. S. 9). Was dort von Art. 173 RVerf. gesagt ist, gilt gleichermaßen von den §§ 3 der beiden Gesetze von 1919, die mit der Reichsverfassung unlösbar zusammenhängen und den süddeutschen Ländern als Ersatz für die Aufgabe der ehemaligen Bier-

steuer-Reservate eine ähnliche Garantie schaffen wollten, wie Art. 173 RVerf. den Religionsgesellschaften aus Anlaß der Trennung von Kirche und Staat.

4. Bei Bemessung seiner Pflicht zur Aufwertung der Höchstbeträge aus den §§ 3 der beiden Gesetze von 1919 ist das Reich aus den vorstehenden Gründen an seine eigenen früheren Gesetze von 1923, 1925 und 1927 nicht gebunden, sondern Preußen gegenüber berechtigt, andere und gegebenenfalls höhere als die in jenen Gesetzen bestimmten Höchstsummen (nämlich die angemessen aufgewerteten Höchstsummen) zugrundezulegen.

VII.

1. Dadurch, daß der Staatsgerichtshof das Gesetz vom 9. April 1927 für ungültig erklärt und wegen der den süddeutschen Ländern aus den Reineinnahmen an Biersteuer zu gewährenden Höchstsummen nur Preußen gegenüber und nur dem Grunde nach entscheidet, entsteht im Verhältnis des Reiches zu den süddeutschen Ländern eine Lücke, die in vorläufiger Form ausgefüllt werden muß, wenn nicht die Finanzen des Reiches sowohl wie der süddeutschen Länder in Unordnung geraten sollen. Infolge der amtlichen Verlautbarungen über die Finanzlage des Reiches und der Länder ist dem Staatsgerichtshof ohne besondere Beweisaufnahme bekannt, wie gefährdet diese Finanzlage ist und wie dringlich insbesondere die süddeutschen Länder einer festen Regelung der Biersteuer-Überweisungen durch das Reich bedürfen. Die Voraussetzungen einer einstweiligen Verfügung, wie sie der Staatsgerichtshof in dem früheren, in RGZ. Bd. 111 Anh. S. 21 abgedruckten Falle festgestellt hat, liegen also auch hier vor (vgl. auch den Beschluß vom 12. Mai 1928 in der verfassungsrechtlichen Streitsache der Waldeckischen Partei Wirtschaftsbund gegen das Land Waldeck und die Waldeckische Landesvertretung, StGH. 5/28). Dem Antrag des Reiches auf Erlassung einer entsprechenden einstweiligen Verfügung war daher stattzugeben. Daß der Antrag nicht wegen seines sachlichen Inhalts als unzulässig bezeichnet werden kann, ist schon unter VI Nr. 1 dargetan.

2. Für die Bemessung der Zahlungen an die süddeutschen Länder, zu denen das Reich gegenüber Preußen vorläufig berechtigt erscheint, verfügt der Staatsgerichtshof nicht über die nötigen Glaubhaftmachungen, um zu bestimmten, auf eigener Schätzung beruhenden Zahlen gelangen zu können. Er mußte sich deshalb

an die Tatsache halten, daß im Jahre 1927 die Mehrheit des Reichsrats und des Reichstags eine Neufestsetzung in der von dem verabschiedeten Gesetz bestimmten Höhe für angemessen gehalten hat. Daß damals bei der Bemessung nicht bloß eine Berechnung über den Dollarkurs, die Indexzahlen oder ähnliche Zwischenglieder stattgefunden hat, sondern auch die allgemeinen Verhältnisse des Reiches als Schuldner und der süddeutschen Länder als Gläubiger in Betracht gezogen worden sind, und daß dabei die Veränderung des Bierverbrauchs und der gesamten Steuerverhältnisse eine Rolle gespielt hat, hindert nicht, die getroffene Regelung vorläufig festzuhalten. Das erscheint auch deshalb angezeigt, weil dem Reich und den Abfindungsländern, wenn irgend tunlich, die Schwierigkeiten erspart werden müssen, die sich für ihre Haushaltsgebarung aus einer zweimaligen Änderung der Höchstbeträge ergeben könnten.

3. Die Regelung durch einstweilige Verfügung ist in jedem Sinne vorläufiger Art. Weist Preußen nach, daß sie unbillig ist, oder kann das Reich im weiteren Verfahren über seinen ersten Gegenantrag die Höhe nicht als angemessen dartun, so würde nicht nur die endgültige Entscheidung von der jetzt getroffenen abweichen müssen, sondern es wäre auch eine entsprechende Abänderung der einstweiligen Verfügung noch im Laufe des Verfahrens nicht ausgeschlossen. Vor allen Dingen bleibt aber dem Reiche selbstverständlich unbenommen, eine neue gesetzliche Regelung der Aufwertung unter den Formen der Verfassungsänderung zu versuchen. Gelingt dieser Versuch, so ist für eine weitere Entscheidung des Staatsgerichtshofs kein Raum mehr.

VIII.

Die gegenwärtige Entscheidung bezieht sich ihrem ganzen Umfang nach nur auf das Verhältnis zwischen dem Reich und Preußen. Es handelt sich also nicht um die Pflichten des Reiches gegenüber den Ländern Bayern, Württemberg und Baden. Denn diese stehen vor dem Staatsgerichtshof nicht in einem Streitverhältnis zum Reich, sind ihm vielmehr in dem Streit gegen Preußen beigetreten, sodaß ein Urteil im vorliegenden Verfahren nicht unmittelbar Rechte und Pflichten zwischen dem Reich und seinen Streitgenossen begründet. Daß die Ungültigerklärung des Gesetzes von 1927 auch für das Verhältnis zwischen dem Reich und den Ländern — außer Preußen — erhebliche Rückwirkungen haben muß, steht außer Frage. Diese Rückwirkungen sind aber nicht formalrechtlicher, sondern sachlichrechtlicher Art und vom Staatsgerichtshof hier nicht weiter zu erörtern.

Register.

Die Zahlen bedeuten die Seiten.

A. Sachregister.

B. Gesetzesregister.

1. Reichsrecht.

b. Einführungsgesetz zum Bürgerlichen Gesetzbuch.

c. Handelsgesetzbuch von 1897.

d. Zivilprozeßordnung.

2. Landesrecht.

Baden.

Bayern.

Sachsen.

Sachsen-Weimar-Eisenach.

C. Zusammenstellung der Entscheidungen nach der Zeitfolge.

Entscheidungen des Staatsgerichtshofs.

Zusammenstellung
der
im 122. Bande
mitgeteilten Entscheidungen
nach
Oberlandesgerichtsbezirken.

(Die Zahlen bezeichnen die Nummern der Entscheidungen.)

Berlin	5. 9. 12. 13. 24. 33. 36. 38. 43. 44. 45. 47. 49. 50. 56. 57. 58. 60. 70. 79. 80.
Breslau	2. 17. 22. 29. 31. 40. 73.
Celle	6. 16. 35. 66. 77.
Darmstadt	21. 52.
Dresden	32. 68. 74. 82.
Düsseldorf	48. 54. 76.
Frankfurt a. M.	37.
Hamburg	7. 41. 42. 59. 62. 69. 72.
Hamm	8. 20. 27. 28. 64.
Jena	26.
Karlsruhe	11. 39.
Kassel	75.
Königsberg	46. 51. 65.
Marienwerder	55.
München	18.
Naumburg a. S.	10. 15. 23.
Nürnberg	63. 78.
Stuttgart	34.

Landgericht I Berlin	1. 14. 61.
Landgericht II Berlin	71.
Landgericht Düsseldorf	30.
Landgericht Kassel	19. 25. 81.
Landgericht Lübeck	4.
Reichsgericht unmittelbar (Verfassungsstreit)	3. 67.
Reichspatentamt	53.
Staatsgerichtshof. Anhang	1. 2.

Berichtigungen.

Hundertunddreizehnter Band.
S. 351 Z. 8 v. u. statt „IV 377/25" lies „IV 377/24".

Hunderteinundzwanzigster Band.
S. 398 Z. 16 v. u. statt „§ 75 Abs. 3" lies „§ 75 Abs. 5".

FSC
www.fsc.org
MIX
Papier | Fördert gute Waldnutzung
FSC® C083411

Kolibri 360 GmbH
Ferdinand-Jühlke-Straße 7
99095 Erfurt, Deutschland
produktsicherheit@kolibri360.de